中国CA职业经理人PM协会 中国职业经理人协会 China Association for Professional Managers

全国职业经理人培
中国职业经理人协

职业经理人培养教程

PROFESSIONAL MANAGER

第五册

中国职业经理人协会 编写

主 编：周景勤
副主编：王若军 陈红军

经济管理出版社
ECONOMY & MANAGEMENT PUBLISHING HOUSE

图书在版编目（CIP）数据

职业经理人培养教程/中国职业经理人协会编．—北京：经济管理出版社，2023．11
ISBN 978-7-5096-9432-9

Ⅰ．①职⋯　Ⅱ．①中⋯　Ⅲ．①企业领导学—教材　Ⅳ．①F292．91

中国国家版本馆 CIP 数据核字(2023)第 223623 号

责任编辑：乔倩颖
助理编辑：杨　娜　康国华
责任印制：黄章平
责任校对：王淑卿

出版发行：经济管理出版社
（北京市海淀区北蜂窝 8 号中雅大厦 A 座 11 层　100038）
网　　址：www．E-mp．com．cn
电　　话：（010）51915602
印　　刷：唐山昊达印刷有限公司
经　　销：新华书店
开　　本：787mm×1092mm/16
印　　张：157．25
字　　数：3291 千字
版　　次：2024 年 1 月第 1 版　　2024 年 1 月第 1 次印刷
书　　号：ISBN 978-7-5096-9432-9
定　　价：668．00 元（全五册）

编审委员会

支持单位： 中国社会科学院工业经济研究所

北京经济管理职业学院（原北京市经济管理干部学院）

浙江量子教育科技股份有限公司

北京天问管理咨询有限公司

出版资助： XIMA希玛 | 民银国际 MINYIN INTERNATIONAL | DEEP MIND

民银国际控股集团有限公司

序

文海英

党的二十大报告明确以中国式现代化全面推进中华民族伟大复兴，强调要统筹教育、科技、人才发展，深入实施人才强国战略，加快建设规模宏大、结构合理、素质优良的人才队伍。推进中国式现代化，实现高质量发展，关键要依靠创新驱动，充分发挥人才引领、人才支撑作用。二十届中央财经委员会第一次会议提出“加快建设以实体经济为支撑的现代化产业体系”，这是党中央从全局上统筹经济社会发展，推进中国式现代化建设的新要求。

企业是实体经济的主体，也是现代产业的基础，企业兴则经济兴，企业强则国家强，企业要实现创新发展、可持续发展，关键在人才。职业经理人是人才队伍的重要组成部分，是企业经营管理人才中的中高端人才，担负着企业经营管理和创新发展的重要使命，既是企业经营战略的制定者、组织者，也是企业创新活动的推动者、引领者，在某种程度上决定着企业的成败兴衰。

中国职业经理人协会作为唯一以“职业经理人”命名的国家级人力资源行业协会，自成立以来，一直致力于推动建立中国职业经理人制度、推进建设中国特色职业经理人才队伍、推行建造中国职业经理人才市场服务体系。协会研究提出了中国特色职业经理人才理论体系框架，发布了职业经理人才职业资质社会培养、评价、认定、服务“四个工作指引”和《关于职业经理人认知的概述》；会同有关单位组织编写了企业管理通用能力培训、景区职业经理人资质评价与认定、健康服务业职业经理人专业能力培训等教材；探索建立了职业经理人线上线下相结合的人才培养新模式，围绕社会、行业、企业需要，开展了多种类型的职业经理人和职业化人才的培训工作，为各行各业培养了数以万计的人才。

培养造就中国式现代化需要的高素质职业经理人才，是中国职业经理人协会的使命和任务。为建立科学的职业经理人才资质评价体系和完善的教育培养体系，强化和提高我国职业经理人才自主培养能力，逐步形成统一规范的全国职业经理人才培养工作新格局，中国职业经理人协会组织编写了全国职业经理人培养规划教材《职业经理人培养教程》。这部教材力求突出系统性、针对性、指导性、实践性，重点围绕职业经理人才的职业化、专业化、市场化和国际化，总结和吸收了国内外有关职业经理人的理论研究和实践应用成果，以充分体现职业资质培养的新思维、新观念、新方法。希望本教程的出版发行能够更好地规范职业经理人才资质培养与评价工作，切实帮助职业经理人提升能力素质。

祝贺《职业经理人培养教程》在党的二十大后开局之年出版。

是为序。

2023年5月11日于北京

前　言

当前，我国社会主义建设进入了一个新时代，世界政治经济也正面临一个前所未有的变局，中国的企业面临着划时代的变革。如何提高企业经营管理水平，如何实现企业的高质量发展，企业经营管理人才是关键因素之一。据统计，目前我国有8000多万家企业，需要职业化和专业化完备与具有优良职业资质的职业经理人才从事经营管理工作，有1.7亿多个市场主体在从事各类市场经营管理业务活动，需要提升经营管理业务学习能力。每年有数以千万计的人要进入经营管理工作领域，这些人都需要系统化的学习经验和管理知识，进行经营管理能力的提升和职业素质的训练。

职业经理人是长期从事企业经理社会职业的企业经理人，其核心工作是经营管理企业，必然要具备相应的从业资历和条件，即职业资质。因此，企业经理岗位或职位由具备职业经理人职业资质的人来担任，是企业经营管理与企业发展的必然要求，也是企业提高经营管理水平的必然要求。中国职业经理人协会《职业经理人才职业资质社会评价工作指引（2018年）》对职业经理人才职业资质评价设定了六个维度，即职业素养、职业能力与技能、职业知识及技术、职业经历、职业业绩、职位适配度。该指引规定了职业经理人才职业资质的组成结构和内容体系。

中国职业经理人协会《职业经理人才职业资质社会培养工作指引（2018年）》提出了职业经理人才社会培养工作的任务是推动建立以职业资质培养为核心的社会培养体系，提高职业经理人才队伍的职业资质水平和经营管理能力。职业经理人才社会培养的内容包括：①基础性培养，即对从事企业经理职业的人的基础性和普遍性培养；②个性化培养，是在基础性培养的基础上，针对职业发展和工作需要对职业经理人进行的补短板、强弱项的培养；③企业特殊需要的培养，即针对企业的特殊要求进行的培养；④行业特殊需要的培养，即针对企业所在行业的特殊要求进行的培养。

本教程是为中国职业经理人职业资质社会培养而编写的。

一、职业经理人“工作内容”与教材结构相结合

教程设计了企业概论、企业经营管理工作和企业发展管理工作实务模块，让学习

者能够通过学习对企业的层次和结构、企业经营管理和发展管理的工作拥有基本的了解，对自己的职业工作内容和“怎么干”拥有基本的认识和把握。此外，教程还设置了职业素养、职业能力与技能、职业知识模块，学习者能够通过学习本书掌握从事企业经理工作所需的能力、方法、技能和知识。

二、基础性、全面性、台阶性、开放性相结合

教程兼顾企业经理工作和职位岗位的层次，设计编写基础性的内容。力求初级职业经理人通过对本书的学习，为从事经营管理工作打好理论基础，并根据自身能力进行台阶式的学习。初学者可以根据基础的差异选择不同的学习起点，本教程兼顾了不同层次职业经理人的学习需要。同时，教程设计了职业经理人培养的基本框架，学习者可以根据知识更新和能力提升的需要，在相应模块里增设对应的学习内容。

三、专业性和应用性相结合

教程在每一个相关内容安排上力求做到理论、方法论、具体方法、发展趋势及案例、阅读资料的配套协调，使学习者通过学习阅读能够学到理论要点，掌握工作内容和方法，并通过案例学习掌握实践经验，也可以通过阅读专栏了解理论渊源与发展脉络，提高自身的工作适应能力。

四、系统性和发展性相结合

教程对职业经理人从事经营管理工作应当具备的职业素养、职业能力、职业知识进行了系统化的设计和论述，并从工作岗位与职位层级方面进行发展性设计。针对企业经营管理工作的基层、中层和高层管理者设计和选取知识提升、视野拓展和能力进阶等方面的学习培养内容和项目。在层次与岗位上，本教程将职业经理人职业化发展和专业化培养有机融合，为职业经理人才的培养制定了较为完整的专业学习训练体系。

五、纲要性和引示性相结合

职业经理人职业资质社会化培养，包括专业化教育和“干中学”锻炼两个基本层面。专业化教育主要是对职业知识、职业素养、职业能力、职业技能的系统化学习培养，体现为院校培养和社会培养。其中，对职业知识的学习主要在院校完成，对职业素养、职业能力、职业技能的学习主要在社会培养中完成。“干中学”锻炼主要在职业岗位上进行，其包括历练、职业业绩积累和职位适配的调适等培养锻炼内容。本教程为专业化培养提供了一个纲要，为职业经理人职业资质培养提供了训练框架。

本教程的编辑出版，可以为那些以经营管理企业为主要职业选择的人士提供系统化专业学习的内容体系框架；可以为正在企业经营管理岗位上工作的人士提供职业资质进阶的学习资料；可以为从事职业经理人培养和企业经营管理培训的职业工作者提供课程和项目开发参考。本教程对院校的经济管理人才培养改革也会有所裨益。

本教程为全国职业经理人培养规划教材，由中国职业经理人协会组织编写。中国职业经理人协会对有关职业经理人理论进行了系统研究，特别是在对职业经理人资质社会培养、评价、认定列出专项课题项目进行研究的基础上，制定了职业经理人资质社会培养教程编写方案。北京经济管理职业学院（原北京市经济管理干部学院）骨干教师承担了具体的编写任务，他们怀着不断完善职业经理人资质社会培养知识体系的情怀，在积极吸收有关工商管理培训教程、职业经理人培训相关教材和培训经验的基础上，结合新时代职业经理人社会培养的新要求，进行了相关的职业经理人素养、知识、能力体系的创新性整理和开发。中国社会科学院工业经济研究所提供了系统的学术支持。北京天问管理咨询有限公司提供了大量的咨询服务。经济管理出版社，特别是承担编辑校对工作的同志，付出了大量辛劳。民银国际控股集团有限公司提供倾力资助，使本教程得以顺利出版。浙江量子教育科技有限公司非常关注本教程的编写出版，提供了有力支持。在此，向他们表示诚挚的敬意和谢意！

在教程编写过程中，许多专家学者和从事职业经理人工作的同仁提出了诚恳的意见和建议，教程吸收采纳了国内外许多专家学者的学术和研究成果，恕不一一列出他们的名字，在此，一并表示衷心的感谢。

我们期待本教程的出版为我国职业经理人事业的发展，特别是为中国职业经理人资质培养与评价工作做出应有的贡献，期待为职业经理人才成长发展做出贡献，更期待广大读者的批评指正和宝贵意见。

周景勤

2023 年 5 月

本册目录

第七部分　职业经理人职业知识与技术

第四十章　管理经济学 …… 1835

第一节　市场供求与市场均衡 …… 1835

一、需求概述 …… 1835

二、供给概述 …… 1841

三、均衡理论及其运用 …… 1844

第二节　生产成本分析 …… 1853

一、成本的测度 …… 1853

二、短期成本函数 …… 1855

三、长期成本曲线 …… 1859

四、规模经济与范围经济 …… 1861

五、学习曲线 …… 1865

第三节　市场结构与企业行为 …… 1866

一、市场结构的分类 …… 1866

二、完全竞争条件下的企业行为模式 …… 1867

三、完全垄断条件下的企业行为模式 …… 1876

四、垄断竞争条件下的企业行为模式 …… 1880

五、寡头垄断条件下的企业行为模式 …… 1885

六、销售收入最大化的企业行为模式 …… 1894

第四节　企业投资决策与风险分析 …… 1898

一、投资决策概述 …… 1899

二、投资决策的风险分析 …… 1902

第五节　政府调控 …… 1904

一、市场失灵与政府政策调节 …… 1904
二、政府失灵及其矫正 …… 1916

第四十一章 组织理论 …… 1924

第一节 个体行为与激励理论 …… 1925
一、个体行为概述 …… 1925
二、人格与激励 …… 1926
三、气质及其管理 …… 1938
四、性格及其管理 …… 1941
五、认知风格及其管理 …… 1943
六、态度及管理 …… 1946
七、价值观及其管理 …… 1949
八、社会知觉及其管理 …… 1951
九、归因及管理 …… 1955
十、印象及管理 …… 1958
第二节 群体行为及其管理 …… 1962
一、群体概述 …… 1962
二、群体行为及其管理 …… 1967
三、高绩效团队的构建 …… 1970
第三节 组织设计 …… 1974
一、组织设计概述 …… 1975
二、组织设计流程 …… 1976
第四节 组织变革与组织发展 …… 1980
一、组织变革与组织发展的含义 …… 1982
二、组织发展 …… 1989
三、组织发展的措施 …… 1991
第五节 组织文化建设与学习型组织建设 …… 1996
一、组织文化建设概述 …… 1996
二、组织文化建设的内容 …… 1998
三、学习型组织建设概述 …… 2001
四、学习型组织建设的内容 …… 2003

第四十二章 领导理论 …… 2007

第一节 领导与领导者 …… 2007

一、领导 …… 2007
二、领导者 …… 2010
三、被领导者 …… 2012
第二节 领导理论 …… 2013
一、领导特质理论 …… 2013
二、领导行为理论 …… 2015
三、领导权变理论 …… 2020
四、领导情境理论 …… 2020
五、领导理论的新发展 …… 2021
六、领导与管理 …… 2022
第三节 领导方式与领导艺术 …… 2024
一、领导方式 …… 2024
二、领导艺术 …… 2028
第四节 领导内容 …… 2031
一、一般层面领导内容 …… 2031
二、具体层面领导内容 …… 2036
第五节 领导者素质与能力及其修养锻炼 …… 2040
一、领导者素质与能力 …… 2040
二、领导者素质与能力修养锻炼 …… 2045
三、领导特质理论的典型代表 …… 2047
四、领导行为理论的典型代表 …… 2050
五、领导权变理论的典型代表 …… 2050
六、领导情境理论的典型代表 …… 2052
七、领导理论的新发展 …… 2054

第四十三章 经济法律与法规 …… 2062

第一节 法律与法规 …… 2062
一、法律 …… 2062
二、法规 …… 2063
第二节 宪法有关经济条文 …… 2063
一、经济制度的概念 …… 2063
二、社会主义公有制是我国经济制度的基础 …… 2064
三、国家保护社会主义公共财产 …… 2065

四、社会主义市场经济是法制经济 …………………………………… 2065
第三节 《民法典》有关经济法律法规 ……………………………………… 2066
一、公司法 ………………………………………………………………… 2066
二、劳动合同法 …………………………………………………………… 2069
三、合同法 ………………………………………………………………… 2072
四、知识产权法 …………………………………………………………… 2079
第四节 国际法律解读 ……………………………………………………… 2080
一、国际法的概念 ………………………………………………………… 2080
二、国际法是法律的一种特殊体系 ……………………………………… 2080
三、国际法的法律性质表现 ……………………………………………… 2081
四、国际法的国际性 ……………………………………………………… 2082
第五节 行政法规 …………………………………………………………… 2083
一、行政法规 ……………………………………………………………… 2083
二、技术法规 ……………………………………………………………… 2083
三、基本建设法规 ………………………………………………………… 2085
四、税收法规 ……………………………………………………………… 2087

第四十四章 企业党建理论与实践 ……………………………………… 2094

第一节 企业党建是中国特色企业制度的有机组成部分 ………………… 2094
一、企业党建的概念和作用 ……………………………………………… 2094
二、企业党建是中国特色企业制度的有机组成部分 …………………… 2095
三、企业党建和现代企业制度发展趋势的协同性 ……………………… 2096
第二节 企业党建的目标与任务 …………………………………………… 2102
一、企业党建的目标 ……………………………………………………… 2102
二、企业党建的任务 ……………………………………………………… 2102
三、建设和谐企业 ………………………………………………………… 2105
第三节 企业党建与企业经营管理的相互促进关系 ……………………… 2112
一、党建融入中国特色企业制度的意义 ………………………………… 2112
二、党建融入中国特色企业制度的理论基础 …………………………… 2114
三、党建如何融入中国特色企业制度的企业经营管理 ………………… 2116
第四节 党建制度和机制的创新与完善 …………………………………… 2120
一、党建制度的创新与完善 ……………………………………………… 2120
二、企业党建机制的建设 ………………………………………………… 2121

三、建立有利于国有企业领导班子健康成长的机制 …………………… 2123
四、建立健全确保党的建设质量的长效机制 …………………………… 2127
第五节　企业党建的方法、方式、措施与创新 ………………………… 2128
一、企业党建的方法 ………………………………………………… 2128
二、企业党建的方式 ………………………………………………… 2130
三、企业党建的措施 ………………………………………………… 2132
四、新时代企业党建创新的主要内容 ……………………………… 2133

第四十五章　商业模式 …………………………………………………… 2137

第一节　商业模式的内涵与要素 ……………………………………… 2138
一、商业模式的内涵 ………………………………………………… 2138
二、商业模式的要素 ………………………………………………… 2139
第二节　商业模式类型 ………………………………………………… 2143
一、诱钓模式 ………………………………………………………… 2143
二、低价优质模式 …………………………………………………… 2143
三、免费模式 ………………………………………………………… 2145
四、电商模式 ………………………………………………………… 2145
五、体验营销模式 …………………………………………………… 2146
六、全渠道模式 ……………………………………………………… 2147
七、新零售模式 ……………………………………………………… 2149
八、长尾模式 ………………………………………………………… 2150
九、定制模式 ………………………………………………………… 2151
十、共享模式 ………………………………………………………… 2152
十一、众筹模式 ……………………………………………………… 2153
十二、众包模式 ……………………………………………………… 2154
十三、生态模式 ……………………………………………………… 2155
十四、资本模式 ……………………………………………………… 2156
第三节　企业商业模式的设计与创新 ………………………………… 2157
一、企业商业模式的设计 …………………………………………… 2157
二、企业商业模式的创新 …………………………………………… 2166

第四十六章　企业人力资源管理 ………………………………………… 2175

第一节　现代人力资源管理的发展趋势 ……………………………… 2175

五、风险承受 …… 2279
第六节　风险应急事件处置 …… 2280
一、风险应急事件概述 …… 2280
二、风险应急事件处置原则 …… 2282
三、风险应急事件处置程序 …… 2282

第四十九章　数字经济 …… 2285

第一节　数字经济及其特点 …… 2285
一、数字经济概述 …… 2285
二、数字经济的特点 …… 2286
第二节　数字经济与产业发展 …… 2288
一、数字经济与产业高质量发展 …… 2288
二、数字经济与传统制造业转型升级 …… 2293
三、数字经济与未来产业发展 …… 2297
第三节　数字经济与企业数字化转型 …… 2303
一、数字经济驱动企业高质量发展 …… 2303
二、企业管理数字化转型面临的挑战 …… 2309
三、企业数字化管理系统建设 …… 2312

第五十章　知识产权管理 …… 2322

第一节　知识产权概述 …… 2322
一、知识产权定义 …… 2322
二、知识产权的性质 …… 2323
三、知识产权特征 …… 2323
四、知识产权类型 …… 2324
五、知识产权制度 …… 2334
六、知识产权法律体系 …… 2337
第二节　知识产权管理概述 …… 2339
一、知识产权管理概述 …… 2339
二、企业知识产权管理概述 …… 2341
第三节　企业知识产权战略管理 …… 2346
一、企业知识产权战略的制定 …… 2346
二、企业知识产权战略的实施 …… 2354

第四节 企业知识产权运营管理 …… 2359
一、企业知识产权运营管理概述 …… 2359
二、企业知识产权许可 …… 2360
三、企业知识产权转让 …… 2361
四、知识产权资本运营 …… 2362
第五节 世界知识产权组织与主要国际条约 …… 2367
一、世界知识产权组织 …… 2367
二、《保护工业产权巴黎公约》 …… 2370
三、《与贸易有关的知识产权协定》 …… 2372
第六节 知识产权与企业发展 …… 2375
一、知识产权在企业发展中的作用 …… 2375
二、知识产权与企业创新机制 …… 2377
三、提高企业知识产权能力，打造企业竞争优势 …… 2378

参考文献 …… 2380

第七部分

职业经理人职业知识与技术

第四十章　管理经济学

学习目标

1. 理解供求相互作用怎样决定均衡价格和均衡产量，掌握供求定理，熟悉价格机制的作用；

2. 了解边际成本递增规律，掌握边际成本原理及其应用；

3. 掌握市场的概念和市场结构的分类，熟悉不同市场结构各自的特征；

4. 熟悉完全竞争市场的企业需求曲线，了解完全竞争市场行业的长期供给曲线；

5. 了解垄断的产生原因，熟悉垄断竞争企业的非价格竞争策略；

6. 理解市场效率的含义，熟悉市场效率的评价；

7. 理解政府如何通过微观经济政策对市场进行干预，进而对企业进行引导和控制。

第一节　市场供求与市场均衡

在市场经济条件下，企业的一切经营活动都必须面向市场，因此，企业管理者必须十分了解市场，并使自己的管理决策能够随时适应市场的变化。本节主要探讨市场的供求法则及其运行机制，目的是让读者了解市场运行的规律，以便更好地掌握市场的变化，正确地进行企业决策。

一、需求概述

需求和供给是构成市场的两个基本要素。在探讨市场的运行机制之前，有必要对与这两个要素有关的一些概念进行界定。以下着重探讨有关需求的若干概念和影响需求量的主要因素。

（一）需求量

需求量是指在一定时期内，在一定条件下，消费者愿意购买且能够买得起的某种产品或劳务的数量。在这里，“一定时期”一般指一年；“一定条件”指影响需求量的因素（如产品价格、消费者收入以及消费者偏好等）既定不变。这里需要指出的是，需求量不是消费者实际购买某种产品的数量，也不是消费者想购买某种产品的数量。“愿意购买且能够买得起”指消费者不但要有购买欲望，而且要有支付能力。只有购买欲望，表明消费者有一种需要和要求，但还不能成为需求，要成为需求，消费者还必须具有支付得起一定费用的能力。

（二）影响需求量的因素

在市场上，一种产品的需求数量并不是固定不变的，要受很多因素的影响。对不同的产品，其影响因素也是不同的，概括起来主要有以下六种：

1. 产品的价格

这是影响需求量的一个最重要、最灵敏的因素。通常情况下，需求量随价格的变化而呈相反方向的变化。产品的价格上涨，其需求量就会减少；产品的价格下跌，其需求量就会增加。在经济学上，这一现象被称作需求法则。

2. 消费者的收入

这里指的是消费者的平均收入水平。一般地，需求量与消费者收入呈相同方向的变化。消费者的收入水平提高，需求量就增加；消费者的收入水平下降，需求量也就减少。例如，这些年来农民对彩电的需求量增加很快，就是因为农民的收入提高了。但对某些产品来说，消费者收入的增加反而会导致需求量的减少。例如，在城市里，人们对非智能手机的需求量就是随人们收入的增加而减少的。但不管怎样，消费者收入的变化会影响产品的需求量。

3. 相关产品的价格

相关产品包括替代品和互补品。如果 Y 产品和 X 产品互为替代品，说明它们对消费者有相似的用途，可以相互代替使用，如羊肉和牛肉、咖啡和茶叶等。替代品之间具有正相关关系。当 Y 产品的价格上涨时，人们就会把需求转移到 X 产品上去，从而使 X 产品的需求量增加；反过来，当 Y 产品的价格下跌时，会引起 X 产品的需求量减少。所以，一种产品的需求量与其替代品的价格是呈相同方向变化的。如果 Y 产品和 X 产品是互补品，说明它们共同使用才能更好地发挥各自的效用，如复印机与复印纸、剃须刀刀架与刀片等。互补品之间具有负相关关系。Y 产品的价格上涨，会引起 Y 产品的需求量减少，从而也会使 X 产品的需求量减少；反过来，Y 产品的价格下跌，将引起 X 产品的需求量增加。所以，一种产品的需求量与其互补品的价格是呈相反方向变化的。总之，某产品的相关产品（不论是替代品还是互补品）的价格发生变化会影响该产品的需求量。

4. 消费者的偏好

消费者的偏好主要是指人们对产品的爱好和选择。例如，一款服装很流行，对它的需求量大，是因为有很多人喜欢该服装的款式。一种掌上电脑质量好、外观新颖，销路好，也是因为许多人宁可购买它而不购买质量次、外观陈旧的其他同类产品。人们的爱好和选择还与人们的习惯有关。例如，在我国，对咖啡的需求量很小，对茶叶的需求量却很大，这是因为我国居民不习惯喝咖啡，却普遍有饮茶的习惯。人们的爱好和选择不是固定不变的，因此需要经常研究其变化，并据此改进老产品、开发新产品，只有这样，才能保持人们对产品的高需求。

5. 广告费用

广告会影响人们对产品的爱好和选择。一般来说，广告投入越大，人们对产品的需求量也就越大。但这里有一个合理的限度。起初，增加广告投入会使产品的需求量增加较多，但当广告费用增加到一定程度后，增加一单位广告费用而引起的需求量的增加将会递减，甚至为负数，这时再增加广告费用就不一定合算了。

6. 消费者对未来价格变化的期望

人们对一种产品将来的价格期望如何，也会影响该产品的需求量。一般来说，如果价格看涨，需求量就会增加；如果价格看跌，需求量就会减少。我国曾经出现过"抢购风"，究其原因，就是消费者预期产品将涨价，都想在涨价前多买一些，结果导致某些生活必需品的需求量猛增。

以上只是影响产品需求量的一般因素，不同的产品往往还涉及影响需求量的特殊因素。例如，雨具、啤酒、空调等商品的需求量与季节有关；家用电脑、床上用品等商品的需求量与人口数量有关等。

（三）需求函数

产品的需求量受许多因素的影响，从数学上说，需求量就是影响它的诸因素的函数。需求函数就是需求量与影响这一数量的诸因素之间关系的一种数学表达式，可记为：

$$Q_x=f(P_x, P_y, T, I, E, A, \cdots)$$

其中，Q_x 为某产品的需求量，P_x 为某产品的价格，P_y 为替代品（或互补品）的价格，T 为消费者的偏好，I 为消费者的个人收入，E 为消费者对价格的期望，A 为广告费用。

但这种需求函数仅是最一般的表达式，它并没有体现出因变量和自变量之间的确定关系。所以，在决策时，为了计算具体的需求量，还必须估计出更具体的需求函数。

例 40-1　某洗衣机厂洗衣机的具体需求函数估计为：

$$Q=-200P+50I+0.5A \tag{40-1}$$

其中，Q 为顾客对该厂洗衣机的需求量，P 为洗衣机价格，I 为居民的平均收入，

A 为广告费用；-200、50 和 0.5 分别是这个需求函数各自变量的参数。

式（40-1）说明：洗衣机价格每增加 1 元，对洗衣机的需求量将减少 200 台；居民的平均收入每增加 1 元，将增加需求量 50 台；广告费用每增加 1 元，将增加需求量 0.5 台。如果计划年度 P、I、A 的值分别预计为 3000 元、25000 元和 1000000 元，那么，在计划期某洗衣机厂洗衣机的预计需求量应为 115 万台，即：

$$Q=-200\times 3000+50\times 25000+0.5\times 1000000$$
$$=1150000\text{（台）}$$

（四）需求曲线

需求曲线是假定在除价格之外其他因素均保持不变的条件下，需求量与价格之间关系的表达式，即 $Q=f(P)$。以上述洗衣机的需求函数为例，假设在式（40-1）的诸自变量中，居民的平均收入与广告费用是固定的，分别为 25000 元和 1000000 元，只有价格是变动的。那么，式（40-1）就可写成：

$$Q=1750000-200P \tag{40-2}$$

这个方程就是洗衣机的需求曲线方程。用图形表示，这条需求曲线是一条倾斜的直线，如图 40-1 所示。需求曲线上的各点反映了洗衣机的价格与其需求量之间的关系。例如，当价格为 6000 元时，洗衣机的需求量为 55 万台；如果价格降到 4500 元，需求量就增加到 85 万台；如果价格再下降到 3000 元，需求量就增加到 115 万台。

需求曲线既可以用方程来表示，如式（40-2）所示；也可以用图形来表示，如图 40-1 所示；还可以用需求表来表示，需求表是用表格形式列出需求量与价格之间的关系，如表 40-1 所示。

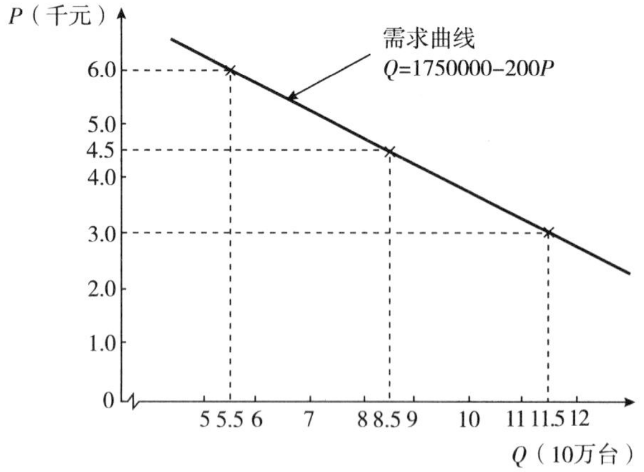

图 40-1　洗衣机的需求曲线

表 40-1　洗衣机的需求表

价格（元）	3000	4500	6000
需求量（台）	1150000	850000	550000

需求曲线可以分为单个消费者需求曲线、行业需求曲线和企业需求曲线。单个消费者需求曲线表示单个消费者愿意购买某种产品的数量与其价格之间的关系。行业需求曲线表示市场上全体消费者愿意购买某种产品的总数与其价格之间的关系。行业需求曲线可由行业内各单个消费者的需求曲线横向相加求得。假设一个行业只有两个消费者，则这两种需求曲线的关系如图 40-2 所示。

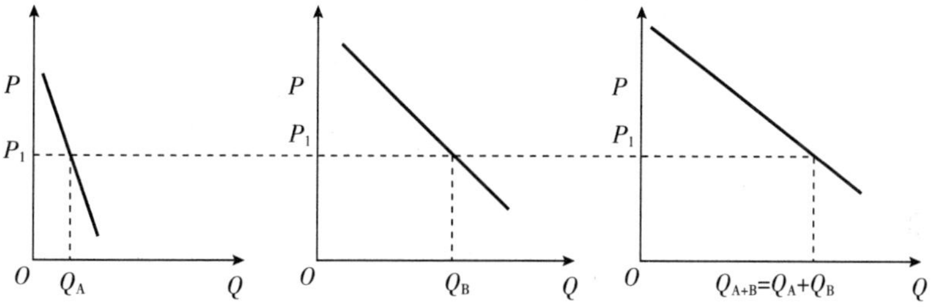

图 40-2　单个消费者和行业的需求曲线

企业需求曲线表示某企业的全体顾客愿意向该企业购买某种产品的数量与价格之间的关系。企业的商品如果涨价，消费者有可能立即把购买力转向其他生产同类产品的企业，使需求量迅速下降，所以企业需求曲线的斜率（绝对值）一般小于行业需求曲线。

任何需求曲线都有一个共同的规律，即它总是一条自左向右向下倾斜（斜率为负）的曲线。这是因为需求量的变动有自己的规律：价格上涨，需求量就减少；价格下跌，需求量就增加。两者通常按相反方向变化。价格下跌使需求量增加的原因：一是价格下跌后，消费者可以用同样的钱买到比以前更多的东西，这意味着消费者实际收入的提高，因而使需求量有所增加。这是由价格变化所产生的“收入效应”引起的。二是价格下跌后，消费者会把对替代品的需求转移到这种商品上，因而使这种商品的需求量增加。这是由价格变化所产生的“替代效应”引起的。同理，价格上涨，需求量就会减少。

（五）需求的变动和需求量的变动

需求和需求量是两个不同的概念。需求要说明的是一种关系，即需求量与价格之间的关系，其表现形式或是一张需求表，或是一个方程，或是一条需求曲线。当非价格因素（如消费者收入、消费者偏好等）发生变化时，这种关系就会变动（表现为消费者按每一可能的价格愿意买且能买得起某产品或劳务的数量发生变动），这种变动称为需求的变动。例如，在图 40-3 中，D 是原来的需求曲线，假定消费者收入有了增加，那么在价格水平为 P_1 时，需求量就会由 Q_1 增加到 Q_1'，而价格水平为 P_2 时，需求量就会由 Q_2 增加到 Q_2'。连接这两个点即得到收入增加后的需求曲线 D'。同理，D''是收入减少后的需求曲线。可见，当非价格因素发生变化时，需求曲线就会发生位移（如果需求曲线的方程是线性的，这种位移是平行位移），这种位移就是需求的变动。

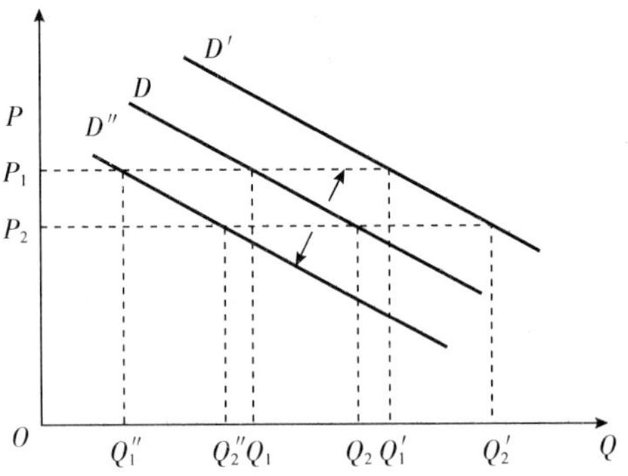

图 40-3　需求的变动

需求量则是一个量，它是指消费者在一定时期内，所有非价格因素不变的条件下，按某一特定价格想买且能买得起的某种产品或劳务的数量。在非价格因素不变的情况下（此时需求曲线维持不动），当价格发生变化时，需求量也随之发生变化，价格上涨，需求量就减少，而价格下跌，需求量就增加，这种变化称为需求量的变动。在图 40-4 中，D 是一条需求曲线，如果所有非价格因素都是既定的，需求曲线还是原来的需求曲线，价格由 P_1 下跌到 P_2，将使需求量由 Q_1 沿着原需求曲线增加到 Q_2，这就是需求量的变动。

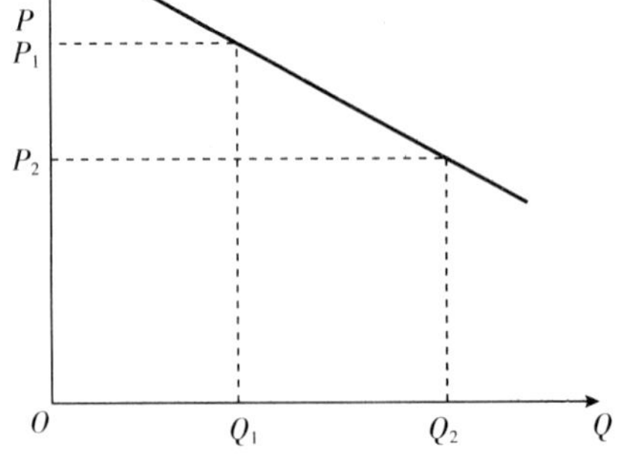

图 40-4　需求量的变动

弄清楚需求变动与需求量变动之间的区别，对于正确进行需求—供给分析是很重要的。

二、供给概述

以下着重探讨有关供给的若干概念和影响供给量的主要因素。

（一）供给量

供给量是指在一定时期内，在一定条件下，生产者愿意且有能力提供某种产品或劳务的数量。在这里，“一定时期”一般指一年；“一定条件”指影响供给量的诸因素既定；“愿意且有能力提供”指生产者既要有向市场提供产品或劳务的愿望，又要有生产这种产品或劳务的能力，两者缺一不可。需要指出的是，供给量并不是指生产者实际卖出的产品或劳务的数量。

（二）影响供给量的因素

影响企业（或行业）供给量的因素很多，主要有以下三个：

1. 产品的价格

一般情况下，产品价格上涨后，产品的供给量就会随之增加。这是由于价格上涨后，原有的生产者更有利可图，会进一步扩大生产，同时又会吸引新的企业加入这个行业来投资生产，使得企业和行业的供给量有所增加。反之，产品价格下跌后，供给量随之减少。

2. 生产中可互相替代的产品的价格

一般而言，替代品是指在消费中两种产品的效用相似，从而可以互相替代。这里讲的不是消费中的替代品，而是生产中的替代品。例如，农民利用同样的土地资源，既可以种小麦，又可以种棉花，则小麦和棉花是生产中可以互相替代的产品。

如果小麦涨价，而棉花价格不变，人们就会多生产小麦，少生产棉花，结果是小麦涨价会使棉花的供给量减少。

3. 产品的成本

一般来讲，产品成本越低，供给量就会越大。这是因为在产品价格既定的情况下，成本降低，单位产品的利润就会增加，因而企业愿意提供的产品数量也会增加，这样企业就能获得更多的利润。反之，产品成本提高，供给量就会减少。

企业产品成本的高低，是由企业的生产技术水平、原材料价格和工资水平等因素决定的。如果技术水平提高，或原材料降价，或工人工资水平下降，将会使产品成本降低。如果原材料涨价，或工人工资水平提高，将会使产品成本提高。所以，这些因素的变动都会通过成本的变动影响供给量。

以上是影响供给量的主要因素。此外，诸如政府的税收、补贴等因素也会影响产品的供给量。

（三）供给函数和供给曲线

供给函数就是供给量与影响供给量的诸因素之间关系的一种数学表达式，其最一般的形式可记为：

$Q_S=f（P，P_S，C，\cdots）$

其中，Q_S 为某产品的供给量；P 为某产品的价格；P_S 为生产中可替代产品的价格；C 为某产品的成本。

在影响供给量的因素中，价格是最灵敏、最重要的因素，如果假定其他因素不变，仅研究价格与供给量之间的关系，就要使用供给曲线。供给曲线是反映价格与供给量之间关系的表达式，其一般形式可记为：$Q_S=f（P）$。它可以用图形来表示。在图 40-5 中，S 是一条供给曲线，横轴表示供给量，纵轴表示价格。供给曲线上任一点的坐标都说明在某一特定价格水平上的供给量。此外，供给曲线也可以用代数方程来表示（如 $Q=a+bP$），也可以用表格形式来表示。

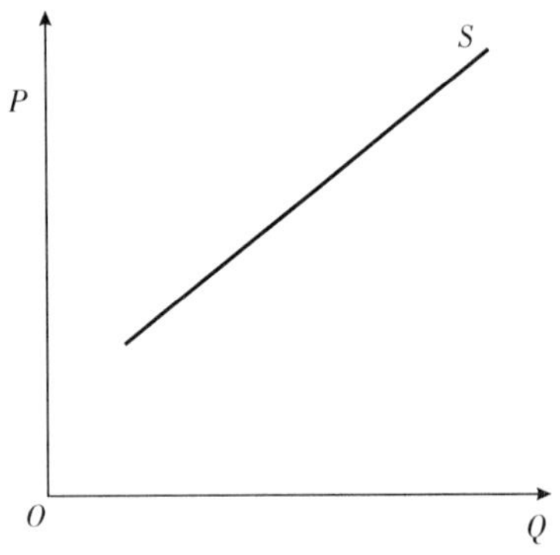

图 40-5　供给曲线

供给曲线可以分为企业供给曲线和行业供给曲线，它们分别表示企业和行业中某种产品的供给量与价格之间的关系。在作图时，行业供给曲线是由行业内诸企业供给曲线横向相加而得。假设一个行业只有 A、B 两家企业，则供给曲线的关系如图 40-6 所示。

供给曲线也有自己的规律：它总是一条从左到右向上倾斜（斜率为正）的曲线。这也是因为供给量的变动有自己的规律：价格上涨，供给量就增加，而价格下跌，供给量就减少，两者呈相同方向变化。价格上涨，供给量会增加的原因是产品价格上涨后，能产生以下效果：一是原来亏损的不愿意生产这种产品的企业有可能扭亏为盈，变得愿意生产这种产品；二是原来盈利的企业更有利可图，因而会进一步扩大生产，

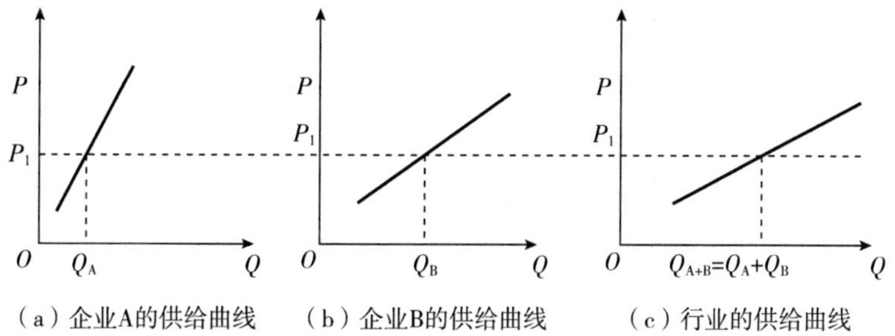

图 40-6　企业和行业的供给曲线

增加供给量；三是企业会把原来用于生产替代品的资源转而用来生产这种产品，也会使这种产品的供给量增加；四是会吸引新的企业加入这个行业，从而增加该产品的供给量。

（四）供给的变动和供给量的变动

与需求的变动和需求量的变动一样，供给的变动和供给量的变动也是两个不同的概念。供给的变动是指因非价格因素发生变化而引起供给曲线的位移。如图 40-7 所示，因非价格因素变动，供给曲线从 S_0 变动到 S_1 或 S_2，均属供给的变动。供给量的变动是指供给曲线不变（所有非价格因素不变），因价格变化，供给量沿着原供给曲线而变化。如图 40-8 所示，当价格从 P_1 上涨到 P_2 时，供给量从 Q_1 增加到 Q_2。这里需注意的是，供给和供给量也是两个不同的概念。"供给"不是一个单一的数，而是指一张供给表，或一条供给曲线，或一个供给曲线的方程。"供给量"则是在一定价格水平上，一个特定的供给量。当然，由于供给发生了变化，即使价格不变，供给量也会有所增减。在图 40-7 中，价格不变，但供给量在 S_1 情况下为 Q_1，在 S_2 情况下为 Q_2。

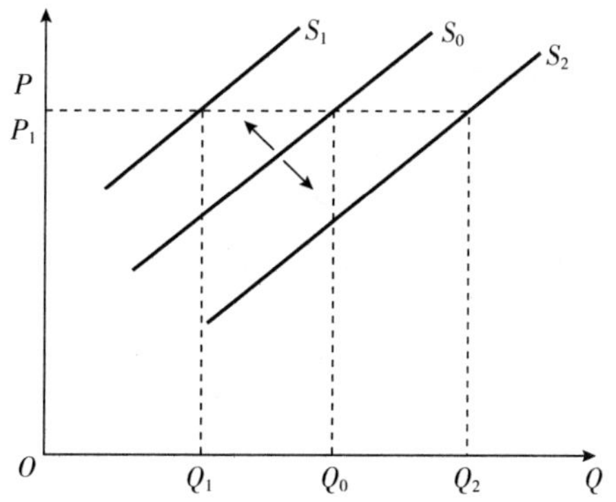

图 40-7　供给的变动

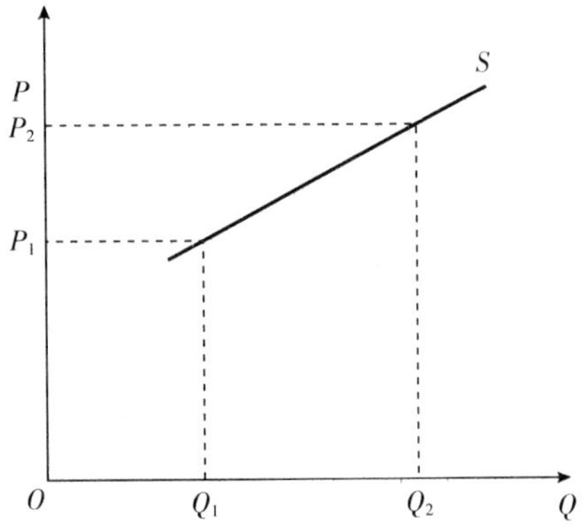

图 40-8　供给量的变动

三、均衡理论及其运用

（一）均衡价格的决定

市场是由买者和卖者组成的，买者总想以更低的价格获得商品，而卖者总想以更高的价格出售商品，但讨价还价的最终结果将达到一种供求均衡：在某一价格下，买者愿意买这么多商品，卖者愿意卖这么多商品。

市场均衡是指供给与需求达到了平衡的状态。这时，该商品的需求价格与供给价格相等，称为均衡价格；该商品的需求量与供给量相等，称为均衡产量。从几何意义上来说，市场均衡出现在该商品市场需求曲线和市场供给曲线相交的点上，该交点称为均衡点。均衡点对应的价格和供求量分别被称为均衡价格和均衡产量。可以用图 40-9 来说明需求和供给这两种相反的力量是如何共同作用来决定均衡价格的。

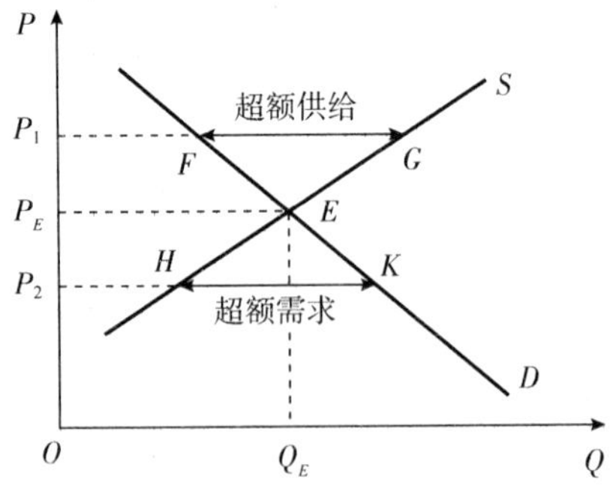

图 40-9　均衡价格的形成

如图 40-9 所示，某一商品的初始价格为 P_1，在这一价格水平上市场需求量为

P_1F，而供给量为 P_1G，存在超额供给 FG（供过于求）。这时候企业之间就会产生激烈的竞争，结果使价格逐渐下降，供给量逐渐减少，而需求量逐渐增加。这个过程一直进行下去，直到价格下降到 P_E 时，需求量和供给量相等（均为 Q_E），市场达到平衡。相反，如果初始价格为 P_2，在这一价格水平上，市场需求量为 P_2K，而供给量为 P_2H，存在超额需求（供不应求）。这时候消费者之间就会有一部分人买不到自己需求的商品，于是就会出高价购买，导致产品价格上升，这就会刺激企业扩大生产，供给量上升。直到价格上升到 P_E 时，需求量和供给量相等（均为 Q_E），市场又达到平衡。所以，需求曲线和供给曲线的交点 E 即为均衡点，E 点对应的价格 P_E 为均衡价格，E 点对应的产量 Q_E 为均衡产量。

从以上的分析我们知道，均衡价格的形成过程即是价格决定的过程，它是通过市场上供求双方的竞争过程自发地形成的。如果需求和供给之间没有达到均衡，市场就不会稳定，需求或供给就会朝均衡的趋势变动，直到达到均衡。在某种因素的作用下，如果价格背离了均衡价格，市场便又会朝着均衡的趋势运动，直到达到新的均衡。可见，在市场中，均衡是一种趋势，这不是由人的意志决定的，是客观存在的，是市场自发调节的结果。

（二）均衡的变动与供求定理

前文分析表明，当市场价格高于均衡价格时，市场上就会存在超额供给，即产品过剩，但我们经常发现菜市场中菜价连续上涨时，摊主们的蔬菜不但不存在卖不出去的现象，反而有大批顾客前来购买。同样，当出现禽流感时，鸡蛋价格大幅下降，但也没有出现人们排队购买鸡蛋的现象。前些年，我国开始提高普通高等院校收费标准，学费从原来的 200 多元上涨至 4000 元，我们也没有看到哪个高等院校教室空置、学校关门、教师下岗。这些现象是否说明均衡价格理论错误的呢?

答案是否定的。前文分析是在考虑影响需求和供给的其他因素不变的情况下进行的，即需求曲线和供给曲线固定不变，只分析商品本身价格变动对供求的影响。但是，当影响需求和供给的其他因素发生变化时，就会造成需求曲线和供给曲线本身的移动，这时在市场的调节下将形成新的均衡。下面我们分三种情况讨论。

1. 供给不变，需求发生变动

如前所述，需求变动是由影响需求的非价格因素变动所引起的，这种变动在几何图形上表现为整条需求曲线的移动。假定供给曲线不变，我们可以用图 40-10 来分析新的均衡价格和均衡产量。

如图 40-10 所示，需求曲线 D_0 与供给曲线 S 相交于 E_0 点，形成了均衡价格 P_0 和均衡产量 Q_0。当需求由于某种因素作用增加时，需求曲线向右移动，形成一条新的需求曲线 D_1，与原来供给曲线相交形成新的均衡点 E_1。我们可以发现，与原来的均衡点相比，均衡价格和均衡产量均提高了，新的均衡价格为 P_1，均衡产量为 Q_1；反之，当需求曲线向左移动时，则新的均衡价格和均衡产量均会下降。因此，当供给不变时，均衡价格和均衡产量的变动方向与需求的变动方向一致。

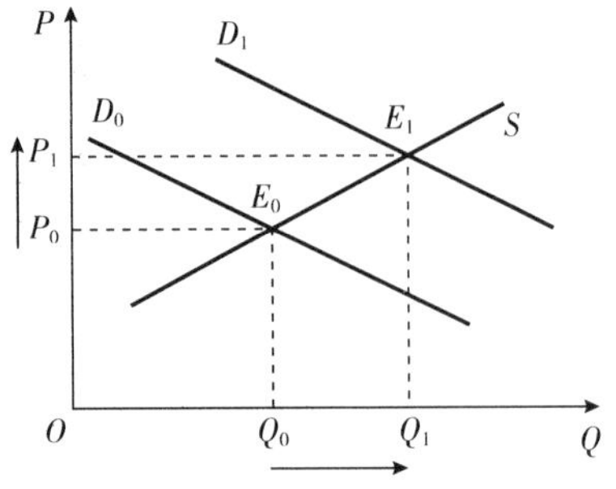

图 40-10　需求变动对均衡的影响

2. 需求不变，供给发生变动

同样地，供给变动是由影响供给的非价格因素变动所引起的，这种变动在几何图形上表现为整条供给曲线的移动。假定需求曲线不变，我们可以用图 40-11 来分析新的均衡价格和均衡产量。

如图 40-11 所示，需求曲线 D 与供给曲线 S_0 相交于 E_0 点，形成了均衡价格 P_0 和均衡产量 Q_0。当供给由于某种因素作用增加时，供给曲线向右移动，形成一条新的供给曲线 S_1，与原来的需求曲线 D 相交形成新的均衡点 E_1。我们可以发现，与原来的均衡点相比，均衡价格下降到了 P_1，均衡产量上升到了 Q_1；反之，如果供给曲线向左移动，则新的均衡价格上升，新的均衡产量下降。因此，当需求不变时，均衡价格与供给变动方向相反，均衡产量与供给变动方向一致。

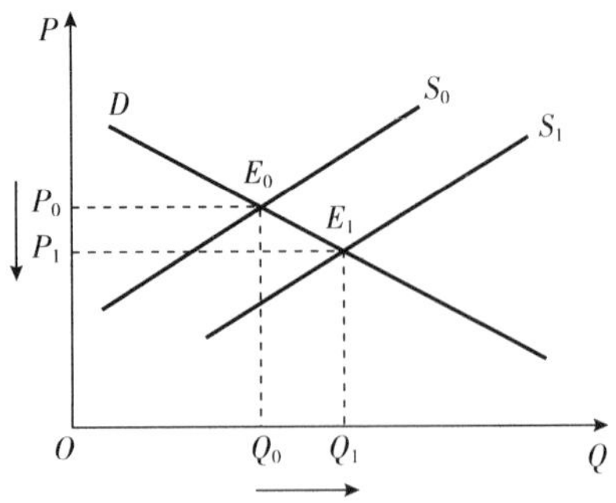

图 40-11　供给变动对均衡的影响

3. 需求与供给同时发生变动

当需求和供给同时发生变动时，均衡价格和均衡产量的变动就相对比较复杂。需求和供给变动方向和程度的差异都会对均衡产生不同影响。

现假定需求和供给由于各种因素的影响同时增加，如图 40-12 所示，需求曲线由 D_0 移动到 D_1，供给曲线由 S_0 移动到 S_1，均衡点随之由 E_0 移动到 E_1。根据前面的分析我们知道，需求和供给同时增加后，均衡产量一定也随之增加，即由 Q_0 增加到 Q_1。但是均衡价格的变化不能肯定。因为需求增加导致均衡价格上升，而供给增加导致均衡价格下降，而两者同时增加导致均衡价格如何变动将取决于两者增加的程度。如果需求增加的程度大于供给增加的程度，则均衡价格将上升，即由图中的 P_0 上升到 P_1；反之，则均衡价格下降。如果需求和供给增加的程度相同，那么均衡价格将保持不变。所以，在需求和供给同时增加的情况下，均衡产量一定上升，而均衡价格则不能确定，可能上升、下降或不变。

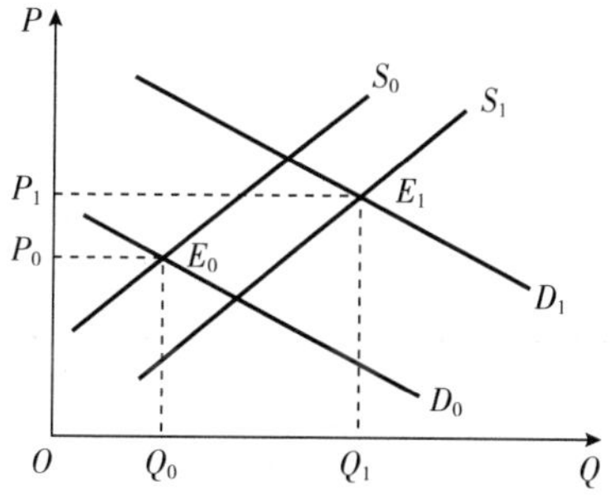

图 40-12　需求与供给同时增加时对均衡的影响

同样道理，如果需求和供给同时减少，均衡产量将一定减少，而均衡价格则不能确定。

现假定需求和供给由于各种因素发生了相反方向的变动，我们讨论需求增加、供给减少的情况。如图 40-13 所示，需求曲线由 D_0 移动到 D_1，供给曲线由 S_0 移动到 S_1，均衡点随之由 E_0 移动到 E_1。根据前面的分析我们知道，当需求增加、供给减少时，均衡价格一定上升，即由图中的 P_0 上升到 P_1，但是均衡产量我们无法确定，因为需求增加时，导致均衡产量增加，但是供给减少会导致均衡产量减少。这时候均衡产量就要取决于两者变动的程度。如果需求增加的程度大于供给减少的程度，则均衡产量就会增加，即由 Q_0 增加到 Q_1；反之，则均衡产量减少。如果需求增加的程度和供给减少的程度相同，则均衡产量不发生变化。所以，在需求增加、供给减少的情况下，均衡价格一定上升，但均衡产量的变动不能确定，可能上升、下降或不变。

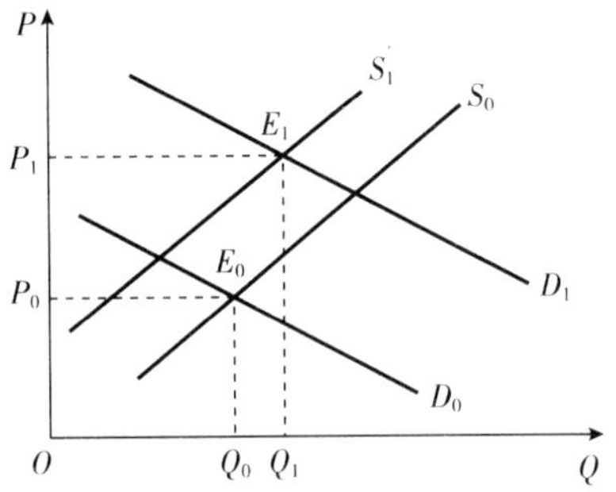

图 40-13 需求增加、供给减少对均衡的影响

同样道理，如果需求减少、供给增加，则均衡价格必然下降，而均衡产量不能确定，可能增加、减少或不变。

综上所述，我们将需求变动和供给变动对均衡的影响归纳为表 40-2。

表 40-2 需求和供给变动对均衡的影响

需求	供给	均衡价格	均衡产量
增加	不变	上升	增加
减少	不变	下降	减少
不变	增加	下降	增加
不变	减少	上升	减少
增加	增加	不确定	增加
减少	减少	不确定	减少
增加	减少	上升	不确定
减少	增加	下降	不确定

以上就是经济学中供求定理的基本内容。供求定理是指：需求的变动引起均衡价格和均衡产量同方向变动；供给的变动引起均衡价格反方向变动，而引起均衡产量同方向变动。需要说明的是，上述供求定理一般适用于完全竞争市场。所谓完全竞争市场，是指行业内企业数目很多，且生产同质产品，任何企业都是市场价格的接受者，单个企业行为对市场影响微不足道。关于完全竞争市场在后面还要详细介绍。另外，我们分析问题所用的需求曲线和供给曲线均指整个行业的曲线。

（三）价格机制的作用

均衡价格的形成过程表明，供给、需求和价格的变动都是相互依存的，即供给和需求因价格的变动而变动，而供给和需求的相互作用又决定价格，价格因供给和需求的变动而变动。在这个过程中，竞争性的价格机制处于核心地位，就像一只“看不见的手”指引着社会生产的协调运行。

在市场经济中，价格机制调节经济的功能或作用主要表现为以下三个方面。

第一，作为指示器反映市场的供求状况。市场的供求受各种因素的影响，每时每刻都在变化。这种变化是难以直接观察到的，但它反映在价格的变动上，人们可以通过价格的变动来确切了解供求的变动。某种商品的价格上升，就表示这种商品的需求大于供给；反之，这种商品的价格下降，就表示它的需求小于供给。价格这种作为供求状况指示器的作用是其他任何东西都不能代替的。

第二，调节消费者的需求和企业的供给。消费者和企业作为独立的经济实体，以“最大化”的原则（消费者追求满足程度最大化，企业追求利润最大化）来作出自己的消费或生产决策。一方面，消费者按照价格的变动来调节需求，增加对价格下降商品的购买，而减少对价格上升商品的购买；另一方面，企业按照价格的变动来调节供给，增加对价格上升商品的生产，而减少对价格下降商品的生产。价格的这种作用也是其他任何东西都不能代替的。

第三，合理配置资源。通过价格对需求与供给的调节，最终会使需求与供给相等或均衡。当需求等于供给时，消费者的欲望得到了满足，企业的资源得到了充分利用。价格变动的引导使得社会资源在各种用途之间有序流动、合理配置，从而实现消费者的效用最大化和企业的利润最大化。

具体地说，价格调节经济运行的机制就是：当市场上某种商品供大于求时，该商品的价格就会下降，从而一方面刺激了对该商品的需求，另一方面又抑制了对它的生产（供给）。当这种运行过程进入到对该商品的供给与需求大致相等时，资源也就得到合理配置了。同理，当某种商品供不应求时，也会通过价格的上升而使供求大致相等。价格的这一调节过程，把各个独立的消费者与企业的活动有机地联系在一起，使得整个经济和谐而正常地运行。

（四）均衡理论的运用

1. 价格管制

价格管制是指由于外部力量强制干预市场，制定一个与市场均衡价格不等的价格，从而造成市场的需求和供给不再相等。在市场经济中，经济的运行主要是由价格调节的。但价格调节是在市场中自发进行的，存在一定的盲目性，在现实中所得出的结果并不一定符合整个社会的长远利益。为了调节和稳定某些产品的供求，政府通常会采取一定的价格管制政策（限制价格政策和支持价格政策）。

（1）限制价格。限制价格（最高限价）是指政府对某种商品制定的低于均衡价格的最高市场价格。政府实行最高限价的目的在于：限制某些行业尤其是垄断性较强的行业的产品价格，以保护消费者的利益，维护经济秩序的稳定。在一般情况下，最高限价往往出现在一国的非常时期，比如战争时期或通货膨胀比较严重的时期。比如在通货膨胀严重的时期，政府对于生活必需品、原材料实行最高限价，以保证经济秩序和社会的稳定。

图 40-14 表示政府对某种产品实行最高限价的情形。P_0 为市场均衡价格；P_1 为政府限制的该商品的最高价格；Q_0 为均衡时的供给量（需求量）。我们看到，当价格为 P_1 时，企业的供给量为 Q_1，而消费者的需求量为 Q_2，Q_2-Q_1 为供不应求的数量，即短缺。根据供求定理，在低于均衡价格的 P_1 上，企业不会生产更多的产量，这就可能实现政府限制某些行业生产的目的。同时，在价格水平 P_1 上，扩大了购买该商品的消费者群体，有更多的低收入者具备了购买该商品的能力，从而有利于社会产品更公平地分配。然而，有一个重要的问题是，在最高限价上存在 Q_2-Q_1 的短缺。为了相对公平地分配 Q_1，配给和排队就成了常见的现象。20 世纪 70 年代末以前，我国商品的价格普遍偏低，由于价格偏离均衡价格，企业愿意提供的产品数量少于消费者愿意购买的产品数量，于是市场上出现供不应求的问题。为了解决供不应求的问题，政府就要实行配给制（发放票证），于是出现排队购买的现象。

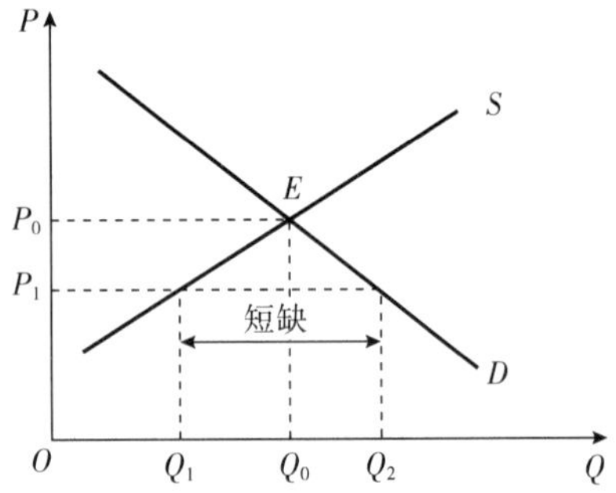

图 40-14　限制价格及其影响

配给制一般只适用于短期内的特殊情况，否则：一方面，可能使购物券货币化，或是出现黑市交易；另一方面，会挫伤企业的生产积极性，使短缺变得更加严重，一旦放弃价格限制，价格就会上升得更高。所谓黑市，是最高限价引发商品短缺后延伸出来的一个非法市场。在黑市，人们用超过法律规定的价格上限进行交易。图 40-15 说明了这种情况：在黑市中，人们购买到 Q_1 商品，却支付了高于均衡价格的价格 P_2，黑市销售者获得了高额收入，即阴影部分。

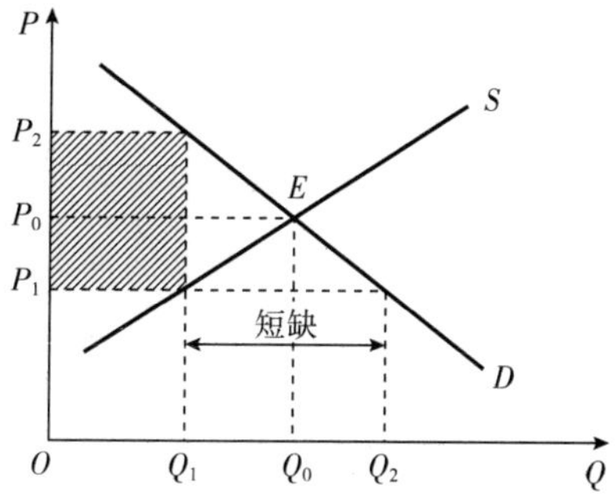

图 40-15　黑市及其影响

（2）支持价格。支持价格（最低限价）是指政府对某种产品制定的高于均衡价格的最低市场价格。政府采取最低限价的主要目的在于扶持某一行业的生产和保护供给者的利益。比如，最低工资法和扶持农业的政策。政府为了扶持农业，常常实行农产品的最低限价。在图 40-16 中，P_1 是政府规定的最低价格，对应于 P_1 的供给量是 Q_2，需求量是 Q_1，Q_2-Q_1 即为供过于求的数量，也即过剩。为了维持最低限价，这些过剩商品不能在市场上卖掉。此时政府可采取的措施包括：一是政府收购过剩商品，或用于储备，或用于出口（也包括鼓励农产品企业积极拓展海外市场）；二是政府对该商品的生产实行产量限制，规定将产量控制在 Q_1，实现人为的供求平衡。

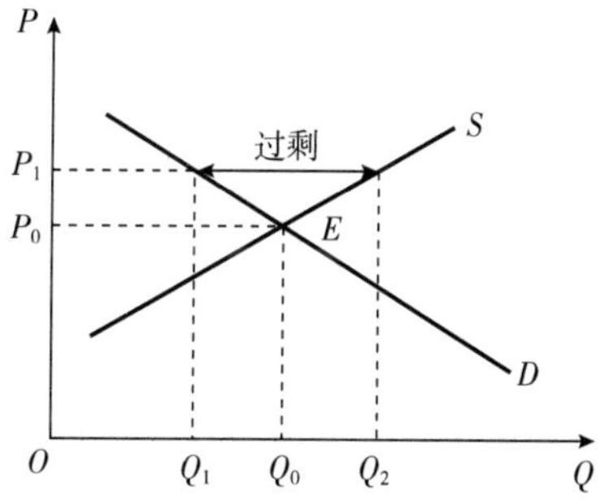

图 40-16　支持价格及其影响

2. 税赋的归宿

在商品的交易过程中，政府的税赋到底是由买方还是卖方来承担呢？

（1）向消费者征税。政府向作为买者的消费者征税，税收最初影响需求。需求曲线向左下方移动，移动距离等于每单位商品的征税量。供给曲线并不受影响，因为在任何一种既定的价格水平下，企业向市场提供产品的激励是相同的。在图 40-17 中，消费者在购买商品时向政府缴纳了一定的税费，因此，需求曲线向左下方移动，这时的均衡产量和均衡价格均下降。征税后，均衡价格从 P_0 降至 P_1，消费者购买每单位的商品，除了支付 P_1 的价格给企业外，还必须缴纳 P_2-P_1 的消费税，即消费者每单位商品支付的总价款是 P_2。从表面上看，税费完全由消费者承担，但仔细分析会发现，实际上税费是由消费者和企业共同分担的。税收使单位商品价格从 P_0 降至 P_1，这样在 P_2-P_1 的税收中，消费者实际负担的是 P_2-P_0，企业负担 P_0-P_1。

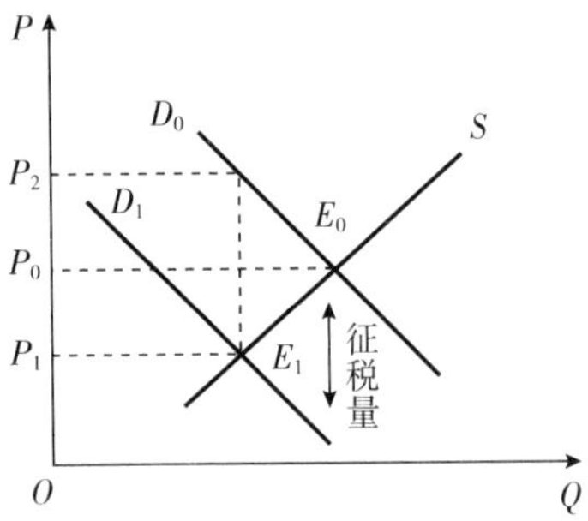

图 40-17 向消费者征税

（2）向企业征税。政府向作为卖者的企业征税，税收最初影响供给。供给曲线向左上方移动，移动距离等于每单位商品的征税量。这种征税对需求曲线不会有影响，因为税是由企业付给政府的，消费者对于价格中是否包括税金并不关心，他们关心的只是价格的高低。价格如果提高了，需求量就减少；反之，就增加。所以，征税对需求曲线没有影响。在图 40-18 中，政府向企业征收一定量税时，供给曲线向左上方移动相应的征税量，这时的均衡产量下降，均衡价格上升。征税后，企业看起来得到的每单位价格是 P_1，但其中一部分（P_1-P_2）要交税，因而企业实际得到的价格就从 P_0 下降到 P_2。不难看出，虽然是对企业征税，但是税收实际上是由企业和消费者共同分摊的，企业承担 P_0-P_2，消费者承担 P_1-P_0。

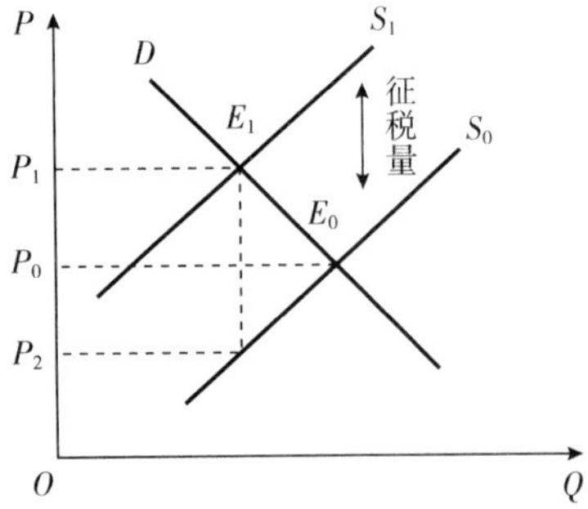

图 40-18 向企业征税

以上分析表明，政府不管是向作为买者的消费者征税，还是向作为卖者的企业征税，都会抑制市场活动，减少销售量，致使消费者支付的价格上升，企业得到的价格下降，并且无论如何收税，买卖双方都要分摊税收。到底是买方负担多一些还是卖方负担多一些，取决于需求和供给相对于价格变动反应敏感程度的对比，实际上就是需求和供给的相对弹性。税收负担通常更多地落在敏感程度相对不高，即弹性相对缺乏的市场一方。这是因为，对于价格变动反应欠敏感（弹性小），意味着买者对该种商品没有适当的替代品，或者卖者的退出成本较高，没有新的适合生产的替代品，退出困难，所以当对该商品征税时，市场中其他选择机会少的一方不能轻易地离开市场，从而必须承担更多的税收负担。

第二节 生产成本分析

实际上，企业一切经营管理决策的制定都需要预先估计和比较决策的实施将引起的成本以及将取得的收益，并力图使两者的差额——利润最大。成本分析正确与否，直接决定了经营决策的科学程度，并很可能因此决定了企业的前途和命运。所以，成本分析是经营管理决策的关键一环，它在管理经济学中占有极其重要的地位。

一、成本的测度

有关成本的概念非常多，站在不同的立场，从不同的角度，都会得出具有独特意义的成本概念。因此，在展开如何决定成本的分析之前，有必要首先了解各种成本的含义以及它们的测度方法。

（一）经济成本与会计成本

由于出发点不同，经济学家和企业会计人员对成本的看法大不相同。会计人员必须按照税法和企业会计准则的要求，把企业已发生的一切与经济活动有关的实际支付、费用等计入成本，以客观公正地反映企业的财务状况和经营成果。我们把这种财务会计意义上的成本称为会计成本。

与企业会计人员习惯于回顾企业的财务状况不同，经济学家是前瞻的，他们更为关注企业的经济前景，希望通过优化资源配置来提高经济效益。为此，经济学家非常重视机会成本，即经济资源因用于某特定用途而放弃的，在其他可供替代的使用机会中能够取得的最高收益。假设有一名企业家，同时有 A、B、C 三家公司聘请他出任总经理，月薪分别为 15000 元、12000 元和 10000 元，但他只能选择其中的一家就职。显然，为使机会成本最低，他应该选择 A 公司，为此“付出”12000 元的机会成本。而无论他选择B公司还是C公司，他的机会成本都是15000元。可见，机会成本是一种经济学意义上的成本概念，也就是说，它是一种经济成本。机会成本也称替换成本。

为了加深对经济成本与会计成本的理解，我们举一个固定资产折旧的例子。某企业花费10万元购买一辆货车，预计使用寿命为十年，以直线折旧法（每年折旧1万元）进行折旧。到第十年底，这辆货车的会计账面价值减为0。假设此时发现该货车仍可继续使用一年，或者可以5000元的价格转让给另一家企业。在会计人员看来，既然货车的账面价值为0，这额外一年的使用成本就是0。但是，对经济学家来说，如果继续使用，就放弃了转让获利的机会，因而货车这一年的使用成本等于转让费5000元。为了得出更有意义的结论，我们进一步假定如果企业留用这辆高龄货车，可以从使用中获益3000元。在这种情况下，企业应该如何决定该辆货车的去或留呢？显然，企业应当把这辆货车转让出去。理由是，继续使用的机会成本（5000元）大于收益（3000元），而转让的收益（5000元）大于机会成本（3000元）。这里需要注意的是，如果企业以会计成本作为决策的依据，就会得出继续使用可获净收益3000元的结论，从而做出留用的决策。同样道理，考虑到资金的机会成本，只有当某项目的利润率高于银行储蓄率时，企业才应投资该项目。如果一个项目的利润是正的，但小于相同的钱在同期可获得的利息，那么这个项目就是“明盈暗亏”的。从这些例子中我们可以认识到，企业的经营决策者在成本分析时应充分重视经济成本这一概念的运用。

（二）显性成本和隐性成本

显性成本与隐性成本是企业成本分析中非常重要的一对概念，它们的含义与经济成本、会计成本紧密相关。

显性成本指企业为取得生产所需的各种生产要素而发生的实际支出，包括工资、水电费、材料费用、中间产品费用和资产的租金等。由于显性成本涉及企业对与之有经济往来的企业或个人的直接支付，因此它包含在会计成本之中。在生产过程中，企业经常使用一些自己拥有的生产要素，如厂房、办公楼等。由于是自有要素，因此企业不需为使用它们而发生任何实际支出，但这并不意味着自有要素的使用就没有成本。事实上，如果企业不使用自己的生产要素，而是把它们出租或出售给其他企业，就能够取得一定的收益，这种收益构成了企业使用自有要素的机会，也即隐性成本。现在我们来给一个较为正式的定义。

所谓隐性成本，指的是企业在生产活动中使用的自有要素的价值，这种价值由机会成本来衡量。由于隐性成本没有牵涉到现金支出，因此它在分析决策时常常被人忽略。假设有一个亲自管理其企业的私营企业主，他并不因自己的管理工作而给自己支付工资，能否因此认为他从事管理工作的成本就等于0呢？答案当然是“否”，因为他有其他的就业机会，完全可以从中挑选一份最好的工作以领取一份可观的工资，这份工资就是他管理自己企业的隐性成本。必须强调的是，企业进行成本分析时，显性成本与隐性成本都要予以考虑，只有把它们均计入产品的成本，企业才能正确估价自己的经营成果，判断是否获得了正常利润，从而作出正确的管理决策。

（三）增量成本与沉没成本

增量成本和沉没成本也是企业进行决策分析时需要慎重对待的两个成本概念，对它们的处理正确与否将直接影响企业决策的正确性。

增量成本是指一项经营管理决策所引起的总成本的增加量。例如，某企业决定增设一条 DCD 生产线以扩大产量，由此需引进设备、增雇工人、增加购买原材料等，所有这些经济活动都会增加企业的总成本，其增加量就是增量成本。既然增量成本由企业决策决定，我们也可以把它理解为随决策而变动的成本。正确估计增量成本对企业的经济决策至关重要，过大的偏差将导致决策的失误。增量成本的高估，会使企业错以为决策不可行，从而放弃本可获取利润的机会；增量成本的低估，则会令企业的决策者盲目乐观，看不到可能造成亏损的风险，从而作出不应作出的决策。这里举一个增量成本低估的例子。假设市场对 DCD 机的需求增加，可在原价 1000 元的价位上增加 1 万台 DCD 机的消费。某 DCD 机生产厂以目前的生产成本为参照，预计增产 1 万台 DCD 机只会增加总成本 800 万元，从而可获净利 200 万元。因此，该厂决定增产并与销售商订下供货合同。可是，由于对市场的调研不充分，企业没有预料到原材料价格的连续上涨使总成本实际增加了 1020 万元，该厂因此净亏损 20 万元，其亏损的直接原因就在于过低地估计了增产决策的增量成本。

沉没成本是已经发生且无法收回的费用。由于它是无法收回的，因此不应影响企业的决策。例如，某百货公司打算购买一幢销售大楼，为此，花 20 万元订金取得了甲区一幢标价 100 万元大楼的优先购买权。若最终成交，需补交购楼款 80 万元，若不成交，订金不予归还。在这种情况下，由于不管今后买不买这幢楼，已经付出的订金都不能收回，因此这 20 万元订金是沉没成本，而买楼需补交的 80 万元则是决定成交的增量成本。假设后来该百货公司又在乙区发现一幢位置同样理想的大楼，标价是 90 万元。此时，该公司应决定购买哪一幢楼？比较一下两种决策的增量成本，决定购买甲楼的增量成本是 80 万元，而决定购买乙楼的增量成本为 90 万元，所以应该购买甲楼。这里可能犯的错误是，误把订金计入决定购买甲楼的增量成本之中，从而得出购买乙楼合算的结论。这里我们需要弄清楚的是，订金乃前期决策的产物，它是沉没成本，已经付诸东流，因而不应影响企业本期的决策。

二、短期成本函数

在短期，企业受固定要素（厂房、设备等）的限制，其生产能力基本确定，因而它的主要任务就是利用现有生产能力组织生产以创造利润。在运用各种有关成本概念进行成本分析以决定最优产量和产品价格时，企业需要了解其产品成本与产量的关系，即短期成本函数。既然产品成本源于投入要素，成本函数就可由各种产量水平下的最优投入组合及投入要素的价格推导而出。

（一）短期总量成本函数及单位成本函数

我们知道，在短期内，企业至少有一种投入要素固定不变，无论其间企业是否生产，也不管生产多少，发生在这种固定要素上的支出都不可变动。这种不随产量增减而变动的成本称为固定成本（Fixed Costs，FC）。固定成本包括借入资本的利息、租用厂房和设备的租金、与时间推移有关的折旧费、财产税、受合同约束在停产期间不能解雇的职工的工资等。

与固定成本相反，可变成本（Variable Costs，VC）是随产量变动而变动的成本，它与企业在可变要素上的支出相联系。可变成本包括原材料费用、与使用设备有关的折旧费、可随时解雇的工人的工资、货物税以及其他随产量增减而变动的投入要素的成本。在短期内，企业只能通过增减可变要素的投入量来调整产量，这就产生了可变成本函数。可变成本函数的形式为：

$$VC=f(Q) \tag{40-3}$$

该式表明，可变成本 VC 是产量 Q 的函数，它描述了生产任一产量水平的产品所需的最低可变成本，这是因为企业总是用最优的（也即成本最小的）投入要素组合来进行生产。函数关系取决于生产函数和生产要素的价格。需要强调的是，在计算固定成本和可变成本时，生产要素的价格必须用机会成本加以衡量，也就是说，显性成本和隐性成本都应计入生产成本。

固定成本（FC）与可变成本（VC）之和就是企业生产的总成本（Total Costs，TC），即：

$$TC=VC+FC=f(Q)+C \tag{40-4}$$

其中，C 是等于固定成本 FC 的常数。可见，和可变成本函数一样，总成本函数也是产量的函数，它们变化的方向与幅度完全一致，区别只是总成本函数多了一项常数（固定成本）。

企业在很多决策（如价格、产量决策）分析中都要用到单位成本，因此，我们很有必要探讨一下这些单位成本及其函数。由总成本、可变成本和固定成本函数可以方便地推导出与它们相对应的单位成本函数。

平均固定成本（Average Fixed Cost，AFC）是单位产品所分摊的固定成本，它等于固定成本除以总产量，即：

$$AFC=FC/Q \tag{40-5}$$

类似地，平均可变成本（Average Variable Cost，AVC）和平均总成本（Average Total Cost，ATC）分别是平均每单位产品所应分摊的可变成本与总成本，它们分别等于可变成本、总成本除以总产量，即：

$$AVC=VC/Q \tag{40-6}$$

$$ATC=TC/Q=(VC+FC)/Q=AFC+AVC \tag{40-7}$$

边际成本（Marginal Cost，MC）是增加一单位产量所引起的总成本增加量，即：

$$MC=\Delta TC/\Delta Q \tag{40-8}$$

由于固定成本不随企业产出水平的变化而变化（$\Delta FC=0$），因此边际成本也就是增加一单位产量所引起的可变成本的增加量，即：

$$MC=\Delta(VC+FC)/\Delta Q=\Delta VC/\Delta Q \tag{40-9}$$

边际成本告诉企业要增加多少成本才能增加一单位的产出，它有时也被称为增量成本。为了加深对各种成本函数的理解并分析它们之间的关系，我们举了一个具有典型意义的有关企业短期成本函数的例子。

表 40-3 描述了一个固定成本为 50 万元的企业，其可变成本和总成本随产量的增加而增加。总成本（第 4 列）是第 2 列的总固定成本与第 3 列的总可变成本之和，如 $Q=3$ 时，$TC=FC+VC=50+125=175$。第 5、第 6、第 7 列中的各平均成本分别由第 2、第 3、第 4 列中相应的总量成本除以第 1 列的总产量得到，如 $Q=5$ 时，$AFC=FC/Q=50/5=10$，$AVC=VC/Q=140/5=28$，$ATC=TC/Q=190/5=38=AFC+AVC$。第 8 列是边际成本，它既可由第 4 列的总成本也可由第 3 列的可变成本计算得到，如产量由 2 单位增加到 3 单位时，$MC=\Delta TC/\Delta Q=(175-150)/1=25$，或者 $MC=\Delta VC/\Delta Q=(125-100)/1=25$。

表 40-3　企业的短期成本函数

总产量 Q	总固定成本 FC	总可变成本 VC	总成本 TC	平均固定成本 AFC	平均可变成本 AVC	平均总成本 AC	边际成本 MC
0	50	0	50	—	—	—	—
1	50	60	110	50	60	110	60
2	50	100	150	25	50	75	40
3	50	125	175	16.7	41.7	58.4	25
4	50	135	185	12.5	33.8	46.3	10
5	50	140	190	10	28	38	5
6	50	150	200	8.3	25	33.3	10
7	50	180	230	7.1	25.7	32.8	30
8	50	240	290	6.3	30	36.3	60

我们只需关心它的长期总成本、长期平均成本与长期边际成本。我们看到，企业的长期平均成本曲线也是“U”形的，但其形成原因与同样呈“U”形的短期平均成本曲线完全不同，理解这一点有助于我们认识企业长期决策与短期决策间的区别。

（一）长期总成本曲线

生产同一产量的产品，长期成本之所以会低于短期成本，是因为企业在长期内可以用最优的投入要素组合进行生产。找出投入要素的最优投入量，结合其价格，我们就能求出生产一定产量的产品所需的最低长期总成本（Long-run Total Cost，LTC）。

由于长期内不存在固定成本，因此产量为零时，长期总成本也为零，长期总成本曲线经过原点。需要强调的是，长期总成本曲线上的任何一点均代表长期内生产一定产量产品的最低总成本（见图 40-20）。

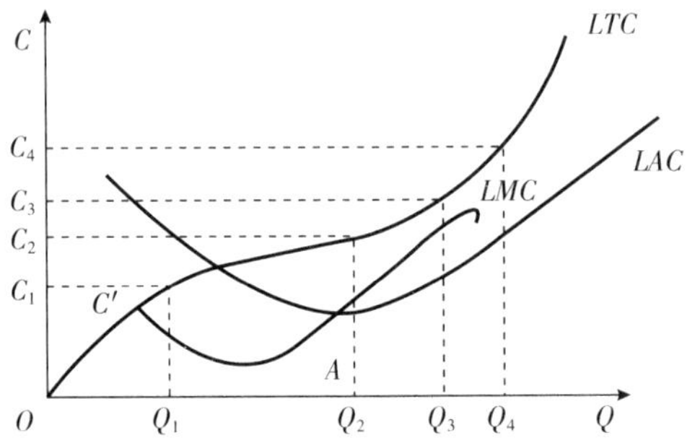

图 40-20　长期成本曲线（扩展线法）

有了长期总成本曲线，就可以很容易地推导出长期平均成本（Long-run Average Cost，LAC）曲线与长期边际成本（Long-run Marginal Cost，LMC）曲线了。长期平均成本等于长期总成本除以相应的产量 Q，而长期边际成本则是长期总产量增加一单位所引起的长期总成本的增加量，它们的函数式分别为：

$$LAC=LTC/Q \tag{40-12}$$

$$LMC=\Delta LTC/\Delta Q \tag{40-13}$$

从图形上看，长期总成本曲线上任一点与原点连线的斜率等于长期平均成本，其切线的斜率则等于长期边际成本。我们注意到，原点与 LTC 曲线上各点连线的斜率不断减小直至点 C'，越过 C'点之后则不断增大。同样地，长期总成本曲线上各点切线的斜率在 Q_3 对应的点之后开始连续上升。与短期边际成本曲线和短期平均成本曲线的关系类似，长期边际成本曲线先于长期平均成本曲线达到最低点，转而上升后穿过长期平均成本曲线的最低点。需要注意的是，虽然长期平均成本曲线和短期平均成本曲线均呈“U”形，但是它们背后的经济原因完全不同。长期平均成本曲线呈“U”形是由规模报酬先递增、之后不变、最后递减造成的。规模报酬的这种变化决定了长期平均成本曲线的形状。

（二）长期成本曲线与短期成本曲线的关系

我们知道，企业的长期总成本函数给出的是生产每一产出水平产品的最低成本，前提是它能任意改变生产规模。对于某个既定的产出水平，企业可以计算出各种可能的生产规模的总成本，并选择总成本最小的那种生产规模。既然每条短期总成本曲线都对应着一条短期平均成本曲线，那么通过比较不同生产规模的短期平均成本，企业也可以选择出生产特定产量产品的最佳生产规模（平均成本应最低）。

四、规模经济与范围经济

（一）规模经济与规模不经济

图40-20中长期平均成本曲线呈“U”形，这与企业在产出较低时面临的规模经济和在产出过高时遭遇的规模不经济是一致的。规模经济指的是产出的增长率大于成本增长率的情形，如产出增加2倍而成本只提高1.5倍。相反，规模不经济则指产出增长率小于成本增长率的情形。

规模经济通常以成本—产出弹性（EC）来衡量。成本—产出弹性表示单位产出变动百分率所引起的长期总生产成本变动的百分率，即：

$$EC=(\Delta LTC/LTC)/(\Delta Q/Q) \tag{40-14}$$

重新整理后可得：

$$EC=(\Delta LTC/\Delta Q)/(LTC/Q)=LMC/LAC \tag{40-15}$$

式（40-15）说明成本—产出弹性等于长期边际成本与长期平均成本之比。在 LAC 曲线的下降阶段，有 $LMC<LAC$，因而 $EC<1$，即存在着规模经济；在 LAC 曲线的上升部分，则有 $LMC>LAC$，因而 $EC>1$，即存在着规模不经济。在 LAC 曲线的最低点，$LMC=LAC$，因此 $EC=1$，既不存在规模经济，也不存在规模不经济。

规模经济（规模不经济）概念和规模报酬概念之间存在着紧密联系。规模报酬递增表现为产出增加的百分比大于投入要素增加的百分比，在要素价格不变的条件下，这会导致平均成本的下降，即出现规模经济。反之，在要素价格不变的条件下，规模报酬递减将引起规模不经济。而当规模报酬不变时，若要素价格不变，则长期平均成本保持不变，即规模经济与规模不经济相互平衡。所以，一般情况下，规模经济与规模报酬递增（或规模不经济与规模报酬递减）这两个概念可以互换使用。

但是，严格来说，规模经济与规模报酬递增并不等价。这是因为，规模报酬要求投入要素同时按相同比例增加，而规模经济则允许企业在改变生产水平时改变投入要素组合的比例。因此，规模经济概念更为一般，它包含规模报酬递增的特殊情形。专业化分工和技术因素会带来规模经济。除此之外，生产规模扩大导致的财务状况改善也是引起规模经济的重要原因。例如，企业越大，其采购的原材料、备用物品等生产要素的量越大，因而得到的折扣率可能更大。另外，大企业一般比小企业更容易在市场上发行股票、债券，而且更易取得银行的低息贷款，因而在资本成本率方面拥有优势。这些因素都会导致平均成本的递减，从而得到规模经济的好处。

（二）规模经济的原因

1. 生产规模经济

（1）满足某些技术的需求。在现代生产中，有些工序需要大型高效的设备，如果采用小规模的生产，就会使单件产品对这些设备使用的分摊成本提高。只有大规模生产，才会产生明显的生产效益。从另一层意义来说，如果不使用大型设备，那么技术水平较低的生产往往需要更多的人工投入，结果也不能降低成本。此外，如果生产产品需要多道工序，每道工序需要一种设备，而每种设备的效率可能都是不一样的，那么为了保证每种设备的产出均衡，我们可以这么计算：各种设备的每小时产量的最小倍数，除以各种设备的小时产量，所得的数值就是每道工序所需要的设备台数。显然，工序越复杂，这个数值就越大。这种多工序的生产就更能体现规模经济的优势。

（2）专业化生产。由实践中，我们知道分工可以提高生产效率，而实现分工的前提则是大规模的专业化生产。企业推行专业化生产，可以使用专门的设备。专门的设备与通用的设备相比，能够产生更高的效率，这就从一个侧面上降低了生产成本。另外，大规模生产可以深化分工，而细分工作岗位可以缩短工人熟悉工艺的时间，并使他们能够更为熟练、快速地完成工作。

（3）辅助生产的经济性。一般产品的生产，除了直接的生产过程，还需要有辅助的生产过程，如仓储、配套零件的生产、设备维修等。在多数情况下，这些辅助生产都属于劳动密集型的生产。大规模的生产可以在这些辅助项目上采用技术水平较高的手段，并使单件产品对它们的分摊成本更小。

以上三个因素是生产规模经济的原因。它们直接作用于生产过程，使平均成本在规模扩大时降低。

但是生产扩大并不是产生规模经济的全部原因。有些企业达到最佳的生产规模后，依然会采取规模扩大的策略，当前的合并、兼并高潮，就是这种情形。那么，我们就会产生一个疑问：生产规模达到最佳状态后，企业继续扩大规模，是凭借什么因素使平均成本依然呈下降的趋势呢？精明的企业家会说，扩大经营规模也可以使平均成本下降。

2. 经营规模经济

因经营规模扩大带来的经济增益，我们称之为经营规模经济。它的产生原因主要有五个方面：

（1）管理优势。一般在小企业会出现这种现象，它的管理人员往往身兼数职，这样做的结果就是管理权限不明确，以及管理人员不能充分发挥其特长。而如果企业规模较大，就可以对管理人员进行较合理的分工，做到人尽其才，达到较高的管理效率。此外，大规模企业也相对有能力使用自动化办公设备，从而提高管理的自动化水平，获得较高的管理效率并降低管理成本。这就是规模经济的管理优势。

（2）营销优势。以广告和售后服务为例，大规模企业有能力在广告和售后服务上做较大的投入，获得明显的宣传效果和较为完善的售后服务网络。这种优势尤其体现在产品地域市场较大的情况下。如果企业规模较小，它的广告投入和为客户提供的售后服务可能就会占用一大笔成本。而在一定的成本控制下，它不可能做好售后服务。

（3）采购优势。批量采购可以获得的效果是节约交易费用，实现高效、低成本的运输。规模采购可带来价格优势，降低采购成本，减少价格上涨风险。

（4）融资优势。在贷款或集资时，企业获得成功的可能性是以其信用为支撑的。相对而言，大规模的企业，占有较大的市场份额，产品比较稳定，抵抗风险的能力比较强，因而资信程度也较高，它们更容易获得借贷或投资方的信任。实际上，多数国家的金融系统都对中小企业规定了特殊利率。以我国为例，这个利率就比对大企业的贷款利率要高一些。因此，中小企业使用资金的成本也会比较高。

（5）科研优势。创新是企业发展的重要手段。大规模企业能够投入雄厚的资金支持科研，并且大规模生产也能使单件产品分摊的科研成本更小。相反，中小企业很难负担对科研的投入，其单位科研成本也会比较高。

（三）超大规模不经济的原因

超大规模不经济是指把企业规模扩大到一定程度后，如果再继续扩大，就会导致平均生产成本上升的现象。导致超大规模不经济的因素有如下三个方面：

1. 管理机构臃肿

企业规模越大，意味着其管理的难度越大。假设企业设立多个管理部门，而这些部门之间的权责划分不明确，可能出现交叉或某些事情无人负责的现象，其中只要某个环节出现这样的情形，就会影响整个管理流程。这种部门林立、权责不清的现象，就是管理机构臃肿。它的结果是管理效率低下，并增加管理成本。这是平均成本上升的主要原因。

2. 内部运行低效率

相对而言，大企业的中层管理人员感受到的市场压力可能会比较小。他们或者不直接与市场接触，或者没有高层管理人员需要完成指标的压力。总之，中层管理人员较为缺乏市场竞争的激励，因此他们的主观能动性也会比较低，结果就造成管理低效率。内部运行低效率的现象在国内外都是常见的，被戏称为“大企业病”。

对于这个问题，我们也许可以借鉴邯钢的经验。邯钢推行内部市场法，分解市场压力，使每个环节的管理人员及生产人员都能够意识到市场竞争。实践证明，内部市场法在抑制内部运行低效率方面相当有效。

3. 信息传递低效率

一般而言，大规模企业的管理层次比较多，而层次越多，信息传递的回路就越长，同时，层层传递也会影响信息的准确度。有一个关于信息传递的实验可以说是广为人知，一则消息经过二十个人的传递，就会变成另外一个消息了。总之，管理层次多，一是造成信息传递速度慢，二是影响信息的真实性，结果都会导致企业对市场反应的迟钝。因此，并非所有企业都是规模越大，平均成本越低。选择什么样的规模，企业要考虑它自身的产品特点和生产技术条件所能确定的最佳生产规模，以及它自身的管理水平所要求的最佳经营规模。忽视这两个方面的制约，一味地采取扩张策略，结果出现的不是规模经济，而是超大规模不经济。

（四）范围经济

许多企业并不仅生产一种产品，而是同时进行两种以上产品的生产。例如，航空公司既运送旅客也发送货物，汽车公司生产小汽车、卡车与摩托车等。这些企业通常在联合生产多种产品时拥有技术和成本优势，包括资源和信息的共享、联合市场计划、可进行提高效率与降低成本的统一经营管理等。还有一种联合生产的情况则是有些企业在生产主要产品的过程中也会产生一些副产品，而对其加以利用于企业是有利的。冶炼厂是这种情况的典型，它们在电解主要金属产品时将得到大量的阳极泥，从中可以提炼出多种贵重金属（如黄金、白银等），这些贵重金属是其利润的重要组成部分。

如果多种产品的联合生产比单独生产这些产品成本更低，我们就说存在范围经济；反之，若联合生产比单独生产成本更高，则是范围不经济。我们在前文中举的都是有关范围经济的例子，下面再举个范围不经济的例子。

某农场主在其果林中套种经济作物，由于果树与作物相互产生不利影响，最终导致两头歉收，成本大增，经营失败，失败原因在于这些果树与经济作物的联合生产在技术上不可行。

范围经济与规模经济是两个不同的概念，它们之间没有直接联系。企业既可能在规模不经济的条件下获得范围经济，也可能在范围不经济时享有规模经济的好处。例如，家具业属于劳动较密集型行业，仅生产一种家具并不具有规模经济的优势，但是同时生产沙发、衣柜等多种产品既可提高原料的利用率，又可扩大市场销路，比单独生产一种产品平均成本更低，因而拥有范围经济的利益。而一个跨行业的企业集团，由于其下属企业各自独立在一个产品领域生产经营，因此享有规模经济，但就其单个企业而言并未获得范围经济。

企业的经营管理者必须对获取范围经济的可能性保持高度的敏感性，充分挖掘本企业的生产潜力，大胆开拓，以利用每一个可以创造利润的生产机会。

五、学习曲线

前文我们把企业长期平均成本的下降归因于规模报酬递增，前提是企业的生产规模可随产量的增长而变动。但是，如果企业的生产规模并未发生变化，而其平均生产成本长时期地连续下降，那又该如何解释呢?

事实上，这种现象非常普遍。由于企业能够在生产过程中不断获取有关经验，提高生产效率，因此其平均生产成本通常会随企业累计产出的增长而下降。形成这种现象的具体原因包括以下三点：

（1）工人对设备和生产技术有一个学习与熟悉的过程，生产实践越多，他们的经验就越丰富，技术就越熟练，完成一定生产任务所需的时间也就越短。例如，一名新工人第一次装配自行车也许要花费 10 小时，而到他第一百次装配的时候，可能就只要 3 小时了。

（2）企业的产品设计、生产工艺、生产组织会在长期的生产过程中得到完善，走向成熟，这将使产品的成本降低。

（3）企业的协作者（如原料供应厂家）和企业合作的时间越长，对企业的了解越全面，其提供的协作就可能越及时、有效，从而降低企业的平均生产成本。

总之，企业通过“干中学”可在一定限度内降低自己的平均生产成本。学习曲线描绘了企业平均生产成本随累计产出的上升而下降的情形，如图 40-21 所示。图 40-21 是学习曲线的一般形状，横轴表示某时刻企业累计生产的产品数量，纵轴表示相应的平均生产成本。需要注意的是，随着累计产量的增加，平均成本下降的速度越来越慢，因而学习曲线凸向原点。

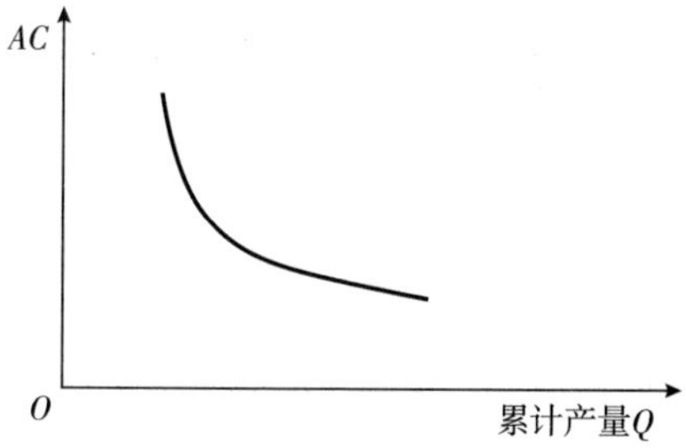

图 40-21　学习曲线

学习曲线的函数形式可表达为：

$$AC=aQ^{-b} \tag{40-16}$$

其中，AC 是累计产量为 Q 时企业的平均生产成本，a、b 是大于零的常数。a 的经济含义是第一单位产出的平均成本，b 则反映企业学习效应的大小：b 越大，平均成本下降的速度越快（学习曲线越陡），学习效应显著；反之，平均成本下降速度很慢，学习曲线比较平缓，学习效应不显著。

对式（40-16）左右两边取对数，可得：

$$\lg AC=\lg a-b\lg Q \tag{40-17}$$

若以 $\lg AC$ 为纵轴，$\lg Q$ 作为横轴，学习曲线就变为一条向右下倾斜的直线，$-b$ 为它的斜率。运用累计产量 Q 和与其相对应的平均成本的历史数据，我们可以用回归分析法估算出式（40-17）的参数 $\lg a$ 和 b，进而得出学习曲线函数式（40-16）。

学习曲线对企业的经营管理决策具有重要意义。它不但可以用来估计企业未来对工人、设备、原料等生产要素的需求量，而且可以用来预测新产品的生产成本，从而决定该新产品的产出数量和价格。它甚至还可用来估计供应商的价格行情等，例如，在得出学习曲线函数式（40-16）之后，企业就能知道每一累计产出水平下的平均生产成本，判断学习效应是否显著。据此，结合其他信息（如市场需求状况），企业可以确定累计产出应该达到的数量、产品价格应定在什么水平等。

一般来说，企业不同，其平均生产成本随累计产出的下降速度（学习曲线的斜率）也不同，各行各业的学习曲线之间存在着一定的差异。从企业内部考察，企业职工队伍越稳定，素质越高，它的学习效应就越显著，因而学习曲线更为陡峭。相反，如果企业频繁更换职工，并且聘用的人员素质偏低，那么它的学习效应就会很小，学习曲线也就比较平缓。典型的经验数据显示，大多数企业的累计产出每增长 1 倍，其平均成本下降 20%~30%。

第三节　市场结构与企业行为

前文讨论了企业在需求、生产和成本等情况已知的条件下进行决策的原理与方法，但没有把企业的外部市场环境考虑进去。本节将考察不同的市场结构对企业行为的影响。

一、市场结构的分类

市场结构要说明的是企业（和个人）所面对的市场竞争环境。经济学通常把市场结构按其竞争程度的不同分为四类：完全竞争、垄断竞争、寡头垄断和完全垄断（后三者又合称为不完全竞争）。这四种市场结构在企业控制价格的能力、卖者的数目、产品的差异程度和企业进出市场的难易程度方面各不相同（见图 40-22）。

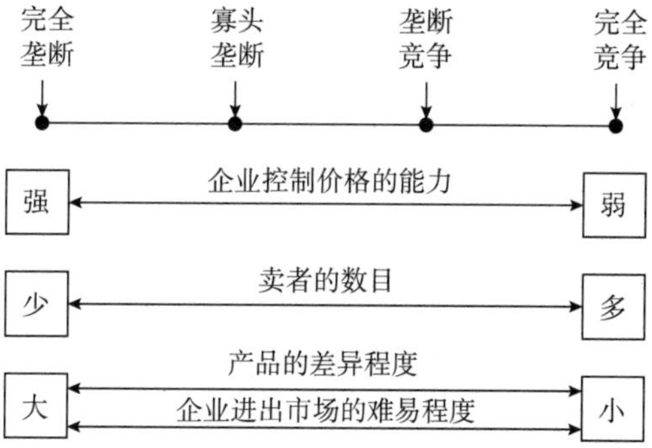

图 40-22 四种市场结构

首先，企业控制价格的能力不同。完全竞争条件下的企业无力控制价格（无力自己制定价格，只能接受市场决定的价格），完全垄断企业则对价格有很大的控制力。垄断竞争和寡头垄断企业控制价格的能力小于完全垄断企业，大于完全竞争企业。

其次，卖者的数目不同。在完全竞争和垄断竞争市场里，卖者很多，它们只生产全行业产品的很小部分。而在完全垄断市场里，整个行业只有一个卖者。寡头垄断则介于前两种情况之间，在一个行业里有几个卖者。

再次，一个行业中企业产品的差异程度不同。在完全竞争市场条件下，在一个行业内，企业生产的产品都是同质的。例如，一家农户生产的小麦和另一家农户生产的小麦是基本相同的。在垄断竞争行业里，企业间的产品有差异，如不同的衬衫制造商所生产的衬衫在式样和质量上有差异。在寡头垄断市场里，有的行业生产同质（或标准化）的产品，有的则生产有差异的产品。在完全垄断市场里，由于一个行业只有一家企业，因此不存在产品差异问题。

最后，企业进出市场的难易程度也不相同。在完全竞争的市场里，不存在进出的障碍。在垄断竞争市场里，企业的进出也是很容易的。但在寡头垄断市场里，企业的进入障碍就会很大，比如，建一座新的汽车厂或炼油厂，往往要投入很多的资金、承担较大的风险，所以很不容易进入。在完全垄断市场里，新企业的进入更难。一旦有新企业进入，垄断就不复存在。

二、完全竞争条件下的企业行为模式

（一）什么是完全竞争

完全竞争市场结构最基本的特征是产品的价格完全由市场决定，企业只是价格的接受者，对定价无能为力。完全竞争市场结构必须具备以下四个条件：

1. 买者和卖者很多

买者和卖者的数量都很多，使每个买者的购买量和每个卖者的销售量在整个市场的交易量中所占的份额都很小，以致他们都无力影响市场的价格。

2. 产品同质

在完全竞争的行业里，各个企业生产的产品都是同质的。如果企业生产的产品有差别，那么顾客会愿意购买他所喜欢的某个企业或某品牌的产品，而不购买另一个企业或另一品牌的产品。这样企业就可以通过改变产量来影响价格。只有当各个企业生产的某种产品都是同质的（它们之间具有完全的替代性），买者对于谁生产这种产品毫不关心时，企业才无力控制市场价格，完全竞争的要求才能得到满足。

3. 企业进出行业自由

这是指企业进入或退出一个行业必须是很容易的。如果新企业进入一个行业存在障碍，就会削弱竞争，产品的价格就会被抬高。这时完全竞争就不再存在。

4. 企业和顾客掌握的市场信息很充分

这是指企业和顾客完全了解市场上该种产品的价格和质量，如果不是这样，就会给一些人带来抬高价格的可乘之机，完全竞争的市场条件就会遭到破坏。显然，在现实生活中，要完全具备上述条件是不现实的。例如，企业的数目不可能无穷多，不同企业的产品不可能绝对同质，企业进出行业不可能完全没有困难（如熟练劳动力之类的生产要素要从一个行业转移到另一个行业不是没有困难的），消费者也不可能完全掌握市场信息等。所以，完全竞争的市场结构是一种纯理论的模式，在现实生活中是不存在的（在现实生活中，有一些行业接近这种市场结构，如农产品市场和股票市场）。尽管如此，完全竞争市场机制的理论仍然十分重要，因为它是分析、研究市场运行机制和其他市场结构理论的基础。

（二）完全竞争条件下企业的短期产量决策

在完全竞争条件下，不存在企业如何确定最优价格的问题，因为在这种条件下，价格是由市场供求关系自发决定的，如图 40-23（a）所示。企业在决定价格方面是无能为力的。假如企业想把价格定得高于市场价格，买者就不会出高价买它的产品，而宁愿去买其他企业的产品（因为各家企业的产品是同质的）。同样地，企业既然能按市场价格卖掉产品，就不会降价。所以，在完全竞争条件下，企业不存在价格决策问题。这时它的需求曲线是一条水平线，即一条完全弹性的需求曲线，如图 40-23（b）所示。水平的需求曲线表明，按市场价格，企业想卖多少就能卖多少，但只要企业的产品价格稍高于市场价格，就一点也卖不出去。

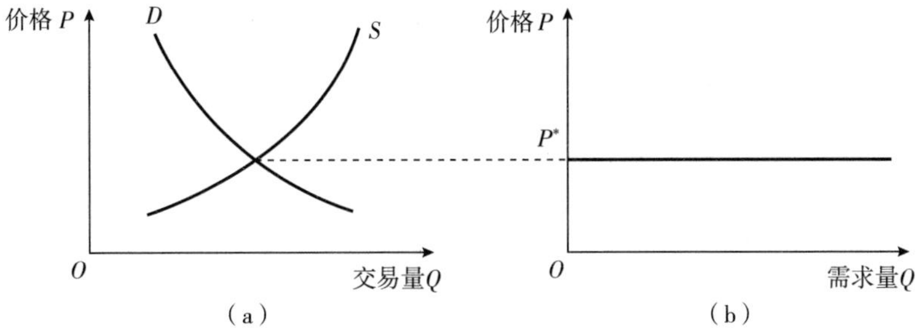

图 40-23　完全竞争条件下，产品价格由市场供求关系决定

既然在完全竞争条件下价格是由市场决定的，那么企业的产量是否越大越好？答案是否定的。因为如果企业的产量过大，超过了一定限度，就会引起生产成本迅速提高，以致总利润反而减少，甚至亏本。究竟生产多少才能使利润最大化，这就是最优产量决策问题。

假定一家企业处于完全竞争的市场中，它的产品价格（P）、边际成本（MC）、平均成本（AC）均已知，如图 40-24 所示。由于在完全竞争条件下产品的边际收入等于价格，因此需求曲线与边际收入曲线是重合的，即 $P=MR=AR$。

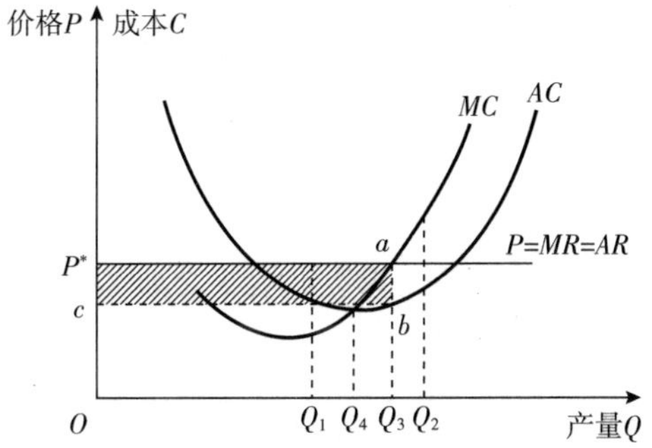

图 40-24　完全竞争条件下企业的短期均衡（盈利企业）

根据利润最大化原理，当 $MR=MC$ 时，企业的总利润最大，又由于完全竞争条件下 $P=MR$，因此从短期看，完全竞争条件下企业达到最优产量的条件是 $P=MC$。在图 40-24 中，最优产量为 Q_3。

这里需要注意的是，企业平均成本曲线（AC）最低点的产量（Q_4）是企业生产效率最高点，也是单位产品利润最大点，但不是企业总利润最大点。企业总利润最大点在产量为 Q_3 处。当产量为 Q_3 时，企业的总利润＝单位产品利润×产量＝（$OP-OC$）×Q_3＝四边形 P^*abc 的面积，即图 40-24 中的阴影部分。

（三）完全竞争条件下企业和行业的短期供给曲线

由上文可知，当企业有利润时，最优产量（利润最大时的产量）的条件是 $P=MC$。下面研究当企业亏损时最优产量（亏损最小时的产量）的条件。当企业亏损时，平均成本（AC）曲线的最低点要高于价格，即高于需求曲线（见图 40-25）。

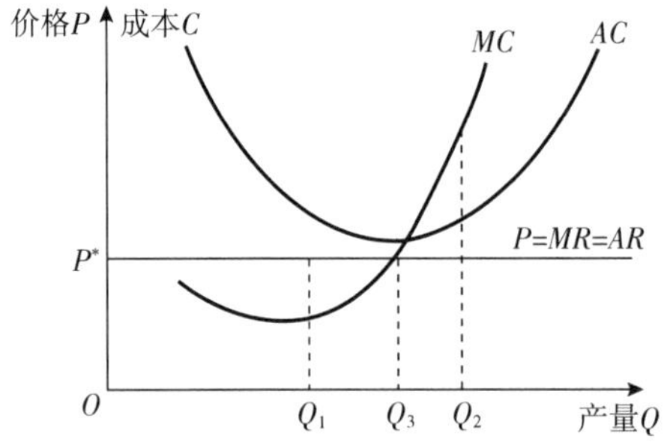

图 40-25　完全竞争条件下企业的短期均衡（亏损企业）

从图 40-25 中可以看到：

当产量为 Q_1 时，$P>MC$，说明此时增产有利（可以减少亏损）。

当产量为 Q_2 时，$P<MC$，说明此时减产有利（可以减少亏损）。

因此，只有当 $P=MC$ 时，企业的亏损最少，此时的产量 Q_3 为最优产量，企业的亏损等于四边形 P^*abc 的面积（图 40-26 中的阴影部分）。

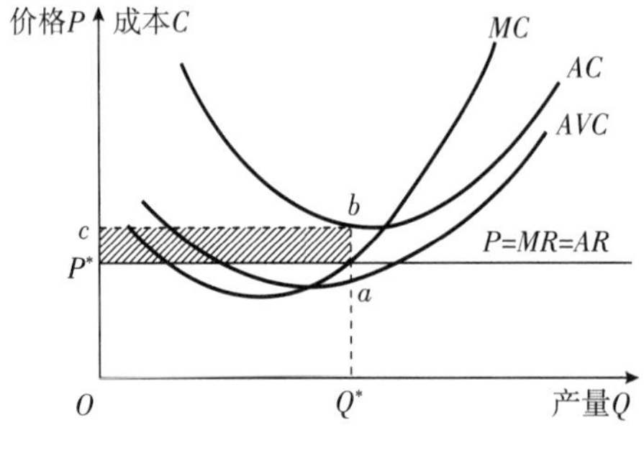

图 40-26　完全竞争条件下企业的短期均衡（亏损企业的亏损额）

由此可见，不论是盈利企业还是亏损企业，最优产量的条件都是 $P=MC$。但如果企业是亏损的，是否应当马上停产？不一定，要看平均变动成本曲线的最低点是在价格之上，还是在价格之下。如果平均变动成本曲线的最低点在价格之下（见图 40-26），此时在最优产量水平 Q 上，$P>AVC$，说明这时企业进行生产仍能带来贡献，这笔贡献可用来弥补固定成本的部分支出，从而减少亏损。所以，从短期看，此时继续从事生产对企业仍是有利的。如果平均变动成本曲线的最低点在价格之上（见图 40-27），此时在最优产量水平 Q 上，$P<AVC$，说明销售收入不足以弥补变动成本，此时进行生产会增加企业的亏损，因此应当停产。

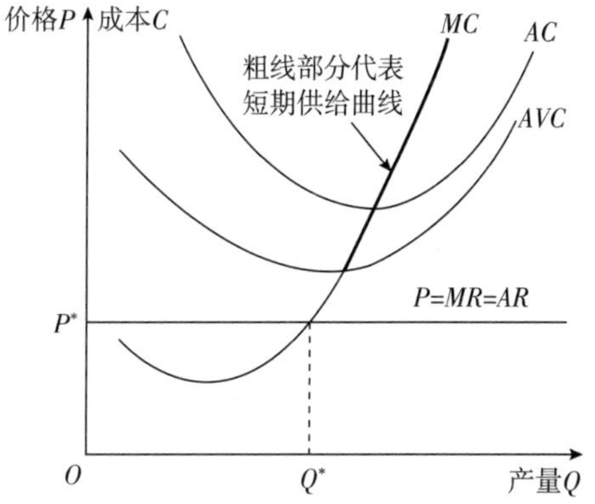

图 40-27 完全竞争下企业的短期供给曲线

假设企业总是以追求最大利润为目标，完全竞争企业就要按 $P=MC$ 的条件决定自己的产量，即随着市场价格 P 的变化，企业的产量总是沿着 MC 曲线而增减。也就是说，完全竞争企业的 MC 曲线反映的是不同价格水平上企业的供给量。但当市场价格低于 AVC 曲线的最低点时，企业就会停产。所以，在 AVC 曲线以上的 MC 曲线部分就是企业的短期供给曲线（图 40-27 中 MC 曲线的粗线部分）。如果已知各个企业的短期供给曲线，就可以得到行业的短期供给曲线。行业的短期供给曲线等于行业内各企业短期供给曲线的横向相加。假设一个行业只有 A、B 两家企业，则完全竞争条件下行业的短期供给曲线如图 40-28 所示。

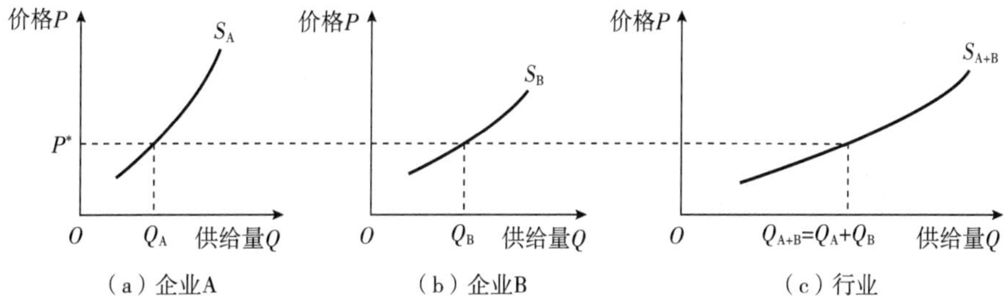

图 40-28 完全竞争条件下行业的短期供给曲线

从以上分析中可以看到，在完全竞争条件下，以追求利润最大化为目标的企业总是要在 $P=MC$ 的产量水平上生产。这时它的利润最大（或亏损最小）。只有当 $P<AVC$

时，它才停产。应当指出的是，完全竞争企业的这种均衡是短期均衡，因为在完全竞争条件下，企业的经济利润（或经济亏损）只不过是暂时的。随着新企业进入这个行业（或老企业退出），企业的经济利润（或经济亏损）会趋于消失。

（四）完全竞争条件下企业的长期均衡

在完全竞争条件下，从长期看，企业除了经济利润（或经济亏损）会趋于消失外，还能选择最优规模，因此在作图时就要使用长期成本曲线。在图 40-29 中，*D* 为市场需求曲线，S_0 为起初的供给曲线，P_0 为起初形成的市场价格，*LAC* 为企业的长期平均成本曲线，*LMC* 为企业的长期边际成本曲线。由于 $P_0>LAC$ 的最低点，企业有经济利润，有经济利润就会刺激、吸引许多新企业加入这个行业，使行业供给量增大。行业供给量增大，使供给曲线向右推移，现假定推移到 S_1，形成新的市场价格 P_1。此时，P_1 低于企业 *LAC* 的最低点，企业就会有经济亏损。由于有经济亏损，经营业绩较差的企业会离开这个行业，行业供给量就会减少。由于行业供给量减少，供给曲线又向左推移到 S_2。这样又使价格上涨到 P_2。此时，因 P_2 与 *LAC* 的最低点重合，经济利润就变为零，新企业不再进入，原有企业也不再离开这个行业，即处于均衡状态。由此可见，在完全竞争条件下，只要企业有经济利润（或经济亏损），市场上就有一种力量，使市场价格接近企业平均成本的最低点，使经济利润（或经济亏损）消失。这时，企业处于长期均衡状态。图 40-29 中 *SAC* 和 *SMC* 分别是产量为 *Q* 时最优规模企业的短期平均成本曲线和边际成本曲线。根据成本曲线之间的关系，*SMC* 和 *LMC* 都应通过 *SAC* 和 *LAC* 的最低点。因此，当企业处于长期均衡时，其产量水平 *Q* 必定同时满足两个条件：一是价格等于短期和长期平均成本的最低点，此时经济利润为零；二是价格等于短期和长期边际成本，此时企业的总利润为最优。所以，在完全竞争条件下，当企业处于长期均衡时，就会存在这样的关系：*P*＝*AC*（短期和长期）＝*MC*（短期和长期）（见图 40-29（b））。

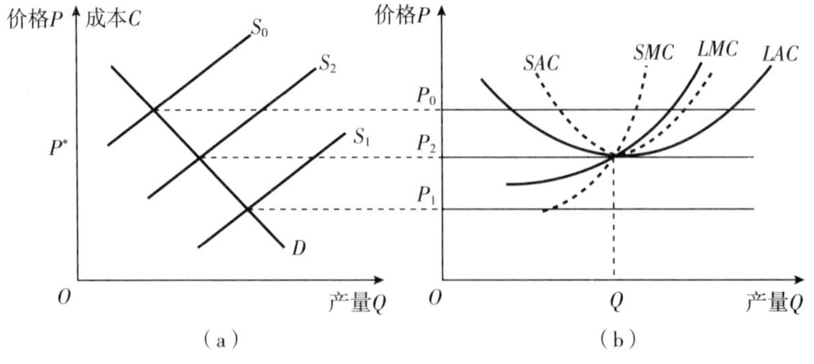

图 40-29　完全竞争下企业的长期均衡

（五）完全竞争条件下行业的长期供给曲线

在完全竞争条件下，行业的长期供给曲线又可分为成本不变行业的长期供给曲线和成本递增行业的长期供给曲线两种。

成本不变行业是指行业内企业的平均成本不随行业供给量的变化而变化，即当行业供给量增加，从而对原材料的需求量也增加时，因为该行业所用原材料（或其他投入要素）在这种原材料的总用量中所占比重很小，所以对原材料需求量的增加不影响原材料的价格，从而不影响企业的长期平均成本。成本不变行业的长期供给曲线如图 40-30 所示。

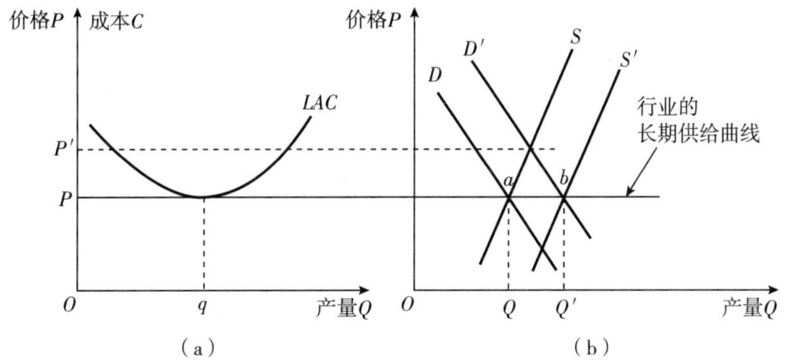

图 40-30 成本不变行业的长期供给曲线

在图 40-30 中，q 和 Q 分别为原长期均衡时企业和行业的产量，D 为原需求曲线，S 为原供给曲线，P 为均衡价格，LAC 为长期平均成本曲线。如果市场上需求增加，需求曲线从 D 移向 D'。此时，从短期看，价格会提高。但从长期看，只要价格高于平均成本，有经济利润，新企业就会进入该行业，使供给曲线 S 向右移动。由于该行业属成本不变行业，行业供给量增加，平均成本仍保持不变，因此 S 会移动到 S'，价格又回到 P，即平均成本的最低点，此时这个行业又处于新的长期均衡状态。这样如果 D 与 S 的交点为 a，D'与 S'的交点为 b，那么连接 a 和 b 的直线就是成本不变行业的长期供给曲线，它反映了价格与行业供给量之间的长期关系，是一条完全弹性的供给曲线。在图 40-30 中，$Q'-Q$（即超产部分）由新企业来承担，单个企业的供给量不变。从长期看，市场价格始终是 P，也不变。如果需求增加，供给量可无限增大。

如果行业供给量的增加会引起原材料价格的上涨，企业的长期成本（LAC）就会提高，这种行业称为成本递增行业。在图 40-31 中，企业产量 q 和行业产量 Q 原处于长期均衡状态。D 为原需求曲线，S 为原供给曲线，P 为原均衡价格，LAC

为原长期成本曲线。现假定需求曲线从 D 移向 D'，这时价格会提高，企业能得到经济利润，新企业就会进入。此时该行业需要更多的原材料和其他投入要素，原材料等要素会涨价，成本就会提高。此时由于产品成本提高，供给曲线会向左移动，但这种趋势会被企业数目的增加所抵消，并且由于企业数目增加很多，供给曲线将右移，一直移到新的价格恰好等于新的成本曲线的最低点为止，这时企业又处于长期均衡状态。这时的均衡价格为 P'，新的短期行业供给曲线为 S'，ab 线为成本递增行业的长期供给曲线。这是一条斜率为正值的曲线，意味着要增加行业产量，就要提高产品价格。

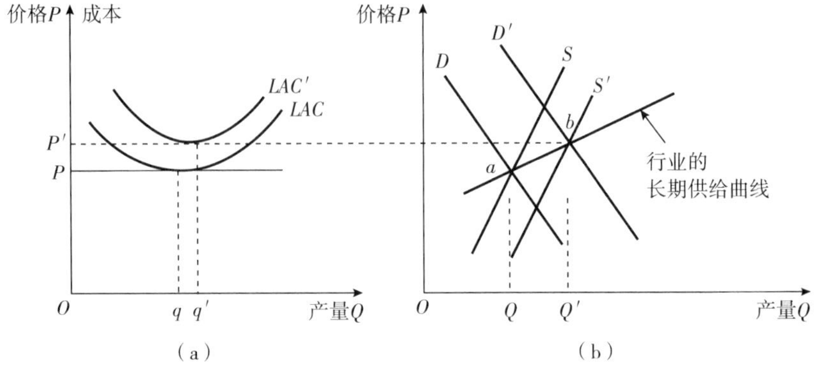

图 40-31　成本递增行业的长期供给曲线

成本不变行业的长期供给曲线与成本递增行业的长期供给曲线的区别在于：在成本不变行业中，需求增加，新企业进入，直到价格恢复到原来水平；在成本递增行业中，新企业进入，直到价格等于新的长期平均成本的最低点。

例 40-2　棉花市场属于完全竞争市场，假设棉纺织业的技术有了新的突破，市场对棉花的需求增加了，又假定棉花行业属于成本不变行业，问：

（1）从短期看，技术的突破对棉花的价格和产量有什么影响?

（2）从长期看，技术的突破对棉花的价格和产量有什么影响?

解：作图 40-32，图中 D 为棉花原来的行业需求曲线，S 为原来的短期行业供给曲线。此时棉花的价格为 P_0，产量为 Q_0。现在棉纺织业的技术有了突破，对棉花的需求增加了，从而使棉花的需求曲线从 D 移到 D'。因此，从短期看，棉花的价格将从 P_0 提高到 P_1，产量将从 Q_0 增加到 Q_1。但从长期看（考虑随着棉花需求的增加，新的生产者会进入，生产者数目会增加），行业供给曲线是一条水平线 S'，表明从长期看，棉花的价格不会变，但产量将从 Q_0 增加到 Q_2。

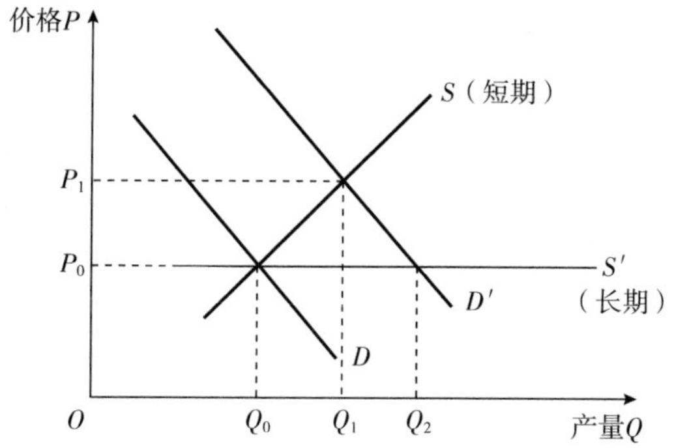

图 40-32 技术的突破对棉花价格和产量的影响

（六）完全竞争市场条件下的企业行为分析

下面从四个方面来分析完全竞争条件下企业的行为。

1. 关于企业的利润

在完全竞争条件下，强大的市场力量倾向于把价格推向如下水平：在这一水平上，企业刚好（不多也不少）获得正常利润（正常的投资回报）。

只要供求条件允许企业在行业内获得高出正常利润的利润，新企业就会进入，原有企业就可能扩大规模。结果是，供给量增加，价格会下跌到短期和长期平均成本的最低点，利润高于正常利润的可能性就会丧失。反之，如果市场价格水平导致企业亏损，有些企业就会转而生产其他产品，留下的企业则会调整规模，结果是供给量减少，价格上涨，企业亏损减少，直到获得足够的正常利润，继续留在行业中。

2. 关于企业的产量决策

在完全竞争条件下，企业无力定价，但能根据市场价格的高低调整自己的产量。如果市场上需求增加或供给减少而导致价格上涨，企业就会做出增产的反应。反之，就会做出减产的反应。但从长期看，由于处于长期均衡状态，企业在产量的选择上没有余地。为了获得生存所必需的起码的正常利润，企业发现，只有在长期平均成本曲线最低点的产量上生产，才是最有利的。

3. 关于长期均衡的条件

在完全竞争条件下，企业长期均衡的条件为：$P=MR=MC$（长期和短期）$=AC$（短期和长期）。这是有重要经济意义的。首先，$P=AC$（$=MC$），即价格等于平均成本的最低点，说明消费者对这个价格水平很满意，因为他们可免受生产者超额利润的盘剥，也说明此时企业的生产效率达到了最高点。其次，$P=MC$，即价格等于边际成本，说明从社会的角度看，资源在各种产品之间的分配是最优的。价格 P 是社会对多生产一件某种产品的价值的评价。边际成本 MC 是多生产一件产品的机会成本，即多生产一件产品所需追加的资源如用于生产其他产品可能得到的价值。如果企业生产某种产品，

其产量处于 $P>MC$ 的水平，表明该种产品多生产一件的价值大于将资源用于生产其他产品的价值，这说明企业生产该种产品的产量相对不足，即它应当增加这种产品的生产，而减少其他产品的生产。如果企业生产某种产品，其产量处于 $P<MC$ 的水平，表明企业生产该种产品相对过多，即它应当减少这种产品的生产，增加其他产品的生产。可见，只有当 $P=MC$ 时，从社会的角度看，企业的产量水平才是最适当的，资源在各种产品之间的分配才是最合理的，这时消费者的需求得到了最大限度的满足。

4. 关于竞争策略

在完全竞争条件下，企业之间并不是互为竞争对手的。由于每家企业都按市场价格出售产品，并且想销售多少就能销售多少，因此任何一家企业的决策都不会影响其他企业经营的成败。企业真正要应对的是市场，如果市场供求关系发生变化，价格下降到企业长期平均成本曲线以下，企业就会出现亏损，并有可能最终被逐出市场。因此，企业为了在市场变化中求生存、谋发展，就必须不断降低成本，实行低成本生产。成本越低，竞争优势就越大，市场地位也就越稳固。由于企业之间的产品都是同质的，也就是说，在消费者眼里，不同企业的产品并没有区别，因此在这种市场里，企业谋求产品差异化和做广告都是没有必要的。因此，在完全竞争条件下，低成本竞争策略是企业唯一的也是最佳的竞争策略。

三、完全垄断条件下的企业行为模式

（一）什么是完全垄断

在四种市场结构中，完全竞争是一个极端，完全垄断则是另一个极端。如果一个行业只有一家企业，而且它所生产的产品没有其他产品可以替代，新企业的进入又有很大障碍，就会产生完全垄断。与完全竞争一样，完全垄断也仅仅是理论上的假设，现实生活中，一种产品只有一家企业生产而且没有其他产品可以替代的情况几乎不存在。例如，铁路运输一般属于垄断行业，但有公路、水路和空中运输与之竞争；电力供应一般也属于垄断行业，但有煤气、石油等其他能源的供应与之竞争；等等。

尽管完全垄断在现实生活中并不存在，但是仍然值得探讨，因为它能够使我们了解垄断企业的行为规律，并为政府制定相应的政策提供依据。另外，它对于研究半竞争半垄断条件下的企业行为也是有用的。

（二）完全垄断条件下企业的短期价格和产量决策

在完全垄断条件下，一个行业只有一家企业，因此，企业的需求曲线就是行业的需求曲线。它总是向右下方倾斜。

在图 40-33 中，假定企业的需求曲线（D）、平均成本曲线（AC）、边际成本曲线（MC）和边际收入曲线（MR）已知，且企业以追求最大利润为目标，那么它的价格与产量决策应在 $MR=MC$ 处（这时企业所得利润最大）。从 MC 曲线与 MR 曲线的交点可求出它的最优产量应为 Q^*，最优价格应为 P^*。此时，它的总利润量应等于四边形 P^*abc 的面积（即图 40-33 中的阴影部分）。

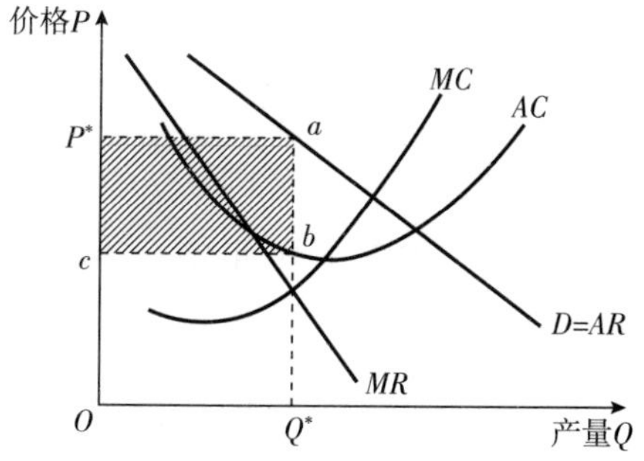

图 40-33　完全垄断企业的短期均衡

需要指出的是，垄断企业的价格、产量决策总是选择在需求曲线的弹性需求段，这是因为 MC 总是大于零，所以 MR 也必然要大于零。

（三）完全垄断条件下企业的长期价格和产量决策

在长期的条件下，完全垄断企业可以通过选择最优企业规模来增加自己的利润（见图 40-34）。在图 40-34 中，D 为垄断企业的需求曲线，MR 为边际收入曲线，LAC 和 LMC 分别为长期平均成本曲线和边际成本曲线。假定该企业现有规模的短期平均成本曲线和边际成本曲线分别为 SAC_0 和 SMC_0，从短期看，它将价格和产量分别定在 P_0 和 Q_0 上，由于短期平均成本为 SAC_0，因此企业的短期利润为 $OQ_0\times(OP_0-OC_0)$。

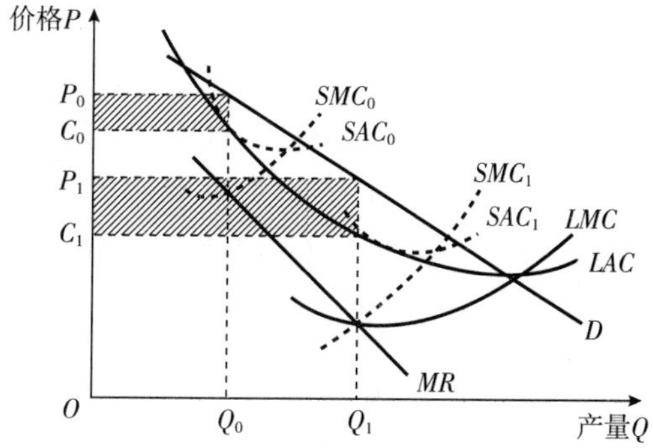

图 40-34　完全垄断企业的长期均衡

但从长期看，企业应把产量定在 LMC 和 MR 相交处，即 Q_1。这时价格将定在 P_1，平均成本为 OC_1，总利润就可以增加到 $OQ_1\times(OP_1-OC_1)$。它选择的企业规模的短期平均成本曲线和边际成本曲线分别为 SAC_1 和 SMC_1。

（四）市场进入障碍

与完全竞争条件下的企业不同，垄断企业在短期内所获得的经济利润在长期条件下也能够保持下来，这就是垄断利润。之所以会产生垄断利润，是因为在完全垄断条件下，新企业要想进入该行业十分困难。在完全垄断市场里，存在许多进入障碍，主要有以下六种：

1. 企业控制了产品基本原料的来源

一个典型的例子是美国铝业公司。它在19世纪到20世纪40年代几乎控制了铝土矿（生产铝的基本原料）的所有来源，因而成为当时美国唯一的铝品生产者。如果一家企业拥有并控制着一种基本原料的来源，就能有效地阻止其他企业进入该行业。

2. 企业拥有专利权

专利权法规定在一定时期内只有新技术的发明者才能使用这项技术，目的是保护发明者发明新技术的积极性。如果一家企业拥有生产一种新产品或使用一项新工艺的专利权，就能在一定时期内保持自己的垄断地位。

3. 现有企业规模经济显著，规模较大

如果现有企业的规模经济显著且规模较大，新企业为了能在成本上与现有企业相匹敌，就必须投入巨资以建设大企业。但如果经营失败需要退出这一行业，这笔投资就会变为沉没成本，得不到补偿（因为有许多设备不能移作他用）。巨大的沉没成本大大增加了新企业进入的风险。

4. 政府特许

政府特许垄断的例子较多，最常见的是自然垄断企业。有的企业规模经济显著，在一个地区如果建设两家或更多这样的企业，就会使企业规模变小，导致成本和价格较高，损害消费者的利益。对于这类企业，政府特许其在该地区实行垄断经营（只由一家企业经营），如电力、供水企业等。这种企业称为自然垄断企业。其他例子包括：政府特许邮政部门垄断全国信函的传递；地方政府为了限制市内的出租车总量，通过发放许可证只让一定数量的出租车司机有经营权；等等。

5. 产品差异化

产品差异是指消费者感知的某一企业的产品与其他企业同类产品的不同。产品差异化就是企业通过种种努力，使消费者认为本企业的产品远远优于其他企业的产品，使竞争企业的产品无法替代本企业的产品，达到阻止竞争企业进入的目的。可乐饮料就是一个典型的例子。全世界生产饮料的企业很多，但消费者认知度广的生产可乐产品的是可口可乐和百事可乐两家，其他饮料企业，无论谁生产可乐，都可能会被消费者视作“山寨”产品。我国的许多企业曾经生产可乐产品，都遭遇了失败。还有一些可乐品牌在农村占据了部分市场，但在城市却没有成功。需要说明的是，产品差异包括物理差异和心理差异，经济学所说的差异指的是心理差异，而非物理差异。

6. 网络外部性

网络外部性是一个较新的经济学概念，其基本含义是一种产品对用户的价值随着采用相同的产品或可兼容产品的用户增加而增大。通俗地说，就是每个用户从使用某产品中得到的效用与该产品用户的总量有关。用户人数越多，每个用户得到的效用就越高，即产品给每个用户带来的价值与使用该商品的消费者数量成正比。微软公司计算机操作系统的垄断地位，就是依靠网络外部性获得的。之所以绝大多数计算机用户都使用微软的 Windows 操作系统，不是因为该操作系统技术最先进，更不是因为该系统价格最低，主要原因是其他人都在使用 Windows 操作系统，如果一个人不使用该系统，就无法与其他人兼容，成为一个与世隔绝的"信息孤岛"。在我国许多农村地区，还有一个有趣的现象与网络外部性相关。近年来，我国农村地区的摩托车需求量增长很快，但不同地区的摩托车需求差异很大，常见的现象是一个镇的多数人都会买一个品牌的摩托车（如 A 品牌）。该镇新的摩托车购买者即使发现有另一个品牌的摩托车（如 B 品牌），其质量更好，价格更低廉，也会和镇里的多数人一样选择 A 品牌产品，而不会购买 B 品牌产品。原因是镇里多数人购买的是 A 品牌摩托车，其生产厂家会在镇里增设售后服务网点，提供售后服务和维修，而如果购买的是 B 品牌摩托车，一旦需要修理，就要去很远的地方，十分不便。

需要说明的是，获取垄断地位也是一些企业经营的目标之一。上述市场进入障碍，既是一些行业成为垄断行业的原因，也是企业获得垄断地位的主要手段。在上述垄断障碍中，控制原料需要巨大的财力，一般企业很难做到，而规模经济和网络外部性是由产业特点决定的，政府许可取决于政府的意图，企业自身无法控制。因此，对于企业来说，最容易做到的是拥有专利权和实现产品的差异化。这就是许多企业热衷于新技术、新产品开发和做广告的主要原因。

（五）垄断企业的弊端和政府的干预

与完全竞争条件下的企业相比，垄断企业主要有以下三方面弊端：

1. 价格高

完全竞争企业的价格定在平均成本曲线的最低点，企业只能获得正常利润。而垄断企业为了获取垄断利润，将价格定在高于平均成本的位置，这就损害了消费者的利益。

2. 产量不足

在完全竞争条件下，$P=MC$，说明企业的产量从社会资源合理配置的角度来说是最优的。但在垄断条件下，由于需求曲线是倾斜的，因此 $P>MC$，意味着用较少的追加资源可以生产出较高价值的产品，这说明从社会资源合理配置的角度看，企业的产量未达到最优，即企业的产量不足，如果增加产量还可为社会提供更多的福利。

3. 生产效率低

垄断企业生产效率低的一个原因是：与完全竞争企业在长期平均成本的最低点生产、可以选择最优规模不同，垄断企业的利润最大化产量并不在长期平均成本曲线的最低点，说明企业未能选择最优规模，规模经济未得到充分利用。另一个原因是：由于垄断企业没有竞争对手，也就没有竞争压力，因而缺乏推进技术创新和加强企业管理的动力和积极性，结果往往是技术停滞、管理松懈，以致在资源使用上浪费很多。

不过，垄断企业也有积极的一面，即垄断企业一般规模较大，因而规模经济比较显著。大企业在产品生产、销售、原料采购、研究开发以及广告等方面都能节约成本，这种节约可在不同程度上抵消上述消极因素的影响。

由于垄断企业有以上弊端，因此需要政府的干预。这种干预主要有两个方面：一是反对垄断行为，防止垄断企业的产生。主要办法是制定和执行反垄断法。二是政府对自然垄断企业进行管制。有些自然垄断企业，如电力公司、铁路公司、自来水公司等公用事业企业，规模经济很显著。对于这类企业，政府准许其实行垄断，但由政府直接控制其价格，目的是不让它们有超额利润，并促使它们增加产量。

四、垄断竞争条件下的企业行为模式

（一）什么是垄断竞争

完全竞争和完全垄断是市场结构中的两个极端，介于两个极端之间的是垄断竞争和寡头垄断。与完全竞争和完全垄断不同，垄断竞争和寡头垄断是在现实生活中大量存在的市场结构。

垄断竞争市场结构的主要特征有三个：一是行业中的企业数量多；二是企业进出行业是自由的；三是各企业生产的同种产品是有差别的。在这三个特征中，第一、第二个特征是属于竞争性的，第三个特征则是属于垄断性的，垄断竞争就是这些特征的结合。

第一个特征意味着这个行业由许多中小企业组成，每个企业的产量只占市场总供给量的很小部分。因此，一个企业的行为对市场不会有明显的影响，每个企业在决策时可忽略因自己的行为而引起的其他企业的反应。

第二个特征意味着生产者可以随时参加生产，随时退出生产，不存在人为的障碍。正因如此，从长期看，企业的经济利润会趋于消失。

第三个特征中的“差别”主要是指买者对不同企业生产的同种产品偏好不同。这种偏好的不同，可能是由产品有实质上的差异引起的，如服装质量不同、汽车性能不同等，也可能是一些主观上的因素或其他因素造成的，如广告、商标、包装方式、服务态度，甚至商店的地理位置等不同，都能使某些顾客愿意购买某企业的产品，而不购买另一企业的产品，从而造成产品之间的差别。

产品差别越大，不同的顾客对自己偏好的产品就越忠诚。因此，如果提高价格，企业不会失去全部顾客；如果降低价格，也不会把全部顾客都吸引过来。换句话说，产品差别越大，产品之间的替代性就越小，产品的需求价格弹性也就越小。所以，产品差别能改变产品需求曲线的弹性，表现在需求曲线的形状上则是使需求曲线由一条与 X 轴平行的水平线（完全弹性的需求曲线）变为一条向右下方倾斜的曲线。产品差别越大，弹性就越小，需求曲线也就越陡。由于需求曲线是一条倾斜的曲线，企业可以在一定程度上通过改变产量来控制自己产品的价格。这是垄断竞争区别于完全竞争的主要方面。

垄断竞争市场结构在现实生活中很常见，如百货店、食品店、饭馆、理发馆、服装店和各种修理业等就属于这类。这类企业数量多，产量小，投资少，但其产品和服务是有差别的。例如，不同的百货店可能声誉不同、位置不同，不同的食品店可能面包和点心的口味不同，不同的饭馆可能出售的饭菜口味及特色不同、服务态度不同等。

（二）垄断竞争条件下企业的短期价格和产量决策

假定某企业的需求曲线（D）、平均成本曲线（AC）、边际成本曲线（MC）、边际收入曲线（MR）已知，且企业以追求最大利润为目标，那么根据 MC 曲线与 MR 曲线的交点（$MR=MC$ 之处）就可以得出它的最优产量为 Q^*，最优价格为 P^*（见图 40-35）。此时，企业的总经济利润等于四边形 P^*abc 的面积（图中的阴影部分）。在这里，Q^*、P^* 就是垄断竞争条件下企业的短期最优产量和价格。

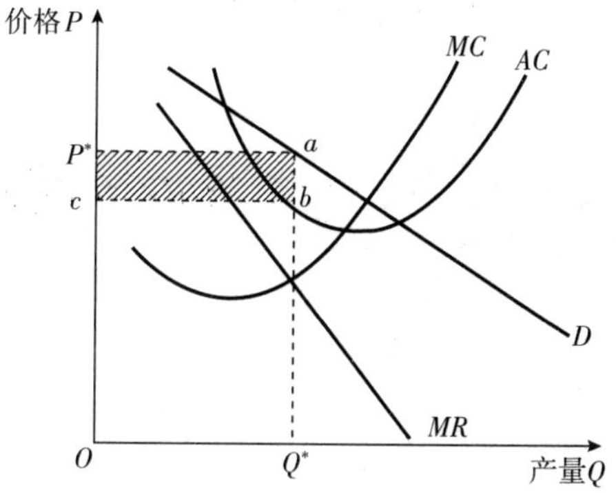

图 40-35 垄断竞争企业的短期均衡

(三) 垄断竞争条件下企业的长期均衡

从长期看，垄断竞争和完全竞争一样，一是企业可以自由进出行业，二是企业可以选择最优规模。起初，由于行业在短期内有经济利润，它会吸引新企业进入该行业，结果使行业的供给量增加。供给量增加会使这种产品的价格下降，从而导致需求曲线向下移动。如果因需求曲线向下移动，以至于需求曲线低于长期平均成本曲线 *LAC*，企业就会亏损（见图 40-36）。

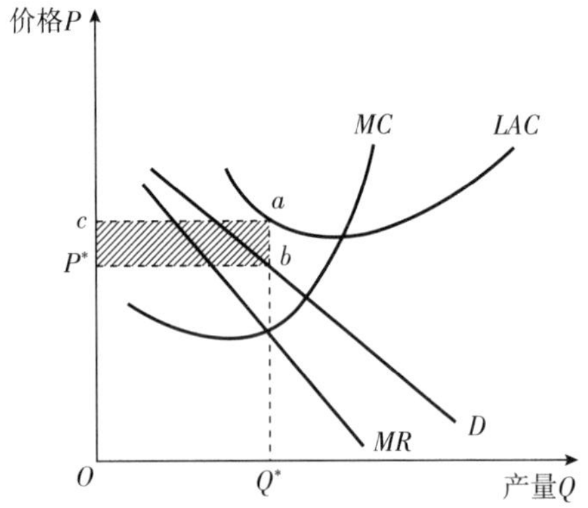

图 40-36　垄断竞争企业出现经济亏损的情况

如果行业出现经济亏损，一部分企业就会退出这个行业，导致行业供给量减少。行业供给量减少会导致产品价格上升，从而又使需求曲线向上移动。总之，在垄断竞争条件下，只要企业有经济利润或经济亏损，市场就有一种力量促使企业的需求曲线与它的成本曲线相切，使经济利润或经济亏损为零。这时，在这个行业里，企业不进也不出，处于长期均衡状态（见图 40-37）。在图 40-37 中，*SAC* 和 *SMC* 分别为企业长期均衡时所选规模的短期平均成本曲线和边际成本曲线。

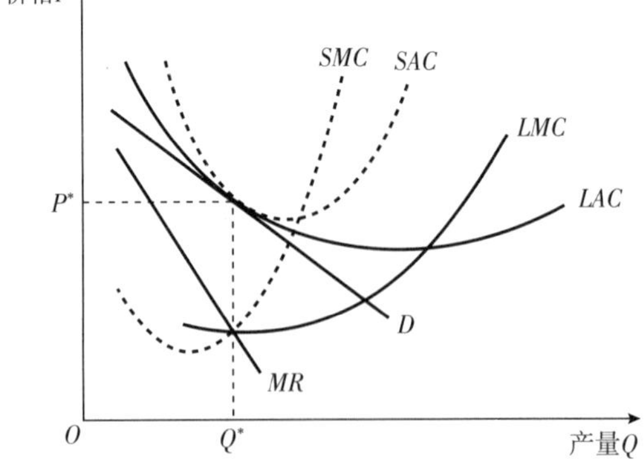

图 40-37　垄断竞争企业的长期均衡

从图 40-37 中可以看出，在垄断竞争条件下，当企业处于长期均衡时，它的产量水平应同时满足下列两个条件：

（1）$P=AC$（短期和长期），此时企业利润为零。

（2）$MR=MC$（短期和长期），此时企业利润最大。

（四）产品差异化竞争

完全竞争和垄断竞争这两种市场结构的最大区别在于：对前者来说，不同企业的产品都是同质的，而对后者来说，则是有差异的。这就决定了两类企业在竞争方式上的差别：在垄断竞争的市场上，产品差异化成为一种很重要的竞争手段。差异化竞争就是为自己的产品增加新的、与竞争对手不同的、能更加迎合顾客需要的特征，以吸引更多的消费者。它的内容包括：提高产品质量，改进产品性能和结构，增加产品用途，为顾客提供更加周到的服务等。实行产品差异化能够减少替代品（其他企业生产的类似产品）对自己的威胁，因为如果自己的产品有特色，顾客对它已有好感，甚至表现出忠诚，其他产品要替代它就要改变顾客头脑中已经形成的看法，这是不太容易的。因此，实行产品差异化可以增强自己在市场上的竞争力，有利于对产品制定较高的价格，以获得较多的利润。在产品差异化竞争中，较小的企业还可以对产品进行特别的设计，只为市场上某一特定顾客群的特定需要提供服务，而不是面向整个市场，以求至少在这一细分市场上取得自己的优势，从而在整个市场上为自己找到并占据适当的位置。

（五）广告竞争和广告决策

在完全竞争市场上，由于产品是同质的，企业按照市场价格想卖多少就可以卖多少，因此不需要做广告。在完全垄断市场上，由于没有竞争产品，也不需要做广告。而在不完全竞争市场上，广告竞争是产品差异化竞争的重要补充。因为一般购买者对由于产品设计、结构、性能等方面的特征所造成的产品差异的评价能力有限，如果没有广告等促销手段，产品的有些差异就很难为购买者所认识，产品差异化也就难以形成。因此，广告具有提供产品信息，显示乃至强化产品差异的作用。如果广告做得好，就能使企业的需求曲线变得更陡，或更向外推移，从而给企业带来好处。

但广告的投入并不是越多越好，因为边际报酬递减规律对广告投入也是适用的。例如，用 1 万元在拥有 10000 名读者的地方报纸上登广告，广告每影响一人的平均花费为 1 元，而用 50 万元可在拥有 500 万名读者的全国性报纸上登广告，广告每影响一人的平均花费就可以降到 0.1 元。所以，随着广告投入的增加，广告的边际报酬会递增。但当广告投入继续增加至超过一定点后，其边际报酬又会递减（虽然需求量仍然在增加，但是增速越来越慢），原因是市场越来越接近饱和，容易接受广告宣传的顾客早已购买了这种产品，剩下的是那些不太愿意购买这种产品的人，广告对这些人较难起作用。由于广告的边际报酬会递减，因此做广告并不总是合算的。那么，多少广告投入才是最优的？或者说，能为企业提供最大利润的广告投入应是多少？下面就来讨论这个问题。

假定 P 为单位产品的价格，MC 为该产品的边际成本，$P-MC$ 就是企业多生产和销售一单位产品能给自己增加的毛利数。这里没有考虑多销售一单位产品所需的广告投入，如果把它考虑进去，那么多生产和销售一单位产品所增加的净利应从这个毛利数中减去所需的广告投入。为了使企业的总净利最大，广告投入应定在因增加 1 元广告投入所引起的毛利数的增加恰好等于 1 元广告投入之处。如果 1 元广告投入引起的毛利数增加大于 1 元，说明再增加广告投入对企业有利。如果 1 元广告投入导致的毛利数增加小于 1 元，说明此时做广告不合算，应当减少广告投入。所以，只有两者相等时，相应的广告投入才是最优的。

假如 Q 代表产品产量，A 代表广告投入，$\Delta Q\Delta A$ 就代表增加 1 元广告投入引起的销售量的增加，那么企业广告投入最优的条件就应为：

$$\frac{\Delta Q}{\Delta A}(P-MC)=1 \qquad (40-18)$$

在实际决策中，我们用平均变动成本近似地代替边际成本，这样式（40-18）就变为：

$$\frac{\Delta Q}{\Delta A}(P-AVC)=1$$

$$\frac{\Delta Q}{\Delta A}\cdot CM=1$$

$$或\quad \frac{dQ}{dA}\cdot CM=1 \qquad (40-19)$$

其中，CM 为企业单位产量的贡献。

（六）垄断竞争条件下的企业行为分析

1. 关于价格和产量决策

在垄断竞争条件下，从短期看，由于企业之间的产品有差别，企业能像垄断者那样，按 $MR=MC$ 的规则定价，是价格的决定者。但从长期看，由于企业进出市场容易，它的经济利润会趋于消失，从而又与完全竞争相似，倾向于只能获得正常利润，是价格的接受者。无论是短期还是长期，垄断竞争企业的价格都要比完全竞争企业定得高，产量则比完全竞争企业少。这是因为在完全竞争条件下，价格等于边际成本（$P=MC$），而在垄断竞争条件下，由于需求曲线是向右下方倾斜的，价格总是大于边际成本（$P>MC$）。另外，正如前文所述，价格反映消费者对增产单位产品的价值的评价，边际成本则反映社会为增产单位产品所需付出的代价。价格大于边际成本，说明如果能继续增加产量会对社会更有利。因此，从社会资源合理配置的角度看，垄断竞争企业的利润最大化产量是不足的。

2. 关于生产效率

从长期看，完全竞争企业因在长期平均成本曲线的最低点生产，企业的规模会调整到最优。而垄断竞争企业的需求曲线总是与长期平均成本曲线相切于它的左侧，因此，它的利润最大化产量总是低于长期平均成本曲线最低点的产量，说明它的规模总是小于最优规模。因此，在垄断竞争条件下，规模经济也得不到充分利用。但也有人认为，从消费者福利的角度看，垄断竞争企业规模小、数量多不一定是缺点，因为这有利于企业生产多种多样、有差别的产品，更好地满足消费者的需要。

3. 关于竞争策略

前面讲过，在完全竞争市场里，唯一的也是最佳的竞争策略就是低成本策略，而在垄断竞争市场里，制定竞争策略要比在完全竞争市场里复杂得多。在垄断竞争市场里，由于不同企业生产的同种产品之间存在差异，企业为取得竞争优势，除了努力降低自己的成本外，还有以下三种基本的竞争策略可采用：一是价格竞争策略；二是产品差异化策略；三是促销（包括广告）策略。

五、寡头垄断条件下的企业行为模式

（一）什么是寡头垄断

寡头垄断是指几家大企业生产和销售了整个行业的极大部分产品，因此行业的竞争只在几家大企业之间展开。在现代社会里，寡头垄断是非常重要的一种市场模式。例如，在美国，铝、汽车、计算机、电气设备、玻璃、钢铁以及石油等产品都是在寡头垄断的市场条件下生产和销售的。美国的三大汽车公司（通用、福特、克莱斯勒）占据了美国汽车行业的大部分市场，美国三家铝制品公司（美国铝业、雷诺、凯塞）的产量也几乎等于美国铝制品的全部产量。形成寡头垄断市场结构的主要原因是企业的规模经济。在有些行业里，规模经济显著，只有当企业的产量达到市场的一定份额时，成本才能最低。在这些行业里，企业的数目就会很少。由于现有企业规模很大，新企业进入要冒较大风险，因此在这样的行业里，市场进入的障碍也就较大。

寡头垄断又可分为如下两种：

1. 纯寡头垄断

纯寡头垄断，或称无差别的寡头垄断，是指在行业中几家企业生产和销售的产品都是同质的。通常，原料行业（如铝、水泥、钢铁、糖、铜等行业）就属于这种寡头垄断。这类产品一般都有国家标准，顾客只要按型号、规格订货即可，不必考虑是谁家的产品，只需关心产品的价格。

2. 有差别的寡头垄断

有差别的寡头垄断是指在行业中，几家企业生产和销售的产品在顾客看来是有差别的。造成这种差别的因素很多，如不同的设计、商标、包装、信贷条件、服务态度等。在有差别的寡头垄断里，顾客不仅关心产品的价格，而且十分关心产品的商标或生产的厂家。这种寡头垄断行业的产品有汽车、酒、香烟、计算机、农业机械、筑路机械、洗衣机、电视机等。

与其他市场结构相比，寡头垄断市场结构的一个显著特点是：企业之间的行为互相依存、互相影响。在完全竞争和垄断竞争条件下，由于企业数量很多，一家企业的产量在整个市场中只占很小的份额，它的行动对于市场上的其他企业不会产生明显的影响。在完全垄断条件下，一个行业只有一家企业，也就不存在企业之间互相影响的问题。只有在寡头垄断条件下，由于一个行业只有几家企业，一家企业的行为对整个市场的影响是举足轻重的。假如一个行业有两家企业甲和乙，属于无差别的寡头垄断，那么如果甲降价，乙的产品就会销不出去。因此，一旦乙发现甲降价，就一定也要降价。这样甲企业的行为就引起了乙企业的反应，而乙企业的反应反过来又会引起甲企业采取进一步的行动。如果这个行业有不止两家企业，这种相互影响关系就会更加复杂，可能涉及竞争的所有方面，包括价格、销售量、产品特征、广告和促销、售后服务、企业兼并和创新等。每一家寡头垄断企业在作出重大决策之前都必须了解和估计竞争对手的行为和可能做出的反应。它们制定的竞争策略能否收到良好的效果，很大程度上取决于竞争对手采取的行动。

下面着重介绍寡头垄断条件下企业行为的四种模式：一是弯折的需求曲线模式；二是价格领导模式；三是卡特尔模式；四是博弈模式。其中，第一和第四种属于不合作性行为模式，第二和第三种属于合作性行为模式。这四种模式是分别以企业之间不同的相互关系假设为基础的。

（二）弯折的需求曲线模式

这种模式基于如下假设：如果一家企业提价，其他企业一般不会跟着提价，但如果一家企业降价，其他企业一般会跟着降价。目的主要是在竞争中保持进而扩大自己的销售量。

根据这样的假设，寡头垄断企业的需求曲线会发生如下变化。在图 40-38 中，E 点对应的价格是现在的价格点。如果这家企业打算降价以扩大销路，则其他企业也会跟着降价。结果是，这家企业销售量的增加比预期的要少得多。因此，降价后的需求曲线是一条弹性较小的需求曲线（D_i）。如果这家企业打算提高价格，但其他企业并不跟着提价，那么这家企业稍一提价，就会失去大量顾客。所以，提价后的需求曲线将是一条弹性较大的曲线（D_e）。这样一来，寡头垄断条件下企业的需求曲线由两部分

（D_e 和 D_i）组成，它们共同构成一条弯折的需求曲线。

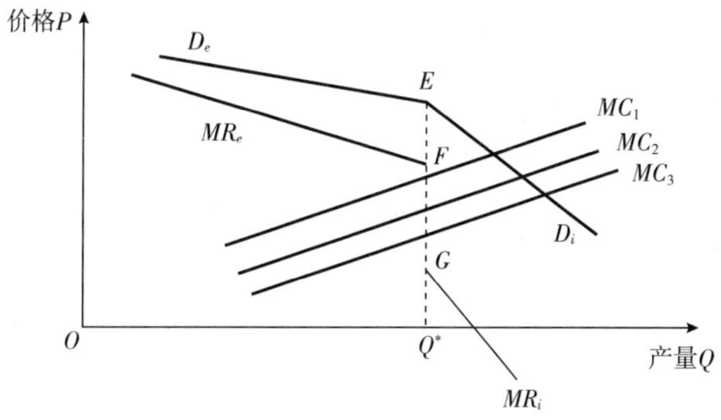

图 40-38　弯折的需求曲线模式

已知需求曲线 D_e 和 D_i，可以求得边际收入曲线 MR_e 和 MR_i，由这两部分构成的边际收入曲线是一条中断的折线。这种边际收入曲线表明，如果边际成本曲线 MC 在缺口 FG 的范围内摆动，企业的最优价格和最优产量决策不变。只有当技术上有很大突破，企业的成本变化很大，边际成本曲线的变动超出 FG 的范围时，才需要对价格重新作出调整。这种弯折的需求曲线的价格决策模式，从理论上说明了为什么在寡头垄断条件下产品的价格通常具有刚性，企业一旦确定了产品的价格就不轻易变动。因此，在寡头垄断条件下，企业之间的竞争主要不是在价格方面，而是在非价格方面，包括产品差异化和广告竞争等。

（三）价格领导模式

在寡头垄断条件下，为避免价格竞争，寡头垄断企业之间有时会形成一种暗中的默契，出现价格领导，即由行业中的一家企业决定产品价格，其他企业则相应跟随定价或变价。确定价格的企业叫领袖企业，它是自然产生的，一般要么是行业中最大的、实力最强的企业（其生产效率最高、成本最低），要么是定价能力在同行中得到公认的企业（其市场信息灵通、预测准确）。其他企业跟随定价或变价的原因主要是企业规模小，如果不跟随定价，就可能引发价格战，对自己很不利。另外，跟随定价还可以避免因独自定价失误而可能带来的风险。

图 40-39 是一种典型的价格领导模式。它假设由一家领袖企业首先定价，然后其他企业跟上，但只要其他企业按大企业定的价格定价，就允许其他企业想卖多少就卖多少。在这一定价模式下，领袖企业要作出价格和产量决策，关键是要先求出本企业的需求曲线，这一需求曲线可以通过将不同价格下的市场总需求量减去全部小企业的供给量得到。在图 40-39 中，假定产品的市场总需求曲线 D_T、领袖企业的边际成本曲线 MC_L、其他企业的边际成本曲线 $\sum MC_f$ 已知（在这里，其他企业的边际成本曲线

$\sum MC_f$ 为其他企业边际成本曲线的水平相加）。由于其他企业是根据领袖企业的价格定价，是价格的接受者，而不是价格的制定者，因此它的产量决策类似完全竞争市场结构，即最优产量水平在 $P=MC$ 处。当价格为 P_1 时，其他企业的供给量为 Q_1，市场总需求量也为 Q_1，此时领袖企业的需求量为零。当价格为 P_2 时，其他企业的供给量为 Q_3，市场总需求量为 Q_2，领袖企业的需求量为 Q_2-Q_3。当价格定为 P_3 时，其他企业的供给量为 Q_5，市场总需求量为 Q_4，领袖企业的需求量为 Q_4-Q_5。以此类推，就可得到领袖企业在各种价格下的销售额（需求量）。连接点 a（P_1，0），b（P_2，Q_2-Q_3），c（P_3，Q_4-Q_5），…，即可得到领袖企业的需求曲线 D_L，并可得到领袖企业的边际收入曲线 MR_L。领袖企业依据 $MR_L=MC_L$ 决定其最优产量 Q_L^* 和价格 P^*，其他企业的产品价格也是 P^*，它们的产量为 Q_f^*。

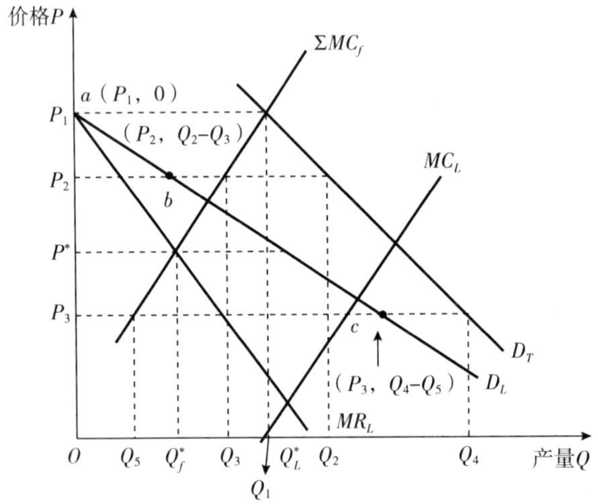

图 40-39　价格领导模式

（四）卡特尔模式

显然，如果几家寡头垄断企业联合起来，共同确定一个价格，它们就有可能像垄断企业一样定高价，使整个行业的总利润最大。这种联合有公开和暗中之分。签订公开的正式协议的，叫卡特尔；达成非正式的秘密协议的，叫串谋。图 40-40 说明了卡特尔是如何确定几家企业的共同价格和总产量的。

在图 40-40 中，假定一个卡特尔中有两家寡头垄断企业 A 和 B，它们的边际成本曲线 MC_A 和 MC_B 已知，卡特尔的需求曲线 D 已知，就可以求出卡特尔的边际成本曲线 MC_{A+B}（等于各企业的边际成本曲线横向相加）和卡特尔的边际收入曲线 MR。在 MR 和 MC_{A+B} 相交之处，即可得到卡特尔的最优总产量和最优价格。整个卡特尔的价格和产量确定之后，下一步是对所属企业分配产量配额。办法是按照边际成本相等的原则进行分配，因为这样可使整个卡特尔的总生产成本最低，或利润最大。在图 40-40 中，从 MC_{A+B} 曲线和 MR 曲线的交点引一条水平线，分别 MC_A 和 MC_B 相交，就可使各企业的边际成本相等，得到企业 A 和企业 B 的最优产量配额 Q_A 和 Q_B。

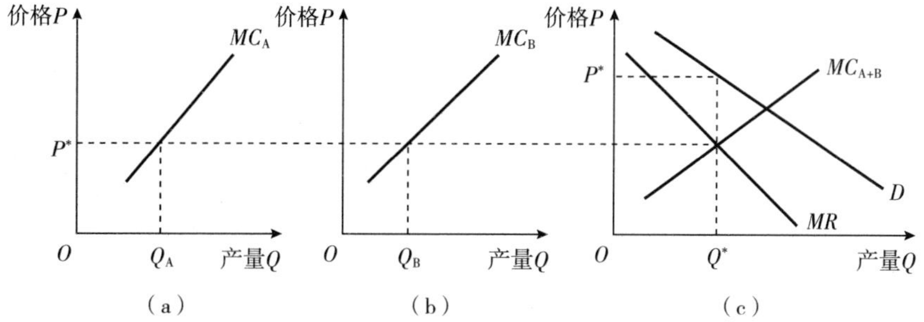

图 40-40　卡特尔模式

需要指出的是，西方的卡特尔一般是不稳定的。这是因为：首先，一般来说，卡特尔是违法的，会受到司法部门的干预；其次，从长期看，会不断出现新的产品，会有新的生产者进入市场，而且卡特尔内部成员之间总是钩心斗角、明争暗夺。联合起来谋求最大利润固然谁都不反对，但是对于如何分配利润，矛盾很大，往往表面遵守协议，暗中互相欺骗，从而导致卡特尔迅速瓦解。

（五）博弈模式

寡头垄断市场的一个重要特点是企业之间的行为互相联系、互相依赖。因此，一家企业在作决策时，必须考虑竞争对手对自己的决策可能做出的反应。寡头垄断企业在决策时面临的这种情况与人们在下棋或玩扑克时的情况很相似。因此，近些年来，经济学家越来越多地用博弈论（对策论）来分析和说明寡头垄断企业的行为。在这方面，博弈论的应用已经十分广泛。本书不打算对它作全面的探讨，仅从一个方面来举例介绍博弈模式。

例 40-3　假设有两家大企业基本上瓜分了某种产品的整个市场，这两家企业的广告投入每年均为 400 万元，两家企业的利润均为 1000 万元。在图 40-41 广告战略的收益矩阵中，列在前面的收益是企业 A 的利润，列在后面的是企业 B 的利润。如果企业 A 打算把广告预算增加到 600 万元，而企业 B 仍保持 400 万元，那么企业 A 的利润就会增加到 1200 万元，而企业 B 的利润就会减少到 600 万元。这说明企业 A 增加 200 万元的广告投入能大大提高自己的相对市场份额和盈利。

如果情况相反，企业 B 把广告投入增加到 600 万元，而企业 A 仍保持在 400 万元的水平，那么企业 B 就能大大提高自己的相对市场份额和盈利。如果两家企业都把广告投入增加到 600 万元，其结果将如图 40-41 中的矩阵右下方所示，两家企业的利润均变为870万元，即反而都比增加广告投入前减少了。原因是两家企业的产品市场已经饱和，同时增加广告投入会导致广告效果互相抵消，以致利润比增加广告投入前反而减少。

		企业B的广告投入			
		400		600	
企业A的广告投入	400	1000	1000	600	1200
	600	1200	600	870	870

图 40-41　广告战略的收益矩阵

企业一般都不愿冒风险，特别是在广告竞争与价格竞争有所不同的情况下。在价格竞争中，如果竞争对手降价，企业可以立即做出反应，而在广告竞争中，如果对方乘自己不备发动广告攻势，自己要做出反应则需要一段准备时间，在这段时间内，企业就会蒙受一定的损失。所以，企业总是力求避免出现可能的最坏结果。从图40-41中可以看到，当企业的广告投入为400万元时，可能的最坏结果为利润600万元；当企业的广告投入为600万元时，可能的最坏结果为利润870万元。企业总希望争取最好的结果（利润870万元），因此，必然愿意把自己的广告投入提到较高的水平，即600万元。但当两家企业竞相增加广告投入时，它们获得的利润反而少于双方广告投入较少时的利润（1000万元）。

这种情况之所以会发生，是因为两家企业间信息互不沟通。每家企业都只从自己的利益出发来作出决策，担心对方增加广告投入会使自己处于不利地位，所以竞相增加广告投入。可见，寡头垄断企业之间因互不通气而使经营努力常被互相抵消，结果导致企业行为的非优化和社会资源的浪费。这不仅表现在广告投入方面，而且在其他方面（如在产品的研究和开发方面）也经常发生。企业之间的串谋能使双方都得到好处（如在上例中，双方协商都少投广告）。但实践表明，要让双方始终遵守诺言，是很不容易做到的。

案例 40-1　政府的广告禁令反使烟草业得利

20世纪60年代，美国的烟草行业在投广告方面曾经有过一次由不合作到合作的有趣经历。最初，几家大烟草商为了促销都在电视上大做广告，但效果甚微，因为大部分广告被互相抵消，正如博弈理论中所说，它们处于“囚徒困境”中。如果它们能够达成协议，共同削减广告投入，就能共同获益。但谁也不敢带头这样做，因为害怕其他企业以后会背信弃义，最终导致自己吃亏。

1968 年，美国联邦政府发布禁令，禁止烟草行业在电视上投广告。起初，烟草公司都反对，但不久就发现，烟草的销量并没有因停投广告而有所减少，企业的利润反而因节省了大量广告支出而有所增加。结果是，政府在 1968 年发布的广告禁令，反而为烟草企业做了一件它们自己本来做不到的大好事——通过共同削减广告投入来提高整个行业的盈利水平。

（六）非价格竞争

前面讲过，在寡头垄断企业的行为之间存在相互制约的关系。比如说，如果一家企业提价，别的企业为了增加自己产品的销路，一般不跟随提价。但如果一家企业降价，别的企业为了保持自己产品的销路，一般也跟随降价。这样一来，首先提价或降价的企业不但不能从提价或降价中得到好处，反而会吃亏。这是因为，价格战持续下去的结果可能是价格降到双方的成本以下，造成两败俱伤。所以，寡头垄断市场结构的一个重要特点是价格不轻易变动。企业相互之间的竞争主要不是通过价格进行，而是通过非价格因素进行，这被称为非价格竞争。寡头垄断企业在竞争中采取的非价格手段主要有两个：一是改进产品样式与结构，增加产品的用途，提高产品质量；二是投放广告。

此外，改善信贷条件、增加销售网点和改善售后服务等，也是竞争中可以采取的非价格手段。通过非价格手段进行竞争，也会引起对方的反应，但这种反应与价格竞争引起的反应相比要慢得多。这是因为，非价格因素的变化一般不易被对方察觉，即使对方察觉，到有所反应也有一个过程，如设计新产品、培训推销人员等都要有一个过程。采取非价格手段进行竞争，一方面对方反应较慢，另一方面效果比较持久。总之，非价格竞争的目的是改善消费者对本企业产品的看法，使本企业的产品在消费者头脑中与其他企业的产品区别开来。显然，一旦企业在竞争中取得了这种效果，对方要把顾客重新夺回去是很不容易的，因为这需要把顾客对产品的看法再变过来。

案例 40-2　20 世纪初的国产彩电价格战

2000 年我国彩电行业出现全行业亏损，7 月 27 日康佳发布预亏的消息，接着长虹发布预亏的消息，创维也声称第一季度亏损 1.2 亿元。究其原因，康佳、创维、长虹等异口同声地说，这是行业内恶性价格战的结果。康佳每次价格战出手都特别狠，2000 年 5 月一下子就将其 34 英寸彩电的价格降到 3000 元以下，令业界大跌眼镜。但是，康佳总经理说，康佳不愿意打价格战，但又不得不打，一切都是为了既得的市场份额，为了流动资金的周转和将价值跌得越来越多的存货出手。

长虹深受价格战之苦，但又是价格战的发动者和加油者。在此前，长虹、TCL 等八大品牌企业达成共识——理性地对待价格战，建立对话机制，摆脱价格战的纠缠。目前国内彩电业只有在竞争中合作，在合作中竞争，才能推动行业发展，把蛋糕做大，抵御外来品牌的进攻。但是仅仅过去了几天，长虹就把它的背投彩电的价格降到了万元之下。公司新闻发言人说，打价格战是很无奈很艰难的事，但是在彩电业缺乏退出机制的情况下，企业只能靠价格战苦撑。

（七）吓阻竞争对手的进入

迄今为止，我们讨论过的寡头垄断企业的竞争行为都是短期的。下面要讨论的吓阻竞争对手进入市场则是寡头垄断企业的一种长期竞争行为。具体做法：现有企业采取策略，人为地为市场设置进入障碍，以阻止新企业的进入，从而防止竞争对手挤占现有的市场，造成现有企业利润的减少。吓阻新企业进入的策略很多，下面介绍四种：

1. 采用限制进入定价法

新企业往往由于规模较小或其他因素而生产成本较高，现有企业为了阻止它们的进入，不把价格定在利润最大化的水平上，而是把价格定得低于新企业的成本，使它们无利可图。在这种情况下，从短期看，因价格定得低，现有企业的利润会减少，但从长期看，由于阻止了新企业的进入，利润会提高。只要长期利润提高带来的好处大于短期利润的损失，这种定价方法就是可取的。

2. 进行价格报复

采用限制进入定价法是长期、持续地实行低价，以阻止新企业的进入。进行价格报复则是当新企业即将进入或已经进入时，通过急剧降价来进行对抗，待新企业进入的威胁消失，再恢复到原来合意的价格水平。一家企业如果对竞争者的进入总是采取急剧降价的反应模式，潜在的对手就会明白，一旦自己进入，一定也会有同样的遭遇，从而不敢进入。

3. 预留生产能力

在迅速成长的市场里，新企业可以通过为新的顾客服务而生存下来。但如果现有企业通过投资预留了富余的生产能力，一旦新企业进入，就有能力立即按低成本、低价格扩大生产（因为过去的投资此时已成为沉没成本，所以增产所需的投入很少），以满足市场的需要，使新企业无法立足。因此，现有企业预留富余的生产能力，能构成对潜在进入者的一种吓阻。

4. 捷足先登，使市场饱和

“使市场饱和”有两层含义。一是使市场在空间上饱和。假定某个小城镇有 5 个居民消费点，如果在这5个点上都设有超市，可以满足附近居民的需要，我们就说这个小城镇的市场在空间上饱和了。二是使市场在产品品种上饱和。例如，汽车制造商生产了许多不同类型和型号的汽车，足以分别满足不同层次和不同偏好的顾客的需要，我们就说汽车市场在产品品种上饱和了。现有企业在新企业进入之前，如果能捷足先登在空间上和品种上占领市场，使市场饱和，让潜在的进入者无插足之地，就能起到限制新企业进入的作用。

案例 40-3　沃尔玛是怎样起家的？

沃尔玛是一家世界性连锁企业。它是怎样起家的呢？沃尔顿是这家连锁店的创始人，他在美国西南部许多小镇上采取捷足先登的策略，抢先开办了几百家平价超市。由于每个小镇的需求有限，无法支持开设更多的超市，沃尔玛的捷足先登取得了很大的成功。

为了说明沃尔玛为什么会成功，我们来举个例子。假如沃尔玛和琼斯兄弟两家公司都打算在俄克拉荷马州的一个小镇开设平价商店。图40-42是它们的收益矩阵。假如沃尔玛进入小镇，而琼斯兄弟没有，沃尔玛就能赚取利润500万美元，琼斯兄弟的利润则为0。如果琼斯兄弟先进入小镇而沃尔玛没有，则琼斯兄弟能赚500万美元，沃尔玛的利润为0。如果沃尔玛和琼斯兄弟都进入小镇，则两者都将亏损200万美元。可见，沃尔玛先进入了，琼斯兄弟就不会再进入，因为它将亏损200万美元。正因为这样，沃尔玛因捷足先登就可独家每年获利500万美元。

		琼斯兄弟可能的策略	
		进入小镇	不进入小镇
沃尔玛可能的策略	进入小镇	沃尔玛利润：−200万美元 琼斯兄弟利润：−200万美元	500万美元 0
	不进入小镇	沃尔玛利润：0 琼斯兄弟利润：500万美元	0 0

图40-42　沃尔玛和琼斯兄弟的收益矩阵

（八）可竞争市场

寡头垄断企业通常是大企业，规模经济显著，形成的市场进入障碍一般较大，由此产生的市场控制力使它有能力把价格定得远高于成本。但近年来有一种理论认为，有些企业尽管规模较大，但是只要新企业进入的沉没成本很低，它的进入和退出就会变得容易。这样一来，这个行业就依然能保持其竞争性，价格仍有可能保持在长期平均成本最低点附近的水平。新理论把这样的市场称为可竞争市场。

这一理论的核心是把沉没成本而不是规模经济作为企业市场控制力的来源。也就是说，如果一家新企业进入一个市场需要投入巨额资金，而这笔资金又不能在退出市场时收回（这笔巨资已沦为很高的沉没成本），那么与沉没成本较低的进入者相比，这家企业就要冒更大的风险。例如，在现代化的大型化工企业里安装有大量先进、复杂的设备和管道，它们都很昂贵，由于这些设备和管道的专用性很强，很难移作他用，企业一旦经营失败而不得不退出该行业，这些设备和管道占用的资金就沦为沉没成本，从而造成投资的巨大损失。所以，企业一般不敢贸然进入这样的行业，竞争不会太激烈。相比之下，在民航业中，虽然一架民航飞机的价值可能高达数亿元，但是进入者可以通过租赁或购买二手飞机的方式参与经营。一旦经营失败，企业主能够很容易地把它们脱手。此外，沉没成本可能的最重要来源——飞机跑道和其他地面设施很多是由政府筹资建设后租给航空公司使用的，对航空公司来说，沉没成本较低。又如，由数十辆或数百辆卡车组成的货运公司，一旦经营失败，业主可以很容易地把这些资产售出（因为卡车是通用设备，专业性弱，又是可以移动的），所以货运公司的沉没成本也很低，进入这样的行业风险小，自然就比较容易。这些进出比较容易的行业竞争性强，企业控制价格的能力就被大大削弱了。

可见，在像寡头垄断那样集中化程度较高的行业里，也有两个极端：一个极端是卡特尔，几家企业联合起来追求最大利润，像一个垄断者；另一个极端是可竞争市场，企业之间的竞争依然很激烈。在这两个极端之间，则存在因企业之间依存关系不同而出现的多种企业行为模式。

六、销售收入最大化的企业行为模式

上面的讨论都假定企业的目标是追求利润最大化，但在现实生活中，有的企业（特别是一些大企业）往往谋求在获得一定利润的条件下，实现销售收入的最大化。目标的不同会对企业行为产生不同的影响。

（一）在保证一定利润的条件下追求销售收入最大化的企业行为模式

在保证获得一定利润的条件下追求销售收入的最大化，是企业行为的多目标模式中最常见的模式。它最早是由美国经济学家鲍莫尔提出的。这一模式假设：一旦企业的利润达到可以接受的水平，企业的利润目标与增加销售收入的目标相比就会处于次要地位。企业的经理人员宁可放弃较高的利润，也要追求更多的销售收入。鲍莫尔认为，企业之所以要追求最大化的销售收入，是因为销售收入是衡量企业绩效的重要尺度。销售收入的多少反映消费者对企业产品的认可程度、企业在市场上的竞争地位和企业的经营规模，而这些对增强企业的活力都是十分重要的。另外，扩大销售收入也是经理人员谋求个人目标的基础，如经理人员的工资和声誉很大程度上是与企业的经营规模相关的。但谋求销售收入最大化必须以保证企业有足够的利润为前提，这个利润水平一方面应能使股东满意，另一方面应能有利于企业吸引外部资金。

在图 40-43 中，TC、TR 和 π 分别是总成本、总收入和利润曲线。总利润最大（$MR=MC$）时的产量为 Q_1，销售收入最大（$MR=0$）时的产量为 Q_3。假定某企业必须在完成利润目标 π_1 之后才允许追求销售收入最大化，那么企业的最大产量不会超过 Q_1（产量 Q_1 能使企业最接近利润目标 π_1）。假定企业的利润目标是 π_2，它就要通过降价使销售量增加到 Q_2，使销售收入增加到 TR_{Q_2}，这时的利润就等于 π_2。π_2 虽低于最大利润，但企业既实现了利润目标，又使销售收入有所增加。这就是在保证一定利润的前提下使销售收入最大化。最后，假定最低限度的利润要求是 π_3，企业就要继续降价，使销售量增加到 Q_3，使销售收入增加到最大量 TR_{Q_3}，但企业不会使销售量超过 Q_3，因为如果超过 Q_3，销售收入就会下降。由此可见，当销售量低于 Q_1 时，降价既能增加利润又能增加销售收入；当销售量在 Q_1 和 Q_2 之间时，降价会使利润减少，但会使销售收入增加；当销售量超过 Q_3 时，降价会使利润和销售收入同时减少。由此可以得出下面的结论：如果企业的目标是在保证一定利润的前提下追求销售收入最大化，且这个利润低于可能得到的最大利润，那么企业的价格就应当定得比与利润最大化目标对应的价格低，产量则应定得比与利润最大化目标对应的产量高。

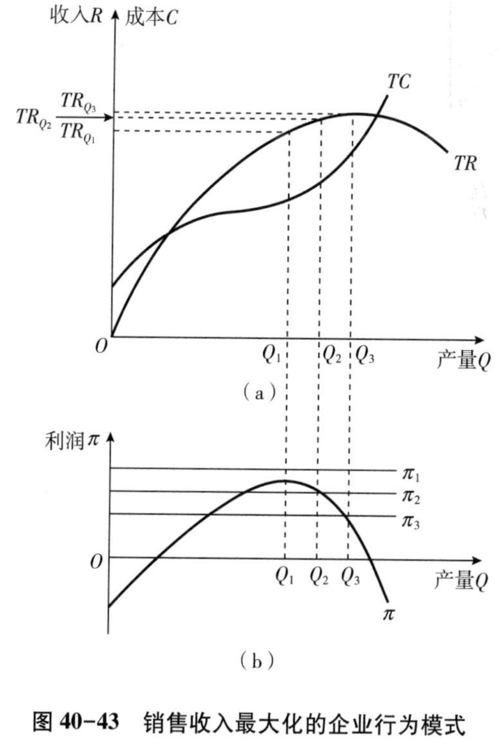

图 40-43 销售收入最大化的企业行为模式

（二）利润最大化和销售收入最大化两种企业行为模式的比较

不同的目标会导致不同的企业行为，下面从三个方面来讨论：

1. 企业的目标和广告投入

对企业目标的选择会影响有关广告投入的决策。与追求利润最大者相比，追求销售收入最大者倾向于加大广告投入。这一点可用图 40-44 来说明。图 40-44 中的横轴均代表广告投入，纵轴为成本、销售收入和利润。为简化起见，假定随广告投入变化而变化的总成本（*TC*）曲线为一条直线，当广告投入为 0 时，总成本为 TC_0。*TC* 曲线既包括全部生产成本和销售成本，也包括广告投入。总收入（*TR*）曲线的形状基于这样的假设：销售量和销售收入随广告投入的增加而增加，但由于广告的边际报酬递减，因此销售收入的增加也是递减的。图 40-44（b）中的总利润（π）曲线是根据不同广告投入水平上总收入与总成本的差额画出的，它说明了不同广告投入水平上利润的大小。图 40-44 说明，利润最大时的广告投入为 A_1。但如果企业在保证一定利润（π_1）的前提下追求销售收入最大化，那么其最优广告投入为 A_2。额外增加的广告投入把销售收入从 TR_{A_1} 提高到 TR_{A_2}，仍能使总利润不低于目标利润 π_1。因此，只要追求销售收入最大者的目标利润低于最大可能利润，就比追求利润最大者增加更多的广告投入对企业有利。

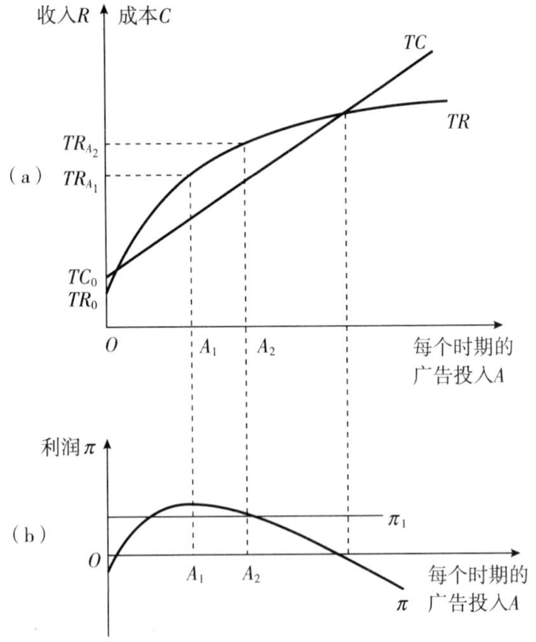

图 40-44　企业的广告投入决策

2. 固定成本变化对企业行为的影响

固定成本的变化对有不同目标的企业的价格和产量决策具有不同的影响。在图 40-45 中，起初的总固定成本、总成本、销售收入和利润曲线分别为 TFC_1、TC_1、TR_1 和 π_1。如果企业的目标为利润最大化，最优产量应为 Q_1。但如果企业的目标是在获得一定利润（π_0）的条件下追求销售收入最大化，则最优产量为 Q_2。现假定企业固定投入要素的价格上涨，导致企业固定成本提高到 TFC_2。这又导致总成本曲线上移到 TC_2，同时利润从 π_1 移到 π_2。如果企业的目标是追求利润最大化，则成本的增加对企业的最优价格和产量决策没有影响，因为固定成本的增加只是使利润曲线的峰尖下降，这一峰尖并没有向左或向右移动。从图 40-45 中可以看到，固定成本的变化对追求销售收入最大化的企业的影响是，总利润曲线向下移动，会使产量为 Q_2 时的利润低于可接受水平。为了使利润提高到可接受的水平，追求销售收入最大化的企业必须把产量缩减到 Q_3，为此必须提高价格。因此，在分析固定成本的变化对企业的价格和产量决策的影响时，企业的目标成为关键因素。当固定成本增加时，追求利润最大化的企业的价格和产量可以不变，但追求销售收入最大化的企业就需要减少产量，提高价格。

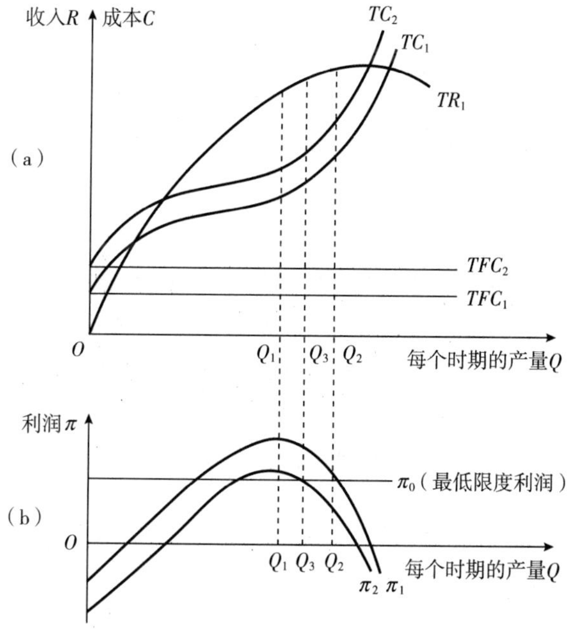

图 40-45 固定成本变化对企业行为的影响

3. 税负变化对企业行为的影响

在图 40-46 中，TR 为总收入曲线，TC 为总成本曲线，π_1 为原税后利润曲线。π_0

为目标利润，利润最大时产量为 Q_1。在获得目标利润的前提下，销售收入最大时的产量为 Q_2。假定政府为了调整宏观调控政策，打算把企业的所得税率提高 10 个百分点，这就会使利润曲线从 π_1 移到 π_2。π_1 的顶峰和 π_2 的顶峰的产量未变，均为 Q_1，说明对谋求利润最大化的企业来说，增税后最优产量和价格并无变化。但对追求销售收入最大化的企业来说，为了保证目标利润 π_0，增税后产量必须从之前的 Q_2 移到 Q_3，并相应提高价格。由此可见，对追求销售收入最大化的企业来说，为了实现目标利润，增税后必须提高价格，减少产量。

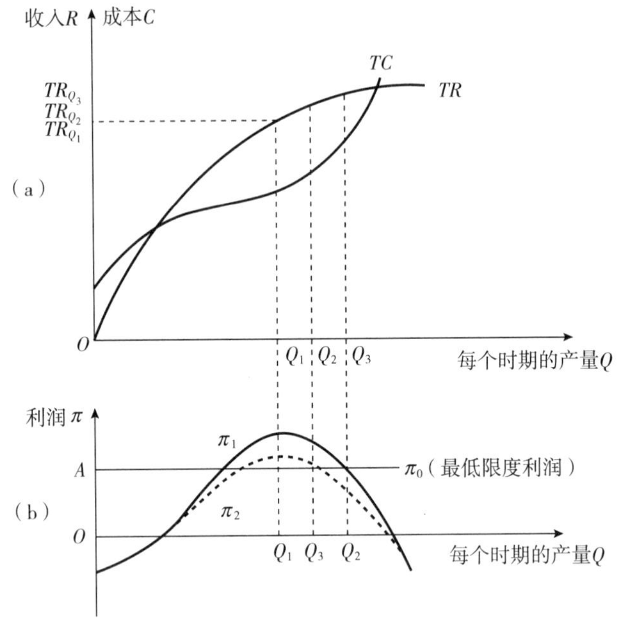

图 40-46　税负变化对企业行为的影响

第四节　企业投资决策与风险分析

企业追求利润最大化的目标决定了企业在激烈的竞争环境中，除了要搞好当前的企业经营管理，经营好现有企业资产外，还必须寻找企业的长期经营目标，这就不可避免地会涉及企业的投资决策行为。投资与本书前面章节所讨论的企业其他经营活动的不同之处在于，企业的投资属于中长期行为，往往更注重长远利益，其追求的目标由利润最大化转变为企业的市场价值最大化。企业的投资行为要想达到市场价值最大化这一目标，就需要在投资前进行投资决策以决定投资的方向和金额。

投资决策是一项涉及企业销售、生产、财务等一系列部门的综合性决策事项，也是一个相对比较复杂的理论和实践问题。本节将介绍一些有关企业投资决策的基本理论和常用方法。

一、投资决策概述

（一）投资的概念

投资是指当前的预期能够在以后较长的时间内（通常指一年以上）给投资者带来收益的一种支出。广义的投资是指人们将一定的资源投入某项计划，以期获得未来收益的经济行为。其中，所投入的资源可以是资金，也可以是人力、技术和其他资源。换言之，投资是当前的一种支出，这种支出预期能够在以后较长时间内（通常指一年以上）给投资者带来收益。例如，购置设备将来可以给企业增加利润收入，购买房屋可以用于出租并带来租金收入，所以购置设备、购买房屋等都属于投资行为。有些支出，即使不是用来购买固定资产，但只要符合这个定义，也属于投资，如用于员工教育和培训的资金支出、广告及研发费用等。

需要注意的是，投资与经营费用不同，虽然两者都是资金的支出，但是经营费用的支出只能在短期内取得盈利。比如，人工费和材料费的支出，在产品售出后就可以收回，并取得盈利，这个时间一般较短，而且是一次性的。而投资带来的收益往往可以延续几年，甚至更长时间。

由于投资带来的效益延续的时间很长，因此投资决策有两个重要特点：第一，在投资决策中，需要将近期的现金收支与远期的现金收支相对比，因而必须考虑货币的时间价值；第二，在投资决策中，需要估计未来的收支，而未来总是具有很大的不确定性，因此，在投资决策中考虑风险问题就特别重要。

如果说经营决策的正确与否会影响企业当前利润的大小，那么投资决策的好坏关系到企业很长一个时期内的效益，关系到企业将来的发展方向和速度。一旦企业投资决策失误，后果将是无可挽回的。正因如此，正确地、科学地做好投资决策就十分重要。

（二）投资的类型

投资的范围很广，本节所讨论的投资行为一般都是指生产经营性投资，而并不包括日常生活中同样很常见的金融资产投资。下面从投资的经济用途角度，介绍四种比较常见的企业投资类型。

1. 重置投资

重置投资是指企业用于购买新设备以代替不能继续用于生产的老设备的支出。比如，某工厂车间的机床已使用多年，现陈旧老化，无法继续使用，这时购买新的机床以代替老的机床的支出就属于重置投资。

2. 更新投资

更新投资是指企业用于设备更新方面的支出。更新投资与重置投资不同，更新是设备的进步，而重置仅仅是设备的还原。更新投资一般有这样三个目的：降低产品的平均生产成本、提高产品质量和增加产品品种。比如，引进一条自动生产流水线以取代人工生产流水线就是一种更新投资，这样既可以降低产品的平均生产成本，又可以提高产品的质量。再如，引进具有 VCD、CD 双重生产能力的设备以替代只能生产 CD 的设备也属于更新投资，这样就可以增加企业的产品品种，以期获得更大的收益。

3. 营销投资

营销投资是指企业用于营销活动的支出。企业的营销活动一般包括产品促销、开拓新兴市场和各类公益活动。营销投资的目的在于扩大产品需求。与前面两种投资不同的是，营销投资并不直接作用于生产过程，对企业的生产能力没有影响。营销投资一般也不会提高企业的固定资产价值，它往往是一种对企业无形资产的投资。比如，在中国 2010 年上海世博会的筹备和举办过程中，共有 13 家全球合作伙伴、14 家高级赞助商和 31 家项目赞助商提供了资金和产品的支持，这些赞助企业通过此举获得了使用世博会标志进行营销推广的权利，受关注的程度得到了极大提升，迅速扩大了企业的知名度，进一步塑造了企业的品牌和形象。

4. 科研和人力资源投资

科研和人力资源投资是企业用于科技研究和员工培训等方面的支出。在科学技术已深入人们日常生活的今天，企业的竞争力在很大程度上取决于其科研投资的多少和科研能力的高低，而企业科研能力的高低直接取决于企业在科研方面人力资源的丰富程度。目前，国内的企业对科研和人力资源投资的重视程度远远落后于前三种投资，严重影响了企业自主创新能力的培养和形成。

（三）投资决策的过程

投资决策的过程一般包括以下四个阶段：

1. 提出投资建议

提出投资建议是进行投资决策的第一步。这一步之所以重要，是因为好的建议或主意是选出好的投资方案的前提。如果这一阶段提不出好的建议，就不可能从中评选出好的方案。投资的建议可以来自企业内外，一般涉及扩大现有产品的生产规模、设备更新或技术改造、发展新产品、拓展新市场、提高环保水平、改善安全条件等。企业管理者应当解放思想，依靠专家和群众，集思广益，并设立一定的奖励制度，鼓励人们提出好的方案。

2. 估计和收集有关的数据

投资方案提出后，要估计和收集评价方案所需要的数据。只有所估计和收集的数据是准确、可靠的，以此为依据做出的决策才有可能是正确的。为求数据的准确、可靠，这项工作必须由企业的各部门参与。例如，为了估计将来的销售量和销售收入，就必须依靠销售部门进行需求预测；为了估计将来的经营费用，就必须依靠生产、技术和采购部门提供有关的成本资料。在投资决策中，所需的数据是很多的，但与决策直接相关的数据有两类：一类是与决策相关的现金流量，即因实施投资方案而引起的货币收入和支出；另一类是资金成本，即企业为获得资金而必须向投资者支付的按百分率表示的成本。

现金流量是因实施投资方案而引起的货币收入和支出，它与会计上成本的收支是不完全相同的。具体表现在：① 现金流量应以增量为基础加以衡量；② 现金流量应以税后指标为基础加以衡量；③ 投资项目对整个企业所有的间接效应都应包括在现金流量的计算之中；④ 评价项目时不应考虑沉没成本；⑤ 项目中所使用的资源价值应按其机会成本来衡量，资产的机会成本就是这些资产若没有被使用在拟议方案中时所能产生的现金流量。

资金成本即企业为获得资金必须向投资者支付的按百分率表示的成本。资金成本涉及企业对资本（包括债券、股票）的支付额，用于向新的投资项目提供资金，也可视为投资者对企业证券投资所要求的收益率。企业的资金成本是由资本市场决定的，一般情况下，在投资者看来项目的风险越大，投资者所要求的收益就会越高，资金成本也会越高。

3. 评价和选择投资方案

与投资方案有关的数据估计出来以后，就可以根据这些数据对不同的方案进行评价，以便选出最有利于实现企业目标（企业价值最大化）的方案。由于因投资而引起的收入和支出往往是在不同的时间发生的，因此评价投资方案对企业价值的影响，必须在计算货币时间价值的基础上进行。投资项目会形成企业的现金流量，即在未来若干年内形成一系列的现金流入量和流出量。一般情况下，一个项目先形成一个初始的流出量（投资），随后在以后的若干年中形成一系列现金流入量（收益）。对具有相应现金流量的不同项目进行比较和选择，就要运用相应的评价方法对每个项目的预期结果加以衡量。

4. 监控投资方案的实施

最优投资方案选出之后，就要付诸实施。在实施过程中，要对实施情况进行监控。这里主要包括三项工作内容：① 把实际完成情况与预期的数据进行比较，看其是否有偏差；② 对较大的或系统的偏差进行分析和解释；③ 根据找出的原因，对正在实施的投资方案采取必要的措施，或对以后的投资决策提出改进意见，以保证企业目标的实现。

二、投资决策的风险分析

（一）决策风险的概念

决策总是面向将来的，但将来的事很多是不确定的，可能存在一定的决策风险。决策风险是指一种决策方案结果的潜在变化。可能的结果变化越大，与此决策方案相关联的风险就会越大。如果一个决策只有一个可能的结果，就说它没有风险；如果有许多可能的结果，且这些结果回报的金额差别很大，就认为它的风险很大。例如，某企业经理准备投资 50 万元，有两个可选方案：第一个方案是购买国库券，年收益率为 6%，到年末，50 万元投资可收回 53 万元。这一投资唯一的风险是政府可能无力偿还，但这又是不大可能的，所以这一投资可以认为是无风险的，即一开始就知道投资只有一个结果。事实上，人们常把国库券称为无风险投资，但相应的收益也较低。第二个方案是投资一个高科技项目，该领域竞争激烈，如果经济发展迅速并且该项目搞得好，取得较大市场占有率，利润会很大。否则，利润很小甚至亏本。这是一次风险投资，因为可能的结果变动范围很大。通常认为，结果的变动性越大，风险就越高，但高风险往往伴随着较高的回报率。研究决策风险能克服决策的片面性和盲目性，增强决策的可靠性和科学性。

（二）投资决策的风险衡量

决策方案的优选，不仅要分析比较各种方案的效益指标，还要分析比较各种方案的风险程度。比较衡量投资方案的决策风险，需要借助三个统计量：期望值、标准差及变差系数。下面通过例子来具体说明。

例 40-4 假定有两个投资方案，两者的初始投资相同。甲方案是投资矿产开发，根据地质部门预测找到有开采价值矿藏的概率为 0.6，找不到的概率为 0.4，找到的话每年可获利 1000 万元，找不到则损失 1000 万元。乙方案是投资办厂，预测市场销路好的概率为 0.8，获利 220 万元，市场销路一般的概率为 0.2，获利 120 万元。从甲、乙方案的收益期望值来判断：

甲方案：$1000\times0.6+(-1000)\times0.4=200$（万元）

乙方案：$220\times0.8+120\times0.2=200$（万元）

所以，甲、乙两个方案的期望值相等，但是两个方案的风险并不完全相等，甲方案收益的可能性在 1000 万元与 -1000 万元这两者中出现，而乙方案收益的可能性是在 220 万元与 120 万元这两者中出现。显然，两个方案虽然期望收益相等，但是后者的风险小得多。

投资方案各种可能结果规律分布的分散程度可以通过求标准差 σ 来测定，σ 越大说明风险越大。标准差 σ 的计算公式如下：

$$\sigma = \sqrt{\sum_{i=1}^{n}(R_i - \overline{R})^2 P_i}$$

其中，σ 表示标准差，R_i 表示第 i 种结果的现金流量，$\overline{R}$ 表示现金流量的期望值，P_i 表示发生第 i 种结果的概率。

在例 40-4 中：

甲方案：$\overline{R}=200$ 万元，$R_1=1000$ 万元，$P_1=0.6$，$R_2=-1000$ 万元，$P_2=0.4$。

乙方案：$\overline{R}=200$ 万元，$R_1=220$ 万元，$P_1=0.8$，$R_2=120$ 万元，$P_2=0.2$。

则：

$$\sigma\text{甲}=\sqrt{(1000-200)^2\times0.6+(-1000-200)^2\times0.4}=980\text{（万元）}$$

$$\sigma\text{乙}=\sqrt{(220-200)^2\times0.8+(120-200)^2\times0.2}=40\text{（万元）}$$

很明显，σ 乙<σ 甲，所以乙方案风险相对较小。

如果直接用风险大小作为决策依据，那么期望值相同时，取标准差较小的方案风险就较小。如果期望值不同，则要用变差系数来测定它们的相对风险，变差系数大说明方案的风险大。变差系数的计算公式为：

$$v=\frac{\sigma}{\overline{R}} \tag{40-20}$$

其中，v 表示变差系数，σ 表示标准差，$\overline{R}$ 表示现金流量的期望值。

例 40-5　假定某企业有两个投资方案，甲方案的期望现金流量为 100 万元，标准差为 1000 元，而乙方案的期望现金流量为 20 万元，标准差为 500 元。问：哪个方案的风险较大？

解：甲方案的变差系数 $v_{\text{甲}}=\frac{\sigma}{\overline{R}}=\frac{1000}{1000000}=0.001$

乙方案的变差系数 $v_{\text{乙}}=\frac{\sigma}{\overline{R}}=\frac{500}{200000}=0.0025$

很明显，$v_{\text{乙}}>v_{\text{甲}}$，所以乙方案的风险比甲方案的风险要大。

总之，任何投资决策都可能或多或少地存在着一定的风险，风险的大小往往各不相同。在进行决策时，通常需要综合考虑和权衡各个方案的相对风险和报酬。在多数情况下，对方案的选择是通过使用经过风险调整后的贴现率来计算和比较得到的，其方法是在计算每个方案的净现值时，依据它们各自相对风险的大小估算风险补偿率来提高其贴现率。

第五节　政府调控

一、市场失灵与政府政策调节

（一）市场效率

1. 市场效率的概念

所谓市场效率，就是指市场在配置资源方面的效率。那么衡量市场在资源配置上是否最有效率的标准是什么，经济学界的理解各不相同，现在主要有下面三种观点：①认为当资源使用无浪费现象时，资源配置最有效率；②认为当经济社会能达到用最低的成本生产人们所需要物品的状态时，市场效率达到最优；③认为市场最有效率指的是在既定投入和技术条件下，资源利用能带来最大可能满足水平的状态。

而至今被大多数经济学家接受的衡量市场是否最有效率的标准，是意大利经济学家帕累托提出来的，称为帕累托标准，或帕累托最优。

2. 帕累托最优

意大利经济学家帕累托，在他的《政治经济学讲义》一书中首先提出生产资源的最适度配置问题。他认为在分配标准既定时，现状的改变如果使每个人的福利都增进了，这种改变就是有利的；如果使每个人的福利都减少了，这种做法就是不利的；如果使一些人福利增进而另一些人福利减少，对整个社会来说这种做法就不是有利的。简言之，帕累托最优是指任何的改变都不可能使一个人的境况变好而不使别人的境况变坏的状态。这时整个社会福利达到了最大，资源配置最有效率。也就是说，现状的改变，不管是利人利己，还是利己不利人、利人不利己，都没有使资源配置达到最优，只有现状的改变对每个人的境况都不产生有利或有害影响时，资源配置才是最有效率的。

帕累托最优为衡量经济的效率提供了一个标准：如果一种资源的配置还没有达到帕累托最优，那就存在着某种方法来改进资源的配置，至少可以使其中一些人的境遇变得更好，而同时又没有损害其他人的利益。

怎样才能实现帕累托最优呢？西方经济学家认为，帕累托最优的实现需要满足三个条件，而当市场是完全竞争时，可以保证这三个条件的满足。这三个条件包括以下三点：①生产的有效性，即不可能再找到另外一种生产方式使得一些商品的产量增加而又不减少其他商品的产量。这意味着在给定生产要素投入的情况下，已经使产出达到了最大化。或者说，在给定产出的情况下，已经使要素投入达到了最小化。②各种产品生产比例的有效性，即企业不仅能够用最优的比例进行生产，而且生产出来的产品充分反映了消费者的偏好，能最好地满足消费者的需要。③交换的有效性，即社会生产出来的所有产品都是以最有效的方式进行分配的，进一步互利的交换不可能再发生。

但是，完全竞争的市场只是一种理想状态，现实的市场更多的是不完全竞争市场。当市场不是完全竞争时，帕累托最优就不能实现，市场将不能实现资源的最优配置，从而出现市场失灵。

（二）“看不见的手”是怎样失灵的

市场的价格机制在经济运行中起着重要的作用，它像一只看不见的手引导着资源得到合理的配置。但是在现实经济生活中，“看不见的手”也存在许多缺陷和不足，它常常在很多场合不能导致资源的有效配置，这种情况被称为“市场失灵”。引起市场失灵的原因有很多，美国经济学家科勒将市场失灵的原因概括为三类，即无效率、不公平和经济周期。

1. 无效率引起的市场失灵

资源配置无效率主要是由于垄断、公共物品、外部影响以及信息不完全和非对称的存在而引起的价格故障，它也被称为狭义的市场失灵。

（1）垄断。市场竞争的一个显著特点就是优胜劣汰。劣者在竞争过程中不断被淘汰，而优者在竞争过程中则不断壮大，这就产生了集中的趋势，有的甚至会导致垄断。对于有明显规模经济的行业，更容易走向自然垄断。一旦有了垄断，垄断者就能影响价格，并从中得到好处。所以，市场竞争的结果导致了垄断，反而破坏了竞争。垄断的存在会大大降低市场配置资源的效率，使整个经济处于低效率之中。

（2）公共物品。在经济学中，物品分为两类，一类为私人物品，另一类为公共物品。私人物品是普通市场上常见的那些物品，如衣服、食品等，它在消费和使用上具有两个特点：第一是竞争性，即如果一个人已消费了这种商品，别人就无法消费了；第二是排他性，即只有对商品付费的人才能消费，不付费则不能消费。市场价格机制主要是在私人物品市场上发挥作用，对社会资源实行优化配置。

与私人物品相对应的是公共物品。所谓公共物品，是指由政府部门提供的供所有人共同消费的产品或服务，如国防、司法、公共卫生、灯塔等都属于典型的公共物品。公共物品具有两个显著的特征：①非竞争性，即同一产品可供所有的人同时消费，任何人对这种物品的消费都不会导致其他人消费的减少。例如，国防、道路和电视广播等，增加一个消费者并不需要减少其他消费者对这种产品的消费。新生人口一样享受国防提供的安全服务，而原有人口对国防的“消费”水平也不会因此而降低。②非排他性，即不可能把特定个人排除在公共物品的消费之外，也就是说，不管付费与否，每个人都成为公共物品事实上的消费者。例如，对于国防，一个人即使拒绝为国防纳税，也可以享受国防的保护，正因如此，国防虽然必要，但是许多人想避免为了国防而纳税，即想做一名“免费搭车者”。有的公共物品虽然在技术上能够做到“排他”，但是成本很高。比如城市中的街道，技术上可以做到到处设“卡”，以排除不付费用而使用街道的人，但设卡的代价也许会超过收益，而且处处设卡的街道也失去了本身的意义。

根据非竞争性和非排他性的程度不同，可以对公共物品进行分类。如果某公共物品具有完全的非竞争性和非排他性，则称为纯公共物品，如国防、司法等；如果某公共物品具有竞争性而不具有排他性，或者具有排他性而不具有竞争性，则称为非纯公共物品，如街道、电视、广播等。

公共物品所具有的非竞争性和非排他性特征，往往会使公共物品的产量低于与资源配置最优状态相应的产量水平，从而造成实施失灵。例如，有一个消费者居住在小河边，但在河对岸上班。如果大家集资在河上建筑一座木桥，只需五分钟就可到达上班地点；如果购买一辆小汽车，绕行上班也只需五分钟。假设该消费者个人出资建一座木桥的花费和购买一辆小汽车的价格相同。该消费者是选择建筑木桥还是购买小汽车呢？很显然，建筑木桥的社会效用大于购买小汽车的社会效用，但购买小汽车给消费者带来的直接效用大于建筑木桥的直接效用。在这种情况下，追求个人效用最大化的消费者必然会选择购买小汽车而不是建筑木桥。

从社会的角度看，这一决策可能不符合资源配置最优化的要求，汽车所增加的社会福利权限于购买者使用它时所得，建筑木桥所产生的社会福利则包括给建筑者带来的好处和其他许多人由于使用桥方便了交通和节省了时间所增进的福利。但该消费者作出决策时并不将其他人可能得到的好处作为一种收益考虑，尽管他在增进其他人福利时并不必增加自己付出的成本。因此，从社会的角度看，配置于木桥以及其他公共物品的资源可能少于合理的水平。

（3）外部影响。外部影响指未能在市场中反映出来的经济活动主体之间的相互影响。简单地说，就是一方对另一方的非市场影响。按照外部影响的性质，可将其分为积极的外部影响和消极的外部影响。积极的外部影响称为外部经济，消极的外部影响称为外部不经济。外部影响可能发生于企业与企业之间、个人与企业之间以及个人与个人之间。例如，有两个企业，一个是养蜂人，另一个是苹果生产者。蜜蜂需要通过吸取苹果花粉生产蜂蜜，因此苹果产量的增加可以增加蜂蜜的产量，即苹果生产者对养蜂人具有积极的外部影响；反过来，蜜蜂在采蜜的同时可以为苹果传授花粉，增加苹果产量，因此养蜂人对苹果生产者也具有积极的外部影响。又如，某化肥厂把污水排入附近湖泊使湖水污染，湖中的鱼会减少甚至灭绝，这会使人们无法再享受到钓鱼的乐趣，在这里，化肥厂对钓鱼者具有消极的外部影响。

在外部不经济的情况下，某生产者或消费者的一项经济活动给社会上其他成员带来了危害，但他自己并不为此而支付抵偿这种危害的成本，此时这个人为其活动所付出的私人成本就小于该活动所造成的社会成本。例如，工厂在生产产品时将废气、废水不经治理便排出厂外，对工厂来说，可以降低成本，然而社会由于承受了这种有害的外部影响而遭受损失。在这种情况下，社会成本大于私人成本，但企业在做产量决策时只根据私人成本，不根据社会成本，这样企业就可能生产过多的社会成本较高的产品，使其产量超过社会最优的产量。

在外部经济的情况下，某生产者或消费者的一项经济活动给社会上其他成员带来了好处，但他自己不能由此而得到补偿，这时这个人从其活动中得到的私人利益就小于该活动所带来的社会利益。例如，一个企业对其所雇佣的工人进行培训，而这些工人可能转到其他单位去工作，该企业并不能从其处索回培训费用或其他形式的补偿。在这种情况下，社会利益要大于私人利益。但在市场经济中，企业的产量决策只根据私人利益，不根据社会利益，这样企业往往就会较少地生产对社会有益的产品，使其产量少于社会最优的产量。

由于外部影响扭曲了价格机制，使价格体系无法传递正确的信息，因此整个经济的资源配置不可能达到帕累托最优状态，“看不见的手”在外部影响面前失去了作用。

（4）信息的不完全和非对称。市场经济的有效运行，靠的是价格的调节。然而，价格调节是有前提条件的，其中最重要的一个前提就是拥有完全信息，即生产者和消费者拥有作出正确决策所需要的全部信息。消费者知道商品的性能、质量、用途和价格，以及自己对各种商品组合的偏好，从而能作出最合理的选择；生产者知道各种可供选择的生产技术，知道生产要素的生产能力，知道所用要素的价格组合生产出来的产品的价格，因而也能作出优化的选择。

但是，完全信息只是一种理想化的假设，在现实经济中，信息常常是不完全和非对称的。在这里，信息不完全不仅是指那种绝对意义上的不完全，即由于认识能力的限制，人们不可能知道在任何时候、任何地方发生的或将要发生的任何情况，而且是指相对意义上的不完全，即市场经济本身不能够生产出足够的信息并有效地配置它们。

此外，在一般商品市场，买方与卖方所掌握的信息常常是不对称的：一方掌握的信息多一些，另一方掌握的信息少一些。在多数商品和生产要素市场上，卖者掌握的信息多于买者。例如，照相机的卖者一般比买者更了解照相机的性能，而劳动力的卖者比买者更了解自己的劳动能力。但在另一些市场，买者所掌握的信息则可能多于卖者，如保险与信用市场往往就是这种情况，医疗保险的购买者当然比提供信用的金融机构更了解自己的信用状况。在这种信息不完全、非对称的市场上，卖者可能会利用信息优势，以假冒伪劣商品侵犯买者的权益，而买者则可能会利用信息优势侵犯卖者的合法权益，出现败德行为。所有这些都会对市场的运行机制造成严重破坏，使市场机制难以发挥作用。

2. 市场经济的痼疾——不公平

如果说市场运行机制的故障和经济活动的外部性属于市场机制的缺陷的话，那么市场运行机制不能解决贫富悬殊、不能兼顾公平和效率则是市场的痼疾。经济学家认为，收入分配有三种标准：第一种是贡献标准，它是按生产要素的价格，即按社会成员的贡献来分配国民收入。这种分配标准能保证经济的效率，但由于社会成员在能力和机遇上的差别，这种分配标准又会引起收入分配上的不平等。第二种是需求标准，它是按社会各成员对生活必需品的需要来分配国民收入。第三种是平等标准，它是按公平的准则来分配国民收入。后两个标准虽然有利于收入分配的平等化，但是不利于经济效率的提高。有利于经济效率则会不利于平等，有利于平等则会有损于经济效率，这就是经济学中常说的平等和效率的矛盾。如果我们只强调效率而忽视平等将会影响社会的安定；反之，如果只强调平等而忽视效率，就会限制经济的增长，导致普遍的贫穷。可以说在资源的配置与收入分配上，平等与效率是一个两难的选择、难解的矛盾。

总的来说，通过市场竞争，优胜劣汰，市场机制在提高经济效率上还是有所作为的，但在社会公平方面的作为极其有限。各人的天赋条件不同，机遇各异，竞争的结果必然导致强者在竞争中地位不断加强，变得更加富裕，而弱者在竞争中劣势地位不断减弱，变得更加贫穷。市场竞争是天然有利于强者，不利于弱者的，其结果必然是两极分化。为了衡量一个国家的贫富差距，美国统计学家劳伦茨提出了著名的劳伦茨曲线（见图 40-47）。

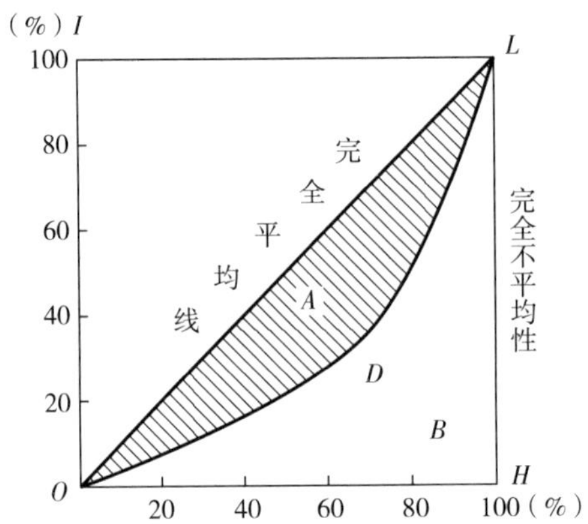

图 40-47　劳伦茨曲线

图 40-47 中以横轴表示人口累计百分比，纵轴为收入累计百分比。当收入是完全平均分配时，劳伦茨曲线是通过原点的 45°线 *OL*；当收入是完全不平均分配时，即全国所有的收入全部集中于一人之手，劳伦茨曲线就是 *OHL* 折线。实际情况是介于这两者之间。由 *ODL* 和 *OL* 所包围的不平均面积 *A* 与三角形 *OHL* 的面积 *B* 之比，称为基尼系数，它常被用来衡量一个国家的贫富差距（设 *g* 为基尼系数，$g=A/B$）。

我国实行改革开放以来，从总体上讲，城乡居民的生活水平有了显著的提高，但贫富之间的差距也有所扩大，基尼系数为 0.43~0.45。这与我国目前个人收入分配坚持以按劳分配为主、多种分配方式并存，体现效率优先、兼顾公平的原则相一致。让一部分人先富起来，使我国的经济有更快的发展，是符合我国人民的根本利益的，但贫富差距不能过大，先富要带动后富。而市场机制是解决不了贫富悬殊的，这是市场竞争的痼疾，它需要政府的干预。

3. 经济周期与市场失灵

不少经济学家认为，市场失灵的概念要扩大，应包括宏观经济的市场失灵，因为经济周期带来的震荡会给经济造成巨大的损失。经济周期是指国民收入及经济活动的周期性波动。它分为繁荣、衰退、萧条和复苏四个阶段，其中繁荣与萧条是两个主要阶段，衰退与复苏是两个过渡性阶段。这四个阶段循环一次，即为一个经济周期，如图 40-48 所示。

繁荣期：国民收入和经济活动高于正常水平的一个阶段，其特征是生产迅速增加，投资增加，信用扩张，价格水平上升，就业增加，公众对未来乐观。繁荣期的最高点称为顶峰，这时就业与产量水平达到最高，但股票与商品的价格开始下跌，存货水平高，公众的情绪正由乐观转为悲观，这也是由繁荣转向衰退的开始。

衰退期：从繁荣到萧条的过渡时期。这时经济开始从顶峰下降，但仍未低于正常水平。

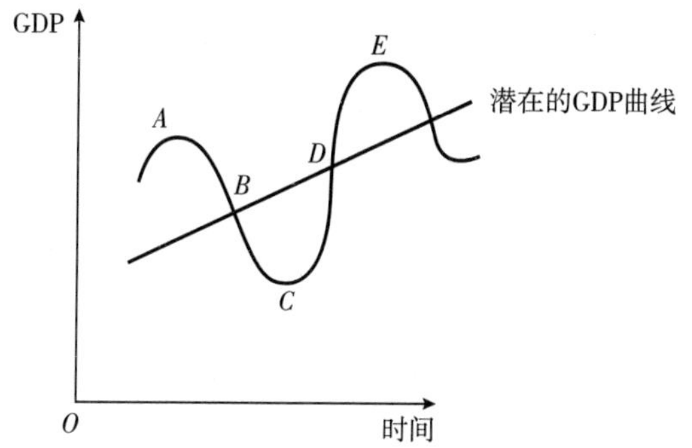

图 40-48　经济周期曲线

注：*A* 表示顶峰；*A*~*B* 表示衰退；*B*~*C* 表示萧条；*C* 表示谷底；*C*~*D* 表示复苏；*D*~*E* 表示繁荣；*E* 表示顶峰。

萧条期：国民收入与经济活动低于正常水平的一个阶段，其特征是生产急剧减少，投资下降，信用紧缩，价格水平下跌，失业严重，公众对未来悲观。萧条期的最低点称为谷底，这时就业与产量跌至最低，但股票与商品的价格开始回升，存货减少，公众的情绪正由悲观转为乐观，这也是萧条转向复苏的开始。

复苏期：从萧条到繁荣的过渡时期。这时经济开始从谷底回升，但仍未达到正常水平。

经济学家们力图寻找引起经济周期的原因，自 19 世纪中期以来提出的经济周期理论有几十种之多，其中影响比较大的主要是乘数—加速相互作用理论。这种理论认为经济之所以会发生周期性波动，其根源在于乘数原理和加速原理的相互作用。具体来说就是，投资增加引起产量的更大增加，产量的更大增加又会引起投资的更大增加，这样经济就会出现繁荣。但是当产量达到一定水平后，由于社会需求与资源的限制，产量无法再增加，这时就会由于加速原理的作用而使投资减少，而投资的减少又会由于乘数的作用而使产量继续减少。这两者的共同作用又使经济进入萧条。萧条持续一定时期后，由于产量回升又使投资增加、产量再增加，从而经济进入另一次繁荣。正是由于乘数与加速原理的共同作用，经济形成了由繁荣到萧条，再由萧条到繁荣的周期性运动。

此外，还有用货币因素来解释经济周期的纯货币理论，用生产资料的投资过多来解释经济周期的投资过度理论，用技术创新来解释经济周期的创新理论，用消费不足来解释的预期理论等。这些理论尽管内容不同，但是有一个共同点，即它们都认为经济周期是由经济体系内的某些内在因素所引起的，而这些理论的差别在于所强调的引起周期的关键因素不同。目前还没有一种公认的正确的经济周期理论。

稳定的环境对一国经济的有效运行是非常重要的，稳定的具体表现是产出增长、物价稳定和充分就业。但纵观各国经济的发展，经济的波动是一种共同的现象。经济的波动增加了经济活动的不确定性，造成了资源的浪费，阻碍经济的发展。对于经济周期，市场机制是无能为力的，同样需要政府的干预。

(三)“看得见的手”的调控作用

1. 政府在市场经济条件下的作用

尽管市场机制对资源的合理配置具有十分重要的作用，但是市场并不是万能的。在解决有些经济问题上，市场并不尽如人意，有时甚至无用，这时就需要政府采取措施来弥补市场的缺陷。具体地说，政府在纠正市场失灵方面的作用主要有三个方面，即提高效率、促进公平和确保稳定。

(1) 提高效率。政府在提高效率方面的作用，主要是针对微观经济领域的市场失灵而言的。政府在这方面的主要行为是制定相应的政策。这些政策主要包括以下四种：一是制止不正当竞争、防止垄断的政策；二是提供或资助公共物品生产的政策；三是与处理外部性相关的政策；四是与处理信息不对称有关的政策。政府为了提高经济效率而采取的各种政策、措施等，通常称为微观经济政策，也叫作政府管制。

（2）促进公平。公平和效率是一对矛盾。市场对效率能起到较好的作用，但对公平问题束手无策。这必须由政府加以干预，以促进社会的公平。在市场经济中，收入分配的基本依据是市场对生产要素供给多少的一种评价和报酬，每个社会成员都是生产要素的供给者，他们相应地从市场取得报酬。市场是根据各个生产要素的稀缺程度和他们提供的经济效率的高低付给报酬的。在稀缺程度不变的前提下，经济效率越高，市场给予的报酬就越多，个人的收入也就越高；反之，经济效率越低，市场给予的报酬就越少，个人的收入也就越少。由此导致收入分配的不均。如果收入分配不均程度过于严重，就有可能引起一系列社会问题，因而必须设法解决。政府所起的作用是可以通过它的权威对收入进行适当再分配，主要是通过税率调整，对高收入者多收税，对低收入者少收或不收税，然后通过社会福利救济的方式或失业补助方式，把收入再分配给那些自己不能通过竞争的方式而生活的人。

（3）确保稳定。拥有一个稳定的社会环境是发展经济的前提。这里的稳定既包括经济上的稳定，也包括社会的稳定、政治的稳定。政府在这几个方面都能发挥重要的作用。在经济上，政府的主要任务是采用各种手段促进经济健康、持续、稳定地发展，千方百计地降低失业率，逐步提高人民的收入水平。在政治和社会方面，建立和完善各种规章制度，促进依法治国，扩大民主，最终形成社会发展的良性运行机制。

2. 政府在增进效率方面的政策

（1）反垄断政策。经济学界对垄断问题存在着争议，有的学者赞成垄断，认为大企业的联合比单个企业更能展开有效的竞争，更能从事大规模生产，更能进行研究与开发工作。但更多的人则反对垄断，认为垄断有许多弊端，主要表现在：垄断企业通过控制产量提高价格的办法获取高额利润，使资源配置和收入分配不合理；垄断造成经济和技术停滞；垄断导致产业和政治的结合只会有利于大企业而不利于社会。因此，他们认为必须反对垄断，推动竞争，让“看不见的手”发挥作用。

由于垄断企业存在弊端，许多国家都不同程度地制定并执行了反垄断政策。对于垄断企业，政府可用税收政策、价格管制、分解垄断企业等政策进行控制。但垄断者往往钻法律的空子，逃避对他们的限制与惩罚。这是因为不容易确立垄断组织行为的判断标准，不容易对垄断组织进行调查，对垄断组织的行为也缺乏足够的控制力。例如，对于大多数垄断诉讼案来说，政府要证明企业之间是否存在密谋定价，很难划清界线。从经济的角度讲，这种暗中制定价格与公开勾结一样会造成消费者的损失，但在法庭上很难证实它的存在。此外，西方国家虽然在形式上存在反垄断法，但是对它们的执行并不十分认真，况且西方的企业合并浪潮屡次出现，生产的规模越来越大，生产越来越集中。

除了反托拉斯法，还有一种反垄断的政策是有效的，它主张对不同的产业部门采取不同的反垄断政策。具体来说，对于主要由中小企业组成的轻工业部门与零售商业部门，自由竞争是有利的，政府应采用根本性的反垄断政策。对于重工业部门，垄断有助于最优规模经济的实现，则宜于实行有限的反垄断政策，即允许垄断的存在，只是要对它的行为进行适当的管制。对于公用事业和其他具有垄断性的部门，可以实行国家垄断，但为了克服垄断带来的弊端，要对它实行管制。这主要表现在两个方面：①价格管制；②限制新企业的进入。近年也有不少人对政府管制企业的做法提出异议，认为不管政府是有意还是无意，管制都会削弱企业对改进经营管理的关心。

（2）公共物品的招标。公共物品一般由政府生产和经营，但由于多种因素限制，往往会缺乏效率。第一，政府部门在生产和经营公共物品时，往往处于垄断地位，没有私人部门和它竞争，而垄断则会产生低效率。第二，政府部门是非营利机构，生产和经营公共物品是为大众服务，因而缺乏利润动机的刺激。第三，政府部门生产和经营公共物品的支出来自预算，不同的部门为了各自的利益考虑，往往会强调本部门所生产和经营的公共物品的重要性，尽可能地扩大预算的比例，结果势必造成某些部门的过度供给，损害效率的提升。

如何提高政府部门在生产和经营公共物品时的效率呢？有些专家建议分散政府部门生产某种物品的权力，因为权力过分集中，容易产生腐败和不正之风，而规模过于庞大，运行起来自然不会灵活，工作也就缺乏效率。在分散政府部门权力的同时，让私人部门参与竞争，利用招标方式让私人部门投标承包公共物品的生产。这样一来，通过私人部门之间的相互竞争，将使政府部门以较少的成本购买同样数量的公共物品，从而提高公共物品生产和经营的效率。

（3）消除外部影响的措施。既然外部影响使市场机制不能达到有效率的帕累托最优状态，那么国家必须实行政策来应对这一市场失灵情况。经济学家提出的政策建议主要有如下三个方面：

第一，使用税收和津贴。对造成外部不经济的企业，国家应该增加征税，其数额应该等于该企业给社会其他成员造成的损失，以使企业的私人成本和社会成本相等，从而达到最有效率的状态。例如，可以向造成污染的企业增加征税，其数额等于治理污染所需的费用，从而使企业的成本提高到和社会成本相一致，这样企业就会减少产量，使资源配置符合帕累托最优状态。反之，在存在外部经济的情况下，国家则可以采取津贴的办法，使得企业的私人利益与社会利益相等，这样可以促使企业增加产量，使资源配置达到最优。总之，政府干预的原则是使外在成本或外在效益内部化，以便使企业的产量决策能够符合资源合理配置的要求。这里所说的外在成本和外在效益分别是指社会成本与私人成本以及社会利益与私人利益之间的差额。当然，在实践中，要准确估计社会成本和社会利益的大小，也不是一件很容易的事情。

第二，使用合并企业的方法。例如，一个企业的生产影响到另一个企业，如果是积极的影响，则第一个企业的生产就会低于社会最优水平；反之，若是消极的影响，则第一个企业的生产就会超过社会最优水平。但若将两个企业合并，就可以将外部影响内部化，合并后的单个企业为了自己的利益将使自己的生产确定在边际成本等于边际报酬的水平上，此时不存在外部影响，所以合并企业的成本和收益就等于社会的成本和收益，于是资源配置达到帕累托最优状态。这个办法在理论上似乎很完美，但在实践中要合并企业并不是一件简单的事。

第三，采用明确产权的方法。通过产权的明晰化来解决外部性问题的思想是以科斯为代表的产权学派提出的。著名的科斯定理概括了这一思想。科斯定理表述如下：只要产权是明确的，并且其交易成本为零或者很小，则无论在开始时将产权赋予谁，市场均衡的最终结果都是有效率的。实际上，科斯定理进一步扩大了“看不见的手”的作用，按照这个定理，只要那些假设条件成立，市场力量足够强大，就总能使外部影响以最经济的办法解决，从而仍然能够实现帕累托最优。原因在于明确的产权及其转让可以使得私人成本（或利益）与社会成本（或利益）趋于一致。例如，以化工厂污染所造成的外部性为例，只要给予周围农场不受污染的权利，则化工厂将因污染环境而受罚。在这种情况下，化工厂会同农场商量，将这种权利从他那里买过来，然后再让周围环境受到一定程度的污染。因此，受到损害的周围农场也会使用其出售污染权而得到的收入来治理环境。总之，由于化工厂为其不好的外部影响支付了代价，因此其私人成本与社会成本之间不存在差别。运用科斯定理解决外部影响问题在实际中并不一定有效，原因包括：一是资产的产权并不总是能够明确加以规定的。有的资源，如空气，自古以来就是大家均可使用的共同财产，很难将其产权具体分派给谁。二是已明确的产权也并不总是能够转让的。这涉及信息的充分性以及买卖双方不能达成一致意见等各种原因，如谈判的人数太多，交易成本过高等。

（4）促进市场信息传递。在商品市场上，往往卖方对所卖商品情况了如指掌，而买方很难了解产品的内在质量。在这种情况下，伪劣产品就会堂而皇之进入市场，在局部市场甚至会排挤优质产品而占据市场的主导地位，使消费者的效用和正当生产者的利润都受到损失，这叫“劣币驱逐良币”现象。作为优质商品的提供者当然不会甘心被伪劣商品逐出市场，为了让消费者发现并相信自己出售的是优质产品，优质产品的提供者可以采取“信号显示”的方法。可以传送的“信号”有多种形式，如最简单的做法是向购买者提供一项保证：如果购买者买到的产品质量有问题的话，可以在一定时间内退货或得到经济补偿。通过发送信号，优质产品的生产者就能够在伪劣产品中脱颖而出。作为信号，必须具备以下特点：伪劣产品的生产者无法提供，或者他们提供信号的成本非常高，在提供信号后，伪劣产品与优质产品相比在成本上已不再具有任何优势。这类信号还包括包退、包换、包修等，甚至有名的商品、品牌本身就是一种信号，因为名牌是靠长期稳定过硬的质量建立起来的，在消费者心中名牌代表优质，为此他们愿意支付高价来取得质量保证。要保证这些信息的传递效果，政府的作用十分重要。一方面，政府建立、完善法律法规，如反不正当竞争法、消费者权益保护法、广告法、生产许可证制度等；另一方面，通过加大对假冒伪劣商品的打击力度，切实维护消费者权益，促进市场信息正确地传递。

3. 政府在维护公平方面的政策

各国政府收入分配政策的目标都是力图既要有利于经济效率，又要增进公平。一般来说，多数国家是以贡献标准作为收入分配的基本准则，而收入分配的公平化问题则主要是通过以下政策来实现的：

（1）税收政策：使富者不至于过富。个人所得税是税收的一项重要内容，它主要是通过累进所得税制，对高收入者按高税率征税，对低收入者按低税率征税，调节社会成员收入分配的状况。

（2）社会福利政策：使穷者不至于过穷。如果说税收政策是要通过对富人征收重税来实现收入分配公平化的话，那么社会福利政策则是要通过对穷人补助来实现收入分配公平化。从当前世界各国的情况看，社会福利政策主要有各种形式的社会保障与社会保险，向贫困者提供就业机会与培训，颁布最低工资法和最高工时法，对低收入者发放救济补助金等。

这些福利政策对改善贫困者的地位和生活条件，提高他们的实际收入水平，确实起到了相当大的作用，对于社会的安定和经济发展也是有利的。但这些政策有两个不良的后果：一是降低了社会生产效率。各种各样的社会保障使人们有可能不劳而获，结果造成了劳动的积极性下降，社会的生产效率下降。二是增加了政府的负担。巨额的福利支出已成为各国财政赤字的主要原因。

福利政策的必要性与其所引起的问题又一次提出了公平与效率的问题，如何解决这一问题已成为经济学的重心之一。

4. 政府在保持稳定方面的政策

市场机制可能造成经济的大起大落，这种经济波动意味着经济时而过热时而停滞，同时受到通货膨胀与大量失业的交替困扰。因此，为实现既无通货膨胀又无失业的经济稳定增长，政府必须介入经济生活，通过经济政策来对其进行必要的干预和调节。

政府为了减轻经济周期带来的经济波动，常用的经济政策主要有财政政策、货币政策和收入政策。

（1）财政政策。财政政策指国家为达到一定的目标而对财政收入和财政支出所作出的决策。它具体又有税收政策和政府对工程的支出、商品和劳务购买及转移支付等方面的政策。政策的运用主要有两种情况：第一，扩张性财政政策。它的目标在于减轻或消除经济萧条，扩大社会就业。它可以通过扩大政府支出来实行，也可以通过减税的办法来实行，还可以“双管齐下”。通过政策的实施，可以扩大社会总需求及私人投资。第二，收缩性财政政策。这种政策的目标在于减轻或消除通货膨胀，它可以通过减少政府支出或增加税收，或“双管齐下”的办法来实行。这种政策的作用是直接或间接地抑制总需求的增加，从而减轻通货膨胀的压力。政府实行财政政策的原则是“逆经济风向行事”，它可以起到弱化经济波动的作用。

（2）货币政策。货币政策指国家为达到一定目标，通过中央银行对货币供应量及其利息率所做的决策，它具体包括改变法定准备金率、公开市场业务及调整再贴现率等政策。在经济萧条时期，政府会调低法定准备金率或中央银行贴现率，或是通过公开市场买进政府债券。在通货膨胀时期，则采用相反的办法。这三种工具的使用，实质上是通过变动货币供求水平改变利息率，来刺激或抑制总需求的。除上述三种工具外，在西方国家，还经常选择使用其他一些货币政策手段，其中主要是选择性的货币管理手段和道义性劝告两种。

（3）收入政策。收入政策指通过控制工资与物价来抑制通货膨胀的政策。根据成本推进的通货膨胀理论，通货膨胀是由于成本增加，特别是工资成本的增加而引起的。因此，要抑制通货膨胀就必须有效地控制工资增长率，同时还要控制价格水平。收入政策一般有三种形式：

第一，工资—物价冻结。政府采用法律手段禁止在一定时期内提高工资与物价。这种措施一般是在特殊时期采用，但在某些通货膨胀严重时期，也可以采用这一强制性措施。例如，1971 年美国尼克松政府为了控制当时的通货膨胀，曾宣布工资与物价冻结三个月。这种措施在短期内可以有效地遏制通货膨胀，但它破坏了市场机制的正常作用，在长期内不仅不能制止通货膨胀，反而还会引起资源配置失调，给经济带来更多的困难，所以一般不宜采用。

第二，工资与物价指导线。政府为了遏制通货膨胀，根据劳动生产的增长率和其他因素，规定工资与物价上涨的限度。如果企业违反规定，使工资增长率和物价上涨率超过了这一指导线，政府就要以税收或法律形式进行惩罚。这种做法比较灵活。

第三，税收刺激计划。政府以税收为手段来控制工资的增长。具体做法是，政府规定货币工资增长率，即工资指导线，以税收为手段来付诸实施。如果企业的工资增长率超过这一指导线，就课以重税；如果企业的工资增长率低于这一规定，就给予减税。但这种计划在实施中会遇到企业与工会的反对。

值得一提的是，上述经济政策在具体实施过程中，往往会碰到各种障碍。比如在减税时，企业和居民可能皆大欢喜，但在增税时，很可能会遇到普遍的反对。又如在通货膨胀时期，当政府有意紧缩银根并调高利率时，企业及商业银行并不一定配合；在经济萧条时期，尽管政府放松银根、调低利率，以期刺激消费和投资增加，但是私人部门也不一定会积极响应。此外，经济政策的实施困难还可能来自于政策本身的"时滞效应"。这种时滞既包括政策制定过程中的滞延，也包括政策实施后的滞延。这种时滞效应的存在很可能导致这样的结果：在宏观经济政策真正发挥作用时，它所面对的经济形势与制定时的经济形势相比，已经物换星移了，正可谓"计划赶不上变化"。

二、政府失灵及其矫正

（一）政府失灵的原因

市场失灵需要政府的干预，但政府的调节机制也存在着内在的缺陷，即也存在着政府失灵。由于政府具有全局性的特点，决定了政府失灵往往会比市场失灵造成更大的资源浪费。政府失灵的原因主要表现在五个方面：

1. 政府决策失误

政府决策作为非市场决策，有着不同于市场决策的特点。市场决策是以私人物品为对象，并通过竞争性的经济市场来实现，而政府决策则是以公共物品为对象，并通过政治市场来实现。因此，政府决策是一个十分复杂的过程，存在许多困难和障碍，这就使得政府难以制定并实施好的或合理的决策，从而会导致政府决策的失误。具体来说，导致政府决策失误的主要原因包括如下三点：

（1）信息的有限性。市场信息不足是造成市场失灵的一个因素。由于现实生活是相当复杂而难以预料的，私人难以掌握完全的信息，而政府也很难做到掌握充分信息，那么政府"犯错误"就在所难免。

（2）公共决策的局限性。即使政府像一个超人一样拥有完全信息，可以通过政治过程在不同的方案之间进行选择，也仍会产生决策困难。政府的决策会影响到许多人，但真正作出决策的只是少数人。不管这少数人是选举产生的还是由其他方式指定的，他们在决策时会自觉或不自觉地倾向于自己所代表的阶层或集团的偏好和利益。即使通过选举产生的决策人，也往往服务于特定的利益集团，而一旦既得利益集团形成后，这种格局就很难打破。从公共决策的不一致性上还可以发现，控制表决程序的人就能使自己的利益得到满足，所以对选举表决规则和程序的控制权是一种强有力的权力。

另外，投票人还可以在开始的投标中伪装自己的偏好，以达到最终有利于自己的目的。因此，即使是貌似完全平等的一人一票制，其结果也可能会被少数决定规则的人所操纵。

（3）决策实施过程的不确定性。即使政府能够作出正确的决策，在决策具体实施过程中，也经常会因受到各种因素的干扰而无法达到预期的目的，如有法不依、有禁不止、上有政策下有对策等。一般来讲，导致决策实施过程中出现问题的主要因素包括：决策方式本身的缺陷，干预对象复杂多变，使得政府难以采取针对性的措施；“时滞”的作用；效果的不确定性；政府官员的利益和监督问题；投票者的“短见效应”；等等。

2. 政府的过度膨胀

对于政府过度膨胀的解释，比较具有代表性的是“官僚主义论”。官僚主义论认为政府过度膨胀是由于以下原因：

（1）政府官员追求政府机构规模的最大化。作为“经济人”，一些政府官员追求的并不是“利他”，而是名誉、地位、权力、酬金等利己的目标。按照著名的帕金森定律，政府官员的名誉、地位、权力和酬金经常与其所在的政府机构的规模大小成正比。因此，一些政府官员为了提高其知名度和社会地位，为了拥有更大的权力，为了获得更高的酬金，千方百计地扩大政府机构，争取获得更多职能和预算。

（2）政府官员的行为不受产权约束。私人企业家和消费者的行为建立在私有产权的基础上，因此他们最终都要受到各自预算线的限制。但对政府官员来说，这样的产权约束几乎不存在。由于政府预算是公共所有的，因此政府预算可出现赤字，其额度也可以通过政府立法追加税收来提高。政府官员的行为不受产权的约束。

（3）政府官员的行为不受利润的支配。私人企业的活动受到利润的支配，他们会想方设法降低成本，用尽可能少的预算费用来获取尽可能高的利润，从而给自身带来好处，如职务的提升、利润的分享等。政府官员则不同，他们的收益不是与其工作效率成正比。以利润为目标，降低成本提高效率，虽然对公众有益，但是对政府官员来说没有任何利益。正是由于政府官员的行为不受利润的支配，导致了政府官员追求预算最大化和政府过度膨胀。

（4）对政府部门的监督乏力。在西方的民主制度中，政府官员必须服从当选者和公民代表的政治监督，无法为所欲为。但在委任制的制度中，监督效力则大大下降。这是因为监督者行使监督职能的信息是由被监督者提供的，这样一来，被监督者完全可以利用信息优势欺骗或操纵监督者。

（5）政府机构的高度垄断性。国家属于自然垄断的范畴，这决定了政府机构的高度垄断性，使政府成为各种公共产品的垄断供给者。政府机构可以利用自身的垄断地位隐瞒有关公共物品生产的实际成本，这样不仅不利于公共物品生产费用的降低，而且还有可能导致政府机构的膨胀和预算规模的扩大。

3. 官僚机构的低效率

官僚机构效率低下的主要原因在于以下三方面：

（1）官僚机构垄断公共物品的供给，缺乏竞争。竞争的缺乏可能导致政府部门的过度投资，生产超出社会需要的公共物品，不适当地扩大机构，增加工作人员，提高薪水和办公费用，造成大量浪费。

（2）政府官员缺乏追求公共利润的动机。由于政府官员不能把利润据为己有，加之公共物品的成本与收益难以测定，因此与企业管理者追求利润最大化不同，政府官员通常会追求规模最大化，以此增加自己升迁的机会，扩大自己的势力范围。而这又必然会导致机构臃肿、人浮于事、效率低下。

（3）缺乏对政府官员的有效监督。在现代政府管理体制中，作为监督者的公民常常成了被监督者，即政府官员的监督对象，其完全可能受到他们的操纵，因为政府官员的地位可以使他们制定某些有利于自身利益而不利于公共利益的政策措施。

4. 分配的不平等

市场机制会导致收入或财富的不平等，而旨在克服市场分配不平等的国家干预，其自身也可能产生权力集中与收入上的分配不公平。这是因为任何一种国家干预，总是有意地将权力交给一些人而不给另一些人。由于权力的分配不公，不可避免地会出现“寻租现象”。寻租活动并不增加任何财富，却可能导致经济资源转移，造成国家干预失败。例如，在累进税制下，一些富人可能比一些穷人更容易逃避税收。

5. 寻租活动

人类追求自身经济利益的行为大体可分为两类：一类是生产性的、可以增进社会福利的活动，即寻利活动，如生产、研究、开发活动以及在正常市场条件下的公平交易活动等。寻利活动寻求的是社会新增的经济福利，其本身对整个社会有益，因为它能够创造社会财富。另一类是非生产性的、不会增加甚至还会减少社会福利的活动，即寻租活动，如赌博、行贿、游说、偷盗、抢劫等。寻租活动本身不增加社会财富，只能引起社会财富的转移、重新分配以及资源的非生产性耗费。

最常见的、影响广泛的寻租活动是种种涉及权钱交易的问题，即个人或利益集团为了自身经济利益而对政府或政府官员施加各种影响的活动，如贿赂、游说等。具体来说，常见的寻租行为的目的包括：①争取政府的特许权（如某类商品的特别生产权或特别销售权）；②争取对自己有利的政府税收政策；③争取进出口配额；④争取政府开支的更大份额；⑤争取让政府制定对自己有利的规章制度；⑥避税、偷税、漏税等。

寻租活动的后果有以下三点：第一，造成了经济资源配置的扭曲，阻碍了更有效的生产方式的实施。例如，一个人在开拓一个市场后，通过寻求政府的干预阻止其他企业的进入，以维护其独家垄断的地位。第二，这种活动本身白白耗费了社会的经济资源，使本来可以用于生产性活动的资源浪费了。第三，这些活动还会导致其他层次上的寻租活动。例如，政府官员在寻租活动中，由于获得某种特殊利益而使行为扭曲。这样一来，由于特殊利益的存在又可能诱发新一轮的追求行政权力干预的浪费性寻租竞争。同时，利益受到威胁的人或利益团体，也会采取行动与之抗衡，从而耗费更多的社会经济资源。由此可见，寻租之所以会导致政府失灵，主要是因为它导致经济资源配置的扭曲，因而成为资源无效配置的根源之一。

（二）避免政府失灵的对策

当市场机制在一国经济运行中占上风时，由此产生的市场缺陷令人想起政府调控这只“看得见的手”；当政府调控占据主导地位时，政府的失灵又促使人们重新寻找市场那只“看不见的手”。现实中政府与市场并非水火不相容，它们更多的是相辅相成、共同发挥作用的。这一点可以从研究避免政府失灵的对策中清楚地看到。

1. 进行宪制改革

公共选择学派认为，要克服政府干预行为的局限性，避免政府失灵，改善政府机构的工作效率，最关键的是改革国家的宪法制度。它的代表人物詹姆斯·布坎南认为，要改进政府的工作，首先必须改革规则。公共选择学派并不直接提出具体的建议供政策制定者选择，而是着重从立宪的角度分析政府政策制定的规则和条件，为立宪改革提供一种指导或规范建议，从而使政策方案更为合理。

2. 在公共部门引入市场机制

经济学家们设想通过在公共部门引入市场机制来消除政府的低效率，其具体设想包括：设置两个或两个以上的机构来提供相同的公共物品或服务（如供水、公交服务），使这些机构之间展开竞争，从而增进效率；借用私营部门的奖惩机制，根据政府高级官员的工作实绩给予特别“奖金”，并允许政府机构的负责人把本机构的“结余资金”用于预算以外的投资活动，以刺激和发挥政府机构及其负责官员的积极性；将某些公共物品的生产承包给私人生产者，以便更多地依靠市场经济来生产社会所需的公共物品。此外，还可以采取加强和鼓励地方政府之间的竞争来提高地方政府的工作绩效。

3. 引入利润动机

引入利润动机即在国家机构内建立激励机制，使政府官员树立利润观念，允许政府部门对财政剩余具有某种自由处置权。当然，这种利润动机容易造成虚假的或损害公众利益的结余（如巧立名目乱收费，以一定的资金提供尽量少的公共服务等），为此必须在引入利润动机的同时加强监督。

4. 对国家的税收和支出加以约束

政府活动的支出依赖于赋税，因此，对政府的税收和支出加以约束可以从根本上限制政府的行为范围，抑制政府规模的过度增长和机构膨胀。兰德公司研究的结果显示，政府支出占国民生产总值比率每增长 10%，就会导致国民生产总值年均增长率下降 1%。对此，布伦南和布坎南认为，可用国家的基本税法来对政府规模增长的趋势加以抑制。这种约束可以从政府预算的程序和预算的数量两个方面入手：前者要求在批准程序上注意保持收支平衡；后者要求政府收支增长直接与国民经济的增长相联系，并保持在一定的比例内。

案例 40-4　计费软件经济属性与厂商经营策略探讨

一、移动运营软件业发展概况

20 世纪 90 年代以来，中国移动通信行业取得了惊人发展，迅速成长为一个完整的移动通信产业链，其中包括移动运营商、设备制造商、终端手机制造商和移动计费运营软件提供商等厂商。需要移动运营计费软件的客户是移动运营商，如中国移动总部及其各个省分公司、中国联通总部及其各个省分公司等，它们通常分别采购一套完整的运营计费软件。利用运营计费软件，运营商能对移动网络上不同客户提供包括服务开通、通话计费、营业支持、账务收费和查询等业务，所以这类软件是移动运营商的必备设施之一，对于保证其服务质量、强化多种营销手段起着关键的作用。

我国移动运营计费软件行业的发展，在过去大体经历了四代产品的演变过程。第一代为 1993~1995 年，产品特点可称作“非实时的、非集中的、半人工的运营计费系统”。这类软件只能实现固定不变的计费，通常在月底由维护人员采用人工手段把各营业点计费记录磁带拿到计算机中心，计算出相关话费后，再由人工将数据磁带导入出账系统，最后实现对外收费。当时主要有三家跨国公司及其伙伴公司随移动网络设备一同提供这类收费系统产品，由于当时市场上竞争性较弱，有关业务毛利润占合同额比例高达 45%左右。

第二代为 1996~1998 年，产品特点是“实时的、自动在线的、集中的运营计费系统。随着移动通信业务的飞速发展、用户数量的爆炸式上升以及服务产品的多样化，第一代运营计费软件产品已不能满足市场需要。跨国公司的高额人工成本、售后服务与技术改进滞后，使其在这一市场上竞争力逐步削弱。于是，专业提供移动运营计费产品的国内本地厂家应运而生，开始提供适应大容量、实时的、自动在线的、集中的运营计费产品。当时这是一个新市场，厂家较少，有8家，最大厂商是杭州德康公司，它的份额占到中国国内市场的40%左右；在杭州德康的竞争对手中，很多也都是由德康分离出来的人员建立的公司。该时期这一业务的毛利润占合同额比例仍在40%以上。

第三代为1999~2001年，产品特征为“实时、大容量、集中计费系统、独立的营账系统”。1999年以后，移动通信领域内两家移动运营商——中国移动和中国联通之间市场竞争趋于激化，它们为了提升市场竞争能力，开始建设集中的、能支持多种营销手段的集中营账系统，并升级配套的运营计费软件系统。两大运营商计划在2003年前投资数百亿元，升级它们的计费和账务运营网络。这时一些软件厂家因为发现计费软件市场的巨大发展潜力，纷纷进入这一市场，行业内厂商数目上升到17家公司。与此同时，行业利润水平大幅度下降，毛利润占合同额比例下降到25%，甚至更低。

第四代是2002年以后，产品特点是“计费营账综合系统”。此前计费和营账系统的分离性仍制约移动运营商各种营销手段的选择。为了实施最有效价格竞争、服务组合折扣等经营手法，就需要移动计费系统具有更大的灵活性并与营账系统无缝兼容，第四代计费营账综合系统应运而生。虽然提供这类软件系统的技术难度加大，但是由于业内竞争加剧，企业毛利润率进一步下降到约占合同额的20%，扣除售前和售后费用，执行合同往往带来财务亏损。随着整个行业开始出现亏损，厂家数量下降到13家。

二、“赢家通吃”判断与亚信扩张策略

软件业曾被看作是新经济的重要内容。有一段时间，人们倾向于认为，只要是软件，就符合所谓新经济规律。这些规律包括：软件产业边际成本不断下降，边际收入会随着市场占有率上升而不断上升；某个企业只要确保市场占有率最大，那么随着行业发展就有可能产生网络效应，最后出现“赢家通吃”的局面。

根据以上观点，纳斯达克股票交易和一些国际风险投资家愿意对软件业企业给出较高的市值估价，1998年前后大约按销售收入30倍估算特定企业价值。依据当时对软件业市场属性的主流判断，亚信公司在1998年制定了雄心勃勃的“赢家通吃”计划，其核心内容是通过规模收购迅速进入移动计费市场，在2001年前占据中国移动计费运营50%以上的市场份额，并实现亿元左右的年销售毛利润。

1998年，亚信投资1000万美元收购德康公司，取得该公司当时占有的中国移动公司计费软件35%左右的市场份额。同时，亚信又投入几百万美元运营资本升级德康软件产品。为了鼓舞士气，原德康公司员工工资水平也大幅度提升，增幅几乎达到60%。然而，1999~2000年，随着计费软件公司数量急速上升，竞争加剧，行业利润率大幅

度下降。亚信公司由于成本较高，在激烈的价格竞争环境中，市场份额到2000年底下降到10%左右。为了确保移动计费市场战略的实现，亚信在2001年底又投资4760万美元收购了邦讯公司。由于邦讯公司拥有17%左右的中国移动集团的市场份额，因此截至2002年10月，亚信公司的市场占有率为27%。

两次收购共花费了5760万美元的巨额投资。应该肯定的是，两次收购战略的方向是正确的，在业界都造成了轰动，并被广泛报道。如果线性核算亚信的市场占有率，应该是“德康+邦讯”的市场份额，即35%+17%=52%，应能完全确立亚信在国内计费软件市场的领导地位。然而，该行业并没有完全按照所谓新经济规律提示的方向发展。表40-4报告了截至2002年10月我国主要移动计费软件提供商及其市场份额。目前仍有10多个较大企业在该行业运作。截至2002年10月，亚信以27%市场份额占据龙头老大地位，但是并没有实现1998年制定的战略目标。

表40-4　截至2002年10月我国主要移动运营软件企业及其市场份额

厂家名称	区域市场分布	市场占有率（%）
亚信（德康+邦讯）	上海、浙江、广西、贵州、内蒙古、甘肃、江西、西藏	27
联创	新疆、江苏、云南、海南、陕西	16
斯特奇	山西、黑龙江、四川	10
神州数码	河南、辽宁、安徽	10
星亚	天津、重庆	6
太极得捷	青海	3
陆和	河北、宁夏	6
宏智	湖北、湖南	6
时力	北京	3
新大陆	福建	3
浪潮	山东	3
立新	广东	3
新宇	吉林	3
总计	31个省区	100

注：由于四舍五入，市场份额加总数不等于100%。

请运用管理经济学的基本原理，分析亚信扩张战略为什么没有出现“赢家通吃”的局面？

推荐阅读

1. 王建民．管理经济学（第二版）［M］．北京：北京大学出版社，2002.

2. 北京大学职业经理人通用能力课程系列教材编委会．职业经理人管理知识［M］．北京：北京大学出版社，中央广播电视大学出版社，2011.

思考题

1. 分析影响企业产品价格弹性的因素。

2. 试述影响消费的价格—需求关系。

3. 试述边际成本与可变成本以及总成本的关系。

4. 讨论垄断竞争的特征及企业的价格与产量决策。

5. 请举两个例子，说明边际报酬递减规律的实际存在。如果生产中用的某种投入要素是免费的，而且可以用之不尽、取之不竭，那么企业使用这种投入要素是否越多越好？为什么？

第四十一章　组织理论

学习目标

1. 了解个体行为的特征及人格激励的原则、方法及作用；

2. 掌握人格、气质、性格、认知风格、态度、价值观、社会知觉、归因、印象及其管理的含义及特征；

3. 能够进行群体规范、压力及冲突管理；

4. 能够进行组织设计，分析组织变革、组织文化建设及学习型组织构建中的实际问题。

案例 41-1　《红楼梦》

《红楼梦》是许多人都知道的，至少知道有这名目的书。谁是作者和续者姑且不论，单是命意，就因读者的眼光而有种种。经学家看见《易》，道学家看见淫，才子看见缠绵，流言家看见宫闱秘事，全书所写，虽不外悲喜之情、聚散之迹，但人物故事则摆脱旧套，与在先之人情小说甚不同。《红楼梦》在中国小说中实在是不可多得的，其敢于如实描写，并无讳饰，和从前的小说叙好人完全是好的而坏人完全是坏的大不相同，所以其中所叙的人物都是鲜活的人物。总之，自有《红楼梦》以后，传统的思想和写法都被打破了。为什么不同的人看到同一部作品，得到的感受不同呢？

第一节　个体行为与激励理论

一、个体行为概述

（一）个体行为含义

个体行为是相对于群体行为而言的。从一般意义上讲，是指在一定的思想认识、情感、意志、信念支配下，个体所采取的符合或不符合一定规范的行动。

（二）个体行为的特征

1. 行为的自发性

个体行为是由其内在的动力自动发生的，外在环境因素可以影响个体行为的方向与强度，但不能发动个体行为。

2. 行为的因果性

我们可以将行为看作是一种表现出来的结果，而这个行为必然存在事先的一个原因。当然，在行为产生之后，这个行为又可能成为下一个行为促发的原因。

3. 行为的主动性

个体行为不是盲目的，任何行为的产生绝不是偶然出现的，都受个体的意识支配。行为者可能并不自觉地意识到自己行为的原因，但这绝不证明他（她）不受自己意识的控制。

4. 行为的持久性

由于行为是有目的性的，是个体主动发生的，因此在个体没有达到自己的目标之前，这种行为通常也不会停止下来。

5. 行为的可变性

个体追求个人目标以及环境的变化，并选择最有利的方式达到个人的目标。

（三）个体行为的影响因素

任何事物的运动都有其内部原因和外部原因，人的行为也不例外。影响个体行为的因素我们可以从内、外两个方面去寻找。

1. 个人主观内在因素

这包括生理因素、心理因素、文化因素和经济因素。

2. 客观外在环境因素

这包括组织的内部环境因素和组织的外部环境因素。

（四）个体行为的表现要素

通常个体行为常常包含以下一些要素：人格、气质、性格、认知风格、态度、价值观、社会知觉、归因、印象管理和员工个体行为等。

二、人格与激励

（一）人格

1. 人格的含义

人格（personality）是指个体在对人、对事、对己等方面的社会适应中行为上的内部倾向性和心理特征，表现为能力、气质、性格、需要、动机、兴趣、理想、价值观和体质等方面的整合，是具有动力一致性和连续性的自我，是个体在社会化过程中形成的独特的身心组织。

2. 人格的特征

整体性、稳定性、独特性和社会性是人格的基本特征。

3. 人格类型

阅读专栏 41-1 人格特质理论

（1）卡特尔的 16 种人格特质。卡特尔提出的人格特质理论在工作领域具有广泛的影响。所谓特质，是指个体所表现出的持久且稳定的特点，包括害羞、进取、顺从、懒惰、忠诚等，这些特点可以用来描述一个人的行为。卡特尔通过因素分析的统计方法得出了 16 种人格特质，这些特质代表着行为差异的基本属性，每个特质又分为低分者特征与高分者特征两个极端（见表 41-1）。

表 41-1 卡特尔的 16 种人格特质

	人格特质	低分者特征	高分者特征
A	乐群性	缄默、孤独	乐群外向
B	聪慧性	迟钝、知识面窄	聪慧、富有才识
C	情绪稳定性	情绪激动	情绪稳定
D	恃强性	谦虚、顺从	支配、攻击
E	兴奋性	严肃、谨慎	轻松、兴奋
F	有恒性	权宜、敷衍	有恒心、负责
G	敢为性	畏怯退缩	冒险敢为
H	敏感性	理智、看中实际	敏感、感情用事
I	怀疑性	信赖、随和	怀疑、刚愎

续表

	人格特质	低分者特征	高分者特征
J	幻想性	现实、符合情理	幻想、狂放不羁
K	世故性	坦白直率、天真	精明能干、世故
L	忧虑性	安静、沉着、有自信心	忧虑抑郁、烦恼多祸
M	激进性	保守、服从传统	自由、批评激进
N	独立性	依赖、随群附众	自立、当机立断
O	自律性	矛盾冲突、不拘小节	知己知彼，自律严谨
P	紧张性	心平气和	紧张困扰

（2）大五人格特质。说到大五人格，从情绪的稳定性上分为神经质性、安全性、自卑性、自信性、外向性等。外向性与内向性的特征分别就是好交际与不好交际，活泼与不活泼，感情奔放与含蓄等。我们在教育时要知道，不同的孩子所反映出来的开放性特点是不同的。随和性用热心或无情，信任或怀疑，乐于助人或不合作来描述。谨慎性用有序或无序，计划性与无计划性等来描述。以此类推，不同类型的人具有不同的性格特征，这些都能归纳为五种类型：

1）开放性：具有想象、审美、情感丰富、求异、创造、智能等特质。

2）责任心：显示胜任、公正、条理、尽职、成就、自律、谨慎、克制等特点。

3）外倾性：表现出热情、社交、果断、活跃、冒险、乐观等特质。

4）宜人性：具有信任、利他、直率、依从、谦虚、移情等特质。

5）神经质性：难以平衡焦虑、敌对、压抑、自我意识、冲动、脆弱等情绪的特质，即不具有保持情绪稳定的能力。

（3）马基雅维利主义。马基雅维利主义人格特质以尼科洛·马基雅维利的名字命名，马基雅维利因其关于如何获得和操弄权术的专著而闻名。如果某人是一个高马基雅维利主义的人，其会更讲求实效，保持情感的距离，相信结果能替手段辩护。“只要行得通，就采用它”是高马基雅维利主义者一贯的思想准则。人们在马基雅维利主义与行为结果的关系方面进行了大量研究，发现这些结果也受到情境因素的调节。高马基雅维利主义者比低马基雅维利主义者更愿意操纵别人，赢得更多的利益，更难被别人说服，却更多地说服别人。研究发现，高马基雅维利主义者在以下条件下工作更有成效：当他们与别人直接面对面交往而不是间接地相互作用时；当情境中要求的规则与限制最少，并有即兴发挥的自由时；当对具体问题的情感卷入与能否成功无关时。

高马基雅维利主义者是不是一个好员工取决于他们的工作类型，以及在评估绩效时是否考虑其道德内涵。对于结果不能为手段辩护的工作和行为有绝对的规范标准的工作，以及当上面列出的三个条件不存在时，我们可以预期高马基雅维利主义者的绩效水平会大打折扣。但是，对于需要谈判技能的工作，如劳工谈判者，和成功能带来实质效益的工作，如拿佣金的销售人员，高马基雅维利主义者会十分出色。

（4）自恋型人格。“自恋”这个词来自希腊神话，讲述了一个虚荣而又骄傲的男子爱上自己的故事。美少年纳喀索斯有一天在水中发现了自己的影子，却不知那就是他本人，爱慕不已、难以自拔，终于有一天他赴水求爱溺水死亡，死后化为水仙花。后来心理学家便把自爱成疾的这种病症，称为“自恋症”或“水仙花症”。在心理学中，自恋是指一个人具有自我极度重要的感觉，希望获得更多的称美，有权力意识，并且自大。自恋可能会产生有害的后果。研究表明，尽管自恋的人认为自己比同事更适合做领导者，但是主管还是会把他们评为更差的领导者。自恋的人经常想要获得别人的称美，渴望获得别人的认可，面对那些威胁到自己的人时倾向于把自己看得高人一等，把别人看作是无能的。自恋的人也很容易自私、只顾索取，经常认为别人都是为他们而生的。自恋的人会被老板评价为工作比较低效，尤其在需要帮助他人的时候。

（5）冒险性人格。人们在冒险意愿上存在差异，并且这种接受或回避风险的倾向对管理者做决策所用的时间以及做决策之前所需的信息量都有影响。比如一项研究让79名管理者进行模拟人事练习，要求他们做出聘用决策。低冒险性的管理者比高冒险性的管理者做出决策花的时间更长，使用的信息也更多。有趣的是，两组的决策准确性相当。总体来说，大企业中的管理者更倾向于不愿意冒险，尤其是与那些成长取向的创业者相比，后者主要致力于管理小型企业。

4. 人格的影响因素

人格的形成与发展离不开先天遗传与后天环境的关系与作用。心理学家认为，人格是在遗传与环境等的交互作用下逐渐形成并发展的。

（1）遗传和身体方面的因素。在日常生活中人们会发现，子女与父母之间往往不只是容貌、体形相似，而且性格、智力、兴趣也有某些相似之处。这主要受遗传的影响，遗传不仅在身体外形方面表现出某种相似之处，而且由于子女受父母言传身教的影响，他们会经常观察和模仿家长的行为，这样在子女身上会逐步表现出父母身上的某些个性特征。身体因素主要指一个人的外表和身体的机能对人的个性的影响。人的容貌、体形的好坏对人的个性会产生直接影响。

（2）环境方面的因素。环境因素主要指家庭、学校和社会对一个人个性形成的影响。

家庭因素对个性的影响是指家庭的经济与政治地位、父母的文化素养和言行、家庭成员之间的关系等，这些因素对一个人的个性的形成和发展有重大影响。俗话说，

“父母是孩子的第一任老师”，“有其父必有其子”，就形象地说明了家庭因素对人的个性的影响。

研究人格的家庭成因，重点在于探讨家庭的差异（包括家庭结构、经济条件、居住环境、家庭氛围等）和不同的教养方式对人格发展和人格差异具有的不同影响。

学校教育对人的性格的形成，特别是人对社会、事业、人的看法和态度的形成，对人的世界观、人生观、道德理想、奋斗目标的确立，具有重要的意义。学校对人的影响不同于家庭和一般社会环境，不是偶然的、零碎的，而是系统地、有目的地、有计划地进行的，学校的文化知识、思想品质、行为规范的教育对学生良好个性的培养都有至关重要的影响，这些影响主要来自课堂教学、课外活动、班集体的风貌、师生关系与同学关系等。

（3）社会文化因素。每个人都处在特定的社会文化环境中，文化对人格的影响极为重要。社会文化塑造了社会成员的人格特征，使其成员的人格结构朝着相似的方向发展，这种相似性具有维系社会稳定的功能，又使得每个人能稳固地“嵌入”整个文化形态里。社会文化对人格具有塑造功能，还表现在不同文化的民族有其固有的民族性格。例如，中华民族是一个勤劳勇敢的民族，这里的“勤劳勇敢”品质便是中华民族共有的人格特征。不同的国家和地区有具体的文化特征，比如不同的语言、不同的道德理想、不同的价值观念、不同的生活方式，这些都会在人的性格上打上不同的烙印。

（4）自然物理因素。生态环境、气候条件、空间拥挤程度等这些物理因素都会影响到人格的形成与发展。比如气温会提高某些人格特征的出现频率，如热天会使人烦躁不安等。但自然环境对人格不起决定性的作用。在不同物理环境中，人可以表现出不同的行为特点。

除了上述这些因素外，年龄也会对一个人的个性产生影响，不同的年龄段个性会有明显的区别，这与人的思想发展、知识面扩大、经验的丰富有关。

总之，一个人的个性是在各种内外因素的影响下形成和发展变化的。

（二）个体（员工）激励

1. 激励概述

激励就是组织及其个人通过设计适当的奖酬形式和工作环境，以及一定的行为规范和惩罚性措施，借助信息沟通，激发、引导、保持和规范组织及其个人的行为，以有效地实现组织及其个人目标。

2. 激励的原则

（1）目标结合原则。在激励机制中，设置目标是一个关键环节。目标设置必须同时体现组织目标和员工需要的要求。

（2）物质激励和精神激励相结合原则。物质激励是基础，精神激励是根本，在两者结合的基础上，逐步过渡到以精神激励为主。

（3）引导性原则。外激励措施只有转化为被激励者的自觉意愿，才能取得激励效果。因此，引导性原则是激励过程的内在要求。

（4）合理性原则。激励的合理性原则包括两层含义：其一，激励的措施要适度，要根据所实现目标本身的价值大小确定适当的激励量；其二，奖惩要公平。

（5）明确性原则。激励的明确性原则包括三层含义：其一，明确，激励的目的是需要做什么和必须怎么做；其二，公开，特别是在分配奖金等大量员工关注的问题上，更为重要；其三，直观，即实施物质奖励和精神奖励时都需要直观地表达它们的指标，总结和授予奖励或惩罚的方式。直观性与激励影响的心理效应成正比。

（6）时效性原则。要把握激励的时机，“雪中送炭”和“雨后送伞”的效果是不一样的。激励越及时，越有利于将人们的激情推向高潮，使其创造力连续有效地发挥出来。

（7）正激励与负激励相结合原则。所谓正激励就是对员工符合组织目标的期望行为进行奖励。所谓负激励就是对员工违背组织目标的非期望行为进行惩罚。正负激励都是必要而有效的，不仅作用于当事人，而且会间接地影响周围其他人。

（8）按需激励原则。激励的起点是满足员工的需要，但员工的需要因人而异、因时而异，并且只有满足最迫切需要（主导需要）的措施，效价才高，激励强度才大。因此，领导者必须深入地进行调查研究，不断了解员工需要层次和需要结构的变化趋势，有针对性地采取激励措施，才能收到实效。

3. 激励的方法

不同的激励方法对行为过程会产生程度不同的影响，所以激励方法的选择是做好激励工作的一项先决条件。

（1）物质激励与精神激励。关于物质激动与精神激励，虽然两者的目标是一致的，但是它们的作用对象是不同的。前者作用于人的生理方面，是对人物质需要的满足，后者作用于人的心理方面，是对人精神需要的满足。随着人们物质生活水平的不断提高，人们对精神与情感的需求越来越迫切，比如期望得到爱、得到尊重、得到认可、得到赞美、得到理解等。

（2）正激励与负激励。所谓正激励就是当一个人的行为符合组织的需要时，通过奖赏的方式来鼓励这种行为，以达到持续和发扬这种行为的目的。所谓负激励就是当一个人的行为不符合组织的需要时，通过制裁的方式来抑制这种行为，以达到减少或消除这种行为的目的。

正激励与负激励作为激励的两种不同类型，目的都是要对人的行为进行强化，不同之处在于两者的取向相反。正激励起正强化的作用，是对行为的肯定；负激励起负强化的作用，是对行为的否定。

（3）内激励与外激励。所谓内激励是指由内酬引发的、源自工作人员内心的激励；所谓外激励是指由外酬引发的、与工作任务本身无直接关系的激励。

内酬是指工作任务本身的刺激，即在工作进行过程中所获得的满足感，它与工作任务是同步的。追求成长、锻炼自己、获得认可、自我实现、乐在其中等内酬所引发的内激励，会产生一种持久性的作用。

外酬是指工作任务完成之后或在工作场所以外所获得的满足感，它与工作任务不是同步的。如果一项又脏又累、谁都不愿干的工作有一个人干了，那可能是因为完成这项任务将会得到一定的外酬——奖金及其他额外补贴，一旦外酬消失，他的积极性可能就不存在了。所以，由外酬引发的外激励是难以持久的。

（4）体验式奖励。体验式奖励是指对于员工采用创造性的激励措施。不用付出很高的成本却能满足员工期待的一些独特经历，不仅激励和鼓舞了员工，还能让他们重新调整状态。

4. 激励的作用

对一个企业来说，科学的激励制度至少具有以下四个方面的作用：

（1）吸引优秀的人才到企业来。在发达国家的许多企业中，特别是那些竞争力强、实力雄厚的企业，通过各种优惠政策、丰厚的福利待遇、快捷的晋升途径来吸引企业需要的人才。

（2）开发员工的潜在能力，促进在职员工充分发挥其才能和智慧。美国哈佛大学的威廉·詹姆斯（William James）教授在对员工激励的研究中发现，按时计酬的分配制度仅能让员工发挥20%~30%的能力，如果受到充分激励的话，员工的能力可以发挥出80%~90%，两种情况之间60%的差距就是有效激励的结果。管理学家的研究表明，员工的工作绩效是员工能力和受激励程度的函数，即绩效=F（能力×激励）。如果把激励制度对员工创造性、革新精神和主动提高自身素质的意愿的影响考虑进去的话，激励对工作绩效的影响就更大了。

（3）留住优秀人才。德鲁克（Druker）认为，每一个组织都需要三个方面的绩效：直接的成果、价值的实现和未来的人力发展。缺少任何一方面的绩效，组织注定非垮不可。因此，每一位管理者都必须在这三个方面均有贡献。在三方面的贡献中，对“未来的人力发展”的贡献就是来自激励工作。

（4）造就良性的竞争环境。科学的激励制度包含有一种竞争精神，它的运行能够创造出一种良性的竞争环境，进而形成良性的竞争机制。在具有竞争性的环境中，组织成员会受到环境的压力，这种压力将转变为员工努力工作的动力。正如麦格雷戈

（McGregor）所说："个人与个人之间的竞争，才是激励的主要来源之一。"在这里，员工工作的动力和积极性成了激励工作的间接结果。

5. 激励的类型

（1）内容型激励理论。内容型激励理论是一个理论群，目前主要包括四种理论：马斯洛的需要层次理论，奥尔德弗的 ERG 理论，赫茨伯格的双因素理论，麦克莱兰的权力、成就与亲和需要理论。这些理论注重解释哪些原因会导致人们做出某种行为，主要关注激发人们行为的各种因素。

阅读专栏 41-2　内容型激励理论

1. 马斯洛的需要层次理论

需要层次理论由马斯洛提出，他通过对自我实现者个性因素和优秀品质的研究，得出了心理健康标准，并提出了这一理论。按照对个体的重要程度，马斯洛将人类的需要分类为五个层次，按从低到高排列呈现金字塔式的阶梯状，如图 41-1 所示。

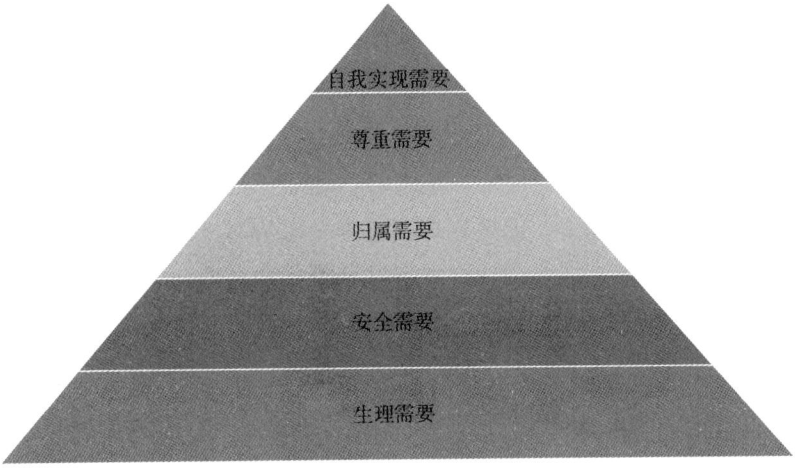

图 41-1　马斯洛的需要层次理论

第一，生理需要。它是人类维护自身生产的最基本要求，即原始需要，包括对食物、水、氧气、睡眠和性等的需要。我们知道，人类正常机理的运转和平衡依靠这些基本的需要，它们是推动人们行动的首要动力。马斯洛认为，只有这些达到满足的程度时，人们才会产生其他需要。正如马斯洛所说："对于一个饥饿程度已达危险地步的人，除了食物，其他任何兴趣都不存在。他梦里是食物，记忆里是食物，思想活动的中心是食物，感情的对象是食物。"

第二，安全需要。顾名思义，它是人类要求保障自身安全的需要，比如我们对人身安全、财产安全、健康、稳定性和摆脱恐惧、焦虑等的需要。

第三，归属需要。它是指人们具有进行社会交往和归属某种群体的需要，比如对爱情、友谊以及摆脱孤独的需要。

第四，尊重需要。尊重需要又可分为内部尊重和外部尊重。内部尊重也可称为自尊，是指个体希望自己有能力、自信、独立；外部尊重也可称为受人尊重，是指个体希望被社会承认，得到别人的尊重和高度评价。马斯洛认为，尊重需要得到满足，能使我们对自己充满信心，对社会满腔热情，体验到自己活着的用处和价值。

第五，自我实现需要。它是指对充分挖掘自己的潜能、创造力、实现自我人生理想的需要。这种需要主要体现在两个方面：一是胜任感，主要表现为追求卓越，出色地完成任务，喜欢承担具有挑战性的工作，在工作中充分发挥创造力；二是成就感，主要表现为进行创造性活动并取得圆满成功。

马斯洛认为，需要的各层次有如下关系：其一，一般来说，这五种需要按阶梯排列，其产生和发展遵循逐层递增的规律。低层次的需要满足后，才会向更高层次发展。不过也存在例外，比如我们常常听到艺术创作者在食不果腹、衣不蔽体的情况下也会有创作的精神需求。其二，可能会同时存在多种需要，但每一时期总有一种需要占支配地位，而且需要不可能完全满足，越到上层，满足的概率越小。其三，高层次的需要发展后，低层次的需要仍然存在，只是对行为的影响减轻而已。

2. 奥尔德弗的 ERG 理论

耶鲁大学的奥尔德弗（Alderfer）在 1969 年的研究引人注目。他在马斯洛学说的基础上提出了 ERG 理论。该理论认为，人类存在三类核心需要，即生存（existence）需要、关系（relatedness）需要、成长（growth）需要，故称为 ERG 理论。除了在需要的层次上与马斯洛的理论不同，奥尔德弗的 ERG 理论还有两个不同特征：一是该理论强调多种需要可以同时并存。马斯洛的需要层次理论强调不同需要之间遵循逐级上升的严格过程，而 ERG 理论并不假定人们必须在低层次需要获得满足后才能进入高层次需要，三种需要也可能在同一时间里共同起作用。二是 ERG 理论不仅提出了需要层次的“满足—上升”趋势，也提出了“挫折—倒退”趋势，即当个体较高层次的需要受到挫折未能满足时，较低层次需要的强度会增加。例如，当个体无法满足归属需要时，可能会导致他们对更多金钱或更好工作条件的渴望。所以，挫折可以导致人们向较低层次的需要回归。目前，有不少研究证据支持了 ERG 理论的内容，但是同样有证据表明该理论在某些组织中并不适用。ERG 理论对我们的启发是，员工不同的需要会导致他们工作中的不同行为表现，从而决定了他们不同的工作结果，这些结果又与满足他们的需要有密切的关系。企业管理人员要了解员工的真实

第四，歪曲对他人的认知。例如，“他的工作并不像我以前所认为的那样令人满意”。

第五，选择其他参照对象进行比较。例如，“我可能不如表哥挣钱多，但我比父亲在这个年龄时要好得多”。

第六，离开该领域。例如，辞职。

近年来的研究进一步扩展了公平的含义，将亚当斯的公平称为分配公平（distributional justice)，并在此基础上提出了程序公平（procedural justice）和互动公平（interactional justice)。分配公平是指对结果公平性的感知，如“我得到了应得的加薪”；程序公平是指对结果判定过程公平性的感知，如“我参与了加薪的过程，并且获得了对于我为什么能获得所要求的加薪的良好解释”；互动公平是指个体对尊严及尊敬的感知程度。对于管理者来说，公平理论告诉我们：首先，要及时体察员工的不公平心理，认真分析、诱导、教育员工正确认识和对待自己与他人；其次，要坚持公平、公正、公开的原则，制定合理的考评机制和分配制度。

3. 期望—效价理论

期望—效价理论是由心理学家弗鲁姆提出的。他认为，一种行为倾向的强度取决于个体对这种行为可能带来结果的期望程度，以及这种结果对行为者具有的吸引力。换句话说，当员工认为努力会带来良好的绩效评估，同时良好的绩效评估会带来好的回报时，他就会受到激励进而付出更大的努力。因此，按照期望-效价理论，动机强度的大小取决于效价与期望值的乘积，用公式表述为：动机=效价×期望值。其中，效价是个人对某一行动成果的价值评价，反映个人对某一成果或奖酬的重视与渴望程度；期望值，是个人对某一行为导致特定成果的可能性或概率的估计与判断；动机，则是直接推动或使人们采取某一行动的内驱力。显然，只有当人们对某一行动成果的效价和期望值同时处于较高水平时，才有可能产生强大的驱动力。弗鲁姆的期望—效价理论辩证地提出了在进行激励时要处理好三方面的关系，它们也是调动人们工作积极性的三个条件。

第一，努力与绩效的关系。如果个人认为能够通过自身的努力获得良好的绩效，工作积极性就会比较高，这要求绩效评估要在很大程度上反映员工的努力成果。否则，员工就会失去努力工作的动力。

第二，绩效与奖励的关系。如果员工认为由于工作的高绩效自己会得到相应的奖励，就会产生更大的工作热情。这里的奖励不仅是物质上的报酬，如绩效工资等，还包括精神上的报酬，如赞赏和认可等。

第三，奖励与个人目标的关系，包括组织奖励可以满足个人目标或个人需求的程度，以及潜在的奖励对个体的吸引力。期望—效价理论的关键在于有三种联系会直接影响到个人的努力或动机。只有三种联系都增强了，个人才会很努力。

在运用该理论对员工进行激励时，管理者需要做好如下五项工作：

第一，发现员工重视的报酬或奖励是什么。根据组织目标，明确期望出现的员工行为。例如，让员工明白阿谀奉承是不受欢迎的，埋头苦干会得到肯定。

第二，确保绩效目标可以达到，否则员工可能不愿意付出努力。这也要求管理者为下属创造支持的环境。

第三，确保期望的绩效与报酬之间的联系是直接、清晰和明确的。

第四，确保对员工没有存在冲突的期望，例如，要求员工做出色营销员的期望与要求员工做有效管理者的期望之间可能存在冲突。

第五，确保奖励或报酬的差距或变化幅度是巨大的。小的奖励只会产生较小程度的努力和因此而增加的小量绩效，大的奖励会产生较大程度的努力和因此而增加的大量绩效。

4. 强化理论

强化理论也称操作性条件反射理论，一般认为是由斯金纳（Skinner）首先提出的。所谓强化，是指在人的行为之后发生的某种结果对该行为的反馈作用。那些能产生积极或令人满意结果的行为，以后会经常得到重复，即得到强化；反之，那些产生消极或令人不快结果的行为，以后重新产生的可能性很小，即没有得到强化。从这种意义上说，强化理论也是解释人的行为反应的理论之一。根据性质和目的，可把强化分为五种：一是正强化，又称积极强化。某一行为之后伴随着喜爱刺激的出现时，这一事件称为正强化。例如，企业用某种具有吸引力的结果，如奖金、休假、晋升、认可、表扬等，表示对员工努力工作的肯定，从而激励员工在工作中更加努力。二是负强化，又称消极强化。某一行为之后伴随着讨厌刺激的解除时，这一事件称为负强化。若员工能按所要求的方式行动，就可减少或消除令人不愉快的处境，从而增加员工符合要求的行为重复出现的可能性。例如，公司对员工的训斥使员工开始做出正确的行为，如果员工继续这种正确的行为，训斥及其导致的不愉快就会消失。三是正惩罚。它是指某一行为之后伴随着讨厌的刺激物，即在消极行为发生后，以某种带有强制性、威慑性的手段，如批评、行政处分、经济处罚等，给人带来不愉快的结果。例如，老师对某些迟到的同学给予批评，希望利用这种惩罚改变这些同学的迟到行为。四是负惩罚。它是指某一行为之后伴随着喜爱刺激的解除。例如，有些企业新领导者上任后停止和取消了前任领导者对某些行为的奖励、支持，致使这些行为被削减。五是自然消退，又称衰减。它是指对原先可接受的某种行为的强化的撤销。由于在一定时间内不予强化，此行为将自然减少并逐渐消退。例如，某企业曾对员工加班加点完成生产定额给予奖酬，后经研究认为这样不利于员工的身体健康和企业的长远利益，因此不再发给奖酬，从而使加班加点的员工逐渐减少。

在实际运用强化理论进行奖励和惩罚时，要注意以下四点：

第一，及时反馈。员工做出成绩以后，要及时给予奖励，使被强化者及时意识到强化与目标行为之间的联系，收到最佳激励效果。

第二，因人而异，形式多样。我们知道，同一种刺激如果多次重复，其作用就会衰减，因此管理者要善于利用新颖奇特的刺激来提高激励效果。研究表明，奖励的效果要大于惩罚，所以要奖惩结合，以奖励为主。

第三，管理人员在选择强化—激励的时间间隔与频率上要精心设计。

第四，实事求是。正负强化都必须注意准确性。表扬、批评都必须在调查的基础上做到实事求是，恰如其分，力求准确。

三、气质及其管理

（一）气质的含义

在组织行为学和心理学中，气质是指一个人天生的、表现在心理活动动力方面的典型的、稳定的心理差异和特征。

（二）气质的特征

1. 气质具有先天性的特征

气质的生理基础是神经系统类型，它体现了人的高级神经活动类型的特征，气质类型就是高级神经活动类型在人的活动中的表现。因此，气质同遗传因素有关，具有先天性的特点。在现实中，我们在人的身上可以看到与生俱来的秉性。孩子在很小的时候，就可以表现出差别，有的文静安稳，有的生性好动，有的则十分倔强等。儿童的这些特点反映出人的气质是天生的一面。

2. 气质是典型的稳定的个性特征

每个人的气质总是表现出一定的类型特点，这些特点在人的身上是典型和稳定的。有的人总是那么聪明、伶俐、乐观、活泼，受大家喜欢；有的人总是那么威严、傲慢、厉害、暴躁，令人敬而远之；有的人总是四平八稳、反应缓慢，火烧眉毛不着急；有的人总是马马虎虎、毛手毛脚，不能稳当办事。此外，人们常在内容很不相同的活动中显示出同样的气质类型特点，这说明人的气质具有相当的典型性和稳定性。

3. 气质随人的年龄和环境条件的变化而变化

气质虽然具有先天的、稳定的特点，但是不是固定不变的。人的年龄、生活环境、文化教育及主观努力都是影响气质变化的因素。在人的一生中，不同的年龄常会有不同的气质表现。青少年时，血气方刚，表现出活泼、好动、敏捷、热情、积极、急躁或轻浮；壮年时，阅历渐深，表现出坚毅、机智、沉着、踏实；老年时，表现出老成持重、安详、沉稳。同时，环境变化也会引起气质的改变，热情活泼的孩子常会因家庭变故而变得冷漠孤僻。这说明人的气质是可以改变的。

阅读专栏 41-4　气质的类型

早在公元前5世纪，古希腊医生希波克拉底就提出了气质的概念。他认为人体内有四种体液，按照人体内占优势的体液不同，他将气质概括为四种类型：胆汁质、多血质、粘液质、抑郁质。这一分类尽管缺乏科学的根据，但是在日常生活中确实能看到这四种类型的典型代表。

（1）胆汁质。胆汁质的人的神经类型属于兴奋型，即具有强烈的兴奋过程和比较弱的抑制过程。这种类型人的特点是具有很强的兴奋性，因而在行为上表现为不均衡性。

在情绪活动中，一般表现出脾气暴躁、热情开朗、刚强直率、果敢决断，但往往易于激动，不能自制。在行动方面，胆汁质的人表现为精力旺盛、反应迅速、行动敏捷、动作有力，对工作有一股烈火般的热情，能以极大的热情投身于自己所从事的事业，能够同艰难困苦作勇敢坚决的斗争。但这种人的工作特点带有周期性，当精力消耗殆尽时，便会失去信心，由狂热转为沮丧，甚至半途而废、前功尽弃。在思维方面，胆汁质的人接受能力强，对知识理解得快，但粗心大意，考虑问题往往不够细致。一般来说，胆汁质的人大多是热情而性急的人。

（2）多血质。多血质的人的神经类型是活泼型，神经过程具有强、平衡且灵活的特点。多血质的人容易动感情，但感情体验不深刻、不稳定，情感产生之后既容易消失，也容易转变。

多血质的人一般都有很高的灵活性，容易适应变化的生活条件，在新的环境中不感到拘束，他们善于交际，能很快同别人接近并产生感情。多血质的人大多机智、聪敏、开朗、兴趣广泛，能迅速把握新事物。在行动方面，多血质的人反应迅速而灵活，在从事复杂多变和多样化的工作中往往成绩显著。但是，他们的兴趣不够稳定，注意力容易转移，一旦没有足够的刺激的吸引，常常会变得厌倦而怠惰，开始所具有的热情会很快冰消瓦解。在日常生活和工作中，多血质的人给予人们的印象是聪明热情、活泼好动。

（3）粘液质。粘液质的人的神经类型属于安静型，其神经过程具有强、平衡但不灵活的特点。粘液质的人的情绪不易激动，经常表现得心平气和，不轻易发脾气，不大喜欢交际，对人不容易很快产生强烈的情感。这种人反应比较慢，行动比较迟缓，但是冷静、稳重、踏实，不论环境如何变化，都能保持心理平衡。

粘液质的人善于克制自己的冲动，能严格地遵守既定的生活秩序和工作制度，他们的情绪和兴趣都比较稳定，持重，具有较好的坚持性，常常表现得有耐心、有毅力，一旦对自己的力量做好了估计，选定了目标，就能一干到底，不容易受外界的干扰而分心。粘液质的人不足之处是不够灵活，有惰性。惰性使他们振作精神，集中注意力，把注意力转移到新的对象上以及适应新的环境都需要有一个过程；惰性也容易使他们因循守旧、保守固执。粘液质的人大多是一些沉静而稳重的人。

（4）抑郁质。抑郁质的人的神经类型属于抑制型，也可称为弱型。这种人具有高度的情绪易感性，而且情感体验深刻、有力、持久。他们往往为一些微不足道的缘由而动感情，在情绪上产生波动和挫折，但很少在外表上表现自己的情感。抑郁质的人外表温柔、恬静，在行动上表现得非常迟缓，常常显得忸怩、腼腆、优柔寡断、迟疑不决。他们尽量摆脱出头露面的活动，喜欢独处，不愿意与他人交往。在遇到困难和危险时，常常有胆怯畏缩、惊慌失措的表现。但是，抑郁质的人具有较高的敏感性，他们思想敏锐，观察细致，谨慎小心，常常能观察到别人观察不到的东西，体验到别人体验不到的东西，有的心理学家把抑郁质的人的这种特点称为艺术气质。抑郁质的人大多是一些情感深厚而沉默寡言的人。

以上是四种典型的气质及其行为表现。在现实生活中，属于上述典型气质类型的人是很少的，大多数人都是以某一类型的气质为主，同时兼有其他类型的一些特点，即属于中间类型。因此，在观察某个人的气质时，应根据实际情况具体分析其特点，而不能根据典型气质的一般特征进行简单的推测。

（三）气质与工作的匹配

作为人格结构中最不易改变的部分，气质对人的行为和活动有明显的影响。因此对于组织管理工作也具有重要意义。

第一，考虑气质类型与工作岗位的匹配。每个人都有自己的气质特征，每个岗位都会对人有一些特殊要求。所以，尽量使人的气质特征与岗位要求相互协调配合，这样才能有利于工作。

第二，根据气质特征合理调整团队构成，增强团体战斗力。人的气质特征有积极的一面，也有消极的一面。合理调整不同气质的人员组成一个团队，形成气质互补的组合，可以起到相互克服气质的消极影响，发挥气质的积极作用，从而达到增强凝聚力、战斗力的目的。

第三，在组织管理中，需要“因气质施教”。多血质的人豁达大度、反应灵活、接受能力强，对他们的培养、教育可采用批评和劝导相结合的方式；胆汁质的人积极主动、生气勃勃、容忍力强，培养、教育他们既要开展有说服力的严厉批评，提高他们的自制力，又不能激怒他们，激化矛盾；粘液质的人沉着、坚毅、冷静、情绪反应较慢，对待他们要耐心说服、开导、多用事实说话；抑郁质的人情感深刻、脆弱、孤僻、冷淡，这样的人不可在公开场合批评、训斥，而应在关怀中激励、在情感中引导，使他们自觉接受别人的批评或主张。

四、性格及其管理

（一）性格的含义

性格（Character）的意思是“特征”“标志”“属性”或“特性”，是指由人对客观现实的稳定态度和行为方式中经常表现出来的稳定倾向。它是个性中最重要和显著的心理特征。

（二）性格的特征

1. 性格的态度特征

它表现了个人对现实的态度的倾向性特点。例如，对社会、集体、他人的态度，对劳动、工作、学习的态度以及对自己的态度等。

2. 性格的理智特征

它表现了心理活动过程方面的个体差异特点。例如，在感知方面，是主动观察型还是被动感知型；在思维方面，是具体罗列型还是抽象概括型，是描绘型还是解释型；在想象力方面，是丰富型还是贫乏型；等等。

3. 性格的情绪特征

它表现了个人受情绪影响或控制情绪程度状态的特点。例如，个人受情绪感染和支配的程度，情绪受意志控制的程度，情绪反应的强弱、快慢，情绪起伏波动的程度，主导心境的性质等。

4. 性格的意志特征

它表现了个人自觉控制自己的行为及行为努力程度方面的特征。例如，是否具有明确的行为目标，能否自觉调适和控制自身行为，在意志行动中表现出的是独立性还是依赖性，是主动性还是被动性，是否坚定、顽强、忍耐、持久等。

阅读专栏 41-5 性格的类型

性格的类型是指一类人身上所共有的性格特征的独特结合。按一定原则和标准把性格加以分类，有助于了解一个人性格的主要特点和揭示性格的实质。由于性格结构的复杂性，在心理学的研究中至今还没有公认的性格类型划分的原则与标准。现将有代表性的观点加以简介：

1. 以心理机能优势分类

这是英国的培因（Bain）和法国的李波特（Ribot）提出的分类法。他们根据理智、情绪、意志三种心理机能在人的性格中所占优势不同，将人的性格分为理智型、情绪型、意志型。理智型的人通常以理智来评价周围发生的一切，并以理智支配和控制自己的行动，处事冷静；情绪型的人通常用情绪来评估一切，言谈举止易受情绪左右，这类人最大的特点是不能三思而后行；意志型的人行动目标明确，主动、积极、果敢、坚定，有较强的自制力。除了这三种典型的类型外，还有一些混合类型，如理智—意志型，在生活中大多数人是混合型。

2. 以心理活动的倾向分类

这是瑞士心理学家荣格（Jung）的观点。荣格根据一个人里比多的活动方向来划分性格类型，里比多指个人内在的、本能的力量。里比多活动的方向可以指向内部世界，也可以指向外部世界。前者属于内倾型，其特点是处事谨慎，深思熟虑，交际面窄，适应环境能力差；后者为外倾型，其特点是心理活动倾向于外部，活泼开朗，活动能力强，容易适应环境的变化。这种性格类型的划分，在国外已应用于教育和医疗等实践领域。但这种类型的划分，仍没摆脱气质类型的模式。

3. 以个体独立性程度分类

美国心理学家威特金（Witkin）等根据场的理论，将人的性格分成场依存型和场独立型，前者也称顺从型，后者又称独立性。场依存型者，倾向于以外在参照物作为信息加工的依据，他们易受环境或附加物的干扰，常不加批评地接受别人的意见，应激能力差；场独立型的人不易受外来事物的干扰，习惯于更多地利用内在参照即自己的认识，他们具有独立判断事物、发现问题、解决问题的能力，而且应激能力强。可见这两种人是按两种对立的认知方式进行工作的。

4. 以人的社会生活方式分类

德国的心理学家斯普兰格（Spranger）从文化社会学的观点出发，根据人认为哪种生活方式最有价值把人的性格分为六种类型，即经济型、理论型、审美型、宗教型、权力型、社会型。

经济型的人：一切以经济观点为中心，以追求财富、获取利益为个人生活目的。实业家多属此类。

理论型的人：以探求事物本质为人的最大价值，但解决实际问题时常无能为力。哲学家、理论家多属此类。

审美型的人：以感受事物美为人生最高价值，他们的生活目的是追求自我实现和自我满足，不大关心现实生活。艺术家多属此类。

宗教型的人：把信仰宗教作为生活的最高价值，相信超自然力量，坚信永存生命，以爱人、爱物为行为标准。神学家是此类人的典型代表。

权力型的人：以获得权力为生活的目的，并有强烈的权力意识与权力支配欲，以掌握权力为最高价值。领袖人物多属此类。

社会型的人：重视社会价值，以爱社会和关心他人为自我实现的目标，并有志从事社会公益事务。文教卫生、社会慈善等职业活动家多属此类型。

（三）性格管理

根据员工不同的性格为其安排合适的工作同时根据不同工作对性格的要求选择适当的人才，才能真正做到岗有所需，人尽其才，实现人力资源配置的最优化，体现其在企业中的价值。组织管理者掌握和了解员工的性格类型与特征，实现员工性格与职业的相匹配，对组织提高绩效、实现组织目标以及提高员工满意度有非常重要的作用。同时，企业在经营运行过程中也可以通过营造良好的企业文化与氛围培养员工良好的性格，使员工性格上不利于企业文化或者具体工作的方面隐藏起来，引导员工向与职业匹配的方向发展。

五、认知风格及其管理

（一）认知风格的含义

认知风格也叫认知方式，是指人们偏爱使用的信息加工方式。

（二）认知风格的类型

（1）场独立型与场依存型。场独立型的人对客观事物做判断时，不易受外来的因素影响和干扰，而具有场依存方式的人，对物体的知觉倾向于以外部参照作为信息加工的依据，他们的态度和自我知觉更易受周围的人们，特别是权威人士的影响和干扰，同时善于察言观色，注意并记忆言语信息中的社会内容，因此，场依存型的人更倾向于选择人文和社会科学。

（2）沉思型与冲动型。沉思型的个体在解决问题时，先对各种可能的答案进行分析，而冲动型的个体则不是。冲动与沉思的标准是反应时间与精确性。

（3）辐合型与发散型。辐合型的个体在解决问题过程中常表现出辐合思维的特征。发散型认知方式则是指个体在解决问题过程中常表现出发散思维的特征，表现为个人的思维沿着许多不同的方向扩展，使观念发散到各个有关方面，最终产生多种可能的答案而不是唯一正确的答案，因而容易产生有创新性的观念。

（三）认知风格管理

阅读专栏 41-6 认知风格理论

对认知风格的研究始于20世纪40年代，50年代末到70年代的盛行时期形成了很多关于认知风格的理论和模型，到70年代初期到达顶峰以后逐渐趋向衰落。但进入90年代以后，认知风格的研究再一次引起人们的重视。

1. 早期理论

早期的理论多数围绕着认知风格的类型进行研究，Messick 曾经区分出19种认知风格。1991年，Riding 和 Cheema 回顾了这一领域在文献中出现过的30种风格，如场独立—场依存、沉思—冲动、跳跃—渐进、聚合—发散、同时——继时型等。以下为研究较为集中的认知风格类型介绍。

（1）场独立—场依存型。场独立—场依存型研究成果主要归功于美国著名心理学家威特金（Witkin）。他在研究成人知觉时发现，人们在对知觉信息进行感知和抽象方面存在个体差异，于是便将这种差异区分为场依存和场独立。后来的研究发现，场独立型与场依存型是两种普遍存在的认知方式。场独立型者在对客观事物作判断时，倾向于利用自己内在的参照（主体感觉），不易受外来因素的影响和干扰，而在认知方面独立于周围的背景，倾向于在更抽象和分析的水平上加工，独立对事物作出判断。场依存型者对物体的知觉倾向于依赖外在的参照（身外客观事物），难以摆脱环境因素的影响，他们的态度和自我知觉更易受到周围的人，特别是权威人士的影响和干扰，善于察言观色，注意并记忆言语信息中的社会内容。

研究表明，场依存型与场独立型这两种认知方式与学习有密切关系。一般来说，场依存型者对人文学科和社会学科更感兴趣，而场独立型者更擅长学习数学与自然科学。所以，在学习中，凡是与学生的认知方式相符合的学科，成绩一般会好些。场依存型的人的社会定向特征使他们在学习社会材料时较场独立型的人好，而场独立型的人在学习未经充分组织好的材料时较场依存型的人好。但相对场依存型的人与相对场独立型的人的区别不是在学习能力上，而是在学习的过程中，他们的学习能力或记忆能力并无显著不同。场依存型者较易于接受别人的暗示，他们学习的努力程度往往受外来因素的影响，因而场依存型的学生在诱因来自外部时学得更好，而场独立型者在内在动机作用下学习时常会产生更好的学习效果，尤其明显地表现在数学成绩上。

（2）聚合—发散型。1959年，美国著名心理学家吉尔福特（Guilford）提出了三维智力结构模式，聚合型—发散型认知模式其智力模型的一部分。聚合型认知方式是指个体在解决问题过程中常表现出辐合思维的特征，表现为收集和综合信息与知识运用逻辑规律，缩小解答范围，直至找到最适当的，唯一正确的解答，即从多到一；发散型认知方式则是指个体在解决问题过程中表现出发散思维的特征，表现为个人的思维沿着许多不同的方向扩展，使观念发散到各个有关方面，最终产生多种可能的答案而不是唯一正确的答案，因而容易产生有创新性的观念，即从一到多。我们通常所说的“一题多解”就体现了发散型的认知风格。再比如，有的学生在做作业的时候总是喜欢用不同的方法解决同一个问题，这就是典型的发散型的认知风格。

（3）同时—继时型。达斯等对脑功能的研究发现，大脑对信息的加工有同时性和继时性之分。他们认为，继时性加工倾向于依赖左脑功能，言语操作和记忆依赖继时性加工；同时性加工则倾向于依赖右脑功能，文字符号的加工处理依赖同时性加工。同时性认知风格以发散式思维解决问题，善于解决数学与空间问题；继时性认知风格以步步为营的方式分析并解决问题，在时间上有明显的前后顺序，解决问题的过程像链条一样，一环扣一环，直到找到问题的答案。

2. 认知风格研究的理论整合

自20世纪90年代起，人们恢复了对认知风格研究的兴趣，原因包括：一是认知风格在教育和相关领域的预测效度得到了肯定；二是因素分析方法的普及和应用为认知风格模型的整合提供了技术上的保证。认知风格的研究随即进入了一个整合时期。

（1）单维模型。Miller提出的是认知风格的单维假设。他认为认知风格是知觉、记忆和思维三项基本信息在加工过程中表现出的个体差异，而所有的认知风格都可以归结到分析整体维度上。早期理论中的分析型、场独立型、聚合思维等可以归结到分析整体维度的分析一极，而综合型、场依存型、发散思维等归于整体的一极。Allison和Hayes则是采用因素分析的方法来证实认知风格的单维结构。他们提出了直觉分析维度。

（2）双维模型。在已往研究的基础上。Riding和Cheema提出所有认知风格的个体差异都可以归结为两个基本维度上的差异：分析—整体的维度和语词—表象的维度。整体型的人倾向于领会情境的整体，对情境有一个整体的看法，重视情境的全部。相反，分析型的人则认为情境是部分的集合，他们常常集中于一两个部分而忽视其他方面，曲解或夸大部分。语词—表象维度描述的是个体偏好的信息表征方式，即个体在思维过程中是以语词的方式还是以心理图像的方式来表征信息。Riding认为，大多数人能够使用视觉表象和言语表征两种形式。而有一些人则倾向于其中一种方式。

（3）心理自我控制理论。心理自我控制理论是由Sternberg提出的。该理论将思维风格与社会管理进行了类比，指出思维风格就是个体控制和管理心理活动的方式。

心理自我控制理论按照5个维度提出13种思维风格。这5个维度分别是功能（立法、行政和司法）、形式（等级、寡头制、君主制和无政府主义）、水平（整体和局部）、范围（内向和外向）、倾向（自由主义和保守主义）。13种思维风格分别是：心理自我管理功能方面——立法型、执法型和司法型；心理自我管理形式——专制型、等级型、平等竞争型和无政府型；心理自我管理的水平——全局型和局部型；心理自我管理的范围——内倾型和外倾型；心理自我管理的倾向——保守型和激进型。Sternberg 指出，每个人都具有一系列的思维风格而并非其中一种。这 13 种思维风格在每一个人身上都有着不同程度的体现，不同的只是各种风格的强度变化。

六、态度及管理

(一) 态度的含义

态度可以定义为一个人对外界特定事物所持有的评价性、较为稳定的内部心理倾向。

(二) 态度的特征

1. 态度的社会性

态度是个体在长期生活中，通过与他人的相互作用，以及周围环境的不断影响而逐渐形成的。态度形成以后，反过来又会影响个体对周围事物和他人的反应。在这种相互作用过程中，一个人的态度经过不断的循环和修正，会逐步形成日益完善的态度体系。

2. 态度的针对性

态度必须具有特定的态度对象。态度对象可能是具体的，也可能是抽象的，即一种状态或观念。由于态度是主体对客体的一种关系的反映，态度总是离不开一定的客体，总是与态度对象相联系，因此态度的存在不是孤立的、抽象的，它总是针对着某一事物的。例如，某厂长对工人的态度，工人对奖金的态度等。

3. 态度的协调性

态度是由认知、情感和意向三种心理成分组成的。对一个正常人来说，这三种心理成分是相互协调一致的。

4. 态度的稳定性

态度是在需要的基础上，经过长期的感知和情感体验形成的，其中情感的成分占有重要位置，并起到强有力的作用。它使得一个人的态度往往带有强烈的情感色彩，并具有稳定性和持久性。

5. 态度的潜在性

态度是一种内在结构，它虽然包含有行为的倾向，但是并不等于行为，所以态度本身不能被直接观察到。然而，由于态度的稳定性和持久性，一个人的态度往往可以通过他的言论和行为来加以推测。

（三）态度的功能

1. 态度的社会性判断

态度的稳定性往往会使态度一旦形成，便成为一个人的习惯性反应，久而久之便构成了个性的一部分，使人们对某些特定的事物保持一种或强或弱的固定看法。例如，在习惯上，人们往往认为山东人高大而淳朴、浙江人瘦小而精干，这种刻板的看法常常阻碍一个人去正确辨别群体中的个性差异，从而影响正确的社会性判断。

2. 态度与忍耐力

忍耐力又称为耐挫折力，即一个人在遇到挫折以后，对挫折的适应能力或容忍力。这种忍耐力往往与个体对待挫折对象的态度密切相关。

3. 态度与工作效率

过去人们曾经认为，员工对工作的积极态度必然会导致工作效率的提高。但是，后来经过全面和深入的研究后发现，工作态度与生产效率之间并不是一对一的简单关系，它们之间由于受到许多中间变量的影响而存在着十分复杂的关系。

阅读专栏 41-7　态度的改变和影响因素

为了证明态度与忍耐力的关系，来波特曾对一批大学生对疼痛的忍耐力进行测定，测定的办法就是用一个改装的血压器，在血压器的气袋上端装一个尖硬的橡皮插头，当增加气压时，橡皮插头会刺痛人的手腕，压力越大，痛觉越强。

实验分成两组，一个是实验组，另一个是对照组，每组被试者均为事先安排好的（不让被试者知道），即犹太教徒和基督教徒各半。第一次测定之后，被试者被告知为了验证每人耐痛阈的准确性，请稍微休息片刻再做第二次测定，然后利用休息时间告诉基督教徒的受试者："根据某一报告，基督教徒的耐痛力不如犹太教徒强。"而对犹太教徒的受试者则反过来说："根据某一报告，犹太教徒的耐痛力不如基督教徒。"对照组的受试者则什么也不告诉。

经过如此安排，第二次测定的结果显示，实验组两种教徒的耐痛标准均有显著的提高，而对照组的被试两次的测定则无任何差别。这是因为被试者对自己所属宗教团体的效忠心理（态度）影响了个体的行为，即个体态度的改变引起了忍耐力的改变。这个实验给了我们两点启示：一是一个员工对自己所属机构的认同感或效忠心，能提高他对挫折的忍耐能力；二是在组织中，群体的某种行为意识（态度）将促使个体行为产生戏剧性的变化。

（四）态度管理

1. 对员工工作满意度的管理

（1）工作满意度的概念。工作满意度是得到广泛认可的一种员工态度，是指员工由于对工作特点进行评估而产生的对工作所抱有的一般性的满意与否的态度。洛克认为，它“源自对个体的工作或者工作经历的评估的一种快乐或积极的情绪状态”。一般而言，工作满意度高的员工对工作持积极态度，而工作满意度低的员工对工作则持消极态度。需要说明的是，这里的工作不仅包括岗位职责范围内的行为，还包括与同事、领导相互交往，遵循组织的规章制度，符合绩效评估标准等各种因素。

（2）工作满意度对员工行为与绩效的影响。工作满意度可以影响员工的行为与绩效，包括工作绩效、缺勤率、离职率以及组织公民行为等。

工作绩效。在工作满意度和绩效的讨论中，早期的观点可以概括为一句话：“快乐的员工是高绩效的员工。”也就是说，员工的工作满意度越高，则他的绩效越高。但是大量研究表明，工作满意度和绩效之间的正向关系很弱，就个体而言，满意的员工不一定有较高的生产率，而不满意的员工生产率不一定低。不过，另外的研究表明，部门或者组织成员的整体满意度提高了，部门和组织层面的绩效确实会提高。因此，如果从组织而非个体层面考察组织的整体工作满意度与组织整体生产率之间的关系，我们会发现高满意度的组织就是更高产的组织。

2. 对员工反生产力工作行为的管理

在反生产力工作行为这一概念提出之前，学者们就已经开始关注工作场所中员工的一系列消极行为，比如攻击行为、越轨行为和报复行为等。因此，有必要澄清反生产力工作行为与这些既有概念之间的区别。

（1）工作场所攻击行为。工作场所攻击行为是指工作场所中的一个或多个人旨在伤害组织中的一个或多个人的任何形式的行为，而且这种行为是受动者试图避免的。工作场所攻击行为的极端形式往往被称为工作场所暴力行为，包括对员工的身体攻击和威胁，以及心理性（如辱骂等）和替代性攻击行为。通常而言，无论是工作场所攻击行为还是工作场所暴力行为，都是指向组织成员的行为，而反生产力工作行为的对象不仅包括组织成员，而且包括组织本身，因此反生产力工作行为的定义同时涵盖了工作场所攻击行为和暴力行为。

（2）工作场所越轨行为。从字面上理解，越轨是指偏离正常的轨道。顾名思义，工作场所越轨行为是指由于违反组织重要规范而威胁或损害了组织或者组织内其他成员健康的员工自主行为。工作场所越轨行为这个概念特别强调员工对组织规范的违背，这一点从“越轨”这个词的内涵中就可以看出，而反生产力工作行为这个概念则侧重于行为背后蓄意伤害组织中其他成员或组织整体的动机。

（3）工作场所报复行为。西方学者提出了两种相似的报复行为：一种是个体报复行为；另一种是组织报复行为。个体报复行为是指个体对于感受到的伤害做出的行为反应，如由于感受到不公平而产生的行为。在中国语言情境中，报复往往带有消极的色彩，但是在西方语言中，报复实际上是一个中性词，并不带有明显的情感色彩。实际上，报复行为既可能对组织或其成员产生负面作用，也可能为其带来建设性的有益影响。在某些情境下，报复行为有利于人际关系的调节和改善。因此，报复行为不一定具有伤害性，也就不一定属于反生产力工作行为。

组织报复行为是学者们从组织公平的角度提出的概念，指成员在感知到组织的不公正后，针对组织或其代表（通常是管理者）所开展的一种惩罚性行为。根据以上定义，组织报复行为的对象仅包含组织，而反生产力工作行为既可以针对组织，也可以针对组织中的成员，因此涉及的范畴更大。

七、价值观及其管理

（一）价值观的含义

价值观是指个人对客观事物（包括人、物、事）及对自己的行为结果的意义、作用、效果和重要性的总体评价，是对什么是好的、是应该的总看法，是推动并指引一个人采取决定和行动的原则、标准，是个性心理结构的核心因素之一。它使人的行为带有稳定的倾向性。价值观是人用于区别好坏、分辨是非及其重要性的心理倾向体系。它反映人对客观事物的是非及重要性的评价。

（二）价值观的类型

人们的生活和教育经历互不相同，因此价值观也多种多样。行为科学家格雷夫斯为了把错综复杂的价值观进行归类，曾对企业组织内各式人物做了大量调查，就他们的价值观和生活作风进行分析，最后概括出以下七个等级：

第一级，反应型。这种类型的人并未意识到自己和周围的人类是作为人类而存在的，他们照着自己基本的生理需要做出反应，而不顾其他任何条件。这种人非常少见。

第二级，部落型。这种类型的人依赖成性，服从于传统习惯和权势。

第三级，自我中心型。这种类型的人信仰冷酷的个人主义，自私和爱挑衅，主要服从于权力。

第四级，坚持己见型。这种类型的人对模棱两可的意见不能容忍，难以接受不同的价值观，希望别人接受他们的价值观。

第五级，玩弄权术型。这种类型的人通过摆弄别人、篡改事实达到个人目的，非常现实，积极争取地位和社会影响。

第六级，社交中心型。这种类型的人把被人喜爱和与人善处看得重于自己的发展，易受现实主义、权力主义和坚持己见者的排斥。

第七级，存在主义型。这种类型的人能高度容忍模糊不清的意见和不同的观点，对制度和方针的僵化、空挂的职位、权力的强制使用敢于直言。

（三）价值观的功能

价值观对人们自身行为的定向和调节起着非常重要的作用。价值观决定人的自我认识，它直接影响和决定一个人的理想、信念、生活目标和追求方向的性质。价值观的作用大致体现在以下两个方面：

第一，价值观对动机有导向的作用。人们行为的动机受价值观的支配和制约，价值观对动机模式有重要影响，在同样的客观条件下，具有不同价值观的人，其动机模式不同，产生的行为也不相同。动机的目的和方向受价值观的支配，只有那些经过价值判断被认为是可取的，才能转换为行为的动机，并以此为目标引导人们的行为。

第二，价值观反映人们的认知和需求状况。价值观是人们对客观世界及行为结果的评价和看法，因而它从某个方面反映了人们的人生观和价值观，反映了人的主观认知世界。

（四）价值观管理

在人力资源管理中，根据组织的总体目标、基本的价值观、对员工的看法等方面的不同划分，存在着以下三种管理模式：

第一，最大利润管理模式。它在19世纪和20世纪初被广泛应用于美国等工业发达国家的企业中，在美国现有的许多企业和其他一些国家的企业中仍然信仰和坚守这一观念。在最大利润管理模式下，企业经营的总体目标就是取得最大利润，以在市场竞争中求得生存和发展。一切管理决策和组织行为都必须服从最大利润，并以此作为评价企业经营管理好坏的唯一标准。与这种管理模式相适应的价值观为利己主义、适者生存、个人奋斗、竞争等。企业的员工仅仅是企业获取利润的手段而不是目的。领导方式是粗暴的、个人武断的。组织考虑员工福利是为了组织取得最大利润。

第二，委托管理模式。它是从20世纪20年代开始的，是在企业规模扩大、组织复杂、投资额巨大等背景下形成的。委托管理模式不是只顾投资者取得最大利润，而要使各方面都感到满意。员工既被看作是手段，也被看作是目的，而不再单纯是劳动力市场中任人雇佣和解雇的一种资源。它承认员工的权利必须得到承认，可以组织工会等员工团体来关注他们的利益。但是，它仍然有强烈的利润指标需求。因此，它是一种在谋取利润与社会道德之间进行调和的管理模式。

第三，生活质量管理模式。这是20世纪70年代兴起的一种最新的管理模式，它承认企业需要利润，但强调追求利润要合理，倾向于在确定企业利润水平时，不仅要考虑企业所有者的利益，还要考虑防止污染等社会效益。利润更多地被看成是一种手段而不是目的，人本身在组织中及组织外部的全面自由发展，被看成是比金钱、物质、技术更为重要的事情，人所拥有的生活质量成为组织所追求的目标。与此管理模式相适应的价值观是分享、合作、开明和共赢。企业竞争不再被看作是“你死我活”，而是努力争取双赢的局面。在管理中强调了人本主义观念，员工的多样性得到承认和尊重，注重充分发挥员工的技术和能力，使其参与管理，领导作风也倾向于民主和分权，管理者和员工互相沟通、彼此信任。

八、社会知觉及其管理

（一）知觉和社会知觉

1. 知觉的含义

知觉是一种积极、能动的认识过程。

2. 知觉的能动特征

知觉的能动性主要体现为四个方面：

（1）知觉的选择性。通常情况下，人们会先对目标事物的某一方面进行信息收集、分析，从而得到对该事物这一方面的认识、判断和结论。但是，由于有限理性，以及环境、需要、兴趣、经验和能力等方面的不同，人们会选取一部分信息进行认识、判断形成结论，而其他信息则被作为背景。这种现象就是知觉选择性的体现。

（2）知觉的整体性。在知觉的过程中，人们并不是零散地吸收信息，而是力求将观察到的对象知觉为具有一定结构的整体形象。即使是一个不完整的形象，人们也会在知觉水平上将其形成一个完整的形象。

（3）知觉的理解性。人们会以已有的知识、经验为基础去理解和解释事物，并用词语加标志使它具有一定的意义。对同一个知觉对象，知识经验不同的人会有不同的理解。

（4）知觉的恒常性。当知觉的条件发生变化时，我们知觉到的映像仍然保持不变，这就是知觉的恒常性。

3. 知觉的影响因素

知觉者、知觉对象以及知觉环境是影响知觉的三个主要因素。

（1）知觉者。知觉者的心理期待、经验、需要等都会影响对知觉对象的判断。心理期待影响知觉者的注意力，比如一对异地恋的恋人在思念对方时，看到街上的某些陌生人会觉得是自己的恋人。过去的经验同样限制人们的注意力，特别是过去从未经历过的事件或从未见过的物体会更加引起我们的注意。动机和需要，尤其是未被满足的需要也会对知觉者产生影响。

（2）知觉对象。一个具有明显特征的外部刺激出现后，知觉者所进行的选择、组织、解释的过程会受到外部刺激特点的影响。

（3）知觉环境。不同的环境会使人们产生不同的知觉，包括物理环境和社会环境。比如，隔壁有人在下午弹钢琴，人们会感觉动听悦耳，但是如果三更半夜还在弹琴，可能就变成反感的噪声了。再如，在中餐馆中边吃饭边畅谈没有问题，但是在国外西餐厅中仍然大声说话就会引起别人的反感。

4. 社会知觉的含义

社会知觉是对社会对象的知觉，主要是指对人、人际关系的知觉。或者说，社会知觉是在社会环境中对于有关个人或群体特征的知觉，不仅是对人的表情、语言、姿态等外部特征的印象，还包括对人与人之间的关系、内在的动机、意图、观点、信念、个性特点等内心本质的推测和判断。

（二）社会知觉的特征

1. 选择性

选择过程不仅与刺激物本身的物理强度有关，而且主要取决于刺激物本身的性质、意义和社会价值的大小，特别是刺激物与人的直接利益关系。

2. 情绪性

社会知觉过程中伴有一定的情绪体验。情绪反应强烈时，不可避免地要影响人的行为，甚至动机。

3. 控制性

控制性是指人对自己的社会知觉的情绪反应和情绪影响有一定的控制力，对自己社会知觉的定向选择性也有一定的控制力。

（三）社会知觉的分类

组织行为学中关注的主要是社会知觉。美国心理学家布鲁纳认为，社会知觉包括对他人的知觉、人际知觉、角色知觉和自我知觉。

1. 对他人的知觉

对他人的正确知觉是建立良好人际关系的基础，主要是指对别人的外表、语言、动机、性格等的知觉。

2. 人际知觉

在群体生活中，我们与任何一个人都可能会发生联系，而人际知觉就是对人与人之间关系的知觉，正是这种知觉成为人际交往的依据。人与人之间关系的表现是有差异的，会呈现接纳、拒绝、喜欢、讨厌等不同层次的状态。一个部门的同事中，有些人可以成为关系亲密的朋友，有些人只有在工作场合才产生交集。

3. 角色知觉

角色知觉主要包括两个方面：一是通过某人的行为模式判定他的职业。比如，看到一个形象好、走路挺拔的女生，可以判断她可能是一个舞蹈演员；二是通过相关角色行为的社会标准判断这个人应该具有的行为模式。比如，大型外企的高管举手投足之间都应该体现其素质和品位。每个人在社会上都扮演多种角色，比如儿子、女儿、学生、同学、学生会主席、经理、下属等，并且这些角色随着年龄的增长和阅历的增加不断改变。我们应该根据自己扮演的不同角色，正确地知觉这些角色的行为标准，适应不同角色和环境的转变。

4. 自我知觉

自我知觉是指一个人通过对自身行为的观察对自己心理状态的了解与认识。自我知觉是自我意识的重要组成部分，随着个人自我意识的发展，自我知觉经历两个发展阶段。阶段一，生理自我。在这个阶段主要表现为对自己的身体、衣着、家庭、父母的判断，以及对自己所有物的判断，从而表现出自豪或自卑的自我情感。阶段二，社会自我。在这个阶段主要表现为对自己在社会上的声誉、地位、社会中其他人对自己的态度，以及自己对周围人的态度等方面的判断和评价，从而表现出自尊或自卑的自我体验。

（四）社会知觉管理

要想对知觉更好地管理，先要知道社会知觉在社会应用中的常见偏差。

1. 选择性知觉

知觉的选择过程是知觉者依据自己的兴趣、知识背景、经验和态度等对外界信息进行的主动性选择。由于大脑容量有限，我们不可能注意到全部信息，因此就存在一定风险。比如，在求职面试时，缺乏经验的面试官会不由自主地更加关注形象好的应聘者，从而可能给出高于其他候选人的评价，而实际上其能力和技能可能并不符合岗位要求。

2. 首因效应

首因效应也称第一印象，是指知觉者最初得到的信息对于知觉的形成具有强烈影响。第一印象一旦形成，就在人们的心理上占据重要地位，鲜明而牢固，显著影响以后的长期认知。除非第一印象与之后的事实之间产生强烈的冲突，否则第一印象一旦形成，常常会一直保持下去。虽然这种效应会产生偏差，但是所有人都不可避免地受到首因效应的影响，所以第一印象非常值得我们关注。第一印象的产生主要是感知对方的容貌、表情等外在的东西。参加面试或者初次进入一个新组织，我们要特别注意外貌着装，展现亲和力，给他人留下较好的第一印象。而企业的管理者在管理员工时则应该避免第一印象的干扰，保证公平公正，尤其是对待那些第一印象不好的员工，要善于发现他们的改变和进步。

3. 近因效应

近因效应是指在总体印象形成过程中，新近获得的信息比原来获得的信息影响更大的现象。在印象形成过程中，当不断有足够引人注意的新信息，或者原来的印象已经淡忘时，新近获得的信息的作用就会较大，这时就会发生近因效应。个体特征也影响近因效应或首因效应的发生。一般心理上开放、灵活的人容易受近因效应的影响，而心理上保持高度一致、具有稳定倾向的人容易受首因效应的影响。

4. 晕轮效应

晕轮效应是指由对象的某种特征推及对象的总体特征，从而产生美化或丑化对象的现象。在绩效考核中，晕轮效应意味着，如果考核者对被考核者某一绩效要素的评价较好，就会导致他对该人其他绩效要素的评价也较好；反之，如果对被考核者某一绩效要素的评价较差，则会导致他对该人其他绩效要素的评价也较差。不难看出，晕轮效应是一种以偏概全的认知偏差。评估者在员工绩效评估过程中，把员工绩效中的某一方面甚至与工作绩效无关的某一方面看得过重，用员工的某个特性去推断其他特性，会造成“一好百好，一差百差”、以偏概全的评估偏误。当被考核者对考核者特别友好或特别不友好时，晕轮效应最容易发生。

5. 对比效应

对比效应是指当人们对某个对象进行认知评价时，由于其他对象的存在而影响了对该对象的真实评价。对比效应在绩效考核中十分明显。比如，假定评定者刚刚评定完一名绩效非常突出的员工，接下来评定一名绩效一般的员工，那么很可能将这名绩效本来属于中等水平的人评定为比较差。或者一些以前绩效很差而有所改进的人可能被评为较好，但事实上其绩效勉强达到一般水平。对比效应是绩效考核不可避免的现象，不过这种偏差会随着员工绩效信息的积累而逐渐消失。

6. 刻板印象

刻板印象实际上就是一种心理定式，会导致知觉者不能发现个体间的差异。它既有积极的一面，也有消极的一面。在对于具有许多共同点的某类人进行判断时，直接按照既定思维推断出结果，简化认知过程，迅速了解某人的大概情况，节省了人力、物力成本，有利于人们应对周围的复杂环境。然而，在资源有限的情况下做出普遍性的结论，会使认知个体时发生偏差，妨碍对他人做出正确的评价。苏联社会心理学家包达列夫做过这样一个实验，将一个人的照片分别给两组被试看，照片的特征是眼睛深凹，下巴外翘。向两组被试分别介绍情况，对甲组介绍情况时说“此人是个罪犯”，对乙组介绍情况时说“此人是位著名学者”，然后请两组被试分别对此人的照片特征进行评价。甲组被试对此照片人物的评价是：此人眼睛深凹表明他凶狠、狡猾，下巴外翘反映他具有顽固不化的性格。乙组被试对此照片人物的评价是：此人眼睛深凹表明他具有深邃的思想，下巴外翘反映他具有探索真理的顽强精神。为什么两组被试对同一照片的面部特征所做出的评价竟有如此大的差异，原因很简单，人们对社会各类人有着一定的定型认知。把他当罪犯来看时，自然就把其眼睛、下巴的特征归类为凶狠、狡猾和顽固不化，而把他当学者来看时，便把相同的特征归为思想的深邃性和意志的坚韧性。

7. 投射效应

投射效应是指判断他人时，我们总是有意无意地假定别人与我们相似，因而把自己的感受、态度或动机用于对他人的判断，也就是平常所讲的“以己推人”。投射作用使人们倾向于根据自己的状况来知觉他人，而不是按照对方的真实情况进行知觉。例如，在面试中，有的面试官看到与自己年轻时感觉很像的候选人，就会做出倾向于他的正面评价。心理学家罗斯做过这样一个实验来研究投射效应，即在80名参加实验的大学生中征求意见，问他们是否愿意背着一块大牌子在校园里走动，结果48名大学生同意背牌子在校园内走动，并且认为大部分学生都会乐意背，而拒绝背牌子的学生则普遍认为，只有少数学生愿意背。可见，这些学生将自己的态度投射到了其他学生身上。

九、归因及管理

（一）归因的含义

归因，即归结行为的原因，指根据有关的外部信息或线索对人的内心状态或外部行为表现推测原因的过程。

（二）归因的原则

人们通过检查刺激客体、行为主体、背景三个独立纬度的信息，寻求行动原因。

归因时需要三种不同类型信息：

第一，特异性信息：行为主体反应方式是否具有针对性。

第二，共同性信息：对同一对象不同主体是否做出相同反应。

第三，一致性信息：行为主体在不同背景下反应是否一致。

（三）归因的影响因素

1. 社会视角的影响

由于人们在归因上的社会视角不同，因此对行为原因的解释也有明显的不同。

2. 自我价值保护

个体在归因过程中，对有自我卷入的事情的解释带有明显的自我价值保护倾向，即归因向有利于自我价值确立的方向倾斜。

在成败归因中，成功时，个体倾向于内归因，而失败时，个体很少用个人特征来解释，倾向于外归因。成功内归因有利于自我价值的确定，而失败外归因则有利于减少自己对失败的责任，是一种自我防卫。

在竞争条件下，个体倾向于把他人的成功外归因，从而减少他人成功对其带来的压力，而如果他人失败了，则倾向被内归因。对他人的成败归因，个体均有明显的使自己处于有利位置，以保护自我价值的倾向，这种倾向叫动机性归因误差。

（四）归因管理

当观察到人们的某种行为时，我们总是试图解释“为什么”，以探究其原因，也就是观察者对他人的行为过程或自己的行为过程进行因果解释和推论，这个过程称为归因。比如，某位夺冠热门的运动员在大赛前突然退赛，大家都会去探究其退赛的原因。在归因时一般存在两种心理倾向：一是投射，即解释他人行为的一个常见办法是以自己作为参考点，投射使人们倾向于按照自己是什么样的来知觉他人，而不是按照被观察的他人的真实情况进行知觉。二是自利偏好，即为自己的失败找借口，将原因归结于外部因素。但是，对他人的行为进行归因时情况则相反，别人的成功依赖于外界条件，失败却是由于他的个人因素。

（五）归因偏差及其管理

归因偏差指的是认知者系统地歪曲了某些本来正确的信息，有的是人类认知能力固有的局限性造成的，有的则是人们不同的动机造成的。影响我们对行为和事物发生原因进行准确分析的偏差主要有两种：一是基本归因偏差。人们常常把他人的行为归因于人格或态度等内在特质，而忽略他们所处情境的重要性。例如，孩子某次考试成绩下降，父母责备其不用功，而不考虑考试难度整体上升的因素。二是自我服务偏差。人们在评价自己的行为时，如果成功了，就会归因于自己的内部因素，如自身的能力和努力，而如果失败了，则会归因于外部环境因素，如工作难度太大或竞争对手太强。人们往往认为自己比其他人更不容易受偏见的影响，他们甚至认为自己比多数人更不容易产生自我服务偏差。

在组织行为中我们要正确认识和防范归因偏差的产生与消极影响，对员工在工作中产生问题的原因能够分清主次并做出相应的管理，否则极易伤害员工的心理而造成不必要的麻烦。

阅读专栏 41-8　归因理论

归因理论试图描述和解释个体进行归因的机制和过程。很多理论都试图解释人在归因中的一些规律，较有影响的归因理论有海德的归因理论、琼斯和戴维斯的相应推断理论、凯利的三维度归因理论以及维纳的成败归因理论。

1. 海德的归因理论

海德是归因问题研究的创始人，1958 年他在《人际关系心理学》一书中从朴素心理学的角度提出了归因理论。海德的归因理论包括两个含义：首先，人都有一种理解、预测和控制周围环境的需要，为了满足这种需要，人们就根据各种线索对已经发生的行为和事件进行原因解释。人们只有了解事件和行为变化的原因，才能理解这个世界，预测世界的变化，从而达到控制世界的目的。其次，人们一般会将原因归为内部因素和外部因素。内部因素是指个人的一些原因，包括个人的能力和动机。外部因素主要是指环境的一些原因，包括工作的难度和运气等。

2. 琼斯和戴维斯的相应推断理论

琼斯和戴维斯提出的相应推断理论扩充和发展了海德的归因理论。根据该理论，人们在归因时会认为，外显的行为是由人的内在品质，如动机、爱好、态度和能力等引起的，根据外在行为表现可以对人的内在品质进行推断，也就是从行为及其结果推导出行为的意图、能力等内在品质。这种推断过程存在三个特征：一是不符合社会期望和社会规范的行为更容易被归因为内在品质。例如，上课总是迟到的学生会被人们归因为个人因素，是一种缺乏意志力的行为。二是跟大多数人不同的行为经常会被判断为由内在品质决定。例如，一个学生学习成绩出奇地好，我们一般会认为是由于个人因素，比如个人非常努力或天资聪明造成的。三是如果我们认为一个人的行为是自由选择的结果，那么更倾向于认为其是由内在品质决定的。

3. 凯利的三维度归因理论

凯利的三维度归因理论具体如下：第一，人们经常使用三种不同的解释说明行为的原因，它们分别是行动者、刺激物、外在环境。第二，到底归为以上哪种原因，人们需要对信息进行分类。按照凯利的观点信息可以分为三种类型：一是一贯性信息描述的是行动者的特征，高一贯性信息描述的是任何一个行动者都会在同一刺激下做出相同的反应；二是特异性信息描述的是刺激物的特征，高特异性信息描述的是行动者对其他同类刺激不会做出相同的反应；三是一致性信息描述的是外在环境的特征，高一致性信息描述的是行动者在任何情境和任何时候都会对同一刺激物做出相同的反应。凯利假设，当人们表现出高一贯性、低一致性和高特异性时，会把自己的行为归因于外部因素（环境因素），而当人们表现出低一贯性、高一致性和低特异性时，则倾向于进行内在归因（个人因素）。

4. 维纳的成败归因理论

美国心理学家伯纳德·维纳从认知心理学的角度把成功和失败的原因划分成三个维度，即内因与外因、稳定与不稳定、可控与不可控，比海德的思想有所发展。维纳的归因理论如表41-2所示。

表41-2 维纳的归因理论

三个维度	因素归类	
内外因	内因—外因	
	努力、能力	任务难度、机遇
稳定性	稳定—不稳定	
	能力、任务难度	努力、机遇
可控性	可控—不可控	
	努力	任务难度、机遇、能力

十、印象及管理

(一) 印象的含义

印象指接触过的客观事物在人的头脑里留下的迹象。印象是个体（认知主体）头脑中有关认知客体的形象。个体接触新的社会情境时，一般会按照以往的经验，将情境中的人或事进行归类，明确其对自己的意义，使自己的行为获得明确定向，这一过程称为印象形成。

(二) 印象管理的含义

印象管理也叫自我呈现，是心理学家欧文·戈夫曼（Erving Goffman）通过系统的观察和分析于1959年《日常生活中的自我表现》一书中提出的理论。这种试图控制自己在别人心目中印象的过程和现象称为印象管理。

(三) 印象管理的过程

印象管理的过程通过包括两个阶段：一是形成印象管理的动机；二是进行印象建构。

1. 印象管理的动机

印象管理的动机是指人们想操纵和控制自己在他人心目中印象的意愿程度。个体印象管理的动机水平将取决于以下三方面的因素：

（1）印象与个人目标的相关性。越是与个人目标相关的印象，个体进行印象管理的动机就越强烈。在组织中，个体的工作能力与工作方式形象与个体的目标关系密切。

（2）这些目标的价值。越是有价值的目标，个体进行印象管理的动机就越强烈。例如，对个体来说，提升是非常有价值的目标，而上级和同事对自己工作能力与工作方式的印象直接影响个体的提升，因此，个体会非常在意使上级和同事形成有关自己工作能力与工作方式的好印象。

（3）一个人期望留给他人的印象与他认为自己已经留给他人的印象之间的差异。这种差异越大，个体印象管理的动机就越强。

2. 印象建构

印象建构是指个体有意识地选择要传达的印象类型并决定如何去做的过程。印象建构又包含两个过程，即选择要传达的印象类型和决定如何去做。

要传达的印象类型不仅包括个人的人格特征，还包括态度、兴趣、价值观和物理特征等。研究发现，有五个因素影响我们选择试图要传达的印象类型，这五个因素是：

（1）自我概念。

（2）期望或不期望的同一性形象。

（3）角色限制。

（4）目标价值。

（5）现有社会形象。

当人们选择了要传达的印象类型后，接下来要做的就是决定如何去传达这一印象。不同的人进行印象建构的能力是不一样的，有些人可能比别人更善于建构自我形象。例如，研究发现，高度自我监控的管理者对协调其自我表现或印象更加敏感，反应更强，而这些高度自我监控的人也被认为更有可能获得提升，也更有可能流动。

（四）印象管理的策略

在人际交往中，常见的印象管理策略可以分为四种。

1. 取悦他人

“人类的本性如此，他们接受赞美，想从别人那里得到对自己意见的认同，喜欢那些喜欢自己的人。”卡内基（Carnegie）在《如何赢得朋友并影响人们》一书中提出了六种取悦他人的方法：真诚地对别人感兴趣；微笑；要记住，名字是一个人所有语言中最美、最重要的声音；做一个好听众，鼓励别人谈论他们自己；谈论别人感兴趣的事；真诚地使别人感到他是重要的。从卡内基提出的方法中我们会发现：“真诚”二字很重要，因为过分虚假或者目的性明显的曲意逢迎只会让人感到反感。当别人取得优异成绩时，发自内心地祝贺和赞扬，当别人有需要改进的地方时，客观实际地指出和评价。

2. 自我推销和宣传

吉尔卡隆与罗森菲尔德指出“取悦他人的目的是通过表达喜欢他人的方式而受人喜欢，而自我宣传者则希望被人看起来有能力，从而愿意跟自己打交道。自我宣传者想方设法使别人认为自己或是在通常能力（比如智力）方面或是在特殊能力（比如会一种乐器）方面是出类拔萃的”。然而，过分的自我宣传会给人骄傲、不可一世的感觉。在重要的场合自我宣传是有必要的，但是无须在生活中处处显示自己的能力。其实，在一些情况下谦虚也是可以取悦他人的。有时，取悦他人和自我推销两种策略之间可能是相互矛盾的。讨好者被动谦恭地遵从别人的意见，也许会被认为不够聪明、缺乏主见和能力欠缺。成功的和富有进取心的自我宣传行为则要冒被别人嫉妒和怨恨的风险。想想看，如果周围的一个同事被认为是绝顶聪明、能干和机智的，我们会怎样评价他。在现实生活中，尽管很多人都不得不承认微软的创始人和精神领袖比尔·盖茨在计算机方面取得了卓越成就，但是他也因为极具挑战性和竞争性的做事风格而不受众人喜欢，其中的原因颇值得我们深思。

3. 哀兵之计

这种办法是利用自己的弱点来影响别人，给人留下弱势的、需要帮助的形象。这种策略试图激活一种强有力的社会准则——我们应该帮助那些需要帮助的人。例如，翻译文献的最后期限马上到了，一个人的室友因为拖延症没有完成，摆出一副楚楚可怜的样子，这个人就会看在往日的情分上帮他翻译，而且这种情形在女性寻求男性的帮助时可能会更多。有研究者指出，这种方法真的很有效，因为“寻求帮助如此之简单，而且很少有人会拒绝”。然而，这种伎俩使用一两次是可以的，过度使用就会被别人认为是一个习惯于“搭便车”、没有时间观念、能力差的人，从而影响别人对自己的判断，影响之后的交往。

4. 保持形象的一致性

个体接受了一个小要求后，为保持形象的一致性，可能会接受一个更大、更不合意的要求，这种现象被称作“登门槛效应”。例如，弗里德曼和弗雷泽让两位大学生拜访社区的家庭主妇，其中一位请求家庭主妇在一份关于美化加利福尼亚州或安全驾驶的请愿书上签名，这是一个小要求。两周后，另一位再次拜访家庭主妇，要求她在院内竖立一个呼吁安全驾驶的大招牌，招牌并不美观，这是一个大要求。结果表明，答应了第一个要求的人中有55%接受了这个要求，比例远大于没有答应第一个要求的人。门槛效应是指如果先对某人提出一个很大而且被拒绝接受的要求，接着提出一个小一点的要求，那么他接受这个小要求的可能性比直接向他提出这个小要求而被接受的可能性要大很多。

（五）印象管理的应用

1. 印象管理与求职面试

罗伯特·巴朗将应聘者印象管理界定为应聘者改变并且管理行为的一些方面以给考官积极印象的过程。研究显示，应聘者认为印象管理策略是常规的行为，尽管这些行为不一定会对面试产生直接的影响，但是违背它很可能使得面试官对自己产生负面评价。然而，大部分应聘者的印象管理行为既不是有意识的欺骗，也不是纯粹的社会礼仪，而是介于两者之间。所以，印象管理或多或少会影响面试招聘的有效性，毕竟面试者的行为都是为了取悦面试官。

2. 印象管理与绩效评估

在绩效评估中，被评估者试图美化自己的形象，使评估者对自己做出较高的绩效评价，评估者则需要辨别被评估者的印象管理行为，客观评价被评估者，达到公正客观的效果。印象管理在一定程度上可以缓和绩效评估中的人际关系，有利于提高组织的和谐程度。但是更多观点认为，印象管理是影响评估公正客观的不利因素，印象管理行为会使评估结果偏离实际，造成绩效失真。也有研究讨论了组织的管理层通过使用绩效评估来管理自己的形象，组织会通过印象管理来操纵绩效评估过程，从而提高其社会影响力。

3. 印象管理与选拔晋升

就个体在组织中的职业发展来说，员工不仅要做出优秀的业绩，还要表现出自己的潜力，使得组织愿意为自己进行人力资本投资，于是员工就会做出自我推销、自我宣传式的印象管理行为。研究发现，关注工作策略（如自我宣传）与职业成功负相关，但是关注主管策略（如讨好）与职业成功正相关。而对于一个有晋升潜力的员工来说，良好的印象还包括协调能力、对上级所分配任务的领悟能力、完成工作的执行能力和解决突发问题的应变能力，同时还有合作精神等，这些印象管理对员工的选拔晋升作用重大。

4. 印象管理与管理者

企业的管理者更需要起到人际关系的“润滑剂”作用。研究表明，组织中被认可和接受的管理者对员工的工作积极性有很大的影响。那么管理者怎样才能做到被认可、接受，让员工发自内心地支持自己的工作？从印象管理的角度看，以下五点值得借鉴：一是展示自己的工作能力，尤其是沟通、交往、领导、处理冲突等人际方面的有效技能。二是积极地关注员工，特别是倾听员工的想法、见解、意见，甚至抱怨。管理者要表现出一种喜欢他们、愿意为他们做些什么的态度，愿意和他们在一起，愿意倾听他们。这样做的同时，管理者与员工之间的心理距离也拉近了。请记住社会心理学中有这样一条规律：“人们喜爱那些喜爱自己的人。”三是公平对待员工，从员工身上汲取长处。四是信守承诺。作为管理者，要兑现自己的承诺，既包括明确的承诺，也包括隐含的承诺，表里如一，言而有信。五是注意非语言沟通，比如眼神、手势等。管理者要努力营造和谐、温暖的工作氛围。

第二节 群体行为及其管理

案例 41-2 餐饮行业如何利用私域流量?

成都的豪虾传创始人蒋毅早期在天涯、微博上发创业日记积累了大批粉丝，他把粉丝加到自己的微信号上，还按粉丝来源建了不少群，平时很注重群的运营，比如平时跟大家互动什么，互动的频次，有什么禁忌，都有细致的研究总结。他有一个“客户蓄水池”理论：经营者必须要想办法，将自家蓄水池的出水口建得足够高，“积蓄的水量”才越多，否则，一旦进水口出问题，水会流得一滴不剩。做会员运营，其实就是在想方设法把出水口往上升。“所以，哪怕是错过了抖音这样的‘进水口’（流量红利），店里生意也没受影响，反而保持每年20%以上的增长，根本原因，就是池子里有太多陪伴多年的老朋友。”蒋毅说，现在豪虾传会员有数万名，到他朋友圈的高频会员有几千人。通过此案例，请思考群体（微信群）有什么特征？如何对群体进行管理？

一、群体概述

（一）群体的含义

群体是指为了实现特定的目标，由两个或更多人组成的、在行为以及心理上相互影响与相互作用的集合体。

（二）群体形成的原因

既然有群体存在，我们就需要考虑人们为什么会组成群体。社会认同理论认为，人们会对自己所属群体的成功或者失败产生情绪，因为他们的自尊同群体的表现是紧密挂钩的。比如，当公司受到负面的报道时，员工会感到羞愧，而当学生所在班级被评为先进集体时，班级里的每一位同学都会感到骄傲。人的一生中可能会通过工作的公司、居住的城市、职业、宗教背景、种族或者性别来形成许多认同。当人们加入某一群体时，就会建立有关这一群体的社会认同，而这可以帮助人们减少对自己身份的不确定性，帮助他们认识自己是谁、与他人有哪些共同之处以及应该做什么。人们什么时候会形成某种社会认同呢？可以考虑以下四个特征：

1. 相似相近性

中国有个成语叫“同病相怜”，如果在空间上相近或在个体特征上相似，人们就容易形成群体。很显然，当与组织中其他成员具有相同的价值观或特征时，人们会产生强烈的群体认同感。具有相同的年龄、性别、文化水平等其他人口统计学特征时，新员工会产生强烈的认同感。

2. 独特性

人们更可能会注意那些能够区分他们与其他群体的特征。一项调查发现，在工作群体中，人们对那些具有与自己相同的独特人口统计学特征的成员表现出更强烈的认同感。如果一个组织中只有两名女性，那么这两名女性就可能会因为共同的性别而产生强烈的认同感。

3. 地位

不同的社会认同代表不同的身份地位，因此人们总倾向于将自己同地位更高的群体联系起来。名牌学校毕业的学生会着重强调自己与母校的联系，并经常向母校进行捐赠，在名企实习过的求职者会极力宣传自己的实习经历。

4. 降低不确定性

正如我们前面提到的，加入群体可以帮助个体确定自己是谁以及该如何适应这个世界。

（三）群体的构成要素

1. 成员

通常我们认为群体成员的能力越强，群体的绩效就越好。事实一定如此吗？从成员个体来看，影响群体行为和绩效的除了成员的能力，还有成员的性格特征。一些特定的人格特质对于群体生产率、群体士气和群体凝聚力等具有积极作用，比如乐观开朗、责任感强、善于社交等。在不同地区、不同文化中，对于这种有积极作用的特质的要求各不相同。

2. 角色

“角色”一词最早来源于戏剧，指演员在舞台上所要饰演的特定人物，通过表现特定的行为、语言和细节等来反映。有四个重要的概念与角色有关，即角色期待、角色知觉、角色扮演和角色冲突。

（1）角色期待。角色期待是指人们按照社会角色的一般模式对一个人的态度、行为提出合乎身份的要求并寄予期望。通俗地讲，就是别人认为一个人在特定的情境下应该做出怎样的特定反应。

（2）角色知觉。我们上面所谈到的角色期待是外界施加于个体的，并不能反映个体对自己的认识。因此，仅有角色期待无法预测一个人的行为，人们对特定角色的扮演更大程度上受他们自己角色知觉的影响。所谓角色知觉，就是指一个人对于自己在特定环境中应该如何表现、如何反应的认识与知觉。由于每个人的成长环境、教育经历、人生体验、价值观念及所处环境有所不同，因此个体与个体之间对于同一角色的理解会存在很大差异。

（3）角色扮演。个体对自己的角色有了一定认知后，下一步就会进行相应的行动表现。比如，一位新上任的公司总经理认为，总经理就应该大胆创新、努力改革，但是面对上级以及下属员工都愿意保持现状不愿改革的情况，他可能就需要调整自己的领导方式。

（4）角色冲突。角色冲突指的是当一个人承担多种角色时，不同角色期待之间可能会形成矛盾，即如果个体服从其中一种角色期待，那么就很难满足另一种角色期待，甚至有时一个人所承担的所有角色都互相矛盾。

（四）群体的类型

由于构成群体的维度不同以及各种维度之间的关系有别，群体也就有许多不同的种类。

1. 平面群体和立体群体

这是就参加群体人员的成分而言的。所谓平面群体，是指参加这一群体的人员在年龄特征、知识结构、能力层次以及专业水平上，基本大同小异，属于同一类型。这样的群体，活动比较单一，服务面也比较窄。而立体群体则是由四种基本维度水平相差较大的成员所组成，他们虽有差异，但各有所长，这样既可以做到各发挥优势，又可以相互弥补，使群体成为一个可以进行复杂活动且服务面也非常宽的群体。这种群体有着强大的活力。例如，有的单位由于人员素质好、各具所长，因此当活动需要转向时，很容易就能转过去，而且很快就能站住脚，像这样的群体就属于立体群体。

2. 大群体和小群体

这是根据群体人数的多少而划分的。所谓小群体，是成员之间能够直接在心理上相互沟通，在行为上相互接触和影响的群体。这种群体一般以 7±2 人为最佳，也有人认为，可以有十几或二三十人，但上限不能超过 40 人。

3. 假设群体和实际群体

这是就群体是否实际存在而言的。所谓假设群体，是指虽有其名，而无其实，在实际中并不存在的一种群体。它是为了某种需要，人为地将人群按不同的方式加以划分。实际群体则是现实生活中实际存在的，其成员之间有着各种各样的联系。例如，工厂中的车间、班组、行政机构中的科室等，都是实际群体。

4. 参照群体和一般群体

这是就群体在人们心目中的地位而言的。参照群体也叫标准群体，所谓参照群体是指这类群体的行动规范和目标会成为人们行动的指南，成为人们所达到的标准。个人会自觉地把自己的行业与这种群体的标准相对照，如果不符合这些标准，就会立即修正。一般群体则是指参照群体以外的群体。

5. 正式群体和非正式群体

这是就群体的构成形式而言的。这种划分最早来自于美国心理学家梅奥的霍桑实验。所谓正式群体，是指由官方正式文件明文规定的群体。群体的规格严格按官方的规定建设，有固定的成员编制，有规定的权利和义务，有明确的职责分工。为了保证组织目标的实现，有统一的规章制度、组织纪律和行为准则。我们平时所见到的工厂的车间、班组，学校的班级、教研室，党团、行政组织，部队的班、排等，都属于正式群体。

非正式群体则是未经官方正式规定而自发形成的群体。它是人们在共同的活动中，以共同利益、爱好、友谊及“两缘”（血缘、地缘）为基础自然形成的群体。它没有人员的规定，没有明文规定各个成员的职责。它追求的是人与人之间的平等，活动的目的是为了使每个成员的社会需求得到满足。它的“领袖”人物是自然产生的，他们的行为受群体的不成文的规范来调节。例如，“棋友”“球友”等同行的友好伙伴，某种具有反社会倾向的团伙等都属于非正式群体。

6. 群体的高级形式——集体

集体是群体高度发展的产物，是构成社会主义制度的基本要素，也是我们进行管理的根本出发点。集体具有三大特征：其一，集体是人们为了达到社会赞许的某个目标而形成的联合体。从这个意义上说，一些反社会的群体，如违法者群体，尽管也很团结，但是不能称为集体。其二，这种联合体具有自愿的性质。集体的重要特点是它具有整体性，这通过集体总是作为有组织、有职能分工、有一定的领导和管理机构的某种活动体系而表现出来的。其三，集体是成员间相互关系的一种特殊形式。这种形式保证个性的发展遵循着一项原则，即个性的发展不违背集体的发展，而随着集体的发展而发展。

（五）群体的属性和功能

概括地说，群体具有两大功能：一是群体对组织的功能；二是群体对个人的功能。

第一，完成组织任务，实现组织的目标。这是群体对组织而言的。作为一个群体，只能在活动中生存，它的活动就是为了完成组织的任务。群体是一个由若干人组织起来的有机组合体，它具有单个人进行活动时所没有的优越性，成员之间为了共同的奋斗目标互相协作、互发所长、互补不足，使群体产生巨大的动力，促使活动顺利进行，圆满地完成任务，俗话说，“众人拾柴火焰高”，群体的力量是巨大的。

第二，满足群体成员的多种需要。群体的这一功能是群体对个体而言的。群体形成后，其成员的各种需要就以其为依托而得以满足。而群体本身也正好具备这一功能。

(1) 使成员获得安全感。作为一个个体，只有当他属于群体时，才能免于孤独的恐惧感，获得心理上的安全。

（2）满足成员亲和认同的需求。群体是一个社会的构成物，在群体中，人们的社会需求可以得到满足。群体给人提供了相互交往的机会，通过交往可以促进人际间的信任和合作，并使人们交往中获得友谊、关怀、支持和帮助。

（3）满足成员成就感和自尊的需求。在群体中，随着群体活动成功的增长，成员的成就感也得到了相应的满足，并从成就感中勃发出新的动力。与成就感相伴随的，是人们还有自尊的需求。在群体中，各人有各人的位置，处于各种不同位置的人会彼此尊重，所以说，每个人在群体中的自身活动，都是满足自尊的一种最好的形式。

（4）在满足需求的基础上产生自信心和力量感。这是群体活动的动力来源。群体的两大功能之所以能得以充分发挥，和群体有其强大的动力源泉是分不开的。

阅读专栏 41-9　群体发展的阶段

1. 塔克曼和杰森提出的群体发展五阶段模型

第一阶段，形成阶段。这个阶段是群体成员相互熟悉的摸索阶段。大家会相互了解其他人的性格和行为特点，明确自己在组织中的地位。在这个阶段，群体会建立松散但明确的基本规则。当群体成员把自己视为群体的一分子思考问题时，这一阶段就结束了。

第二阶段，震荡阶段。在这一阶段，群体成员虽然接受了群体的存在，但是抵制群体对个体所施加的控制，并且会在由谁控制群体的问题上发生冲突。这一阶段结束时，群体内部出现了比较明朗的领导层级，群体成员在发展方向上也达成了共识。

第三阶段，规范阶段。在这一阶段，群体成员完全接受自己成为群体的一员，对群体有强烈的认同感和使命感，群体表现出很强的凝聚力。当群体结构比较稳定，群体成员也对那些正确的成员行为达成共识时，这一阶段就结束了。

第四阶段，执行阶段。此时群体的结构发挥着最大作用，群体结构、等级制度、成员角色等都已完全成形，并得到广泛认同，群体的主要精力从互相了解、认识转移到完成当前的工作任务上。

第五阶段，解体阶段。这一阶段只针对临时性群体而言，因为对于长期工作群体来说，最后的阶段是执行阶段，而临时性群体一旦完成任务，就会面临解体。在这一阶段，群体不再关注高绩效，而是将注意力转移到解散准备工作上。群体成员的情绪反应会有较大的差异，有的成员会为任务圆满完成而感到高兴，有的成员会为群体的解散而感到情绪低落。

在实际情况中，群体发展并不一定完全准确地遵循上面的顺序，有时几个阶段可能同时发生，或者群体发展到某一阶段后又会回到之前的阶段。

2. 盖尔西克提出的间断—平衡模型

前面我们已经提到，并非所有的群体都遵循相同顺序的发展阶段，特别是对于那些有明确截止日期的临时性群体。因此，盖尔西克提出了另外一种群体发展模式，即间断—平衡模型。该模型认为，群体发展有以下三个阶段：第一阶段，群体成员在第一次会议上建立目标、明确任务、制订计划、确定领导，然后进入一段平稳的发展期。在群体生命周期的中间阶段会发生一次巨大的转变，群体成员认识到时间有限，原有的平稳状态被打破，群体的各项安排发生重大变化，这次转变标志着第一阶段结束。第二阶段，转变之后群体按照新制定的计划发展，经历一个新的平衡阶段。第三阶段，最后一次会议后群体完成任务的速度显著加快，直到任务最终完成。

间断—平衡模型说明，群体长期以来都是依照惯性发展，在其存在过程中会有一个较为短暂的变革时期。这个时期的产生主要是因为成员意识到完成任务有时间期限并随之产生紧迫感。但是还有一点需要我们注意，该模型主要描述的是临时性群体的发展变化，并不适合描述长期的工作群体和非任务群体。

二、群体行为及其管理

（一）群体规范及其建立

群体规范是每个成员必须遵守的已经确立的思想、评价和行为的标准，在不同的群体中产生不同的作用。利用正式群体中的压力与非正式群体中的内聚力可以产生相应的道德效应。狭义的群体规范是指人们共同遵守的行为方式的总和。广义的群体规范包括社会制度、法律、纪律、道德、风俗和信仰等，是一个社会里多数成员共有的行为模式。

一方面，在共同活动中，人们的心理存在着一种社会标准化的倾向，即人们在对外界事物的共同认知和判断上发生类化过程，彼此接近，趋于一致，从而导致模式化、固定化，以便遇到同类事物时尽快做出反应。另一方面，在群体成员的相互作用下，又会产生模仿、暗示、顺从等心理，这样就形成了群体意见的统一。规范正是在这两种因素的基础上产生的。

（二）群体压力管理

1. 利用正式群体的压力寓教于道德生活实践中

无论是正式的还是非正式的群体规范，一旦形成以后，会对群体成员产生无形的压力，迫使个人顺从它、遵守它。之所以如此，是因为群体规范及对于群体规范的共同遵守，往往是群体内大多数成员的意向或愿望。群体内大多数成员的意见会产生一种无形的力量，它使群体内每一个成员自觉或不自觉地保持着与大多数人的一致性，这个力量就是群体压力。群体压力与权威命令不同，它不是由上而下明文规定的，也不强制个体改变自己的行为，而是通过多数人一致的意见形成压力去影响个人的行为。群体压力虽然不具有强制的性质，但是它对于个体来说是一种难以违抗的力量。因为当一个人的意见与群体内大多数人的意见和行为不一致时，他就会感到紧张，这种紧张来自对偏离群体的恐惧。每个人都有归属于一定群体的需要，而偏离大多数人的意见则意味着对这种归属感的威胁。所以，如果一个人不愿意处于孤立的境地，他就会在群体压力面前顺应大多数人的意见。

2. 利用非正式群体的内聚力强化成员对道德规范的认同

群体成员对规范的遵守，除因群体压力外，还有群体内团结一致或结成一体的力量，即群体内聚力。群体内聚力是为使群体成员留在群体内而施加影响的全部力量的总和。具体来说，群体内聚力就是指群体对其成员的吸引力和群体成员之间的吸引力，以及群体成员的满意程度。人们发现，内聚力高的群体一般比内聚力低的群体具有更好的协调性和更大的“我们感”，或更为团结一致。相比于非正式群体，以亲情、血缘关系为主要特征、以情感友谊为纽带的非正式群体，其内聚力的影响更为重要。

（三）群体冲突的管理

1. 群体成员角色

在每个群体中，不同的群体成员会扮演不同的角色。比如，有人可能是领导者角色，有人可能是智多星角色，有人可能是执行者角色，有人可能是捣乱者角色。

2. 从众现象

群体对其成员的从众压力能够影响群体成员的个人判断和态度，这在所罗门·阿希（Solomon Asch）的经典实验中得到了充分证明。

阿希把七八个被试分为一组，让他们围坐在一起，比较实验者手中的两张卡片（见图41-2）。一张卡片上有一条线段，另一张卡片上有三条不同长度的线段。第一张卡片上与第二张卡片上有一条线段一样长，而被试需要判断出是哪一条线段并大声报告自己的答案。答案是显而易见的。但是，阿希想知道，如果从一开始被试的回答就是错误的，会发生什么情况。群体的从众压力是否会导致不知情的被试改变自己的答案，以求与群体其他成员保持一致？为此，阿希预先与前几位被试沟通好让他们给出错误的答案，而让不知情的被试最后一个给出答案。实验刚开始的时候，先进行几次匹配练习，所有被试都给出了正确的答案。到第三轮的时候，第一位被试给出了明显错误的答案，比如他说图中A线段与X线段一样长。接下来知情的被试都给出了相同的错误答案，一直轮到不知情的被试回答。不知情的被试知道，线段X与C线段一样长，但是前面的成员都说是A线段。他需要做出一个选择，是自己公开说出与其他成员都不同的答案，还是为了与他们保持一致而说出一个自己知道是错误的答案。阿希得到的结果是，在多次试验中75%的被试给出了至少一个从众答案，也就是说，他们明知自己的答案是错误的，不过这个错误答案与群体其他成员的答案一致。平均每个从众者给出了37%的错误答案。这个实验结果表明，群体规范能够对成员构成从众压力。

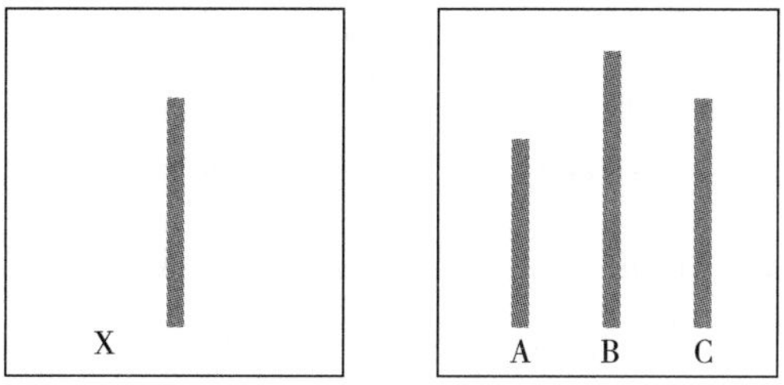

图41-2　阿希经典实验示意图

3. 群体地位

地位指的是他人对于群体或群体成员的位置或层级进行的一种社会界定。那么地位是由什么决定的？根据地位特征理论，地位主要有以下三个来源：第一，驾驭他人的权力。能够控制结果的人通常会被认为具有更高的地位，因为他们有可能控制该群体的资源。第二，对群体的目标做出贡献的能力。那些对群体的成功具有重要贡献的人通常有更高的地位。第三，个体特征。那些具有群体所看重的个体特征，如相貌出众、聪明、有钱或者友善的人，其地位通常会高于那些只拥有较少此类特征的人。

研究表明，地位会对群体规范的影响力以及从众压力产生一些有趣的影响。地位较高的群体成员往往比其他成员享有更大的自由来偏离群体规范。

在群体中，地位高的人往往更加果断。他们经常发言，也经常批评和打断别人，同时要求也更多。但是，地位差异实际上妨碍了群体的创造力以及新观点和新想法的提出，因为地位低的成员参与集体讨论的积极性降低，即使他们提出了对实现群体目标有益的建议，也可能不被采纳，从而降低了群体的整体绩效。

平等的观念是十分重要的，如果成员认为群体中存在地位不平等，就会引起群体内的失衡，并导致他们采取各种各样的措施来纠正这种失衡。群体内成员对地位标准通常达成了一致，对群体成员的地位层级也会达成共识。但是，当人们从一个群体转入另一个群体时，由于群体的地位标准不同或者群体成员的背景不同，他们可能会遇到冲突。

4. 群体规模与社会惰化现象

群体规模也会影响群体的整体行为。研究表明，小群体完成任务的速度比大群体更快，并且个体在小群体中的表现更好。但是，大群体（成员数量不少于 12 人）在解决困难、复杂的任务时比较有利，并且更善于获得各种各样的投入。因此，如果群体目标是搜寻和发现事实，那么规模较大的群体更有效，而小群体更善于利用这些投入实现某个结果。一般来说，7 人左右的群体在采取行动时最有效。与群体规模有关的一项发现是社会惰化现象。社会惰化是指个体在群体中工作时不如单独工作时那么努力的倾向。而这就使得"群体的整体生产率大于等于个体生产率的总和"这个逻辑受到一定的质疑。人们经常认为，集体精神能够激励成员努力工作，从而提高群体的整体生产率。但是，或许这样的刻板印象是错误的。如果做不到这一点，管理者就需要在员工满意度提高与生产率下降之间做出取舍。有四种方法可以防止社会惰化：①设立群体目标，使群体具有为之努力的共同目标；②增强群体间的竞争，使各群体更关注自己的绩效；③开展同事评估，让每个人对其他成员的贡献进行评价；④挑选愿意在群体中工作、积极性较高的成员，如果可以的话，使群体奖励在一定程度上取决于每个成员的独特贡献。尽管上面提到的每一种方法都不能完美地避免社会惰化，但是的确能在一定程度上将社会惰化的影响最小化。

三、高绩效团队的构建

（一）团队概述

1. 团队的含义

管理学家斯蒂芬·P. 罗宾斯认为，团队就是由两个或两个以上的相互作用、相互依赖的个体，为了特定目标而按照一定规则结合在一起的组织。

团队是由员工和管理层组成的一个共同体，有共同理想目标，愿意共同承担责任，共享荣辱。在团队发展过程中，经过长期的学习、磨合、调整和创新，形成主动、高效、合作且有创意的团体，以解决问题，达到共同的目标。

2. 团队的特征

（1）团队以目标为导向。这是区分群体和团队的主要因素。

（2）团队以协作为基础。团队人员之间在为共同目标实现过程中相互协作，互有分工。

（3）团队需要共同的规范和方法。

（4）团队成员在技术或技能上形成互补。这样才能形成团队的优势，增强亲密度和合作力。

3. 团队的作用

（1）团队工作可以产生高效应。团体与个人的关系就如同整体与部分的关系，团队模式使组织结构大大简化，领导和团队、团队和团队以及团队内部成员之间的关系变成伙伴式的相互信任和合作关系。建立在志同道合基础上的团队可以起到功能互补的作用，因而决策合理、科学，士气高涨，从而产生了比个体简单相加高得多的劳动生产率。

（2）团队工作可以提高组织灵活性。企业团队的共同价值取向和良好的文化氛围，使组织能更好地适应日益激烈的竞争环境，以其敏捷、柔性的优势，增强企业的应变和制变能力，提高企业组织的灵活性和竞争的效能。

（3）团队工作可以增强凝聚力。随着改革开放的不断深入，人们的物质文化生活水平也在不断提高，思想得到了极大的解放，人们已经不再满足于别人对自己的控制和管理，他们不仅把工作当作一种谋生的手段，更希望在工作中找到人生的乐趣，实现自我价值和自我发展。团队强调沟通、协调，成员之间相互信任、坦诚沟通，人际关系和谐，这样可以提高员工的归属感和自豪感，大大激发员工的积极性，增强企业内部的凝聚力。

（4）团队工作可以培养人才。团队注重对成员的培养，鼓励成员一专多能，并对成员进行工作扩大化训练，增加完成目标所需要的知识与提升技能，使得团队成员迅速进步，从而带来团队工作效率的成倍增长。同时，团队在文化氛围上既强调团队精神，也鼓励个人的发展与完善，从而激发了个人的积极性、主动性和创造性，使得企业员工从机器的附属中摆脱出来，充分体现了人本管理的思想。

（二）高绩效团队的构建

1. 高绩效团队的特征

特征一：目标明确，价值观统一。

有团队目标只是团队管理的第一步，更重要的是第二步，即统一团队的目标，也就是要让团队的每个人都认同团队的目标，并为达成目标而努力工作。

特征二：自信豁达，真诚共享。

打造高绩效团队还需要团队中拥有共享机制和氛围。不管是什么样的团队，它们都不可能是闭塞的，内部成员之间及与外部都需要自信豁达地进行交流。

特征三：定位准确，合理分工。

在成员的总体构成上，既要有强有力的主要负责人，又必须有各具专长的其他成员。主要负责人的责任是把群体成员的积极性最大限度地调动起来，使全体成员之间长短互补，相互配合，充分发挥群体的整体功能，所以他是实现群体结构科学化的关键。

特征四：相互信任，精诚沟通。

沟通是解决一切问题的基础。很难想象在一个以人为主的团队里，失去沟通的话是如何进行生产计划的实施、战略的执行、基层工作的开展的。

特征五：流程清晰，制度规范。

规章制度的建立对团队的运行和发展起到了规范化的作用，使事情有据可查，使之良性循环。操作规范提高了生产效率，形成做事雷厉风行、步调一致、令行禁止的工作风格。

特征六：关系融洽，精诚合作。

一个让员工满意的团队，不仅能够提升团队的形象，而且总是能够生产出让客户满意的产品或者提供让客户满意的服务。

特征七：有效授权，相互激励。

一个领导者即使有三头六臂，也不可能事必躬亲，独揽一切。一个高明的领导者，其高明之处就在于懂得从心理学的角度出发，在明确员工必须承担的各项责任之后，授予他们相应权力，从而使每一个层次的人员都能各司其职，各尽其责。

2. 高绩效团队的组成

团队组成是指与团队如何配置相关的变量，包括成员能力、人格、角色分配、团队规模、成员灵活性以及成员偏爱。

（1）成员能力。一个团队要想高效地运作，需要三种不同技能类型的人：①具有技术专长的成员；②能够发现问题，提出解决问题的建议，并权衡这些建议，进而做出有效决策的成员；③善于聆听、反馈、解决冲突及具有其他人际关系技能的成员。如果一个团队不具备这三类成员，就不可能充分发挥其绩效潜能。人员配置不合理，团队绩效就会降低。

（2）人格。人格对个人的行为具有重要影响，这也能扩展到团队行为中。已有的研究表明，如果团队成员的外倾性、认同度、责任心和情绪稳定性的平均水平较高，管理层对团队评估的价值也较高。有趣的是，越来越多的证据表明，团队成员人格特质的不一致比平均水平更为重要。

（3）角色分配。成功的团队都有成员扮演各种角色，并且基于技能和偏爱来扮演那些角色。管理者应该了解每个成员所具备的优势，并在挑选团队成员时就加以考虑，给成员分配最合适的工作任务。通过让团队的角色要求与成员的个人偏爱相匹配，管理者可增加团队成员共同做好工作的可能性。

（4）团队规模。通常来说，最有效团队的成员不会超过 10 人。专家建议要尽可能采用最少的人来完成任务。然而，事实上存在团队规模过大的通病。有时少数几名成员就可完成任务，管理人员却无视人数过多带来的沟通问题而增加人数。当团队成员出现冗余时，团队凝聚力会下降，社会惰化现象会加剧，人们会倾向于逃避责任。所以，在创建高绩效团队时，管理者应当尽力将团队规模控制在 10 人以下。如果工作单元太大而又想采用团队方式完成工作，那么可以考虑将大的群体拆分成若干小的团队。

（5）成员灵活性。由具有灵活性的成员组成的团队，在必要时可互相完成其他人的任务。这对于团队来说是一个明显的优势，因为提高了团队的适应性，而不必过于依赖某一个成员。因此，要选择具有灵活性的成员，然后对他们进行交叉培训。随着时间推移，这将会提高团队的绩效。

（6）成员偏爱。并非每一位员工都是团队选手。如果让他们选择，很多员工会选择在团队之外工作。当要求偏爱独自工作的人加入团队时，会对团队道德产生直接威胁。因此，在选择团队成员时，个人偏爱应当与能力、人格和技能同时予以考虑。高绩效团队通常是由偏爱作为群体一员而工作的人组成的。

3. 高绩效团队的外界条件

（1）足够的资源。团队是组织系统的一部分，因此所有团队都要依赖群体之外的资源的支持，这些资源包括及时的信息、先进的技术、充分的人员和行政支持等。团队要成功实现目标，关键是要从管理层和组织中得到必要的支持。

（2）领导和组织结构。高绩效团队的领导者起着教练或者后盾的作用，他们为成员提供支持和指导，帮助成员更充分地了解自己的潜力，指明团队前进的方向，向成员阐明变革的可能性，在困难时期鼓舞团队的士气。但领导并非总是必需的。

（3）信任的氛围。有效团队的成员必须彼此信任。它包括两重含义：一是团队内部每个成员能够相互尊重和相互信任；二是团队的领导者能够为团队创造一种相互尊重的氛围。团队成员间的相互信任可促进相互合作，减少管理者对于他们的监管，并且使团队成员敢于承担风险和暴露弱点。另外，信任对于领导者来说也非常重要，它会使团队成员乐于接受领导者的目标和决定。

（4）绩效评估和奖励。系统设计激励制度时应该以人的社会需求为出发点，了解团队成员的心理动态，在设计具有普遍激励意义的制度的同时，对不同的成员设计具有个性化特点的激励制度，全方位进行完善。个体绩效评估、固定小时工资、个体激励因素等类似的事物与高绩效团队的发展存在冲突。因此，除了要对成员的个体贡献给予评估和奖励，管理层还应当考虑基于群体的评价、分红制、收入分成、小群体机理以及其他能够强化团队努力和责任感的系统，科学设计奖励系统。

4. 构建高绩效团队的措施

了解了高绩效团队所具备的条件，有助于我们构建高绩效团队。在实际运用中，主要有以下五种措施：

（1）确定适当的团队规模。严格控制团队成员的人数，尽量不要超过 10 人。

（2）选拔合适的团队成员。在挑选团队成员时，不仅要考虑被选者是否具备工作所需的技术才能，还要考虑他们个人的价值观是否与团队相符，以及个人的性格是否适合团队工作。

（3）提供足够的培训。培训可以使团队成员的价值观与团队价值观一致，矫正成员的不规范行为，提高成员的工作效率。管理者通常是让员工参加培训班，帮助员工解决问题，与员工沟通、谈判、处理冲突并传授他们技能等。需要注意的是，我们所说的培训已经不是传统意义上集中时段的训练，而是随时的、全方位的培训，因此需要管理者制订周密的培训计划。

（4）建立合理的激励体系。组织的激励体系应该用来鼓励员工共同合作，而不是增强员工之间的竞争气氛。组织中的晋升、加薪和其他形式的认可，应该给予那些善于在团队中与其他成员合作共事的个人。但这并不意味着忽视个人贡献，而是使那些对团队做出无私贡献的个人得到其应有的报酬。

（5）营造积极的团队情绪与氛围。团队积极的情绪与氛围，以及团队内部的积极情绪交换，对于团队效能感有促进作用。团队情绪与氛围和情绪劳动的交互作用以团队效能感为完全中介，影响团队创新绩效。因此，营造积极的团队情绪与氛围有助于团队提高创新绩效。

第三节　组织设计

案例 41-3　一出好戏，你看懂了吗？

由黄渤执导的《一出好戏》，据说历时 8 年，时间的淬炼让影片沉淀许多。该片的深层意义大概是人类在没有制度、没有规则、没有阶级的时候，做出了人类历史更迭的简化形式。影片一开始的巨浪如同圣经里的大洪水，冲浪鸭象征诺亚方舟。众人在沉入海中看见鲸鱼，与鲸鱼一起跃出巨浪，意味着众人如同动物一般，重新开始演绎历史。

影片中用了不少篇幅描绘关系网，大家为了生存，经历了司机小王和公司张总的治理。司机小王“称王”时，大家生活在山洞里，没有尊严可言，只要能活着就行。司机小王要的是大家像动物一样的顺从。到了张总的时代，大家回归为人，有了吃和穿还要讲究尊严和体面，而且发明了一套价值体系的东西，以扑克牌作为货币流通。张总的统治就像是人类资本的建立。

之后司机小王和张总的对抗带来了冲突。马进在这个时候找准时机为大家寻找新生活，成为大家的精神信仰。这个信仰就是希望，马进为大家带来了光明，冲破了黑暗。马进终于能在自己的世界呼风唤雨了，再也不是现实里的底层小人物了。但是这出好戏时间不长，一艘轮船就能让他的好戏演完。马进心中出现分裂，要么解救大家逃离荒岛，要么继续在荒岛演一出好戏。姗姗的表白让马进明白真相早晚要大白，自己的好戏早晚要落幕，于是点燃破旧的“居住地”吸引轮船解救大家。这部电影为不同的人设计了不同时代的组织结构，并被新的管理者打破原有组织，重新建立新秩序。

一、组织设计概述

（一）组织设计的含义

组织设计就是对组织结构和组织活动进行的建构、变革与再创新等一系列活动。

（二）组织设计的原则

1. 目标唯一性原则

组织的设计最基本的原则是目标导向原则，也就是必须先明确目标，确立目标，然后紧紧围绕目标来创建组织，并设计组织机构。在组织设计过程中，要严格遵循目标唯一性原则，一个组织只能有一个目标，并为实现这个唯一的目标成立相应的组织。

2. 任务分配与协同合作原则

目标确立后，就要根据目标进行系统性的规划和拆解，把目标拆分为若干个子目标，再将子目标分解为若干个具体的任务，根据任务完成需要的资源、任务完成的进度和要求来对组织进行系统性的规划和设计，在这个过程中要严格遵循任务分配合理性原则及任务之间协调合作性原则。

3. 有效运作原则

组织是为实现唯一的目标服务的，要使得目标能够按时、保质完成，就需要一个可靠且安全的组织机构，这个组织机构必须有能力执行各项指令，且能及时而精准地执行各项指令。因此，在组织设计过程中，要特别考虑组织有效运作的原则。

4. 权责分明的原则

在组织设计过程中，无论是线性组织还是矩阵型组织，都必须赋予组织相应的权力和对等的责任。俗话说，权力越大，相应的责任也越大，在组织设计的时候，必须明确组织各个部门的具体权力和具体责任。一旦组织出现任何问题，可以做到快速追索权属和责任，以便能快速纠偏，让组织的运转快速回到正轨上，确保目标得以实现。

5. 集权与分权的原则

对于一个组织来说，到底是设计成为高度集权型组织，还是分权型组织，需根据具体的目标以及组织系统的大小来确定。无论是大系统组织还是小系统组织，都应当坚持权力适当分配的原则，大系统的权力系统需要在集权和分权中遵循适当平衡的原则，小系统则可以以集权为主，适当下方权力。

6. 高效精干的原则

任何一个组织机构，在设计过程中都会重点考虑最优化的组织设计。最优化的组织设计首先应该关注的是组织运行是否是最高效的，其次还要考虑这个组织设计是不是最精干的，整个组织系统的各个元素是不是发挥了最大潜力，整个组织系统是不是发挥出了最高效率。因此，高效精干的原则是组织设计过程中需要遵循的重要原则之一。

7. 适用性与稳定性原则

组织是为目标服务的，在组织设计过程中，要充分遵循与目标相适应性的原则，组织的设计要充分契合目标的进度计划和目标的任务分配。目标是唯一的，也是必须要实现的，因此在实现目标的过程中，需要稳步推进，而保证目标能够稳步推进的基本条件就是有个稳定的组织。因此，组织设计需要遵循适应性原则和稳定性原则。

8. 制度配套性原则

一个有效且高效的组织，需要一套完善的配套制度。组织本身的运转，不能靠人去监督与管理，得靠一套事先制定好的规则，组织各个系统按照这个规则运行。这个规则就是制度，组织设计应当遵循制度配套性原则，这样才能让组织生生不息地运转下去。

（三）组织设计的任务与内容

组织设计的任务是设计清晰的组织结构，规划和设计组织中各部门的职能和职权，确定组织中职能职权、参谋职权、直线职权的活动范围并编制职务说明书。

1. 组织结构

所谓组织结构，是指组织的框架体系，是对完成组织目标的人员、工作、技术和信息所做的制度性安排。就像人类由骨骼确定体型一样，组织也是由结构来决定其形状。组织结构可以用复杂性、规范性和集权性三种特性来描述。

2. 组织设计的内容

要进行组织结构的设计，首先要正确处理职权的划分、部门设计、层次设计这三个问题。

二、组织设计流程

（一）组织设计影响因素分析

由于组织的各种活动总是要受到组织内外部各种因素的影响，因此不同的组织具有不同的结构形式。也就是说，组织结构的确定和变化受到许多因素的影响，这些因素被称为“权变”因素，即权宜应变的意思，组织结构随着这些因素的变化而变化。

1. 环境的影响

（1）环境的分类和不确定性。

（2）提高组织对环境的应变性的原则。

（3）对传统的职位和职能部门进行相应的调整。

（4）根据外部环境的不确定程度设计不同类型的（组织结构）。

（5）根据组织的差别性、整合性程度设计不同的组织结构。

（6）通过加强计划和对环境的预测减少不确定性。

（7）通过组织间合作减少组织自身要素资源的过度依赖性。

2. 战略的影响

（1）战略发展的四阶段：数量扩大、地区开拓、纵向联合发展、产品多样化。

（2）四种战略类型：防御者型、探险者型、分析者型、反应者型。

3. 技术的影响

（1）根据制造技术复杂程度进行技术分类。

（2）单件小批量生产、大批量生产、流程生产。

（3）组织结构特征和技术类型的关系（伍德沃德）。

（4）根据工作的多边形与可分析性进行技术分类（佩罗）。

（5）常规技术、工艺型技术、工程型技术、非常规技术。

4. 组织规模与生命周期的影响

（1）大型组织与小型组织在组织结构上的区别。

（2）规范化程度、集权化程度、复杂化程度、人员结构比例。

（3）组织的生命周期阶段。

（4）创业阶段、集合阶段、规范化阶段、精细阶段。

（二）组织设计实施

1. 设计原则的确定

根据企业的目标和特点，确定组织设计的方针、原则和主要参数。

2. 职能分析和设计

确定管理职能及其结构，层层分解到各项管理业务和工作中，进行管理业务的总设计。

3. 结构框架的设计

设计各个管理层次、部门、岗位及其责任、权力，具体表现为确定企业的组织系统图。

4. 联系方式的设计

进行控制、信息交流、综合、协调等方式和制度的设计。

5. 管理规范的设计

主要设计管理工作程序、管理工作标准和管理工作方法，以及作为管理人员的行为规范。

6. 人员培训和配备

根据结构设计，定质、定量地配备各级管理人员。

7. 运行制度的设计

设计管理部门和人员绩效考核制度，设计精神鼓励和工资奖励制度，设计管理人员培训制度。

8. 反馈和修正

将运行过程中的信息反馈回去，定期或不定期地对上述各项设计进行必要的修正。

（三）组织设计评估

一旦组织设计方案开始实施，就应对其进行评估，评估不但包括实施完成后对实施效果的评估，还包括实施过程中的评估。

1. 对组织设计实现的结果评价

组织设计新方案的总体效果是很难全面衡量的，我们选择了常用的两种评价方法：一种是效果的权变评价法；另一种是效果的平衡评价法。

（1）效果的权变评价法。

第一，目标评价法。效果的目标评价法包括识别组织的产出目标，以及测评组织在何种程度上实现了这些目标。这种方法的优点是产出目标易于衡量，而缺点是组织的目标是多重的，且有些是难以定量的主观指标，因此，衡量这些目标完成程度的客观性问题是这一评估方法需要注意的。

第二，资源评价法。通过考察组织获取转换过程所需资源并成功加以整合和管理的能力来衡量组织的效能。这种评价方法的优点是，当效果从其他方面的评价指标中难以取得时，这种方法就非常有用。这种评价方法的缺点是，对组织与外部环境中顾客需要的联系考虑不清。资源评价法最适合在目标达成情况下难以衡量时使用。

第三，内部过程评价法。这种方法通过组织内部的健康状况和效率来衡量组织效果。这种评价方法的优点是，同时考虑资源利用率与内部功能的协调性；不足之处是，它没有评价总产出和组织与外部环境的关系，而且对内部健康和运行状态的评价往往带有主观性。

（2）效果的平衡评价法。效果的平衡评价法主要有利益相关者评价法和冲突价值观评价法。

第一，利益相关者评价法。这是一种综合考虑组织的各种不同活动的评价方法，把利益相关者的满意程度作为评价组织绩效的尺度。这种评价方法的优点是，它能够全面地反映组织的效果，特别是适应性方面，既考虑了组织内部因素也考虑到了环境因素，并且把对社会的责任也考虑进去了；不足之处是，有些指标难以衡量，如员工的满足、社区服务等，只能采取主观方法进行评价，这影响了评价结果的准确性。

第二，冲突价值评价法。它综合考虑了管理人员和研究人员所采用的各种不同的绩效标准，总结出能反映组织中持有相互冲突的管理价值观的人们对效果评价标准的各自不同的侧重。价值观标准的第一个维度是组织的关心点，指的是组织的主导价值观是关注内部因素还是外部因素。价值观标准的第二个维度是组织的结构，指结构设计的主要注重面是稳定性还是灵活性的。结构和关心点这两个维度结合起来，就形成了组织效果评价的四种模式。这种评价方法的主要贡献：一是它将效果的几个方面的不同认识有机地结合到一个模式中，它综合了产出目标、资源获取、人力资源开发等思想，把这些作为组织将要力图实现的目标；二是这种方法将效果标准提高到了价值观的高度来认识，并说明了各种看似对立的价值观是如何可能并存的。

2. 对组织设计实现的过程评价

仅仅对组织设计实现的结果进行评估是不够的，还需要对改革过程本身进行评估。组织设计实现过程的评估包括两个方面的内容：一是组织设计实现过程是否保持原定规划进行；二是组织设计实现过程的效率和效果。组织设计实现过程中可能出现两类问题：一类是执行偏离原方案；另一类是方案与实际脱节。组织设计的实施执行机构应该区分不同的问题，采取不同的办法解决问题。组织设计的实现过程的效率和效果可以从三个方面进行评估：组织设计的实现的成本，组织设计的实现的速度，未预料到的行动和事件。

3. 评估中应注意的问题

（1）要正确对待组织设计实现中的“滞后”现象。

（2）与高层领导者建立协作关系，共同探讨评价体系。

（3）要善于发现进步，正确评价进步。

4. 建立有效的反馈机制

在整个组织设计实现的三个阶段当中，为了获得有关实现进程的信息，组织需要建立超越日常经营所需的多种反馈机制。这种反馈机制能够以一种连续、及时和可靠的方式从高层领导者、中层管理人员、一线管理人员、雇员以及顾客和主要的利益相关者那里获得设计实现情况的信息。企业应在各个层次设立情报收集中心和信息评审机制，以便对在向目标状态过渡的过程中出现的变化有充分的了解并做出及时的反应。

第四节 组织变革与组织发展

案例 41-4 华为学习、变化、进步中的有效措施

华为技术有限公司成立于1987年，总部位于广东省深圳市龙岗区。华为是全球领先的信息与通信技术（ICT）解决方案供应商，专注于ICT领域，坚持稳健经营、持续创新、开放合作，在电信运营商、企业、终端和云计算等领域构筑了端到端的解决方案优势，为运营商客户、企业客户和消费者提供有竞争力的ICT解决方案、产品和服务，并致力于实现未来信息社会、构建更美好的全连接世界。2021年8月2日，《财富》公布世界500强榜（企业名单），华为排在第44位，而2020年为中国民营企业500强第一名。是什么力量让华为成为这样优秀的企业呢？

1. 学习的主体是人

华为强调，人力资本不断增值的目标优先于财务资本增值的目标，但人力资本的增值靠的不是炒作，而是有组织的学习。让人力资本增值的一条途径就是培训，华为的培训体系经过多年的积累已经自成一派。

对于培训任正非有一个精辟的见解："技术培训主要靠自己努力，而不是天天听别人讲课。其实每个岗位天天都在接受培训，培训无处不在、无时不有。如果等待别人培养你成为诺贝尔，那么是谁培养了毛泽东、邓小平？成功者都主要靠自己努力学习，成为有效的学习者，而不是被动的被灌输者，要不断刻苦学习提高自己的水平。"

华为培训的本质或许并不单单是让员工具有某种技能，而是培养他们具备自我学习的能力。

2. 学习动力

如何才能让新员工主动学习、提高自己呢？华为采取的办法是全面推行任职资格制度，并进行严格的考核，从而形成了对新员工培训有效的激励机制。譬如，华为的软件工程师可以从一级开始做到九级，九级的待遇相当于副总裁的级别。新员工进来后，如何向更高级别发展，怎么知道个人的差距，华为有明确的规定。

任职资格制度的实施，较好地发挥了四个方面的作用：一是镜子的作用，照出自己的问题；二是尺子的作用，量出与标准的差距；三是梯子的作用，知道自己该往什么方向发展和努力；四是驾照的作用，有新的岗位了，便可以应聘相应职位。

3. 导师制

华为是国内最早实行"导师制"的企业。华为对导师的确定必须符合两个条

件：一是绩效必须好，二是充分认可华为文化。这样的人才有资格当导师。同时，还规定导师最多只能带两名新员工，目的是确保成效。

华为规定，导师除了对新员工进行工作上的指导、岗位知识的传授外，还要给予新员工生活上的全方位指导和帮助，包括帮助解决外地员工的吃住安排，甚至化解情感方面的问题等。

4. 岗位轮换，人才流动

一个员工如果在研发、财经、人力资源等部门做过管理，又在市场一线、代表处做过项目，有着较为丰富的工作经历，那么他在遇到问题时就会更多从全局考量，能端到端、全流程地考虑问题。

任正非一直强调干部和人才的流动，形成例行的轮岗制度，并要求管理团队不拘一格地从有成功实践经验的人中选拔优秀专家及干部，推动优秀的、有视野的、意志坚强的、品格好的干部走向“之”字形成长道路，培养大量的将帅团队。

5. 授权与决策

华为强调“让听得见炮声的人来呼唤炮火”，就是要求“班长”在最前线发挥主导作用，让最清楚市场形势的人指挥，提高反应速度，抓住机会，取得成果。这要求上级对战略方向正确把握，平台部门对一线组织有效支持，班长们具有调度资源、及时决策的授权。

案例 41-5 韩都衣舍经营管理模式

山东韩都衣舍电商集团有限公司（以下简称“韩都衣舍”）创立于2006年，创立之初主要依托电子商务平台进行服装销售，之后逐渐发展成为集设计、生产和销售于一体的综合性服装企业。

在传统的服装行业中，面对国内外强劲的对手，如优衣库、Only、Zara 等，韩都衣舍要如何做到不断紧追甚至赶超？而在互联网上，韩都衣舍应如何最精准地获取消费者的需求，并以最快速的方式满足消费者的需求？带着这些思考，韩都衣舍开始了自己的组织变革，在相对传统的服务行业发展出了小组制。

小组制，又称以小组制为核心的单品全程管理体系。韩都衣舍的“小组制”源于创始团队一个朴素的想法：让每个人都能把自己的潜力发挥出来。韩都衣舍有 280 多个产品小组，每个产品小组通常由 2~3 名成员组成，包括设计师（选款师）、页面制作专员、货品管理专员。产品设计、页面制作、库存管理、打折促销等非标准化环节全权交由各小组负责。产品小组模式在最小的业务单元上实现了责权利的相对统一，是建立在企业公共服务平台上的“自主经营体”，培养了大批具有经营思维的产品开发和运营人员，同时也为多品牌战略提供了最重要的人才储备。

小组制为韩都衣舍带来了全新的经营管理模式。

第一，小组制需要明确责权利。责任方面，管理层每年10月会和每一个小组确定第二年的生产和销售计划，确定每个小组预计完成的销售额、毛利率和库存周转率。权利方面：一是款式，打算上市的款式由小组自己商量；二是颜色和尺码，每个颜色和尺码的库存也由小组来确定。价格方面，公司只提供最低价格标准，最终价格由小组成员敲定。利益方面，奖金的计算非常简单，奖金=销售额×毛利率×提成系数。小组内的利润、奖金不是由公司来决定的，而是自己干出来的。

第二，小组制的运作机制。新组启动方面，新小组成立，每人有2万~5万元的初始资金额度，以保证小组业务正常启动。资金核算方面，3个月以内小组可100%使用资金额度，4~6个月逐步递减到70%。利益分配方面，小组长协同组员工作，分配组内提成比例，组内利益趋同。裂变保护方面，裂变后，新小组向原小组贡献月销售额的10%，作为原小组的培养费，并持续1年；小组每周每月进行销售排名，并且以季度排名进行末位淘汰。

第三，发挥“末端决策能力”。

（1）打通“部门墙”，提高沟通效率。传统的服装企业有三个核心部门，分别是营销中心、产品中心和生产中心。一般是销售做主导，销售的营销策略制定好了之后，打通产品配合销售，再由采购部门去落实。这种传统的部门分工对于调动基层员工的主观能动性作用是有限的，同时也不利于效率的提升。而韩都衣舍的小组制通过打破“部门墙”，能够提高内部的沟通效率。

（2）责权利匹配，培养小组成员的“老板”意识，在试错中成长。小组制，一方面通过给小组团队充分授权，让每个小组自行权衡销售量和上新等环节，从而提高运营效率；另一方面细化到每个小组的销售额、库存周转率等指标的考核，将小组利润最大化，同时也降低了库存风险。这就是小组制的核心优势所在。

一、组织变革与组织发展的含义

（一）组织变革的含义

组织变革是指运用行为科学和相关管理方法，对组织的权力结构、组织规模、沟通渠道、角色设定、组织与其他组织之间的关系，以及对组织成员的观念、态度和行为、成员之间的合作精神等进行有目的、系统的调整和革新，以适应组织所处的内外环境、技术特征和组织任务等方面的变化，提高组织效能。

（二）组织变革的原因和任务

1. 企业经营环境的变化

例如，国民经济增长速度的变化，产业结构的调整，政府经济政策的调整，科学技术的发展引起产品和工艺的变革等，都可能引发组织变革。企业组织结构是实现企业战略目标的载体，企业外部环境的变化必然要求企业组织结构做出适应性的调整。

2. 企业内部条件的变化

企业内部条件的变化主要包括：

（1）技术条件的变化，如企业实行技术改造，引进新的设备等。这要求技术服务部门以及生产、营销等部门进行调整。

（2）人员条件的变化，如人员结构和人员素质的提高等。

（3）管理条件的变化，如实行计算机辅助管理，实行优化组合等。

3. 企业本身成长的要求

企业处于不同的生命周期时，对组织结构的要求也各不相同，如小企业成长为中型或大型企业，单一品种企业成长为多品种企业，单厂企业成为企业集团等。

（三）组织变革的实施

1. 分析和判断组织变革的时机

组织变革一般在有以下四种情况出现的时候最为适宜。

第一，企业经营成绩呈下降状态，如市场占有率下降、产品质量下降、消耗和浪费严重、企业资金周转不灵等。

第二，企业生产经营缺乏创新的局面，如企业缺乏新的战略和适应性措施，缺乏新的产品和技术更新，没有新的管理办法或新的管理办法推行起来困难等。

第三，组织机构本身病症显露，如决策迟缓，指挥不灵，信息交流不畅，机构臃肿，职责重叠，管理幅度过大，扯皮增多，人事纠纷增多，管理效率下降等。

第四，职工士气低落，不满情绪增加，如管理人员离职率增加，员工旷工率，病、事假率增加等。

2. 分析和把握组织变革的动力与阻力

（1）组织变革的动力。组织变革的内部推动力包括组织战略、组织再造、人力资源管理、经营决策和组织发展等方面的因素。

1）组织战略调整的要求。组织机构的设置必须与组织的阶段性战略目标相一致，当组织根据环境的变化进行战略调整时，就要求有新的组织结构和方式为之提供支持。

2）组织再造的要求。由于外部的动力带来组织的兼并与重组，或者因为战略的调

5. 赋能行动

要想在组织变革中取得成功，领导者们必须进行充分赋能。通过赋能，可以尽可能地为那些愿意投身变革的人扫除包括人员在内的障碍。

6. 创造短期成效

设法帮助组织取得一些短期成效，这是非常关键的，因为它们可以为整个组织变革工作提供强有力的证明，并为随后的工作提供必要的资源和动力。如果没有一个管理良好的流程、精心选择的初期项目，并以足够快的速度取得一些短期成效，组织中产生的怀疑情绪会让所有的变革工作功亏一篑。

7. 再接再厉

取得最初的成功后要加倍努力，不断地将变革推向前进，直到彻底实现组织变革的愿景。

8. 巩固成果

巩固成果，即要培育一种新的企业文化来把所有的变革成果固定下来，包括组织当中的群体行为规范和人们的价值观念。适当的人事变动，精心设计的新员工培训，以及那些引发人们某种情感反应的活动，都可能起到很重要的作用。否则，在非常短的时间内，变革过程中的很多努力都会被传统之风一吹而散。

（五）组织变革的评估与改进

组织变革通常采用柯布—道格拉斯生产函数来建立企业组织变革的理论评价模型。

柯布—道格拉斯生产函数的一般形式为：$Q=AL\&KI-\&$，&（0，1）。其中 Q 为企业的产量；L 为劳动力投入量；K 为资本投入量；这里假定技术未变，A 为组织贡献系数，$A=Q/L\&KI-\&$。在一个企业内，生产函数表示投入一定的劳动力和资本，在企业现有组织模式下生产出一定产量的产品。在其他条件不变的情况下，组织贡献系数可以体现企业组织的功能。企业组织变革是一个动态过程，其目标是目的态组织模式的贡献系数大于初始态组织模式的贡献系数。以此为依据，可运用柯布—道格拉斯生产函数对组织变革的效果进行比较评价。

假设某企业进行一次组织变革。在初态组织模式下，企业投入劳动力为 LI、资本量为 KI，产量为 $Q1$，代入组织贡献系数公式，可得组织贡献系数为：$AI=QI/Ll\&Kll-\&$。完成组织变革之后，在目的态组织模式下，企业投入劳动力为 $L2$，资本量为 $K2$，产量为 $Q2$，代入组织贡献系数公式，可得组织贡献系数为：$A2=Q2/L2\&K21-\&$。比较 $A1$、$A2$ 即可评价企业组织变革的效果。如果 $A2>A1$，说明组织贡献系数提高了，企业组织变革是成功的；反之，则说明企业的组织变革是失败的。

阅读专栏 41-10 组织变革的方式

1. 勒温变革模型

组织变革模型中最具影响力的也许是 Lewin 变革模型。Lewin 提出一个包含解冻、变革、再冻结三个步骤的有计划组织变革模型，用以解释和指导如何发动、管理和稳定变革过程。

（1）解冻。这一步骤的焦点在于创设变革的动机。鼓励员工改变原有的行为模式和工作态度，采取新的适应组织战略发展的行为与态度。为了做到这一点，一方面，需要对旧的行为与态度加以否定；另一方面，要使干部职工认识到变革的紧迫性。可以采用比较评估的办法，把本单位的总体情况、经营指标和业绩水平与其他优秀单位或竞争对手加以比较，找出差距和解冻的依据，帮助干部员工“解冻”现有态度和行为，使其迫切要求变革，愿意接受新的工作模式。此外，应注意创造一种开放的氛围和心理上的安全感，减少变革的心理障碍，提高变革成功的信心。

（2）变革。变革是一个学习过程，需要给干部职工提供新信息、新行为模式和新的视角，指明变革方向，实施变革，进而形成新的行为和态度。在这一步骤中，应该注意为新的工作态度和行为树立榜样，采用角色模范、导师指导、专家演讲、群体培训等多种途径。Lewin 认为，变革是一个认知的过程，只有获得新的概念和信息才能完成。

（3）再冻结。在再冻结阶段，利用必要的强化手段使新的态度与行为固定下来，使组织变革处于稳定状态。为了确保组织变革的稳定性，需要注意使干部职工有机会尝试和检验新的态度与行为，并及时给予正面的强化，同时加强群体变革行为的稳定性，促使形成稳定持久的群体行为规范。

2. 系统变革模型

系统变革模型是在更大的范围内解释组织变革过程中各种变量之间的相互联系和相互影响关系。这个模型包括输入、变革元素和输出三个部分。

（1）输入。输入部分包括内部的强点和弱项、外部的机会和威胁，其基本构架则是组织的使命、愿景和相应的战略规划。企业组织用使命句表示其存在的理由；愿景是描述组织所追求的长远目标；战略规划则是为实现长远目标而制定的有计划变革的行动方案。

（2）变革元素。变革元素包括目标、人员、社会因素、方法和组织体制等元素。这些元素相互制约和相互影响，组织需要根据战略规划组合相应的变革元素，实现变革的目标。

（3）输出。输出部分包括变革的结果。根据组织战略规划，从组织、部门群体、个体三个层面增强组织整体效能。

3. Kotter 组织变革模型

领导研究与变革管理专家 Kotter 认为，组织变革失败往往是由于高层管理部门犯了以下错误：没有能建立变革需求的急迫感；没有创设负责变革过程管理的有力指导小组；没有确立指导变革过程的愿景，并开展有效的沟通；没能系统计划，获取短期利益；没有对组织文化变革进行明确定位等。Kotter 为此提出了指导组织变革规范发展的八个步骤：建立紧迫感，创设指导联盟，开发愿景与战略，沟通变革愿景，实施授权行动，巩固短期得益，推动组织变革，巩固变革成果。Kotter 的研究表明，成功的组织变革有 70%~90%是由于变革领导而有成效，还有 10%~30%是管理部门努力的成果。

4. Bass 的观点和 Bennis 的模型

管理心理学家巴斯（Bass）认为，按传统方式以生产率或利润等指标来评价组织是不够的，组织效能必须反映组织对成员的价值和组织对社会的价值。他认为评价一个组织应该有三个方面要求：①生产效益、所获利润和自我维持的程度；②对于组织成员有价值的程度；③组织及其成员对社会有价值的程度。

本尼斯（Bennis）则提出了有关组织效能的判断标准应该是组织对变革的适应能力。当今组织面临的主要挑战，是能否对变化中的环境条件迅速做出反应和积极适应外界的竞争压力。组织成功的关键是能在变革环境中适应和生存，而要做到这一点，必须要有一种科学的精神和态度。适应能力、问题分析能力和实践检验能力，是反映组织效能的主要内容。在此基础上，Bennis 提出了有效与健康组织的标准。

（1）环境适应能力：解决问题和灵活应付环境变化的能力。

（2）自我识别能力：组织真正了解自身的能力，包括组织性质、组织目标、组织成员对目标理解和拥护的程度、目标程序等。

（3）现实检验能力：准确觉察和解释现实环境的能力，尤其是敏锐而正确地掌握与组织功能密切相关因素的能力。

（4）协调整合能力：协调组织内各部门工作和解决部门冲突的能力，以及整合组织目标与个人需求的能力。

5. Kast 的组织变革过程模型

卡斯特（Kast）提出了组织变革过程的六个步骤：

（1）审视状态：对组织内外环境现状进行回顾、反省、评价、研究。

（2）觉察问题：识别组织中存在的问题，确定组织变革需要。

（3）辨明差距：找出现状与所希望状态之间的差距，分析所存在问题。

（4）设计方法：提出和评定多种备择方法，经过讨论和绩效测量作出选择。

（5）实行变革：根据所选方法及行动方案，实施变革行动。

（6）反馈效果：评价效果，实行反馈。

若有问题，再次循环此过程。

6. Schein 的适应循环模型

施恩（Schein）认为组织变革是一个适应循环的过程，一般分为六个步骤：

（1）洞察内部环境及外部环境中产生的变化。

（2）向组织中有关部门提供有关变革的确切信息。

（3）根据输入的情报资料改变组织内部的生产过程。

（4）减少或控制因变革而产生的负面作用。

（5）输出变革形成的新产品及新成果等。

（6）经过反馈，进一步观察外部环境状态与内部环境的一致程度，评定变革的结果。

上述步骤与方法和 Kast 主张的步骤和方法比较相似，所不同的是，Schein 比较重视管理信息的传递过程，并指出解决每个过程中出现的困难的方法。

二、组织发展

（一）组织发展的含义

组织发展是指将行为科学知识广泛应用在根据计划发展改进和加强那些促进组织有效性的战略、结构和过程上。该定义突出了几个特征，使得组织发展区别于其他推动组织变革和改进的措施。

（二）组织发展的特征

组织发展是提高全体员工积极性和自觉性的手段，也是提高组织效率的有效途径。组织发展有五个显著的基本特征。

1. 组织发展包含深层次的变革，包含明显的价值导向

组织发展意味着需要深层次和长期性的组织变革。例如，许多企业为了获取新的竞争优势，计划在组织文化层次实施新的组织变革，这就需要采用组织发展模型与方法。由于组织发展涉及人员、群体和组织文化，这里包含着明显的价值导向，特别是注重合作协调而不是冲突对抗，强调自我监控而不是规章控制，鼓励民主参与管理而不是集权管理。

2. 组织发展是一个诊断

组织发展的思路是对企业进行多层诊断、全面配方、行动干预和监控评价，从而形成积极健康的诊断，即改进周期。因此，组织发展强调基于研究与实践的结合。组

织发展的一个显著特征是，把组织发展思路和方法建立在充分的诊断、裁剪和实践验证的基础之上。组织发展的关键部分之一就是学习和解决问题，这也是组织发展的一个重要基础。

3. 组织发展是一个渐进过程

组织发展活动既有一定的目标，又是一个连贯的、不断变化的动态过程。组织发展的重要基础与特点，是强调各部分相互联系和相互依存。在组织发展中，企业组织中的各种管理与经营事件不是孤立的，而是相互关联的，一个部门或一方面所进行的组织发展必然影响其他部门或方面的进程，因此，应从整个组织系统出发进行组织发展，既要考虑各部分的工作，又要从整个系统协调各部分的活动，并调节其与外界的关系。组织发展着重于过程的改进，既解决当前存在的问题，又通过有效沟通、问题解决、参与决策、冲突处理、权力分享和生涯设计等过程，学习新的知识和技能，解决相互之间存在的问题，明确群体和组织的目标，从而实现组织发展的总体目标。

4. 组织发展是以有计划的再教育手段实现变革的策略

组织发展不只是有关知识和信息等方面的变革，更重要的是在态度、价值观念、技能、人际关系和文化气氛等各方面进行更新。组织发展理论认为，通过组织发展的再教育，可以使干部职工抛弃不适应形势发展的旧规范，建立新的行为规范，并且使行为规范建立在干部职工的态度和价值体系优化的基础之上，从而实现组织的战略目的。

5. 组织发展具有明确的目标与计划性

组织发展活动是订立和实施发展目标与计划的过程，并且需要设计各种培训学习活动来提高目标设置和战略规划的能力。大量的研究表明，明确、具体、中等难度的目标更能激发工作动机和提高工作效能。目标订立与目标管理活动，不但能够最大限度地利用企业的各种资源，发挥人员和技术两个方面的潜力，而且还能产生高质量的发展计划，提高长期的责任感和义务感。因此，组织发展的一个重要方面就是让组织设立长远学习目标和掌握工作计划技能，包括制订指标和计划、按照预定目标确定具体的工作程序以及决策技能等。

阅读专栏 41-11　贝佐斯与亚马逊：如何走出组织发展困境

和其他所有组织发展情况相同，亚马逊在发展过程中也面临很多问题，这种成长之痛对于每个组织来说都不可避免。

第一，人力资源问题。

对于亚马逊来说，人力资源管理一直都是一个令人困扰的难题。在创立初期，贝佐斯带领着一批有技术的员工组建团队，并对他们承诺永远为他们保留位置。然而，随着亚马逊一步步发展壮大，贝佐斯提高了应聘标准，新进入的员工与老员工在观念、技术等方面存在分歧。这种冲突影响了亚马逊的发展。

贝佐斯作为领导者，其在有魅力的同时，也有很多让员工抱怨的缺点，如持续地加班、不允许失误、让员工高速运转而不能得到充分的休息。这些问题其实在今天中国的很多企业也存在。

第二，管理上的混乱。

尽管我们都清楚组织发展经历过初级阶段后势必要进行扩张，但是亚马逊的扩张速度让人感叹太快了。1998 年末，它才拥有 2100 名员工，但是到了 2004 年，就达到了 9000 名。尽管它平安度过了网络行业的低迷期——20 世纪 90 年代末网站泡沫出现，亚马逊损失了数百万美元，并且一直在不断亏损，为贝佐斯的狂热扩张梦想埋单，但是这种快速扩张让亚马逊一度陷入了管理上的混乱。

而这也是所有的组织面临的问题，只不过当时的亚马逊尤其显著，并且这种混乱是实实在在的。在当时亚马逊的物流中心，系统经常瘫痪，地板上堆满了杂物，甚至有很多危险物品，比如厨房的刀具，都没有经过安全包装。内部的物流软件也不适合管理新的产品门类，管理效率极其低下。贝佐斯一度想协调员工工作和董事会的目标来控制管理问题，但是效果并不好。

第三，技术创新的问题。

2003 年，苹果公司推出 iTunes 音乐商店，短短几年时间，苹果公司就接二连三地超越了亚马逊、百思买和沃尔玛，成为美国顶尖的音乐零售商。竞争对手的创新让亚马逊感受到了危机与自己的不足。

亚马逊在准备进入数字阅读市场之前也面临着糟糕的行业状况，因为 2000 年金斯达收购了新媒体和软书后，并没有让数字阅读走进大众的视野。相反，还通过诉讼来利用数字阅读方面的专利，并且因为虚报假账的事情给大众留下了非常不好的印象。在这种情形下，推进数字阅读有很大的风险。

三、组织发展的措施

（一）组织发展的基本措施

通常，组织发展基本措施的分类包括与人相关的过程干预、技术结构干预、人力资源管理干预和战略变革干预。

1. 与人相关的过程干预

这主要是说与人际关系、群体和组织动态相关的变革项目，其涉及了一些最早和

中是否聚焦员工队伍将决定转型的成败。打造数字化的员工团队是企业制胜新数字化时代的核心。

企业在不断开拓创新的过程中，必定会创造大量对员工技术水平要求很高的全新岗位和角色。这些岗位和角色会是人类技能和技术赋能叠加的复合型岗位，胜任这些岗位的人也将成为“人机协作”的超级员工。这也意味着，企业需要规划、管理并支持更多样的职业发展道路。但是，企业目前在员工学习和培训方面的投资远远无法满足员工需求。此外，企业的知识管理和访问战略也未能紧跟时代需求：企业需要为员工和自身提供的信息越来越多，但当员工在不同角色间迅速切换时，很难快速找到所需的信息。

对员工团队和整个企业而言，要想保持灵活和高效，迅速获取所需信息是一个必不可少的能力。所以，处于数字化时代的组织需要为超级员工时代定制知识管理战略。一旦能够制订正确的方案，企业就可以重新定义“机构知识”。在数字化时代，企业可以充分利用相关技术，结合众多专家定制解决方案，并将这些全新方法有机地融入组织知识架构，以便与超级员工的技能相匹配。这样员工能够迅速查询同事所掌握的知识和企业应用的所有技术，其能力必将进一步增强，进而促进企业自身向知识型组织转变。

2. 生态系统风险激发安全型组织

如今，企业对所处生态系统的依赖程度不断加深，同时互联网和移动技术的普及使各行业的风险水平上升，网络攻击的负面影响与日俱增：攻击者试图利用生态系统中的种种联系，造成毁灭性的影响。一旦某个事件使一家企业陷入瘫痪，事态可能迅速升级，从而对企业所处的生态系统、整个行业乃至其他行业的安全造成威胁。

为了解决这些问题，各大企业纷纷搭建全新的组织架构，确保将安全因素纳入所有企业战略中。例如，通用电气在特定区域和业务部门设立首席信息安全官，以便做出更为细致准确的决策；滴滴升级了安全管理体系，任命集团安全事务部负责人为首席出行安全官，公司还将持续聘请相关领域的资深专家作为安全顾问，指导安全体系的建设工作。

为了应对信息需求这一日益严峻的挑战，企业需要在整个组织中分散安全职责和所有权，使安全团队能够灵活应对各项重大挑战，同时通过更具战略性的方式组建安全团队，将其纳入公司的组织架构中，推动业务发展。

例如，腾讯与合作伙伴一起构建了“智慧安全”体系。该体系基于大数据、云计算等技术，具备防御能力、威胁感知、安全问题洞察、风险趋势预测、智能化辅助决策、安全协同等能力。同时，腾讯自身的服务器每天经受的网络扫描和攻击不计其数，使得腾讯可以将相关数据反哺到威胁情报中，加强网络安全保障。可见在数字化时代，建立安全组织体系至关重要。

3. “瞬时”机遇强化敏捷型组织

随着企业、员工、消费者和行业之间的联系越发紧密，仅有数字化已经不足以让一家企业脱颖而出。不过，数字化能够助力企业充分利用下一个重大机遇：“瞬时”机遇。在中国，上汽大通为消费者提供了汽车定制服务。消费者可以在4S店或网络平台上定制车辆配置，从动力系统到座椅和配饰，消费者只需要一个平板电脑就可完成配置并下单。这样一辆定制汽车最快20天就可以下线。上汽大通提供这一高度定制化服务离不开公司先进的全球采购和自动化总装系统。

科技进步使人们的生活变得越来越个性化，现代生活中有着更复杂多样的机遇。企业必须变革组织架构才能及时把握这些机遇，这就意味着瞬时的需求会产生“瞬时市场”。企业可以利用数字手段直接与消费者接触，从而对当前和潜在市场有快速而充分的了解。凭借着复杂的后台技术，企业可以迅速调整业务方向，快速提供市场所需的服务。如果企业能够有机整合这些功能，就有机会针对瞬时市场提供新产品或服务。这意味着，企业不仅能满足特殊消费者的需求，还能满足不同消费者在特定时间的需求。换句话说，把握瞬时市场可以大幅提升业务的深度和广度。

一方面，要把握适当时机。在瞬时市场时代，预测模型不仅可用于预测长期规划或主要趋势，还将用于预测关键机遇。为了预测瞬时机遇，企业必须大幅提高预测精确度，充分利用AI技术，分析企业已经掌握的供应链、消费者情绪、库存运输时间，甚至天气信息。如果能够利用精确的需求预测来把握恰当的时机，企业就可以优化现有的业务和产品模型，甚至预测大趋势，从而决定企业未来的发展方向。

另一方面，要构建敏捷型组织，以灵活调整并参与竞争。人们对个性化的期待越来越高，每天也都有新的瞬时机遇出现。企业必须准确交付消费者所需的产品和服务，并针对瞬时市场进行更为详细的个性化设置。只有更加敏捷，才能把握这些稍纵即逝的机遇。要想实现这一点，企业须构建敏捷型组织，采用敏捷制造方法。

数字化时代，在蓬勃发展的物联网市场的影响下，每一台设备都可能代表着新渠道、新的数据来源，以及识别并进军瞬时市场的办法。“数字孪生”是设备、机器以及现实世界中存在（或可能存在）的其他各种物品的数字模型，以实时传感器数据以及服务计划、运行时间和天气数据等背景信息为基础。通过“数字孪生”掌握信息，是推动企业转型、掌控瞬时市场的基石。

第五节 组织文化建设与学习型组织建设

一、组织文化建设概述

（一）组织文化的含义

组织文化是指组织全体成员共同接受的价值观念、行为准则、团队意识、思维方式、工作作风、心理预期和团体归属感等群体意识的总称。

（二）组织文化的功能

1. 组织文化的正功能

（1）组织文化的导向功能。组织文化的导向功能是指组织文化能对组织整体和组织每个成员的价值取向及行为取向起引导作用，使之符合组织所确定的目标。组织文化只是一种软性的理智约束，通过组织的共同价值观不断地向个人价值观渗透和内化，使组织自动生成一套自我调控机制，以一种适应性文化引导组织的行为和活动。

（2）组织文化的约束功能。组织文化的约束功能是指组织文化对每个组织员工的思想、心理和行为具有约束和规范作用。组织文化的约束不是制度式的硬约束，而是一种软约束，这种软约束等于组织中弥漫的组织文化氛围、群体行为准则和道德规范。

（3）组织文化的凝聚功能。组织文化的凝聚功能是指当一种价值观被该组织员工共同认可之后，它就会成为一种黏合剂，从各个方面把其成员团结起来，从而产生一种巨大的向心力和凝聚力。而这正是组织获得成功的主要原因，“人心齐，泰山移”，凝聚在一起的员工有共同的目标和愿景，推动组织不断前进和发展。

（4）组织文化的激励功能。组织文化的激励功能是指组织文化具有使组织成员从内心产生一种高昂情绪和发奋进取精神的效应，它能够最大限度地激发员工的积极性和首创精神。组织文化强调以人为中心的管理方法。它对人的激励不是一种外在的推动，而是一种内在引导；它不是被动消极地满足人们对实现自身价值的心理需求，而是通过组织文化的塑造使每个组织员工从内心深处为组织拼搏和献身。

（5）组织文化的辐射功能。组织文化的辐射功能是指组织文化一旦形成较为固定的模式，它不仅会在组织内发挥作用，对本组织员工产生影响，而且也会通过各种渠道对社会产生影响。组织文化向社会辐射的渠道是很多的，主要可分为利用各种宣传手段和个人交往两大类。一方面，组织文化的传播对树立组织在公众中的形象有帮助；另一方面，组织文化对社会文化的发展有很大的影响。

（6）组织文化的调适功能。组织文化的调适功能是指组织文化可以帮助新近成员尽快适应组织，使自己的价值观和组织相匹配。在组织变革的时候，组织文化也可以帮助组织成员尽快适应变革后的局面，减少因为变革带来的压力和不适应。

2. 组织文化的负功能

尽管组织文化存在上述六种正功能，但是组织文化对组织也存在潜在的负面作用。

（1）变革的障碍。如果组织的共同价值观与进一步提高组织效率的要求不相符，它就成了组织的束缚。这是在组织环境处于动态变化的情况下，最有可能出现的。当组织环境正在经历迅速的变革时，根深蒂固的组织文化可能就不合时宜了。因此，当组织面对稳定的环境时，行为的一致性对组织而言很有价值，但组织文化作为一种与制度相对的软约束，更加深入人心，极易形成思维定式，这样组织有可能难以应付变幻莫测的环境。当问题积累到一定程度时，这种障碍可能会变成组织的致命打击。

（2）多样化的障碍。由于种族、性别、道德观等差异的存在，新聘员工与组织中大多数成员不一样，这就产生了矛盾。管理人员希望新成员能够接受组织的核心价值观，否则，这些新成员就难以适应或不被组织接受。但是，组织决策需要成员思维和方案的多样化，一个强势文化的组织要求成员和组织的价值观一致，这就必然导致决策的单调性，抹杀了多样化带来的优势。在这个方面，组织文化成为组织多样化、成员一致化的障碍。

（3）兼并和收购的障碍。以前，管理人员在进行兼并或收购决策时，所考虑的关键因素是融资优势或产品协同性。近几年，除了考虑产品线的协同性和融资方面的因素外，更多的则是考虑文化方面的兼容性。如果两个组织无法成功地整合，那么组织将出现大量的冲突、矛盾乃至对抗。所以，在决定兼并和收购时，很多经理人往往会分析双方文化的相容性，如果差异极大，为了降低风险则宁可放弃兼并和收购行动。

（三）组织文化的形式

1. 显性组织文化

所谓显性组织文化就是指那些以精神的物化产品和精神行为为表现形式的，人通过直观的视听器官能感受到的，又符合组织文化实质的内容。它包括组织标志、工作环境、规章制度和经营管理行为等部分。

（1）组织标志。它是指以标志性的外化形态来表示本组织的组织文化特色，并且和其他组织明显地区别开来的内容，包括厂牌、厂服、厂徽、厂旗、厂歌、商标、组织的标志性建筑等。

（2）工作环境。它是指职工在组织中办公、生产、休息的场所，包括办公楼、厂房、俱乐部、图书馆等。

（3）规章制度。并非所有的规章制度都是组织文化的内容，只有那些以激发职工积极性和自觉性的规章制度，才是组织文化的内容，其中最主要的就是民主管理制度。

（4）经营管理行为。再好的组织哲学或价值观念，如果不能有效地付诸实施，就无法被职工所接受，也就无法成为组织文化。组织在生产中以“质量第一”为核心的生产活动，在销售中以“顾客至上”为宗旨的推销活动，组织内部以“建立良好的人际关系”为目标的公共关系活动等，这些行为都是组织哲学、价值观念、道德规范的具体实施，是它们的直接体现，也是这些精神活动取得成果的桥梁。

2. 隐性组织文化

隐性组织文化是组织文化的根本，是最重要的部分。隐性组织文化包括组织哲学、价值观念、道德规范、组织精神四个方面。

（1）组织哲学。它是一个组织全体职工所共有的对世界事物的一般看法。组织哲学是组织最高层次的文化，它主导、制约着组织文化其他内容的发展方向。从组织管理史角度看，组织哲学已经历了“以物为中心”到“以人为中心”的转变。

（2）价值观念。它是人们对客观事物和个人进行的评价活动在头脑中的反映，是对客观事物和人是否具有价值以及价值大小的总的看法和根本观点，包括组织存在的意义和目的，组织各项规章制度的价值和作用，组织中人的各种行为和组织利益的关系等。

（3）道德规范。组织的道德规范是组织在长期的生产经营活动中形成的，人们自觉遵守的道德风气和习俗，包括是非的界限、善恶的标准和荣辱的观念等。

（4）组织精神。它是指组织群体的共同心理定势和价值取向。它是组织的组织哲学、价值观念、道德观念的综合体现和高度概括，反映了全体职工的共同追求和共同的认识。组织精神是组织职工在长期的生产经营活动中，在组织哲学、价值观念和道德规范的影响下形成的。

二、组织文化建设的内容

（一）明确组织文化建设的含义

所谓组织文化建设，是指组织有意识地发扬其积极的、优良的文化，克服其消极的、劣性的文化过程，亦即使组织文化不断优化的过程。

（二）把握组织文化建设的方向

1. 构筑组织文化的灵魂

（1）宗旨。

（2）精神。

2. 确定组织文化的导向

（1）文化动机。

（2）价值取向。

3. 搭建组织文化的四大模块

（1）构筑组织的物质文化。

（2）建立组织的制度文化。

（3）规范组织文化。

（4）企业识别系统。

（三）设计组织文化建设的内容与流程

1. 制定组织文化系统的核心内容

企业价值观和企业精神是组织文化的核心内容。

首先，企业价值观体系的确立应结合本企业自身的性质、规模、技术特点、人员构成等因素。

其次，良好的价值观应从企业整体利益的角度来考虑问题，更好地融合全体员工的行为。

再次，一个企业的价值观应该凝聚全体员工的理想和信念，体现企业发展的方向和目标，成为鼓励员工努力工作的精神力量。

最后，企业的价值观中应包含强烈的社会责任感，使社会公众对企业产生良好的印象。

2. 进行组织文化表层的建设

这主要指组织文化的物质层和制度层的建设。

组织文化的表层建设主要是从企业的硬件设施和环境因素方面入手，包括制定相应的规章制度、行为准则，设计公司旗帜、徽章、歌曲，建造一定的硬件设施等，为组织文化精神层的建设提供物质上的保证。

3. 组织文化核心观念的贯彻和渗透

（1）员工的选聘和教育。

（2）英雄人物的榜样作用。

（3）礼节和仪式的安排和设计。

（4）组织的宣传口号的设计与传播。

阅读专栏 41-12　组织文化的类型

由于每个组织所处的外部环境和内部条件不同，组织文化呈现出不同的类型。很多学者都对组织文化的类型试着进行不同区分，下面将介绍几位学者的分类方法。

1. 杰弗里·桑南菲尔德的分类

杰弗里·桑南菲尔德将组织文化分为四种类型：学院型文化、俱乐部型文化、棒球队型文化、堡垒型文化。

（1）学院型文化。拥有这种类型文化的组织喜欢雇用年轻的大学毕业生，并对他们进行大量的训练，使他们不断成长、进步，然后指导他们在特定的职能部门领导或从事各种专业化的工作。桑南菲尔德认为，可口可乐公司、宝洁公司、通用汽车公司都属于这种类型。

（2）俱乐部型文化。这种组织非常重视适应、忠诚感和承诺。与学院型组织相反，这种组织把管理人员培养成专才。在这类组织中，人员的资历、年龄、经验是最重要的。贝尔公司、达美航空公司、政府机关和军队都属于此种类型。

（3）棒球队型文化。这种组织是冒险家和改革家的天堂。它们在各种年龄和有经验的人中寻找有才能的人，组织根据员工的生产能力付给他们报酬。由于它们对工作出色的员工予以巨额报酬和较大的工作自由度，员工一般都会拼命工作。这种类型在会计、法律、咨询、广告、投资银行、软件、生物研究等领域较为普遍。

（4）堡垒型文化。与棒球队型组织重视创造发明相反，堡垒型组织着眼于生存。这类组织以前可能是上述三种中的一种，后来由于各种因素衰落了，因此要尽力保全现存的财产。这类组织工作安全保障不足，但对于喜欢流动性和挑战性工作的人来说，则是一个不错的选择。

2. 罗杰·哈里森的分类

罗杰·哈里森也将组织文化分为四种，区分这四种组织文化的依据在于权力是集中还是分散的，在组织中是以人为中心还是以职能为中心。

（1）权力文化。这种文化的结构像一张蜘蛛网，在核心人物的领导下，权力逐层下放而构成组织结构。这种组织只有很少的规则和工作程序，不注重规范化的形式。具有这种文化的组织能对威胁和危险做出很好的反应。但是，它面临的风险是过多依赖处于中心地位的人物。

（2）官僚文化。在这样的组织里，盛行以职位为基础的文化。在这种文化中，角色或职务表述通常要比担任职务的人更重要。角色通常指某一职位承担的责权利。官僚文化中的主要权力来源是职位，规章制度是主要发挥影响作用的手段。官僚文化的效率取决于工作和责任分配的合理性，而不依赖于人的个性。

（3）任务文化。在这种组织文化中，组织接到任务时会临时把适当的资源积聚在一起，把适当的人安置在适当的层级，组成一个应对任务的团队，并放手让他们工作。任务文化是一种团队文化，它利用团队统一的力量去提高效率。这种文化适应性极强，适合需要灵活性和敏感性的市场和环境。在拥有任务文化的组织中，实行控制较为困难。任务文化本质上属于不稳定的文化，是一种强调专家权力、奖励工作结果、把个人目标与群体目标结合起来的文化。有管理权威认为，这是最理想的组织模型之一。但这种文化要求人们必须公平竞争，而且当不同群体争夺重要资源或特别有利的项目时，很容易转化成恶性的政治紊乱。

（4）人本文化。这通常是学术机构、小型工作室、律师事务所所采用的模式具有的文化。这种文化允许每个人都按照自己的兴趣工作，同时保持相互有利的联系。在这样的组织里，组织实际上服从于个人的意愿，或者被个人左右。

3. 迪尔等人的分类

迪尔等人在《企业文化》一书中把组织文化划分为四种类型。

（1）挑战型文化。具有这种文化的企业往往风险很高，决策结果反馈最快。这类企业决策时赌注高，决心大，冒很大的风险，企业内充满竞争气氛。由于要求在短期内获得利益，企业人员合作精神差，不重视长期投资，人员流动率高。一些以销售业务为主的公司往往具有这种文化。

（2）柔性文化。这种文化要求工作时精力充沛，拼劲十足，工作之后尽情娱乐，工作与生活并重。这类公司一般风险不大，但工作紧张。一些以研发为主的公司往往具有这种文化。谷歌（Google）就是一种典型的柔性文化组织。在谷歌，人们基本是不拘礼节的，公司几乎没有什么层级。由于工作场所密集度很高，往往三四个人共用一个地方，里面还有沙发和宠物犬。

（3）长期赌注文化。这是一种风险很大的文化，其价值观集中在对未来进行投资，需要人们具有很强的自信和长期经受考验的能力。这类文化的优点是有助于发明创造和技术突破，缺点是行动速度缓慢，对迅速变化的环境不会做出灵敏的反应。

（4）过程文化。这是一种低风险、慢反馈的文化。员工对自己工作效果的好坏全无观念，因此会促使他们把注意力放在如何做，而不是做什么上。在这种文化中，工作井然有序，完全照章行事，因而容易抑制人的创造性，产生僵化体制和官僚主义。

三、学习型组织建设概述

（一）学习型组织概念与内涵

1. 学习型组织的概念

学习型组织是指通过培养弥漫于整个组织的学习气氛、充分发挥员工的创造性思维能力而建立起来的一种有机的、高度柔性的、扁平的、符合人性的、能持续发展的组织。这正是知识型组织的理想状态，是知识型组织的实践目标，这种组织具有持续的学习能力，具有高于个人绩效总和的综合绩效的效应。

2. 学习型组织的内涵

学习型组织不存在单一的模型，它是关于组织的概念和雇员作用的一种态度或理念，是用一种新的思维方式对组织的思考。在学习型组织中，每个人都要参与识别和解决问题，使组织能够进行不断的尝试、改善和提高它的能力。学习型组织的基本价值在于解决问题，与之相对的传统组织设计的着眼点是效率。在学习型组织内，雇员参加问题的识别，这意味着要懂得顾客的需要。雇员还要解决问题，这意味着要以一种独特的方式将一切综合起来考虑以满足顾客的需要。组织通过确定新的需要并满足这些需要来提高其价值。它往往是通过新的观念和信息而不是物质的产品来实现价值的提高。学习型组织的特点可以用图 41-3 来表示。

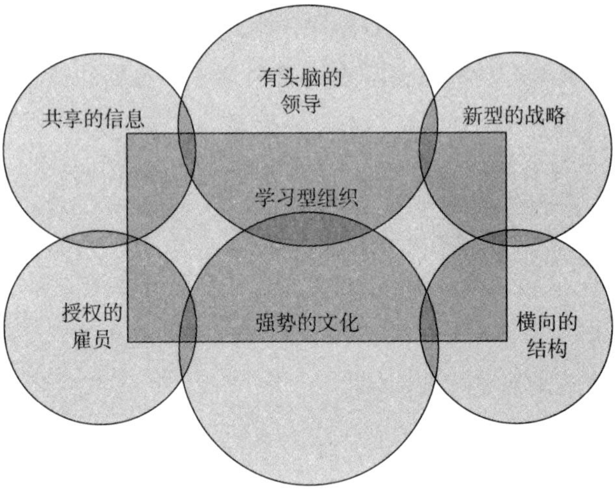

图 41-3 学习型组织的特点

（二）学习型组织的要素

1. 创建五要素

彼得·圣吉在他的著作《第五项修炼——学习型组织的艺术与实务》一书中，提出了学习型组织五要素的说法。

（1）建立共同愿景。愿景可以凝聚公司上下的意志力，通过组织共识，大家努力的方向一致，个人也乐于奉献，为组织目标奋斗。

（2）团队学习。团队智慧应大于个人智慧的平均值，以做出正确的组织决策，通过集体思考和分析，找出个人弱点，强化团队向心力。

（3）改变心智模式。组织的障碍多来自个人的思维习惯，如固执己见、本位主义等，唯有通过团队学习和标杆学习，才能改变心智模式，有所创新。

（4）自我超越。个人有意愿投入工作，专精有工作技巧的专业，个人与愿景之间有一种“创造性的张力”，正是自我超越的来源。

（5）系统思考。应通过资讯收集掌握事件的全貌，以避免“只见树木，不见森林”，培养综观全局的思考能力，看清楚问题的本质，从而有助于清楚了解因果关系。

2. 组织（企业）六要素

成功的学习型企业应具备六个要素：

（1）拥有终身学习的理念和机制，重在形成终身学习的步骤。

（2）拥有多元反馈和开放的学习系统，重在开创多种学习途径，运用各种方法引进知识。

（3）形成学习共享与互动的组织氛围，重在塑造企业文化。

（4）具有实现共同目标的不断增长的动力，重在共同目标不断创新。

（5）工作学习化使成员活化生命意义，重在激发人的潜能，提升人生价值。

（6）学习工作化使企业不断创新发展，重在提升应变能力。

四、学习型组织建设的内容

（一）学习型领导

1. 学习型领导的含义和特征

（1）学习型领导的含义。学习型领导是领导者为了有效地实现领导目标，引领被领导者通过学习获取知识、传递知识、创新知识、应用知识，使被领导者对组织的决策深刻理解与认同，并通过学习能够主动地、创造性地开展工作的领导行为。学习型领导是在知识经济时代产生的一种新的领导方式。领导者通过学习汲取营养、成就自我，不断提升自己的“软实力”、竞争力和领导力，实现“学以立德、学以增智、学以强能、学以创业”的一个过程。

（2）学习型领导的特征。第一，学习型领导是一种柔性领导。学习型领导不是一种通过强制的力量达到领导目的的粗暴行为，而是一种温和的、柔性的领导过程。学习是为了让人在遇到某一类现实问题时，运用自己的知识与经验，以自己的思维方式去寻求解决途径，而不是找标准答案。学习型领导就是这样的领导方式，它不是以强制灌输和硬性规定来达到领导目的，而是通过学习这一柔性的方式，循序渐进地让人们领会领导者的意图，从而实现领导目标。

第二，学习型领导是以人为本的领导。以人为本的核心是关心人、尊重人、注重人的全面发展。学习型领导是从满足人的全面需求、促进和实现人的全面发展出发，通过学习提升领导力，更好地为组织服务。

第三，学习型领导是一种创新领导。学习型领导以引导、带动人们进行主动学习为出发点，让组织成员接受新知识、新思维，让人们从学习和实践中体会、理解并认同领导思维和领导目标，发现有创新意义的新方式、新方法。学习型领导可以让思维得到发展，也能在宽松的环境中广开言路，提出新意见和新见解。

第四，学习型领导是一种共享领导。共享领导主要表现为尊重、倾听、鼓励他人、分享知识和成果，并最终影响决策。学习型领导强调知识的共享，通过互相学习、共享学习成果来实现领导目标。

2. 学习型领导修炼的途径

（1）执行。作为执行者，最重要的是和周围的利益相关者建立信任和协作关系，形成良好的个人工作环境，高效完成任务。需要的可迁移能力包括时间管理、计划和实施以及思考。

（2）教导。作为初级团队领导者，最重要的任务是发展员工，为员工能力提升创造一切便利，不要越俎代庖、事事参与。引导员工先行动，再思考、确实有困难而过不去时，再协助处理。优先发展，支持次之。需要的可迁移能力包括教导、倾听、反馈、激励。

（3）学习体系、管理体系建设。作为管理者，还要建立体系，其中包含制定标准以及技术引进。标准化是核心的竞争力，而技术控制则是保证标准的坚决执行。把重复的事情标准化、流程化，才能保证团队高效完成任务。需要的可迁移能力包括思考、组织、协调、团队建设。

（4）文化建设。作为领导者，需要建立文化，在精神上将团队员工凝聚在一起。因此，需要建立团队的价值观，并不断强化。需要的可迁移能力包括思考、激励、团队建设。

（二）学习型员工

1. 学习型员工的含义和特征

（1）学习型员工的含义。简单地讲，学习型员工就是具备学习能力的员工。这种学习能力不是单纯的读书能力，它是学习行为全过程和学习与工作相联系过程中的全面学习能力。这种学习能力体现的是独立自主、自觉主动的学习行为。这些能力包括：敏锐洞察和发现新知识、新技能的能力；善于根据工作的实际要求，学习、掌握和吸收新知识、新技能的能力；学以致用的能力，以及创新能力。

（2）学习型员工的特征。

1）自我学习的能力。学习型员工能够主动学习、热爱学习、不断寻找学习机会，提高自己对变化的适应能力。学习型员工的学习不再是跟在别人的后面学习，而是积极主动的学习，这种学习使学习型员工建立了自信心，具有自我认识和自我评价的能力、自我鼓舞与自我激励的能力、自我控制和自我协调的能力、自我锻炼和自我行动的能力。自我学习使员工真正成为学习的主体，而不是学习的被动接受者。

2）自我管理的能力。自我管理是员工对自己本身、自己的思想、心理和行为表现进行的管理。自我管理的能力充分体现了人的自主性，通过自我管理，员工能对自己本身、自己的思想和行为表现有一个客观的清醒认识，并能与社会规范、企业要求相对照，调整或修正自己的行为方式，主动积极地参与到企业的管理工作中去。

3）自我超越的能力。自我超越是学习型员工不断为自己订立新的愿景，并为之奋斗，最终突破极限，实现自我不断发展。自我超越的过程是追求卓越的行为，以创造现实来面对自己的生活与生命，将自己融入整个世界。同时，它也是个人成长的学习与修炼，不断重新聚焦，不断自我增强、挖掘个人最大潜能的过程。

4）自我启发和自我经营的能力。自我启发是每个人成长的根本。学习型员工的自我启发是以学习为前提、以研究的态度进行自我启发，属于较高层次的依据目标的自我启发。通过不断的学习，提高修养，开发和提高自身能力，在不知不觉中培养出内省的思考，在工作中产生有价值的革新。学习型员工的这种自我启发能力能够使员工建立自信，能够激励别人和自我激励，不断改进方法，提高工作质量。同时，学习型员工具有自我经营的能力，能够根据自身的特点及社会发展的趋势，敏锐地察觉环境的变化，促使新知识产生，并以最快的速度学习和掌握最新的知识和技能，使员工具有终生就业的能力。此外，还对自己的职业生涯做出很好的规划，最终实现个人成长与企业发展的双赢。

2. 学习型员工培育的途径

（1）与企业发展战略结合。学习型员工的培养应有具体的策略导向，要有鲜明的针对性和目的性。为将普通员工培养成为学习型员工，要有全局性、根本性和方向性的谋划和安排，一定要与企业的发展战略共同考虑，既考虑企业整体发展的需要，又要满足企业目前的工作需要。组织的学习活动必须在组织整体发展的框架下规划整个学习需求、学习计划内容和学习评估阶段。

（2）建立新的培育观。培育学习型员工要改变“只有学校教育才是学习”“进行培育得不到回报”和“员工会流失，就不必培训”等传统的培育观，建立新的培育观念。

第一，培育其受雇佣的能力，即终生就业的能力。受雇佣能力是学习型员工取得长期工作的重要能力。企业组织正规的培训和鼓励非正式的学习结合，可以帮助员工成长，让员工学习企业其他方面的新知识，逐步具有自我学习、自我管理、自我经营、自我启发、自我超越的能力，将员工培育成学习型员工，使员工施展全部力量以投身企业工作。

第二，培育与员工职业生涯规划结合。学习型员工一般具有较明确的事业奋斗目标和较强的学习动机，因此企业在培育学习型员工时，应帮助员工进行职业生涯规划设计，应通过培育来帮助员工实现自己的发展计划。只有这样，才能使员工意识到自己所从事的工作的价值，才能使员工对企业的发展有明确的信心，忠诚地为企业服务。

第三，培育增强员工的能力。传统的员工培育主要是学习和接受新知识，属于强制性和适应性学习。从企业长远发展来看，停留在这个层面是不够的。学习型员工的培育应加强培育员工的思维能力、创新能力、实践能力。培训员工的目的不是看传授给了员工多少知识，而是看员工真正掌握了多少知识，为企业发展做出了多少贡献。

（3）建立灵活的人员流动机制。由于学习型员工具有自我学习、自我管理、自我超越、自我启发和自我经营的特质，具有迅速学习新的知识、适应环境变化的能力，企业应在内部建立起灵活的人员流动机制，为员工创造机会，让员工根据工作职责要求定期轮换岗位，使其在不同的岗位接受锻炼，加强对企业的理解，提高对全局性问题的分析能力，进而提高整个企业的效率。

（4）普及网络时代的在线学习。在网络时代，互联网和教育是社会经济和文化发展的原动力。网络时代的在线学习让员工在桌面上就可以跨越时空，各取所需。在线学习的目的不在技术上，而是以此为手段培训员工观念的更新，充分体现了个性化学习、改变员工的认知过程、降低培训成本、适应知识变化，为员工带来技能拓展，快速有效地使企业成为学习型组织，使员工成为学习型员工。网络学习为此提供了有效的学习方法。

推荐阅读

1. 荆学民．组织行为学（第二版）［M］．北京：北京大学出版社，2008.

2. 弗里蒙特·E. 卡斯特，詹姆斯·E. 罗森茨韦克．组织与管理：系统方法与权变方法［M］．北京：中国社会科学出版社，2000.

思考题

1. 组织设计需要考虑哪些原则？

2. 试简述扁平化组织的特点。扁平化组织是最理想的组织吗？为什么？

3. 试简述非正式组织的特点以及它对管理效果的影响。

4. 学习型员工的特征及培育路径是什么？

第四十二章　领导理论

学习目标

1. 掌握领导和领导者的概念，清楚几种领导特质理论的模型；

2. 熟知领导特质理论、行为理论、权变理论的不同；

3. 熟知几种领导理论模型及内涵，掌握领导的内容；

4. 会用四分图理论、领导方格理论、菲德勒的领导权变理论和领导生命周期理论进行实际领导行为的分析；

5. 能根据领导的内容分析企业领导工作、分析企业不同层级领导制定战略的内容。

第一节　领导与领导者

领导影响着一个组织愿景或目标的实现，领导的影响可能是正式的，也可能是非正式的，所有的领导者并非都是管理者，所有的管理者也不都是领导者。因此，会出现领导者和管理者具有一致性和不一致性。

一、领导

“领导”一词在字典中解释为“率领并引导”，既是名词，也是动词，它有丰富的内涵与宽泛的外延，说到领导，人们常常就联想到领导者。在领导理论中如何理解领导和领导者？两者之间的关系又如何？

（一）领导概念的理解

领导的概念有着丰富的内容，不同学者站在不同角度和侧面给出的定义不完全相同，有的学者注重行为过程，有的注重影响力，还有的注重权力、注重艺术、注重能力等。

1. 领导是一种行为

有学者认为领导是一种行为的组织行为派代表，如美国的管理学者斯托格斯

（Stogdilly）在他的《领导、成员和组织》一书中写道："领导是对一个组织起来的团体为确立目标和实现目标所进行的活动施加影响的过程。"美国管理学者赫姆菲儿（Hemphil）认为："领导是指挥群体在相互作用的活动中解决共同问题的过程。"泰瑞（Terry）认为："领导是影响人们自动地达成群体目标而努力的一种行为。"

2. 领导是影响力和能力

罗伯特（Roberts）认为："领导就是在某种条件下，经由意见交流的过程所表现出来的一种为了达到某种目标的影响力。"被誉为"当代管理理论的大师"的阿吉里斯（Argyris）认为："领导即有效的影响。为了施加有效的影响，领导者需要对自己的影响进行实地的了解。"坦南鲍姆（Tannenbaum）在撰写的《领导：职权范围》一文中提道："领导就是在某种情况下，经过意见交流过程所实现出来的一种为了达成某种目标的影响力。"理查德·L. 达夫特（Richard L. Daft）在其《领导学》中提道："领导是在领导者和追随者之间有影响力的一种关系。"

领导既然是影响力，那么通过领导的影响，人们会热心并情愿地努力去实现组织或群体的目标。

3. 领导是一门艺术

哈罗德·孔茨（Harold Koontz）在他的《管理学》一书中写道："领导是一门促使其部属充满信心，满怀热情来完成他们任务的艺术。"领导的艺术体现在领导对人施加影响时具有艺术性。

4. 领导是权力

科·杨（K. Young）在《社会心理学手册》中把领导定义为："领导是一种统治形式，其下属或多或少地愿意接受另一个人的指挥和控制。"杜平（Dupin）认为："领导即行使权威与决定。"弗兰奇和雷文在他们撰写的《社会权利的基础》一文中写道："领导是一个人所具有并施加于别人的控制力。"

领导是权力体现在领导的指挥、控制、权威上，利用法定权利，具有强制性。

5. 领导是能力、程序

还有一些学者从能力、程序的角度把领导描述为领导是上级影响下级，并劝导下属遵循某个特定行动方针的能力。领导是领导者带领并影响某个群体实现目标的能力，以及实现目标的过程。"领导是一项程序，使人得以在选择目标及达成目标上接受到指挥、引导和影响。"

领导是能力，通过领导的品德、素质、威望和行为等影响群体去实现目标，具有程序性。

除了上述西方国家管理学者从不同角度给出的领导概念之外，我国的管理学者也从不同角度给出了领导的定义。南京大学周三多教授认为，领导就是指指挥、带领、引导和鼓励部下为实现目标而努力的过程。王利平则从领导影响他人的过程角度给出定义。

在这里，从管理角度结合现代汉语词典对领导的解释给出领导的定义：领导是具有影响力的个人或集体，在社会共同活动或特定的组织结构中，通过示范、命令、说服等途径对人们施加影响，使人们为实现组织或群体目标而努力的艺术或过程。

（二）领导的内涵

从领导的概念中不难看出领导的内涵。

（1）领导存在于组织或群体中。一个人是形不成领导的，组织或群体参加社会活动时彼此存在领导和被领导的关系。

（2）领导的本质是影响力，无论是示范，还是命令、说服，基础是下属的追随与执行。

（3）组织或群体的目标是领导活动的归宿，领导的目标则是组织或群体共同完成目标。

（4）领导的方法和艺术影响下属或追随者积极性的调动，也影响领导的效果。

（5）领导是对人们施加影响的动态，贯穿于组织或群体活动的始终。

（三）领导特点

领导的影响力贯穿组织或群体社会活动的始终，领导的过程特性具备以下特点：

1. 领导是社会组织系统

领导是在组织或群体中多层次、多领域存在的。如果按领导活动的层级划分，就有高层领导、中层领导和基层领导；按领导活动的领域划分，有行政领导、业务领导、政治领导；根据领导的权威基础划分，又有正式领导与非正式领导。无论是从领导类型还是从领导概念的含义中，我们都可以看出，领导过程离不开领导者、被领导者（追随者）、环境三个要素。领导是一种上下双方共同实施行为的过程，领导者在领导活动中处于主导地位，是领导活动的主体，被领导者（追随者）接受领导和指挥，按照领导者的决策和意图为实现领导目标而从事具体的实践活动，两者处在一定的组织或群体体系中，是权威和服从的关系。环境是领导者实施领导时面临的各种外部因素的总和，环境是客观存在的，对领导活动的发展起制约或推动作用。有效的领导活动是三个要素相互结合的结果。

2. 领导是高层次的管理活动

领导是领导者率领被领导者努力实现组织或群体目标的过程，是通过示范、命令、组织、指挥、决策、协调、控制等途径对人们施加影响完成的，具有管理属性。领导位于组织管理上、中、下三个层次中的上层，领导也是管理，是主持大政方针的战略决策、面向全局处理重大问题的，因此领导是高层次的管理活动。

3. 领导具有权威性

权威就是对权力的一种自愿的服从和支持。“所谓权威，是指把一部分人的意志强加给另一部分人。它是以服从为前提的。”这是恩格斯在《论权威》中对权威的叙述。权威对领导有非常重要的作用，权威是实施有效领导的保证。美国政治学家罗伯特·达尔（Robert Dahl）在其所著的《现代政治分析》一书中对权威是这样描述的：“如果Y承认X控制Y的合法性，X就对Y有权威。或者，如果Y承认有义务服从X，X对Y也有权威。”领导权威表现于领导者与被领导者的关系中，权威的合法化形成权力，因此领导是权力和威望的反映，也是被领导者对这种权力和威望的认可及服从反映。

4. 领导是动态的行为过程

领导活动是领导者、被领导者、环境三个要素相互影响和相互作用的过程，领导者与被领导者之间，领导者与被领导者的统一体与环境之间，在领导活动过程中都存在矛盾。领导者要以科学的理论为指导，分析客观环境，把握好事务发展的方向，正确处理和解决矛盾，通过决策推动实施，影响被领导者的行为效率，实现“投入”与“产出”，领导是领导者、被领导者及所处环境的函数，表达如下：领导＝F（领导者，被领导者，环境）。

马克思说：“一切规模较大的直接社会劳动或共同劳动，都或多或少地需要指挥，以协调个人的活动，并执行总体的运动——不同于这一总体的独立器官的运动——所产生的各种一般职能。一个单独的提琴手是自己指挥自己，一个乐队就需要一个乐队指挥。”① 领导就像乐队指挥，对乐队进行总体行为控制，领导是动态的行为过程。

二、领导者

（一）领导者

领导是具有影响力的个人或集体，在社会共同活动或特定的组织结构中，通过示范、命令、说服等途径对人们施加影响，使人们为实现组织或群体目标而努力的艺术或过程。简单地说，领导是带领和指导群众实现共同确定的目标的各种活动的总和过程。领导者是承担领导职责、负责实施领导过程的个人。

领导者是组织内外交流和组织的支点。正式组织的领导者需要一定的任命程序，非正式组织的领导主要是依靠个人才能和魅力赢得。他们的主要作用是协助组织成员解决个人化的问题、协调成员间的关系、充当成员的代言人等。

（二）领导者的职责

无论是正式组织还是非正式组织，领导者都承担领导工作，首先是工作实施中的职责，其次还有领导者特殊的职责。领导者需要有清晰的头脑，能高瞻远瞩，胸怀全

① 参见《马克思恩格斯全集》。

局。具体职责如下：

1. 指导职责

领导者要做好下属的引导工作，帮助他们明确活动的目标和实现目标的途径，根据制定的工作程序、工作方法，指导下属的工作，做好下属的思想政治工作，指导下属认清所处的环境，解决工作和思想上的问题。

2. 协调职责

这主要是协调内外关系，调解内部矛盾。组织是存在于一定环境下的，环境中自然有矛盾的存在和产生，包括组织内部组织成员能力、个性、态度、个人生活环境以及地位上众多的不同，导致在工作中出现各种分歧，有可能是思想上的，也有可能是行动上偏离目标的情况等，这些矛盾需要领导者协调，通过协调带领成员形成合力，共同向着组织的目标前进。

3. 激励职责

这主要是激励成员，鼓舞斗志，为他们排忧解难。人们在工作、学习、生活中遇到困难和挫折是难免的，这些困难、挫折有物质上的，也有精神上的，领导者要了解各成员的情况，适时适度激励他们，以高超的领导艺术激发成员的工作热情和积极进取精神，积极培育和增强成员的忠诚感和事业心，使其成为他们的动力，激励他们自觉自愿地为实现共同目标努力。

4. 发挥领导的影响力

下属喜爱的领导者能够表现出更高的成员满意度。

领导影响力构成如图 42-1 所示。

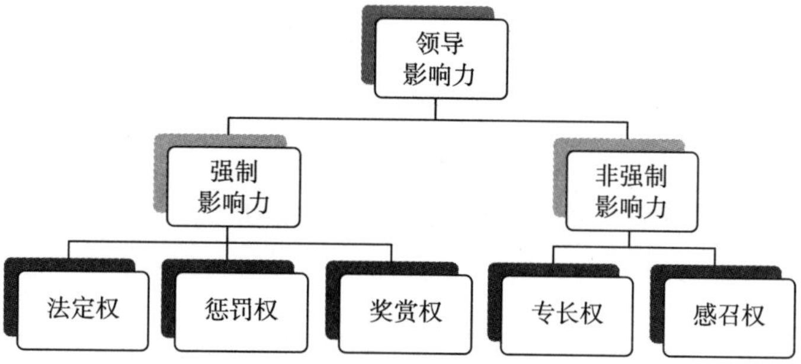

图 42-1　领导影响力构成

具有领导魅力的领导者应具有：判断自己和对自己能力充满信心的自信；有理想的目标，对未来充满信心的远见；清晰的表述及清楚表达目标的能力；具有强烈的奉献精神和对目标的坚定信念；敢于创新，不循规蹈矩的行为。

（三）日本企业界对领导者的要求

日本企业界要求领导者具备如表42-1所示的10种品德和10项能力。

表42-1　日本企业界要求领导者具备的素质

项目	特性
10种品德	使命感：无论遇到什么困难，都要有完成任务的坚强信念
	信赖感：同事之间、上下级之间保持良好的关系，互相信任与支持
	责任感：对工作敢负责任
	诚实：在上下级之间和同事关系中，要真心实意，以诚相待
	热情：对工作认真负责，对同事与下级热情体贴
	忍耐：具有高度的忍耐力，不能随意在下属面前发脾气
	积极性：对任何工作都要主动，以主人翁的态度去完成
	进取心：能在事业上积极上进，不满足现状
	公平：对人对事都要秉公处理，不徇私情
	勇气：有向困难挑战的勇气
10项能力	思维、决策能力
	规划能力
	判断能力
	创造能力
	洞察能力
	劝说能力
	对人的理解能力
	解决问题的能力
	培养下级的能力
	调动积极性的能力

日本企业对要求领导者具备10种品德和10项能力，这也是对领导行为理论研究的结果。

三、被领导者

（一）被领导者的含义

被领导者是相对于领导者而言的，在领导活动中被领导者是接受指挥、引导，执行具体决策方案、任务的个人或组织。被领导者是一个相对的概念，简而言之就是除了领导者之外的群众，一般又分成相对被领导者和绝对被领导者。相对被领导者是既有上级也有下级的中间层，对于上级是被领导者，对于下级又是领导者。绝对被领导者是在社会组织中没有承担任何领导职务，不掌握领导权力，不承担领导责任，只有上级的基层群众。

需要说明的是，社会主义国家的被领导者和领导者一样具有主人翁地位，在执行领导活动中，不仅要对自己所属工作负责，还要把本职工作和社会主义事业统一起来，对事业负责。

（二）被领导者的特征

根据被领导者的含义，被领导者具有以下特征：

（1）多数性。一般来说被领导者人数众多，具有群体行为。

（2）服从性。被领导者在领导活动中处于主体地位，是领导者的作用对象，也是领导者命令的执行者。

（3）源泉性。领导者是从被领导者中产生的，领导者的基本素质、领导能力甚至领导风格或多或少地具有它赖以产生的被领导者群体特点。

（4）对象性。被领导者与领导者有共同的利益，对领导者具有监督反馈作用，领导活动的实现效果离不开被领导者。

（5）不担任领导职务或担任较低层级职务，在身份上不可能对上司行使权力。

（三）领导者和被领导者的关系

领导者与被领导者之间相互依存、相互制约。一方面，领导者对被领导者有影响，领导者通过领导活动和有效沟通发挥被领导者的能力，激发并调动他们的创造性和工作热情，帮助他们认识组织对员工的要求，明确工作努力的方向。另一方面，被领导者对领导者有影响，领导者的权威、决策效能离不开被领导者的认同和执行。除此之外，领导者与被领导者不是一成不变的，都有调整位置的可能。

第二节　领导理论

领导理论是通过一些实证式的研究和逻辑化的推理得到有关领导有效性及相关因素的普遍式结论，将领导活动纳入到科学研究程序中的理论。有关领导理论的研究是管理学理论研究的热点之一，这些研究大致可分为领导特质理论、领导行为理论、领导权变理论三类理论学派。

一、领导特质理论

（一）领导特质及研究意义

领导特质是指从事领导工作所要求的个体素质，包括个人能力、品质和个性特征。

领导者是具备某种特质的主体，适合充当领导者的人应该具备一些人格特征和品质，领导特质研究就是研究领导者是如何形成的问题。

领导特质研究能够发现领导者，是更好地使用和培养领导者的参考依据。领导的过程需要协调好领导活动中各要素之间的矛盾，领导者的意愿、能力、知识、智慧甚至精力等具备一定的水平，是完成领导活动、实现组织或群体目标的关键。领导特质研究的重点是品质特征和技能结构。品质特征主要是判断力、心态、人际关系、执行力、成就需求；技能结构主要是概念能力、操作能力以及沟通能力。

（二）领导特质理论

说到强有力的领导者，人们会用领导特质来描述。领导特质理论也称素质理论，着重研究领导者的品质和特性。20 世纪早期领导理论的研究者把领导者的特征研究作为研究重点之一，并在此基础上形成了领导特质理论。领导特质理论按解释领导品质和特性来源不同，分为传统领导特质理论和现代领导特质理论。

传统领导特质理论又称为伟人特质理论，该理论主要从领导者的人格和能力方面对天才领导特质进行了说明。事实上，许多具有天才领导特性的人并没有成为成功的领导者，杰出的领导者也不是个个英俊潇洒、善于言辞，还有不具备天生领导特性的人，经过环境和教育实践，逐渐成了有效的领导者。因此，这种过分注重天赋等个人条件的观点暴露了许多自相矛盾之处，逐渐被人们放弃，进而演化出了现代领导特质理论。

现代领导特质理论纠正了传统领导特质理论的片面观点，认为领导者的特性和品质是在实践中形成的，并可以通过教育训练培养形成，领导过程是动态的。以下是一些典型的研究。

1. 有效领导的能力

管理学家德鲁克（Drucker）总结了有效领导具有的五种能力：一是善于系统地安排与利用时间，时间该如何支配，怎样合理安排时间，是有效领导具有的能力。二是致力于最终的贡献。有效领导的工作是为了成果，最终成果的出现才是他们工作的目的。三是重视协调和激发自己、同事、上级和下级的长处。四是把精力集中在关键领域，确立工作的优先次序，保证最重要的和最基本的工作做好。五是决策能力强，能做出切实有效的决定。

2. 领导者的个性品质和激励品质

埃德温·吉赛利（Edwin Ghiselli）通过调查企业经理人员总结了领导者应具备的八种个性品质和五种激励品质（见表 42-2）。

表 42-2　埃德温·吉赛利领导特质理论

类型	品质	说明
个性品质	才智	语言和文词方面的才能
	督察能力	指导他人的能力
	首创精神	开拓新方向和创新的愿望
	自信	自我评价较高，自我感觉较好
	决断能力	决策判断能力较强，处事果断
	与下属关系亲近	与下属关系亲近
	成熟程度	工作经验、阅历较为丰富
	性别	—
激励品质	对安全保障的需要少	对工作稳定、安全的需求
	权力需要高	对指挥他人权力的需求
	自我实现欲强	对自我实现的需求
	事业心成就欲强	对事业成就的需求
	不要高额金钱报酬	对金钱奖励的需求

上述因素依重要程度分为：非常重要的要素，即督察能力、事业心成就欲强、才智、自我实现欲强、自信、决断能力；中等重要的要素，即对安全保障的需要少、与下属关系亲近、首创精神、不要高额金钱报酬、权力需要高、成熟程度；性别对领导者不起作用，是最不重要的要素。13 个要素中，督察、才智和首创精神是个人的能力要素。

3. 不成功领导的品质和特性

美国管理学家彼特（Peter）将难以胜任领导的领导特质归结为：①冷漠、孤僻、骄傲自大；②野心过大，玩弄权术；③目光短浅，缺乏战略头脑；④对别人麻木不仁，吹毛求疵，举止凶狠狂妄；⑤心胸狭窄，挑选无能之辈担任下属；⑥懦弱无能，不敢行动；⑦缺乏建立一支同心协力队伍的能力；⑧犟头倔脑，无法适应不同的上司；⑨背信弃义；⑩犹豫不决，无法决断；⑪管头管脚，独断专行；⑫偏听偏信，过分依赖一个顾问。他认为不成功领导的品质有这 12 种特性。

（三）领导特质理论的不足

特质理论是人们研究领导活动的起点，其对具备什么样的特质才能成为领导者做了有价值的探讨，特别是在能力、人格、价值观方面。但这些研究对领导行为、现象和领导力不能做充分解释。

二、领导行为理论

领导特质理论不能完全找出领导者的特征，管理学家们进一步研究了领导者的行

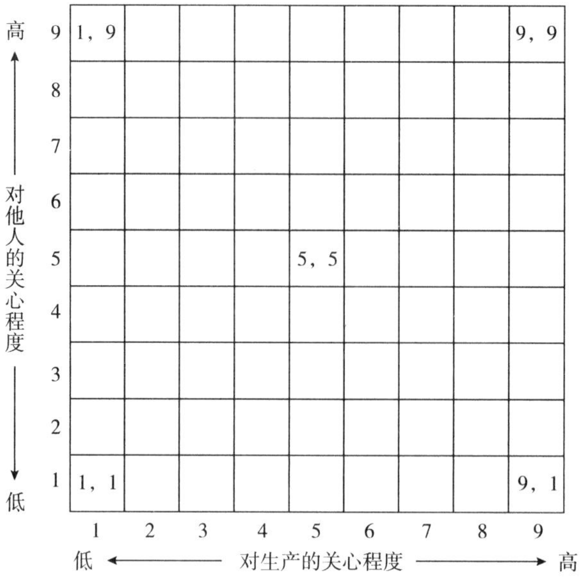

图 42-4 领导方格

（1）1，1 型贫乏的领导者。领导者既不关心生产，也不关心下属，对组织运行放任自流，不承担领导者应有的责任，用最小的努力去维持人际关系和完成任务。这是一种无效率的领导方式，也是现实中很少见的极端情况。

（2）1，9 型俱乐部型领导者。领导者对下属关心多，对生产和工作关心少，注重下属的需要，努力营造舒适和睦的组织气氛，但对协同努力以实现企业的生产目标不热心。

（3）9，1 型任务型领导者。领导者集中注意力提升工作效率、有效组织生产，可以说是十分关心工作，但不关心人的因素，更不关注下属的发展和士气。

（4）9，9 型理想式领导者。属于团队型领导者，既十分关心生产，也十分关心下属，勇于承担领导者的责任，善于运用协同努力以实现企业的集体目标，同时与下属能相互配合、相互信赖和尊重，建立良好的人际关系，建立"命运共同体"的关系，实现下属对事业的成就与满足，达到组织集体目标。

（5）5，5 型中间型领导者。领导者对生产的关心度和对下属的关心度虽然都不算高，但是能保持平衡。领导者一方面比较注意管理者职责，另一方面注意对下属的引导鼓励，保持士气，也能维持足够的生产效率，但创新精神缺乏，不是卓越的领导。

4. 领导方式管理系统理论

领导方式管理系统理论是一种企业领导方式理论，是通过对以生产导向型的领导者和员工导向型领导者进行比较研究后所得出的成果，该理论认为领导者和下属之间的支持关系是双向的。利克特从生产导向与员工导向两个维度研究，提出了领导行为的四种管理方式：严厉的专制独裁式领导、仁慈的专制领导、协商式的民主领导、参与式的民主领导。

（1）严厉的专制独裁式领导。决策权高度集中在领导者手里，下属很少有参与决策的机会，并且双方极不信任；领导者主要运用命令、威胁和强制手段来执行领导职能，下属工作环境压抑，常常处在恐惧和互不信任的气氛中，领导者偶尔会有奖赏措施激励下属。专制独裁式领导容易造成与正式组织目标相对立的非正式组织的出现。

（2）仁慈的专制领导。决策权在领导者手里比较集中，下属在严格的政策控制下有一部分决策参与权，允许由下而上传递信息；通常是奖赏措施和无形的惩罚激励并用。仁慈的专制领导也容易形成与正式组织的目标不一定对立的非正式组织。

（3）协商式的民主领导。主要问题解决和政策由领导者做主，具体问题解决可由下属决定；双方有相当的信任度，因此可以双向传递信息，协商解决问题；工作中以奖赏作为主要激励措施，惩罚少。协商式的民主领导也可能产生非正式组织，但大多数情况下非正式组织会支持组织的目标，也可能出现反对正式组织的目标的情况。

（4）参与式的民主领导。领导者完全信任下属，决策权和控制权分布于整个组织中，自上而下都能参与决策；上下沟通、平行沟通顺畅，信息交流氛围友好，注重启发、创新，运用奖励激励。因此，出现的非正式组织与正式组织融为一体，组织目标与员工的个人目标一致，所有力量都为组织目标而努力，并强调实行共同监督和自我控制。

以上四种领导者类型比较如表 42-3 所示。

表 42-3　四种领导者的比较

领导者类型	权力特点	参与程度	信任程度	交往	沟通程度	奖励程度
严厉的专制独裁式领导	所有权力独揽	下属不参与决策	不信任下属	极少交往	少或不沟通	命令、威胁为主，少有奖励
仁慈的专制领导	大、小权力独揽	下属有建议权，领导做最终决策	对下属有一定的信任	在上级屈就、下级恐惧中进行	有一定程度的沟通	奖励、惩罚都有
协商式的民主领导	大权力独揽、小权力下放	领导做主要决策，小决策可由部分下属做	相当程度上信任下属，但不完全	在相当信任下属中交往	有较多的沟通	奖励为主，惩罚为辅
参与式的民主领导	大权力独揽、小权力下放	下属参与甚至完全参与决策	完全信任下属	与下属和谐、融洽地交往	完全沟通	奖励

上述对比表明，参与式的民主领导者管理最有效，参与式领导要遵从三条原则：一是必须运用支持关系原则。领导者支持下属，保证每个成员把自己的知识和经

验与个人价值和重要性紧密联系，并看成是个人价值和重要性的基础，建立和维持这种个人价值和重要性的感觉。二是要运用集体决策和集体监督。每个下级组织的领导都是上一级组织的成员，即存在“联系栓”，通过这种联系，把整个组织联结成为一个整体。三是要给组织树立高标准目标。通过实现这些目标，既满足了组织成员的个人目标，又很好地实现了组织目标。

一个组织的领导者如果既关心工作，又较多地关心下属的需要和愿望，该组织的生产率较高；反之，关心员工的需要和愿望较少，生产率较低。一个组织的领导者如果接触下属的时间越多，生产率越高；反之，接触下属的时间越少，生产率越低。一个组织的领导越是民主、合理，下属参与民主管理程度越高，生产率越高；反之，专制、不合理、集权制，则生产率越低。领导者的工作方式对生产率有极为重要的影响。

三、领导权变理论

权变是指行为主体为达到理想效果，根据环境因素的变化适当调整自己的行为。领导权变理论认为，普遍适用的有效领导的固定模式并不存在，领导就是一种动态过程，领导的有效性随着被领导者的特点和环境的变化而变化。因此，领导者的领导绩效依赖于领导者、被领导者、环境的交互作用。

权变理论把一个组织看作是社会系统中的分系统，强调根据不同的具体条件采取相应的组织结构、领导方式和管理机制，要求组织各方面的活动都要适应外部环境的要求，好的领导应根据具体情况进行管理。这就需要先界定领导风格以及不同的情境类型，再建立领导风格与情境的恰当组合。为了能确定领导是任务导向型还是关系导向型，可通过分析领导者—成员关系、任务结构和职位权力三项情境因素，有效的领导必须是工作任务与领导者的风格、与领导者对情景的控制程度的变化这三项情境因素相匹配。

四、领导情境理论

情境是在一定时间内各种情况的相对或结合的境况，组织中行为主体为达到理想效果，根据环境因素的变化适当调整自己的行为。领导情境理论认为，领导的有效性取决于领导风格与下属成熟度的适应性，而成熟度是指个体能够并愿意完成某项具体任务的程度。由于下属的行为直接影响领导绩效，下属如果拒绝领导者，领导者的努力难以变成现实，这样领导者需要调整自己的行为方式，改变指导或者支持的程度以满足下属不断变化的需要，也就是领导者要充分认识员工的需要，适当调整自己的领导风格，并将其领导风格与下属的能力及承担的任务相匹配，以满足员工的这些需要，这样才能取得有效的领导。该理论的领导者、被领导者、环境可用公式表达，即领导的有效性=F（领导者、被领导者、环境）。

根据公式可以看出，领导有效与否，要根据领导者本身的条件、下属（被领导者）的情况和包括工作任务在内的环境条件，以及上述三者的相互关系而定。图42-5是一种典型的情景领导模型，从中可以看出，领导让自己的领导风格适应下属的成熟程度非常重要，不同成熟程度的下属，领导者采用的领导方式应不同。

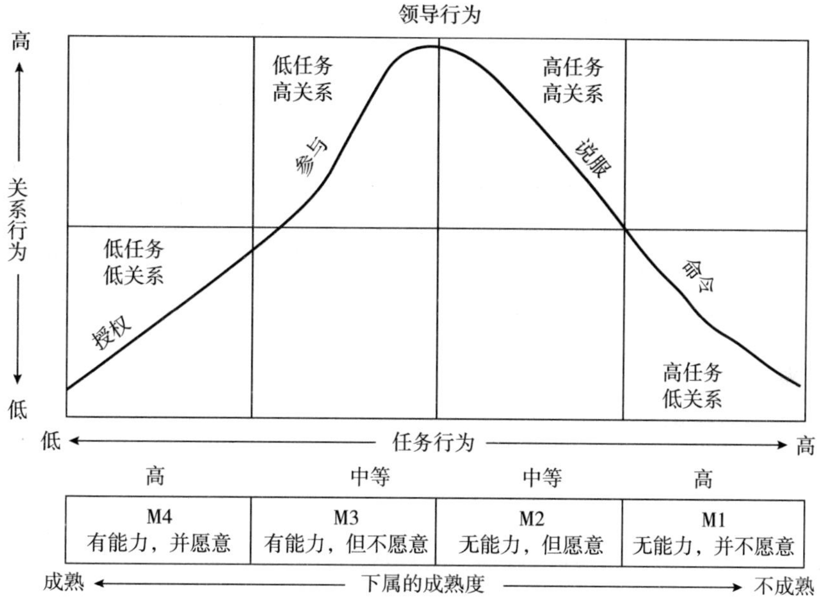

图42-5　情景领导模型

五、领导理论的新发展

随着领导理论的深入研究，研究者又在上述特质理论、行为理论和权变理论的基础上，进行了更深入的研究，出现了一些新的理论。典型的理论有交换型领导行为理论、量子型领导理论等。

交换型领导行为理论认为，领导行为建立在交换过程的基础上，是领导者以下属所需要的报酬来换取自己所期望的下属的努力与绩效。交换型领导行为建立在交换过程中权变性与非权变性两种奖励和惩罚行为的基础上，奖励和惩罚的不同导致不同的结果，权变性奖惩是根据下属的绩效进行的奖惩，非权变性奖惩是不依据下属的绩效进行的奖惩。因此，交换型领导行为有权变奖励领导行为和例外管理领导行为，两种行为随着领导者活动水平变化，随着员工与领导相互作用性质的不同而不同。

量子型领导理论认为，传统的领导理论对领导能力和领导行为的解释是块状的、浅显的、割裂式的，对领导能力、领导行为的本质没有深入认识，更没有研究其作用机制。量子型领导理论研究了领导行为与领导者、被领导者之间的关系，他们之间是有机的、系统的、互动的相互作用，伴随领导事件这种相互关系而具有不连续性。领导能力是一种激发人的能量并将其转化为行动的能力，这种能力还可以通过对意识的不断修炼来提高。传统领导与量子型领导进行了比较（见表 42-4）。

表 42-4　传统领导与量子型领导的比较

传统领导能力的观点	量子型领导能力的观点
领导能力是一种客观现象	领导能力是一种主观的现象
领导能力的影响力基于权力	领导能力的影响是一种相互作用
领导能力是其组成部分	领导能力是一个活动范围
领导能力遵循因果逻辑	领导能力是没有结构和不可预测的
领导能力是一个人持续的属性	领导能力是一个断续的事件

六、领导与管理

（一）领导与管理的不同

表 42-5 列出了领导与管理的区别，具体区别有七个方面。

表 42-5　领导与管理的区别

	管理	领导
目标	制订计划、预算，注重细节控制	形成理念，制定战略，注重全局把握
权力基础	来源于职位权力，强大但脆弱	来源于人格魅力及影响力，强大且持久
着眼点	维持秩序，保持稳定	关注未来，创新改革
贡献	创造利润	创造企业文化和价值观
素质	专业化方面的知识和技能	沟通能力、表达能力、协调能力、洞察力等
关注的时间	关注现在	关注未来
关注的事情	保持现状与稳定	引起变化
创新性	实施政策与程序	创造一种共同价值观的文化
组织结构	保持现有的结构	创造出一种建立在分享价值上的文化
与下属关系	对下属冷漠，客观公正	建立与下属的情感纽带
权利运用	使用位置权力	运用个人权力

1. 领导与管理的目标不同

领导是通过率领和引导等方式带领人们实现一个或多个既定目标的过程，工作重心是解决方向、目标、路线问题，领导行为是通过领导者表现的，领导行为的工具是组建共同的文化价值观，具有鲜明的人文特征，领导看重组织的长期发展，进行的是战略指导等综合性工作，为组织长远发展把握方向。领导表现出一定程度的灵活性和创新性。管理是计划、组织、预算和控制某些活动的过程，提高组织的运行效率，是管理者根据既定的目标政策进行职能性的工作，人作为组织的主体，本质上是管理的对象。管理表现为工具和技术两个方面，可以借助科技手段和权威专家进行。管理表现的是规范、科学，管理者注重相对较短时期的绩效。

2. 领导与管理的权力基础不同

好的领导者不利用强制性职权，而是运用自身的才能、知识、品格等因素产生领导魅力，吸引和影响被领导者，这种影响进一步激发下属内心的认同感，有效提高领导效率。领导者是人们的精神领袖，领导者的权力看起来比较被动和弱小，一旦得到人们内心的认同，领导力将强大持久。

在管理中，强制性的职位权力能让管理者更容易达到控制和管理目标。管理者通过行使职权，控制和管理目标。管理者是现有制度的守护神，管理者的权力看起来十分强大，但得不到承认则无法发挥作用。

3. 领导与管理的着眼点不同

领导是变革，是做正确的事情，与目标、方向有关。领导的着眼点在于关注前景和未来发展，领导者通过领导过程树立正确的价值观，完善人格、提升自己、影响他人，实现价值。领导者具有积极进取的精神，表现出勃勃生机，不断激发出企业活力。

管理是维持秩序，执行决策，正确地做事。管理强调维持目前的秩序，“现存的制度法规是至高无上的”，管理要求组织成员按制度和规范完成工作，服从命令，按管理者意愿行动，因此，过度的管理会影响组织的发展。

4. 领导与管理对下属的态度不同

领导者对待下属的态度倾向于尊重下属的自由主体性。有效领导研究发现，有更强创新能力的下属都有才能和想法，尊重并激励他们能更好地实现共同目标。

管理者由于目标和拥有的权力基础，决定了他们更倾向于控制下属。管理过多，下属顺从、勤奋，但压制了他们的开拓创新精神和忠诚度。

5. 领导与管理的思维方式不同

领导者思维广阔、灵活、敏捷，具有创造力，归纳和总结能力强，考虑问题能够多领域、多层面、多角度，领导属于综合型的思维方式。管理者擅长细致而周密地分析问题，按管理要求更善于精确性和逻辑性思维，解决问题的方案更具可操作性，管理的思维方式属于分析型。

6. 领导与管理的工作对象不同

领导的对象是人或群体及其事业。领导运用一定领导方式，引导人的思想和行为，

（三）其他领导方式

在领导中，下属的追求不同，影响领导者领导方式的选择。中国传统文化中早就有“性善论”“性恶论”“人无善无恶论”等认识观点，对人性假设的认识影响着组织中的领导行为，影响领导活动中的领导方式、激励措施等的选择。20世纪60年代，美国心理学家薛恩也对流行于西方的各种人性理论进行了概括。针对不同类型的下属，领导者应采取的领导方式不同。根据对不同类型的下属实施的领导方式划分，分为经济人、社会人、自我实现人、复杂人假设的领导方式。

1. 经济人假设的领导方式

（1）经济人假设。经济人假设是享受主义哲学和英国经济学家亚当·斯密在关于劳动交换的经济理论研究中提出的。亚当·斯密认为人的本性是懒惰的，需要加以鞭策，经济和权力维持员工的效力和服从。在经济活动中，每一个人都从自己的目标、处境和愿望出发，制定自己的发展规划并安排自己的行为，每一个参与者都被假设为“经济人”。

美国工业心理学家道斯·麦格雷戈提出的X理论和Y理论也是对经济人假设的概括。X理论认为人“性本恶”，Y理论认为人“性本善”。

X理论人性假设：多数人生来就是懒惰的，缺乏进取心，只要可能他们就会逃避工作；心甘情愿听从指挥，不愿承担责任，人习惯于守旧，反对变；多数人天生就是以自我为中心，多数人个人目标都是与组织目标相矛盾的，要用强制、惩罚的办法迫使他们为达到组织的目标工作，多数人干工作都是为满足基本的生理需要和安全需要，有效地鼓励他们努力工作的措施只有金钱和地位。Y理论人性假设与X理论恰恰相反。麦格雷戈主张Y理论，反对X理论。

泰勒是“经济人”观点的典型代表，其主张制订计划和实施计划的是两类不同的人，泰勒的科学分析有其科学的一面，但对人的思想感情没有考虑，注重工作任务的完成。

（2）经济人假设的领导方式。根据经济人假设，领导工作重点在于完成任务，忽视对人的情感、需要、动机、人际交往等社会心理因素，重指挥轻指导。领导者权力集中，运用行政命令、纪律约束、训斥、奖励与惩罚等手段使下属服从。在奖励激励上，主要用金钱来刺激工人生产积极性。

2. 社会人假设的领导方式

社会人假设是由霍桑试验的主持者梅奥提出的。社会人假设认为：人是群居于社会中的，而不是孤立存在的，人是“社会人”，组织中存在有“非正式组织”，这种非正式组织有特殊的规范，影响着群体行为。生产效率的提高或降低取决于工作方法和工作条件之外的人与人之间的关系，包括家庭、社会生活、工作中人与人之间的关系。

新型的领导能力在于提高职工的满足度。

在社会人假设下，领导工作重点不只是完成任务，更重要的是放在关心人和满足人的需要上，领导者与下属保持沟通，使其参与决策，同时重视人与人之间的关系，让员工具有归属感，培养员工的主人翁意识。

3. 自我实现人假设的领导方式

“自我实现人”是心理学家马斯洛提出的。马斯洛在他的需求层次理论中提出，人的需求是有层次的，人的需求是由低级逐级向高级的需求发展，“人类需要的最高层次就是自我实现，每个人都必须成为自己所希望的那种人，能力要求被运用，只有潜力发挥出来，才会停止吵闹”。自我实现的需要是人希望完美的欲望，人会尽努力实现所能实现的一切欲望，具有这种强烈欲望的人称为“自我实现人”。自我实现人的特征：有敏锐的观察力和较强的创造创新能力，思维敏捷，能排除环境偶然因素的影响，只跟少数志趣相投的人来往等。现实中这种人极少，多数人由于社会环境的束缚，缺少适当的创造自我实现的条件。自我实现人假设的另一代表是麦格雷戈的 Y 理论。Y 理论认为，人天生愿意承担责任，不厌恶劳动，注重自身的社会价值，愿意为实现组织目标而努力，以自我实现为最高需要。

针对自我实现人假设，领导者只决定目标和任务方向，给下属充分的自由工作空间。领导者把注意的重点从人的身上转移到工作环境上，创造一种适宜的工作环境、工作条件，充分挖掘人的潜力，给予发展空间，发挥他们的才能，使其充分地实现自我。领导者重视沟通，了解下属的需求，激励并发挥人的潜能，创造适宜的条件，减少和消除员工在自我实现过程中所遇到的障碍。采用奖励激励方式，以内在的奖励为主，使员工在工作中能够获得知识、增长才干，更能发挥自己的潜力，满足员工的自尊和自我实现的需要，同时以物质奖励为辅，并在员工需要的时候提供必要的帮助和指导。

4. 复杂人假设的领导方式

复杂人假设是由埃德加·沙因在 20 世纪 60 年代末 70 年代初提出的，与之相应的是超 Y 理论。超 Y 理论对 X 理论和 Y 理论的真实性进行实验，是由摩尔斯、洛斯奇研究后提出来的。超 Y 理论认为 X 理论并非一无是处，Y 理论也不是普遍适用的理论，实际应用应针对不同的情况选择，可能是 X、Y 理论交替使用。“复杂人”的含义：每个个体的需要和潜力随着年龄的增长、环境的改变、知识的增加、地位和人与人之间关系的改变发生变化，需求各不相同；在群体中，人与人之间是有差异的。从需要和动机角度进行分析，在某一特定时期，人的需要和动机是由内部需要和外界环境相互作用的结果，即人的需要是多种多样的，并且随着人的发展阶段和所处境而变化。每个人的需要和需要的层次各不相同；同一时间内人可能有各种需要和动机，这些需要和动机相互作用，形成错综复杂的动机；人的工作环境和条件的变化，也会不断产生新的需要和动机；人的能力有差异，需要又有不同，对领导方式的反应也不同。

针对复杂人的假设，要求将工作、组织、个人三者做最佳的配合，并不要求放弃上述三种人性假设，以及探讨领导的职能和环境因素的关系，领导者要根据具体情况，采用灵活多变的领导方式，提高工作效率。例如，目标任务不明确，秩序混乱，应采取较严格控制的领导方式；目标任务清晰明确，则应发挥群体作用，采用民主的、授权的领导方式。领导者要善于发现下属个性差异，以及他们不同的能力、需要和动机，采取灵活多变的领导方式和激励措施。

在现实中，由于人的变化、环境的发展变化，没有一种普遍适用的领导方式适合于任何时代、任何组织和任何个人，要以系统、权变的思想选择领导方式。

二、领导艺术

（一）领导艺术含义

艺术是一个高雅的概念，是比现实具有典型性的一种社会意识形式。领导艺术是领导者在实施领导职能过程中，运用领导者自身的综合素质，富有创造性地运用领导原则和方法解决各种偶发、特殊或复杂疑难问题的才能。领导艺术是超越一般化领导方式和方法的、富有创造性的、技巧性的、完美的领导方式方法，与领导方式、领导方法分别在不同的层面。达到艺术高度的领导工作，更有助于领导效率的提升，对于搞好领导工作具有重要意义。

管理大师德鲁克认为，领导是一个拥有跟随者的人，领导不是等级、特权、名头或金钱，它是一种责任，领导者经常露面，他们因此树立榜样。领导艺术总是通过领导方法展现的，而艺术又是方法的升华，把领导方法运用得出神入化、恰到好处，才能转化为领导艺术。

领导艺术是创造性、创新性领导方法的应用。彼得·圣吉提出的“生态领导学”指出，领导艺术来自拥有创造性张力的人的能力，组织是一个鲜活的体系，组织中各个层面的许多人都扮演着极为重要的角色，他们影响并保持组织的创造性张力，充分发挥这些人的积极性、主动性和创造性，人们自然形成互动和互补关系，这样才能保证组织的长期持续发展。

（二）领导艺术的特点

正确认识领导艺术的特征，是把握领导艺术的关键。领导艺术区别于其他领导活动，具有创造性、非常规性、经验性、普遍性的特征。

1. 创造性

“实以虚之，虚以实之”是军事领导者带兵打仗的艺术。《三国演义》中诸葛亮唱的"空城计"也是以"虚以实之"退掉魏军。这是我国古代领导艺术的典范。

领导艺术是领导活动中的一种创造性活动，关键是创造。创造性是人的自觉能动性的最高表现形式，在领导活动中是领导艺术的灵魂和生命。领导者在领导活动中，运用领导方法和领导理论，发挥领导者的能力和技能，密切结合实际，因地制宜地有效解决实际问题，是领导艺术的创造性。面对层出不穷的新矛盾、新问题，领导者单凭经验和老一套办法是无法解决的，改变观念、树立新的理念、采用新办法，才能打开新局面，迎接新的挑战。

2. 非常规性

领导艺术是领导者智慧的积累和凝练，也有个人的领导经验，具有鲜明的个性。领导艺术可以借鉴，但没有现成的、固定的模式可以机械地照搬。领导工作要对具体问题具体分析，领导处理的事件有常规事件和非常规事件。对于常规事件处理，可以按领导方法、理论中的常规程序来处理，但遇到非常规事件，就需要遵循事物规律性，采取一些非常规的办法处理。在任何非常规性领导艺术中，总能包含一定规范性东西，符合事物的规律性。值得注意的是，任何高超的领导方法都依赖于知识、经验的长期积累，需要胆略、意志的刻苦训练，也需要领导者审时度势、果断处置。

3. 经验性

"运用之妙，存乎一心"，领导艺术不是按逻辑规则推导出的一般结论，是领导者依据阅历、知识和经验并结合其科学性凝聚的"心"。领导者经验包括领导者的直接经验、他人的间接经验，成功经验、失败教训，有本国经验，也有国外经验。经验的积累，除了领导者学习书本上知识和理性经验，更重要的是在实践中的感性经验。相同的领导方法、相同的问题，在同一条件下，不同领导者处理的效果往往有很大差别。

4. 普遍性

领导活动的各个阶段和每一个环节都需要领导艺术的发挥，任何层级的领导，无论从事何种工作，在进行领导活动、实施领导职能中，普遍需要领导艺术，从而高效完成工作任务。

（三）领导艺术的内容

领导艺术让领导者具有很强的个人魅力，富有创造性的领导活动是领导艺术性的载体。领导艺术的内容有如下四个方面：

1. 领导的用人艺术

习近平指出："发展是第一要务，人才是第一资源，创新是第一动力。"人才是引领科技创新、驱动产业变革、促进国内区域发展的关键因素，也是实现民族振兴、赢得国际竞争主动的战略资源。对于组织来说，人才是宝贵的财富，领导者在用人上要讲求艺术。

（1）知人善任。善于认识人的品德和才能，合理地举用人才，这是知人善任包含的内容。领导者也要了解熟悉下属，善用人之所长，避其所短，知人善任，适才适所，将其安排到合适的岗位上，同时还有看准各类人才，在最佳使用期及时、大胆地使用，把握好度，保证人才最大效率发挥作用。

（2）爱才惜才。对人才要有“求贤若渴”的深厚感情，学习刘备的“三顾茅庐”精神，做好发现、选拔、引进、培养人才工作，对待人才要知人所爱、帮人所爱、成人所爱。领导者应珍惜人才及他们的各种专长、特点，适时调整对他们的使用，让他们更好地施展自己的才华。

2. 领导的处事艺术

领导者是做正确的事，应该成为做事最精的人，而不是做事最多的人。因此，在领导活动中，多运用领导艺术，多做自己该做的事，管好自己该管的事，不该自己管的事不管。处理和安排好领导者想做、擅长做、必须做的事，领导者想做、不擅长做、必须做的事，以及领导者不想做、不一定要做也不擅长做的事。明确分工和工作流程，各守职责，各尽其能，凡事不能包揽，不乱干预下属的工作。领导者要有长远目光，多做着眼于明天的事，做好谋划，组织才能够保持可持续发展的势头。领导者做领导工作要分清主次、轻重缓急，多做最重要的和最紧要的事。

3. 领导的决策艺术

领导活动的过程就是不断做出决策和实施决策以实现目标的过程。领导的决策艺术来源于领导决策实践经验。开展领导工作之前，必须清楚要做什么，什么时间怎样去做，环境怎样，如何影响工作，领导行动的方向就是依据决策，也可以说是领导行动的起点和指南。领导工作必须有决策，有授权。领导者的决策艺术和能力体现在重大事项的运筹帷幄，组织生死存亡的战略规划，以及日常领导工作及快速反应、敏锐洞察、分析决断能力上。要对领导者决策意识和决策水平提出更高要求。决策前做好调查研究，清楚组织内外情况；决策中要充分发扬民主，按“利利相交取其大、弊弊相交取其小、利弊相交取其利”的原则，抓好时机优选决策方案；决策后狠抓落实，做到言必信、行必果，严格实施、执行决策方案。

4. 领导的时间管理艺术

领导工作讲究效率、效果和效能，效率是把事情做正确，效果是做正确的事情，效能是把正确的事情做对。时间管理艺术是指领导者从宏观上对时间把握的策略和技巧，既要做好个人的时间管理，也要做好组织的规划，重视时间管理。一方面，要注意强化时间意识，有效管理时间，强调工作的计划性，按轻重缓急合理做好时间安排，这是提高工作效率的基本保证；另一方面，一个人的时间是有限的，领导者的有效领导时间也是有限的，要在有限的时间内学习、提升，做时间的主人，当好主人翁。

第四节　领导内容

法约尔曾经对管理的定义是“寻求从企业拥有的所有资源中获得尽可能大的利益，引导企业达到它的目标”，而领导是保证实行计划、组织、指挥、协调、控制这几项基本职能得以顺利完成的最终保证力量。由此可以看出，法约尔对“领导”和“管理”的定义是不同的，不可混淆。领导活动的内容就是领导职能的另一种表述。

领导内容是指领导过程中，领导者影响人们自觉、热情地为组织目标而努力。领导内容分为一般层面的领导内容和具体层面的领导内容。

一、一般层面领导内容

（一）引导

领导者在领导过程中是站在群体之前鼓舞、引导群体齐心协力去实现组织目标，而不是在群体的背后推动群体向前。领导者的引导作用就是“带头羊”的作用，带领群体沿着正确的方向前行。引导通常包含以下三方面内容：

1. 设计

这包括发展路线的设计、组织的系统与架构的设计、组织目标的设计。如果把领导者比作轮船的设计师，那他不仅设计轮船，还是航行路线的设计者，轮船的设计要坚固合理，航线要科学，如果船的设计不完善或结构有问题，航线选择不科学，面对汹涌的大海，这艘船无法渡过。同样，组织的系统与架构不合理，组织目标不明确，组织就可能无法生存。

2. 决策

领导者为组织指明方向，提出战略规划，制定组织的战术措施，这是实现组织目标、满足组织成员需要的要求，也是决策的重要内容。组织目标能否实现，取决于组织战略正确与否。要制订正确的执行计划，科学地选择和确定领导方法，创建、维持与变革组织文化。战略规划也是沟通人心的得力工具，是铸造辉煌的催化剂。

3. 榜样

领导者不仅是战略的制定者，而且在遇到特殊事情特别是危机时刻时，领导要从容应对，用智慧战胜困难，此时，领导者又起到榜样的作用，成为表率，以个人魅力稳定群体的情绪，使组织渡过危机。

（二）指挥

指挥是领导的重要职能之一。在领导者对组织目标进行设计并对日常工作决策后，为保证成员执行组织的决策，领导者要发挥其领导职能，采用正式的指挥、命令、授权方式。有效的命令、合理的授权很重要。

1. 有效命令是指挥的有力保证

领导者下达的命令具备完整、清晰、可执行这三个基本条件，才是有效命令。

命令的完整性要求领导者下达的命令中包含工作的时间、地点、完成数量、完成标准、完成期限、具体完成者，让下属清楚什么时间应该做什么，做到什么程度。命令的清晰性要求领导者下达的命令中清楚明确地告诉下属各项衡量标准，下属接到命令后很明确预期的结果以及自己应当努力的程度，这样也便于下属制订自己的工作计划。命令的可执行性要求领导者下达的命令能够执行，并且为下属创造执行命令的条件，还需要命令后必要的跟踪检查，及时修改不恰当、不正确的命令，使命令的有效性得到保证。

2. 合理授权是有效指挥的重要途径

领导者在领导活动中不可能所有事情亲力亲为，面面俱到，合理的授权有助于提升任务目标执行的效率，也是有效指挥的重要途径。哈佛大学的查理斯·阿格里斯（Chris Argyris）教授认为，承诺是指如何更好地调动人的能力和人的思维，若缺少承诺，任何创意的实现都将被破坏。领导的授权实际上也是一种承诺。

授权是领导者授予下属一定的权力，由领导者进行监督，被授权者自主地决断和处理对本职范围内的事情的工作方式。领导者即授权者，接受者即被授权者，授权者具有指挥、监督权，被授权者负有报告和完成任务的责任。授权的目的是有效增强组织成员的内部承诺。人们在承诺自我的责任时通常出现外部承诺和内部承诺，其中内部承诺源于自身的承诺，具有参与性。两种承诺的差别如表 42-6 所示。

表 42-6　外部承诺和内部承诺的差别

外部承诺	内部承诺
工作任务由他人决定	工作任务由自己决定
实现任务所需行为由他人决定	个人自己定义实现目标决定所需的行为
工作的目标由管理层制定	挑战自我的目标由个人和管理层共同制定
目标的重要性由他人决定	目标的重要性由自己决定

从表中可以看出，领导者若希望下属对自己的工作目标承担更多的责任，应鼓励内部承诺实现，被授权者个人能够根据自己的动机和实际原因承诺任务、活动或者是项目，有效性更强。外部承诺有他人或管理层参与，有可能达不到预先效果。因此，成员的内部承诺越多，越需要让成员制定工作目标、参与决策过程、确定实现目标的

路径等。

（三）组织

组织是实现领导任务的可靠保证，是管理的职能之一，也是领导工作的主要内容之一。按照组织的目标合理地设置组织结构，建立管理体制，进行权力分配、人员安排等活动就是组织。组织工作包括人力、物力、财力、信息、时间等方面的组织。

1. 组织结构和设计

组织设计是组织总体设计的重要组成部分，是以组织结构安排为核心的组织系统设计活动。组织设计是有效地实施管理职能的前提条件。组织设计的内容主要包括：职能分析和职位设计、部门设计、领导层次与管理幅度的分析与设计、组织决策系统的设计、组织执行系统的设计。

（1）职能分析和职位设计。根据组织活动特点，分析在保证整个组织活动正常有序、有效地进行的前提下，组织应该具备哪些职能是上述要求的保证，再根据职能设计职位。

（2）部门设计。首先确定划分部门的原则，根据原则找出划分部门的标志从而进行部门划分，形成本组织合理的部门结构。

（3）领导层次与管理幅度的分析与设计。领导层次与管理幅度影响组织权力的分配和组织任务的完成效率。为做好这部分的设计，首先对影响领导层次和管理幅度的各种因素进行分析，其次根据分析和组织任务特性，以及整个组织结构安排精干与高效的要求，划分不同的领导层次，确定出适当的管理幅度。

（4）组织决策系统的设计。组织决策系统是领导和组织整个决策活动的领导集团，也是决策中心，包括建立组织的领导体制与高层组织的权力结构设计，高层决策机制的设计，还有顾问性组织设计以及与组织密切相关的各种咨询性组织设计。

（5）组织执行系统的设计。组织的执行系统设计是为了有效开展组织的各项活动，包括组织的执行系统和相应职能部门的设计。在设计中有横向联系和控制系统的设计，也有组织的希望与规范的设计，以及组织变革与发展的规划设计。

2. 组织运用

执行组织所规定的功能就是组织运用。领导者可以通过开展各种活动发挥组织作用，具体活动可以是为各部门制定活动的目标和工作标准，建立检查和报告制度，对办事程序和办事规则统一规范，制定信息收集和资料的整理工作要求等，还可以是具体开展的各种领导和管理活动，如职业素养学习、专项技术培训等。

3. 人员任用

人员任用是指领导者怎样选人、用人，制定组织人员的发展规划等。按职务需要为每一个部门、每一个工作岗位配置最恰当的人选，做到组织人员能够因事设职、因职择人、量才使用，从而实现人尽其才。

4. 组织变革

富有生命力的组织需要随着组织内部条件和外部环境的不断变化，适时完善自己，以及时作出相应的调整或变革，以增加组织的活力。根据组织变革的程度划分，有计划式变革、改良式变革、革命式变革。

（1）计划式变革。这是一种理想的组织变革方式，先经过系统地研究改革方案之后，再制定全面规划，设计出系统且理想的变革模式。有了新的变革模式，再有计划、有步骤地进一步安排分阶段实施。这需要领导具有预判力，根据现实和未来变化提早安排调查研究。计划式变革是实际领导工作普遍应用的方式。

（2）改良式变革。对于这种变革，组织不做大的变动，只在原有的组织结构框架内做一些小的改动，属于局部的变革，涉及面小，引起阻力的可能性不大，对组织全局的稳定不造成影响。例如，新领导的任命，小范围内的机构调整等。

（3）革命式变革。既然是革命，就包含有彻底打破、重大改革、重组等。一般来说，为把阻力降到最低，减小组织的震动，革命式变革选择在短期内迅速完成，对组织机构进行重大改组。例如，事业部制组织结构对于直线职能制结构来说就是革命，它对组织进行了合并和新的内部分工。革命式变革必须制订周密的计划，对各种可能的结果形成预案。革命式变革具有新的机遇，会使组织重新焕发出生机和活力，也有较大风险，实施失败会大伤组织的元气。

（四）协调

协调是领导者对领导活动中的内外关系、各项行政活动之间的关系进行调整和改善，使其按组织的分工协作互相配合、互相支持，共同迅速高效地实现战略目的全过程。领导者的协调活动主要有组织协调和人际关系协调。

1. 组织协调

组织协调是根据组织目标解决领导活动中集体间的矛盾，同时控制、激励和协调群体活动，相互融合、共同努力从而实现组织目标的过程。领导活动中集体间冲突和矛盾的出现，大多是由于资源分配引起的，如任务量、物质分配、环境差距等。群体中出现这些冲突和矛盾的原因在以下四个方面：一是小团体有不良意识出现；二是资源的争夺；三是组织结构的不合理，导致权力相互交叉，各部门的分工不明确；四是组织内群体间的竞争。

这些冲突和矛盾的存在，导致组织内各个职能部门之间不能有效配合，组织的整体功能也难以发挥，直接影响组织的绩效。领导的工作就要通过组织协调，解决部门间的矛盾，避免冲突的发生，发挥组织的整体功能，从而实现组织目标。

2. 人际关系协调

人际关系协调是解决领导活动中作为个体而存在的各成员之间的矛盾。领导活动中个体冲突和矛盾的出现是由于人对目标、利益、手段等问题的看法存在差异，人们不能正确对待而产生的。个体的冲突和矛盾主要表现在人与人之间的个性差异引起的矛盾，人们的价值观和人生观不同引起的矛盾岗位间出现的差异，以及不同时代人的代际矛盾。

当人际关系出现冲突和矛盾时，领导者有权利也有义务去协调，以缓和消除成员之间的不协调现象，从而减少冲突、消除矛盾，使各成员更好地相互配合，协同一致，保证高效完成任务。

（五）控制

控制是领导对组织目标和战略规划的执行过程及绩效的衡量和校正，以确保战略决策的执行和组织目标的达成。控制是领导活动中领导者对执行活动和运行状况的宏观把握，控制和及时的纠正和引导，可以确保组织在实现未来目标中保持有序运动，组织运行能够相对稳定，防止组织运行的失控和组织的瓦解，达到提升领导效率从而实现组织目标的目的。从组织设计的内容上看，领导控制的内容有人的控制、任务过程控制、财务控制、信息控制和组织绩效控制五个方面。

1. 人的控制

人的控制是指在组织活动中，领导者对组织成员的行为与活动进行有效控制，包括组织目标的认识、任务执行过程的控制。控制的目的是保证组织成员围绕组织任务开展活动，通过巡视或其他方式检查与评估组织成员的行为，对发现的问题及时纠正，同时对组织目标的认识有偏差的及时进行目标强化。

2. 任务过程控制

领导者在下属执行任务过程中，对于资源、劳动情况、产品和服务的转换过程的控制是实际的作业过程，与组织的任务性质有关。例如，对于加工、制造业，该过程是一个从原材料到产品的加工制造流程的作业过程；对于服务业，该过程是一个从出现服务对象前的准备开始，直到服务后的评价的作业过程。组织中的任务过程质量对提供的产品和服务质量有很大影响，甚至起决定作用，因此，任务过程控制的目的是提高任务的效率，提高产品和服务的质量。

3. 财务控制

财务控制是领导者对组织的财务状况进行控制，为组织目标的实现、关键业务的财力保证以及组织正常运作的维持做好财力保障。

4. 信息控制

信息控制包括组织内部信息渠道的选择、信息的传递方式、信息的内容等方面。

信息渠道通畅与否，关系到领导决策的正确性，对战略规划有效执行、部门间的协同合作、人际关系等有极大影响。随着信息化程度的提高，组织应建立和使用信息化系统，及时、准确地传递信息，进行有效沟通，为领导者提供充分、可靠的信息，保证组织的良好运行。

5. 组织绩效控制

组织的绩效控制需要组织建立科学的绩效考评机制与奖励机制，组织绩效控制的好坏直接反映组织目标的达成情况。

（六）示范

示范是领导率先垂范，做出榜样或典范，供人们学习。领导者处于企业的核心地位，领导者示范对下属会起到很大的激励作用，率先示范，身先士卒，以身作则，才能“上行下效”，大大振奋工作士气，提高工作的效率，提升工作品质。示范是领导者建立权威、树立形象的客观要求，良好的行为也是一种无声的命令，对下属的行为有巨大的牵引力量。“火车跑得快，全凭车头带”就是这个道理。

（七）榜样

榜样是通过活生生的典型人物和实践积极带动和影响组织成员或公众。榜样有具体形象，是前进的风向标，在艰难险阻面前是定海针，鼓舞人心，具有感染效应、感召力和正面激励。榜样反映的示范，对行政组织、成员的价值观有重要的指导意义。

1. 领导者榜样

古人云，“人不率则不从，身不先则不信①”，“治人者必先自治，责人者必先自责，成人者必先自成②”。通过领导者榜样的言传身教，可以形成互相信赖和敬佩的组织氛围，从而产生强大的凝聚力、向心力和感召力。在企业的管理中，在企业的重大转折上，在困难时刻，领导者要率先躬行，榜样行为的影响力是巨大的。

2. 树立榜样

领导者要善于树立不同部门的榜样，有了榜样就有了方向、强了信念，从而有利于实现组织目标。

二、具体层面领导内容

从组织发展来看，打造核心竞争力至关重要。无论是国内500强企业，还是世界500强企业，它们具有长久的、持续的竞争力的关键都是竞争力不断提高，特别是拥有关键的核心竞争力。在企业竞争力中，主要的是技术竞争力、知识与技能、管理体系、价值观等方面。竞争力培育的任何一方面都离不开组织活动的支持因素，这涉及为推

① 出自《宋史·宋祁传》。
② 出自钱琦（明）《钱公良测语·规世》。

进组织长远发展制定的战略规划，组织文化的塑造，为保持竞争优势构造组织的核心能力，促进组织学习，形成可持续发展氛围，为提高效率而进行管理创新，以及率领员工达成组织目标等。

（一）组织制定长远发展战略规划

英国战略管理学教授 Gerry Johnson 和 Kevan Scholes 在《公司战略教程》一书中认为，战略不仅决定了组织长期发展的方向和范围，还决定了组织的资源配置方式，以满足市场和利益相关者的需求。哈佛商学院战略教授“竞争战略之父”Michael Porter 认为，战略需要其定义和传达组织的独特定位，战略决定了组织资源、技能和能力的配置和组合方式，通过战略建立企业竞争优势。

大型组织有不同层级的战略，以确保部门日常运营活动能有助于组织朝着正确的方向前进（见图 42-6）。

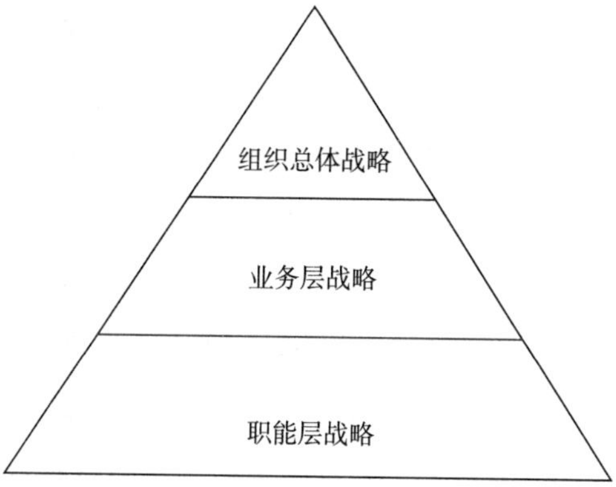

图 42-6 战略层级

1. 组织总体战略

制定长远发展的战略规划是领导的具体内容之一。组织的发展需要总体战略的规划，总体战略是对组织生存和发展大政方针的全局性安排，是组织战略中最高层次的战略。组织总体战略的制定是根据组织的发展目标，决定进入的事业，选择参与竞争的业务领域，再根据组织的实际情况，结合与理论假设的吻合度，进行组织的定位，确认能力，确定资源目标趋向，制定战略规划和组织总体战略。有了总体战略，组织要做进一步的竞争的业务领域选择，资源配置安排，各项业务之间的关系协调，进行组织核心能力的培育。例如，公司希望未来 10 年将业务扩张到欧洲，成为欧洲市场的主要竞争者之一的发展战略就是该公司的总体战略。

2. 业务层战略

业务层战略有的也称为事业单位战略。从图 42-6 可以看出，业务层战略是在组织总体战略指导下的，组织业务层设计本业务单元的战略，具体的业务单元战略通常称为业务战略。业务战略是针对特定业务领域内专门的工作制定的，是有关未来成长与发展的方向、资源配置、组织的行为等的统筹规划，为保证能够参与竞争，需要业务单元积极构建竞争优势。公司的某事业部的发展战略就属于业务层面的战略。

3. 职能层战略

通常所说的职能性战略就是职能层的战略，是组织特定的职能管理部门为更好地贯彻和实施总体战略和业务战略，并保证工作的有效性、提高工作效率，制定的本职能部门近期经营目标和经营策略，同时形成本职能部门特定的竞争优势。公司的财务部门制定的战略和人力资源管理部门制定的战略均属于职能战略。

（二）组织文化的塑造

组织文化通常也称为企业文化，是企业在日常运行中所表现出的各个方面，体现了一个组织的价值观、符号、信念、仪式、处事方式等，是组织特有的文化形象。组织文化蕴藏着巨大的能量，能够引导组织整体和组织每个成员的价值取向及行为取向，使他们符合组织所确定的目标要求。组织文化能够建立自身系统的价值和规范标准，一旦形成就具有规范、指挥导向作用，这种规范、指挥导向作用使成员在其中潜移默化，接受和指导他人接受共同的价值观，形成自觉自愿地将组织目标作为自己追求的目标的意识。

组织文化对组织的影响持久且不容易改变，能够长久相传。组织文化是组织的无形资源，是组织发展过程中领导与全体成员在长期的组织活动中积累和培植起来的。领导应重视并积极开发组织文化资源，在日常领导活动中，注意培育和塑造组织文化，发挥组织文化的导向功能、凝聚功能、激励功能、辐射功能、约束功能，从而最大限度地发挥组织文化的积极作用。

（三）打造组织的核心能力

核心能力是组织的主要能力，它是组织在竞争中处于优势地位的强项，组织具有的核心能力是其他对手很难达到或者无法具备的。美国著名战略家普拉哈拉德和哈默对核心能力的解释是：组织的核心能力有各种技术和对应组织之间的协调和配合，是组织重要的无形资源，核心能力带给组织长期竞争优势和任务目标的完美完成。因此，组织的核心能力在组织的成长与发展过程中发挥着关键作用。知名组织的成功都源自其在发展过程中核心能力有组织长期竞争优势中发挥着重要作用，特别是随着组织经营的国际化进程加快，信息技术的快速发展，互联网、大数据、人工智能等技术的快速到来，产品更新换代周期越来越短，竞争优势不仅仅存在于产品开发战略或市场战略上，而是体现在具有不断开发新产品与开拓新市场的特殊能力上，这也直接影响组织的成长和发展。组织核心能力的形成、运用、巩固与创新也是领导的具体内容。

1. 形成核心能力

组织构建核心能力需要有清晰的方向，强有力组织和领导，组织成员的努力，不断的学习，是一个漫长而需要努力的过程。核心能力的形成重点做好以下三方面工作：

（1）根据组织的发展方向与组织的核心能力目标，审视产业发展变化方向，定位组织的核心资源，并做好资源配置。

（2）开发和获取专有技术、特殊技巧、创新的工艺、独特的营销等，这些专有项目是组织的独特资源，是形成组织核心能力的基础。

（3）整合组织的独特资源，塑造竞争能力。

2. 运用核心能力

组织核心能力是组织的重要资源，资源需要组织的合理配置和应用，设置保障机制，确保一个业务部门核心能力的溢出效应。为此，要充分发挥组织核心能力的作用，这就需要组织内外不断地运用核心能力，使组织获得最大收益。

3. 巩固核心能力

核心能力如果缺乏保护和加强，就有可能会丧失。核心能力的保护和加强需要领导者高度警惕并重视，核心能力的丧失可能有两方面的原因：

（1）客观上的原因。竞争能力往往会随着时间的推移演化成一般的能力，随着竞争能力的一般化，组织核心能力也会丧失，虽然其是经过长期培育的，但是仍然无法保持。这种核心能力的客观演变是不可逆转的。

（2）主观上的原因。它是缺乏管理造成的。领导如果对其核心能力缺乏专门的管理，组织内部协调工作做得不好，缺乏必要的沟通和帮助，长时间积累也会导致组织丧失该项核心能力。因此，要避免主观原因的发生，领导必须关注组织核心能力的健康发展，做好核心能力的加强和保护工作。

4. 创新核心能力

组织核心能力具有动态特性，组织既要关注已经形成的核心能力的保护和加强，还需要根据产业发展、组织资源及管理方式的变化预期、不断创新，使核心能力保持创新性、前沿性、独特性，同时还要通过不断学习和有效的组织管理，以及创新开发，不断扩展组织核心能力的内涵与外延，实现组织核心能力的跃升。

（四）实施管理创新

经济学家约瑟夫·熊彼特于 1912 年首次提出了“创新”的概念，富有创造力的组织能够不断地将创造性思想转变为某种有用的结果。管理创新就是组织形成创造性思想并将其转换为有用的产品、服务或方法的过程。对于一个组织来说，管理创新也是创造一种新的、更有效的资源整合范式。组织的这种有效的资源整合范式可以是新的具体资源整合，也可以是目标制定等方面的细节管理，还可以是新的有效整合资源和利用该资源达到组织目标和责任的全过程管理。管理创新的目的是运用有效资源的整合范式优化配置，提高组织的整体效率。还有助于组织的稳定、组织的发展、市场的拓展、交易成本的降低等，如劳动生产率提高，资金周转速度加快，经济效益上升等。对于管理创新，领导者能够对其产生影响，这是由于领导者所处的特殊地位和他们在管理创新过程中扮演的角色决定的。因此，领导者要有远见卓识，发挥好领导的特殊作用，充分重视、发掘和培养组织中能够成为管理创新主体的成员的创新能力，不断进行管理创新的探索，保持组织的优势，把组织培育成高效组织。

（五）创造不断学习的氛围

伴随着社会的发展，科技创新日新月异，市场竞争复杂而激烈，组织的领导和领导工作也面临更多的新问题，如组织如何发展，组织如何开发并用好智力资本，如何发挥组织的合力效应，以不断提升组织优势。创建学习型组织是解决上述问题的手段之一。真正的学习型组织是最有活力的组织，快速学习能力是持久竞争力的来源。信息化时代，学习已经成为人们可持续发展的源泉，建立学习型组织，形成学习的文化氛围，实现信息反馈和交流，保持充分的活力，以及新技术、新工艺、新理论、新管理等的共享式学习，都能够激发和发挥创造能力，使组织整体结合得更紧密、效率更高、组织优势更加凸显，从而更好地发展。组织为成员创造不断学习的机会，领导者应善于联结团队学习和个人学习，促进探讨和对话。面对新的网络技术、新的信息化手段的应用，建立组织学习网络，向整个学习型组织推广新知识，鼓励共同学习和团队学习，创造出共同愿景；建立学习及学习共享系统，把学习整合到组织中，通过共享形成新的知识的组织能力。学习是创造空间的过程，扩展了人的抽象概念和思考能力，使成员既能掌握大量具体的现实信息，又有新的创意，从而实现组织的共同愿景。

第五节　领导者素质与能力及其修养锻炼

一、领导者素质与能力

（一）领导者素质与能力的含义

素质原本是心理学研究的概念，指的是人的感觉器官和神经系统方面的生理特性，是人的一种心理状态和生理条件。随着社会的发展，素质概念有越来越多的内涵，并被广泛使用。素质演变成用来说明事物本来与平素所具有的质的特性。

领导者素质是指领导者的先天禀赋加上后天的学习、实践，具有的知识、个性心理、才能、品德等方面基本状况的总和，是领导者从事领导活动必备的内在基本条件。

领导者素质的外部表现形态为某种能力或影响力，领导者素质是各种外部表现形态的综合表现。例如，领导的组织协调能力，在重大决策中的表现，在组织内外的影响力等，都是领导者素质的表现形态。

领导能力则是提升和领导他人的能力，是领导干部从事领导工作必备的能力。领导能力影响个人或群体在某种特定条件下向目标迈进的能力，主要体现在完成组织目标和尽可能地满足组织成员的需要上，实施领导的是利用其影响力带领和引导人们或群体达成组织目标的人。完成组织目标是要完成上级和组织交给的任务；尽可能地满足组织成员的需要，既包括物质需要也包括精神需要。

领导能力包括战略思维能力、决策用人能力、沟通协调能力和思想政治工作能力等。战略思维要求领导者在领导工作中既能高瞻远瞩，也能居安思危、未雨绸缪。领导者要具有较强的战略思维能力，就要有系统观、全局观、超前观、时空观、创新观等，具备立体思维能力、较强的理论功底和记忆力、发散思维和想象力、综合分析能力和决策力，妥善应对未来。决策用人能力是关键，沟通协调能力是组织选人、用人的关键性参考指标之一。思想政治工作能力是领导能力的灵魂，也是领导活动中的一项重要职能，人们在工作中的积极性、主动性及聪明才智的发挥，很大程度上受思想政治工作综合效应的影响。

（二）领导者素质与能力的特征

领导者受其先天禀赋和后天学习及修养影响，在素质与能力方面的特征不同，表现出时代性、层次性、差异性和综合性。

1. 时代性

领导者素质的时代性可以从两方面理解：一方面，领导者是在一定社会历史条件下成长起来的，每个领导者都受其所处时代的政治、经济、社会、文化、科技以及具有时代特征的思想观念等因素的影响，领导者的素质或多或少地具有时代性特征。另一方面，不同的时代对领导者素质有不同的客观要求，领导者必须适应时代的发展。领导者在所处的时代，不断加强自身素质修养，并随着社会的要求，更新知识、更新观念，以适应时代的发展。

2. 层次性

任何组织按其发展和管理的需要，都有不同层次的领导岗位，也就有不同的领导者。岗位层次不同，任务和职能不一样，对领导者素质的要求也会不尽相同。美国著名的管理学学者罗伯特·卡茨提出，领导者必须具备技术技能、人际关系技能、概念技能。技术技能是完成组织内具体工作所需要的技能，领导者可以通过接受正规教育和从事工作获取技术技能。人际关系技能是与人共事，理解别人、激励别人的能力。概念技能是领导通过对复杂情况的分析、诊断，进行抽象和概念化的技能。这三种技能在不同的领导层次中有不同的要求。技术技能由低层向高层重要性逐渐递减。人际关系技能在对不同的领导层中区别不十分明显，相比较而言，高层领导者的要比低层领导者的更重要一些。一个成功的领导者，肯定具有良好的人际关系。概念技能则由低层领导者向高层重要性逐步增加。

一般来说，高层次岗位的领导者参与组织目标的确定和组织战略的制定，统领整个组织，需要较强的概念技能，应具有宏观决策能力和统筹驾驭全局的能力，能够根据整个社会经济发展的长期性、根本性问题做出正确判断和战略选择，同时需要较强的沟通能力和良好的人际关系；中层岗位的领导者必须具备承上启下的协调能力，也需要较强的组织能力和指挥能力；基层岗位的领导者应具备较强技术技能和实践能力，踏实肯干，具有实干精神、对团队的管理能力以及解决具体问题的能力。虽然领导者素质存在层次性，但是领导者岗位可能会有岗位和实践领域的变化，随着领导者岗位层次的变化，领导者素质的要求会随之变化，而领导者实践领域发生变化，其素质也随之变化。例如，生产经理变成销售经理，实践领域发生了变化，根据工作特点和性质的不同，其素质要求也发生较大的改变。

3. 差异性

差异性是领导者先天禀赋和后天学习及环境影响所致。差异性常表现在领导者在思想品德方面、业务能力方面的差异，也表现在领导水平上的差异。领导者素质的提升，可以通过后天实践和学习获得。

4. 综合性

领导者素质是领导者的政治、道德、知识、文化、能力、思想观念等多种因素的综合体现，在领导活动中，由于这些因素的相互作用、相互影响、相互制约，形成了领导者们独有的决策和管理特征。一个领导者某一方面的表现并不能代表其整体素质，只有具较高综合性素质的领导者，在领导工作中才能够做到得心应手、把握和统领全局。

（三）领导者的素质与能力

1. 文化素质

它包括基础知识素质与专业知识素质。基础知识素质是领导者综合发展的基础，影响领导者的社会态度、思维方式、价值观念、言谈举止、情感意志、气质风度等。丰富的文化知识、良好的语言文字表达能都以文化素质为基础。专业知识素质是领导者在某一行业或领域的专业知识与技能。领导具有知识又有技能也是现代组织的要求。

2. 品德素质

品德素质是指领导者在生活和学习过程中形成的精神内涵，品德素质体现领导者的世界观和价值取向，是遵循一定的道德原则和道德规范，通过学习和领悟逐步形成的道德情操和道德境界。领导者的品德素质包括正直、预见力、自信心、感召力、进取心、意志力和领导魄力。

3. 领导者的心理品质

领导者的心理品质是决定领导效能的一个重要因素。通常，心理品质主要包括智力、非智力、组织管理、品德四个方面。

（1）智力方面的心理品质。领导者具备敏锐的观察力和良好的思维能力，运用观察力及时捕捉各种信息，掌握多方面情况，并进行分析和判断，发现问题、及时解决；领导者具有良好的思维能力、综合能力、比较能力、抽象能力与概括能力等，这是领导者有效决策的基础。此外，领导者最宝贵的智力品质是创新能力。科技发展需要创新，改革需要创新，发展需要创新，组织的生存一样需要创新。在这个创新的时代，领导者具有较强的创新能力会给组织带来创新发展氛围。

（2）非智力方面的心理品质。第一，高度的事业心和强烈的进取心。领导者具有高度的事业心和强烈的进取心，才能有所创造，有所前进。

第二，稳定而乐观的情绪。领导者具有稳定而乐观的情绪，不仅有助于自己的身心健康，而且能够鼓舞士气，稳定员工的情绪，进而有助于提高领导工作效率。

第三，广泛的兴趣。领导者具有广泛的兴趣，不断更新知识，掌握党的方针政策，掌握现代科学管理的理论和方法，掌握本学科与邻近学科知识，才能避免管理混乱。领导者具有广泛的兴趣有助于领导艺术的发挥和领导工作的顺利进行。

第四，坚强意志。具有坚强的意志是领导者重要的非智力方面的心理品质，坚持坚韧，为达目标不放弃。

（3）组织管理方面的心理品质。领导者要有较强的工作能力、决策能力和组织能力，善于协调，知人善任，果断决策，敢于担责。

（4）品德方面的心理品质。宽容大度、谦逊与谨慎、大公无私是领导者的基本品德，也是获得群众的尊重与信任、顺利开展工作的保障。

4. 领导者的能力

领导者的能力又分为一般能力与特殊能力，智力能力与非智力能力，优势能力和非优势能力。领导者的思维能力、观察力、注意力、记忆力、想象力是智力方面的表现；行为习惯、情感、道德、非语言下意识则是非智力方面的反应。一个领导者的能力是多种能力形成的能力系统，其中优势能力常常在领导者生活实践中占主导地位，而其他能力则对优势能力具有增强作用。

5. 领导素质的训练

领导素质的训练是提升领导能力的一个基本方面，通过训练激发领导者内在品格和素质，包括自我训练和教育训练。优秀的管理者要具备良好的理论素养、深远的洞察力、敏感力、战略制定能力，通过读书学习、设立目标、创建合作、创造性思考等加强自我训练，通过情景模拟、实地调查、实践锻炼、挂职实践、知识培训等教育训练，可以提升沟通能力、战略规划水平、领导的指挥和控制能力，增加领导者精深的专业知识、有效领导知识等。

领导素质训练一般有两部分：一是技术性技巧的训练，有效的办法是先彻底了解某项专业工作的原理、结构与过程，再实际执行、体验，执行时由上级领导观察并协助。二是人际性技巧的训练，可以采取案例分析和角色扮演法，解决案例中的实际问题，或由导师引导，扮演某种特定角色，有计划、系统地在一系列接近现实情况的活动中判断并处理问题，适时批评、反省修正。训练方法可参考表42-7。

表42-7 领导素质训练与训练方法

领导素质清单	训练方法										
	对策研究	收文与面谈	无领导小组（指定）讨论	无领导小组（不指定）讨论	案例分析	时间表安排	有目的的挑选面谈	实际调查与作出决策	情景模拟	书面描述	口头描述
影响力	0	0	1	1	0	0	1	0	1	0	2
口头传达信息技能	1	1	2	2	0	0	0	0	1	0	3
书面传达信息技能	0	2	0	0	0	0	0	0	0	3	0
口头描述技能	0	2	0	3	0	0	0	0	0	0	3
创造性	0	1	0	0	1	0	1	2	0	0	0
对压力的承受能力	0	0	2	2	0	2	1	1	0	0	0
工作水平	0	1	0	0	2	0	1	0	0	2	0
决策能力	2	0	1	2	0	0	0		2	0	2
说服与游说能力	0	0	1	0	1	0	0	1	3	3	2
敏感性	0	2	1	2	0	0	1	0	1	0	0
行为灵活性	2	1	1	0	0	0	1	0	1	0	0
顽强精神	0	2	1	0	0	0	0	1	3	0	0
冒险性	1	1	0	3	1	0	0	0	0	0	0
积极性	1	0	1	0	0	0	0	0	3	0	0
独立工作能力	0	2	0	2	0	0	1	3	3	0	0

续表

领导素质清单	训练方法										
	对策研究	收文与面谈	无领导小组（指定）讨论	无领导小组（不指定）讨论	案例分析	时间表安排	有目的的挑选面谈	实际调查与作出决策	情景模拟	书面描述	口头描述
分析能力	1	2	0	0	2	0	1	2	1	3	2
判断力	0	2	0	3	2	3	2	3	1	0	3
果断力	0	2	0	3	2	0	1	2	1	0	3
适应性	1	0	0	0	0	0	0	0	2	0	0
技术转化	0	3	0	0	0	0	0	0	0	3	1
计划与组织能力	1	2	0	0	3	2	1	0	0	0	0
授权能力	0	2	0	0	0	0	0	0	2	0	0
控制能力	0	2	0	0	0	0	1	0	1	0	0

注：0 表示无效，1 表示有效，2 表示有较好成效，3 表示成效最好。

二、领导者素质与能力修养锻炼

领导者素质与能力修养锻炼从思想政治、学习、心理、身体等多方面着手。

（一）认真读书学习

领导者的渊博知识、卓越才能和高尚品德都离不开学习。领导者要有强烈的求知欲和学习紧迫感，常言说，无知意味着无能，在当今的社会，环境变化，知识更新、新技术不断涌现，观念更新，组织持续发展，无知无能就意味着淘汰。古今中外，但凡有作为的领导者，都是发奋学习、矢志读书的人。学习是多方面的，包括知识层面、技术技能层面、素质层面，理论方面、技术方面、经验教训等，可以是古今中外的相关理论知识，也可以是技术技能，领导者要有意识地进行修养锻炼，提升综合素养和领导水平。

（二）勇于实践探索

实践是认识的来源，真知都来源于实践。实践是检验真理的唯一标准，也使认识得到检验和发展。一方面，领导者素质要提高，凭借书本知识还是远远不够的。社会实践是学习最广阔的课堂，领导者积极投身到革命和建设的社会实践中，把理论知识运用到实践中，再获得新的认知和第一手资料，不仅能够提高思想认识水平，提高分析问题和解决实际问题的能力，而且对原有理论知识还能有更深的理解，提高自己的理论水平。另一方面，实践中必然会遇到许多新矛盾、新问题，迫使领导者去探索、去改进，这对培养领导者的开拓精神，激发创新思维，提高创造能力具有积极的作用。

实践可以培养吃苦耐劳、勇挑重担的精神，可以磨炼人的意志，在实践中领导者可以加强与群众的联系，虚心学习，不断完善自我，同时通过实践检验和锻炼自己的领导才能，避免官僚主义的出现。

（三）加强自我修养锻炼

领导者素质的提高也离不开领导者的自我修养。客观地认识自我，敢于批评自我，有效控制自我，不断开发自我，通过修养锻炼，领导者能够提高自己的综合素质，提升领导水平。

（四）自觉接受监督

领导者的修养锻炼过程，既是本身自觉学习、自觉改造的过程，也是接受组织成员监督的过程。要建立健全监督的组织和程序，通过监督可以改进领导方法，提高领导艺术水平，提高修养。

（1）法律监督：自觉遵守法律法规，贯彻执行党的路线、方针、政策，做好自我监督。

（2）制度监督：履行职责、行使权力，强化工作制度执行、工作程序、工作流程的监督，定期向组织报告工作，接受上级组织、同级组织和群众的监督，做到系统监督、及时修正。

（3）纪律监督：牢固树立政治意识、大局意识、核心意识、看齐意识，坚持和加强党的全面领导，坚定中国特色社会主义道路自信、理论自信、制度自信、文化自信，廉洁自律、自我约束。

阅读专栏 42-1　领导理论的发展和演变

领导理论研究起源于20世纪初，随着研究的深入，领导理论得到发展。

1. 领导特质理论的出现

领导特质理论产生于20世纪初至40年代，主要研究有效领导者应有的个人特性。

早期的研究认为领导的特性品质是与生俱来的，优秀品质和特殊能力与成功的领导密切相关，天生具有这种特质的人才有可能成为领导者。研究者们探寻能够区分领导者与非领导者的人格、社交、智力、生理等方面的属性，他们试图从成功领导者身上分离出非领导者不具备的特性，其中对性格的分析表明，对于一个成功的领导者，特殊性格特点不一定是必须的。因此，早期这种分离领导和非领导特质的研究大多以失败告终。

2. 行为理论的产生

行为方式理论产生于20世纪40年代至60年代，主要从领导者的工作作风和领导行为对领导有效性影响的角度进行研究，开创者是爱荷华大学的 Lewin、Lippitt 和 White。

领导是对组织内群体或成员施加影响的活动过程，是一种说服他人热衷于为一定目标而努力的过程，也是促使下级满怀信心地完成任务的艺术。研究者从结构维度和关怀维度描述有效领导，即领导者为了实现组织目标而进行角色界定和建构的程度，以及在领导过程中领导者与下属的工作关系和重视下属情感为特征的程度。还有一些行为方式理论的研究者，在这两个维度的基础上进行细化，发展成多种领导行为理论。

3. 权变理论的发端

权变理论也称为情境理论，发端于20世纪60年代，主要是针对不同情况下工作作风和领导行为效果间的关系进行研究。

影响领导者领导绩效的有领导者、被领导者和环境三个因素。领导者和被领导者都有个人品质、工作经历、价值观等。环境是领导活动的情境，主要有社会状况、文化影响、工作特性、组织特征、心理因素等。例如，工作是创造性强的还是简单重复的，组织的规章制度是严的还是松的，这些都会影响领导方式的选择。

直到20世纪70年代中期，领导特质理论有了新的推进，相关研究表明虽然没有哪一种特性确保领导者成功，但是某些性格特点对领导成功有潜在作用。90年代的研究得出的结论是大多数“领导者都与他人不同”，某些个性特点不一定是天生的，后天努力也能够得到，由此可以区别有效的领导者和非领导者。

以上理论互有侧重、互为补充（见表42-8）。

表42-8　三种主要领导理论的比较

领导理论类型	研究的出发点	研究结果
领导特质理论	具备什么样的素质才能成为优秀的领导者	领导工作效率与领导者的素质、品质和个性有密切的关系
领导行为理论	找到所谓最佳的领导行为和风格	高效率的领导行为和风格与低效率的领导行为和风格区别很大
领导权变理论	考虑领导者个人、下属和环境变化时的领导方式	建立领导权变模型

三、领导特质理论的典型代表

1. 传统领导特质理论

传统领导特质理论又称为伟人特质理论，该理论的代表是心理学家吉普和斯托格

4）能力和技能强。思维敏捷，战略意识、全局意识强，具有超强的分析能力和判断力；能利用很强的人际交往能力迅速建立起良好的工作关系，注重对人以及人性的了解，信念坚定。

5）有良好的个人价值观。正直、公正，自信心强，精力充沛，具有进取精神。领导动机很强，有追求权力和成就的信念及行为。

四、领导行为理论的典型代表

学者们对领导行为的研究，提出了多种理论，这里重点介绍领导行为四分图理论、连续统一体理论、领导方格理论以及管理系统理论。

领导行为四分图理论是美国俄亥俄州立大学工商研究所的罗尔夫·M. 斯托格蒂尔（Ralph M. Stogdill）和卡罗·H. 沙特尔（Carroll H. Shartle）带领研究团队，通过对研究者列出的描述领导行为众多因素的筛选、归纳，概括出影响领导绩效的两大因素——结构维度和关怀维度，再根据这两个维度进行领导行为调查，用两维四分图表示的理论。

连续统一体理论是由美国管理学家坦南鲍母（Tannenbaum）与施密特（Schmidt）通过研究领导方式提出的，其认为领导行为是包含各种领导方式连续统一体。

领导方格理论是美国得克萨斯大学的行为科学家罗伯特·布莱克（Robert R. Blake）和简·莫顿（Jane Mouton）在研究中为避免趋于极端，克服领导行为两个维度理论中“非此即彼”的绝对化观点提出的理论。

管理系统理论是由美国心理学家、行为科学家伦西斯·利克特（Rensis Likert）提出一种企业领导方式理论。

五、领导权变理论的典型代表

第一个提出领导权变理论的是伊利诺伊大学的弗莱德·菲德勒（Fred Fiedler），他从20世纪50年代初就开始对组织绩效和领导态度之间的关系进行研究，直到六七十年代形成体系，提出了有效领导的权变模式、又称为菲德勒的领导权变理论。

菲德勒认为，领导绩效与领导和下属相互作用的领导者风格有关，同时还与情境对领导者的控制和影响程度密切相关。这三个要素之间合理匹配才能有效提高领导绩效。为确定个体是任务导向型还是关系导向型，菲德勒开发了“最难共事者问卷”（Least Preferred Co-worker Questionnaire，LPCQ），还分离出领导者—成员关系、任务结构和职位权力三项情境因素。若要进行有效的领导，必须是领导者与这三项情境因素相匹配。菲德勒的领导权变理论的关键是先界定领导风格以及不同的情境类型，再建立领导风格与情境的恰当组合，其主要内容包括以下两点：

1. 确定领导风格

菲德勒认为，影响领导成功的关键因素之一是领导风格，可以通过 LPCQ 确定领导风格。设计的问卷中确定分数的原则是，用相对积极的词汇描述最难共事者，用相对不积极的词语描述最难共事者，如果调查得出用积极的词汇描述多，则 LPCQ 得分高，说明回答者是乐于与同事形成友好人际关系的，称为关系导向型领导者。如果调查得出用消极词汇描述多，则 LPCQ 得分低，说明对生产更感兴趣，称为任务导向型领导者，而研究还认为，领导风格是与生俱来的，是固定不变的，假如情境要求具有任务导向型的领导者，要想达到最佳效果，本身是任务导向型的领导者不需改变，但若原本是关系导向型的领导者，就需要改变情境，适应变化的环境，否则就要替换领导者。

2. 确定情境

领导者需要适应情境，要对情境进行评估，再将领导者与情境进行匹配。情境因素主要有领导者与下属的关系、任务结构、职位权力这三种。领导者—成员关系主要是领导者对下属的尊重、信任程度；任务结构主要是工作任务程序化、明确化程度；职位权力主要是领导者职位权力的强弱，对制定政策、执行政策等权力变量上的影响程度。

将领导风格和三个情境因素的不同状态进行组合，可以得到有效领导的权变模式，如图 42-7 所示。该理论认为，普遍适用的有效领导的固定模式并不存在，领导就是一种动态过程，领导的有效性随着被领导者的特点和环境的变化而变化。因此，领导者的领导绩效依赖于领导者、被领导者、环境的交互作用。

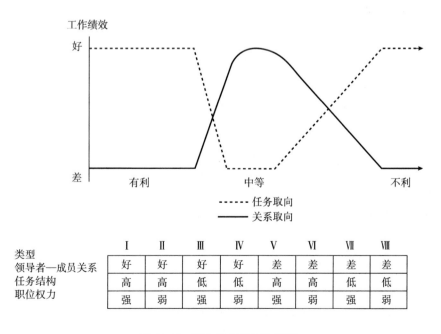

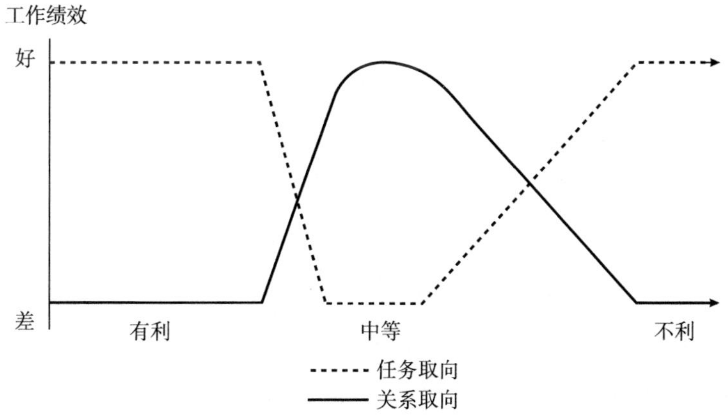

类型	Ⅰ	Ⅱ	Ⅲ	Ⅳ	Ⅴ	Ⅵ	Ⅶ	Ⅷ
领导者—成员关系	好	好	好	好	差	差	差	差
任务结构	高	高	低	低	高	高	低	低
职位权力	强	弱	强	弱	强	弱	强	弱

图 42-7　费德勒领导权变模型

六、领导情境理论的典型代表

1. 赫塞和布兰查德的领导情景理论

情景领导理论是美国管理学家科曼（Korman）首先提出，然后由保罗·赫塞（Paul Hersey）和肯尼思·布兰查德（Kenneth Blanchard）加以发展形成的，又称领导生命周期理论。该理论以四分图理论为依据，将下属的成熟度因素加入，认为领导的有效性取决于领导风格与下属成熟度的适应。

领导确定下属在发展过程中所处的位置，通过对成员如何达成目标进行指导、展示、帮助，并界定角色、制定评价方法和时限，促使团队成员形成对自己、同事以及工作情景感到舒服的行为。领导者对成员的指导和支持的程度表现出不同的领导风格。

（1）下属的成熟程度。下属的成熟包括工作成熟和心理成熟，工作成熟与一个人的知识和技能有关，心理成熟是一个人做事的愿望和动机。赫塞和布兰查德将下属的成熟程度分为 M1、M2、M3、M4 这四个阶段：M1 阶段下属既不能胜任工作也不情愿工作，M2 阶段下属虽然没有能力但完成任务的积极性较高，M3 阶段下属有工作能力却不愿意工作，M4 阶段下属既有能力又愿意做他们的工作。

（2）领导的风格。采用任务取向和关系取向两个领导维度，每一维度有高低，从而组合成四种具体的领导风格。高任务—低关系风格，即单向沟通，领导者明确地规定任务，规定工作规程和方法，并监督执行，以指导为主，支持性行为少，为命令型风格。高任务—高关系风格，即双向沟通，领导者规定多数任务并指导，对下属能从心理上激发他们的工作意愿和热情，既有指导又有支持，为说服型风格。低任务—高关系风格，即双向沟通，领导者支持下属努力发展他们所具有的能力，鼓励下属自主决策，支持性行为多，对工作指导行为少，为参与型风格。低关系—低任务风格，领导者赋予下属权力，下属自己决策并执行，领导者只起监督作用，为授权型风格。

（3）根据下属成熟度对应选择领导风格。当下属处于 M1 阶段时，领导者应采取命令型行为，给下属明确且具体的指导。当下属处于 M2 阶段时，领导者应采取说服型行为。一方面，给下属以心理上的支持，激发他们的工作意愿和热情；另一方面，对下属给予工作上的指导。当下属处于 M3 阶段时，领导者应采取参与型领导行为，激励下属积极参与共同决策。当下属处于 M4 阶段时，领导者应采取授权型领导行为。由于下属既愿意又有能力担负责任，领导者不需要太多干涉。

2. 罗伯特·豪斯的“途径—目标”理论

“途径—目标”理论是由加拿大多伦多大学教授罗伯特·豪斯（Robert House）提出的，其基于俄亥俄州立大学对关怀维度和结构维度的研究及期望理论的研究结果。途径—目标意味着为下属指明通向他们工作目标的路径，并扫清各种障碍使得该路径更为顺畅，从而使下属能顺利实现目标，这是有效的领导者应该做到的。因此，为达到领导的有效性，在实现目标的过程中，领导者发挥作用，对目标的重要性、下属完成任务的能力进行分析，满足下属的需要和提供成长发展的机会。这不只是高任务和高关系的组合，还应考虑情境因素，由此确定了四种不同类型的情境领导行为方式。

（1）指导型领导。领导者为下属制定了明确的工作标准和规章制度，对下属工作给予相当明确、具体的指导。

（2）支持型领导。领导者关注下属的福利和需要，平等对待下属，对下属友善且关心，从各方面给予支持。

（3）参与型领导。领导者征求下属意见、建议，一起探讨决策，并采纳下属的建议。

（4）成就导向型领导。领导者非常信任下属，提出挑战性的目标，鼓励下属最大限度发挥潜力去实现目标。

领导行为的激励作用效果，取决于下属特征和任务特征。下属特征包括下属的需要、对领导要求的行动意愿等。任务特征包括组织系统的权力、工作群体、下属任务的结构性等。下属的需要不确定、依赖性比较强并且愿意按固定程序工作，指导型领导行为更有效。下属若有强烈归属需要，工作意愿强，工作性质和任务比较明确，则更喜欢支持型领导。对于经验丰富、能力较强的下属，成就导向型领导更适合。自信、有归属需要、相信自己能掌握命运的下属，适合参与型领导。

3. 弗鲁姆和耶顿的领导者—参与模型

领导者—参与模型是由美国匹兹堡大学的教授维克托·弗鲁姆和菲利普·耶顿（Phillip Yetton）提出的，将领导行为与决策参与联系到一起，领导者依据情境变化对自己的行为加以调整以适应任务结构，也称为领导规范模式。弗鲁姆和耶顿的模型提供了根据情境变化的五种领导风格、七个权变因素的决策树，用以决定决策参与的形式和程度。

（1）可供选择的五种领导风格。按决策的参与程度不同划分，从纯粹的领导者个人决策到完全的成员决策之间有独裁、磋商、群体决策三种，而按程度不同可有五种领导风格。第一种是领导者运用手头现有资料，自己作出决策以解决问题，这是专制独裁式的领导风格。第二种是领导者从下属那里获取必要的信息，下属向领导者只提供必要信息，不提供或者评价解决问题的方案，领导自己作出决策以解决问题，这是独裁式的领导风格。第三种是领导者以个别接触方式与下属讨论，并获得意见和建议，领导者作出可以反映下属意见和建议的决策，这是磋商式的领导风格。第四种是领导者通过集体讨论方式进行决策的领导风格，收集下属们的意见和建议，领导者作出决策，决策可以反映下属的意见和建议，也可以不反映下属的意见和建议。第五种是领导者与下属们集体讨论问题，努力达成一致意见，提出和评估可行性方案，并愿意接受下属支持的解决办法，这是一种群体决策的领导风格。

（2）选择领导方式的七个权变因素。这七个权变因素也称为七个原则。上述每种领导风格是否有效取决于运用时的情境，关键是决策的质量和下属对决策的接受程度。一是信息的原则，如果决策的质量是重要的，领导者没有足够的信息或单独解决问题的专业知识，就不能用专制独裁的领导风格。二是目标合适的原则，如果决策的质量是重要的，下属不具备为组织作出合适决策的能力，就不能群体决策的领导风格。三是非结构性的原则，如果决策的质量是重要的，领导缺乏充分的信息和专业知识，决策的问题是非结构性的，就不具备使用两种独裁的领导风格和下属有限参与的磋商式领导风格。四是接受性原则，如果下属对决策的接受性有效，就排除两种独裁的领导风格。五是冲突的原则，如果决策的接受性是很重要的，下属不会接受独裁专制的领导方式，下属也不赞成过于正确的决定，则适合采用磋商式的领导风格，下属参与决策能更好地消除冲突。六是合理的原则，如果决策的质量并不重要，但是决策的接受性很重要，则采用群体决策的领导风格最好。七是接受最优的原则，如果不一定是由于专制决策所引起的接受性是主要的，又需要激励下属实现组织的目标，则高参与的领导风格为好。

七、领导理论的新发展

1. 交换型领导行为理论

美国经济学家加里·斯坦利·贝克尔从经济学角度研究了效用最大化、偏好稳定和均衡，认为领导行为是一种交易或成本—收益交换的过程。1985 年，巴斯提出了交换型领导行为理论，其主要特征表现在三个方面：一是领导者指导和激励下属向着既定的目标活动。通过明确角色和任务要求向员工阐述绩效的标准，实际上意味着领导者明确希望从员工那里要得到的，而员工满足了领导者的要求就会有相应的回报。二是在组织管理的权威性和合法性基础上，通过组织的奖惩影响员工的绩效。三是强调工作标准、任务的分配、任务导向目标等，重视任务的完成和员工的遵从。

权变奖励领导行为的特征领导是下属间主动、积极地交换，领导认可员工完成了预期的任务，员工也得到了奖励。例外管理领导行为特征是领导借助于关注员工的失误、差错或者延期决策或者在事情发生前避免介入等与下属进行交流。按领导者介入的时间和程度不同，它又有主动型的例外管理和被动型的例外管理两种类型。主动型例外管理的领导者为防止问题的发生，在问题发生前会持续监督员工的工作，而一旦问题发生，就立即采取措施积极纠正，并搜寻还有可能出现的问题及偏离预期目标的问题。被动型例外管理的领导者，在问题已经发生或任务完成时发现没达到预期标准，则会批评和责备下属。因此，在员工的工作及环境不能再提供激励、指导，也不能再给员工带来满意时，这种领导行为才具有效率。

2. 量子型领导理论

量子型领导理论是沃伦·布兰克在《领导能力的9项自然法则》一书中提出的。量子型领导理论研究了领导行为与领导者、被领导者之间的关系，它们之间是有机的、系统的、互动的相互作用关系，伴随领导事件这种相互关系具有不连续性。领导能力是一种激发人的能量并将其转化为行动的能力，这种能力还可以通过对意识的不断修炼来提高。布兰克量子型领导理论采用量子物理学的认识方法透视和阐述领导能力及领导行为的本质。通过对传统领导与量子型领导进行比较，发现量子型领导具有以下特点：

（1）领导能力是主观安排的。领导者和被领导者从各个主观参照的内在框架中处理信息，领导行为是一个自我安排的过程。

（2）建立心甘情愿的追随者。不同于传统观点用分析人的品质、爱好或行为解释领导者，量子型领导关注被领导者的扶持作用，改变被领导者的观点以获得领导能力。

（3）领导能力随着事件的发生而出现，并有所变化。领导能力是随着领导者和被领导者的活动而出现并存在的，随事件而变化，活动有开始、发展和结束，领导者要由始至终认真对待每一项活动，努力获得多的追随者，以获得领导能力。

（4）领导能力具有不可预测性。在组织活动中，当现有的规则、程序、条例、政策等不能对组织成员提供指导时，就有了体现领导能力的场所。例如，领导者为不知道如何解决问题的人们提供方针，领导者帮助不能认识或不知道如何利用机遇的人策划行动的步骤等。领导者的工作不局限于组织所规定的程序工作，寻找机会与解决问题的办法，把精力集中于那些还未被人问津的地方或难以作出要求的项目与任务，更有助于提升领导能力。

（5）施加影响不是依仗领导职权。领导者通过承担组织机构中的使命任务、关键信息网络的通道，通过指导、支持他人的工作等取得影响力。

（6）概念能力产生领导能力。概念能力，是领导能力的根本源泉。透过现象看本质，意识—信息综合，概念化，提供解决问题的方法。

（7）追随者并非都主动。领导者赢得追随者的多少是不可预测的，也不是每个人都始终会追随，赢得追随者的信任才有更好的效果。

（8）协调好领导者们与被领导者之间的相互关系。领导能力是领导者们与被领导者之间的相互关系，他不是来自一个个人，只有与他人建立起密切的工作关系，赢得信任，才能获得领导能力。

（9）领导能力伴随着风险与不确定性。领导者应认识自己不可能预测到的结果，风险使领导者职责更复杂。

案例 42-1 杰夫·贝佐斯——亚马逊的最佳掌门人

对亚马逊创始人兼 CEO 杰夫·贝佐斯来说，只有天空才是极限，事实的确如此。贝佐斯成立的太空公司 Blue Origin 刚刚“驶入”太空时，该公司的无人驾驶火箭飞到得克萨斯上空 13500 米处，穿过平流层，然后炸成碎片。如果说这次惨重的损失让他灰心气馁的话，那他恢复得够快。他在一篇博客中分析了自己的领导方式，正是这样的领导方式，使他名列福布斯北美领导力排行榜榜首。他写道：“虽然这不是我们想看到的结果，但既然决定去做，我们一开始就知道它的困难之处，而 Blue Origin 的团队非常出色。我们已经在为一次发射做准备了。不断向上、不断向前，这似乎是贝佐斯的人生信条。就像 Blue Origin 的飞行，网络时代的威胁，从亚马逊完成了从在线书店到零售巨头的转型。贝斯忠于自己的使命，为公司服务，他推出亚马逊网页服务，为企业提供计算机云服务，向顾客出售亚马逊的权限。有了投资，亚马逊借此发力，迅速发展。贝佐斯是一位富有远见的领导，所有的项目都着眼于未来，“就算一直被误解我们也愿意”。

贝佐斯始终坚持以客户需求推动业务。首先，开会的时候，他会准备一把空椅子，给会议室中最重要的人。客户员工和管理人员要遵守他的“指标文化”——完成公司的 500 项业绩目标，以数据为驱动，提供客户服务。贝佐斯要求管理人员每年参加培训，以更好地了解公司几亿客户的需求，他本人也会参加，还会读客户发来的邮件。他说，除非客户满意度达到 100%，否则我们不会满足。

作为有数万名员工的领导，贝佐斯很关注人才招聘。他说：“我宁愿面试完 50 个人后招一个，也不愿意招错一个人。”他鼓励员工主动解决客户面临的问题，这一举措为亚马逊带来了丰厚的回报。贝佐斯尊重员工自发形成的标准，否定了等级制度，即便是公司里年轻的员工，也可以在讨论中说服最资深的员工。此外，他还与员工协作，把赚钱的指望放在股票收益上，这一策略成效明显。他厉行节俭，不断批评，独立自主，时常放声大笑，对人对己都有同样的要求。

贝佐斯对未来有美好的愿景，对自己和他人有着相同的道德标准，不自我陶醉，其成就感不仅仅是个人获取的利益，而是为他人创造的利益。

案例 42-2 公司制企业领导的任命过程

公司的领导者是交流和组织的支点。首席执行官由董事会任命，然后建立和召集执行管理团队，负责制定和沟通公司的方向。董事会是由股东选举产生，代表了股东的利益。股东是公司的持有者。

董事会由被股东选举产生的代表组成，他们被股东委托保证管理的关注点和动机与其持有人一致。利益相关者的关注点是投资的回报或资本增值的形式最大化，并随着时间推移净利润增加。如果管理仅仅专注于股东的利益，那么他们常常会做出一些短视的决策，并最终对公司造成消极的结果。只专注于增长股东利益的决策，可能出现忽略商业模式的不可持续和人才流失，长期来看会给公司带来消极的影响。每一个公司都想使自己的长期利润最大化，因此利润最大化不再是一个促动因素或区分因素。人力资本在这个竞争和动态的商业环境中，成为了确保优势的非常关键的因素。决策已不再由顶端的人以孤立的方式做出来，每个人都需要参加到战略管理中来。

除了股东、董事会和执行官的影响外，外部利益相关者的投入也是战略管理规划中要被考虑的。利益相关者群体可以顾虑工资、安全的工作环境、福利和就业保障的员工，可以是按时付款和确定的未来关系从而支持其商业模型的供应商，可以是想要利息的支付超过本金支付的债权人，可以是为公司的产品和服务估价的客户。政府在税收和法规遵守的基础上也可能与公司有利益关系。社团一般也与公司有利益关系。利益相关者需要相互依赖，管理人员需要探索平衡多方的方法，为了公司的成功和可持续发展而努力。同时，公司不能忽视利益相关者和社会的需求，其需要考虑到更宽泛的社团需求，并展现出对社会负责的态度。如今很重要的一个方面便是环境可持续性和社会责任，环境价值也正成为公司文化和管理过程的一个核心部分。

战略管理的执行需要公司每个层次的整体化，要求公司的执行官和经理人对公司及其结构采取整体的视野，并评估各个职能领域是如何组合在一起的。仅仅最顶层的管理人员采用战略管理规划，公司最终的目标是无法成功实现的。在公司层面，首席执行官、董事会和其他公司成员开始战略规划，决策领导人形成想法，创造整体的基础设施为公司建立框架。业务层面的经理制定权力规章并说明其想法，可获得的资产不同则战术不同。职能层面是在组织中有负有盈亏责任的职能部门经理，他们更多地关注每一个单独业务单元的规划过程。三个层面的经理人都需要为使公司真正获得和保持长期成功的、持续的战略制定过程负责。

案例 42-3　卡特彼勒的行为转变

詹姆斯·德斯潘（James Despain）是一位高指示型的领导者。他最早在卡特彼勒公司的工作是打扫车间地面。他遵从着那个时代的领导者。20 世纪 50 年代，领导者就是最终的权威，诸如参与型、协商型等字眼在那个时代是闻所未闻的。德斯潘通过努力工作成为了主管，并最终被任命为公司推土机事业部的副总裁。德斯潘声称，自己"职业生涯的大部分时间，都花在关注员工做错了哪些事上"。他关注手头的任务，对其他则无暇顾及。但在20世纪90年代早期，德斯潘不得不正视一个事实：他管理的价值124亿美元的事业部每年的损失都达到数百万美元，每年有数百人次的员工抱怨他的管理团队，卡特彼勒公司的士气极其低落。德斯潘及其领导团队认识到，有必要制订一项战略计划来转变工作文化。这项计划的关键在于，确定一项涉及员工态度和行为的战略。德斯潘及其变革团队指出了9种行为或"共同价值"，即信任、相互尊重、客户满意、紧迫感、团队合作、授权、冒险、持续改进和高承诺，他们期望每位员工每天都表现出来。接下来，对员工在上述行为上的表现作出评估。公司期望高管人员和管理者以身作则来带动员工并表现出100种积极的领导特质，这超出了前文所述的行为要求。诸如"我将知道每个员工的名字……将通过赞扬来认可他们的成就……将认可我的员工所完成的工作"等，这变成了管理岗位的新口号。

经过这一过程，德斯潘开始认识到，"对于工作场所中的员工而言，最重要的事就是实现自我价值"。他努力作出的重大改变是使员工承担责任、自行决定工作完成方式，对员工而言，这意味着每天都要多付出一些努力，以充分发挥个人潜力，而对管理者而言，这意味着其职责由达成传统的绩效衡量指标转变为激发员工作出期望的行为。"我们发现，我们对行为关注越多，绩效指标就越好。"结果是，德斯潘的事业部在推出该变革项目的五年内，将盈亏平衡点的产量减少为原来的一半。

案例42-4　李嘉诚——领导者还是管理者?

李嘉诚创业至今，虽历经多次危机，但基本没有亏损。李嘉诚自1999年被福布斯评为全球华人首富以来，多年间多次居于这一宝座。李嘉诚，是一个怎样的人?

李嘉诚从早年创业至今，一直保持着两个习惯：一是睡觉之前，一定要看书，对于非专业书籍，他会抓重点看，而如果跟公司的专业有关，就算再难看，他也会把它看完；二是晚饭之后，一定要看十几或二十分钟的英文电视，不仅要看，还要跟着大声说，因为"怕落伍"。这种勤奋和自律，非一般人能比。李嘉诚的作息时间：不论几点睡觉，一定在清晨5点59分闹铃响后起床。随后，他听新闻，打一个半小时高尔夫球，然后去办公室。他是一个危机感很强的人，他每天90%的时间，都在考虑未来的事情。他总是时刻在内心模拟公司的逆境，不停地给自己提问，然后想出解决问题的方式，等到危机来的时候，他就已经做好了准备。2008年的金融危机李嘉诚准确预见并做好了准备，集团不但安然无恙，还从中获得了扩张的机会。作为一个商人，李嘉诚对数字尤其敏感。从20岁起，李嘉诚便热衷于阅读其他公司的年报。除了寻找投资机会，他也从中学习其他公司会计处理方法的优点，以及公司资源的分布。

每天早晨，李嘉诚都能在办公桌上收到一份当日的全球新闻列表，浏览后选择其中想看的文章，让人翻译出来细读。李嘉诚的这个习惯坚持了十余年，并因此而专门设立了一个四人小组，负责这项工作。这些习惯，让李嘉诚始终站在资讯的最前沿，他还投资了一系列高科技公司，其中不乏很多明星项目，例如Facebook、Skype、Spotify、Summly等，而这个团队总共不过8个人。李嘉诚旗下公司无数，直接向他做汇报的，就有200人左右。每个月，他都会跟海外管理层开会，每年会“出外巡检”三四次。遇到一个新事物，他总是会想：“这和我、和我的公司有什么关系?”他总是会将自己的问题交给专业的人去寻找答案。比如，在Facebook等社交媒体开始火起来的时候，李嘉诚曾经问过旗下公关团队一个问题：怎么看待它和平面媒体以及网上媒体对集团公关的影响？为了回答李嘉诚的这个问题，公关团队专门召开最高会议进行讨论，形成专题报告向李嘉诚汇报。有趣的是，最后这个团队甚至开发了一款软件，专门用以评价不同渠道的公关效果。

李嘉诚决断非常之快，但并不是个咄咄逼人的人，他很会倾听下属的意见，“如果你是对的，他会听你的，而不是坚持他的”。李嘉诚还每周为儿孙们亲任导师，自己准备课程、案例，几年来，他给孙辈们上的课既有道德讨论，也有文化批评、世界经济。孙子、孙女年纪都很小，要演绎生动，难度很大，但他乐此不疲。李嘉诚很懂得控制自己的情感。

案例42-5 用人的艺术

杰克·韦尔奇退休之前，在一次全球500强经理人员大会上，与同行们进行了一次精彩的对话交流。

问：“请您用一句话说出通用电气公司成功的最重要原因。”

他回答：“是用人的成功。”

问：“请您用一句话来概括高层管理者最重要的职责。”

他回答：“是把世界各地最优秀的人才招揽到自己的身边。”

问：“请您用一句话来概括自己最主要的工作。”

他回答：“把50%的时间花在选人用人上。”

问：“请您用一句话说出自己为公司所做的最有价值的一件事。”

他回答：“是在退休前选定了自己的接班人——伊梅尔特。”

问：“请您用一句话来概括自己的领导艺术。”

他回答："让合适的人做合适的工作。"

资料来源：文大强．管理学原理与实务［M］．北京：北京理工大学出版社，2018.

训练实践 42-1

你是个有领导能力的人吗？

也许你是一个领导者，也许你是一个跟随者，下面请根据你的实际情况选择适合的答案。

序号	题目	你的答案	
1	别人拜托你帮忙，你很少拒绝吗？	①是	②否
2	为了避免与人发生争执，即使你是对的，你也不愿发表意见吗？	①是	②否
3	你遵守一般的法规吗？	①是	②否
4	你经常向别人说抱歉吗？	①是	②否
5	如果有人笑你身上的衣服，你会再穿它一遍吗？	①是	②否
6	你永远走在时髦的前列吗？	①是	②否
7	你曾经穿那种好看却不舒服的衣服吗？	①是	②否
8	开车或坐车时，你曾经咒骂别的驾驶者吗？	①是	②否
9	你对反应较慢的人没有耐心吗？	①是	②否
10	你经常对人发誓吗？	①是	②否
11	你经常让对方觉得不如你或比你差劲吗？	①是	②否
12	你曾经大力批评过电视上的言论吗？	①是	②否
13	如果请的工人没有做好，你会反映吗？	①是	②否
14	你惯于坦白自己的想法，而不考虑后果吗？	①是	②否
15	你是个不轻易忍受别人的人吗？	①是	②否
16	与人争论时，你总爱争赢吗？	①是	②否
17	你总是让别人替你做重要的事吗？	①是	②否
18	你喜欢将钱投资在财富上，而胜过于个人成长吗？	①是	②否
19	你故意在穿着上吸引他人的注意吗？	①是	②否
20	你不喜欢标新立异吗？	①是	②否

评分标准：回答“是”得1分，回答“否”得0分。如果分数为14~20，你是个标准的跟随者，不适合领导别人。你喜欢被动地听人指挥，即使是在紧急情况下，多半也不愿意出头领导别人，但与大家配合很好。如果分数为7~13，你介于领导者和跟随者之间，你能够随时指挥别人或带头，但由于缺乏积极性，冲劲儿不足。如果分数低于6分，恭喜你，你具有领导者特质，你的个性很强，不轻易服从别人，喜欢指挥别人，如果别人不愿听从，你会想尽办法改变他们，不愿意接受别人的指挥。

推荐阅读

1. 刘卫平，王莉丽．全球领导力［M］．北京：清华大学出版社，2005.
2. 徐中．清晨领导力：新经理人的50个领导力修炼［M］．北京：机械工业出版社，2020.

思考题

1. 领导者的职责及具备的素质是什么？
2. 如何理解领导的艺术性？
3. 影响领导有效性的因素有哪些？如何提高领导的有效性？
4. 简述领导特质理论、领导行为理论和领导权变理论、情况理论。

第四十三章　经济法律与法规

学习目标

1. 掌握宪法与民法典有关条文解读；
2. 掌握公司法、劳动合同法有关条文解读；
3. 掌握知识产权法有关条文解读；
4. 了解国际法律有关条文解读；
5. 能结合相关条文进行企业法律案例分析。

中国职业经理人协会《职业经理人才职业资质社会评价工作指引》（2018）中把“法律法规基础知识与技术”作为领导知识与技术的内容之一，包括掌握公司法、劳动法、劳动合同法等相关法律法规、政府相关政策。本章主要介绍职业经理人应了解的企业经营管理的有关经济法律法规方面的内容。

第一节　法律与法规

法律法规是指中华人民共和国现行有效的法律、行政法规、司法解释、地方法规、地方规章、部门规章及其他规范性文件，以及对于该等法律法规的不时修改和补充。

一、法律

根据制定机关的不同，法律可以分为两类，即基本法律和其他法律。基本法律是由全国人民代表大会制定的，其他法律是由全国人大常委会制定的，但是两者的效力都一样。在全国人民代表大会闭会期间，全国人民代表大会常委会也有权对全国人民代表大会制定的法律在不同该法律的基本原则相冲突的前提下进行部分补充和修改。法律的效力低于宪法，不能同宪法相抵触。《中华人民共和国立法法》规定了只能由法律进行规定的事项，包括：国家主权的事项；各级人民代表大会、人民政府、人民法院和人民检察院的产生、组织和职权；民族区域自治制度、特别行政区制度、基层群众自治制度；犯罪和刑罚；对公民政治权利的剥夺、限制人身自由的强制措施和处罚；对非国有财产的征收；民事基本制度；基本经济制度以及财政、税收、海关、金融和外贸的基本制度；诉讼和仲裁制度；必须由全国人民代表大会及其常务委员会制定法律的其他事项。

二、法规

1. 行政法规

行政法规是指国务院制定颁布的规范性文件，其法律地位和效力仅次于宪法和法律，不得同宪法和法律相抵触。全国人民代表大会常委会有权撤销国务院制定的同宪法、法律相抵触的行政法规、决定和命令。

2. 地方性法规

地方性法规的制定机关有两类：一是由省、自治区、直辖市的人民代表大会和人民代表大会常委会制定；二是由省会所在地的市以及国务院批准的较大的市的人民代表大会及其常委会制定，但同时应报省一级人民代表大会常委会批准，还要报全国人民代表大会常委会备案。地方性法规的效力低于宪法、法律和行政法规。

3. 部门规章

根据制定机关的不同，规章可以分为两类：一是由国务院的组成部门和直属机构在它们的职权范围内制定的规范性文件，不须经国务院批准，这是行政规章，或者称为部门规章。行政规章要服从宪法、法律和行政法规，其与地方性法规处于一个级别。二是地方行政规章，由省、自治区和直辖市人民政府，以及省人民政府所在地的市人民政府和国务院批准的较大的市人民政府制定的规范性文件。地方政府规章除了服从宪法、法律和行政法规外，还要服从地方性法规。

第二节 宪法有关经济条文

一、经济制度的概念

经济制度是指国家的统治阶级为了反映在社会中占统治地位的生产关系的发展要求，建立、维护和发展有利于其政治统治的经济秩序，而确认或创设的各种有关经济问题的规则和措施的总称。

经济制度是国家性质的决定因素，表现为两个方面：一是决定着一个国家所属的历史类型；二是决定着一个国家与其他同类型国家间相互区别的具体国家性质。

我国《宪法》第六条规定：中华人民共和国的社会主义经济制度的基础是生产资料的社会主义公有制，即全民所有制和劳动群众集体所有制。社会主义公有制消灭人剥削人的制度，实行各尽所能、按劳分配的原则。

国家在社会主义初级阶段，坚持公有制为主体、多种所有制经济共同发展的基本经济制度，坚持按劳分配为主体、多种分配方式并存的分配制度。

二、社会主义公有制是我国经济制度的基础

（一）全民所有制经济

国有经济，即社会主义全民所有制经济，是国民经济中的主导力量。国家保障国有经济的巩固和发展。

我国《宪法》第九条规定：矿藏、水流、森林、山岭、草原、荒地、滩涂等自然资源，都属于国家所有，即全民所有；由法律规定属于集体所有的森林和山岭、草原、荒地、滩涂除外。

国家保障自然资源的合理利用，保护珍贵的动物和植物。禁止任何组织或者个人用任何手段侵占或者破坏自然资源。

我国《宪法》第十条规定：城市的土地属于国家所有。

（二）集体所有制经济

农村中的生产、供销、信用、消费等各种形式的合作经济，是社会主义的劳动群众集体所有制经济。

我国《宪法》第八条规定：农村集体经济组织实行家庭承包经营为基础、统分结合的双层经营体制。农村中的生产、供销、信用、消费等各种形式的合作经济，是社会主义劳动群众集体所有制经济。参加农村集体经济组织的劳动者，有权在法律规定的范围内经营自留地、自留山、家庭副业和饲养自留畜。

（三）私营经济

《中华人民共和国宪法修正案（1988 年）》第十一条增加规定：国家允许私营经济在法律规定的范围内存在和发展。私营经济是社会主义公有制经济的补充。国家保护私营经济的合法权利和利益，对私营经济实行引导、监督和管理。1988 年修宪，一是肯定了私营经济是社会主义公有制的补充，确立了私营经济的合法地位；二是规定土地的使用权可以依照法律的规定转让，土地使用权商品化首次获得法律承认。

《中华人民共和国民法典》（以下简称《民法典》）第二百零六条规定：国家坚持和完善公有制为主体、多种所有制经济共同发展，按劳分配为主体、多种分配方式并存，社会主义市场经济体制等社会主义基本经济制度。这一规定直接继承了党的十九届四

中全会关于基本经济制度的理论创新成果，确立了社会主义基本经济制度的法律地位。该条同时把“两个毫不动摇”写进《民法典》，规定“国家巩固和发展公有制经济，鼓励、支持和引导非公有制经济的发展”。“国家实行社会主义市场经济”，这与宪法的表述是一脉相承的，也是《民法典》提出的“保障一切市场主体的平等法律地位和发展权利”的前提条件。市场经济是法治经济，也是平等经济，没有平等的市场主体，何来市场经济？不搞市场经济，自然也无须主体平等。一切市场主体平等，自然就包括非公有制经济。毋庸讳言，“弹簧门”“玻璃门”“旋转门”等现象的存在，说明非公有制经济在现实实践中依然没有完全获得平等的市场准入。因此，《民法典》规定的平等发展权利，对于非公有制经济来说尤为重要。只要法无禁止，非公有制经济就有权获得平等的发展权利。非公有制经济有很大的发展空间，还要走向更加广阔的舞台。

三、国家保护社会主义公共财产

社会主义公共财产包括全民所有制经济的财产和集体所有制财产，它是我国经济制度的基础，是人民民主专政政权巩固、发展和建设四个现代化的物质基础，是我国经济发展和国防建设的物质源泉，是国家繁荣昌盛和人民群众物质文化生活需要不断得以满足的物质前提和根本保障。

我国《宪法》第十二条规定：社会主义的公共财产神圣不可侵犯。

国家保护社会主义的公共财产。禁止任何组织或者个人用任何手段侵占或者破坏国家的和集体的财产。

《民法典》第二百零七条规定：国家、集体、私人的物权和其他权利人的物权受法律平等保护，任何组织或者个人不得侵犯。法律专家认为，这是《民法典》的重要亮点。原物权法对此也作了规定，但《民法典》将平等保护的范围进一步扩大到所有财产权，第二百六十六条规定：私人对其合法的收入、房屋、生活用品、生产工具、原材料等不动产和动产享有所有权。

第二百六十七条规定：私人的合法财产受法律保护，禁止任何组织或者个人侵占、哄抢、破坏。

第二百六十八条规定：国家、集体和私人所有的不动产或者动产投到企业的，由出资人按照约定或者出资比例享有资产收益、重大决策以及选择经营管理者等权利并履行义务。国有股权和其他民事主体的股权由此有了平等的法律地位，有望推动混改进入实质性阶段。同时，网络虚拟财产权也第一次写进《民法典》，所有这些都将极大提升我国产权法律保护的水平。

四、社会主义市场经济是法制经济

社会主义市场经济体制离不开法律调整。党的十一届三中全会以来，市场机制逐渐引入我国经济生活。党的十四大提出，我国的经济体制改革的目标是建立社会主义市场经济体制。社会主义市场经济体制，包括企业组织制度、市场交易规则和宏观调控机制，都必须以完备的法律制度来体现。我国已经建立了市场主体法律制度、财产法律制度、市场规制法律制度、宏观调控与综合管理法律制度、劳动与社会保障法律制度、经济纠纷处理法律制度，奠定了社会主义市场经济体制的法制基础。

无论是世界各国发展市场经济的经验，还是我国经济改革的经验，都证明一条基本的道理：市场经济离不开法律制度的调整。这种制度的调整主要表现在三个方面：规范市场交易、维护市场秩序和保障市场公平。

依法经营管理是发展市场经济的必然要求，依法经营管理是企业适应市场环境的重要条件，依法经营管理是企业健康发展的必由之路。企业经营管理人员要带头学法用法，增强法治意识，丰富法律知识，提高法律素养。企业要加强内部规章制度的建设，特别是建立重大经营决策的法律论证制度。企业要加强法律风险防范机制建设，充分发挥企业法律顾问的职能作用。

第三节 《民法典》有关经济法律法规

2020 年 5 月 28 日，《民法典》由中华人民共和国第十三届全国人民代表大会第三次表决通过，自 2021 年 1 月 1 日起施行。

《民法典》是社会生活的百科全书，更是市场经济的基本法。它的出台，是中国特色社会主义市场经济发展的必然产物，对非公有制经济高质量发展具有重要的现实意义和深远的历史意义。《民法典》调整的是作为平等主体的自然人、法人和非法人组织之间的人身关系和财产关系，每个部分都与非公有制经济、民营企业家息息相关。《民法典》明确界定了市场经济的“游戏规则”。它的实施必将进一步发展和完善市场经济，保护民营企业家的合法权益，推动非公有制经济持续健康发展。

一、公司法

（一）一般规定

（1）公司是企业法人，有独立的法人财产，享有法人财产权。公司以其全部财产对公司的债务承担责任。有限责任公司的股东以其认缴的出资额为限对公司承担责任，股份有限公司的股东以其认购的股份为限对公司承担责任。

（2）设立公司，应当依法向公司登记机关申请设立登记。符合本法规定的设立条件的，由公司登记机关分别登记为有限责任公司或者股份有限公司；不符合本法规定的设立条件的，不得登记为有限责任公司或者股份有限公司。法律、行政法规规定设立公司必须报经批准的，应当在公司登记前依法办理批准手续。

（3）依法设立的公司，由公司登记机关发给公司营业执照。公司营业执照签发日期为公司成立日期。公司营业执照应当载明公司的名称、住所、注册资本、经营范围、法定代表人姓名等事项。公司营业执照记载的事项发生变更的，公司应当依法办理变更登记，由公司登记机关换发营业执照。

（4）依照本法设立的有限责任公司，必须在公司名称中标明有限责任公司或者有限公司字样。依法设立的股份有限公司，必须在公司名称中标明股份有限公司或者股份公司字样。

（5）有限责任公司变更为股份有限公司，应当符合本法规定的股份有限公司的条件。股份有限公司变更为有限责任公司，应当符合本法规定的有限责任公司的条件。有限责任公司变更为股份有限公司的，或者股份有限公司变更为有限责任公司的，公司变更前的债权、债务由变更后的公司承继。

（6）公司以其主要办事机构所在地为住所。

（7）公司的经营范围由公司章程规定，并依法登记。公司可以修改公司章程，改变经营范围，但是应当办理变更登记。公司的经营范围中属于法律、行政法规规定须经批准的项目，应当依法经过批准。

（8）公司可以设立分公司。设立分公司，应当向公司登记机关申请登记，领取营业执照。分公司不具有法人资格，其民事责任由公司承担。公司可以设立子公司，子公司具有法人资格，依法独立承担民事责任。

（9）公司必须保护职工的合法权益，依法与职工签订劳动合同，参加社会保险，加强劳动保护，实现安全生产。公司应当采用多种形式，加强公司职工的职业教育和岗位培训，提高职工素质。

（10）公司职工依照《中华人民共和国工会法》组织工会，开展工会活动，维护职工合法权益。公司应当为本公司工会提供必要的活动条件。公司工会代表职工就职工的劳动报酬、工作时间、福利、保险和劳动安全卫生等事项依法与公司签订集体合同。

（二）有限责任公司的设立和组织机构

1. 设立

设立有限责任公司，应当具备下列条件：

（1）股东符合法定人数。

（2）有符合公司章程规定的全体股东认缴的出资额。

（3）股东共同制定公司章程。

（4）有公司名称，建立符合有限责任公司要求的组织机构。

（5）有公司住所。

2. 组织机构

（1）有限责任公司股东会由全体股东组成。股东会是公司的权力机构，依照本法行使职权。

（2）股东会会议分为定期会议和临时会议。

（3）股东会会议由股东按照出资比例行使表决权，但是，公司章程另有规定的除外。

（4）有限责任公司可以设经理，由董事会决定聘任或者解聘。股东人数较少或者规模较小的有限责任公司，可以设一名执行董事，不设董事会。执行董事可以兼任公司经理。

（5）有限责任公司设监事会，其成员不得少于三人。股东人数较少或者规模较小的有限责任公司，可以设一至二名监事，不设监事会。董事、高级管理人员不得兼任监事。

（三）股份有限公司的设立和组织机构

1. 设立

设立股份有限公司，应当具备下列条件：

（1）发起人符合法定人数。

（2）有符合公司章程规定的全体发起人认购的股本总额或者募集的实收股本总额。

（3）股份发行、筹办事项符合法律规定。

（4）发起人制订公司章程，采用募集方式设立的经创立大会通过。

（5）有公司名称，建立符合股份有限公司要求的组织机构。

（6）有公司住所。

股份有限公司的设立，可以采取发起设立或者募集设立的方式。

2. 组织机构

（1）股东大会。

1）股份有限公司股东大会由全体股东组成。股东大会是公司的权力机构，依法行使职权。

2）股东出席股东大会会议，所持每一股份有一表决权，但是，公司持有的本公司股份没有表决权。

（2）董事会、经理。

1）股份有限公司设董事会，其成员为五人至十九人。

2）董事会设董事长一人，可以设副董事长。董事长和副董事长由董事会以全体董事的过半数选举产生。

3）股份有限公司设经理，由董事会决定聘任或者解聘。公司董事会可以决定由董事会成员兼任经理。

（3）监事会。

1）股份有限公司设监事会，其成员不得少于三人。

2）董事、高级管理人员不得兼任监事。

二、劳动合同法

（一）劳动合同法概述

根据《劳动法》的规定，所谓劳动合同，是劳动者与用人单位确立劳动关系、明确双方权利和义务的协议。劳动合同是规范劳动关系最基本的法律形式；在法律上完善劳动合同制度，是夯实劳动关系基础的必然要求。劳动合同法就是劳动法的子法之一，它跟劳动法构成一般法和特别法的关系。从 2008 年 1 月 1 日起，劳动合同法全面施行。

劳动合同与一般的民事合同不同，它具有以下四个比较突出的特点：

1. 国家干预下的意思自治

劳动合同是在国家干预下的当事人的意思自治，而民事合同是没有国家干预的，体现的是当事人之间的意思自治。也就是说，当两个人在签民事合同的时候，只要合同的内容不侵犯国家利益、公共利益，也不侵害第三者的利益，基本上都不受国家的干预。但是劳动合同不同，尽管用人单位和劳动者之间约定的是他们双方之间的事，但是他们也不可以随便约定合同内容。比如说，用人单位在跟劳动者约定工资条款的时候，就不可以把工资约定在当地规定的最低工资以下；在约定时间条款的时候，对于标准工时制的劳动者，用人单位不可以约定让其每天工作时间超过八小时。八小时之内可以随便约定，八小时以外就不行。尽管把每天的标准工时定在八小时以上并不侵犯国家的利益，也不侵犯公共利益，但是也是不可以的，因为违反了劳动法的规定。这就是国家干预的体现。因此，两方当事人的意思自治是限定在一定范围里的。

2. 合同双方的当事人之间强弱对比悬殊

在民事合同中，当事人之间基本上没有强弱之分，而劳动合同的双方当事人之间强弱对比则比较悬殊。一方是非常弱小的个体，即劳动者；另一方是实力较强的组织，即用人单位。既然要求双方签订劳动合同，首先要给双方当事人平等的法律地位，没有平等的法律地位，就不可能有平等的劳动合同。鉴于这种情况，在立法的时候，如果给双方当事人平等分配的权利，实际上作为弱者的劳动者一方，还是要吃亏的。

到底是“平等”还是“倾斜”，是劳动合同法立法过程中的主要争议之一。我国在制定劳动合同法的时候，给予双方当事人之间的权利分配基本上是平等的，没有偏

（1）从事接触职业病危害作业的劳动者未进行离岗前职业健康检查，或者疑似职业病病人在诊断或者医学观察期间的。

（2）在本单位患职业病或者因工负伤并被确认丧失或者部分丧失劳动能力的。

（3）患病或者非因工负伤，在规定的医疗期内的。

（4）女职工在孕期、产期、哺乳期的。

（5）在本单位连续工作满十五年，且距法定退休年龄不足五年的。

（6）法律、行政法规规定的其他情形。

6. 用人单位通过怎样的程序才能实施经济性裁员

（1）用人单位提前30日向工会或者全体职工说明情况。

（2）听取工会或者职工的意见。

（3）裁减人员方案经向劳动行政部门报告。

三、合同法

合同法是市场经济的基本法，在现代市场经济法治保障中发挥着最为基础性的作用。我国《民法典》2021年1月1日实施以后，原《合同法》同时废止。《民法典》的“合同编”一共分为三个分编（通则、典型合同、准合同），在《民法典》中具有举足轻重的地位。

（一）《民法典》中合同条款的有关规定

1. 合同的主要条款

合同的主要条款是指合同应当具备的条款。它决定着合同的类型，确定着当事人各方权利和义务，处于相当重要的地位。在有些情况下，欠缺主要条款合同即不成立。主要条款包括：

（1）标的。标的是合同权利和义务指向的对象。

（2）质量和数量。标的的质量和数量是确定合同标的的具体条件，是这一标的区别于同类另一标的的具体特征。

（3）价款或酬金。价款和酬金是有偿合同的主要条款。价款是取得标的物所应支付的代价，酬金是获得服务所应支付的代价。

（4）履行的期限、地点和方式。履行期限直接关系到合同义务完成的时间，涉及当事人的利益，也是确定违约与否的因素之一。

（5）违约责任。违约责任是促使当事人履行债务，使守约方免受或少受损失的法律措施，对当事人的利益关系重大，合同对此应予明确。

（6）解决争议的方法。一旦合同订立，如在履行中产生争议，双方应通过协商、仲裁或者诉讼解决其争议，这样有利于合同争议尽快解决，并最终从程序上保障当事人的实体性权益。

2. 合同的普通条款

合同的普通条款是指合同主要条款以外的条款。它包括以下类型：

（1）法律未直接规定，亦非合同类型和性质要求必须具备的，当事人无意使之成为主要条款的合同条款，如不可抗力和免责条款等。

（2）当事人未写入合同中，甚至从未协商过，但基于当事人的行为，或基于合同的明示条款，或基于法律的规定，理应存在的合同条款。该条款主要指某些公认的商业习惯或经营习惯、交易惯例规则，特定行业规则等组成。

（3）特意特定条款。这是当事人有意将合同条款留待以后谈判商定，或由第三人确定，或根据具体情况加以确定。它不妨碍合同成立。

（二）《民法典》的“合同编”相关要点解读

1. 规定电子合同成立时间

根据《民法典》第四百九十一条规定：当事人采用信件、数据电文等形式订立合同要求签订确认书的，签订确认书时合同成立。

当事人一方通过互联网等信息网络发布的商品或者服务信息符合要约条件的，对方选择该商品或者服务并提交订单成功时合同成立，但是当事人另有约定的除外。

对照原《合同法》第三十三条：当事人采用信件、数据电文等形式订立合同的，可以在合同成立之前要求签订确认书。签订确认书时合同成立。

解读：为了适应电子商务和数字经济快速发展的需要，《民法典》在法条中增加了对电子合同订立与履行的特殊规则的规定。目前电子商务法虽然对电子商务经营者做了相应的规制，但是随着时代发展，很多二手平台的卖家，如“闲鱼”上的卖家，在产生纠纷时还是无法适用维权。《民法典》此条将合同成立的定义扩大，使得很多新形式互联网交易产生纠纷时有法可依。

举例：李某在某二手平台看中了一款二手奢侈品品牌皮包，在平台上与卖家张某沟通后，李某预付了一万元定金并提交订单。随后李某后悔，不想购买此皮包了，遂与卖家张某联系，欲取消交易并退还定金。而张某告知李某：买卖合同已经成立，不得随意解除合同。

举例评述：卖家张某在某二手平台发布商品信息及价格的行为构成要约，根据《民法典》第四百九十一条的规定，在李某支付定金并成功提交订单之时，买卖合同就已成立，双方均应依约履行，否则将承担相应违约责任。

2. 完善第三人合同制度

《民法典》第五百二十二条规定：当事人约定由债务人向第三人履行债务，债务人未向第三人履行债务或者履行债务不符合约定的，应当向债权人承担违约责任。

法律规定或者当事人约定第三人可以直接请求债务人向其履行债务，第三人未在合理期限内明确拒绝，债务人未向第三人履行债务或者履行债务不符合约定的，第三人可以请求债务人承担违约责任；债务人对债权人的抗辩，可以向第三人主张。

解读：此条是《民法典》在原《合同法》第六十四条基础上新增的第三人合同规定，其中该条特别新增规定了利益第三人合同中，第三人所享有的拒绝权、履行请求权以及在债务人不履行债务时的违约责任请求权，这些都是原《合同法》未作出规定的内容。当然，关于利益第三人合同的内容在今后还可能会做进一步的修改和增补。

举例：华洋公司为所其属的“鑫源顺6”轮船向保险公司投保，保险金额1800万元，保险期限12个月。同年，“鑫源顺6”轮船在泉州湾海域发生事故沉没。事故发生后，保险公司拒绝赔偿，华洋公司将保险公司诉至法院。此时，农村信用社向法院提出申请，要求以有独立请求权的第三人身份参加本案诉讼。据悉，华洋公司此前向农村信用社贷款1200万元，并以“鑫源顺6”轮船作为抵押物。按借款合同约定，华洋公司对抵押物进行保险，并指定农村信用社作为第一受益人。由于该笔贷款已经逾期，因此华洋公司请求法院判令被告将包括贷款本金以及利息在内的保险赔偿金支付给第三人。厦门海事法院最终允许农村信用社作为无独立请求权第三人参加诉讼。

举例评述：厦门海事法院根据原《合同法》第六十四条和最高人民法院《关于适用〈中华人民共和国合同法〉若干问题的解释（二）》第十六条的规定，只追加农村信用社作为无独立请求权第三人参加本案诉讼，不同意追加农村信用社为有独立请求权第三人参加诉讼。

若按照《民法典》规定，农村信用社是可以凭借款合同向保险公司主张还款并要求其承担违约责任的。

3. 预约合同

《民法典》第四百九十五条规定：当事人约定在将来一定期限内订立合同的认购书、订购书、预订书等，构成预约合同。

当事人一方不履行预约合同约定的订立合同义务的，对方可以请求其承担预约合同的违约责任。

解读：本条是关于预约合同的规定，来源于最高人民法院关于买卖合同解释的第2条。预约合同通常比本约合同简略，采用认购、预定等名称，但是这些都不是区分预约和本约的关键，合同是预约还是本约，本质上要以当事人的意思为准，即便一个很完备的合同，当事人约定它是预约合同，它也就仅具有预约合同的效力。“仅根据当事人合意内容上是否全面，并不足以界分预约和本约。判断当事人之间订立的合同是预约还是本约的根本标准应当是当事人的意思表示，也就是说，当事人是否有意在将来订立一个新的合同，以最终明确在双方之间形成某种法律关系的具体内容。如果当事人存在明确的将来订立本约的意思，那么，即使预约的内容与本约已经十分接近，即便通过合同解释，从预约中可以推导出本约的全部内容，也应当尊重当事人的意思表示，排除这种客观解释的可能性。”

违反预约合同，理论上讲要承担违约责任，但是由于签订预约合同之后，当事人并没有一定要订立本约的义务，如果当事人有正当理由导致本约未能签订成功，当事人并不会承担责任，预约合同违约责任的实质功效其实很小。“预约合同的意义，是为在公平、诚信原则下继续进行磋商，最终订立正式的、条款完备的本约创造条件。因此在继续进行的磋商中，如果一方违背公平、诚信原则，或者否认预约合同中的已决条款，或者提出令对方无法接受的不合理条件，或者拒绝继续进行磋商以订立本约，都构成对预约合同的违约，应当承担预约合同中约定的违约责任。反之，如果双方在公平、诚信原则下继续进行了磋商，只是基于各自利益考虑，无法就其他条款达成一致的意思表示，致使本约不能订立，则属于不可归责于双方的原因，不在预约合同所指的违约情形内。这种情况下，预约合同应当解除，已付定金应当返还。”“购房者对开发商的样板房表示满意，与开发商签订订购协议并向其交付了定金，约定双方于某日订立商品房预售合同。后由于开发商提供的商品房预售格式合同中有样板房仅供参考等不利于购房者的条款，购房者对该格式条款提出异议要求删除，开发商不能立即给予答复，以致商品房预售合同没有在订购协议约定的日期订立的，属于最高人民法院《关于审理商品房买卖合同纠纷案件适用法律若干问题的解释》第四条规定的‘不可归责于当事人双方的事由’，开发商应当将收取的定金返还给购房者。”①

4. 合同效力

关于合同效力的内容，“合同编”第三章仅保留了零星的边缘性规定，认定合同效力主要依赖“总则编”关于法律行为效力的规定。根据“总则编”的规定，合同效力分为无效、可撤销和效力待定三种，通谋虚伪行为、违反法律强制性规定、违反公序良俗、恶意串通损害他人签订的合同无效，存在重大误解、欺诈、胁迫、乘人之危显失公平的合同可撤销，限制民事行为能力人、无权代理人签订的合同效力待定。无权处分合同效力待定的规定已经被取消，其实在最高人民法院关于买卖合同解释施行后，无权处分合同效力待定的规则已经不再适用。

5. 选择之债、连带之债、按份之债

《民法典》第五百一十五条规定：标的有多项而债务人只需履行其中一项的，债务人享有选择权；但是，法律另有规定、当事人另有约定或者另有交易习惯的除外。

享有选择权的当事人在约定期限内或者履行期限届满未作选择，经催告后在合理期限内仍未选择的，选择权转移至对方。

---

① 戴雪飞诉华新公司商品房订购协议定金纠纷案，载《最高人民法院公报》2006年第8期。

《民法典》第五百一十六条规定：当事人行使选择权应当及时通知对方，通知到达对方时标的确定。标的确定后不得变更，但是经对方同意的除外。

可选择的标的发生不能履行情形的，享有选择权的当事人不得选择不能履行的标的，但是该不能履行的情形是由对方造成的除外。

解读："合同编"第五百一十五条至第五百二十一条分别规定了选择之债、按份之债、连带之债，按份之债、连带之债与"总则编"规定的按份责任、连带责任其实是一体两面，本没有重复规定的必要。关于第五百一十五条和第五百一十六条规定的选择之债，值得注意的一点是，在没有约定时，首先由债权人选择履行标的，债权人不及时选择时，选择权转移给债务人。债权人和债务人不论谁来选择，当然要选择对自己有利的履行标的，因此，债权人为了充分保护自己的权利，一定要及时行使选择权，并及时通知债务人。

6. 情势变更

《民法典》第五百三十三条规定，合同成立后，合同的基础条件发生了当事人在订立合同时无法预见的、不属于商业风险的重大变化，继续履行合同对于当事人一方明显不公平的，受不利影响的当事人可以与对方重新协商；在合理期限内协商不成的，当事人可以请求人民法院或者仲裁机构变更或者解除合同。

人民法院或者仲裁机构应当结合案件的实际情况，根据公平原则变更或者解除合同。

解读：本条是关于情势变更的规定，来源于最高人民法院关于原《合同法》解释（二）的第二十六条，与原《合同法》解释（二）第二十六条相比，本条未再强调"非不可抗力"。不可抗力和情势变更本来就没有明确的区分和界限，两个制度要解决的问题也是相同的，即非因可归责于当事人的原因导致合同不能履行、履行特别困难时的处理问题。针对某一具体情形，非要区分它是不可抗力还是情势变更，其实是没有什么意义的。

合同出现不能履行或履行特别困难的情形，可能是因为当事人的行为导致的，此时构成当事人违约；也可能是因为不可抗力或情势变更这种非因当事人的因素导致的，此时当事人不构成违约，相应的法律后果，由不可抗力或情势变更规则处理。要处理的法律后果无非两个方面：第一，合同是否要解除；第二，当事人如何承担违约责任。履行不能和履行特别困难时，合同一般都要解除，并且合同解除后未履约的当事人通常可以免除或减轻责任。《民法典》关于情势变更的第五百三十三条，关于不可抗力的第五百六十三条第（一）项（解除），以及第五百九十条（责任承担）都是为解决上面的问题而规定的。

7. 债权转让时担保权利的变更

《民法典》第五百四十七条规定：债权人转让债权的，受让人取得与债权有关的从权利，但是该从权利专属于债权人自身的除外。

受让人取得从权利不应该从权利未办理转移登记手续或者未转移占有而受到影响。

解读：主债权转让时，从属于主债权的保证、抵押、质押等担保权利应一并转让，但实践中经常出现担保权利虽然应当转让，但是并未办理担保权利过户登记的情况，如抵押权还登记在原债权人名下，并未办理变更登记到新债权人名下。此时，新债权人是否享有抵押权，就容易产生争议。根据司法实践中的通说，不办理变更登记，不影响新债权人享有抵押权。"《物权法》第一百九十二条规定：'抵押权不得与债权分离而单独转让或者作为其他债权的担保。债权转让的，担保该债权的抵押权一并转让，但法律另有规定或者当事人另有约定的除外'，本条系关于抵押权处分从属性的规定，抵押权作为从权利应随债权转让而转让。债权受让人取得的抵押权系基于法律的明确规定，并非基于新的抵押合同重新设定抵押权，故不因受让人未及时办理抵押权变更登记手续而消灭。"①《民法典》将上述规则进行了明确。

8. 合同的解除

《民法典》第五百六十三条规定：有下列情形之一的，当事人可以解除合同：

（1）因不可抗力致使不能实现合同目的。

（2）在履行期限届满前，当事人一方明确表示或者以自己的行为表明不履行主要债务。

（3）当事人一方迟延履行主要债务，经催告后在合理期限内仍未履行。

（4）当事人一方迟延履行债务或者有其他违约行为致使不能实现合同目的。

（5）法律规定的其他情形。

以持续履行的债务为内容的不定期合同，当事人可以随时解除合同，但是应当在合理期限之前通知对方。

解读：本条相比于原《合同法》第九十四条，增加了第一款，即不定期持续履行的合同，当事人可以随时解除合同。此前《合同法》分则中，与这一款旨趣相同的，也只有第二百三十二条：当事人对租赁期限没有约定或者约定不明确，依照本法第六十一条的规定仍不能确定的，视为不定期租赁。当事人可以随时解除合同，但出租人解除合同应当在合理期限之前通知承租人。将不定期租赁合同中的解除权抽象成一般性规则规定在总则中，是否有这个必要呢？在分则中根据具体合同类型具体规定，恐怕是更好的选择。

《民法典》第五百六十四条法律规定：或者当事人约定解除权行使期限，期限届满当事人不行使的，该权利消灭。

---

① 湖南绿兴源糖业有限公司、丁兴耀等与怀化市鹤城区城市建设投资有限公司、庄彪借款合同纠纷申请再审民事裁定书，（2015）民申字第2040号。

法律没有规定或者当事人没有约定解除权行使期限，自解除权人知道或者应当知道解除事由之日起一年内不行使，或者经对方催告后在合理期限内不行使的，该权利消灭。

解读：本条规定了解除权行使期限，在当事人没有约定的情况下，适用一年除斥期间，这与原《合同法》相比，是新的重要变化。本条规定吸收了最高人民法院关于商品房买卖合同解释第十五条的规定，将原来适用于商品房买卖合同的规定拓展适用于所有的合同。给解除权施加一个期限限制是应该的，否则不确定性太大。

《民法典》第五百八十条规定：当事人一方不履行非金钱债务或者履行非金钱债务不符合约定的，对方可以请求履行，但是有下列情形之一的除外：

（1）法律上或者事实上不能履行。

（2）债务的标的不适于强制履行或者履行费用过高。

（3）债权人在合理期限内未请求履行。

有前款规定的除外情形之一，致使不能实现合同目的的，人民法院或者仲裁机构可以根据当事人的请求终止合同权利义务关系，但是不影响违约责任的承担。

解读：本条第二款是违约方合同解除权的一个变型，在草案阶段就受到了一些学者的批评。之所以说它是违约方合同解除权的变型，是因为本条第一款规定的合同不能履行或履行特别困难，并未指明原因，在因债务人自身的因素导致合同不能履行或履行特别困难时，债务人构成违约，虽然此时由于客观情况合同不适宜实际履行，债权人要求实际履行的，债务人也可以利用本条的第一款来抗辩，但是按照旧法，此时债务人作为违约方是没有合同解除权的。而新法的第二款，就赋予了作为违约方的债务人以解除权。

本条第二款的规定是没有比较法的依据的，从各国规定来看，虽然在出现第一条规定的情况下债权人不能要求强制履行了，但是合同是否解除，选择权还在债权人手中。虽然大多数情况下合同不能强制履行，与合同被解除效果差不多，但是不排除个别情况下合同还有存在的价值。其实，不论合同是否还有存在的价值，从道义上讲，将解除权只赋予守约的债权人也是对合同应该严守的宣扬，是对契约精神的宣扬。赋予违约方以解除权，只能破坏这个理念。

9. 违约责任

《民法典》第五百八十四条规定：当事人一方不履行合同义务或者履行合同义务不符合约定，造成对方损失的，损失赔偿额应当相当于因违约所造成的损失，包括合同履行后可以获得的利益；但是，不得超过违约一方订立合同时预见到或者应当预见到的因违约可能造成的损失。

解读：本条规定了违约损害赔偿的范围，与原《合同法》第一百一十三条相同。

违约损害赔偿包括可得利益损失，这是与合同无效赔偿范围最大的区别。本条第二句规定的是可预见性规则，可预见性规则是限制损失赔偿范围很重要的规则，可预见性规则与减损规则、损益相抵规则、与有过失规则共同构成了限制损失赔偿范围的基本框架。与有过失规则和损益相抵规则分别规定在最高人民法院关于买卖合同解释第三十条和第三十一条，《民法典》吸收了与有过失规则，损益相抵规则未见诸明文。

《民法典》第五百九十一条规定：当事人一方违约后，对方应当采取适当措施防止损失的扩大；没有采取适当措施致使损失扩大的，不得就扩大的损失请求赔偿。

当事人因防止损失扩大而支出的合理费用，由违约方负担。

解读：本条是对减损规则的规定，与原《合同法》第一百一十九条规定相同。

《民法典》第五百九十二条规定：当事人都违反合同的，应当各自承担相应的责任。

当事人一方违约造成对方损失，对方对损失的发生有过错的，可以减少相应的损失赔偿额。

解读：本条是对双方违约和与有过错规则的规定，第一款与原《合同法》第一百二十条相同，第二款来源于最高人民法院关于买卖合同解释第三十条。最高人民法院关于买卖合同解释第三十一条规定的损益相抵规则在《民法典》明文中未见，该解释第三十一条规定：买卖合同当事人一方因对方违约而获有利益，违约方主张从损失赔偿额中扣除该部分利益的，人民法院应予支持。损益相抵规则，作为限制违约损害赔偿范围的重要规则，虽然《民法典》未明文规定，但是实践中也能够类推使用到其他合同。

四、知识产权法

知识产权法是指因调整知识产权的归属、行使、管理和保护等活动中产生的社会关系的法律规范的总称。知识产权法的综合性和技术性特征十分明显，在知识产权法中，既有私法规范，也有公法规范；既有实体法规范，也有程序法规范。但从法律部门的归属上讲，知识产权法仍属于民法，是民法的特别法。民法的基本原则、制度和法律规范大多适用于知识产权，并且知识产权法中的公法规范和程序法规范都是为确认和保护知识产权这一私权服务的，不占主导地位。

（一）法律起源

中国知识产权法指中华人民共和国保护知识产权的制度及执法体系。从 1980 年加入世界知识产权组织以后，中国相继制定了《中华人民共和国商标法》（以下简称《商标法》）、《中华人民共和国专利法》（以下简称《专利法》）、《中华人民共和国技术合同法》（以下简称《技术合同法》）、《中华人民共和国著作权法》（以下简称

《著作权法》)、《计算机软件保护条例》等法律法规，从而形成了完整的知识产权法律保护体系。然而，实施监督、保障各项知识产权法制度执行方面还有许多问题。

中国的知识产权保护制度的筹备、酝酿，起始于20世纪70年代末期，是伴随着中国的改革开放而起步的。1982年出台的《商标法》是中国改革开放后颁布的第一部知识产权法律，标志着中国的知识产权保护制度开始建立。随着1984年《专利法》、1990年《著作权法》的推出，我国知识产权保护制度的初步形成。

（二）相关法律

《专利法》1984年颁布，2008年修订。

《著作权法》1990年颁布，2010年修订。

《商标法》1982年颁布，2001年修订。

《反不正当竞争法》1993年颁布，2017年修订。

（三）具体分类

1. 按照权利的内容

从权利的内容上看，知识产权包括人身权利和财产权利。知识产权中的人身权是与智力活动成果创造人的人身不可分离的专属权，比如署名权、发表权、修改权等；知识产权中的财产权则是指享有知识产权的人基于这种智力活动成果而享有的获得报酬或其他物质利益的权利。

2. 按照智力活动成果

按照智力活动成果的不同，知识产权可以分为著作权、商标权、专利权、发明权、发现权等。对于上述知识产权，《民法典》也作了明确规定。

第四节　国际法律解读

一、国际法的概念

国际法指适用主权国家之间以及其他具有国际人格的实体之间的法律规则的总体。国际法又称国际公法，以区别于国际私法或法律冲突，后者处理的是不同国家的国内法之间的差异。国际法也与国内法截然不同，国内法是一个国家内部的法律，它调整在其管辖范围内的个人及其他法律实体的行为。

二、国际法是法律的一种特殊体系

国际社会的成员主要是国家，而国家在国际社会中都是独立的、平等的，在国家之上没有支配它们的权力，也不存在世界政府。国际法与一般法律一样，以一定的社会关系为其调整对象，并具有一般法律所具有的规范性和强制性的共性。有些学者为了在名称上对应国际私法，又称国际法为国际公法，但是国际公法与国际私法的相互关系是一个有争议的问题。笔者认为，通常所说的国际私法并不是直接用来调整国家之间的关系，而是一国在其涉外关系中用来调整不同国家的自然人、法人之间的民事关系的一种法律。

（1）国际法的主体是国家，国家是有主权的，因此国际法是平等者之间的法，这是国际法的基本特点。

（2）国际法的制定者是国家本身，是国家在合作与斗争过程中通过明示或者默示的协议，直接制定或者认可国际法的原则、规则和规章制度。

（3）国际法没有统一的、超越国家之上的强制机关，它是由国家本身单独或集体的强制为保障的。

（4）国际法的渊源是国际条约和国际习惯。

（5）国际法不是某个或某类国家统治阶级意志的直接反映，也不是超阶级的，任何时候、任何国家都极力按照自己的利益来主张、解释和利用国际法。

三、国际法的法律性质表现

（1）国际法普遍存在于国际社会，并以国家条约和国家习惯作为表现形式。它们为国家以及其他国际法主体规定了一整套调整其相互关系的行为规则，为国家规定了国际法上的权利和义务。

（2）国际法是由众多国家依一定立法程序制定的，虽然不是由一国立法机关或一个超国家的国际立法机关制定，但是今天的国际公约都是众多国家通过国际会议或国际组织的形式，依一定的程序制定的。

（3）国际法的法律效力为国际社会所承认。迄今为止，没有哪个国家声明否认或不遵守国际法，相反，各国政府都表明遵守国际法，有的国家还在宪法中规定，本国签订的国际条约是国内法的一部分。而一些重要的国际条约都明确规定了国际法的效力。例如，《联合国宪章》序言宣布会员国应“尊重有条约和国际法其他渊源而起之义务”，在宪章宗旨中，强调“以和平方法且依正义及国际法之原则，调整或解决足以破坏和平之国际争端或情势”。

（4）国际法具有强制性。虽然与国内法强制方式不同，但是也是特殊的强制方式。《联合国宪章》第 7 章规定了对侵略行为的制裁方法，实际上就是执行国际法的集体强制方式，战后《欧洲国际军事法庭宪章》和《远东国际军事法庭宪章》规定了对战争罪、违反和平罪和违反人道罪的惩处，许多国际公约规定了对国际犯罪的惩处。在国际实践中，国家采取单独、集体或通过国际组织的方式对某些侵略行为实施制裁的事例时有发生。

四、国际法的国际性

（一）社会基础的国际性

国际法的社会基础是国际社会，而国内法的社会基础是国内社会。

（二）调整对象的国际性

国际法的调整对象是国际关系，国际法是以国际关系为对象的法律，国际法律关系是以法律形式表现出来的国际关系。

（三）形成方式的国际性

国际法是在国家之间交往中以习惯或条约等各国共同同意的方式形成的法律，是国际社会公认的产物，不是一国单方的行为。

长期以来，人们在探讨国际法的国际性时主要关注国际法所调整的国际关系，关注国际法是国家之间的法。的确，自国际法形成以来，国际法一直以国家为中心，即使在今天，国际法也主要是关于国家之间的法律。但是，20 世纪以来，国际法逐渐发生了一些变化。早在 1923 年，国际常设法院在关于突尼斯和摩洛哥国籍法令案发表咨询意见时曾指出，某一事项是否纯属于一个国家的国内管辖事项，主要是一个相对的问题，它取决于国际关系的发展。国际法是国际社会的法，国际法的法律性与国际性是密不可分的，与传统国际法相比，国际法更注重下述追求的价值和目标：

1. 国际正义

正义既是法律追求的目标，也是法律的内涵要素。国际法也应以追求国际正义为目标，并以维护国际正义为己任。1945 年，《联合国宪章》也表明了维持正义的决心。维持正义是联合国要实现的目标，《联合国宪章》所规定的集中力量维持国际和平及安全等原则和措施是实现国际正义的重要手段。1998 年，《国际刑事法院规约》也明确宣布，决心保证永远尊重和执行国际正义。

2. 国际社会的共同利益

国际法不应只关注和考虑个别国家的特殊利益，而应反映国际社会的共同利益。1945 年，《联合国宪章》在强调不使用武力时，明确提出了“公共利益”的概念。1967 年，《关于各国探索和利用包括月球和其他天体在内外层空间活动的原则条约》在确立有关为和平目的发展探索和利用外层空间的国际法原则时，明确提出了“全人类利益”的概念。进入 21 世纪后，国际社会又提出了建立和确保全球公益物的理论和措施。

3. 国际法治

国际法治成为国际法追求的目标主要是 20 世纪特别是联合国成立以来。我们看到国际法得到普遍遵守的客观事实，但我们也不否认国际社会确实存在违反国际法的行为没有得到有效制止，受害国和受害人没有得到有效救济的情况，这表明国际法是需要进一步完善的法律体系。

第五节　行政法规

一、行政法规

我国行政法规是国务院为领导和管理国家各项行政工作，根据宪法和法律，并且按照《行政法规制定程序条例》的规定而制定的政治、经济、教育、科技、文化、外事等各类法规的总称。

行政法规的制定主体是国务院，行政法规根据宪法和法律的授权制定，行政法规必须经过法定程序制定，行政法规具有法的效力。行政法规一般以条例、办法、实施细则、规定等形式作成。发布行政法规需要国务院总理签署国务院令，它的效力次于法律、高于部门规章和地方法规。

中国行政管理的特征主要表现在以下四个方面：

（1）鲜明的政治性。行政管理是国家管理的基础和核心内容，必然体现国家的本质，为国家的根本统治服务，具有鲜明的政治性。

（2）服务的广泛性。政府权力来自广大人民，必须为人民服务，行政管理的全部活动都必须服从于人民的利益和要求。

（3）重要的执行性。国家行政机关是国家权力机关的执行机关，对国家权力机关负责和报告工作，并接受其监督。国家权力机关根据人民的利益和要求，决定国家的大政方针，制定和颁布法律法规，而行政机关负责制定具体的措施、细则来贯彻实行这些内容。没有行政管理，就不能实现国家的意志。

（4）一定的强制性。行政管理以国家权力为后盾，具有一定的强制性。

二、技术法规

1. 技术法规概念

技术法规是指规定强制执行的产品特性或其相关工艺和生产方法，包括适用的管理规定在内的文件。该文件还可包括专门关于适用于产品、工艺或生产方法的专门术语、符号、包装、标志或标签要求。

2. 技术法规的要素

实践中判断是否构成 WTO《技术性贸易壁垒协定》（TBT 协定）下的技术法规，

需要考虑一些要素。就技术法规的构成看，根据对 WTO 争端解决实践的分析，其大致包括以下三个要素：

（1）技术法规必须适用于可识别的一种或一类产品，但产品不一定要在文件中指明。在“欧共体影响石棉及含有石棉产品措施案”中，技术法规必须可以适用于一种可识别的产品或一组产品，但并没有要求技术法规必须适用于法规所列举和指定的“特定产品”。尽管 TBT 协定对产品普遍适用，但是 TBT 协定文本并没有暗示产品需要在技术法规中被指定或者被直接确定，而只需通过规定一定“特性”使其具有可识别性即可。在“欧共体沙丁鱼贸易名称案”中，“可识别”不等于已经指明。

（2）技术法规必须规定产品的一项或多项技术特征，这些特征可以用肯定形式，也可以用否定形式给出。除产品特征外，技术法规还包括有关产品的工艺和生产方法方面的要求，当然，技术法规所涵盖的生产工艺和方法是指能够对产品特性产生影响，“与产品特性有关的工艺和生产方法”。

（3）技术法规关于产品特性的要求是强制性的。

3. 技术标准

技术标准是指经公认机构批准的、非强制执行的、供通用或重复使用的产品或相关工艺和生产方法的规则、指南或特性的文件。有关专门术语、符号、包装、标志或标签要求也是标准的组成部分。它是指一种或一系列具有一定强制性要求或指导性功能，内容含有细节性技术要求和有关技术方案的文件，其目的是让相关的产品或服务达到一定的安全要求或市场进入的要求。技术标准的实质就是对一个或几个生产技术设立的必须符合要求的条件，以及能达到此标准的实施技术。它包含两层含义：

（1）对技术要达到的水平划了一道线，只要不达到此线的就是不合格的生产技术。

（2）技术标准中的技术是完备的。现实中，我们对于标准的全球技术许可战略有许多认识上的误区。有许多人认为许可本身仅仅就是标准的许可，也有人认为只要建立标准就可以坐享技术许可的成果。殊不知现代技术标准的全球技术许可战略是一个知识产权战略的系统工程，是一个管理的问题，这项知识产权的管理和规划工作在建立标准之前就先行介入了。现代技术标准的全球技术许可战略是沿用了“技术专利化—专利标准化—标准许可化”这一思路。

这一思路贯穿于全球技术许可战略的始终，同时这一思路又是以一场高水平的知识产权战略管理来实施的，因为从建立标准的初期，知识产权战略管理的工作就要介入。首先的工作是申请专利，因为专利技术是技术标准实施许可战略的基础，而技术标准的公布往往又会造成资料公开，使得一些技术不再符合《专利法》上“新颖性”的有关规定，从而丧失获得专利的可能，这就使标准的对外许可能力大打折扣。其次是在技术标准化阶段将这些专利技术融入到标准中，在建标准的同时就要构建此标准体系的技术许可框架。最后才是标准建立后实施全球技术许可。在每一个阶段，根据标准的不同又会有不同的操作，因此又体现出许多种知识产权战略。

三、基本建设法规

（一）基本建设法规概述

基本建设法规是指调整国家管理机关、企业、事业单位、经济组织、社会团体以及公民在基本建设活动中所发生的社会关系的法律规范的总称。它的调整范围包括三个方面：

第一，基本建设活动中的基本建设管理关系，如国家建设行政管理机关与建设、勘察设计、施工、监理等单位的管理与被管理的关系。

第二，工程建设活动中的工程建设协作关系，这种关系是平等主体之间的关系，如建设单位（发包人）与施工单位（承包人）之间的关系等。

第三，从事建设活动的主体内部劳动关系，如订立劳动合同、规范劳动纪律等。

（二）基本建设法规的特征

1. 行政隶属性

行政隶属性特征决定了基本建设法规是以行政指令为主的方法调整基本建设法律关系的。主要的调整方式如下：

（1）授权。国家通过基本建设法律规范授予国家基本建设管理机关某种管理权限或具体的权力，对基本建设进行监督管理，如工程建设质量的监督等。

（2）命令。国家通过基本建设法律规范赋予基本建设法律关系主体某种作为的义务，如限期拆迁房屋等。

（3）禁止。国家通过基本建设法律规范赋予基本建设法律关系主体某种不作为的义务，即禁止主体某种行为，如严禁无证设计、严禁工程建设转包等。

（4）许可。国家通过基本建设法律规范允许特别的主体在法律允许的范围内有某种作为的权力，如工程设计行业资质等级：甲级承担相应行业业务范围和地区不受限制。乙级承担相应行业中、小型建设项目的工程设计任务，地区不受限制。丙级承担相应行业小型建设项目的工程设计项目，限定在省、自治区、直辖市所辖行政区范围内。

（5）免除。国家通过基本建设法律规范对主体依法应履行的义务在特定的情况下予以免除，如建筑材料以废弃物的一次利用为主的建筑可享受减免税的政策优惠等。

（6）确认。国家通过建设法规授权建设管理机关依法对有争议的法律事实和法律关系进行认定，并确定其是否存在、是否有效，如检查受监理工程的勘察、设计、施工单位的资质等级和营业范围等。

（7）计划。国家通过建设法律规范对建设活动进行指令性计划或指导性计划的调节。

（8）撤销。国家通过基本建设法律规范授予基本建设行政管理机关运用行政权力对某些权力能力或法律资格予以撤销或消灭，如坚决取缔无证施工等。

2. 经济性

基本建设法规是经济法的重要组成部分，它与生产、分配、交换、消费相联系，直接为社会创造财富，为国家增加积累。

3. 政策性

基本建设法规体现国家的基本建设政策。它一方面是实现国家基本建设政策的工具，另一方面也把国家基本建设政策规范化。例如，当国家财政紧张时，就要通过基本建设法压缩其建设投资，反之就要通过基本建设法鼓励适当增加基本建设投资。

4. 技术性

基本建设的发展与人类社会的发展密切相关，直接关系到人民的生命财产安全，所以大量的基本建设法律规范是以技术规范形式出现的，如各种设计规范、施工规范等。

（三）我国基本建设的相关法规

有关部门制订了若干必要的法规，用来规范我国的基本建设程序，同时还有一些由行业协会或学会制订的职业道德准则，用来保证市场竞争的公平有序。现将其中较为重要列举如下：

1. 有关法律

《中华人民共和国建筑法》，1997 年 11 月 1 日第八届全国人民代表大会常务委员会第二十八次会议通过，自 1998 年 3 月 1 日起施行。

《中华人民共和国城市房地产管理法》，1994 年 7 月 5 日第八届全国人民代表大会常务委员会第八次会议通过，自 1995 年 1 月 1 日起执行。

《中华人民共和国环境保护法》，1989 年 2 月 26 日第七届全国人民代表大会常务委员会第十一次会议通过，自 1989 年 12 月 26 日起施行。

《中华人民共和国土地管理法》，1986 年 6 月 25 日第六届全国人民代表大会常务委员会第十六次会议通过，自 1987 年 1 月 1 日起施行。

《中华人民共和国环境影响评价法》，第九届全国人民代表大会常务委员会第三十次会于 2002 年 10 月 28 日通过，自 2003 年 9 月 1 日起施行。

《中华人民共和国招标投标法》，第九届全国人民代表大会常务委员会第十一次会议于 1999 年 8 月 30 日通过，自 2000 年 1 月 1 日起施行。

2. 有关法规

《设计文件的编制和审批办法》，1978 年 9 月 15 日国务院批准、原国家建委颁发；

《建设工程设计文件编制深度的规定（2003 年版）》，2003 年 4 月 21 日颁发，自 2003 年 6 月 1 日起执行；《基本建设设计工作管理暂行办法》，国家计委颁发；《建设项目环境保护设计规定》，由原国家环保委颁发；《城市规划编制办法》（中华人民共和国建设部令第 14 号）；《城市绿线管理办法》（中华人民共和国建设部令第 112 号）。

四、税收法规

税收法规是指由国家最高行政机关制定的规范性税收文件。税收法规的作用：一是为国家组织财政收入、筹集社会主义建设所需要的资金；二是正确处理国家、集体和个人三者关系，调节生产和消费，促进经济的发展；三是打击资本主义势力和经济犯罪活动，督促纳税人遵纪守法，保护正当经营；四是配合外贸政策发展国际贸易、维护国家主权和经济利益。

（一）我国税收法规的基本原则

（1）统筹兼顾各种利益，正确处理需要与可能，有利于国家积累资金的原则。

（2）贯彻执行党的经济政策和法律法规，有利于国民经济建设发展的原则。

（3）贯彻区别对待、合理负担的原则。

（二）税收法规的解释

为将税法适用于具体事实，必须明确了解法的意义和内容，这种作用就称之为税法的解释。

行政机关对法律有无解释权，有肯定说，也有否定说。但在学理与实际上，西方学者一般认为，行政机关应有充分的行政解释权，并由相关的权责机关来行使。只是行政机关的解释，上级的对下级的有约束效力，而下级的可以被上级撤销或变更。

各国的税法行政解释机关通常为中央稽征执行机关。而税收规章的解释机关，则应是有稽征权的执行机关。县级稽征机关有权解释各该县的单行规章。省级稽征机关有权解释该省级以下的税收规章。中央级稽征机关不仅有权解释中央级税收规章，还有权对下级税收规章予以统一解释，以统一指挥和监督各级稽征机关的权力。

现行各国的税法解释方法，包括法律解释、文字解释和论理解释。

1. 法律解释

税法的法律用语，应有确定的范围或意义，并考虑法的整体性。就本法而言，应顾及本法的立法精神，所有法律概念应在条文中求得一致。同时，税法所下的定义，不宜超越本法所应该规范的界限而侵扰他法的秩序。对同一事项表达同一法律概念时，亦应尽量互相配合。但每种税法以本身条文作法律解释的，毕竟不多，仍有赖于其他解释方法。

2. 文字解释

税法均为成文法，所以其解释应以条文文句为出发点和终结，阐明其真正的意义。

任何税法的解释，均须先使用文字解释方法。但用文字解释仍不能解决时，就得采用论理方法。

3. 论理解释

论理解释即是用论理方法来阐明税法所规定的意义。一般法律的论理解释可分为当然解释、反面解释、扩张解释、缩小解释和补充解释等。由于税法还受税收法律主义的支配，这些方法不能都在税法解释中予以使用。

（1）当然解释和反面解释。这两种方法是就税法条文所规范的法意，作客观的阐明符合税法的立法精神，即依现行税收法规条文举轻明重作当然的解释，或基于正面的规定，以正确推理作反面的解释。

（2）禁止扩张解释和缩小解释。税法的解释权力机关应严格遵循税收法律主义原则，依税法规定范围，作忠实公正的解释，不宜采用私法上常用的扩张或缩小的解释方法。

（3）禁止补充解释。一般而言，税法在课税规定上没有明文规定的部分，则意味着其不在课税范围之内，不发生纳税义务；税法的免税规定则表明免除纳税义务；即使税法应规定而未规定或有缺漏，是为立法上的失误，应由立法机关通过立法来解决，行政或司法机关均不得作补充解释。至于税法解释的原则，西方学者提出，有税收正义原则、合目的性原则和法安定性原则。

（三）税法的特征

（1）强制性。税收是国家为了向社会提供公共产品、满足社会共同需要，依照法律的规定参与社会产品的分配，强制、无偿取得财政收入的一种规范形式。

（2）无偿性。这主要指国家征税后，税款即成为财政收入，不再归还给纳税人，也不支付任何报酬。

（3）固定性。这主要指在征税之前，以法的形式预先规定了纳税人和课税对象等。因此，税法就是国家凭借其权力，利用税收工具的强制性、无偿性、固定性的特征参与社会产品和国民收入分配的法律规范的总称。

（四）税法的分类

1. 按税法内容分类

按照税法内容分类，可以将税法分为税收实体法、税收程序法、税收处罚法、税收救济法和税务行政法。

税收实体法是规定税收法律关系主体的实体权利和义务的法律规范的总称。税收程序法是税收实体法的对称，是指以国家税收活动中所发生的程序关系为调整对象的税法，是规定国家征税权行使程序和纳税人纳税义务履行程序的法律规范的总称。税收处罚法是对税收活动中的违法犯罪行为进行处罚的法律规范的总称。税收救济法是有关税收救济的法律规范的总称。税务行政法是规定国家税务行政组织的规范性的法律文件的总称。

2. 按税法效力分类

按照税法效力分类可以将税法分为税收法律、税收法规、税收规章。

税收法律是指享有国家立法权的国家最高权力机关，依照法律程序制定的有关税收分配活动的基本制度。税收法规是指国家最高行政机关根据其职权或国家最高权力机关的授权，依据宪法和税收法律，通过一定法律程序制定的有关税收活动的实施规定或办法。税收规章是指国家税收管理职能部门、地方政府根据其职权和国家最高行政机关的授权，依据有关法律、法规制定的规范性税收文件。

3. 按税法地位分类

按照税法地位分类，可以将其分为税收通则法和税收单行法。

税收通则法是指对税法中的共性问题加以规范，对具体税法具有约束力，在税法体系中具有最高法律地位和最高法律效力的税法。税收单行法是指就某一类纳税人、某一类征税对象或某一类税收问题单独设立的税收法律、税收法规或税收规章。

4. 按税收管辖权分类

按照税收管辖权分类，可以将税法分为国内税法与国际税法。

国内税法是指一国在其税收管辖权范围内调整税收分配过程中形成的权利与义务关系的法律规范的总称。国际税法是指调整国家与国家之间税收权益分配的法律规范的总称。

（五）税法的要素

1. 税法的基本构成要素

税法的基本构成要素包括纳税人、征税对象和税率。这三个要素回答了由谁纳税、对什么征税、征多少税这些最基本的税收问题，直接反映了税收分配关系。

（1）纳税人：税法上规定的直接负有纳税义务的单位和个人。它规定了税款的直接承担者。每一税种都有关于纳税人的规定。

（2）征税对象：征税的直接对象或国家征税的标的物。征税对象说明了对什么征税的问题，规定了每一种税的征税界限，是一种税区别于另一种税的主要标志。每一种税一般都有特定的征税对象，征税对象可以从质和量两方面进行划分，其质的具体化是征税范围和税目，量的具体化是计税依据。它们与税类、税种、税源、税本等共同补充或延伸了征税对象的功能并使其具体化。

（3）税率：应纳税额与征税对象数额之间的法定比例，是计算应纳税额和税收负担的尺度，体现征税的程度。税率既是税收制度的中心环节，也是税制中最活跃、最有力的因素。税率的高低，直接关系到国家财政收入和纳税人的负担，同时也反映了国家经济政策的要求。

2. 税法的其他构成要素

（1）纳税环节：在税法规定的商品整个流转过程中应当缴纳税款的环节。

（2）纳税期限：税法规定的纳税人申报纳税的间隔时间。

（3）税收优惠：以减轻纳税人的税负为主要内容，往往与一定的经济政策的引导有关。税收优惠措施主要包括税收减免、税收抵免、亏损结转等。这些税收优惠措施的实行会直接影响到计税依据，从而影响纳税人的税收负担和国家相关社会经济政策目标的实现。

（4）税收附加：随同正税一起征收的一种款项。

（5）违章处理：对纳税人发生的违反税法行为所做的处罚，它是维护国家税法严肃性的一种必要措施，也是税收强制性的一种具体体现。纳税人的违章可以分为一般违章行为、欠税、偷税、抗税等。

（六）税制体系的影响因素

1. 社会经济发展水平

社会经济发展水平是影响并决定税制体系的最基本因素，这里的社会经济发展水平主要是指社会生产力发展水平以及由社会生产力发展水平所决定的经济结构。从世界主要国家税制体系的历史发展进程来看，它大致经历了从古老的直接税到间接税，再由间接税发展到现代直接税的进程，这种发展进程是同社会经济发展水平的进程相一致的。

2. 国家政策取向

税制体系的具体设置，一方面要体现税收的基本原则，另一方面也要为实现国家的税收政策目标服务。税收作为国家宏观经济政策的一个主要工具，除了其特有的财政收入职能外，与其他许多宏观经济政策工具一样，要发挥调控职能，即需要通过具体税种的设置对社会经济起到调节作用。

3. 税收管理水平

一国的税收管理水平对该国税制体系的设置也会产生影响。一般来说，由于货物劳务税是对货物销售或劳务服务所取得的收入进行征税，因而其征收管理相对较为简单。而所得税是对纳税人取得的各项所得进行征税，涉及税前扣除、具体的会计制度等许多细节问题，征收管理相对较为复杂。因此，如果一国采用以所得税为主体的税制体系，必须有较高的税收管理水平作为基础。

（七）我国现行的税收管理权限划分

1. 税务管理机构的设置

2018 年 3 月，中共中央印发了《深化党和国家机构改革方案》，用于改革国税、地税征管体制。为了降低征纳成本、理顺职责关系、提高征管效率，为纳税人提供更加优质、高效、便利的服务，将省级和省级以下国税、地税机构合并，具体承担所辖区域内各项税收、非税收入征管等职责。为了提高社会保险资金征管效率，将基本养老保险费、基本医疗保险费、失业保险费等各项社会保险费交由税务部门统一征收。在国税、地税机构合并后，实行国家税务总局与省（自治区、直辖市）政府的双重领导管理体制（以国家税务总局为主）。

2. 中央政府与地方政府税收收入的划分

按照事权与财权相结合的原则，把各项税收划分为中央税、中央与地方共享税和地方税。

中央政府固定收入包括国内消费税、车辆购置税、关税、船舶吨税、海关代征的进口增值税和消费税等。

地方政府固定收入包括房产税、城镇土地使用税、土地增值税、车船税、烟叶税、耕地占用税、契税、环境保护税等。

中央政府与地方政府共享收入包括：

（1）增值税（不含进口环节由海关代征的部分）。中央政府分享 50%，地方政府分享 50%。

（2）企业所得税。中国铁路总公司、各银行总行及海洋石油天然气企业缴纳的部分归中央政府，其余部分中央政府分享 60%，地方政府分享 40%。

（3）个人所得税。中央政府分享 60%，地方政府分享 40%。

（4）资源税。海洋石油资源税作为中央收入，其他资源税归地方政府。

（5）印花税。从 2016 年 1 月 1 日起，证券交易印花税收入全部调整为中央收入，其他印花税收入归地方政府。

（6）城市维护建设税。中国铁路总公司、各银行总行、各保险总公司集中缴纳的部分归中央政府，其余部分归地方政府。

案例 43-1　保证合同相关案例

甲市钢材公司与本市中国工商银行签订合同，合同规定，由工商银行向钢材公司提供 150 万元贷款，借款期限为三年，届时钢材公司还清借款，另付利息 30 万元。合同签订后，银行经调查，发现钢材公司经营不善，便提出终止合同，之后市某物资总公司出面说情，达成一致意见：原合同继续有效，另外三方签订补充协议。物资公司签署保证：保证钢材公司到期将全部贷款及利息还给工商银行，并监督资金使用。借款期限届至，工商银行前来催款，钢材公司只返还 100 万元，并请求工商银行将余额

50万元及利息30万元于两个月后返还，工商银行考虑到钢材公司的实际困难和与物资公司的长期良好关系，遂同意了钢材公司的请求，并签署了协议，但此事并未通知物资公司。到应还款之日，银行发现钢材公司账户资金所剩无几。此时，银行向人民法院起诉，要求物资公司与钢材公司负连带责任，偿还50万元及利息30万元。

案例43-2　租赁合同相关案例

某年4月，甲租赁公司与乙机械厂签订了融资租赁合同，合同约定由甲租赁公司按照乙方的要求，从国外购买设备3台租给乙机械厂使用，租期2年。同年6月设备抵达大连港，但因为购买人是甲租赁公司，所以运单上载明的收货人是甲租赁公司。设备到后，甲租赁公司通知乙机械厂前去提货。乙机械厂到港口提货时被拒绝，理由是收货人是甲租赁公司。乙机械厂急忙电告甲租赁公司派人解决，但甲租赁公司以承租人为租赁物的接受人为由未及时派人前往港口提货，后来乙机械厂通过别的办法提取了设备，但由于耽误了提货期限被港口罚款2万元。乙机械厂认为是甲租赁公司延误了提货期限，向甲租赁公司索赔罚款2万元无果，遂向法院提起诉讼。

案例43-3　专利相关案例

某厂（以下简称甲方）与某科研所（以下简称乙方）签订了一份技术开发合同。合同约定，甲方委托乙方研究开发某太阳能发电装置。双方约定，研制费由甲方支付，研制出的成果归甲方使用。4个月后，乙方研制成功，甲方按约定支付研制费，同时依约定享有成果使用权。后乙方将该技术成果向专利局申请发明创造专利权。甲方得知后也向专利局申请该技术的发明创造专利权。

推荐阅读

1. 吕俊山．给职业经理人的6堂法律课：职业风险防范全攻略［M］．北京：法律出版社，2009.

2. 中央全面依法治国委员会办公室，中华人民共和国司法部．领导干部应知应会党内法规和国家法律汇编（通用版）［M］．北京：中国法制出版社，2023.

思考题

1. 分公司的特征及与子公司的区别。
2. 如何认识“知识产权是无形财产权”这一命题?
3. 简述著作权侵权行为的法律责任。
4. 试论述买卖合同中的风险分担规则。
5. 试论述因欺诈订立的合同，被欺诈一方的救济手段有哪些?
6. 试述跨国公司及特点。
7. 我国现行的税收管理权限是如何划分的?

第四十四章　企业党建理论与实践

学习目标

1. 掌握企业党建对中国特色企业制度的重要意义和企业党建的内容；
2. 懂得企业党建的制度和机制建设、企业党建和企业经营管理的促进关系；
3. 会制定企业党建创新手段；
4. 学会制定企业党建的建设内容和企业党建制度和机制；
5. 学会制定新时期企业党建的创新方案和实施策略。

第一节　企业党建是中国特色企业制度的有机组成部分

我国企业在探索建立现代企业制度的过程中，既要借鉴国际上成熟、先进的现代企业制度的一般准则和规范，又要根据自身政治、经济、社会文化等特点，把现代企业制度的一般原理与我国企业的具体实际相结合，探索具有自身特色的现代企业制度模式。把党的领导融入到国有企业公司治理中，是符合我国基本国情和企业具体实际的，是现代企业制度中国化的有益探索和实践。正如习近平总书记所指出的，中国特色现代国有企业制度，“特”就特在把党的领导融入公司治理各环节，把企业党组织内嵌到公司治理结构之中，明确和落实党组织在公司法人治理结构中的法定地位，做到组织落实、干部到位、职责明确、监督严格。应该说，这种制度安排是中国所独有的，是与国外现代企业制度的重要区别，也是对现代企业制度的重大创新。

一、企业党建的概念和作用

（一）企业党建的含义

企业党建就是把中国共产党的执政理念、先进文化和组织优势融入到企业运营之中，发挥其应有作用的工作过程和行为。

（二）企业党建的宗旨

党组织在企业中是政治核心，起政治引领作用。党的十八大修改通过的《中国共产党章程》明确规定："国有企业和集体企业中党的基层组织，发挥政治核心作用，围绕企业生产经营开展工作。"习近平同志在2012年3月21日召开的全国非公有制企业党建工作会议上明确提出，党组织要在职工群众中发挥政治核心作用，在企业发展中发挥政治引领作用。这表明，党组织在企业是政治核心和政治引领。

企业党建在企业中的最基本作用就是把中国共产党的政治优势转化为企业的发展优势，促使企业走正道、不偏向，凝聚人心，促进和谐，实现企业利益与国家利益、社会利益的统一。

二、企业党建是中国特色企业制度的有机组成部分

中国特色现代企业制度，要认真贯彻落实好习近平总书记关于国有企业改革和国有企业党的建设工作的重要论述，一以贯之坚持党对国有企业的领导，一以贯之建立现代企业制度，明确党组织在决策、执行、监督各环节的权责和工作方式，使党组织发挥作用组织化、制度化、具体化。

（一）把党的领导引入国有企业的公司治理中是坚持党的全面领导的具体体现

把党的领导引入国有企业的公司治理中，在于把党统揽全局、协调各方与企业的董事会、监事会和经营管理层等依法依章履行职能、开展工作统一起来，使党的主张通过法定程序成为企业的经营策略、政策、制度，使党组织推荐的人选通过法定程序成为企业的领导和管理人员。

在不断完善股东（大）会、董事会、监事会、经营管理层的关系与职责边界的基础上，对党组织在公司治理中发挥什么作用以及怎样发挥作用进行明确和规范，明确国有企业党组织对贯彻落实党中央决策部署、党的建设、干部队伍等重大事项进行决策。同时，要认识到，党组织在公司治理中的法定地位是中国特色国有企业董事会建设的特色所在，在决策程序上，要明确党组织研究讨论是董事会、经理层等决策重大问题的前置程序，重大经营管理事项必须经党组织研究讨论后，再由董事会或经理层作出决定。

（二）把党的领导引入国有企业的公司治理中是国有企业更好发展的必然选择

国有企业是中国特色社会主义的重要物质基础和政治基础，是我们党执政兴国的重要支柱和依靠力量，必须将党组织的地位和作用在公司治理结构中明朗化和制度化，通过合理设计制度，最大程度地发挥党组织在推动国有企业发展中的作用，使国有企业坚持正确的政治方向，全面贯彻落实党和国家的基本路线、方针、政策，使国有企

业真正成为党执政兴国的重要支柱和依靠力量。要完善治理主体的构成，增强制度的有效性。要合理确定党委（党组）领导班子成员和董事会、监事会、管理层双向进入、交叉任职比例，积极推行职业经理人制度。同时，还要坚持党管干部原则与董事会依法产生、董事会依法选择经营管理者、经营管理者依法行使用人权相结合，不断创新实现形式。

（三）把党的领导引入到国有企业的公司治理中是发挥党组织的领导核心和政治核心作用的根本目的

根据党章的规定，党组织在国有企业中发挥领导核心和政治核心作用，主要体现在：国有企业党委（党组）发挥领导作用，把方向、管大局、保落实，依照规定讨论和决定企业重大事项；保证监督党和国家的方针、政策在本企业的贯彻执行；支持股东会、董事会、监事会和经理（厂长）依法行使职权；全心全意依靠职工群众，支持职工代表大会开展工作；参与企业重大问题的决策；加强党组织的自身建设，领导思想政治工作、精神文明建设和工会、共青团等群团组织。

三、企业党建和现代企业制度发展趋势的协同性

（一）从交易费用理论看，企业党建可以降低企业交易成本

党建在企业运行中，降低运行成本的作用至少可以表现在以下方面：在宏观政策把握上，党组织可以帮助企业克服“忽略政策研究”的弊病，为企业发展把握正确方向，减少企业的决策成本；在凝心聚力攻坚上，党组织可以帮助企业克服“人心不齐”的弊病，为企业发展积聚力量、献计献策、共渡难关，减少企业的人力成本；在强化内部管理上，党组织可以帮助企业克服“刚有余，柔不足”的弊病，为企业发展补齐人性化制度短板，减少企业的管理成本；在企业人才培育上，党组织可以帮助企业克服“人才普遍缺乏”的弊病，为企业发展做强人才支撑，让德才兼备的人才越来越多，从而积累更多的企业人才正资产；在塑造企业形象上，党组织可以帮助企业克服“社会形象欠佳”的弊病，为企业发展营造和谐环境，减少企业的和谐成本；在制度完善上，能缓解现代企业制度存在的劳资矛盾、内外利益不平衡、内部人控制等问题，降低企业的制度运行成本。根据企业内生性制度划分标准的相关理论，内外生性制度的确定标准在于交易费用的度量和确定，是否属于企业内生性制度主要看其是否能解决内部要素间交易费用问题，而企业党建确实可以从多方面降低企业内部要素间交易费用，所以，企业党建也可看作是企业的内生性制度。

（二）从制度经济学理论看，企业党建可以转化内生性制度

党建工作作为外生性制度，在与现代企业制度融合过程中，通过组织体系构建、执政理念转化、先进文化渗透影响企业，弥补现代企业制度某些方面的不足，提升企

业的决策力、凝聚力和商誉信用，形成了关联、互补，甚至融为一体的关系，符合企业内生性制度完善的内在需要，从而逐步转化成为企业的内生性制度，实现了企业制度的创新。

（三）从企业制度变迁理论看，企业党建在意识形态方面的作用十分重要

政治组织和经济组织确定的规则需要一个遵从过程。遵从也是有成本的。如果对个人的最大化行为缺乏某种制约，就会产生过高的遵从规则的成本，这将使政治或经济制度无法安排，那么就需要花费大量的投资使人们相信这些制度的合法性。在这种情况下，政治或经济制度的安排需要和意识形态相结合。人们之所以能够不计较个人利益而采取服从社会规则的行为，正是意识形态在起作用。企业党建对企业的影响，主要表现形式就是思想意识形态，而且其作用往往是正向的。因此，企业党建对企业制度变迁的促进作用是明显的。

（四）从马克思政治经济学理论看，企业党建能够对企业发展起到重要作用

马克思主义认为，经济基础决定上层建筑，上层建筑反作用于经济基础，如果两者发生积极作用就可以促进生产力发展。显而易见，企业党建属于上层建筑范畴，而且是力求对我国的经济基础持续发生正向作用的上层建筑。

（五）从企业社会资本理论看，企业党建可以增强企业的社会资本

企业的社会资本包括内外两部分。企业内部社会资本的培育途径包括：建立扁平化的组织结构，运用科学的激励方法，培育良好的企业文化，重视非正式组织的作用等。企业外部社会资本的培育途径包括：塑造良好的企业形象，积极履行社会责任，强化企业外事能力等。我国国情决定了党和政府在创建社会资本中有着重要作用。党和政府在化解社会矛盾、构建和谐社会的社会结构、通过各种社会化主体强化核心价值和意识形态以促进社会整合等方面，都发挥着重要的作用。

（六）从政治与企业关系看，党的执政理念和行动决定着经济制度和企业制度的走向

从中国共产党的长期执政实践看，其确定的方针、政策和理念对整个国家的经济社会发展具有无可比拟的影响力和强制力，任何一个经济组织也不可能背离党的执政理念而独立行动，因此听党话、跟党走是我国经济组织的必然选择。中国共产党长期坚持实事求是、改革开放、发展经济、服务群众等基本原则，其执政理念和执政方针总体上是与经济社会发展客观规律一致的。党的组织框架结构对现代企业制度的治理结构完善是有利的，党的先进文化理念对现代企业制度的文化建设完善是有利的，党的激励监督机制对现代企业制度的激励监督机制完善也是有利的。这些都是现代企业制度下推行企业党的建设的客观依据和内在需要。中国共产党不仅在宏观执政上具有独特的先进性，而且对于我国企业的内部治理同样可以发挥独特作用，大有可为。

阅读专栏 44-1 创新企业党建工作机制 不断提升党建工作质量

北京中天鹏宇科技发展有限公司成立于1959年，是我国空天防御体系建设的专业物流保障与服务单位。近年来，公司党委以习近平新时代中国特色社会主义思想为指导，深入落实集团公司全级次、全方位、系统化、体系化、日常化加强党建工作的要求，坚持以改革创新精神推动公司党建设工作，着力把基层党组织的组织资源转化为推动发展资源、组织优势转化为推动发展优势、组织活力转化为推动发展活力，两级党组织的创造力、凝聚力、战斗力显著增强，公司质量效益不断提升。

做法与成效：

1. 创新党建方法与形式，强化企业党组织政治功能

（1）从顶层设计入手，强化党委领导功能。制定公司《“三重一大”决策制度实施规范》《“三重一大”决策事项清单》，将党建工作总体要求纳入公司章程，推进党的领导与公司治理有机结合。建立党委专题研究工作机制，专题研究意识形态、党风廉政建设和反腐败、群团、信访与稳定、离退休、安全生产、保密安全、国家安全、网络安全、依法治企、审计、科研生产、综合计划等工作，推进解决重要问题。制定印发《公司党委深化全面从严治党促进高质量发展专项工作实施方案》，设立公司党建工作领导小组及办公室、党委组织部和宣传部，加强党的建设和工作机构建设。坚持党管干部、党管人才，把政治标准和专业能力作为选人用人度量衡，完善选拔任用程序，加大公开选拔力度，推进党务人才与业务人才双向交流，每年党务人才轮岗交流总人数不低于总人数10%。开展党建联建共建，公司党委与战略合作伙伴单位党委签订联建共建协议，开创“党委+支部”“党委+业务”的党建工作新模式。

（2）从实处入手，提升党委民主生活会质量。建立意见与建议“征集梳理—分类研究—党委督办—纳入考核”的有效形式，通过座谈会、个别谈心等方式广泛征求意见与建议，明确“纳入党委班子查摆问题”“长期坚持”“立行立改”“公司党委关注”“解释答复”共五类处理意见，同步制定针对性的整改措施。每季度组织梳理整改措施推进情况，经党委会审定后公示，接受广大职工监督，确保整改效果。

（3）明确监督责任，强化监督功能。全面落实党内监督责任，积极探索强化党内监督的有效途径，率先在科工系统发布公司《党委全面监督责任清单》《纪委专责监督责任清单》《党的工作部门职能监督责任清单》《党的基层组织日常监督责任清单》《党员民主监督责任清单》共五类监督责任清单，细化权力运行关键环节，形成党内监督合力。

（4）加强学习教育，增强党员干部政治素养。构建党委中心组“六环”学习模式，

将树牢“四个意识”、坚定“四个自信”、坚决做到“两个维护”贯穿于党内主题学习教育、主题党日活动中，以经常性的党性体检增强党员干部政治意识、能力及素养。

(5) 抓实事、解难题，增强党组织凝聚力。建立“职工线上下单、组织线下接单、事项挂单计时、超期亮灯警告”的联络保障工作体系，通过班组、部门、党支部、党委四个层级实施保障。

2. 创新党建活动方式，激发企业党组织生机活力

(1) 开展“一支部一特色”党建品牌创建活动。明确从2018年起利用两年时间，通过特色支部酝酿、特色支部培育、特色支部表彰、特色支部管理四个阶段开展活动，使支部在服务中心工作上有新成绩、在从严教育管理监督党员上有新举措、在服务职工群众上有新思路。

(2) 创新基层党组织设置。按照有利于促进业务协同、有利于提升管理效能、有利于加强党建工作与中心工作融合的原则，试点本级部门与业务部门联建的“联合型”党支部设置，打破了以往以行政部门为单位设置党支部的传统模式，使支部活动更好地融入业务链条、融入基础管理、融入中心工作。

(3) 创新党员学习教育方式。开设理论课堂、实践课堂、微型课堂、红色课堂“四个课堂”，党委班子成员每年在一定范围内联系党支部至少讲授两次专题党课，党支部书记在支部范围集中讲授党课；每季度党委书记带队赴外部企业开展党建工作对标调研，每年举办基层党务干部培训班，不断提升党务干部业务能力；编印公司“两学一做”，学习教育党员应知应会“易本通”和“口袋书”，组织党员赴革命圣地西柏坡、井冈山、延安、嘉兴参观学习，促进党的重大会议精神入脑入心入行。

(4) 全面实施“共产党员先锋工程”项目。设置“宣政策·凝共识”“勇攻关·促发展”等七个项目内容，综合运用“信息直通车”、党员政策宣讲团等形式，把党的方针政策、上级决策部署送到基层班组、保障专列和试验现场；紧密结合内伸外延、提质增效等重点工作，评选党员先锋示范岗、党员项目攻关团队及党员突击队。

3. 创新党建工作载体，夯实企业党建工作基础

(1) 构建党建信息化平台，提升党建工作信息化水平。设计推出公司智慧党建App1.0版，涵盖党建资讯平台、组织信息平台、党务管理平台、在线学习平台和群团工作平台共五个功能板块。通过建立网上组织体系，党员可在线缴纳党费、在线参加“三会一课”和主题党日活动，打破基层党组织活动的时间和空间限制；通过入党流程的全程记录、全程公开和全程办理，发展党员工作的智能化和标准化水平显著提升；通过开设“红色直通车”模块，公司党委可以随时了解掌握职工的意见建议和保障需求，有效破解联系服务群众“最后一公里”问题。

(2) 构建数字化党建主题馆，开辟基层党建新阵地。建成航天科工系统首个集教

育、管理、服务等多功能于一体的数字化党建主题馆，全面融入数字展示技术和移动互联技术，是公司党委提升基层支部组织力、强化党员教育管理的新阵地。主题馆在空间上分为党建主题展室和党建文化中心两个部分，自启用半年来，已承接党员学习、组织生活80余场，接待系统内外调研参观40余批次，建设、应用成效在《人民日报》等中央级媒体报道，对营造公司发展良好内外部环境起到积极作用。

（3）构建党支部标准规范和流程，提升党建工作标准化水平。编制印发《党支部基础工作标准化作业指导书》，配套制作工作指导书动画解读片，以党支部日常工作为主线，以"应知应会应做"为重点，分块制定具体工作标准和操作流程，并辅以常用文书及常见问题解答等内容，为基层党支部规范化建设提供翔实而具体的工作标准。

4. 创新党建工作机制，强化企业党建工作保障

（1）构建党建内部督导机制。由党委委员担任督导组长，每季度带队对联系党支部党建工作进行检查、交流、指导，全面"把脉问诊"找短板、破瓶颈，并开出书面"诊断书"。通过"面对面""点对点"的检查方式，既布置具体要求，又交流工作经验，逐步解决支部在抓党建工作上存在的思想认识问题、方式方法问题和工作内容问题。

（2）构建党建工作绩效考核评价机制。从优化评价内容、拓展评价主体、完善评价方式等方面入手，设置5个一级考核指标、19个二级考核指标、78个考核要点以及104项评分细则。

（3）构建党支部书记抓党建工作述职评议机制。每年12月下旬，党支部书记以现场述职的方式，向公司党委、党员和职工代表报告落实党建责任制情况，并接受党委领导的现场提问、党委书记的现场点评和考核小组的现场打分。评议结果不仅关系党支部书记个人的评先评优，还直接影响个人的年度绩效奖励。

（4）构建党员目标管理量化考核评价机制。从党性修养、宗旨意识、组织观念、先锋形象、工作实绩五个维度、党员自评、支部考评、群众测评、激励加分四个层面，对党员进行全方位考核，并对考核结果位列支部后10%的党员进行教育谈话，对考核结果为"一般"及以下的党员进行通报批评，逐步实现党员考核评价由"粗放型"向"精细型"转变。

5. 创新党建责任体系，压实企业党建工作责任

（1）建立党建责任清单，明晰党建责任。率先在航天科工系统建立起《公司党委全面从严治党主体责任清单》《党委书记"第一责任人"清单》《党委委员"一岗双责"清单》《党支部书记支部党建"第一责任人"清单》《部门党员行政领导"一岗双责"清单》共5个党建责任清单，细化分解155项责任内容，明确党建工作的"路线图""任务包"和"时间表"。

（2）发布责任纪实手册，严格过程监督。编制《公司党委委员学习工作“七合一”手册》《基层党支部工作“六合一”手册》共两个责任落实情况纪实手册，包括党委中心组集中学习记录、参加年度民主生活会记录、党员发展情况记录、缴纳党费情况记录等内容，推动实现党建责任可视化、表格化、规范化、常态化。

（3）公开履职尽责情况，强化责任落实。公司党委对照党建责任清单定制党建文化展板，涵盖“组织简介”“政策公开栏”“党员亮承诺”“党员示范岗”“党员攻关团队”“工作园地”“荣誉榜”共7个内容板块，重点公开党组织形势任务教育情况、“三会一课”制度执行情况等党建责任落实情况，通过实时“晒”、横向“比”、群众“督”，倒逼党建责任落实。

党的领导、党的建设是国有企业的“根”和“魂”。公司党委始终坚持以改革创新精神全面推进党的建设新的伟大工程，不断提升公司党建工作质量，全面从严治党成效显著。

经验启示：

1. 党的基层组织是政治组织，是党的领导延伸到基层的重要载体

政治功能是党组织第一位的功能，体现我们党的阶级属性，也是保证基层党组织正确方向的重要要求。公司党委始终坚持把党的政治建设摆在首位，在强化党的领导、严肃党内政治生活、强化党内监督、加强党内教育、推进作风建设等方面采取了一系列有力举措，企业党组织政治功能显著增强。

2. 基层是党的执政之基、力量之源

有效的活动方式，既能激发企业党组织和广大党员的积极性、主动性和创造性，又能使企业党组织和党员队伍永葆蓬勃生机和旺盛活力。公司党委着力创新党建活动方式，在特色支部建设、党员学习教育、党建与中心工作深度融合等方面进行了许多有益探索，企业党组织生机活力充分激发。

3. 党建工作是理论与实践的结合体

党建工作作为理论化的观念形态，要转化为鲜活的实践，必须通过一定的载体来实现。公司党委高度重视党建工作载体创新，把党建的内容方式、目标任务融合于具体的载体之中，通过建平台、建阵地、建标准，化无形为有形、变抽象为具体，党建工作科学化水平大幅提升。

4. 加强国有企业党建工作，为推进党的建设和党的工作提供保障

加强国有企业党建工作，尤其要注重以机制创新解决制约企业党建工作开展的深层次矛盾和问题，为推进党的建设和党的工作提供保障。公司党委将党建工作机制创新作为提升企业党建工作质量的基础性、战略性工程，通过构建起党建内部督导机制等4个机制，从制度机制层面推动基层党建工作各项目标任务落实。

5. 落实党建工作责任制，是确保党建工作常抓不懈、取得实效的有力保证

抓好国有企业党的建设，关键就在于落实管党治党责任。公司党委紧紧抓住落实基层党建责任制这个“牛鼻子”，科学划分责任、强化担当意识，使公司各级各类责任主体自觉把党建责任扛在肩上、落到实处。

第二节　企业党建的目标与任务

加强党的建设是保持党的先进性、纯洁性、提高党的执政能力的必然要求。国有企业党的建设任务就是党章规定的，发挥好“政治核心作用”，围绕企业生产经营开展工作，其内涵包括：保证监督党和国家的方针、政策在本企业的贯彻执行；支持股东会、董事会、监事会和经理（厂长）依法行使职权；全心全意依靠职工群众，支持职工代表大会开展工作；参与企业重大问题的决策；加强党组织的自身建设，领导思想政治工作、精神文明建设和工会、共青团等群众组织。国有企业党的建设的目的就是促进党组织政治核心作用的发挥。

国有企业党组织工作任务最终要通过国有企业中的领导班子、干部队伍、党员队伍、人才队伍来实现，也就是各个层次的骨干队伍来实现的，因此国有企业党建的主要任务是紧紧围绕企业改革发展稳定的大局，抓好国企“四支队伍”建设，加强党对国有企业的领导，实现党在国有企业的各项执政目标。

一、企业党建的目标

做好中国特色企业制度的企业党建工作，必须坚持以中国特色社会主义理论体系为指导，进一步加强党对国有企业的领导，牢固树立党组织在中国特色社会主义现代企业制度中的政治核心地位，紧紧围绕企业改革发展稳定大局，以改革创新精神抓好企业领导班子建设、基层党组织建设、党员队伍和人才队伍建设，更好地发挥企业党组领导核心作用、党委政治核心作用、基层党组织战斗堡垒作用和党员先锋模范作用，为国有企业科学发展提供坚强的思想保证、政治保证和组织保证。

党建工作的总体目标是努力把企业党组织建设成为贯彻中国特色社会主义理论体系的组织者、推动者和实践者，成为坚决执行党的路线、方针、政策，以及推进企业改革发展稳定的坚强政治核心和战斗堡垒。

二、企业党建的任务

2016 年 10 月 10 日至 11 日，全国国有企业党的建设工作会议在北京召开。习近平

总书记出席会议并发表重要讲话，对国企党建工作提出了要求，主要任务是：建设一个政治素质好、经营业绩好、团结协作好、作风形象好，致力于为国有企业建功立业，得到职工群众衷心拥护的企业领导班子；建设一支经得起困难和风险考验，在企业改革发展稳定中发挥先锋模范作用的党员队伍；建设一支有理想、有道德、有文化、有纪律，能够熟练掌握相关科技知识和劳动技能的职工队伍；建立一套符合我国国情和适应现代企业制度要求，保证企业党组织充分发挥政治核心作用的工作机制；形成一条加强思想政治工作、企业文化建设和党组织自身建设的有效途径。紧紧围绕企业改革发展稳定的大局，抓好国企“四支队伍”建设，加强党对国有企业的领导，实现党在国有企业的各项执政目标。

总结起来中国特色现代企业制度党建的任务包括四个方面：

（一）把加强党的领导和完善公司治理统一起来

（1）坚持和落实党的建设和国有企业改革同步谋划、党的组织及工作机构同步设置、党组织负责人及党务工作人员同步配备、党建工作同步开展，实现体制对接、机制对接、制度对接和工作对接。

（2）完善“双向进入、交叉任职”领导体制，全面推行党委（党组）书记、董事长由一人担任，党员总经理兼任党委（党组）副书记，适当增加进入董事会的党组织领导班子成员人数。

（3）健全党组织议事决策机制，厘清党委（党组）和其他治理主体的权责边界，完善“三重一大”事项决策的内容、规则和程序，落实党组织研究讨论是董事会、经理层决策重大问题前置程序的要求。

（4）大力推动党建工作要求纳入公司章程，根据国有企业不同情况，把党组织的职责权限、机制设置、运行机制、基础保障都写入章程。

（5）强化对国有企业关键岗位、重要人员特别是“一把手”的监督管理，突出工程招投标、改制重组、产权变更和交易等方面的监督。研究解决中央企业监督执纪问责不严、监督责任虚化缺位的问题。持之以恒落实中央八项规定精神，深入抓好巡视发现的问题的整改。

（6）深化国有资产监管体制改革，加强出资人监管。研究提出新形势下监事会发挥作用的改革办法。加强外部董事队伍建设，严格管理并进行决策失误问责追责。

（7）健全以职工代表大会为基本形式的民主管理制度，坚持和完善职工董事制度、职工监事制度，鼓励职工代表有序参与公司治理。

（二）建设高素质国有企业领导人员队伍

（1）坚持党管干部原则，严格落实对党忠诚、勇于创新、治企有方、兴企有为、清正廉洁“20 字”要求，严格执行民主集中制，严格规范动议提名、组织考察、讨论决定等程序，保证党对干部人事工作的领导权和对重要干部的管理权。

（2）把坚持党管干部原则和发挥市场机制作用结合起来，落实董事会、经理层选人用人权，党组织要在确定标准、规范程序、参与考察、推荐人选等方面把好关。按照市场规律对经理层进行管理，明确责权利，畅通“下”的渠道。

（3）加强对国有企业党委（党组）书记的培养，使之既成为优秀的党委（党组）带头人，又成为经营管理的行家里手。

（4）加强对国有企业领导人员的党性教育、宗旨教育、警示教育，严明政治纪律和政治规矩，强化政治意识、大局意识、核心意识、看齐意识，确保党和国家方针政策、重大部署在国有企业贯彻执行。

（5）严格日常管理，落实谈心谈话制度，加大综合考核评价和提醒、函询、诫勉力度，加强外分支机构领导班子和领导人员管理监督。

（6）研究干部管理体制改革，解决当前部分企业“一把手”和班子成员两家分管存在的弊端。

（7）坚定不移推进国有企业负责人薪酬制度改革，调整偏高、过高的不合理收入，完善企业差异化薪酬分配办法，保证企业依法行使内部薪酬分配权，建立健全激励和约束并举、效率和公平并重，既符合市场一般规律又体现国有企业特点的分配机制。

（8）注重国有企业领导人员后备力量建设，把发展潜力大的好苗子放到一线锤炼摔打、墩苗壮骨，把实践中成长起来的良将贤才及时选拔到领导岗位上来。

（9）按照“三个区分开来”要求，合理划定容错界限，建立容错纠错机制。大力宣传优秀国有企业领导党员的先进事迹和突出贡献，营造尊重企业家价值、鼓励企业家创新、发挥企业家作用的浓厚社会氛围。

（三）把国有企业基层党组织建设成为坚强战斗堡垒

（1）积极适应国有企业产权关系、组织架构、管理模式等的发展变化，因地制宜、精准施策，力争解决党组织存在的问题。在处置“僵尸企业”、破产企业过程中，做好党员组织关系接转、党组织隶属关系调整等工作。

（2）认真贯彻落实关于加强中央企业境外单位党建工作的指导意见，因地制宜、灵活设置党的组织，开展党的工作。

（3）扎实开展“两学一做”学习教育，把党员日常教育管理的基础性工作抓紧抓好。重视在生产经营一线和青年职工中发展党员。加强国有企业劳务派遣制员工党员管理工作。

（4）认真落实“三会一课”，领导班子民主生活会、组织生活会、谈心谈话、党员党性分析等基本制度，增强组织生活的政治性、时代性、原则性、战斗性。建立健全党内激励关怀帮扶机制，增强党员荣誉感和归属感。

（5）重视发挥党支部的主体作用，让支部成为团结群众的核心、教育党员的学校、攻坚克难的堡垒。坚持把最优秀的党员选拔到支部书记岗位，把书记岗位作为培养选拔企业领导人员的重要平台。建立支部工作经常性督查指导机制，整顿软弱涣散党组织。

（6）突出抓好职工思想政治工作，推动党的理论创新成果进企业、进车间、进班组、进头脑，把解决思想问题同解决实际问题结合起来，引领职工群众听党话、跟党走。注重发现、培育、宣传各个层次各个方面的先进典型。

（7）推动党建工作与生产经营深度融合，围绕生产经营创新工作载体搭建活动平台，努力做到“两手抓、两促进”，把党建工作成效转化为企业发展活动和竞争实力。

（四）加强对国有企业党的建设的领导

（1）沿着国有企业领导人员管理链条，建立统一归口、责任明晰、有机衔接的国有企业党建工作领导体制。

（2）地方各级党委要把国有企业党的建设纳入整体工作部署和党的建设总体规划。

（3）国有企业党委（党组）要认真履行主体责任。党委（党组）书记要履行第一责任人的职责，专职副书记要履行直接职责，纪检组长（纪委书记）要履行监督执纪问责的职责，企业其他党员领导人员要落实“一岗双责”。

（4）建立国有企业党委（党组）向上级党组织报告年度党建工作制度。

（5）规模较大的中央企业分支机构和地方国有企业也要配备专职副书记。有条件的企业要推行人事管理和基层党建一个部门抓，分属两个部门的要由一个领导管。

（6）建立党务工作人员和经营管理人员双向交流机制，把党务工作岗位作为培养企业复合型人才的重要平台，落实同职级同待遇政策。

（7）落实国有企业党建工作经费，纳入企业管理费用税前列支，确保党组织有工作条件、有经费办事。

因此，加强国有企业党的建设要研究五个问题：从国有企业党组织政治核心作用发挥出发，探讨国有企业领导体制；从保证工人阶级的主体作用出发，探讨加强工人阶级的主人翁地位；从提高干部队伍决策能力和保持阶级属性出发，探讨加强干部队伍建设；从保持国有企业党组织的先进性、纯洁性出发，探讨党组织建设；从加强党的执政基础出发，探讨加强职工群众思想政治工作。

三、建设和谐企业

（一）和谐企业及其内涵与基本特征

1. 和谐企业

和谐企业是指在企业内部形成了充分发挥成员和子系统能动性、创造性的条件及环境，成员和子系统在活动中相互配合，与外部环境互动发展，在整体上达到与企业内外部环境的有机协调，实现可持续发展的企业。

2. 和谐企业的内涵

社会主义和谐社会的总体要求是建设民主法治、公平正义、诚信友爱、充满活力、安定有序、人与自然和谐相处的社会，作为和谐社会重要内容的和谐企业建设同样应当符合这一要求，做到企业自身发展、企业发展与社会环境以及企业发展与自然环境的和谐统一。

（1）企业内部和谐。企业内部和谐就是要以人为本，尊重员工的劳动价值；依法规范用工，积极推行劳动合同制度，切实解决企业存在的有劳动没关系、有关系没劳动的问题；形成一个良性循环的员工发展机制，创造一个让员工充分施展才华的环境，使员工在推动企业发展的同时，自身价值得到实现；为员工提供发展的条件和机会，为员工设计发展通道，制订定向培训计划；强化企业安全生产工作，建立健全安全生产控制体系，落实安全生产责任制，完善安全生产长效机制，加强应急救援预案的制定和完善；对涉及企业和员工根本利益的重大问题与员工进行对话和协商，签订集体合同，维护企业和员工的合法权益，减少和化解矛盾，推进劳动关系的和谐稳定；加强企业的民主管理和厂务公开，生产经营管理的重要问题和重大决策吸收各方意见；企业内部各职能部门、各单位之间进行有效的组织、协调与配合，使组织的整体实力得到充分发挥。

（2）企业与社会环境的和谐。在现代社会中，企业是社会化生产的最主要组织者和承担者，企业在生产经营的整个过程中都要与外部的生产商、供应商、合作伙伴、消费者、政府、社会团体等各种利益相关者产生联系，它们共同构成了企业所处的社会环境。企业建立与外部社会环境协调发展的关系，对企业成长壮大起着决定性的作用，如企业产品满足客户的需要、企业收益达到股东要求、遵守政府的法律法规等。要实现企业与社会环境的和谐，企业需要不断进行自我调整以适应环境，如不断开发新产品、适时调整企业战略、进行组织创新和技术创新等，使企业适应社会环境变化的要求。同时，企业也可以在某种程度上对社会环境施加影响，从而改善企业的处境，如通过积极承担社会责任来改变公众和社会组织对企业的看法，并使他们采取有利于企业的行为，帮助企业发展。

（3）企业与自然环境的和谐。随着生产力的快速发展，人类社会生活水平不断提高，对自然资源的消耗越来越大，对环境的影响和破坏更加明显，企业只有努力降低资源消耗、提高资源的利用效率，减少生产活动对自然环境的影响，将传统的资源、产品、废物单向流动的线性运行模式，转变为资源、产品、再生资源闭环流动的循环运行模式，才能从根本上协调人类和自然的关系，实现企业的可持续发展，从而促进人类社会可持续发展。可以说，企业与自然环境的和谐是人类社会可持续发展的关键。

企业三个层次相互影响、相互促进，形成了企业的整体和谐。其中，内部和谐为企业的发展提供了一支团结、高效，积极性、创造性都得到极大发挥的稳定的员工队伍；与社会环境的和谐使企业能够与客户、股东及利益相关各方建立融洽的合作与理解关系，为企业的产品开拓市场、发展创造有利的外部环境；与自然环境的和谐为企业的可持续发展提供了物质保证。

3. 基本特征

（1）以人为本。人是社会的主体，所谓社会和谐，最主要的就是人与人之间的和谐，企业的和谐也是如此。只有坚持以人为本，在任何时候都将人作为决策的出发点，将最大程度地保护人的利益作为行动的最终目的，社会和谐、企业和谐才可能实现。因此，以人为本是和谐企业最本质的特征，是企业和谐的核心。以人为本的人不仅包括企业内部的员工，也包括企业外部的顾客和企业的其他所有利益相关群体，如供应商、社区居民、股东以及合作伙伴等。

从企业内部来讲，企业管理的核心是对人的管理，企业以人为本就是尊重员工个体价值并通过恰当的方法和手段发挥员工主观能动性，激发个人的创造性，使其产生更大的创造力，开发出满足市场需求的优秀产品，提供顾客满意的卓越服务，实现良好的经济效益，成为企业发展的巨大推动力。从企业外部来讲，企业以人为本就是全面协调处理与企业外部各直接或间接的利益相关方的关系，努力使企业的发展与社会的发展、自然环境的保护相协调，在企业成长的同时，推动社会的进步。

（2）不断创新。企业通过不断创新增强企业竞争力、提高经济效益，是企业实现内外部和谐的重要手段，是缓解我国资源约束矛盾、转变经济增长方式的关键环节，也是企业和谐的重要特征。一方面，企业是创新的主体，具有把科技成果转化成产品的先天优势，有直接面向市场并了解市场需求的灵敏机制，也有实现持续技术创新的条件。创新可以使企业更好地适应外部市场环境和社会环境的变化，不断推出新产品占领市场，获得满意的利润。另一方面，我国的资源相当短缺，要全面建设社会主义现代化国家，只能通过大力推进企业科技创新，促进产业结构升级，实现经济增长方式由粗放型向集约型转变，加强生态建设和环境保护，促进经济社会协调发展，走生活节约型、生产集约型的科学发展之路。

（3）可持续发展。实现经济社会的可持续发展是和谐社会建设的根本目的。企业的任务是为构建和谐社会提供物质基础，只有企业实现了可持续发展，社会的可持续发展才可能实现。因此，可持续发展必然是和谐企业的基本特征。

企业可持续发展是指企业根据所处的外部环境与内部经营条件，制定正确的战略，实现企业经济效益、社会效益与环境效益相协调基础上的长期发展。企业可持续发展包括三个方面的内容：第一，企业具有较强的核心竞争力，能够在较长的时间里保持稳定成长并取得良好的经济效益，不仅向企业员工提供合理的薪酬福利，而且为员工的全面发展（如身心健康的保持、工作技能的提高以及价值追求与需求层次的提升等）创造尽可能多的条件与机会。第二，企业在生产中坚持有利于生态系统良性循环的原则，努力减少原材料（尤其是自然资源）与能源的消耗，加强对可再生资源的利用，减少有害物质的排放。第三，企业以服务大众与增进社会福利，促进国家的发展、繁荣与进步为企业战略的重要内容。

（二）如何构建和谐企业

1. 加强领导班子建设，发挥模范带头作用

（1）坚持培养教育并重。开展好专题学习教育活动，采取个人自学、集中学习、专题研讨等灵活多样、务实管用的方式，切实提高领导班子成员的理想信念、宗旨意识、群众观点和反腐倡廉意识，打牢立党为公、履职为企的思想基础和能力基础，进一步提升班子成员的理论业务水平和服务职工群众能力。

（2）坚持民主集中制。每月召开党委会，每周召开领导班子碰头会，实行集体领导和个人分工负责相结合的制度，重大问题坚持“集体领导、民主集中、个别酝酿、会议决定”的组织原则，由党委会议集体讨论表决，实行一人一票制，赞成票超过应到会党委委员人数的一半以上方可有效，确保各项决策的科学性、民主性和可执行性。

（3）坚持党管干部。按干部队伍德才兼备标准配备干部，对集团公司管理的干部进行一次全面考察，根据考察情况适时进行调整、交流。坚持民主集中制，充分体现党管干部的原则。同时，坚持定期组织开展中层领导干部民主评议活动，全面检验干部的工作，规范干部的使用管理。

2. 加强党组织建设，提高党员队伍素质

紧紧围绕提高党的执政能力，树立和落实科学发展观，抓基层党建工作和党员队伍素质，充分发挥基层党组织的战斗堡垒作用和党员的先锋模范作用，有效提高基层党支部的创造力、凝聚力、战斗力。

（1）做好基层党组织建设。加强工会等群团建设，在基层单位设立党总支或党支部，配备专、兼职党总支（支部）书记或副书记；修订完善党（总）支部工作考核细则，对党（总）支部全面推行目标管理，按照考核标准及指标要求对党（总）支部工作的领导班子建设、党建管理工作、党员队伍建设、职工队伍建设、工会工作等考核。通过考核机制，使基层党（总）支部的工作有计划、有措施、有落实，逐步实现班子坚实、队伍过硬、制度完善、活动正常、作用明显的总体目标。

（2）严肃党内政治生活制度。坚决落实党员领导干部双重组织生活会和“三会一课”、民主评议党员、党员党性定期分析等制度，提高党内政治生活质量，不断强化党

内政治生活制度的约束力和执行力，促进制度效力和功能作用的发挥，增强党组织的凝聚力，并通过加强内部监督增强党员的制度意识，形成遵守制度的良好氛围。

（3）强化党员队伍建设。按照控制总量、优化结构、提高质量、发挥作用的总要求，坚持党章规定的党员标准，主动做好党员发展工作。通过积极引导党员自我学习、自我教育、自我提高，全面提升党员干部的综合素质，增强党员为职工群众服务的能力和水平。

（4）发挥组织和先锋作用。党委每年组织评选先进活动，并积极向上级推先荐优，使大家学有标杆、干有榜样，在组织内部形成“比学敢帮超”的良好氛围。

3. 加强企业文化建设

发挥党组织政治优势，创新思想政治工作的有效途径，是建设高素质干部职工队伍、促进人的全面发展的迫切需要。通过宣传教育，丰富职工文化生活，关心关爱困难群体，在企业内部打造求真务实和积极向上的文化氛围。

（1）坚持以宣传教育引导员工。基层各支部广泛开展员工主题教育，定期组织职工培训，加强职工职业道德教育，不断提高企业管理水平，促进企业的协调发展。

（2）坚持以先进文化凝聚员工。设立职工图书馆、文化长廊，通过显示屏、宣传栏等多种宣传媒介，为职工营造良好的文化氛围，增强职工凝聚力。

（3）坚持以活动机制吸引员工。组织开展多项活动，增强职工自觉参与意识，提升员工自我发展意识。建立困难职工救助长效机制，实现救助困难职工经常化、规范化、制度化，使广大干部员工充分感受到党组织和企业大家庭的温暖，进一步增强企业的向心力和凝聚力。

阅读专栏 44-2　党建引领和谐企业建设

菏泽交通集团有限公司是一家集运、工、商、贸、金融于一体的综合性国有企业集团，具有全国客运、货运一级资质，被山东省政府确定为大型交通运输企业。公司现下属 45 个全资子公司，以及 5 家参控股企业，主要经营范围涵盖道路客运、城市公交、现代物流、汽车服务、工业生产、商贸市场、地产开发、信贷金融等经营板块。公司现有职工 10000 余人、党员 2760 余人，公司党委下设基层党总支 4 个、党支部 40 个，专、兼职党务政工干部 150 余人。截至 2015 年底，集团公司资产总额 66.8 亿元，年营业收入 32.8 亿元，实现利税 2.8 亿元。集团公司先后被评为全国交通系统先进集体、全国模范劳动关系和谐企业、全国“安康杯”优胜企业、省先进基层党组织、省思想政治工作优秀企业、省文明诚信百佳企业、省服务业先进单位、省交通系统先进集体。

多年来，集团公司党委在上级党委的正确领导下，认真学习贯彻党的会议精神，深入学习贯彻习近平总书记系列重要讲话精神，认真践行“三严三实”要求，围绕建设和谐企业这个中心，充分发挥基层党组织政治核心作用、战斗堡垒作用和党员先锋模范作用，带领企业实现了又好又快发展。

一、加强领导班子建设，发挥模范带头作用

公司党委认真落实党风廉政工作责任制，切实做到“三严三实”，充分发挥领导干部的模范带头作用。

（1）坚持培养教育并重原则。近年来，公司党委先后开展了“党的群众路线教育”实践活动和“三严三实”专题学习教育活动，采取个人自学、集中学习、专题研讨等灵活多样、务实管用的方式，切实提升了领导班子成员的理想信念、宗旨意识、群众观点和反腐倡廉意识，打牢了立党为公、履职为企的思想基础和能力基础，进一步提升了班子成员的理论业务水平和服务职工群众能力。多年来，公司未有一名党员领导干部受到党纪政纪处理。

（2）坚持民主集中制原则。公司党委制定了《集团公司党委会工作制度》，每月召开一次党委会，每周召开一次领导班子碰头会，实行集体领导和个人分工负责相结合的制度，重大问题坚持“集体领导、民主集中、个别酝酿、会议决定”的组织原则，由党委会议集体讨论表决，实行一人一票制，赞成票超过应到会党委委员人数的一半以上方可有效，确保各项决策的科学性、民主性和可执行性。

（3）坚持党管干部原则。公司党委按干部队伍“四化”方针和德才兼备标准配备干部，原则上一至两年对集团公司管理的干部进行一次全面考察，根据考察情况适时进行调整、交流。对基层单位党、政正职实行聘任制，副职实行民主选举，选举结果当场公布，然后经党委讨论研究，凡是党务政工干部由党委任命，行政干部由总经理进行聘任，坚持民主集中制，充分体现了党管干部的原则。同时，坚持定期组织开展中层领导干部民主评议活动，全面检验干部的工作，规范了干部的使用管理。

二、加强党组织建设，提高党员队伍素质

公司党委紧紧围绕提高党的执政能力，树立和落实科学发展观，狠抓基层党建工作和党员队伍素质，充分发挥基层党组织的战斗堡垒作用和党员的先锋模范作用，有效提高了基层党支部的创造力、凝聚力、战斗力。

（1）加强基层党组织建设。集团公司机关设立了政工处、法纪处、机关总支，加强了工会、共青团等群团建设，在基层单位设立了党总支或党支部，配备了专、兼职党总支（支部）书记或副书记；修订完善了党（总）支部工作考核细则，对党（总）

支部全面推行目标管理，按照考核标准及指标要求对党（总）支部工作的领导班子建设、党建管理工作、党员队伍建设、职工队伍建设、工会工作5大项25小项内容进行百分制考核。通过考核机制，使基层党（总）支部的工作有计划、有措施、有落实，逐步实现了班子坚实、队伍过硬、制度完善、活动正常、作用明显的总体目标。

（2）严格党内政治生活制度。集团公司各级党组织坚决落实党员领导干部双重组织生活会和“三会一课”、民主评议党员、党员党性定期分析等制度，提高党内政治生活质量，不断强化党内政治生活制度的约束力和执行力，促进制度效力和功能作用的发挥，增强了党组织的凝聚力，并通过加强内部监督，增强党员的制度意识，形成了遵守制度的良好氛围。

（3）加强党员队伍建设。按照控制总量、优化结构、提高质量、发挥作用的总要求，坚持党章规定的党员标准，主动做好党员发展工作。三年发展党员127名，其中2015年发展党员15名，充分体现了控制数量、提升质量的目标。同时，通过积极引导党员自我学习、自我教育、自我提高，全面提升党员干部的综合素质，增强了党员为职工群众服务的能力和水平。

（4）充分发挥组织和先锋作用。近年来，公司党委每年都组织评选先进活动，并积极向上级推先荐优，如菏泽汽车西站被评为交通系统“四德”工程建设先进单位，汽车总站等三个单位获省级“青年文明号”荣誉称号，汽车一公司等8家单位获市级“青年文明号”荣誉称号。此外，公司还有1名同志荣获“全国优秀工会工作者”，有4名同志荣获“菏泽市五一劳动奖章”，有1名职工家庭被评为“全市文明和谐职工家庭”。对这些先进单位和个人予以表彰，使大家学有标杆、干有榜样，在全公司形成了“比学敢帮超”的良好氛围。

三、加强企业文化建设，提高职工凝聚力

加强企业文化建设，是发挥党组织政治优势、创新思想政治工作的有效途径，是建设高素质干部职工队伍、促进人的全面发展的迫切需要。长期以来，公司党委通过宣传教育，丰富职工文化生活，关心关爱困难群体，在企业内部打造了求真务实和积极向上的文化氛围。

（1）坚持以宣传教育凝聚员工。在集团公司党委领导下，基层各支部广泛开展员工主题教育，定期组织职工培训，加强职工职业道德教育，不断提高企业管理水平，促进企业协调发展。集团公司定期编发企业报纸，建立微信交流群，及时更新公司网站，扩大了宣传力度，提升了工作效率。

（2）坚持以先进文化凝聚员工。汽车总站设立职工图书馆，汽车西站设置了文化长廊，各单位充分利用显示屏、宣传栏等多种宣传媒介，为职工营造良好的文化氛围，

增强职工凝聚力。近年来，公司创建的“爱心互动，真情交通”“鲁之翼物流”“天宇牌连续泡沫镍”“国花牌扑克”等品牌分别被评为山东省服务名牌和名牌产品。

（3）坚持以活动机制凝聚员工。在集团党委领导下，公司工会近年来先后组织开展了“管理效益年”“‘安康杯’劳动竞赛”“关于查身边隐患、保职工安全、促企业发展”等多项活动，增强了职工自觉参与意识，提升了员工自我发展意识。同时，公司建立了困难职工救助长效机制，实现救助困难职工经常化、规范化、制度化。其中，2015 年发放困难职工救助金 10 万余元，为 20 户困难职工申请大病救助 7 万元，发放临时困难救助 2.8 万元。开展了“金秋助学”活动，为 11 名困难大学生申请救助金 3.3 万元，使广大干部群众充分感受到了党组织和企业大家庭的温暖，进一步增强了企业的向心力和凝聚力。

近年来，公司党建工作在摸索和改进中得到了不断加强与提升，有力保障了企业健康运行和快速发展，使企业创造了社会效益和经济效益双丰收的可喜局面，得到了社会各界广泛认可和肯定，主要经济指标连续多年居全省同行业首位。在今后的工作中，公司党委将按照党中央提出的一系列新标准和新要求，进一步强化领导班子建设，加强基层党组织建设，转变作风，扎实工作，凝心聚力，为推进“兴企富工”目标实现而不懈奋斗。

第三节　企业党建与企业经营管理的相互促进关系

习近平总书记强调指出，坚持党对国有企业的领导是重大政治原则，建立现代企业制度是国有企业改革的方向，两者都必须一以贯之。要牢牢把握这两个“一以贯之”，就必须坚定不移地推进党建工作与生产经营深度融合。

一、党建融入中国特色企业制度的意义

2016 年 10 月，习近平总书记主持召开全国国有企业党的建设工作会议时提出：坚持党对国有企业的领导是重大政治原则，必须一以贯之；建立现代企业制度是国有企业改革的方向，也必须一以贯之。两个“一以贯之”，是对中国特色现代企业制度优势的高度凝练，完善中国特色现代企业制度必须牢牢把握两个“一以贯之”，坚定不移推进党建工作与生产经营深度融合，促进互融互进、同频共振，以党建新成效开创国有企业改革发展新局面。

（一）加强党对国有企业的全面领导是完善中国特色现代企业制度的重要内容

中国特色现代国有企业制度，“特”就特在把党的领导融入公司治理各环节。国有

企业改革发展首先要坚持党的领导，否则就不是中国特色社会主义，没有党的坚强领导，国有企业改革发展就会偏离正确方向。无论领导体制如何调整、治理机制如何变化、监管模式如何创新，党对国有企业的领导不能有丝毫动摇。要把加强党的领导同完善公司治理统一起来，把企业党组织内嵌到公司治理结构之中，明确党组织在公司法人治理结构中的法定地位，做到组织落实、干部到位、职责明确、监督严格，从组织、制度、机制上有力保障国有企业党组织的领导地位。

（二）坚持全面从严治党是新时代国有企业加强自身建设的核心任务

全面从严治党是新时代国有企业党建的主旋律，是国有企业各级党组织的重要政治责任。党和人民把国有资产交给国有企业经营管理，是莫大的信任。履行好这份职责和使命，首先要把全面从严治党的责任扛在肩上、落在实处，以更高的标准、更严的要求加强自身建设，坚持和加强党的领导，决不允许党的领导游离于公司法人治理之外，决不允许党的领导虚置弱化，决不允许党在国有企业的政治基础和组织基础发生动摇。坚持全面从严治党，必须强化和落实企业党组织对企业改革发展的引领权、重大决策的参与权、重要经营管理干部选用的主导权、党员干部从业行为的监督权、职工群众合法权益的维护权、思想政治工作和企业文化的领导权，从制度机制上全面从严加强党对各方面工作的领导。同时，要坚持思想建党和制度治党相结合，把加强国有企业党建作为应尽之责、分内之事，通过党性教育、宗旨教育、警示教育，引导党员干部增强“四个意识”，坚定“四个自信”，做到“两个维护”，严守党的政治纪律和政治规矩，形成全面从严治党的政治自觉、思想自觉和行动自觉，不断增强国有企业各级党组织的凝聚力和战斗力，更好发挥党建工作对企业改革发展的促进作用。

（三）强化国有企业党组织的政治功能是推动国有企业高质量发展的内在动力

政治方向是事关国有企业生存发展和事业兴衰成败的大事，须臾不可出现丝毫偏差。要始终坚持以习近平新时代中国特色社会主义思想武装头脑、指导实践，特别是要注重从习近平总书记关于国有企业改革的重要思想中汲取破解国有企业改革发展难题的答案、钥匙和方法。只有牢牢把握政治方向，才能在重大政治原则和大是大非问题上毫不含糊、毫不动摇，才能确保贯彻落实国家宏观调控、国家战略、国家安全等重大经营管理事项不偏移、不缺位、不走样。国有企业党建绝非“虚功”，是实实在在同业务紧密结合，管全局、管根本、管长远的中心工作。党建工作做实了就是生产力，做细了就是凝聚力，做强了就是竞争力。要充分发挥企业党委（党组）把方向、管大局、保落实的领导作用，将党和国家重大方针政策、重大决策部署贯穿企业改革创新发展的顶层设计、战略定位、管理模式、机构职能的全过程，实现政治领导、思想领导、组织领导的有机统一，为国有企业建功立业提供强有力的政治保障。

（四）健全国有企业党的组织体系是提升国有企业组织力和战斗力的重要支撑

国有企业党组织是党的组织体系的重要组成部分，直接关系党在经济领域的执政能力，是国有企业党的全部工作和战斗力的基础，是支撑国有资本做强做优做大以及增强国有经济竞争力、创新力、控制力、影响力、抗风险能力的根本组织保障，必须保证党的工作机构健全、党务工作者队伍稳定、党组织和党员作用有效发挥，实现体制对接、机制对接、制度对接、工作对接。基础不牢，地动山摇。国有企业基层党组织处在改革发展稳定的第一线、生产经营管理的最前沿，要把抓基层打基础作为长远之计和固本之策，不断增强基层党组织的政治功能和组织力，推动基层党支部成为团结群众的核心、教育党员的学校、攻坚克难的堡垒，在企业生产经营管理中发挥关键作用。国有企业领导人员是党在经济领域的重要力量，肩负着经营管理国有资产、实现保值增值的重要责任，要注重从党务干部中培养选拔企业经营管理干部，打造政治合格、作风过硬、清正廉洁的高素质干部人才队伍。

二、党建融入中国特色企业制度的理论基础

当前，在推动国有企业党建工作和生产经营融合过程中，有的企业或者过度强调市场化竞争和运营，片面以抓经济效益为中心，把党建工作置于从属地位，或者将党的领导体制僵化、形式化，与企业生产经营和现代企业制度结合不够紧密，党建和业务工作“两张皮”，导致党建创新与活力不足。要实现两者深度融合，必须坚持以习近平新时代中国特色社会主义思想为指导，运用马克思主义的立场、观点、方法，联系地、发展地、全面地认识并把握国有企业党建和生产经营的辩证关系，充分发挥党建工作和公司治理两方面优势，精准找到最佳融合点，清晰回答“怎么融”问题。

（一）牢牢把握政治属性和经济属性的辩证统一，这是国有企业党建工作和生产经营融合的出发点

坚持中国共产党的领导，坚持中国特色社会主义制度，保证党和国家方针政策、重大决策部署在国有企业全面贯彻执行，是国有企业鲜明的政治底色，是国有企业党组织义不容辞的政治责任。同时，国有企业党建工作又必须紧密围绕生产经营活动统筹谋划，党建重心必须以保证国有资产保值增值、提高国有经济竞争力、放大国有资本功能作为着力点，党建成效必须通过企业经营发展成果进行实践检验，国有企业的政治属性和经济属性两者互为依托、不可偏废。

（二）牢牢把握政治导向和价值导向的辩证统一，这是国有企业党建工作和生产经营融合的落脚点

部分国有企业片面认为发展才是硬道理，党建工作从属于生产经营，脱离企业中

心大局，重视不够、投入不足，导致党建工作没有实际效果，也得不到各方支持。必须清醒认识到，国有企业党建是铸魂工程，是国有企业生命力之所在，没有政治信仰就没有“主心骨”，缺乏政治信念就会得“软骨病”，更无法在纷繁复杂的市场环境中清晰认知发展为了谁、发展依靠谁、发展成果由谁共享这些重大问题。一方面，要把准政治导向，旗帜鲜明讲政治、理直气壮抓党建，在制度设计、组织保障、工作执行等各方面确保党建责任落实到位，切实解决党建弱化、淡化问题。另一方面，要坚持价值导向，围绕企业组织“价值创造”这个中心和大局，创造性开展党建工作，把党建融入企业产业链、价值链、创新链的各环节各方面，真正为企业生产经营赋能、为企业创新发展护航，切实解决党建虚化、边缘化问题。政治导向是前提和基础，价值导向是落脚点，政治导向保证价值导向的正确方向，为价值导向提供思想武装，两者彼此联动、双向互济。

（三）牢牢把握政治优势和市场优势的辩证统一，这是国有企业党建工作和生产经营融合的着力点

党建工作是国有企业独特的政治资源，是赢得激烈市场竞争的比较优势，是企业核心竞争力的重要构成，是实现企业科学发展的关键因素。人是生产力第一资源，对企业核心竞争力的形成和发展具有重要牵引作用，党建工作是实现这一有机转化的关键所在。纵观中国革命史，南昌起义确立了党对革命的领导，“三湾改编”将支部建在了连上，古田会议正式确立了“思想建党、政治建军”原则，只有中国共产党才能造就人民军队的政治特质和根本优势，党对军队绝对的领导是人民军队始终保持强大的凝聚力、向心力、创造力、战斗力的根本保证。同样，国有企业要打造作风过硬的“铁军”，必须把党的政治优势、组织优势、密切联系群众优势充分运用于人力资源和人才队伍建设方面，通过创新管理方法和手段，最大程度激发人的内在潜能，才能使党的政治优势有效转化为市场竞争优势，实现企业效率最优化、效益最大化，形成企业不断创新发展的强劲动力。

（四）牢牢把握政治工作和管理工作的辩证统一，这是国有企业党建工作和生产经营融合的结合点

国有企业党建工作本质是政治工作，必须以科学的政治理论为指引，发挥理论武装优势，最终转化为组织力、战斗力、生产力。同时，党建工作也是管理工作，而且是企业的高端管理，是价值管理，同样需要利用现代管理工具来提升党建工作的效率和水平。正如马克思的跨越资本主义“卡夫丁峡谷”思想所指出的，“它可以不通过资本主义制度的卡夫丁峡谷，而吸收资本主义制度所取得的一切肯定成果”。国有企业党建工作要注重吸收人类创造的一切优秀文明成果，不断深化对执政规律、经济规律、管理规律的认识，强化管理思维，有效利用信息技术、品牌建设、绩效考核、项目管

理、合伙人制度、人力资源“三支柱”模型等现代管理工具，实现政治工作和管理工作的有效统一。

（五）牢牢把握政治站位和发展战略的辩证统一，这是国有企业党建工作和生产经营融合的制高点

只有牢牢把握政治站位和发展战略的辩证统一，才能“不畏浮云遮望眼”，把握内在规律，认清发展大势，做到心怀大局、心怀人民。把握政治站位，就是要自觉站在政治和全局的高度把握形势、指导实践、推动工作，跳出微观和局部利益去思考问题、看待问题、解决问题。成功的发展战略首先要坚持正确的政治方向，只有同党和国家的方针政策始终保持一致，发展战略才具有持久生命力，才能历经各种风险挑战而屹立不倒。把握政治站位既要保障党的路线、方针、政策在国有企业落实落地，更要通过清醒的理论认识和政治鉴别把握规律、认清趋势、明确方向、规避风险，坚定战略自信、保持战略定力，把党中央的部署要求全面融入企业改革发展实际，转化成企业的长远发展战略，既不走形式、也不一阵风，通过战略实施实现久久为功。

三、党建如何融入中国特色企业制度的企业经营管理

正如习近平总书记所强调的，中国特色现代国有企业制度，“特”就特在把党的领导融入公司治理各环节，把企业党组织内嵌到公司治理结构之中。公司治理结构是对公司经营管理和绩效进行监督、激励、控制和协调的一整套制度安排，反映了决定公司发展方向和业绩各参与方之间的相互关系。实现党建工作和生产经营深度融合，关键要在顶层设计、机构职能、管理体系、基层建设和资源配置五个方面通过制度创新进行有机融合。

（一）完善顶层设计，构建国有企业党建格局

推动党建目标与企业价值创造有机统一，确保党的领导与企业法人治理相辅相成，保障党建工作与企业生产经营协同联动，促进党建制度与企业运行规范协调统一。

1. 健全公司章程党建要求

公司章程是公司内部“宪法”，要旗帜鲜明地把党建要求写入章程，确立党组织在公司治理中的法定地位，实现党委会、股东会、董事会、经营层等多元主体的利益意志趋向统一。明确党组织在企业决策、执行、监督各环节的职责权限、工作方式及同其他治理主体的相互关系，促进党组织作用系统化、规范化、制度化。

2. 优化领导决策机制

强化党对经济工作的领导，理清党委决策与其他机构决策的治理边界，构建清晰完备、运行顺畅的协同决策体系。涉及“三重一大”和其他重要事项，必须经党委会前置研究讨论，确保党委对公司重大政治责任、战略发展方向、经营发展理念、重大

风险问题把控到位，对经营管理实施有效监督、激励、控制和协调，确保政治正确、治理合规、决策高效。通过党委会、董事会、经营层成员“双向进入、交叉任职”，确保党委委员在经营层、董事会、股东会依法充分表达意见，畅通有关方面向党委会提出意见建议的渠道，推动不同管理主体优势互补、齐抓共管，形成相辅相成的治理格局。

3. 完善党建管理制度

强化党委全面从严治党主体责任，抓住领导干部关键少数，健全“一岗双责”制度安排，制定实施领导班子抓党建任务清单。把党建工作制度纳入企业管理制度体系，把党组织运行机制融入生产经营相关制度规范，实现党建工作制度与企业生产经营制度无缝对接、有机融合。建立党建工作制度与生产经营制度同步规划、同步修订机制，当企业生产经营制度随战略任务调整修订时，党建工作制度也要及时修订，确保与生产经营制度相互适应、相互协调。

（二）统筹设置机构职能，确保党的领导更加坚强有力

正确处理党的领导和完善法人治理结构的关系，健全有力的机构职能是关键保障。要统筹设置党委职能部门和经营业务部门，在机构职能上保证党建工作深度融入业务工作，党建要求融入企业管理每一根毛细血管。

1. 优化党委职能部门设置

在党的组织、宣传、统战、纪检和工团等传统部门基础上，结合工作需要，增设党办、党校、党委改革办、党建研究会等部门，确保党的领导管理实现全覆盖。同时，为加强党对相关业务工作的直接领导，探索通过并入或合署办公等方式统筹设置与党委职能部门联系紧密的业务部门，比如，组织部同人力资源部合署办公，改革办同企业管理部合署办公，品牌传播部设在宣传部，商学院设在党校，设立统一的纪检监察部等，实现机构职能优化、协同、高效设置，业务人员和党务人员交叉任职，党建工作和业务工作相互融合、相互促进。

2. 强化党委归口管理协调职能

把加强党的全面领导和全面从严管党治党要求，贯穿企业管理各方面全过程。在选人用人方面，确保党管干部人才的原则融入市场化选聘、人才考核管理、干部选拔任用等各个环节。在宣传工作方面，把党管意识形态的要求融入企业品牌、文化和宣传工作之中。在人才培养方面，把政治理论教育和党性教育融入入职培训、提拔培训、交流培训、专题培训等各个环节，增强政治意识、忠诚意识、宗旨意识，提升使命感、归属感、凝聚力、向心力，提高战略思维、创新思维、系统思维能力。在纪检监察方面，把党风廉政要求融入企业作风规定，把干部责任融入失职渎职管理，把反腐倡廉融入廉洁从业管理。

3. 健全党建工作体系，系统提升业务指导能力

通过健全党建工作体系，明确各业务板块层级和抓手，理清各项工作之间的内在逻辑，促进党建工作系统规范、一目了然，避免党建工作碎片化、临时化、随意化，全面实现规范化、标准化和清单化管理。

（1）完善党建工作体系。融合党建和生产经营，统筹规划党建工作体系，形成与企业治理相匹配的体系结构，系统提升业务指导能力。在目标责任体系上，通过梳理公司党建工作的指导思想、战略目标，细化落实党建工作责任的组织、举措，重申党建工作的品牌定位，明确党建工作目标在哪里、由谁来完成，确保旗帜鲜明、站位正确，不脱离实际、不偏离主线、不流于形式。在运营协同体系上，通过梳理组织、人才、文化、素质四个子体系构成要素，将目标责任落实到具体运营当中，明确党建工作从哪里入手、如何推进。在保障优化体系上，以宣传、教育、监督、考核四个子体系为抓手，明确党建工作如何保障、怎样优化升级。

（2）健全工作运行机制。在部署决策上，建立“四层决策”机制，即年初召开党建大会，每季度召开书记例会，每月召开党委会，每两周召开党委办公会，强化党委工作的协同联动、系统推进，实现闭环管理。在监督检查上，建立“三方督查”机制，即构建党委督政策、行政督项目、纪委督作风的三方联动督查系统，确保党建工作有序开展，党的方针政策落实落地。灵活运用审计手段，建立纪检监察、法务、审计三方联动经责审计机制，进一步加强作风建设，发现问题依法依规及时处理。

（3）建立并轨部署考核机制。坚持把抓好党建作为最大的政绩原则，实现党建与业务同安排、同部署、同落实、同考核，考核范围延伸至党支部和兼职党务干部，考核结果纳入绩效，与调薪、晋升、评优评先等直接挂钩。严把新发展党员质量关，严格执行发展党员答辩制和民主评议，从严管理存量党员。引入目标和关键成果管理法，根据公司不同阶段战略目标，梳理确定党建工作各条业务线不同时期的核心任务，明确并量化评价指标，探索推进党建工作目标效益化，实现党建工作有方向必有目标、有目标必有标准、有标准必有考核、有考核必有奖惩。

（三）强化基层战斗堡垒作用

充分发挥国有企业基层党组织独特党建优势和组织优势，打通党建工作“最后一公里”，做实做细人、组织、文化等工作，提升凝聚力、执行力和创造力。

1. 实现党的组织全覆盖

确保企业发展到哪里，党的建设就跟进到哪里，以及党员走到哪里，党组织就建到哪里。满足条件的行政组织，及时设置党组织；不具备条件的行政组织，采取联建等方式设置党组织。深入推进项目党建，将党组织建设与项目建设相结合，同步成立党组织。延伸产业链党建，采取垂直管控、区域管控、双向共管等模式设立党组织。

强化党组织在业务组织中的领导地位，突出党组织政治功能，更好发挥基层党组织战斗堡垒作用和党员先锋模范作用。

2. 推动党建职能融入人力资源工作

推动人力资源负责人同基层党组织负责人交叉任职或形成伙伴关系，统筹管理支部及对应部门的人、文化、组织工作，既依托基层支部组织为人力资源工作提供有力支撑，又赋予基层支部业务职能和管理工具，促进基层党建和业务有机融合。着力将人力资源负责人打造成为基层党支部的骨干力量，既协助支部书记抓党建，也协助部门“一把手”抓业务，既承担业务与组织发展需求，也承担企业核心价值和文化传承发展；作为国有企业的“连队指导员”，既为业务发展提供系统服务，又有效开展各业务单元思想政治工作，促进党支部战斗堡垒作用有效发挥。

（四）创新价值创造机制，实现人才资源优化与高效配置

价值创造是企业创新发展的出发点和落脚点，人才资源的高效配置是价值创造的关键所在。要充分运用党的思想政治优势，遵循价值创造的内在规律，调动人才创造价值的主动性、积极性，实现人才资源有效配置。

1. 塑造全员认同的核心价值观

企业的使命、愿景和价值观诠释了企业追求事业的初衷、奋斗目标和实现目标的方式，这是企业全体员工共同的理想信念、思想认知和信仰追求，也是企业党建目标、经营目标和发展愿景的共同指向。要发挥党的科学理论优势，引导企业以中华民族伟大复兴中国梦为共同愿景，勇担国家使命和社会责任，培育具有全球竞争力的世界级企业核心价值观，凝聚力量、凝聚人心。针对不同层级人才，按照企业使命愿景、中国特色社会主义共同理想、共产主义远大理想，分类、分级、分层构建人才生态圈，形成各具特色的生态圈文化，并通过组织引领和系统培养实现不同生态圈文化的有序转化提升，促进人才队伍系统储备、梯队发展。

2. 创新市场化薪酬激励机制

探索完善分配激励机制，加快建立企业经济效益、劳动生产率与员工待遇相挂钩的新型劳动关系，让广大员工共享企业发展进步成果。实施更加公平合理的差异化薪酬激励与考核机制，以分配改革弘扬奋斗者精神，彻底打破“大锅饭”，实现多劳多得、不劳不得，真正做到“以奋斗者为本”。不断完善市场化薪酬激励机制，推动员工持股改革取得实质性进展，职业经理人、企业合伙人等市场化选聘机制进一步突破。

3. 建立多元融合的企业文化

充分发挥党建对企业文化的引领作用，坚持以党的政治建设统领企业文化建设，增强员工的企业归属感和文化认同感。坚持以党建文化为坚实基础，注重吸收其他类型企业文化和相关领域先进文化，探索建立多元融合的企业文化塑造机制，通过正确

的文化引领推动公司组织和个体对企业文化的认同和遵从，形成高绩效的组织文化。

第四节 党建制度和机制的创新与完善

党的十九届四中全会审议通过的《中共中央关于坚持和完善中国特色社会主义制度 推进国家治理体系和治理能力现代化若干重大问题的决定》强调，健全党的全面领导制度，确保党在各种组织中发挥领导作用。因此，新时代要在坚持党建引领的基础上，通过落实党建责任、制度和机制建设指导中心工作，通过培育党建文化不断强化党建引领，推动国有企业改革发展。

一、党建制度的创新与完善

（一）强化工作制度标准化建设

一是让制度“严”起来，党支部严格按照党内规范条例标准、步骤和规定程序落实基本组织生活制度，确保规定动作一丝不苟、关键环节一步不漏；设置党建专员，对党支部组织生活的策划、内容、实施情况进行专项督导；开展承诺、述职、评议、考核、问责“五位一体”的书记抓党建现场述职评议考核工作，党员、书记述职做到全覆盖。二是让党员“动”起来，通过参与讲党课（含微党课）、对标参观学习、观看红色电影等组织活动，通过参加岗位练兵技术比赛、知识竞赛、征文比赛、主题诵读会、情景剧展演等文化活动，增强党员的“主角”意识，调动党员参与组织生活和文化活动的积极性和主动性。三是让形式“活”起来，党支部加强党建信息化建设，努力探索创新“智慧党建”“党建+”等工作模式，探索创建线上党组织生活平台，实现党组织生活“线上线下”同步开展，切实增强党组织生活的吸引力、影响力和号召力。

（二）加强中心融合制度建设

国有企业改革的方向是建立现代企业制度，一定要把党的领导和企业治理深度融合，把党建和中心工作紧密融合。首先，要在思想认识上融合，提高政治站位。其次，要让国有企业干部职工勤学政治理论，努力做到学深悟透，让理论水平和业务本领双提高、双促进。最后，要将企业生产经营状况和运行管理状况的好坏作为评判企业党建工作开展好坏的衡量标准。要充分调动和全面激发党员干部干事创业的热情和创造性，围绕经营发展大局发挥作用。

（三）完善发展党员的制度体系建设

要加强思想教育引导，吸引优秀员工向党组织靠拢。加大先进典型的宣传力度，鼓励员工向先进典型看齐，积极提交入党申请书。对工作积极、有上进心的员工主动跟进，鼓励递交申请，引导他们向党组织靠拢。对于没有党员的班组，要建立基层联系点，经常深入一线宣传党的知识，做好群众教育，切实把那些有文化、懂经营、会管理的基层员工及时吸收到入党积极分子的队伍中来。加大入党积极分子的培养力度，前移培养关口，变“自愿申请”为“积极引导”。同时，坚持把基层党员发展与本项目的中心工作相结合，并列入党建工作的整体规划中。推进党建活动、党员教育管理进班组、进岗位，完善基层党组织覆盖延伸机制。

（四）梳理规范流程，细分党建标准化要求

推动基层党建标准化就是借鉴企业管理标准化的原理、方法和成熟管理经验与党建工作相结合、互取长处，对新时代中国特色社会主义党建理论和经验进行科学的细化、分析、整合和提升，是从严治党理论向基层党建延伸的有效途径，使基层党建工作与时俱进，更贴合时代步伐，更顺应社会改革，更适应行业发展，更符合企业需求，使党建工作成为企业发展源源不断的力量来源。

商城佳苑项目党支部一直重视学习习近平总书记在党建工作方面的新理论、新思路，认真学习党的纪律、规范和各类流程，细致检查组织架构和党员队伍，优化组织构成，以党员先锋示范岗为着力点，强化党员日常教育；按标准程序积极开展组织生活，认真落实“三会一课”、民主生活会、民主评议党员等基本制度，重视合规性，使基层党支部生活正常化。通过讨论研究进一步理清推动基层党建标准化的思路和方法，夯实党建基础，思考高效的党建方法，完善各类制度，使基层党建工作既有广度又有深度，充分发挥基层党支部的战斗堡垒作用。

（五）融入生产实践，巩固战斗堡垒

通过党建引领正确的改革发展方向，营造和谐稳定的发展环境，确保各项工作计划、各种安排部署落到实处。各级党组织必须积极主动作为，积极工作，创造或利用一切机会促进党建与生产实践的高度融合。以党建工作促进生产经营，以党员干部带动员工群众，积极投身生产实践。以党组织在生产实践中发挥的重要作用巩固党组织的先锋堡垒。通过在标准化建设中设立共产党员示范岗，在安全生产过程中设立共产党员安全监督岗，组建以党员干部为主的共产党员突击队，并在破解安全生产技术难题时组建以共产党员为主体的创新工作室，使党建工作深度融入生产实践，具体到日常工作之中。这些都是巩固战斗堡垒最具体的生动实践，不仅是促进企业党建工作进一步深化的有力抓手，而且是推动项目经营管理、安全生产、改革发展健康有序进行以及促进企业高质量发展的最有效途径。

二、企业党建机制的建设

（一）建设国有企业党建机构科学运行机制

国有企业党组织内部机构，按照精干、高效、协调和有利于加强党的工作的原则设置。中央企业的所属企业都要设立党的组织，建立党的工作机构，配备党务工作人员，为党组织正常开展活动提供必要条件。党支部书记兼任企业其他领导职务的，应配备党务工作的专职副书记。规模较大的中央企业分支机构和地方国有企业也要配备专职副书记。有条件的企业要推行人事管理和基层党建一个部门抓，分属两个部门的要由一个领导分管。

企业党组织机构设置、人员编制分别纳入企业管理机构和编制，党组织工作经费纳入企业预算，从企业管理费中列支。其他国有企业应当从企业规模、党员人数、历史沿革等实际情况出发，设置党的工作机构。大型企业党委根据工作需要设立党委办公室和组织、宣传等工作部门。中小型企业党的工作部门可以单独设立，也可以与职能相近的企业行政工作部门合署办公。同时，根据党章规定设立国有企业纪委及其工作机构。

（二）建设国有企业党务骨干选拔培养机制

要按照党内有关规定，遵循稳定队伍、优化结构、提高素质、发挥作用的要求，根据企业职工人数和实际需要，配备一定比例的专、兼职党务工作人员，保证一定数量的专职党务工作者，努力建设一支梯次合理、善于围绕企业生产经营开展党建工作的复合型党务工作队伍，确保党建工作有人抓、有人管。

加强对企业党务工作人员的教育培训和实践锻炼，使他们既精通党务工作和思想政治工作，又熟悉企业生产经营和管理工作，成为高素质的复合型人才。

要注重从企业业务骨干中选拔优秀人才充实党务工作者队伍，重点选好、配强党委领导班子成员特别是党委书记。要注意选拔从事过经营管理工作的同志担任党组织书记，选拔从事过党务工作的同志担任企业行政负责人。

要建立党务工作人员工作责任制和考核制，并把党务工作人员业绩考核纳入企业经营管理人员业绩考核体系，确保与相应层次经营管理人员同考核、同待遇、同奖惩，让党务工作者有地位、有作为、有奔头。

（三）建设国有企业党建效益考核评价机制

促进国有企业党建责任落实，关键要用好考核评价这个指挥棒。习近平总书记指出，对各级各部门党组织负责人特别是党委（党组）书记的考核，首先要看抓党建的实效，考核其他党员领导干部工作也要加大这方面的权重。要把党的建设考核同企业领导班子综合考评、经营业绩衔接起来，同企业领导人员任免、薪酬、奖惩挂起钩来。根据党内有关规定和国有企业的实践经验，健全、完善国有企业党建效益考核评价机制。一是建立企业党建工作考核指标体系。将企业党建工作作为对企业年度考核的重要组成部分，根据年度目标任务及重点工作，分别提出具体考核指标，采取个人述职、民主测评、谈话考核等方法进行认真考核。二是将抓党建工作实绩作为考核企业领导班子及其成员的重要内容。在年度考核中，无论是企业法定代表人代表班子在大会上所作的年度述职报告，还是其他党员领导干部的书面述职报告，都要将落实党建工作责任作为一项重要内容，接受党员和职工代表的评议。三是将考核结果与企业领导人员使用及薪酬兑现挂钩。将企业领导班子成员落实党建工作责任制情况作为对班子及其成员评价的依据之一，同时作为兑现薪酬的依据。

（四）建设国有企业党建工作经费保障机制

根据有关规定，国有企业党建工作经费按照上年度职工工资总额的一定比例安排，纳入企业管理费用税前列支，确保党组织有工作条件、有经费办事。国有资本控股或国有资本参股的股份公司、中外合资企业，要在企业章程或相关协议中明确党组织的机构设置、人员编制、活动方式和经费保障等条款，使党组织的活动经费从企业管理费列支部分得到切实保证。

三、建立有利于国有企业领导班子健康成长的机制

（一）抓好经常性的考核工作

考核国有企业领导班子是加强对国有企业领导班子成员管理的一项重要措施，对于促进国有企业的改革和发展，保护和调动领导班子成员的积极性具有重要意义。因此，《中共中央关于进一步加强和改进国有企业党的建设工作的通知》中指出："各地各有关部门要立即着手组织力量，对国有企业领导班子普遍进行一次认真的考核。重点抓好近两年严重亏损、内部矛盾突出、职工意见大的大中型企业领导班子的考核。在弄清情况的基础上，抓紧进行调整或整顿，坚决实行选优汰劣。"

1. 考核的原则和标准

考核国有企业领导班子，要坚持客观公正、实事求是、注重实绩的原则，要坚持经济效益和社会效益相统一、经济发展的速度和质量相统一、近期效益同长远效益相统一的原则，从德、能、勤、绩等各个方面进行全面的、正确的评价，既要看经济效益的成效，又要看党的建设、思想政治工作和精神文明建设的成效。要对考核的结果进行认真的分析，将工作努力但由于客观条件过于困难，造成工作一时难以取得成效，与工作不努力而无所作为区别开来。

考核工作还要与走群众路线结合起来。要多方听取意见，尤其要重视通过职工代表大会听取职工群众的意见，让群众参与到干部考察考核中来，这是马克思主义群众观点在干部工作中的具体运用，也是正确识别和使用干部的基本保证。

2. 考核的内容和方法

考核的内容应侧重在领导班子贯彻执行党的路线、方针、政策的情况，遵守党的纪律和国家的法律法规的情况，加强党的建设和推进企业精神文明建设的情况，企业

经营管理和国有资产的保值增值的情况，思想作风、工作作风、职业道德、爱岗敬业和清正廉洁的情况。对担任不同职务的领导人员，考核的内容和要求应有所不同。

考核的方法：一是领导班子成员向主管部门、产权代表和职工代表大会述职；二是进行民主评议、民主测评；三是查阅有关的记录、报告和档案资料，听取各方面的意见；四是作出客观公正的评价，既充分肯定成绩，又实事求是地指出问题，并提出奖励和戒免建议；五是采取适当的方式及时向被考核的领导班子成员反馈考核意见。

3. 推进考核工作制度化

要坚持并完善正常性的考核制度，至少每两年对领导班子进行一次全面考察，并有针对性地进行一些定期考核。要实行国有企业领导班子考察考核责任制，考察组成员必须坚持原则、公道正派，如实反映情况，并对考察考核结果和材料负责。

（二）建立有效的选拔任用机制

建立有效的选拔任用机制对建设好高素质的企业领导班子至关重要。在新形势下，按照发展社会主义市场经济和建设现代企业制度的要求，选拔、任用国有企业领导班子成员，应坚持以下原则：

1. 党管干部的原则

党管干部的原则是我们党和国家管理干部的一项根本原则。在深化改革、扩大开放、发展社会主义市场经济的新形势下，能否坚持党管干部的原则是能否坚持党的领导、巩固党的执政地位的关键所在。党管干部原则的内容：一是党要领导干部工作，统一制定干部工作的方针、政策；各级党委都有权直接推荐和亲自管理一部分重要干部；二是党要领导干部人事制度的改革，做好干部人事工作的宏观管理和监督，包括评议和纠正干部人事工作及部门的不正之风。坚持党管干部的原则是实现党对国有企业政治领导权的组织保证，在新形势下，要求把党管干部原则同改进管理方法结合起来，同保证厂长（经理）和董事会依法用人权结合起来，深化企业人事制度改革，逐步建立起一套适合现代企业制度特点的人事管理制度。

2. 任人唯贤、德才兼备的原则

选拔干部要全面贯彻德才兼备原则，坚持任人唯贤、反对任人唯亲，防止和纠正用人上的不正之风，这是我们党干部队伍建设的一条根本原则，是长期实践经验的科学总结。国有企业领导班子成员是我们党干部队伍的重要组成部分，在选拔任用上也必须始终不渝地坚持这一原则。任人唯贤就是按照干部队伍“四化”方针，在选拔任用国有企业领导班子成员时，不拘一格，唯才是举。德才兼备就是使进入国有企业领导班子的每一个成员思想政治合格、品德优秀、才华出众，能胜任本职工作。

3. 公开、平等、竞争、择优的原则

在公开、平等基础上择优录用的竞争上岗机制是国有企业干部人事制度改革的一项重要举措，是社会主义市场经济和现代企业制度条件下改进党管国有企业干部方法的必然要求，是党管干部原则实现形式在新的形势下的一次飞跃。这一原则要求在选拔任用国有企业领导班子成员时，要解放思想，广开进贤渠道，大胆选拔任用广大职工群众公认的优秀人才进领导班子，要求改变单一的委任制方式，根据企业不同的情况，采取委任、聘任、选举和考任等多种形式的选任办法。目前，按照竞争上岗机制选拔的领导班子成员，一般都是领导班子的副职干部，正职仍然由上级委派，因而还不能解决“一把手”的竞争上岗问题。所以，要建立有效的选拔任用机制，解决好“一把手”竞争上岗问题是一项艰巨而重要的任务。

4. 依法办事的原则

在深化国有企业改革过程中，可以把委任制、选举制和竞争机制结合起来选拔企业领导班子成员，方式可以多种多样，但无论采取哪种方式，都要依法办事，按照法定的程序选任，并按照管理权限由集体讨论决定，决不能由个人或少数人说了算。随着现代企业制度的逐步建立，有效选拔任用国有企业领导班子成员的程序正在探索，并在逐步规范化、法定化之中。一是提名。按照公司法、企业法的规定，由有关机构或人员提名任职人选。提名人选应在组织推荐或群众推荐的基础上产生，也可以采取公开招考等方式产生。从企业内部提名，应充分听取企业党组织的意见。二是考察。由组织人事部门对任职人选的德、能、勤、绩等进行全面考察。在考察中，要注意听取各方面的意见。三是集体讨论。按照干部管理权限，由党委（党组）集体讨论研究，作出任用决定，或作出推荐决定。四是依法委任、聘任或选举。实行委任的，由任免机关发布任命或给委任书；实行聘任的，聘方与受聘人要签订聘任合同；实行选举的，应向选举机构介绍候选人的有关情况。企业党组织负责人的任用程序，则按党章的有关规定办理。

（三）建立和完善激励与约束机制

建立和完善有效的激励、监督机制是加强国有企业领导班子建设的一项重要任务。我国的国有企业改革正处于攻坚阶段，企业在其自身的改革与发展中的主观能动性发挥得如何，决定着一个企业的生死存亡。而这在相当程度上又主要取决于企业领导班子主观能动性发挥得如何，取决于对他们的激励与监督机制。要严格按照《中共中央关于进一步加强和改进国有企业党的建设工作的通知》中有关切实加强对国有企业领导班子成员监督的规定，充分运用党内监督、法律监督、职工民主监督、财务审计监督和舆论监督等手段，特别是充分发挥股东会、董事会、监事会应有的作用，加强对领导班子成员在重大问题特别是资金运作、用人决策上的监督。严格实行资产经营责任制，认真落实企业年度审计和厂长（经理）离任审计制度、企业领导班子成员收入申报制度、招待费报告制度和直系亲属工作安排回避制度等，使企业领导人头脑清醒，不栽大跟斗。在完善国有企业监督制约机制的同时，还要按照上述通知中有关建立对国有企业领导班子成员的激励机制的要求，重视调动国有企业领导人员的积极性，并通过探索进一步形成和完善激励机制。要制定必要的政策，在收入、荣誉以及相关的社会地位方面充分肯定和尊重国有企业领导班子成员的劳动和贡献。要把国有企业领导班子成员的收入分配和经营业绩挂起钩来，那些为企业发展作出重大贡献的领导班子成员应当得到更多的奖励。

（四）构建国企党建质量考核激励体系

提高党的建设质量，既要坚持和发扬我们党加强自身建设形成的优良传统和成功经验，又要根据党的建设面临的新情况新问题大力推进改革创新，用新的思路、举措、办法解决新的矛盾和问题。“党建工作质量管理体系”是党建工作管理理念和管理方法的重大创新。应当积极探索把 ISO 国际质量管理标准的科学理念和管理方法引入国有企业党建工作领域，建立完善基层党组织建设责任体系，围绕中心，服务大局，注重完善考评内容。从明确责任、细化内容、强化评价着手，以领导协作、制度形成、普及教育、廉政自查深入到党员干部个人的党风党性、责任履行、廉洁自律、本职工作等方面，形成切实可行的评价考核机制，由年底考评逐步调整为自我评价和他人的监督评价。将基层党建工作评价内容细化、量化为若干个子项目，评价内容具体分解为党支部建设、党风廉政建设、企业文化建设、信访工作、职工教育、工会工作、团组织建设、综合治理等方面，单个大类别下的指标要做详细的工作要求、参考标准、考评分值和评分细则，最终目的是要建立一套科学、完整、可行的党建工作考核考评体系，真正实现科学化、民主化和制度化、规范化，切实起到导向、激励和监督、制约的作用。

（五）完善国有企业职工参与机制

公司治理主体的多元化、企业经营管理活动的相对民主性将是未来国有企业治理的主要特征。要调动企业员工的积极性、创造性，必须在企业内部进行科学的制度建设和扎实的民主管理。企业要落实职工代表大会的各项职权，保证职工依法行使民主选举、民主决策、民主管理和民主监督的权利。企业重大决策要及时向职工代表通报，企业重大改革措施出台前必须广泛征求职工意见，涉及职工切身利益的重大事项必须提请职工代表大会审议通过。国有或国有控股企业改制为非国有企业的方案，必须提交职工代表大会讨论，充分听取意见，其中职工安置方案要经过职代会审议通过后实施。

完善职工代表大会听取和民主评议企业领导班子和领导人员履行职责情况有关制度，正确处理职工民主管理和监督的积极作用与支持企业领导人员依法行使经营管理权之间的矛盾，进一步深化和规范企（厂）务公开，更好地调动和凝聚职工力量。同时，企业党组织要加强对工会等群众组织的领导，定期听取汇报，及时研究处理他们在工作中的问题，并指导这些群众组织按照党的方针政策和各自章程创造性地开展工作。国有企业党组织在参与企业重大决策方面、在实际操作环节究竟通过什么途径参与决策、参与的范围和程序是什么还不具体，董事长和总经理绕过党组织决策该如何处理也仍有待解决。这就要求国有企业必须健全和完善民主决策制度，涉及职工切身利益的劳动、用工、分配制度调整等事务都是企业的大事，都要深入调研、反复论证、细致分析，都要集体讨论、民主表决、科学决策。对于已经确定的大事要及时跟进，在重要的时间节点上要阶段性汇报和调研，常抓不懈。

（六）健全党代表发挥作用机制

以维护基层党组织权威性和保障党员基本权利为目标，使党代表真正发挥作用。一是要进一步落实党代表的权利保障机制。让党代表的选举权、建议权得到基本的保障，丰富评议权和监督权的载体，建立更为通畅的渠道，需要结合企业实际细化落实具体操作的程序，增强党代表工作的可操作性。二是要通过培训和活动不断提高党代表的能力和素质。有效发挥党代表作用对于党代表的综合素质和能力提出了更高的要求，企业党组织要重视加强党代表任期内的教育培训、考察调研工作。通过培训和活动，不断强化党代表的责任意识和代表意识，提高其参与企业经营和党组织重大事项的决策能力。三是要保证党代表真正体现党员意志并接受群众监督。要严格规范党代表的选举，在选举环节引入竞争机制，使党代表能够真实反映广大党员的意志要求。要建立党代表联系群众的工作机制，党代表必须定期深入基层，加强调查研究，倾听党员职工的呼声。要形成党员对党代表在日常工作中是否正常履职，履职过程是否反映党员意愿的监督机制。四是要创新党代表活动形式，保障党代表活动经费。要合理设计党代表的定期活动和党代表小组的分散活动，将党代表参加活动的情况作为考核党组织和党代表履职的一项内容。鼓励党代表组根据自身特点开展考察、学习、交流、共建等活动，发挥基层的创造性和能动性。

四、建立健全确保党的建设质量的长效机制

提高党的建设质量非一时之功、一级之责、一域之事，必须长期努力、上下合力、全面发力，形成确保党的建设质量的长效机制。

（一）强化质量意识，建立健全质量管控机制

各级党委（党组）和党员领导干部要把确保质量作为党建工作决策的起点，从源头上杜绝不合规律、不切实际、没有实效的形象工程。党的建设工作机构要把提高质量的要求贯彻落实到决策落实的全过程，使党建工作的每个环节都把握本质、符合规律、务求实效。各级党组织要定期开展党建工作质量评估，大力总结并推广好经验、

好做法，及时调整违背质量要求的工作思路和举措，使党建工作始终保持正确前进方向。要充分发挥基层党员、干部、群众在党的建设质量监测中的“探头”作用，尊重基层党员、干部、群众评价权和监督权，切实做到质量问题能第一时间发现、工作偏差能第一时间纠正。

（二）强化问题意识，建立健全问题整改机制

提高党的建设质量，必须坚持问题导向。要对照高质量发展要求，大力推进党的建设改革创新，着力解决工作理念、方式、举措不适应新发展阶段、新发展理念、新发展格局要求和就党建抓党建的“两张皮”问题。要大力整治党建工作中的形式主义、官僚主义现象，切实解决虚而不实、浮于表面、流于形式、弄虚作假、包装作秀、哗众取宠等错误做法，牢固树立察实情、出实招、求实效的工作导向。要加大专业培训和实践锻炼力度，优化党建工作队伍结构，有效解决部分领导干部和党建工作者不懂党建、不会抓党建的问题。

（三）强化责任意识，建立健全责任落实机制

落实全面从严治党的主体责任、监督责任，其中内在地包含确保党的建设质量的责任。党的建设质量不高，就表明全面从严治党主体责任、监督责任没有落实到位。各级党组织在落实全面从严治党主体责任、监督责任过程中，要建立健全确保党的建设质量的责任体系，把责任落实到各个层级、每个人头，并且建立相应的问责办法，推动各级领导干部和广大党建工作者以对党、对事业高度负责的态度精心抓好党的建设每一项工作，当好提高党的建设质量的推动者、把关者、带头人。

第五节　企业党建的方法、方式、措施与创新

提高党的建设质量，实质是把握和遵循党建工作规律，提高党建工作科学化水平。必须以党的政治建设为统领，全面推进党的政治建设、思想建设、组织建设、作风建设、纪律建设、制度建设以及反腐败斗争，把提高党的建设质量要求全面落实到党的各项建设和各项工作之中，在准确把握党的建设与经济社会发展的相互联系中，找准提高党的建设质量的结合点、着力点，为“十四五”时期高质量发展提供重要保证。

一、企业党建的方法

（一）在坚持党的全面领导、贯彻落实党中央决策部署上下真功见实效

坚持党的全面领导、加强党中央集中统一领导，是“十四五”时期经济社会发展

的首要原则和根本要求。“十四五”时期，我国经济社会发展面临更加复杂的国际形势，面临更加繁重的攻坚任务，面临更加严峻的风险挑战。越是这样，就越离不开中国共产党这个指引方向的指南针、凝心聚力的主心骨、社会稳定的压舱石，就越要坚持党的全面领导、加强党中央集中统一领导。提高党的政治建设质量，就是要推动全党在增强“四个意识”、坚定“四个自信”、做到“两个维护”上重行重效，在贯彻落实党中央决策部署上到底到位，坚决防止和克服“表态快调门高，行动慢落实差”“上有政策，下有对策”等假作为；就是要提高各级党委（党组）建设水平，把各领域基层党组织建设成为实现党的全面领导、维护党中央集中统一领导的坚强战斗堡垒，充分发挥广大党员在贯彻落实党的路线、方针、政策和党中央决策部署上的先锋模范作用，使党的各级组织形成上下贯通、执行有力的严密组织体系。

（二）在用党的创新理论武装头脑、指导实践、推动工作上下真功见实效

我们党之所以能够立于不败之地，一个重要原因是始终坚持马克思主义科学理论的指导地位。习近平新时代中国特色社会主义思想集中体现了我们党对共产党执政规律、社会主义建设规律、人类社会发展规律的最新认识，是当代中国马克思主义、21世纪马克思主义，是党和国家各项事业、各项工作必须长期坚持的指导思想。提高党的思想建设质量，就是要提高学习习近平新时代中国特色社会主义思想的质量，推动广大党员、干部在“学懂弄通”上下功夫，把握理论体系，悟透精髓要义，掌握基本立场、观点、方法，防止和克服只熟悉概念而不懂实质、只知其然而不知其所以然；就是要推动广大党员、干部在“用好做实”上下功夫，将党的创新理论转化为坚定的理想信念、正确的政治立场、科学的思维方式、有效的政策举措、显著的工作成效。我们要深入总结和运用我们党百年来的宝贵经验，教育和引导广大党员、干部坚定理想信念，不忘初心、牢记使命，迎难而上、锐意进取，朝着实现第二个百年奋斗目标奋勇前进。

（三）在建强领导班子、提高干部人才工作水平上下真功见实效

习近平总书记深刻指出，光有思路和部署，没有优秀的人来干，那也难以成事。在新发展阶段，要应变局、育新机、开新局、谋复兴，关键是要把各级领导班子配强，把干部、人才队伍建强。要围绕事业发展需要建设忠诚、干净、担当的高素质专业化干部队伍，贯彻德才兼备、以德为先、任人唯贤方针，落实好干部标准，严把政治关、能力关、素质关，切实把那些真心干事、善于干事、干净干事的干部及时发现出来、任用起来，切实提高选人、用人质量。要加强政治历练、思想淬炼、实践锻炼、专业训练，不断提高各级领导班子抓改革、促发展、保稳定水平，使广大干部的素质能力适应新时代要求。要坚持严管与厚爱相结合，落实“三个区分开来”要求，加强对敢担当、善作为干部的激励保护，真正为勇于负责的干部负责、为勇于担当的干部担当、

为敢闯敢干的干部壮胆、为敢抓敢管的干部撑腰，充分调动广大干部干事创业的积极性、主动性、创造性。要不断深化人才工作体制机制改革，完善人才工作体系，培养造就大批德才兼备的高素质人才，抓紧各行各业急需人才的培养、引进和使用，重点抓好矢志爱国奉献、勇于创新创造的科技人才队伍建设。要破除人才引进、培养、使用、评价、流动、激励等方面的体制机制障碍，拓展各方面人才施展才干、大显身手的广阔舞台，为高质量发展提供强有力的人才支撑。

（四）在强力正风、肃纪、反腐上下真功见实效

只有党员、干部作风优良、遵纪守法、清正廉洁，我们党才能得到人民群众信任和支持，才能凝聚起推动事业发展的强大力量。党的十八大以来，以习近平同志为核心的党中央深入推进全面从严治党，严厉整治“四风”，党的作风建设、纪律建设、反腐败斗争取得显著成效，深得党心军心民心。提高党的作风建设质量，必须始终坚持“严”的总基调，不断巩固和拓展整治“四风”和“不忘初心、牢记使命”主题教育成果，锲而不舍落实中央八项规定精神，尤其要坚决纠治形式主义、官僚主义，推动形成求真务实、真抓实干的浓厚氛围。要着力完善党和国家监督体系，以政治监督为重点，以党内监督为主导，整合各类监督力量，依规依纪依法、精准科学监督与执纪问责，全面加强对公权力运行的制约和监督，增强监督合力和效力。要坚持系统谋划、多措并举、标本兼治，实行思想教育、管理监督、严厉惩处共同发力，一体推进不敢腐、不能腐、不想腐，营造风清气正的良好政治生态。

（五）在完善党的建设制度体系、提高制度执行力上下真功见实效

提高党的建设制度质量，要把握好制定制度和执行制度两个环节。制定制度必须坚持于法周延、于事简便、管用有效的原则，不能搞烦琐哲学，更不能流于形式、成为“稻草人”。要抓好制度的废改立工作，清除过时制度，堵塞制度漏洞，填补制度空当，使党的建设制度真正管用、好用、够用。制度的生命在于执行，要组织广大党员干部学习制度、熟悉制度，自觉用制度规范自己的工作和言行。要加强制度落实情况的监督和检查，对违反制度的党员、干部要严肃批评教育，情节和后果严重的要严肃查处，坚决维护制度的严肃性和权威性，防止出现“破窗效应”。

二、企业党建的方式

（一）高位推动，做好“顶层设计”

党的十八大以来，国有企业党建工作重要性日益显著。面对新形势、新任务、新特点，高位推动，做好“顶层设计”，是加强和改进国有企业党的建设的先决条件。通过完善企业中党的领导机制、推进机制、考核机制“三大机制”，抓好政治建设、思想建设、组织建设、党风廉政建设和主题活动开展“五个统筹”，可以实现党建工作规范

化、科学化水平的不断提升。

石家庄水务集团有限责任公司将党建工作要求写入公司章程，完善党委会决策机制，严格落实党建工作责任制，把党的领导融入公司治理各环节，把企业党组织内嵌到公司治理结构中；健全完善党建制度体系，扎牢制度“笼子”；推行“五位一体”的党建目标责任考核机制，党组织书记公开述职，接受全体党员民主评议，述职情况纳入绩效考核内容，并作为评先评优和干部使用的重要依据。此外，还创新民主评议党员制度，试行党员“一张表”管理，调动党员参加组织生活自觉性和主动性；按照“一年一个主题，一年一个亮点”工作思路，筹划主题活动，以创新的形式增强党建工作的吸引力和凝聚力；大力开展政治性警示教育和作风纪律专项整治，完善工作机制，筑牢党员领导干部反腐倡廉的思想堤防。

（二）强化执行，发挥基层作用

党的基层组织是企业落实党的路线、方针、政策和各项工作任务的战斗堡垒。因此，坚持党的领导、加强党的建设，基层作用发挥是重点。党委贯彻落实《中国共产党国有企业基层组织工作条例（试行）》，着力夯实基层党建工作基础，强化基层党组织执行力。

1. 加强基层组织建设

一是确保基层党组织覆盖率达到100%。根据企业经营管理模式、组织机构调整等变化，及时设置、调整党的基层组织。二是推进专职政工队伍发展，配齐建强基层党务工作队伍。三是强化基层党组织政治引领。以争创“四好”班子、“五好”党支部、“四讲四有四优”党员等主题活动为载体，提高党员政治站位，增强基层党组织政治能力。四是强化学习型党组织建设。推进“两学一做”学习教育常态化制度化，建立“不忘初心、牢记使命”长效机制，运用好“学习强国”等“互联网+党建”学习方式，推动习近平新时代中国特色社会主义思想进机关、进车间、进班组、进头脑。

2. 夯实党建基础工作

一是严格基层党组织生活各项制度，采取有效举措加强考核监督。二是强化基层党建运行机制。切实履行党建工作责任制，建立健全党建工作考核评价机制、党内监督制度机制，落实好基层党建保障机制。三是推进全面从严治党向基层延伸。抓好《中国共产党支部工作条例（试行）》学习贯彻落实，组织签订《履行全面从严治党主体责任责任书》，完善党员违法违纪信息通报和及时处理机制。四是保障党员发展质量。规范各个环节监管与审核，着重在生产经营一线、青年职工和高知识群体中发展党员，把生产经营骨干培养成党员。党建氛围的营造是党建工作重要一环，没有良好的氛围，就无法发挥党建工作引领思想、凝聚力量、维护和谐稳定、促进企业健康发展的作用。因此，营造浓厚的党建氛围，塑造企业党建良好生态，对于加强企业党建工作至关重要。

三、企业党建的措施

（一）强化并完善国有企业党建制度建设

鉴于当前国有企业党建工作制度不健全的实际，必须从三类机制的重点建设入手。一是要抓好党建品牌机制建设，打造学习型、服务型及创新型的党组织，加强党员联动，从党员到团员，从团员到群众，从思想到作风，从作风到业绩，在党建工作的各个环节渗透品牌理念，突出党建工作的特色化。着眼于员工需求，为员工搭建展示自我的平台，也让基层党建工作具备强大的动力，发挥新媒介的宣传作用。借助微信、微博、短视频平台等进行党建宣传，强化员工对党建工作的重视度和认同感。二是要发挥好机制作用。重点是实行任务领办和任务定制，为确保党员工作任务量，对标定向定量发布，确保工作实效，同时提升党建工作的针对性。而制度机制对党员干部工作起到约束和激励作用，激发党员干部争先进、创先进的热情，也带动党建工作与企业经营管理的融合，从而有利于切实发挥党建工作实效。做好服务联络机制，党员帮扶结对，让党员深入基层、深入群众，了解员工的需求和困难，加强同群众的联系，在多元服务载体和信息化技术手段的支持下，拉近党员与基层员工的距离。让基层员工的信息反馈更及时、更真实，也让党员认识到党建工作开展的不足，积极听取基层员工的意见和建议，提升党建工作的服务能力和服务水平。

（二）坚持“五位一体”分级分层管理机构

国有企业党建工作精细化管理难以推行的主因是缺乏明确的责任制度，领导核心支撑不足，自主党建工作新动能释放不完全，基层党建工作活力不足。鉴于上述问题，必须从党建工作管理机制的完善入手，推行“五位一体”分级分层管理机制，确保党建工作、党委重心的下移。国有企业党建工作管理机构真正发挥工作实效，能为企业经营发展提供党建方面的指导、服务和关怀，包括从党委顶层设计到党总支的协调管理，再到党支部的监督约束。在党委的牵头领导下，细化优化党建工作领导小组，建立明确的责任制度，责任落实到人。推动国有企业党建工作的精细化管理，以及国有企业党建工作精细化管理与保健工作体系的结合，确保上传下达的有效性。党支部作为党建工作主体，必须建立有特色、能力达标的高素质党建工作队伍，强化党建工作品牌的建设，确保其战斗堡垒作用发挥。管理中树立精细化管理理念，强调工作的灵活性，在综合分析公司业务指标和经营规模的情况下，将党建工作一层层地落实到班长或者是班组党员身上，让其切实起到党总支和基层员工联络沟通的作用。班组党员要明确自身工作职责，加强基层监督与指导，同时上传下达，有效联络，以良好的业务能力和工作效果向党建工作交上满意的答卷。

（三）创新国有企业党建工作的形式

党建工作形式的创新可以从三个方面着手：一是积极探索党组织网格化设置，让党建工作实现企业的全覆盖，以片区建制推行党员区域管理，使组织关系不在本单位的党员也能接受党建服务，参与党建学习。打破组织架构的限制，“走出去”与“引进来”相结合，优势互补，深化党建部门和业务部门的沟通与协作，深化党员与基层员工的沟通与交流。二是尝试同兴趣等党小组的建设，开展丰富多彩的党建工作活动，基于党员分布专业、兴趣设置多功能的小组，开展“金点子”等服务活动，民主决策，让党员和员工参与到企业党建建设中，从而实现党建管理服务和技术攻坚指导。三是发挥新闻界优势，带来党建工作的新举措。尝试“互联网+”微党建的模式，基于互联网思维拓展党建阵地，优化服务载体，借助微信群、党员信息管理服务平台等拓展党建工作的深度、广度，借助新媒介搭建党员与员工沟通交流的桥梁，及时了解员工的思想状况和实际需求，确保党建工作开展的针对性，如组织开展美食互动课程、职工天地等。这些丰富多彩的关注基层的党建活动备受好评。

四、新时代企业党建创新的主要内容

（一）创新党建工作理念

新时代新党建必须要有新思维，才能有新作为。工作上的突破首先是思想上的突破、观念的更新。一方面，我们必须“睁大眼睛”看清楚，把握正确政治方向，自觉把国有企业党建工作放在大背景、大趋势下去考虑和审视，探索把握符合时代要求的企业党建工作的规律和特点，充分认识新形势、新任务给企业党建工作提出的新要求、新挑战，增强做好新时代企业党建工作的责任感和使命感，在创新中不断解决问题，在解决问题中提升水平，努力把党的政治优势、组织优势、群众优势转化为国有企业的改革优势、发展优势和创新优势。另一方面，我们必须“放大思维”想清楚，以开放创新的理念、视野和心态，聚焦国有企业的高质量发展去思考党建工作，切实找准企业党建的工作思路和实现方法，找准基层党组织融入中心工作的切入点和服务中心工作的结合点，把与单位改革发展稳定、生产经营管理对接程度高、联系紧、关系大的工作作为党建工作创新重点，从目标定位、价值贡献上体现党建工作的优势和作用，努力形成具有企业自身特色的党建工作模式、党建创新载体和优秀党建成果。

（二）创新党建工作制度

党建创新不是脱离党建工作的基本制度、基本规范、基本要求而另起炉灶或另辟蹊径，而是对党建工作内容的创造性落实和建设性补充。我们要从顶层设计入手，突出政治功能、导向作用，推动党建工作制度创新，积极构建以党建为引领、适应企业改革发展、统筹推进各项工作的新体制机制。例如，某自治区国资委党委近年来制定下发年度党建考核细则，各工作板块均分为“规定动作”和“自选动作”，既把完成“规定动作”作为企业党组织标准化建设的重要标准，一把尺子量到底，该做的做到位，又把创新开展“自选动作”作为提升党建工作质量的关键环节，指导企业结合工作实际体现差异性、针对性，既强调“规定动作”完成到位，又倡导“自选动作”出新出彩。我们要通过制度的正向激励与负向约束，引导各级党组织书记、党务工作者深刻认识推进党建创新的重要意义，主动鼓励和大力支持基层党组织创新，对工作开展好、创新性强、成效明显的党组织和个人给予资金支持、表扬奖励等，充分调动各级党组织和党员干部的创新积极性、主动性，使企业的党建工作呈现“百舸争流千帆竞，百花齐放满园春”的新局面。

（三）创新党建工作方法

“工欲善其事，必先利其器”，正确的工作方法可以达到事半功倍的效果。所以，国有企业党建工作创新要取得成效，工作方法的创新是必不可少的。我们要把务实创新作为贯穿党建工作的核心要素，努力探索既符合上级党委要求又符合企业改革发展实际的党建工作方法，用心探索改善和推动党建工作创新发展的有效途径，精心探索一套运行规范、务实管用的党建工作方法，进一步提升企业党建工作质量。要在“三会一课”、党员学习教育培训方面探索灵活多样的方法，增强吸引力，引发共鸣感。例如，柳钢集团在“不忘初心、牢记使命”主题教育中，创新举办全区国有企业首堂音乐党课，通过“以歌叙史，以诗明志”的形式，用艺术讲政治、以党课唤初心、用故事讲使命，令人耳目一新，催人奋进。要紧跟时代潮流、顺应发展趋势，通过“党建+互联网”的新兴业态，采取智慧党建、大数据党建、微党建、党建云、计量党建等各种新实践，充分利用信息化手段、互联网方式，将基层党建工作中的教育、管理、服务、监督等内容在互联网上进行集成整合，改变传统的党建工作方式，创造性地破解基层党建工作难题，实现线上管理与线下管理相融互通，为党建工作不断注入新活力。

（四）积极打造响亮党建品牌

党建品牌是与时俱进、创新和提升党建工作的实践途径，是党建工作的创新成果和内涵价值的品牌体现。在国有企业当中，我们要积极营造一种鼓励创新、争创品牌的党建工作氛围，按照“理念创新、实践突破，整合资源、跟踪培育，品牌打造、总结推广”的工作思路，打造和创建一批可学习借鉴、生命力强、影响力大的党建品牌，让党建品牌成为党建工作的标杆。近年来，广西国资委党委广泛开展“争创党建品牌引领企业高质量发展”活动，涌现出广西建工集团“六零”党建工程、广西金融投资集团“金企同心强八桂”党建特色品牌、广西柳工集团“党旗红，四海扬”、广西汽车集团“党建联盟共建共享共发展”、广西物资集团“智慧党建·e海红帆”等70多个具有广西特色、国有企业特点的党建品牌，评选出3个最佳案例、15个优秀案例给予表彰奖励，成为广西国有企业的先锋榜样和创新创效的名片，党建引领企业高质量发展的能力和水平进一步提升。针对党建品牌不亮的问题，要加大品牌宣传推介力度，采取拍摄党建品牌宣传片、制作党建品牌宣传册、在权威媒体刊发文章等多种方式，形成多渠道、全方位、立体式的党建品牌宣传格局，进一步扩大党建品牌的影响力和倍增效应。

（五）大力培养创新型党务干部

党务干部是党建工作的主体，是党的建设大厦的规划者、组织者和实施者。习近平总书记指出，各级领导干部要加快知识更新、加强实践锻炼，使专业素养和工作能力跟上时代节拍，避免少知而迷、无知而乱，努力成为做好工作的行家里手。因此，大力培养一支创新型的党务干部队伍也是刻不容缓的。国有企业要切实加强党务干部培养工作，每年有针对性地制订培训计划，不断丰富培训内容，改进培训方式，加大“走出去”交流力度，促进创新亮点学习借鉴，使党务干部队伍始终保持旺盛的激情与活力，努力实现由“经验型”向“创新型”转变，为坚持党的领导、加强党的建设、创新党的工作提供人才支撑。要引导党务干部深刻认识新时代国有企业高质量发展目标对党建工作提出的新要求，以高远的站位、前瞻的眼光，跟上新形势下党建工作的变化，挖掘党建工作蕴藏的创新空间，坚持把市场开拓难点、增产增效重点、生产经营弱点作为党建工作创新点，与时俱进创新党建工作思路、机制、方式、方法等，既理直气壮做党建，又创新创效抓党建，为企业量身打造与改革发展同心同向的党建工作新格局。

案例44-1　中国石化党建工作

一年一个台阶推进党建工作，中国石化党组坚持落实管党治党责任，为改革发展提供坚强政治保证。

加强顶层设计，沿干部管理链条强化党建工作统一领导、统一规划、统一部署、统一管理、统一考核。每年召开全系统党建工作会议，一年一个主题、一年一个台阶推进党建工作。深化党建制度“干枝叶”体系梳理，推动形成尊崇制度、执行有力的管理生态。

中国石化党组坚持党要管党、从严治党，全面加强基层党组织建设。制定党组落实全面从严治党主体责任实施办法；制定板块党工委运行机制、直属单位党建工作管理界面有关规定；制定直属单位党委加强基层党支部建设文件，明确各层级职责任务；制定实施党员领导干部“一岗双责”融合落实相关文件，推动党的建设、生产经营、安全环保、党风廉政等各方面“一岗双责”融合落实。

连续7年开展党建考核，连续5年开展党组织书记抓党建工作述职评议，推动党建责任层层压实。为党建最基本、最核心问题设置关键绩效指标，坚持企业自评、总部日常考评、考核组现场查验相结合，实施梯度评价，确保考准考实。与2016年度考核结果相比，2020年度A档单位增加21家，党建整体水平显著提升。

坚守人员和经费“两个1%”底线，对党群机构调整实行专项审批，坚决防止以改革为名撤并党的工作机构、裁减党务政工人员。目前，146家设置党委的直属单位共设置党务工作机构681个。

推荐阅读

1. 中共国家电网有限公司党校，企业党建研究课题组．新时代国有企业党建工作实用指南［M］．北京：中共党史出版社，2022.

2. 孙支南，韦洁亮．非公企业党建工作指南［M］．广州：广东高等教育出版社，2016.

思考题

1. 如何理解企业党建是中国特色企业制度的有机组成部分？
2. 如何发挥国有企业党组织的作用？
3. 企业党建的措施主要有哪些？
4. 新时代企业党建创新的主要内容有哪些？
5. 如何理解企业党建与企业经营管理的相互促进关系？

第四十五章　商业模式

学习目标

1. 了解商业模式的内涵与构成要素；
2. 掌握现代商业模式的十四种类型；
3. 熟悉企业商业模式的设计思路，会使用商业模式画布工具；
4. 理解商业模式创新的内涵、影响因素及其实施路径；
5. 完成实践与案例分析、练习模拟训练。

商业模式历来是企业、行业乃至整体经济发展的重要基石，千百年来已有无数的商业领袖不停地为之思考与探索。在经济发展的浪潮中，不断有企业被迫退出市场，也有不少企业逆袭生长和成功崛起，造成这种局面的根本原因是来自商业模式。现如今，评判一家优秀企业的硬性标准并不在于收入和规模，取而代之的是商业模式，能否拥有一个好的商业模式，决定了一个企业的高度。

从生存和发展的角度来看，任何一个企业只有不断盈利，才能拓展自己的生存空间，而盈利的基础就是建立合适的商业模式，合适的商业模式是企业安身立命之本。企业研究调查结果显示，在失败的企业中，因为战略而失败的占20%，因为执行而失败的占29%，因为没有找到有效的商业模式而走上绝路的却高达50%。因此，不管是刚创建的小公司，还是存在了百年的老企业，在有了产品、人力资源、好的企业文化之后，最关键的一步是要构建出适合企业发展的商业模式，并且能够保证在发展的每一个阶段不断重构与创新商业模式，突破成长瓶颈，最终成功构建出企业可持续发展的价值链体系。

第一节 商业模式的内涵与要素

一、商业模式的内涵

“商业模式”一词，最早由 Bellman 和 Clark 于 1957 年提出，并伴随着互联网的发展成为研究热点。诸多学者对此开展了研究，认为商业模式是由服务、产品、信息流三个核心要素组成的架构，将商业模式定义为一种关系网络，该网络的要素包括企业结构、商业伙伴等，目的是让企业不断创造价值、实现价值；商业模式是一个良好的系统，该系统由彼此依赖的流程、结构、活动等要素整合而成。也有人认为，商业模式是一种形态组合，组合的核心要素包括内部构造、客户界面、伙伴界面等，商业模式的本质是价值创造，它整合了战略方向、运营结构以及经济逻辑，它是一个有机的整体，该整体在特定的结构中组合了相互连接和互补的元素，包括财务体系结构、内部运营体系结构、外部网络体系结构，它们反映了价值创造、价值传递和价值获取等。

综上可见，目前学术界对商业模式概念的认识和描述并没有形成统一意见，这主要是由于不同学者对商业模式研究的角度不同而造成。面对这些具有分歧的定义，要做出唯一的商业模式定义，较为困难，也稍显武断，不过，可以从这些定义中汲取出一些共同的核心内涵，即为客户提供什么样的产品和服务能够保证企业保持盈利。对此，本书将商业模式定义为围绕产品和服务所产生的一系列相关的商业活动，这些商业活动不仅仅在于为企业的客户和合作伙伴提供产品和服务，更重要的是根据企业内外部的商业环境，整合企业资源，发现潜在的目标客户，并能够形成企业持续盈利的模式。比如，搜索引擎公司的商业模式为“搜索广告”，手游公司的商业模式是“道具收费”，银行的商业模式是“存贷款利差”等。评价一个商业模式达到了哪个层次和级别，就要判断它是否独特，是否让别的企业难以模仿和超越。例如，茅台通过文化构筑了深深的“护城河”，有着自己的定价权，成为酒业的龙头；腾讯依靠社交模式拥有数亿用户，并能产生巨大的用户黏性，成为几乎无人能及的社交平台。

对于企业运作而言，商业模式是一个比较复杂的体系，并非企业的任何活动都存在商业模式，如果不涉及投资、成本、盈利等经济指标，就不能算为商业模式，比如组织架构、企业文化、员工培训等，就不属于商业模式的范畴。只有当企业考虑如何降低投入、提高产出并把这些工作当作一种经营活动时，相应的管理运行模式才能称为一种商业模式。对此，企业在定义和分析商业模式前，必须想清楚如下四个问题：

1. 企业靠什么赚钱，是产品还是服务，赚谁的钱

一个企业产品与服务的竞争优势是完全不同的，产品要分析成本、原料、工艺、销售模式及渠道，而服务要以客户需求为中心，分析市场趋势和服务质量水平，两者侧重点有交叉，但不尽相同。

2. 企业所处的行业天花板，也即企业发展的市场空间如何

一个企业做到一定规模后，不能再发展下去，究其根源是天花板问题，对此，只有选择广阔市场空间的赛道，企业才有更大的机会。

3. 企业在行业内的地位如何

企业的行业地位决定了其盈利能力是高于还是低于行业平均水平，决定了其在行业内的竞争地位。衡量公司行业竞争地位的主要指标是产品或服务的市场占有率。

4. 企业的边际成本如何，边际成本是不变、上升还是下降

这关系到企业未来的利润情况，只有规模经济的企业，最好是边际成本为零的企业，才是真正盈利的企业。例如，滴滴出行和传统的出租车公司相比，增加一辆车和一个司机的成本几乎为零，这是互联网给传统企业带来的关于成本的结构冲击，销售型企业要多研究。如果是生产型企业，或许可以学苹果公司，利用新的商业模式降低边际成本。

二、商业模式的要素

关于商业模式包含的要素，国内外学者也是众说纷纭，主流观点有三要素论（买卖主客体间的价值流、收入流、物流）、四要素论（产品服务、买卖主客体之间的关系、资源系统、财务模式）、五要素论（产品、服务、信息“三流”的构造，业务参与者作用，业务参与者的潜在利益，收入渠道，营销战略）、六要素论（价值主张、细分市场、价值链结构、成本结构、利润模式、规划标明）等。本书梳理了具有代表性的商业模式构成要素，具体如表 45-1 所示。

表 45-1 商业模式的构成要素

作者	年份	构成要素内容	构成要素
Timmers	1998	产品、服务、信息流、潜在参与者、收入来源	5
Hamel	2000	价值网络、战略资源、核心战略、顾客界面	4
Linder 等	2001	定价、收入、渠道、业务流程关系、组织形式、价值主张	6
Osterwalder	2003	目标客户、价值主张、营销渠道、客户关系、收入来源、核心资源、关键业务、重要伙伴、成本架构	9
Chesbrough	2006	价值网络、成本与利润、市场、竞争战略、价值主张	5

续表

作者	年份	构成要素内容	构成要素
IBM 咨询	2008	业务流程、目标市场、社会基础、产品和服务	4
魏炜	2009	定位、业务系统、关键资源能力、盈利模式、自由现金流、企业价值	6
饶佳艺、徐大为	2017	隐性知识：关键资源能力、外部环境；显性知识：价值主张、业务系统、盈利模式	5
李卓	2019	业务内容、管理层安排、顾客价值主张、合作伙伴、机制实现	5
王炳成	2020	企业、创新者、竞争者、客户、风险投资方	5

通过梳理相关文献发现，国内外学者对商业模式构成要素的划分大多基于商业模式的定义，将商业模式划分为不同维度的价值模块。从本质上看，商业模式是互相关联的一系列活动和模块构成的有机整体，其体现了企业价值创造的逻辑，反映了内部业务运营、外部网络协作和整体价值流。根据上述分析，本书归纳出商业模式的一些关键要素，主要包括如下九个方面：

1. 价值主张

商业模式的核心要素之一。企业价值主张是企业关键资源、能力经过整合后所产生的，是用来描绘为特定顾客细分创造价值的系列产品和服务。每个企业的价值主张都会有所不同，这是由于企业的关键资源和能力各不相同，不同的价值主张会带来不一样的商业模式效果。在竞争的环境中，追求利润的企业将通过不断的发明和向消费者提供新的价值主张来满足其各种各样的需求。在信息获取成本低廉和技术迅猛发展的当下，企业向客户提供自身价值主张的渠道更为多样，激烈的竞争促使企业不断地修改自身的价值主张，并持续不断地影响着其他要素。

2. 成本结构

它是指一个商业模式运转所引发的所有成本。对于企业来说，成本最小化、价值最大化是每个企业追求的最终目标。在商业模式里，成本结构一般可以分为：

（1）固定成本，包括企业的房租、生产设备投入等。

（2）可变成本，即随着商品或服务产出业务量而按比例变化的成本，包括原材料成本、营销费用等。

（3）规模成本，即企业享有产量扩充所带来的成本优势。例如，当企业把商品或者服务的规模做上去时，它的边际成本就会越来越低。

（4）范围成本，即企业享有经营范围扩大而带来的成本优势。例如，企业在同样的营销活动或渠道通路下，增加了多种产品的供给，实现了渠道成本的下降。

3. 核心资源

核心资源是用来描绘商业模式有效运转所必需的最重要因素。一般来说，核心资源可分为实物资源、知识性资源、人力资源和金融资源四种类型。

（1）实物资源是指生产设施、不动产、机器设备、系统、厂房等看得见、摸得着的东西，是保证企业能够运营下去的最核心资源。

（2）知识性资源是指品牌、专利、商标、版权、客户数据库等不可触摸的东西；这些知识性资源是商业模式中重要的组成部分，尽管前期建立这些资源可能比较困难，但是一旦成功建立后，可以为企业带来巨大价值。

（3）人力资源是指核心的优秀团队，任何一家企业都需要人力资源，满足人力资源的条件是每一个个体都应该是无法替代并能发挥独特作用的存在。

（4）金融资源是指现金、银行授信、吸引员工的股票期权池等。在当前资本思维盛行的环境下，金融资源越发重要。同时，随着经济环境的不断波动，企业现金流及资金压力越来越大，这时如果能够拥有金融资源，就可以在竞争中获得很好的优势。

除上述四种核心资源外，随着移动互联网、物联网、大数据分析等技术的快速发展，数据剧增，数据资源逐渐成为商业模式的关键资源和主要驱动因素。

4. 关键业务

关键业务用来描绘为了确保其商业模式可行企业必需要做的最重要事情。任何一个商业模式离开了关键业务，都很难行得通。企业关键业务主要包括以下三个方面：

（1）制造产品。这一业务活动是企业商业模式的核心，通常涉及企业多个环节，包括产品设计、产品生产、产品配送等。在精益化管理的思维下，要持续思考如何在最短的时间里最有效地生产出客户想要的产品。

（2）解决方案。这类业务活动指企业需要为顾客解决交易过程中遇到的问题，更快更高效地使双方完成价值传递。例如，咨询公司、医疗健康等服务机构的关键业务就是问题解决。

（3）平台/网络。如今的互联网时代，企业大多依赖平台或者某种网络的模式获得发展，同时产生的平台型企业也极大地革新了传统市场交易结构与联结方式。所谓平台/网络，可以包括网络服务、交易平台、软件甚至品牌。构建平台并非易事，不仅需要大量的积累，而且需要对消费者有更好的理解。例如 eBay、阿里巴巴、京东都是以平台为载体的企业，而构建和管理平台就是他们的关键业务。

5. 渠道通路

渠道通路用来描绘公司是如何沟通、接触其细分客户并传递其价值主张的途径，它不仅可以提升公司产品或服务在客户心目中的认知，帮助客户评估公司的价值主张，而且可以促成客户采购、向客户交付价值以及保证售后满意度。渠道通路可以区分为直接渠道与间接渠道，或者区分为自有渠道与合作伙伴渠道。自有渠道是直接的，比如内部销售团队、自营团队或自建网站、App 等；合作伙伴渠道是间接的，范围更广，容易拓客，比如分销渠道、加盟合作、网红大V带货等。

6. 顾客细分

客户是商业模式的核心，有了客户，企业的发展才有根基。所谓顾客细分，是指企业在明确的战略业务模式和特定的市场中，根据顾客的属性、行为、需求、偏好以及价值等因素对客户进行分类，并提供有针对性的产品、服务和销售模式。当前已经进入到产品相对过剩的时代，没有顾客细分就没有差异化可言，所以顾客细分是商业模式中非常重要的一环，通过确定每个顾客群体的具体需求，企业可以相应地调整营销策略，并从顾客的数据中提取真正的价值。目前常用的顾客细分方式包括客户价值细分、地理区域细分、购买行为细分、相似利益细分、客户需求细分、职业特征细分、收入层次细分等。

7. 顾客关系

当有了客户细分之后，如何与顾客产生关系和连接就十分重要了。所谓顾客关系，是指企业为达到经营目标，主动与特定顾客细分群体建立起的某种联系。随着价值创造方式的变迁，顾客角色经历了资源的提供者和“兼职员工”、共同生产者、价值共同创造者和价值单独创造者等不同阶段的转变。随着现代技术的发展，顾客不再是消极的购买者，而已经转变为积极的参与者。互联网加强了企业与客户之间的联系，顾客有能力获取更多的信息并与企业充分沟通，并通过对产品的了解以及所掌握的知识和技能，影响整个价值创造的过程和结果。对此，越来越多的企业开始参与到定制服务、自动化服务、社群管理、共同创作等顾客关系管理的建设中来。

8. 收入来源

如果顾客是商业模式的心脏，那么收入来源就是动脉，其用来描绘公司从每个顾客群体获取的各种形式的收入。对于企业来说，必须问自己什么样的价值能够让各客户细分群体真正愿意付款，只有回答了这个问题，企业才能在各客户细分群体上发掘一个或多个收入来源。收入来源的形式主要包括两种：一种是通过客户一次性支付获得的交易收入；另一种是经常性收入，来自客户为获得价值主张与售后服务而持续支付的费用。具体来说，收入包括产品销售收入、使用收费、订阅收费、会员费、租赁费、授权收费、经纪收费、广告收费、资源整合营收等。

9. 合作伙伴

合作伙伴是指企业内外部能让商业模式有效运作所需的供应商与合作关系网络，如员工、上下游供应商、顾客及政府等。随着互联网的发展，企业合作网络的不断扩大也使得企业间的合作关系产生了更为复杂的社会网络系统，包括非竞争者之间的战略联盟关系、跨行业同定位的联盟关系、竞合关系、供应链整合关系等。

第二节　商业模式类型

研究商业模式的目的就是要让企业运营简单化、标准化和快速复制化。只有能快速复制，才能称这种模式是有效的。所以，商业模式最终是复制品，形成一种复制的能力后把它推广开来。

商业模式按照构成企业要素所占的比重不同，可以分为战略类商业模式、研发类商业模式、营销类商业模式、运营类商业模式、品牌类商业模式和渠道类商业模式。对于企业而言，这些模式没有好坏之分，只有合适与不合适之别。只要能更好地满足消费者，同时为企业带来持久的利润，那么这个商业模式就是好的商业模式。对此，为了让企业很快地找到适合自己的商业模式，本书总结了不同行业、不同企业、不同类型成功的商业模式，以帮助读者确定正确的商业模式，少走弯路。

一、诱钓模式

什么是“诱钓模式”？简单来说就是把产品或者相关的服务拆分成两部分，其中一部分作为可以长期使用的，而另一部分则需要经常更换的，这样会使产品和客户的黏性更强，能源源不断地从客户那里获得不菲的收益。

诱钓模式是一种非常有竞争力的模式，它的两部分相互配合，构成了外人难以攻破的壁垒，并且可以与客户保持长久联系，持续获利。在实际应用中，诱钓模式可以分为两种：一种是“实体产品+配件（耗材）或服务”的模式，通常较为“封闭”，自己的产品对应自己的耗材或配件，别人进不来，这种形式多为产品便宜，而耗材或者配件较贵，如吉利的刀架刀片组合、惠普的打印机和墨盒硒鼓等；另一种是“实体产品+软件平台”的模式，是网络时代产生的产品与服务“开放式”配合的代表，如小米采用的手机终端产品和配套 App 等。

当前的智能互联时代，诱钓模式有着很多发力机会。在软硬件蓬勃发展的推动下，智能互联属性让产品和服务的各部分紧密相连，全新的关联属性将会催生更多的“主产品+诱饵”的形式。随着技术和产品的不断革新，根据新的产品特点找到合适的诱钓联系是未来企业面临的机遇和挑战。

二、低价优质模式

低价优质模式较为常见，在服装、消费电子、家具、汽车等领域广泛存在；其逻辑是：在一个充分竞争的行业，凭借卓越的管理效率和独特的技术能力，使生产成本大幅降低，同时借助品控能力保障出品的质量。可见，它背后的支撑是作业效率和技术能力，并非仅仅低价那么简单。

实施低价优质策略必须要保证产品质量和服务体验同时“在线”，当客户享受到了高性价比的产品和服务且产品价格较低时，客户的满意度才会提升。例如，绿茶餐厅，菜品价格不贵且好吃，服务周到，门庭若市；名创优品之所以用很快的速度走向世界，首先是坚持做好的产品，追求好设计，其次是坚持低毛利，不赚快钱，从而提高竞争门槛，持续盈利。

低价优质是所有优秀的零售企业需要学习的经营哲学，其有一个关键环节就是所有的产品均是自主研发，只有这样才能从源头保障产品品质，同时强化供应链把控力，实现低成本、高效率的组织生产方式，如此就能做到低价。面对全球经济和消费趋势的转变，只有充分发挥自己的核心优势，不断调整方向，琢磨如何才能提供优质低价的产品或服务，才能找到未来的出路。

阅读专栏 45-1　Costco 的优质低价策略

Costco 是美国第二大零售商、全球第七大零售商以及美国第一大连锁会员制仓储式量贩店，2019 年营业收入达到 1527 亿美元，在美国财富世界 500 强排行榜位列第 33。

Costco 之所以能够大获成功，与其始终坚持“优质低价”的战略密不可分，几十年来综合毛利率始终位于 10%～11%，盈利主要来自会员费收入。对于 Costco 而言，实现“优质低价”的一个核心手段是精简 SKU，即门店平均只有 3800 个活跃 SKU，而美国同等规模的超市基本 SKU 在 4.5 万～14 万个。3800 个 SKU 中包括各种合作品牌和自制产品，在每个小的细分商品品类，Costco 只提供 1～2 种 SKU，这使得采购与仓储都有强大的规模效应，以此保持高销量和高库存周转率，以及比竞争对手更低的毛利率。

在此基础上，公司通过低价精选模式形成的好口碑使得越来越多消费者成为会员，目前公司会员总数已超过 9000 万，续签率高达 91%。伴随着会员数量的持续增长以及会员年费的逐步提升，公司会员费收入持续快速增长，从 2000 年的 5.44 亿美元增长到 2019 年的 33.5 亿美元，增长了 5 倍。丰厚的会员收入为公司持续低价销售提供了支持，形成了良性循环。同时，完善的物流体系、储销一体大大降低了运营成本，再加上自有品牌的锦上添花：一方面，增加顾客黏性；另一方面，提升盈利能力。总而言之，Costco 的成功之路表明，真正提升性价比和购物体验的零售企业将受到消费者的青睐。

三、免费模式

免费模式是一种很有吸引力的模式，这种模式并不是今天才有，只是今天它变成了无处不在。免费模式是整个营销思维的转变。在过去产品供不应求阶段，市场以卖方为核心。随着竞争的加剧，卖方市场开始向买方市场过渡，卖方更多的注意力不再是产品和定价，而是要更多地考虑消费者的利益，其中最好用的方法之一就是“免费”。

免费、开放、共享是互联网时代的重要特征。对于免费模式而言，其本质是通过某种免费的产品或服务来吸引人尝试，最后又通过某种盈利产品和服务让顾客买单。在实际运作中，该模式可分为三种形式：一是“免费+广告”模式，其打开了互联网免费的先河，即大众在享受免费内容的同时，也在创造一种价值——流量或关注度，有了这种价值，就存在广告变现的可能，如雅虎、谷歌等公司，为网民提供优质免费的内容和服务，进而获取流量和广告收入。二是“免费+收费”模式，即用户可以免费体验产品的部分或全部功能，并根据需要选择是否付费。这种模式需要让用户在免费使用的时候有良好的体验，以促使其使用下去并有付费使用的意愿，如视频网站会员、知识付费平台等。三是“免费+增值服务”模式，即为用户提供其他互补的服务来赚取费用。例如，360 公司，通过提供免费杀毒软件，聚合大量用户；通过绑定浏览器、软件管家、游戏等平台，提供增值服务进行盈利；影视、动画产业通过授权 IP 销售相关产品及衍生品，实现增值。这种模式是一种比较高级的商业模式，一旦实现就会形成比较高的竞争壁垒，令竞争对手难以追逐。

四、电商模式

电子商务已经融入每个人的生活。电商模式是通过零售、营销、物流、金融等整合，形成供给侧的网络协同效应，从而提高整个组织效益，进一步分摊服务成本的模式。例如，天猫、京东、苏宁、唯品会等，都归为电商的范畴。

随着互联网的广泛应用，电商的范围越来越广，模式也越来越多，目前比较常见的模式包括：一是 B2C 模式，也就是“商对客”模式，即企业通过网络建设起一个销售产品或服务的平台，消费者通过平台购买所需的商品。企业和消费者之间没有中间环节，消费者能买到实惠且有保障的商品，如天猫和京东等。二是 C2C 模式，即消费者与消费者之间形成的一种商业模式。这种模式比较自由，只要信用评级获认可，两者就可以达成交易，如淘宝和 eBay，其为买卖双方提供一个在线交易的平台。三是 O2O 模式，即充分利用互联网线上链接信息的便利优势，结合线下实体渠道共同促进交易的达成，如大众点评开启了餐饮行业的 O2O 模式之路，携程是国内在线旅游 O2O

平台的开创者。在移动互联网时代，基于位置的本地服务是热点，O2O 模式将更加具有吸引力和发展前景。四是 C2M 模式，即消费者直达工厂。这种模式强调制造业与消费者的衔接，是一种新型的工业互联网电子商务的商业模式。它是基于互联网、大数据、人工智能，以及通过生产线的自动化、定制化、节能化、柔性化，运用庞大的计算机系统随时进行数据交换，按照客户的产品订单要求，设定供应商和生产工序，最终生产出个性化产品的工业化定制模式。这一模式目前在国内的服装、鞋履、家居行业得到广泛应用。

阅读专栏 45-2 必要打造“用户直连制造”商业模式

2014 年成立的必要商城，是全球首家用户直连制造的电商平台，其采用 C2M 模式实现用户到工厂的两点直线连接，去除所有中间流通环节，连接顶级设计师、顶级制造商，为用户提供顶级品质、平民价格、个性及专属的商品。

在 C2M 模式下，必要商城运用互联网技术将客户碎片化、零散的个性化需求连接起来，然后将这些信息整合，以可操作的形式提供给生产厂商，在保证生产厂商生产规模的基础上就可以满足消费者的个性化需求。与此同时，C2M 在降低消费者购买成本的同时，也降低了生产者库存成本，实现了消费者和厂家的双赢。

如今，必要商城已经形成了一套“中国制造高品质供 & 需运营”的操作系统，这套系统的优势，就是贯通生产、分配、流通、消费各环节，满足供需两侧的降本增效需求。从必要的合作伙伴可以看出，其通过与 Burberry、Armani、Diesel 等多家全球顶级制造商合作推出产品，已进军眼镜、家居、箱包、服装、个护、汽车、房产等 10 大品类，涵盖了很多行业。

未来，在消费模式升级的当下，消费者更加注重消费体验，愿意为提高生活品质买单。如果有更多的电商企业像必要商城这样让用户与制造商“直连”，中国市场将会进入一个全新的品质消费阶段。

五、体验营销模式

如果说电商是主要针对线上的商业模式，那么体验式营销就是线下商业模式的典型。在移动互联网出现之后，商业的迭代加快，催生出来的消费者需求变化更快，商家必须围绕消费者的变化不断升级，做出创新，增强体验，以满足不断变化的消费者需求。

体验式营销是一种从消费者的感官、情感、行动等多个方面设计营销的思考方式，其通过让客户获得良好的体验赢得客户的忠诚度，形成口碑，最终建立强大的品牌形象。这种模式的威力在于通过体验让客户对品牌产生情感寄托，商家和客户会形成彼此依赖的朋友关系，这种关系是牢固的，能持续为商家带来回报。例如，苹果手机等产品既满足了粉丝对于高科技的追求，又让粉丝获得身份感和地位感；别克的“美好屋托邦”向消费者诠释“从好到美好”的生活理念等。

阅读专栏 45-3 诚品书店：情怀背后的营销商业逻辑

1989 年诞生的诚品书店，在其创立后的 15 年里都处于亏损状态，如今却发展为以文化创意为核心的复合式经营模式，遍布国内一线城市的各个角落。对于诚品来说，其创始人吴清友的初心是情怀和文化，并执意对抗汹涌如潮的商业文化，将书店打造为人类精神的家园和真正的归宿。这份初心不改的情怀最终使诚品书店成为台湾文创产业的标杆，被亚洲版《时代》杂志评为“最美书店”。

1999 年，诚品书店首推“24 小时”经营模式，打造“不打烊书店”，开始在台湾发展连锁店。24 小时不打烊，为黑暗点燃一盏灯，不仅让消费者体验深夜阅读的场景，而且让城市过客有处可归、对抗冷漠。

2006 年，诚品以“文化园区”为核心，打造一个容设计、艺术、表演、戏剧和音乐为一体的综合性创意平台，营造特定的场景，让消费者在参与过程中产生深度体验感。诚品除了精致优雅的阅读空间规划、精心陈设展现阅读价值外，更是长期举办各项演讲、座谈、表演与展览等延伸阅读活动，通过每年至少举办的 4500 场演讲与展览，其范畴遍及文学、戏剧、环保、舞蹈与美术，营造了独一无二的阅读体验氛围和文化行动。

2019 年，诚品创立 29 周年，吴旻洁以“梦与想象之境”为主轴，宣告未来六大发展方向：①成为连锁但具有独立精神的书店；②成为读者找书的第一站也是最后一站；③成为文创产业推广平台；④成为社群聚集的中心；⑤成为阅读与生活全通路品牌；⑥成为文化观光旅程的设计导游。

从商业的角度来看，诚品主打体验式营销，通过调动消费者直观感受、情感体验、思考体验、行动体验和关联体验等由外到内的多重体验感，让其真正参与其中，满足其需求，从而加深品牌认同。诚品营造优异的、独一无二的阅读体验氛围和文化行动，建构自身的体验式营销模式，取得了成功。

六、全渠道模式

全渠道模式就是企业为了满足消费者在任何时候、任何地点以任何方式购买的需求，采取实体渠道、电子商务渠道和移动电子商务渠道整合的方式销售商品或服务，提供给顾客无差别的购买体验的模式。相比于单渠道模式和多渠道模式，全渠道模式具有全程、全面、全线的特征，其通过不变的零售业本质（售卖、娱乐和社交）和零售“五流”（客流、商店流、信息流、资金流和物流）发生的内容变化，结合目标顾客和营销定位，进行多渠道组合和整合策略的决策。

全渠道是消费领域的革命性模式。一方面，从以前的“终端为王”转变为“消费者为王”，企业的定位、渠道建立、终端建设、服务流程、商品规划、物流配送、生产采购、组织结构全部以消费者的需求和习惯为核心；另一方面，给商家拓展了除实体商圈之外的线上虚拟商圈，让企业或商家的商品、服务可以跨地域延伸，甚至开拓国际市场，也可以不受时间的限制 24 小时进行交易。全渠道打通了企业各个渠道的客流、资金流、物流、信息流，带来了移动互联环境超越期待的用户体验，对此，能够抓住机遇的企业，定会从竞争中脱颖而出。

阅读专栏 45-4　良品铺子“全渠道”战略布局

成立于 2006 年的良品铺子，建立了国内首个食品零售全渠道平台。作为休闲食品行业领先的品牌运营企业，良品铺子通过构建门店终端、电商平台、移动 App、O2O 销售平台等全渠道销售网络，建立了品牌和用户互相感知与交互的多个触点，及时准确地响应消费者需求，智能推送与消费者需求匹配的信息，形成了“不断接近终端、随时提供服务”的销售渠道布局。

在线下渠道方面，公司已在全国多地开设门店，在实现了从核心商圈到社区门店的多层次覆盖的同时，持续对门店体系进行更新升级，通过淘汰、翻新和新建，不断保持和优化消费者的消费体验。在线上渠道方面，公司坚持按照“平台电商+社交电商+自营渠道”多线布局的发展原则，形成了线上渠道全面覆盖的运营网络。目前，公司已拥有包括天猫、京东、唯品会在内的多家电商平台销售渠道，通过借助平台的用户规模效应，不断扩大品牌的用户群体，实现销售规模的快速增长。在线上线下融合方面，公司通过将门店与美团、饿了么等多个本地生活平台打通，推出“线上下单快速送达”及“线上下单门店取货”等多种新型交易方式，实现门店的在线化，并用零食套餐、新品发布、限时特惠等方式，连接消费者找美食、点外卖等类消费场景，提高门店的销售收入，进一步扩大了销售渠道和品牌影响力。通过布局全渠道销售网络，公司建立了与用户交互的多重触点，为消费者提供多元化的消费体验，实现了线上线下业务的均衡发展。

七、新零售模式

随着线上线下竞争的愈演愈烈，各自的天花板也逐渐显露出来。此时，新零售模式开始出现在人们的视野。所谓新零售，即企业以互联网为依托，通过运用大数据、人工智能等先进技术手段，对商品的生产、流通与销售过程进行升级改造，进而重塑业态结构与生态圈，并对线上服务、线下体验以及现代物流进行深度融合的新商业模式。

新零售的“新”体现在三个方面：一是打通了线上和线下的局限，实现线上和线下的全网联手；二是虚实相结合，给消费者更好的体验；三是推动了商业要素的重构，减少了供需双方的信息不对称性，提高了购物的效率。具体来说，在新零售模式下，线上更多履行交易与支付的职能，线下通常作为筛选与体验的平台，高效物流则将线上线下相连接并与其共同作用形成商业闭环。基于该种模式，消费者既能获得线下零售的良好购物体验，又能享受到线上电商的低价和便利，而各种新兴科技对人们购物全过程的不断渗透将使企业提供的商品与服务得以融入更多的智慧因子，进一步产生“1+1>2”的效果。在新零售模式下，消费者可以任意畅游在智能、高效、快捷、平价、愉悦的购物环境之中，购物体验获得大幅提升，年轻群体对消费升级的强烈意愿也由此得到满足。

阅读专栏 45-5 永辉超市：新零售“超级物种”

随着阿里巴巴、腾讯、京东、美团点评等巨头的进入，新零售成为风口，其中，永辉超级物种可以说是线上线下融合大势下的创新代表。

“超级物种”是永辉的新业务，是高端超市、高端餐饮和永辉生活 App 的综合体，其以生鲜售卖和烹饪为主，80%的生鲜和商品靠进口，食材新鲜，周转率高，店面的装修也更符合年青一代的审美。作为永辉进入新零售领域的全新尝试，超级物种做了如下变革：一是超级物种组合工坊系列，采用多重餐厅的结合模式，提供多样优质商品，打造现代舒适购物空间，满足消费者多样化的餐饮服务和互动性需求；二是地理位置优越，环境氛围绝佳，锁定中高端消费人群；三是线上线下互通，完成新零售全渠道布局。具体包括：①完善的全球垂直供应链构建永辉行业壁垒，为超级物种提供优质产品，包括产地直采、建立联采机制、强化全球供应链建设等；②注重消费体验优化，搭建线下场景式消费，以服务至上（优化体验）全方位留住消费者，自动化系统（电子标签、电子叫号、自动收银系统）科技感十足；③从线下门店向线上引流，最终建立以线上销售为主的新零售模式。

作为新零售的开创者之一，超级物种目前也只是一种尝试，虽然在部分地区取得了成功，但是势必也将遇到诸多的问题。未来，当新零售向着社区化不断迈进的时候，零售行业的每个环节都面临着创新改造，只有不断探索新的商业模式，赢得用户的忠诚度，才能在改革的大潮中掌握好自己的方向。

八、长尾模式

一直以来，人们总是关注能够带来80%收入的20%客户、产品或服务，剩下处于“尾部”的人或事往往会被忽略。随着长尾模式这个全新的商业模式诞生后，一切都发生了变化。所谓长尾模式，是指只要产品的存储和流通的渠道足够大、足够多，需求不旺或销量不佳的产品所共同占据的市场份额可以和那些少数热销产品所占据的市场份额相匹敌甚至更大，即众多小市场汇聚成可产生与主流相匹敌的市场能量。

通俗来说，只要成本足够低，几乎所有能想到的市场需求，只要有卖就有买，再小众的生意也会有市场。相对于传统“二八法则”而言，长尾模式追求的是范围经济，即从大规模生产销售转向小众化营销。也就是说，在消费者个性化的今天，长尾模式给企业提供了“做大做强”之外新的选择，通过提供相当多种类的小众产品，所得收入可以像传统模式销售一样可观，只要肯花心思，在产品上下功夫，在小众上找突破，说不定会蕴藏着更多的机会与潜力。

阅读专栏45-6　乐高的新长尾模式

乐高公司是一家私营家族式企业，总部位于丹麦比隆，同时在美国、英国、中国和新加坡均设有地区总部。1932年，Ole Kirk Kristiansen以标志性的乐高积木为基础创办了乐高集团，如今，乐高已经成为全球领先的玩具制造商。

1949年，乐高生产的积木玩具就已经闻名于世，同时乐高也推出了围绕各种主题的成千上万玩具套件。但是，随着时间推移，玩具行业竞争的加剧迫使乐高寻找新的增长路径。乐高开始通过许可使用来自诸如星球大战、蝙蝠侠、印第安纳琼斯等大片角色的使用权，虽然这种许可很昂贵，但是事实证明这是一种可观的收入来源。

2005年，乐高开始尝试用户创造内容的模式。它们推出了“乐高工厂”，让客户组装他们自己的乐高套件并在线订购。通过乐高工厂，这家公司把被动的客户变成了主动设计者，使其参与到乐高的设计体验中来。

对乐高来讲，重要的是用户设计套件扩展了先前卖得最好而品种数量有限的产品线。现在乐高业务中的这个部分收入仅占到乐高总收入的一小部分，但确实是乐高实现长尾模式的第一步。

接下来，乐高在走向长尾模式的路上逐渐成为了一个平台，这个平台连接了三方：生产商（乐高），设计者（玩具设计师和部分客户）和消费者。乐高通过将用户引入到设计过程，拓展了自己的产品线，为客户提供了更好的价值体验。乐高工厂为客户建立了一个长尾社区，这些客户都对利己内容真正感兴趣并想通过自己的设计超越成品零售套件。乐高则需要提供和管理平台及物流，允许可以包装和交付客户定制的乐高积木。总而言之，乐高的新长尾平台模式实质上是产业链从单边向多边的重组，通过利用用户关系来建立无限增值的可能性，即产生网络效应——通过使用者之间的网络建立，达到价值激增的目的。

九、定制模式

定制模式，顾名思义就是为了满足客户个性化需求而量身定做的产品提供方式，是业务发展到一定阶段必然出现的产物。随着人们生活水平的不断提高，市场需求也不断分化，从大众消费转向个性消费已成大势所趋，对此，围绕这一趋势，向不同的用户群体提供不同服务的“私人定制”，已经成为一种必然。

在产品慢慢同质化的今天，通过提供定制化的服务，让客户对产品产生不一样的感受，是提升客户黏性的重要手段。客户在购买产品的同时，获得的不仅仅是一个产品，而是一份定制后的全方位服务，这种服务会让消费者产生一种尊贵的感觉。对于厂家来说，这可以极大地降低库存，将更多的精力放在为消费者提供更加专业的服务上来，让产品出类拔萃。可以看出，这是一种消费者和生产者共赢的模式。随着互联网技术的发展，用户个性化需求收集变得容易，柔性制造、3D 打印等新技术使得个性化需求更容易得到满足，未来将会迎来“定制”的时代。

阅读专栏 45-7　Stitch Fix：数据、算法结合专家推荐满足用户个性化需求

Stitch Fix 成立于 2011 年，2017 年公开上市，是一家总部位于美国旧金山的公司，其使用数据分析软件和机器学习来匹配用户不同的定制服装需求，为顾客挑选符合其个人风格、尺寸和偏好的服饰和配饰，引领着时尚行业进入大数据时代。

Stitch Fix 的商业模式很简单，用户在其官网上填写并提交个人数据后即可注册成为用户，Stitch Fix 定期向用户免费邮寄一个包含 5 件时尚服饰的盒子，用户收到盒子

后试穿衣服，将喜欢的留下来，不喜欢的免费邮寄回去，而 Stitch Fix 从用户的信用卡上自动划走用户留下的服饰费用金额。Stitch Fix 商业模式的核心在于和用户建立订阅关系，并通过基于用户数据的算法和人工造型师推荐，为用户提供真正个性化的时尚解决方案。如果说亚马逊、淘宝、京东等巨头是让用户在海量商品中搜索并挑选购买自己喜欢的商品，那么 Stitch Fix 则是用算法将时尚造型师挑选的服装推荐给用户，前者是人找货，后者是货找人。这种商业模式的启示如下：

首先，以个性化推荐为核心的电商模式正在成为年轻用户的新选择。订阅制电商通过和用户建立长期稳定的关系，使得商家可以通过用户数据精准预测用户的个性化需求，实现了从用户需求到上游供应链的反向定制，使得基于用户个性化需求的规模化定制成为可能。

其次，用户数据和推荐算法是产品推荐服务的核心竞争力。

再次，人工专家在对个人爱好、情感、人性关怀把握方面仍然具有人工智能无法替代的作用，只有将专家推荐和机器算法结合起来，才能做出更符合用户个性化需求的产品推荐。

最后，敏捷响应 C2B 反向定制需求的柔性供应链至关重要。Stitch Fix 通过建立超过 700 家的品牌伙伴网络和一些完全为其定制的厂商，很好地响应各种用户的定制化需求。

正如创始人莱克表示，Stitch Fix 不是更好的门店，也不是更好的电商，而是一种更好的（购物）方式。

十、共享模式

随着生产力的不断提升以及互联网技术的发展，物质过剩和信息资源广泛流转成为时代的主要特征，共享模式由此开始慢慢出现。所谓共享模式，是指有闲置资源的机构或个人，将资源使用权有偿让渡给他人，让渡者创造价值，分享者通过分享他人闲置资源来获取回报。这种模式为人们带来了便捷、优质、低价的产品和服务，其本质是利用互联网和物联网技术搭建平台整合社会上的闲散物品或服务，同时以获得一定报酬为主要目的，这是基于陌生人且存在物品使用权暂时转移的一种商业模式。例如，共享单车、共享住宿、共享办公，以及在 2020 年新冠疫情下出现的“共享员工”模式等。目前，共享模式的收入主要来自收取中间服务费，尽管比较单一，但是其可以在减轻企业压力的同时带动更多的人就业，同时让闲置的物品利用率更高。未来，从整个社会可持续发展的角度来看，定会出现更多更好的共享模式。

阅读专栏 45-8 Airbnb：旅行住宿共享

当今，共享经济的发展可谓是如火如荼，在休闲旅游方面，共享经济则可以有效合理利用闲置资源，促进旅游目的地的经济发展。以 Airbnb 的住宿共享模式为例，2008 年成立的 Airbnb 一直力求为旅行者打造一个“家在四方”的具有归属感的世界，通过连接旅行者与当地文化，提供独一无二的旅行体验。目前，Airbnb 已在超过 65000 个城市、191 个国家和地区提供 320 万个独特房源，使用人数已经超过 1.6 亿。

对于旅行者而言，Airbnb 在房源上提供了传统酒店、青旅之外的新选择，也为游客连接了当地的旅游资源，提供深度体验当地文化的机会；对房东而言，能以出租闲置房源，换取额外的资金收入，同时也在介绍当地风土人情中产生更强的社区认同感；对于当地社区而言，在 Airbnb 这个平台的宣传分享下，吸引更多游客的到来，不仅有助于发展当地旅游，也提升了资源配置效率。不仅如此，在促进当地居民、游客、社区三方共赢方面，Airbnb 还能在旅游旺季帮助解决住宿问题，提高游客承载量；在旅游淡季时，Airbnb 的房源还能吸引旅游者前来旅游，进而带动淡季的旅游经济。

除此之外，Airbnb 在不同城市传递共享经济的理念，打破传统的全日制雇佣模式，提供新型的工作岗位。Airbnb 让普通房东获得了额外收入的同时，也通过促进地方旅游业的多元化发展，推动地方的整体经济增长。自 2015 年进入中国以来，Airbnb 已经与上海、深圳、重庆、广州、成都等城市签署了合作文件，致力于帮助城市、社区从共享经济中受益。

十一、众筹模式

众筹模式作为一种商业模式，最早起源于美国，后来在欧美以外的国家迅速传开。现代众筹模式是指利用互联网和 SNS 传播的特性，向群众募资以支持发起个人或组织的行为。相对于传统的融资方式，众筹具有化解信息不对称、降低融资风险、搭建民间投资平台、非中介化融资等特点，为解决中小企业或初创团队融资难问题提供了一种新思路。

目前比较流行的众筹模式包括：产品众筹，即投资人将资金投给筹款人用以开发某种产品（或服务），如淘宝、京东等众筹平台依靠自身强大的流量为创客提供发布新品的渠道；股权众筹，即是一种通过网络开展的早期私募股权投资，是风险投资的一个补充，其需要参与者拥有专业投资水准和更强的风险承受能力，目前处于探索阶段。另外，还有公益众筹（如水滴筹）、债权众筹等。未来，众筹的模式将会更加多样，从筹资金到筹人、筹资源，不断重构商业的理念。

十二、众包模式

众包模式是指一个公司或机构把过去由员工执行的工作任务，以自由自愿的形式外包给非特定的，而且通常是大型的大众网络的模式。现如今，众包模式已经对美国的一些产业产生了颠覆性的影响。例如，一个跨国公司耗费几十亿美元也无法解决的研发难题，被一个外行人在两周的时间内圆满完成。对此，有人惊呼我们将迎来众包时代，众包将成为外包的终结者。

众包模式有两个基础：一是有很多人愿意贡献自己的智力或资源；二是有一个平台能够把这些智力和资源聚集起来。随着互联网的日益发展，基于网络而产生的众包平台越来越多，如知乎、豆瓣、百度百科等，都是通过广大网友的共同努力而成就的优秀平台。当前，众包模式在实践中包括营销众包、任务众包、销售众包、社区型众包等形式，尽管兴起的时间不长，但是意义重大，因为它能够充分利用分散的智力和劳动力资源解放巨大的民间力量，同时又能为中小企业实现降本增效，多方共赢，未来值得期待。

阅读专栏 45-9　InnoCentive：悬赏吸引全球“聪明大脑”

InnoCentive 是任务众包模式的开拓者，公司创办于 2001 年，是世界著名制药企业美国礼来公司的子公司，总部设在美国波士顿。作为一个生物和化学领域的研发供求平台，它开放给所有有需要的人和组织，“求解者”会在平台上公开张贴难题，紧接着世界各地的科学人员都可以注册成为该平台的“解题者”，然后选择自己能够接手的挑战题目，并按照要求提交最后的方案内容，这个过程由 InnoCentive 作为背书来进行保障。最后，“求解者”筛选所有提交过来的解决方案，从中选择最符合自己需要的最优答案，然后发送奖金。

InnoCentive 众包平台拥有一些独特的优势帮助其发展至今：①集结了大量全球级最强大脑；②与全球大公司建立合作，帮助高质量求解者与解答者迅速配对；③在兼顾悬赏制与招标制的基础上妥善保护公司机密及知识产权。

InnoCentive 已经发布悬赏的难题达到数万个，并与 100 多个国家的众多科研院所的科研人员建立了合作联系。全球 100 多个国家的精英在此进行挑战，许多活跃用户通过提出解决方案获得成就，树立个人形象，而许多企业在此找到了满意的问题答案。

十三、生态模式

生态模式并非多元化，是指连接多个特定群体，为他们提供互动机制，满足其所有的需求，并巧妙地从中盈利的商业模式。在互联网时代，大型企业通过聚集庞大的用户量，服务用户的方方面面，包括学习、工作、生活、休闲等，最后形成一个盈利的生态系统。只要用户在这个生态系统内，其参与的所有经济行为都和企业有关，从而形成一个完善的、成长潜能巨大的“生态圈”。例如，阿里的生态循环包括电商—支付—物流—服务器（云服务）—垂直业务（外卖、售票、OA 等）—线下智能消费场景等。

在新商业时代，企业需要找到自己有效的生态型生存、发展和价值形成的维度与逻辑，能够在系统中进行自身价值和角色的定位，并构建出与生态系统协同的企业经营体系。唯有真正具有个性价值，对生态系统价值具有引力和控制力的企业，才会真正的做大做强。生态模式正在成为企业经营的新范式。

阅读专栏 45-10　小米生态链商业模式

小米公司是近年来最火的公司之一，从 2010 年开始创业，2012 年就实现 100 多亿港元的收入，2018 年上市时 1700 多亿港元，2021 年初市值已突破 7500 亿港元。之所以能这么快地成功，原因就在于小米不是一家产品型公司，而是一家生态型公司。

首先，小米把手机当成流量入口，用几乎零利润的硬件产品聚拢用户，以手机 MIUI 系统为核心，快速搭建了移动互联网生态圈的围栏，然后用其他产品赚钱。在 MIUI 系统内，小米账号与应用商店、主题商店、电子阅读、游戏中心、小米云服务打通，截至 2020 年底，小米系应用累计活跃用户已超三亿，是中国第四大安卓移动端应用商店。

其次，自 2013 年起，小米开始做品类延伸，横向拓展生态链。小米开始进军手环、路由器、电视盒子、空调、无人机、体脂秤、净化器、马桶盖等领域，对硬件产品的生态圈进行投资布局，建立子公司、生态链公司，包括米家、智米、紫米、极米等，为小米产品生态链打下基础。

再次，2013 年下半年开始，小米采用“投资+孵化”模式，先后投资手游、电商、新媒体、互联网金融、影视制作、移动教育、移动地图等领域的企业，重点围绕内容生态进行布局。到 2020 年底，小米已经投资了超过 290 家公司。

最后，2018 年小米确定了 AIot 的核心战略，即“1+4+X”，其中，“1”指手机，“4”指小米电视、笔记本计算机、路由器及智能音箱，“X”指其他生态链产品。截至

2020 年，小米智能家居产品服务家庭已超 6000 万，对中国家庭的渗透率超过 10%。

目前，小米已经形成一个“硬件+软件+内容+社群”的移动互联网生态系统。运用这个模式将各种硬件、软件、服务、社群融为一体，相互补充又相互促进。未来，小米将继续布局新零售、国际市场和高科技产业，从而形成坚不可摧的生态体系。

十四、资本模式

企业成功与否、强大与否，离不开资本。为了实现企业价值最大化，除了资产经营外，企业还需靠钱赚钱。试想，如果一家公司完全靠自己的原始资本和公司积累滚动发展，即便在研发、生产、销售等方面都是一流的水平，也难以做大。因此，企业还需要进行适度的举债和股权融资来扩大规模，充分发挥财务杠杆的作用，实现企业价值最大化。

现行的资本模式有以下几种：投行模式，包括天使投资、机构投资、风险投资等，其核心是放大企业的能力，优化资源配置；金融模式，包括第三方支付、大数据金融、供应链金融、信息化金融、场景金融等，其核心是打通商业生态圈，解决企业现金流、客户流、利润率等问题的一整套系统化设计方案，最终实现市场满意、企业盈利、资本获利的多赢局面；资金管理模式，即通过平台自身来运营资金，让资金在个人、平台、企业之间高效率流动，形成一个流动生态圈，如腾讯的社交金融等。总而言之，资本运作既是商业模式实现的方法，也是商业模式的归宿和未来。

阅读专栏 45-11　百度布局智能金融科技

如今云计算、大数据、区块链、人工智能、生物识别等新技术应用越来越快，给金融生态圈带来了翻天覆地的变化，而百度作为致力于人工智能开发的科技企业，始终有一个初心，就是用智能金融的力量满足人们对美好生活的向往。

2015 年，百度宣布从一家互联网公司全面转型为一家 AI 公司。其中，金融是人工智能最佳落地场景，对此，百度金融基于百度人工智能技术，开始在金融领域尝试做一些探索和实践。

2017 年，百度提出“智能金融”的概念，以人工智能、大数据、云计算、区块链等高新科技为核心要素，全面赋能金融机构，提升金融机构的服务效率，拓展金融服务的广度和深度，以期使全社会都能获得平等、高效、专业的金融服务，实现金融服务的智能化、个性化、定制化。

2018 年，百度宣布旗下金融服务事业群组正式完成拆分融资协议签署，拆分后百度金融将启用全新品牌“度小满金融”，实现独立运营。当下，度小满金融以“搭金融服务平台，建金融科技生态”为整体战略，通过“有钱花”“度小满理财”“度小满钱包”“磐石金科平台”以及“智能语音机器人”等产品与服务，完成了在消费信贷、财富管理、支付以及金融科技领域的布局。

值得一提的是，不同于腾讯、阿里的分食流量导流模式，百度走的是做蛋糕导流路线：在技术赋能推动下，把“度小满钱包”“有钱花”“度小满理财”等产品同时做强，相互导流，同时，将重点服务对象放在金融机构上，从而让以技术见长的百度不用考虑C端流量问题，可以更加专注地搞金融科技，以迎合未来金融服务由C端向B端扩展的必然趋势。

第三节　企业商业模式的设计与创新

现代管理学之父德鲁克说过，未来企业的竞争不是产品之间的竞争，而是商业模式的竞争。他发现企业的很多问题靠经营模式根本就无法解决，必须要靠商业模式。迄今为止，商业模式也很好地解释了创新的实现和商业持续竞争优势这两大课题，其本质就是企业通过创造与众不同的客户价值，设计独特的盈利方式颠覆行业传统规则，实现自我可复制，然后通过掌控核心资源建立高竞争门槛，最终成功构建持久盈利能力的过程。对此，在信息技术快速发展的今天，要想让自己的企业成为常青树，就必须注重商业模式的设计与创新，同时在不同的发展阶段都能够构建起最适合的商业模式，最终建立企业的持续竞争优势。

一、企业商业模式的设计

商业模式设计，是通过自己价值主张、为顾客创造价值、传递价值和获得价值的一系列相关活动，是为投资方和企业获利的商业过程运行逻辑。通过商业模式设计，企业能够在充分梳理和调整各种商业模式元素的基础上，更好地利用自有资源和外部环境，推动从以企业为中心到以用户为中心，以成本为导向到以价值为导向，以产品差价为利润来源到以模式为中心盈利的多方面转变，实现用经营商业模式的全局观和消费者价值创新的前瞻性经营企业，从而在经济趋势不断变化的背景下，占得先机，赢得未来。

（一）价值主张先行：商业模式构思

一个好的商业模式，在为企业带来源源不断的利润之前，必须能以其内在的价值主张打动客户，即企业不仅需要通过商业模式向用户传递“我是谁”，而且更重要的是需要解决用户关心的价值问题，让用户了解“我能够带来什么”。最好的商业模式能够将最大价值充分提供给用户，而这个过程实际上也是企业价值主张的步骤。这个步骤能够真正明确企业商业模式的实际意义，能够描述企业将什么样的价值提供给用户。对于用户而言，他们将明白企业是怎样满足自己的需求的，也能明白从企业那里无法得到哪些价值。为此，企业需要找到能够突破发展瓶颈的价值创造方式，同时还要积极地对用户需求的价值和自身提供的价值进行精确细分，并实现准确对应，以商业模式的价值主张最终形成企业恒久稳定的品牌价值。

1. 抢占“用户心智”

商业模式的设计，不只是发现并满足用户现有的需求，还要发现用户没有被挖掘的需求，并整合资源予以满足。在移动互联时代，人们能够通过各个渠道接触到无数广告信息，如果产品或者服务的实质和供货价格相差无几，企业该如何利用自己的商业模式打动用户？答案是抢占用户的心，只有这样，用户才会发自内心地认可企业的商业模式，并采用实际行动来回报。

对于企业而言，很难凭空改变用户心智，只有用户受到影响自己改变才行。企业要做的就是在产品、渠道和媒介上下功夫，让顾客产生改变。一是产品的口号要响亮，要让用户一提到某个广告语，就能想到是哪个品牌，如“怕上火喝王老吉”“累了困了喝红牛”，“充电 5 分钟，通话两小时”等在此基础上，要在做工和包装上下功夫，一个做工精致、包装精美的产品自然会有更大的概率得到用户的青睐；二是开辟多元化的营销渠道，让用户见到产品的机会大大增加，从而更容易进入心智；三是加强媒介宣传，无论是硬广告植入还是软文推广，都要花心思，只有获得了用户的关注、认知、记忆、好感乃至忠诚后，该商业模式才能传递对用户有意义的价值。

2. 找到企业的独特价值

俗话说：“三流的企业靠产品赚钱，二流的企业靠顾客赚钱，一流的企业靠模式赚钱。”当然，所谓好的商业模式并不可能是唯一的，因为没有一种独特的模式能保证企业在不同条件下都获得很好的利润，但是那些被事实证明了的成功商业模式，总是具有基本的共同点——发挥企业自身的、不同于其他的价值。

企业的成功在于其能利用不同的商业模式，体现出自身独一无二的价值。为了让企业自身的商业模式能够表现出独特价值，职业经理人需要认真思考两个问题：①企业究竟卖什么？②为什么是本企业来卖？如果企业能清楚地回答上述问题，就能找到自己的独特价值并充分地向市场证明。

当企业的商业模式能够产生独特的价值主张时，企业就可以考虑采用连锁或加盟的方式，以标准化的管理作为核心，获得规模经济带来的效应。总之，职业经理人必须有一双慧眼，积极发现不一样的利益点，做到“人无我有、人有我优”，自然就能获得更多用户的青睐。

3. 精确细分价值

商业模式的意义是要让企业能够引导用户全面认识产品和服务，而企业只有基于对产品和服务的进一步细分，跳出原有产品和服务的框架看待价值，才能更深程度地影响消费者的心理，进而形成独有的竞争优势。对企业价值进行细分的方法包括：一是从市场需求的角度细分，即以不同人群的需求进行细分，通过对不同的客群塑造不同的价值主张，形成充分的价值共鸣，然后围绕不同的人群调整和包装商业模式中的各种因素；二是从产品的角度细分，让企业能够真正了解并懂得如何发挥比较优势，进行差异化竞争，具体包括形象产品、利润产品、覆盖产品、竞争产品、壁垒产品、补充产品等；三是从差异化渠道的角度细分，即企业应该充分了解不同渠道之间的差异，然后针对不同的渠道类型制定价值传播策略，以便打造正确产品和服务组合，进而提供差异化的价值体系。

（二）价值发现系统：商业模式定位

定位，在于选择企业可以占据的阵地。因此，定位是企业战略规划的开始，也是企业构建优秀商业模式的起点，如果缺乏良好的定位，商业模式看起来再好，也难以产生质的飞跃。一个完整的商业模式定位，应该包括四个层面的定位：一是战略定位；二是市场定位；三是产品定位；四是用户定位。只有企业依托商业模式对相关的利益方进行准确定位，并为用户创造出独特价值之后，才可以说企业的商业模式瞄准了利润靶心，才可能实现基业长青。

1. 定位战略

做好企业战略定位，是企业构建商业模式的第一步，其意味着企业应该保持应有的专注，能够在布局阶段有明确的想法，让企业的资源集中在最好的点上并做深、做透，从而在竞争中胜出。例如，格力电器坚守战略定位，从专注做空调，掌握核心科技，到多元化、国际化战略，牢牢巩固品牌的优势地位。不得不说，战略定位决定了企业商业模式的长期运营效果，因此战略定位应该保持长期性、持续性。

当然，尽管战略定位应该稳定，但是依然要具备必要的灵活性。当企业所处环境发生变化时，如果盲目坚持既定战略，也可能让企业的商业模式处于不利地位甚至淘汰。例如，诺基亚早在 2006 年就提出整体转型互联网的口号，但由于缺乏对于智能手机、移动互联网等战略定位的足够认识，商业模式的变化迟迟未能进行，导致最后的失败。因此，企业在对内外环境进行分析之后，才能决定采取怎样的战略定位。以下战略定位层次值得企业予以选择：一是总体战略定位，即确定企业未来的整体规划，确定企业经营重心，追求企业总体效果；二是经营战略定位，即集中在业务层面，有效解决企业参与竞争并分配内外资源的问题；三是营销战略定位，主要集中在渠道层面，即产品与顾客接触的整体规划。在实践操作中，企业要不断适应内外部环境的变化，不断对战略定位进行优化，使其更加适应企业的发展。

2. 定位市场

定位市场意味着企业需要根据市场的全面竞争情况和企业自身的资源，努力打造出有别于竞争品牌的产品，并取得在目标市场中的最大战略优势，其可分为对潜在产品的预定位和对现有产品的再定位。对潜在产品的预定位，要求企业必须从零开始，使产品特色确实符合所选择的目标市场。例如，海澜之家定位为“男人的衣柜”。对现有产品的再定位可能导致产品名称、价格和包装的改变，但是这些外表变化的目的是为了保证产品在潜在消费者的心目中留下值得购买的形象。例如，好想你从最初的高端礼品定位，调整为专注于25岁至45岁的白领女性提供日常休闲食品，重新选择了自己的目标市场。

市场定位的过程，关键就是企业在面对市场、构建自身商业模式时，设法获得比竞争者更强大的定位优势。在企业实践中，可以通过以下三个步骤完成：一是分析目前本行业市场的现状、特征，并能够明确企业的市场定位优势。在这个步骤中，需要分析在现有市场上：竞争者的定位如何，是否有效？现有市场上的用户在寻求什么，是否得到满足？企业应该为此做什么？回答好这几个问题，企业就能够对市场现状有一个清楚的了解。二是企业应明确自身的优势并进行初步定位，这些优势既可以是现有的，也可以是需要开发的。三是将独特的竞争优势和市场定位结合起来，从而让企业的竞争优势逐步在市场定位中显示出来，以实现市场定位的准确性和差异性。

3. 定位产品

产品定位在于企业用何种产品满足特定消费者或市场的需求，其意味着企业选择目标市场，并将之和企业自身的产品进行结合与优化，通过在目标客户的心目中为产品创造一定的特色，赋予一定的形象，以适应顾客的偏好。例如，20世纪90年代初，在口香糖市场占据绝对领先地位的“箭牌”，在美国的销量开始走低。对此，箭牌没有采取降价促销的方式进行竞争，而是通过改变商业模式中的产品定位——不再和糖果类对手正面竞争，而是改变口香糖的特点（不能抽烟的公共场合，口香糖可以起到很好的替代作用），很快实现商业模式中营销元素的变更，重占市场。可见，对产品的定位是否准确，决定了企业的商业模式能否拥有更大的市场。

在实际操作中，以下产品定位方法值得企业学习和使用：一是以特色定位产品，即根据产品的特定属性进行定位，包括产品的生产技术、流程、原材料、功能等。例如，沃尔沃多年来一直将产品定位为“公路上最安全的交通工具”。二是以利益定位产品，即根据产品能够满足用户的需求或者利益进行定位，包括产品本身提供的利益和附加利益。例如，阿里巴巴的定位是“让天下没有难做的生意”。三是以用途定位产品，即根据产品的具体用途和使用场合进行定位，或者为老产品寻找新用途。例如，相比于其他日化类牙膏，云南白药定位为“药物牙膏”，深受口腔患者的喜爱。四是以文化定位产品，即通过将文化注入到企业产品当中，使产品获得独特的个性。例如，脑白金的“今年过年不收礼，收礼就收脑白金”。五是以档次定位产品，即按照产品在消费者心中的价值高低，可将产品分出不同的档次，并通过满足不同顾客的需要获得不同的价值定位和利润来源。例如，小罐茶以高端商务人士为切入点，定位偏高端。除此之外，还有不少的产品定位方法，在实际的商业模式构建过程中，上述方法是可以综合运用的。

4. 定位用户

任何商业模式的成功设计都需要以用户利益为出发点，只有做好用户定位，才能锁定用户的真正需求。大量事实证明，企图让产品和服务对谁都合适的商业模式往往会以失败告终。例如，运动服装看上去有着广泛的用户群体，但如果一家企业以如此广泛的用户来定位，显然不利于商业模式的建立和运作。

可以说，对用户的定位越精确，就能越快地让用户出现，使商业模式运行的成本更低，成功概率更大。下面四个步骤能够为企业开展用户定位提供较好的借鉴：一是识别企业的用户，即企业通过对用户记录、商业合作伙伴或第三方机构的数据资料进行识别，广泛了解用户的情况，为下一步做好准备；二是对用户群体中不同类型的用户进行区分。即根据用户产生价值的高低，将其分成有着明显区别的不同组群，企业可据此细化用户定位；三是选出潜力型的高价值用户，进行高质量营销和个性化服务，以更好地满足用户的需求；四是在区分和做好用户定位之后，持续保持和这些用户的沟通，确保进一步满足高价值用户的需求。总之，探索用户的真正需求并予以满足，追求客户的“满意度”，会让用户定位过程逐渐变得简单、直接，使之成为技术层面的操作。

（三）价值创造系统：商业模式壁垒

在商业模式设计中，仅仅发现和确定了价值是不够的。企业还必须根据这种价值定位，依靠一套内外部系统去把这种价值真正地创造出来，并在创造价值的基础上，为这些价值建立一套维护的壁垒系统。价值的创造系统可分为以下五个部分：

1. 确定业务范围

要创造价值，企业首先必须要给自己的业务范围划定界限，哪些由自己做，哪些由别人做，以求能用最少的资源产生最大的价值回报。业务范围涉及企业对内和对外经营活动的范围界定。一个成功的商业模式，需要在企业内部将企业应该进行的经营活动与企业的管理系统进行完美的融合，同时在内部经营活动基础上，将一些经营环节由内向外地与外部合作伙伴展开合作与协作，使得这种内外一体的业务架构能够与企业提供的产品和服务融为一体，形成内外匹配、行之有效的实现客户价值主张的模式。对此，企业可以采用引进和利用外部合作伙伴提供部分服务的方式完成资源整合，从而实现企业利用较少资源而价值最大化的初衷。

资源整合一般有四种方式：一是自己构建和维护；二是外包的方法；三是合作；四是让内部服务提供者自负盈亏并向企业提供服务。其中，最为核心的环节是整合关键资源，确保企业能掌握关键资源并合理运作，从而不断扩大关键资源的整体价值产出。例如，阿里巴巴之所以拥有先进的商业模式，很大程度是因为找到了商业模式的关键资源，即品牌资源和人力资源，同时又通过支付宝获得了更加稳固的领先地位。对于企业而言，关键资源包括资金资源、知识资源、时间资源、人力资源、品牌资源、渠道资源等，不同企业对关键资源的整合会有所侧重，无论如何，这些不同的关键资源必须得到有针对性的管理并实现有机结合，才能产生最大的价值成果。

2. 构建协作网络

在确定业务范围的基础上，重构企业的内外部协作网络。对于大多数企业来说，习惯了只卖产品盈利的思维模式，而忽略了其他更多的从产业链去盈利的机会。一条完整的产业链往往由多个企业合作完成，对产业链进行细分和重组，是实现价值最大化的有效途径。

整合产业链有三个方向：一是拆分价值链，成为价值链某一特定环节的控制者，改变价值链的关键环节。形成独特优势；二是纵向整合产业链，企业作为产业链的整体设计者参与竞争，形成产业链的整体竞争优势；三是跨行业整合资源，形成不同产业链之间的合作伙伴网络。例如，戴尔能够在短短几年内异军突起，关键在于它改变了传统电脑行业分销的模式，在分销这个关键环节创造了直销的模式；三星能够在很短的时间内成为国际性品牌，关键在于依托它在上游的半导体和液晶面板产业的优势地位，垂直整合产业链，在下游各类数字产品上取得成功。

3. 创建共赢结构

商业模式的构建，核心就是要创造更大的商业价值，价值越大、成本越低，商业模式就越成功。在创造价值的过程中，需要将各个利益参与者设计其中，彼此共赢，以此构建出一个高效的、整合的价值协作网络。

设计利益参与者的共赢结构，主要有四个步骤：一是界定谁是结构的利益参与者，这些利益参与者各自是否存在薄弱环节；二是分析这些利益参与者各自在结构里可能贡献哪些价值，它们有哪些价值可以交换；三是从共赢的角度设计好协作网络成员之间的利益分配模式；四是确定协作网络内各成员之间具体的合作关系、各自在网络中所扮演的角色、承担的职责等。

4. 设计盈利模式

盈利模式，即企业获利的方式。一个成功的企业，要懂得为自己创造更多的盈利点，以此增加更多的利润来源。盈利模式分为自发的盈利模式和自觉的盈利模式两种，前者的盈利模式是自发形成的，企业对如何盈利、未来能否盈利缺乏清醒的认识，即企业虽然盈利，但是盈利模式并不明确；后者是企业通过对盈利实践的总结，对盈利模式加以自觉调整和设计而成的，它具有清晰性、针对性、相对稳定性和灵活性的特征。

当下中国企业的盈利模式升级，其中关键的一点就是由单一盈利模式向多元盈利模式的转变。这种多元盈利模式可以包括产品盈利、模式盈利、资源盈利、金融盈利、品牌盈利、系统盈利、收租盈利、渠道盈利、知识盈利、价值链盈利等。

5. 建立利润壁垒

企业能进入盈利区尚属不易，保证长期稳定的利润增长更是难上加难。随着竞争对手的增多及模仿，企业在创建商业模式的同时，必须建立起自己的利润控制手段，以保护企业商业模式设计带来的利润流。对此，企业必须要掌握对于创造价值有重大贡献的关键能力，即企业的核心竞争力。例如，微软公司拥有行业标准，以及在若干产品市场上的绝对支配地位和品牌等战略控制手段；ASML 公司拥有世界最为领先的光刻机技术，几乎无人能及。

核心竞争力是企业竞争力中的那些能使整个企业保持长期稳定竞争优势、获得稳定超额利润的竞争力，其具有创造独特价值、不可复制、不可购买、不可分拆的特征。在实践操作中，核心竞争力有六大来源，即来自核心技术的研发、来自企业独特的资源、来自独特的管理文化、来自独特的人才资源开发、来自独特的企业文化、来自独特的系统。

（四）价值传递系统：商业模式应用

“酒香也怕巷子深”，有了好的价值，更要有好的价值传递系统。所谓价值传递系统，是指企业把产品和服务传递给目标客户的分销、服务、传播和客户关系管理活动，其目的是便于目标客户方便地了解和购买公司的产品或服务，并形成客户忠诚。它从客户接触价值开始，到客户接受并使用相应的产品与服务，再到最终对产品与服务表示满意为止。这个过程包括表达与传播价值（品牌模式）、交付价值（渠道模式）、价值增值（服务模式）、维持客户满意（客户关系管理）、价值的后台支持（供应链管理）五个系统。

1. 品牌模式：价值的沟通与表达

在商业模式中，对企业品牌的核心价值进行定位、维护和宣扬是许多成功企业的共识。例如，可口可乐是“活力、奔放、激情的感觉和精神状态”，劳斯莱斯是“尊贵风范”等。对于企业来说，品牌的建立是一个品牌经过市场检验并被市场认可的过程，其价值是独一无二的，不仅具备强大的号召力，能够迅速深入消费者的内心，而且具备一定的兼容性，能够获得企业资产的支持。在实践中，企业品牌的打造分为三个步骤：一是初级阶段，即品牌打造知名度的阶段。该阶段消费者没有达到品牌消费的层次，企业的核心任务就是集中资源打造品牌知名度。二是发展阶段，即实施品牌占位，打造信誉度。在有了较高的品牌知名度之后，下一步就是要赢得消费者对品牌的信任，而建立信任的最好方法就是占位。三是成熟阶段，即品牌的精神利益开始变得更加重要，这时要为品牌找到打开消费者情感寄托和心理归宿的钥匙，通过出售品牌的情感体验，塑造品牌的核心价值观，从而打造品牌的美誉度。

2. 渠道模式：强化价值交付环节

在中国市场，“渠道驱动企业”已经成为大家的共识。分销的密度、渠道的到达率和有效率，是营销的关键要素。例如，娃哈哈的产品可能并没有很高的技术含量，其市场业绩的取得与它对渠道的有效管理密不可分。随着市场发展进入新阶段，企业的营销渠道不断发生新的变革，目前可供企业选择的渠道包括直接渠道和间接渠道、长渠道和短渠道、宽渠道和窄渠道、单一营销渠道和多营销渠道、传统营销渠道和垂直营销渠道。

与品牌打造一样，渠道模式的发展也同样划分为三个阶段：一是初级阶段，渠道数量比质量更重要。在本阶段，企业要采用“广种薄收”的渠道方式，先把产品分销到全国各地；对渠道的管理和维护也是采用粗放式的管理方式，要充分利用经销商的网络、资金和人力资源，“借船出海”。二是发展阶段，渠道扩张主要是选择重点市场，对重点市场进行资源的重点倾斜，同时迅速进入相关的细分渠道，使企业产品在主要的渠道里都能进行分销。三是成熟阶段，企业要展开深度分销，在重要城市设立分公司或办事处，对核心城市进行终端直营，在二三级城市采用“直营+分销”的模式，而在三四级甚至农村市场，仍然采用“分销为主”的渠道方式，从而建立营销价值链，与经销商一起对终端精耕细作。

3. 服务模式：价值增值

纵观当今世界经济，从产品制造向服务转型已经蔚然成风。实施服务策略，是一个系统工程，它不仅需要管理者和员工从思想观念上做出转变，还要求企业有条不紊地安排各项工作。完整的服务策略包括：树立服务理念，确定顾客服务需求，服务设计与实施，服务人员管理，服务质量管理，实现顾客满意与忠诚等。例如，海底捞公司通过提供各种超出顾客预期的增值服务，成长为餐饮行业的领军企业。当前，随着客户需求的不断升级，服务模式也不断推陈出新，包括体验式服务、定制式服务、自助式服务、情感式服务、融合式服务、共享式服务、智能化服务等。

4. 客户关系管理：创造顾客忠诚度

客户关系管理是指企业为提高核心竞争力，利用相应的信息技术以及互联网技术协调企业与顾客在销售、营销和服务上的交互，提升其管理水平，向客户提供创新式的、个性化的客户交流互动和服务的过程。客户关系管理注重的是与客户的交流，企业的经营是以客户为中心，而不是传统的以产品或以市场为中心。为方便与客户的沟通，客户关系管理可以为客户提供多种交流的渠道。

现代企业客户关系管理一般分为五步来进行，第一步，建立客户营销数据库；第二步，分析客户；第三步，选择目标客户；第四步，进行大客户分级管理；第五步，根据以上系统展开有针对性的销售工作。

5. 供应链管理：高效协同传递价值

进入21世纪，企业面临更严峻的挑战，它们必须在提高服务水平的同时降低成本，必须在提高市场反应速度的同时给客户更多的选择。供应链管理就能达到以上目标，其能够使供应链运作达到最优化，以最少的成本令供应链从采购开始，到满足最终客户的所有过程，包括工作流、实物流、资金流和信息流等均能高效率地操作，把合适的产品以合理的价格及时、准确地送达消费者手上。

要构建完整高效的供应链，企业必须建立一种体系，然后由体系出发来选择适合自身特点的供应链管理模式，具体包括：由客户价值驱动的明确的供应链战略和策略，健全的供应链管理组织架构体系，完备的人才建设机制，完善的跨部门和跨企业的供应链协同流程和机制，完备的产品和服务生命周期管理，健全的供应链管理指标考核体系，支持供应链创新，提倡持续改进的企业文化，完善的供应链风险控制流程，供应和需求相互协调匹配，最终建立精益供应链。

（五）价值最大化系统：商业模式优化

商业模式再优秀，在实践过程中也不可能一劳永逸。这是因为商业模式即使已经成熟并持续盈利，但企业内部的资源组合依然是不断变化的，企业需要在实际应用过程中不断审视、纠正和优化，才能让商业模式变得更加完美。企业价值最大化系统就是在商业模式优化的基础上，市场和投资者对企业未来预期获利能力的评估与评价。例如，“重资产”模式曾一直是万达集团发展的方向，这种模式也为万达带来巨大的资本积累。随着商业地产的不断变化，为了进一步扩大竞争优势和降低风险，万达商业开启了“轻资产”之路，这种模式的转型让万达实现了快速扩张和更大的边际效应（O2O、互联网金融等）。

对于商业模式的优化，需要对商业运作模式进行调整、整合和创新。具体而言，首先，要分析既有的商业模式，包括对顾客、市场、产品或服务、过程、结构、风险和社会环境等因素进行分析，以便清晰了解当前商业模式的功能、结构和现状；其次，在此基础上，寻找商业模式的优化途径，包括发现新的盈利机会、对顾客重新定义、改变产品或服务的路径、改变收入模式、在价值链中重新选择模式等，从而不断完善商业模式。

（六）价值匹配系统：商业模式画布

当商业模式的上述部分都已经设计完成后，下一步的工作就是保证这些要素之间有机组合，互相加强和互相优化，以确保企业各个运营部分都能够协调一致地执行商业模式，并使效益最大化。波特称这种有机组合为“战略配称”，并指出战略配称才是创造竞争优势最核心的因素。

对此，在商业模式实践中，出现用于思考商业模式的实用管理工具——商业模式画布。该工具由亚历山大·奥斯特瓦德（Alexander Osterwalder）在《商业模式新生代》一书中提出，其是商业模式研究向前迈出的重要一步：首先，它合理且有效地整合了学者们关于商业模式的研究；其次，它为组织对特定商业模式的思考和讨论提供了一种有效的可视化机制；最后，它强调设计、评估和改变商业模式的一个关键问题是如何将这些元素结合在一起，而不仅仅是明确元素是什么。具体如表 45-2 所示。

表 45-2　商业模式画布工具

<table>
<tr><td rowspan="2">合作伙伴</td><td>关键业务</td><td rowspan="2">价值主张</td><td>顾客关系</td><td rowspan="2">顾客细分</td></tr>
<tr><td>核心资源</td><td>渠道通路</td></tr>
<tr><td colspan="2">成本结构</td><td colspan="3">收入来源</td></tr>
</table>

需要说明的是，使用该工具并不能保证获得成功，其好处是帮助使用者澄清假设、思考组织要素协同工作的结构化过程。在创办新企业或建立成长型公司时，商业模式画布工具有助于评估新机会、识别关键问题并获得低成本的实验数据，以测试机会的有效性。如果是家族企业或生活方式型企业，企业管理者可以从商业模式分析中获益良多，并利用新的机会需要进行改变。如果是一家大公司、教育机构或其他非商业组织，更是可以构建、测试和评估商业模式，并有可能产生意想不到的结果。

二、企业商业模式的创新

世界风起云涌、变化迅速，任何商业模式都不会一成不变、永恒有效。在商业史上，曾有很多企业拥有出色的商业模式，但是因为墨守成规、一成不变，结果不得不被淘汰出局。当前，移动互联网、数字化技术、智能化技术等蓬勃发展，不仅让我们走进了数字社会和数字经济的新时代，还为我们指明了未来商业变革的趋势和方向。对于企业而言，为了能够紧跟市场的节奏变化以及在未来的竞争中持续获得优势，就不能停止其创新商业模式的步伐。面向未来，不断打破自身陈规定律，做到“人无我有、人有我新”，促进商业模式的更新换代，是摆在每个企业面前的永恒课题。

（一）商业模式创新的内涵及影响因素

1. 商业模式创新的内涵

商业模式创新是指企业价值创造的基本逻辑的变化，即把新的商业模式引入社会的生产体系，并为客户和自身创造价值，通俗地说，商业模式创新就是企业以新的方式盈利。创新后的商业模式可能在构成要素、要素间关系或动力机制方面不同于已有的商业模式。商业模式创新具有如下特点：第一，商业模式创新注重从客户的角度出发，从根本上思考设计企业的行为，视角外向、开放，注重企业经济方面的因素；第二，商业模式创新不是单一因素的创新，而是系统和根本的创新，它不仅包括传统的技术创新，还包括服务创新和管理模式创新；第三，商业模式创新可以开创全新的可盈利产业领域，也可以提升原有产品或服务，最终实现企业的盈利能力和竞争优势的提升。

2. 商业模式创新的影响因素

企业的商业模式创新并非突然间形成的，而是需要多方因素综合影响，这些因素可以分为内部因素与外部因素。

（1）内部因素。包括企业内部资源能力、技术创新能力、信息计算能力、管理者思维模式等。内部资源能力是企业推动商业模式创新的重要力量，强调由量变到质变，随着资源数量的不同而不断转变商业模式。以数字资源为例，传统商业模式缺少对数字资源的利用，企业商业模式主要围绕实体产品进行设计，当资源增长速度与类型都达到企业转型的规模时，企业就会自然而然地利用资源进行转型，如构建平台等；技术创新能力是很多商业活动的直接来源，通过技术创新能力催生新技术的产生，实现产品的核心多元化和生产成本的节约，进而形成企业的商业模式；信息计算能力是企业利用数字资源的关键支撑，由传统实体经济到数字经济的转变，使得企业的信息计算能力越来越重要，其为商业模式创新提供了强大的功能平台，通过该平台企业可以与员工、合作伙伴、顾客等多个主体进行联系并构建价值网络，推动资源和技术的有效配置，最终形成新的商业模式；管理层的思维模式对于推动商业模式创新也有很大影响，若管理层倾向于固化传统商业模式，企业对于新技术、新资源的利用率将会持续低迷，可能无法形成有效影响，但若管理层积极寻求商业模式创新，则对于发掘内部资源能力与提高技术创新能力有显著作用。

（2）外部因素。它是企业外部对企业施加影响，配合企业内部因素完成对企业商业模式的创新。常见的外部因素有社会资本、消费结构、消费文化等。社会资本（如合作伙伴、政府等）是影响商业模式创新的重要因素，因为企业的发展依托于企业所拥有的社会网络中可以获取的资源和信息；消费结构与消费文化是推动商业模式创新的关键助力，随着互联网技术的飞速发展以及消费水平的不断升级，推动了商业模式的巨大创新。2012 年出现了以“购物者+电子商务+零售服务提供商”为代表的商业模式，2016 年出现了以“新零售”为代表的商业模式，2017 年出现了以便利店为代表的“智能零售商业模式”等，未来随着消费文化的不断变化，还将继续出现更多的创新商业模式。总而言之，有效的商业模式创新需要内因牵引、外因推动，两者相结合才能形成良好效果。

（二）商业模式的创新路径

商业模式的创新路径因企业的不同而各有差异，企业需要结合商业模式的不同层级及自身分析寻求具体的创新方向。

1. 重新界定企业的边界

界定边界的视角是动态地处理企业与商业生态系统之间的关系，这需要企业的格局和智慧。随着商业生态系统的总量规模不断增长，身处其中、扮演不同角色的企业也会有不同节奏的增长，这就需要企业不断调整自己的业务活动边界，最大化商业模式价值。

例如，高通的发展历程就是一个随着手机产业链生态发展的不同阶段不断调整边界的过程。在 2G 时代，如何扩大 CDMA 的市场是摆在高通面前亟待解决的问题。初期的高通大包大揽，集电信运营商、设备商、技术开发商、终端设备商于一体，高通希望由自己去催熟这个市场，先把蛋糕做大，自己才有希望得到最大的一份。在 CDMA 技术变为 2G 时代移动通信标准的过程中，高通将 CDMA 研发过程中的各种技术都申请了专利，因此，在 3G 时代，高通的 CDMA 技术和相关专利就成了所有通信标准绕不开的基础，几乎所有的手机厂商都要向高通缴纳专利授权使用费。在获得高盈利之后，高通又对自身的业务进行梳理，逐步卖掉了非主要的业务，手机部卖给了日本京瓷，基站部则卖给了爱立信。即使是最核心的芯片技术，高通也是只研发不生产。进入到 5G 时代，高通依然是手机产业链生态中最具影响力的公司之一。从“全能冠军”到“单打冠军”，高通抓住了整个生态中利润最丰厚的环节，高通的商业模式也经历了从重资产到轻资产的蜕变。手机生态系统越来越繁荣，高通的企业边界却越来越专注，高通的企业市值也一路走高。收放之间，是高通对自身市场边界不断调整的结果。

完善价值空间主要是针对现有商业系统运行时的痛点或机会点，通过新增一个业务活动角色，使得整个商业生态系统的效率都得到质的提升。这种挖掘缺失价值空间的创新机会，有赖于企业家能够以俯视的视角以及对商业环境的敏锐洞察，针对痛点提出解决方案。如此一来，商业生态不仅得到了蓬勃的发展，企业也可以从中受益。

例如，中国移动长期以来一直在深耕云、管、端的战略，助力“互联网+”的发展。在云端，中国移动有大量的 IDC 和云基础设施，建立了大数据分析平台，并且基于云、IDC 以及互联网的基础设施发展了大量的包括教育、医疗、车联网、电子政务等行业的解决方案。在教育领域，面对教育行业带宽低、资源分布不均等问题，中国移动结合网络基础设施的带宽积极向学校引入校园云的解决方案，通过整体专线+云的技术方案提供了智慧校园的整体解决办法。在医疗领域，中国移动充分发挥 IDC、云存储以及全网覆盖的优势，解决医疗影像云大数据传输和存储的问题。通过这种海量的存储技术，包括网络化的三维后处理的技术、基于 HTML5 的移动终端技术形成远程影像诊断技术，推动了医疗影像云的技术发展。在工业互联网领域，中国移动结合智能的数据网关，包括 4G 和 NB-IoT 的网络，以及基于云的工业互联网平台，为客户建立智能的工厂管理等。

2. 重构商业新逻辑

伴随着商业环境、信息技术以及金融系统的巨大变化，企业的边界开始变得模糊，运营条件和传统模式的有效性受到打击，对此，企业需要改变策略，运用新技术和新资源，重构商业模式。

重构商业模式，是基于生态系统价值创造逻辑的视角展开的创新，不仅需要另辟蹊径、积极变革的勇气，而且关键的是认知的升级，对习以为常的共识共知发起挑战。正如传统的砖木结构不足以支持高层建筑一样，必须从根本上改变建筑结构模式；普通的发动机不足以支持高速行驶，必须进行革命性变革。技高一筹的企业往往善于及时重构商业模式，通过商业模式差异来实现技术领先、低成本和差异化，保持竞争优势地位，或脱颖而出，或后来居上。商业逻辑的重构通常有以下路径：

（1）重新定位市场。重新定位市场是企业为应对顾客需求及竞争环境的变化，为已在市场销售的产品重新确定某种形象，以改变消费者原有的认知，从而提升价值并争取有利市场地位的活动。在消费者需求不断变化的今天，重新定位市场对于企业适应市场环境、调整市场战略必不可少。例如，体育用品品牌“李宁”，在转型发展中一度遭遇市场低迷和品牌乏力而重新定位，以功能科技加创意文化提升产品力，以专业运动加时尚潮流打造全方位营销，结合运动赛事资源及潮流热点制造话题、创新品牌形象重振河山，成为近年来重新定位市场的成功典范。同样，随着“国潮”热的不断升温，故宫打破历史悠久的刻板印象，其再造自我形象的文创产品频频爆红网络，让年青一代爱上了出自皇宫的“新宠”。

（2）重组价值环节。商业模式重构工程的种类有很多，其中最简单的就是直接拿企业内部价值链上的价值环节组合“开刀”，即对商业模式的价值环节进行移位、易位、增减、变异等操作，然后将改造后的价值环节重新组合起来，重新穿上企业这层“外衣”，形成新的企业结构和新的交易结构，最终为企业量身打造符合其自身实际、适合其自身需要的商业模式“新品种”。例如，绝大多数航空公司在航空旅行的价值链上一直停留在“承运商”角色，随着发展遇到诸多瓶颈，它们开始对商业模式的转型进行思考和实践。其中，春秋航空重新构建了航空公司价值链的全过程，通过打造“两单、两高、两低”的价值曲线，大获成功。“两单”是指单一机型、单一仓位，即通过全部采用空客 A229 机型，实现集中管理，降低采购、送修的管理成本，而且只设置单一的经济舱位，可提供的舱位比同等机型高 15%~20%。“两高”是指高客座率。高日利用率；春秋航空的平均客座率达 95%，同时日利用率达 10~12 小时，使得公司飞机有很高的周转率，最大程度摊薄单位固定成本。“两低”是低营销费用和低管理费用，通过建立自己的电商营销渠道，节省大量代理费用，同时利用第三方服务商的管理资源使日均单位管理费用降低 29%以上。尽管取得如上成绩，但是从内部来看，春秋航空在运营管理、品牌塑造、客户关系、采购优化等价值环节仍需继续优化改进，保障企业的持续竞争力。

（3）重构交易结构。重构交易结构，可以提高商业模式的竞争优势，其主要来自三个方面：交易成本的节约，交易价值的提高，交易风险的降低。首先，根据交易的全过程分类，交易成本可以分为搜寻成本、讨价还价成本和执行成本，通过交易结构的重新设计，能够降低这三项交易成本中的一项或几项，建立企业的竞争优势。其次，通过交易结构的重新设计，能够使具备不同优势资源能力的利益相关者在同一个交易结构下完美合作，从而大大提升整个商业模式的价值，参与的各个利益相关者也将得到更高的企业价值。最后，通过交易结构的重新设计，能够让企业拥有对资产的真实价值进行选择的权力，最终可以降低交易风险并因此提升企业价值。例如，对于电商企业来说，交易系统聚合各方面业务逻辑，计算非常复杂，响应速度直接影响购买转化率，是电商最为敏感的核心系统。对此，当当网通过将交易系统从微软技术框架转移至 Java 开源技术架构，重构了 PC 结算、移动端和数字阅读结算、小版本结算、对外服务和作业五个部分，不仅为公司节约了大量的成本，而且使系统整体性能提升了 25%。

（4）重建盈利模式。每个企业都有自己的盈利模式，重建盈利模式就是从企业所处的价值链条出发，对企业经营要素进行价值识别和管理，在经营要素中找到新的盈利机会，并为其产品和服务构设合适的价值交易形态，从而实现更多的收益。例如，特斯拉作为新能源汽车的领军企业，并非像传统车企那样只依靠生产出售汽车盈利，其在成立之初就涵盖了自建线下体验店、超级充电桩建设、电池保修、二手车回收、服务中心建设等一系列角色。特斯拉如此不遗余力地覆盖生态系统中的各个环节，可以很容易理解其布局逻辑以及盈利模式的未来演变。同样，近几年持续火爆的订阅经济模式，变革了传统媒体、音乐、教育、信息、通信、零售等行业的盈利方式，大获成功。

（5）寻觅外部新的增长机会。21 世纪的商业竞争中，已有的常规市场已经被开发得差不多了，尤其对于新公司来说，想在强强联手的市场中分一份蛋糕，谈何容易。与其局限地争取有限的市场，不如另起炉灶去开辟一个更大的市场，因为市场不同，服务方式就不同，对应的商业模式也就不同。

寻觅外部新的增长机会，就是不断尝试拓展商业生态系统的空间边界，探索新的合作机会或发展趋势，这需要企业保持开放与好奇，向生态系统之外搜寻潜在的机会，展开全新的合作。典型代表是通过跨界、异业的合作，合作双方彼此赋能成长。

例如，当前酒店行业正站在新时期发展的拐点，随着消费的迭代升级，符合现代审美和消费变化的新型酒店正在不断地出现。与此同时，一些非酒店行业的品牌公司也逐步开始尝试酒店业务，通过自身 IP 与酒店跨界合作，或是以从酒店选址、设计到运营全线参与的模式来涉足酒店行业，比如 MUJI、宝格丽、兰博基尼、滚石 Hard Rock 等。2018 年，MUJI 在深圳和北京连开两店，住客除了能体验到如 MUJI 样板间的居住空间外，如果看中了家具或配饰，也能通过酒店内设的快闪店下单购买。而滚石 Hard Rock 在世界各地的酒店则将自由的音乐精神贯穿到空间的每一处设计，住客除了能在房间里弹电吉他、欣赏酒店的专属歌单外，还能参观数万件摇滚明星的私人收藏品。另外，还有徕卡+酒店、LEVI’S+酒店、Converse+酒店、宜家+酒店等。像这样深度的 IP 跨界合作，国内本土品牌这两年亦有涉足：从青年旅舍起步的瓦当瓦舍，2018 年底联合江南布衣旗下家居品牌 JNBYHOME，打造“奇遇”跨界主题酒店；知乎、网易云音乐等与亚朵的跨界 STYLE，不仅吸引了众多消费者的眼球，还实现了双方的共赢。

综上所述，商业模式创新带来了商业发展的潜力与多元性，唯有不同，才能合作共荣。在传统的视角下，相似的资源能力与战略只能推演出恶斗惨胜而出的企业王者。而商业模式创新则关注合作的机会与方式，并从企业所处的生态系统发现机遇，这是一种新视角、新思维和新动能。商业模式创新的意义就在于为企业在技术创新、战略创新和管理创新之外，开创一条新的增长道路。作为新时代的企业，就要不断地走大路、走新路，因为这才是通往下一个时代的必由之路。

阅读专栏 45-12 唱吧的交易结构创新

一款叫唱吧的 App，在 2015 年就融资几亿元，现在已经在线下开了实体店。一般来说，开实体店最大的难度在于选址，选在闹市区，费用很高，而选在价格相对低廉的偏僻区，则又没有顾客光顾。但是，对唱吧来说，选址成本几乎为零。

为什么唱吧能够做到零成本选址呢？答案就是唱吧有定位功能。人们使用唱吧 App 时，唱吧公司只要打开后台，就能知道人们经常在什么地方用唱吧 App 唱歌。这些地方就是喜欢唱歌的人的聚集地，一旦在这些人的聚集地附近开店，人流量就会很大。

对实体店而言，临街店面的租金比较昂贵，但是唱吧不需要选择临街店面，因而租金比较便宜，它可以实现定向引流客户。

此外，由于很多用户在唱吧 App 上唱了很多年，唱吧自然对这些人的喜好特别清楚，因此唱吧在线下开店时，能设计出客户想要的服务和体验。

互联网时代的商业模式与移动互联网技术结合产生的效果是不错的，现在的唱吧，开一个实体店当月就能实现盈利。

综观现在的企业竞争，几乎全是商业模式的竞争。从商业模式的本质来说，唱吧是以交易结构为切入点，解决企业可持续盈利的问题。这就是商业模式创新带来的效果。

案例 45-1　数字经济驱动的京东商业模式创新

自创立至今二十多年来，京东一直在根据内外部环境的变化对自身商业模式进行调整：第一阶段，实体店代理商模式。这一阶段的京东一直在线下进行光盘和磁带产品的销售，商业模式属于传统模式，企业进行价值创造，服务渠道和盈利模式相对单一。第二阶段，从 2004 年开始，京东开始拓展综合业务，设立京东商城，产品种类、合作伙伴、销售渠道都得到了一定拓展，商业模式趋向于初级 O2O，由顾客开始进行价值创造。第三阶段，京东开始自营物流，开辟了金融服务和海外业务，全面开展了 O2O 业务。第四阶段，也就是当前的发展阶段，京东在进行商业模式创新过程中，采取了多条路径共同发展的方式。

一、以数字技术为载体进行创新

技术已经成为驱动京东持续发展的强劲动力，截至 2021 年，京东物流已经拥有及正在申请的技术专利和计算机软件版权超过 5500 项，其中与自动化和无人技术相关的专利技术超过 3000 项。当智能物流与智能供应链初具规模之后，京东已形成了横跨人工智能、大数据和云计算的 ABC 技术发展战略，始终在借助科技力量拓展服务领域与商业版图。从数字新基建的技术支持角度，京东云通过提供云计算、人工智能、区块链、大数据、物联网等核心技术，支持了京东智能供应链运转，保障了京东“6·18”、“双 11”等大型活动，帮助企业降低成本、提高效率和用户体验。这些数字化和智能化的技术能力不但服务京东自身，同时也通过京东云对外提供技术服务，帮助更多的实体经济实现数字化转型。

在产业数字化转型加快的背景下，数智化供应链是京东作为新型实体企业对外提供的重要技术服务。通过数智化供应链能力，京东得以实现产业链上下游的联动，帮助各个环节实现数字化转型，提高运营效率。同时，京东也在积极探索供应链的智能化，通过人工智能、大数据等技术的应用，实现供应链的精准预测、智能决策等，进一步提高供应链的效率和准确性。

二、企业与消费者共同创造价值

京东集团的价值观是以客户为先。消费主权时代的到来，要求企业打破组织边界进行顾客价值创造，尤其是大数据技术的发展与应用，为普通消费者数据化参与价值创造提供了基础。京东电商平台社区化、内容化的特点，使顾客在与商家互动的过程中收获“体验价值”。一是通过消费者需求驱动，实现定制化和个性化生产。京东一直在尝试 C2B 模式，即通过收集和分析消费者的需求和偏好，为消费者提供定制化和个性化产品和服务，如通过用户数据和购买行为分析，推出定制化的产品和服务，满足消费者的需求和期望。二是通过预售和团购等模式，降低生产成本和库存风险。因为生产商可以根据消费者的需求和预订情况来安排生产，避免过度生产和库存积压，为消费者提供更加优惠的价格和更加优质的商品。三是通过消费者评价和反馈，提升产品质量和服务水平。C2B 模式可以促进消费者和生产者之间的互动和交流，使消费者能够更好地了解产品和服务，同时也使生产者能够更好地了解消费者的需求和反馈，进而提升产品质量和服务水平。

三、跨界融合创新商业模式

从 2017 年开始，京东着力打造“无界零售新生态”，无界零售是指以互联网和大数据为载体，优化供应链，打破线下和线上的隔阂，实现“1+1>2”的目标。无界分为三个层面：第一，人企无间。这一层面又包含着两层不同的含义：一是消除角色区隔，形成供需合一、协同共创的关系。与传统形式不同，生产与消费之间清晰的界限被消除，消费者同样可以直接参与产品设计、物流及售后，如 C2M。二是消除心灵的区隔，传递温度。基于数据和算法的个性化推荐定制等服务不断降低信息的不对称性，可以大幅度提高消费者信任，通过线下线上店铺体验能够增强用户体验感。零售企业的身份由“商品提供者”正式向“连接者”转变，将消费者与供应端连接起来，创造最大价值。第二，货物无边。此概念是指产品不再局限于某种固有形态，而是以多种彼此交融的内容而存在。过去企业所提供的产品较为单一，仅仅是以商品的形式出售给消费者，在交易完成之后企业不会再过度参与。而现在商品是产品、服务、数据及内容的集合，一件商品售出的同时又对其产生新需求，从而衍生新的生产。这种零售模式促进了价值链的又一次升级，价值重心由交易向交互环节转移，开辟了全新的零售服务空间。第三，场景无限。这是指零售场景能够突破时空限制，实现随时都有，无须特意寻找购买渠道。一直以来，消费者的消费场景局限于固定的购物中心，互联网时代的到来为人们带来了便利，线上购物平台的出现让消费者不再需要去指定场所购买商品，但消费场景仍然较为单一。数字经济时代带领我们走向了更便利的世界，甚至不需要打开某几个购物平台进行搜索挑选，而是零售场景可以无缝切换，在产生购买欲望的那一刻就可以进行消费。

资料来源：黄玲玲，罗郑雅．数字经济驱动企业商业模式创新研究［J］．齐齐哈尔大学学报（哲学社会科学版），2023（7）：72-75.

推荐阅读

1. 三谷宏志．商业模式全史［M］．马云雷，杜君林，译．南京：江苏凤凰文艺出版社，2016.

2. 魏炜，朱武祥．发现商业模式［M］．北京：机械工业出版社，2009.

思考题

1. 商业模式的内涵与要素是什么？
2. 商业模式的类型有哪些？
3. 商业模式的设计流程是什么？
4. 商业模式的创新路径是什么？

第四十六章 企业人力资源管理

学习目标

1. 了解人力资源管理的未来发展趋势；
2. 了解职业生涯设计对企业、员工的重要意义；
3. 了解工作设计的方法和形式；
4. 掌握员工职业生涯设计的制定方法，以便为员工提供咨询服务；
5. 掌握招聘与录用的操作要领，能够招聘和录用与岗位要求匹配的员工；
6. 懂得因材施教，为员工搭建人才成长广阔平台；
7. 会用相关理论与方法解决员工招聘和录用中的具体问题，提高自身实践技能；
8. 运用激励方法和手段，规范员工的行为，调动员工的积极性。

第一节 现代人力资源管理的发展趋势

现如今，人类社会进入有史以来科技、经济和社会最快速发展的时期，高新技术迅猛发展，信息网络快速普及，对于所有的国家、民族和企业来说，这既是一次难得的机遇，更是一场严峻的挑战，知识经济将改变每一个现代人的观念和意识。综合企业人力资源管理面临的国内外环境，亟须结合自身情况作出相应的调整，以适应日益激烈的竞争市场。以下是现代人力资源管理未来发展的几个趋势。

一、绿色人力资源管理

随着企业生态学和管理生态学理论研究的不断深入，绿色人力资源管理很快成为人力资源管理学家的关注焦点。绿色人力资源管理是指将“绿色”理念应用到人力资源管理领域所形成的新的管理理念和管理模式。其主要任务是通过采取符合“绿色”理念的管理手段，实现企业内部员工的心态和谐、人态和谐和生态和谐三大和谐，从而为企业带来经济效益、社会效益和生态效益相统一的综合效益，实现企业和员工的共同、持续发展。绿色人力资源管理应该遵循经济原则、健康原则、成长原则、和谐原则、民主原则和个性原则。实施绿色人力资源管理有利于实现企业的可持续发展，有利于优化社会环境，有利于建设人的主体性。

二、全球化与跨文化人力资源管理

组织的全球化必然要求人力资源管理策略的全球化、人才流动的国际化，也就是说，企业要以全球的视野来选拔人才、看待人才的流动。尤其是加入 WTO 后，我们所面对的是人才流动的国际化；经济全球化、组织的全球化必然带来管理上的文化差异和文化管理问题，跨文化的人力资源管理已成为人力资源领域的热点问题，跨文化培训是解决该问题的主要工具。

三、员工队伍的多元化与知识化

劳动力市场的变化影响了企业员工队伍，使之变得多元化和知识化。员工队伍的多元化表现为雇员背景多元化、工作要求多样化、薪资报酬多样化和价值取向多样化等。现代化企业存在高素质、复合型管理人才缺乏，共同价值观及统一文化缺乏，甚至发生歧视行为和事件的问题。企业需通过多元化培训、组织文化、法律保障等方法实现多元化员工队伍的管理。知识型员工由于其拥有知识资本，因而在组织中有很强的独立性和自主性。这必然带来新的管理问题，要让企业在对知识型员工授权赋能时强化人才的风险管理，使企业的内在要求与员工的成就意愿和专业兴趣相协调。知识型员工具有较高的流动意愿，不希望终身在一个组织中工作，由追求终身就业饭碗转向追求终身就业能力，这为企业保留人才带来了新的挑战。

四、人力资源管理平台化发展

随着全球化、信息化，尤其是网络化的发展，人力资源管理将在专业化、标准化的基础上，打造功能更加多样化的服务平台，提供引智与招聘、员工培训、劳动关系管理等服务，为用户提供全生命周期的一体化服务。平台化人力资源管理的开展，必将在管理思想、管理职能、管理流程及管理模式上对传统人力资源管理产生重大影响，可能使人力资源管理面临日趋激烈的环境变化，人力资源管理的空间被极大拓展，人力资源管理的平台化竞争变得日趋激烈，人力资源管理的途径、方法和策略也要进行必要的变革。

五、人力资源管理的战略性转变

为提高人力资源的利用程度和企业核心竞争力，促进企业可持续发展，我国人力资源管理从“战术性”转向“战略性”。战略性人力资源管理是以组织战略为指导，根据企业战略制定相关的人力资源管理策略、制度与管理措施，以实现企业战略目标的过程。不同于传统人事管理为完成任务只求人事达到良好匹配的目的，战略性管理着眼于整个企业的发展，将人力资源作为公司出奇制胜的关键及未来收入的源泉，这就要求管理者审时度势，把企业的发展和壮大带到不断变化的市场环境中去看，根据未来环境的变化做出合理决策，在新的计划上不断探索外部世界，建立创新性思维模式。

六、企业转型升级对企业员工素质结构的新要求

转型升级是企业获得可持续经营发展的方法，迫于经营的压力，很多企业都在尝试转型升级，也对企业员工素质结构提出了新要求。通常来说，企业员工素质结构由知识结构、专业结构、性别结构、年龄结构、部门结构、职务结构、管理权限结构和性格结构八方面组成，企业根据企业性质、经营内容的差异，对员工素质结构提出相应的要求。人力资源管理者要始终以员工的根本利益为中心，以提高员工素质为自身的任务，不能将人力资源管理视为一项简单的工作，要将其视为一项重要的服务。

七、企业人力资源管理面临的新挑战

经济全球化及信息技术正在以前所未有的力量与速度改变着企业的外部环境，这给企业内部管理带来了巨大的压力，唯有那些反应敏捷、竞争力强的企业才能在市场中占有一席之地。人力资源管理作为企业管理的重要组成部分，同样面临着全球化问题，技术进步的影响，组织的发展、人口结构变化的影响等方面的挑战。

第二节　企业选人、用人制度和机制

案例 46-1　某公司招聘的工作流程

公司销售部需要招聘两名销售助理，已经入司三个多月的招聘主管很快按照公司招聘流程完成了职位发布、简历收集、人员初试、部门复试、录用报批工作。从发布职位广告到确定人员录用只有一周时间，面试五人，录取两人，效率很高。另外，公司给出的工资标准略高于她们的期望，两名销售助理按照公司要求完成了录用前体检

和入职手续办理，并顺利上岗。招聘主管为此还颇为得意，告诉自己的上司说："销售助理实在是太好招聘了。"

一切看起来都非常圆满、顺利，甚至顺利得出人意料。可在顺利的背后，一些问题慢慢显露出来。两名销售助理入职后，上司在不同场合和她们打过照面，发现她们面无表情的时间居多，基本的问候都很少，丝毫感觉不出这是刚刚加入公司的新人，让人担心她们是否具有应有的工作热情。上司和招聘主管私下谈过这些感受，并希望两名新员工只是性格和不熟悉等原因才会出现这种情况，工作上能够完全胜任岗位要求。

试用到了第二周，销售部负责人忽然告诉人力资源部，两名新人都不太合适，请重新招聘。人力资源部问及具体原因，被告诉是因为两人工作不主动、不积极，无法融入团队，而且公司高层也有此。另外，她们完成工作后，不汇报、无沟通，不知道主动帮助同事。至此，原有的担心变成了现实，两人离职已成定局，一次超乎寻常的顺利招聘变成了极其失败的招聘。

一、企业选人的制度

职业描述是企业选择人才的重要依据。只有制定出明确的职业描述，企业才能将合适的人放在合适的位置。职业描述内容的形成，离不开人力资源管理的一项基础工作——职位分析。

（一）职位分析的主要内容

职位分析以组织中的职位及任职者为研究对象，它所收集、分析、形成的信息及数据是有效联系人力资源管理各职能模块的纽带，为整个人力资源管理体系的建立提供了理性基础。组织由各种各样的员工角色构成，通过职位分析，可从整体上协调这些角色的关系，避免工作重叠、劳动重复，提高个人和部门的工作效率及和谐性，奠定组织设计和工作设计的基础。从这个意义上讲，职位分析也是中国企业走向管理规范化的一项基础性工作。职位分析包括工作名称分析、工作描述分析、工作环境分析、任职资格分析四个方面。

1. 工作名称分析

工作名称分析需要正确描述该职位在组织中的位置与功能特征。

2. 工作描述分析

工作描述分析的目的是全面地认识工作，包括工作任务分析、工作责权分析、工作关系分析、劳动强度分析。

（1）工作任务分析。工作任务分析是对工作任务、独立性与多样性程度、工作的程序和方法、设备与材料的运用进行的分析。

（2）工作责任分析。工作责任分析是确定每项任务的责任和权限。

（3）工作关系分析。工作关系分析是对工作的汇报关系、协作关系等进行分析。

（4）劳动强度分析。劳动强度分析是指对劳动强度指数、标准工作量、工作压力等进行研究与界定。

3. 工作环境分析

工作环境分析的目的是确认工作的条件和环境。工作环境分析包括以下三个方面：

（1）工作的物理环境分析。包括对工作环境的温度、湿度、照明、噪声、异味、粉尘、污秽、放射物等参数进行的分析。

（2）工作的安全环境分析。包括对工作环境的危险性、危害性、危害程度、发生频率、职业病、工业卫生等安全因素进行的分析。

（3）工作的社会环境分析。包括对工作所在地的生活环境、工作的单调性程度、人际交往等社会因素进行的分析。

4. 任职资格分析

任职资格分析的目的是确认工作执行人员的最低任职资格。

（1）必备知识分析。必备知识分析是指要求任职者所需具备的基本知识技能，主要包括：①最低学历要求。②对有关规定及工作准则的通晓程度。③对设备、材料性能、安全技术、工艺过程和操作方法、工具选择等有关知识通晓程度的最低要求。

（2）必备经验分析。必备经验是指任职者的基本经验要求，主要包括：①相关工作经历要求。②专门训练和职业证书要求。③有关工艺规程、操作规程、工作完成方法等的实际经验。

（3）必备能力分析。必备能力是指任职者所必需具备的注意力、决策力、创造力、组织力、判断力、智力、适应性等。

（4）必备心理素质分析。必备心理素质是指任职者的职业性向、运动心理能力、气质性向等。

（二）职位分析的常见方法

1. 观察法

观察法是指职位分析人员通过对员工正常工作的状态进行观察，获取工作信息，并运用对信息进行比较、分析、汇总等方式，得出职位分析成果的方法。观察法适用于体力工作者和事务性工作者，如搬运员、操作员、文秘等。

由于不同观察对象的工作周期和工作突发性有所不同，因此观察法具体可分为直接观察法、阶段观察法和工作表演法。

（1）直接观察法。职位分析人员直接对员工工作的全过程进行观察。直接观察法适用于工作周期很短的职位，如保洁员，他们的工作基本上以天为周期，职位分析人员可以一整天跟随着保洁员进行直接工作观察。

（2）阶段观察法。有些员工的工作具有较长的周期性，为了能完整地观察到员工的所有工作，必须分阶段进行观察。比如，行政文员需要在每年年终时筹备企业总结表彰大会，因此职位分析人员必须在年终时再对该职位进行观察。有时由于时间阶段跨度太长，职位分析工作无法拖延很长时间，这时采用工作表演法更为合适。

（3）工作表演法。工作周期很长和突发性事件较多的工作比较适合工作表演法。比如，保安工作除了有正常的工作程序以外，还有很多突发事件需要处理，包括盘问可疑人员等，职位分析人员可以让保安人员表演盘问的过程，以完成该项工作的观察。

在使用观察法时，职位分析人员应事先准备好观察表格，以便随时进行记录。另外，需要注意的是，有些观察的工作行为要有代表性，尽量不要引起被观察者的注意，更不能干扰被观察者的工作，也不能侵犯被观察者的隐私。

2. 问卷调查法

问卷调查法适用于脑力工作者、管理工作者或工作不确定因素很多的员工，如软件设计人员、行政经理等。问卷调查法比观察法更便于统计和分析，但要注意的是，调查问卷的设计直接关系到问卷调查的成败，所以问卷一定要设计得完整、科学、合理。

国外的组织行为专家和人力资源管理专家研究出了多种科学的问卷调查方法，其中比较著名的有：

（1）职位分析调查问卷（PAQ）。职位分析调查问卷是普渡大学的研究员麦考米克等研究出的一套数量化的工作说明法。虽然它的格式已定，但仍可用于分析许多不同类型的职位。PAQ 有 194 个问题，分为六个部分：资料投入、用脑过程、工作产出、人际关系、工作范围、其他工作特征。

职位分析调查问卷是一种高度结构化的工作分析问卷，用来描述职位不同方面的特征。它包含一系列的工作要素，每个要素都在描述、指明或暗示一些人类行为或活动，以及对任职者有影响的工作情景。由于它试图分析所有工作，因此囊括的工作要素繁多。职位分析调查问卷分为 A、B 两种样式，其中样式 A 包括 189 个工作要素，样式 B 包含 194 个工作要素，每种样式的工作要素都可以归纳为 6 个维度（见表 46-1、表 46-2）。

表 46-1　样式 A 的结构

维度	说明	工作要素举例
信息输入	任职者所使用的信息源是什么，其中包含了怎样的感觉和感性能力	书面材料的使用
思考过程	包含什么样的脑力、推理、决策、信息加工和其他思考过程	编码/译码
工作输出	作为处理传输过程的结果，任职者所进行的明显的体力活动是什么	键盘的使用
人际活动	人际活动和职务的关系是什么	交谈
工作场景和工作背景	任职者在什么样的物理条件和社会条件下工作，工作所伴随的社会和心理状况是什么	在高温条件下工作
多方面因素		进行重复性活动

表 46-2　样式 B 的结构

维度	说明	工作要素举例
信息输入	任职者在哪里，怎样获得工作时所使用的信息	数据材料的使用
思考过程	工作过程中包含了什么样的推理决策、计划和信息处理活动	决策水平
工作输出	任职者在工作中进行了什么样的体力活动，运用了什么样的工具和设备	设备的控制
与他人的关系	在工作过程中，要求和其他任职者发生什么样的关系	代码交流
工作背景	工作是在什么样的物理和社会背景下进行的	空气污染程度
工作的其他特征	与工作相关的，超出以上所描述的活动、条件或特征还有哪些	着装

（2）阈值特质分析方法（TTA）。劳普兹（Lopez）等在 1981 年设计了阈值特质分析 TTA 问卷。特质取向的研究目的是试图确定那些能够预测个体工作成绩的个性特点。TTA 方法的依据是：具有某种人格特性的个体如果职位绩效优于不具有该种特质者，并且特质的差异能够通过标准化的心理测验反映出来，那么就可以确定该特质是完成这一工作所需的个体特质之一（见表 46-3）。

表 46-3　完成工作所需的个体特质

工作范畴	工作职能	特质因素	描述
身体特质	体力	力量	能举、拉和推较重的物体
		耐力	能长时间持续地耗费体力
	身体活动性	敏捷性	反应迅速、灵活，协调性好
	感官	视力	视觉和色觉
		听力	能够辨别各种声响

续表

工作范畴	工作职能	特质因素	描述
智力特质	感知能力	感觉、知觉	能观察、辨别细微的事物
		注意力	在精力不集中的情况下仍能观察入微
		记忆力	能持久记忆需要的信息
	信息处理能力	理解力	能立即口头表达或书面表达各种信息
		解决问题的能力	能演绎和分析各种抽象信息
		创造性	能产生新的想法或书面表达各种信息
学识特质	数学能力	计算能力	能解决与数学相关的问题
	交流	口头表达能力	口头表达清楚、简练
		书面表达能力	书面表达清楚、简练
	行动力	计划性	能合理安排活动日程
		决策能力	能果断选择一种解决问题的方法
	信息与技能的应用	专业知识	能处理各种专业信息
		专业技能	能提供一种解决问题的方法
动机特质	适应能力	适应变化的能力	能自我调整，适应变化
		适应重复	能忍受重复性活动
		应对压力的能力	能承担关键性、压力大的任务
		对孤独的适应能力	能独立工作或忍受较少的人际交往
		对恶劣环境的适应能力	能在炎热、严寒或嘈杂的环境中工作
		对危险的适应能力	能在危险的环境中工作
	控制能力	独立性	能在较少的指导下完成工作
		毅力	能坚持一项工作任务直到完成
		主动性	主动工作并能在需要时承担责任
		诚实	遵循常规的道德与规范
		激情	有适当的上进心
社交特质	人际交往	仪表	衣着风貌达到适当的标准
		忍耐力	在紧张的气氛下也能与人和睦相处
		影响力	能影响别人
		合作力	能指导团队作业

TTA 对每个特质的含义都进行了严格的界定，而且对每个特质都列出了若干等级，并对每个等级进行了描述，以供分析人员判断选择（见表 46-4）。

表 46-4　个体特质的等级

工作职能的内容	任职者必须做到的事情
对信息进行处理，得出特定的解决方案或某个问题的答案；能对别人的建议提出正确的评价和修改意见	对信息进行分析，并通过演绎推理，提出正确的结论和解决方案

续表

工作职能的内容		任职者必须做到的事情	
等级	等级描述	等级	等级描述
0	需要解决一些细小的问题，提出简单的解决方法	0	任职者必须能解决细小的问题并给出简单的解决方案
1	需要解决一些包含的问题（如诊断机器故障或解决客户投诉等）	1	任职者必须能解决包含有限已知因素的问题
2	需要解决一些包含已知因素的问题（如投诉可行性分析等）	2	任职者必须能解决包含许多已知因素的问题
3	需要解决一些复杂的、抽象的且包含许多未知因素的问题（如设计或研究某套系统的改良方案等）	3	任职者必须能解决复杂的、抽象的且包含许多未知因素的问题

3. 面谈法

面谈法也称“采访法”，它是通过职位分析人员与员工面对面的谈话来收集职位信息资料的方法。在面谈之前，职位分析人员应该准备好面谈问题提纲，在面谈时能够按照预定的计划进行。面谈法对职位分析人员的语言表达能力和逻辑思维能力有较高的要求。职位分析人员要能够控制住谈话的局面，既要防止谈话跑题，又要使谈话对象能够侃侃而谈。职位分析人员要及时、准确地做好谈话记录，并且避免谈话对象对记录产生顾及。面谈法适合脑力职位者，如开发人员、设计人员、高层管理人员等。麦考米克于 1979 年提出了面谈法的一些标准，它们包括以下几条：

第一，所提问题要和职位分析的目的有关。

第二，职位分析人员语言表达要清楚、准确。

第三，所提问题必须清晰、明确，不能太含蓄。

第四，所提问题和谈话内容不能超出被谈话人的知识和信息范围。

第五，所提问题和谈话内容不能引起被谈话人的不满，或涉及被谈话人的隐私。

4. 其他方法

（1）参与法。参与法也称“职位实践法”，顾名思义，就是职位分析人员直接参与到员工的工作中去，扮演员工的工作角色，体验其工作。参与法适用于专业性不是很强的职位。参与法与观察法、问卷法相比，获得的信息更加准确。要注意的是，职位分析人员需要真正地参与到工作中去，去体会工作，而不是仅仅模仿一些工作行为。

（2）典型事件法。如果员工太多，或者职位工作内容过于繁杂，应该挑选具有代表性的员工在典型的时间进行观察，从而提高职位分析的效率。

（3）工作日志法。工作日志法是由员工本人自己进行的一种职位分析方法。事先应该由职位分析人员设计好详细的工作日志单，让员工按照要求及时地填写职位内容，然后收集工作信息。需注意的是，工作日志应该随时填写，一般以 10 分钟、15 分钟为一个周期，不应该在下班前一次性填写，这样是为了保证填写内容的真实性和有效性。工作日志法最大的问题可能是工作日志内容的真实性问题。

（4）材料分析法。如果职位分析人员手头有大量的职位分析资料，如类似的企业已经做过相应的职位分析，这种情况就比较适合采用本办法。这种办法最适合新创办的企业。

（5）专家讨论法。专家讨论法是指邀请一些相关领域的专家或者经验丰富的员工进行讨论，以进行职位分析的一种方法。这种方法适合发展变化较快，或职位职责还未定型的企业。由于企业没有现成的观察样本，所以只能借助专家的经验来规划未来希望看到的职位状态。

上述这些职位分析方法既可单独使用，也可结合使用。由于每个方法都有自身的优点和缺点，所以每个企业应该根据本企业的具体情况进行选择，最终的目的是一致的：为了得到尽可能详尽、真实的职位信息。

（三）职位分析的步骤

1. 立项准备阶段

在立项准备阶段，应该明确职位分析的目的和意义；确定职位分析的方法；限定职位分析的范围，并选择具有代表性的职位作为样本；确定参与人员，明确职位分析的步骤，制定详细的职位分析实施时间表；编写职位分析计划和职位说明书模板，并向有关人员进行职位分析方面的宣传（见图 46-1）。职位分析计划书得到批准后，即可组建职位分析小组，进入职位分析的设计阶段。

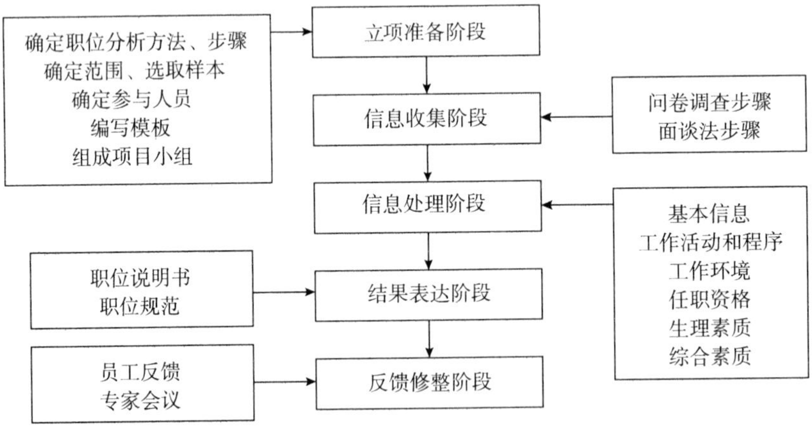

图 46-1　职位分析五阶段模型

2. 信息收集阶段

在进行职位分析时，需要收集如下信息：工作内容、工作职责、有关工作的知识、精神方面的技能、经验、适应年龄、所需的教育程度、技能的培养要求、与其他工作的关系、作业身体姿态、作业环境、作业对身体的影响、劳动强度、特殊心理品质等。

（1）问卷调查法的步骤。事先需征得样本员工直接上级的同意，尽量获取他们的支持。为样本员工提供安静的场所和充裕的时间。向样本员工讲解职位分析的意义，并说明填写调查问卷表的注意事项。鼓励样本员工真实客观地填写问卷调查表，不要对表中填写的任何内容产生顾虑。职位分析人员随时解答样本员工填写问卷时提出的问题。样本员工填写完毕后，职位分析人员要认真地进行检查，查看是否有漏填、误填等现象。如果对问卷填写有疑问，职位分析人员应该立即向样本员工进行提问。问卷填写准确无误后，完成信息收集，向样本员工致谢。

（2）面谈法的步骤。事先征得样本员工直接上级的同意，尽量获取他们的支持。在无人打扰的环境中进行面谈。向样本员工讲解职位分析的意义，并介绍面谈的大体内容。为了消除样本员工的紧张情绪，职位分析人员可以以轻松的话题开始。鼓励样本员工真实、客观地回答问题，不必对面谈的内容产生顾忌。职位分析人员按照面谈提纲的顺序，由浅至深地进行提问。营造轻松的氛围，使样本员工畅所欲言。注意把握面谈的内容，防止样本员工跑题。在不影响样本员工谈话的前提下，进行谈话记录。面谈结束后，应该让样本员工查看并确认谈话记录。谈话记录确认无误后，完成信息收集，向样本员工致谢。

3. 信息处理阶段

在信息处理阶段，将上个阶段收集到的信息进行统计、分析、研究、归类，并参照企业以前的职位分析资料和同行业其他企业的相关职位分析资料，提高信息分析的可靠性。

在这个阶段，要特别注意与基层管理者的沟通，确保没有任何疑点。在这个阶段，主要处理以下内容：

（1）基本信息。如职位名称、职位编号、所属部门、职位等级等。

（2）工作活动和工作程序。包括工作摘要、工作范围、职责范围、工作设备及工具、工作流程、人际交往、管理状态等。

（3）工作环境。包括工作场所、工作环境的危险、职业病、工作时间、工作环境的舒适程度等。

（4）任职资格。包括年龄要求、学历要求、工作经验要求、性格要求等。

（5）生理素质。包括体能要求、健康状况、感觉器官的灵敏性等。

（6）综合素质。包括语言表达能力、合作能力、进取心、职业道德素质、人际交往能力、团队合作能力、性格、气质、兴趣等。

4. 结果表达阶段

在这个阶段，主要是编写职位说明书和职位规范。根据信息处理的结果，按照规范的职位说明书模板，将所需信息填写完整。下面为读者提供一份总经理秘书的职位说明书，以作参考（见表46-5）。

表46-5　某公司总经理秘书职位说明书

职位名称	总经理秘书	职业代码		所属部门	公司办公室
直属上级	总经理办公室主任	管辖人数		职位等级	
晋升方向	总经理办公室主任	候选渠道		轮转岗位	
薪金标准		填写日期		核准人	
工作内容 1. 协助总经理办公室主任和总经理处理行政事务、董事会的秘书性工作 2. 按照要求完成月、季、年度公司工作总结及工作计划起草 3. 按照要求起草总经理的工作报告 4. 参加指定的公司会议，做好记录 5. 根据会议要求和需要，及时整理会议纪要，按规定范围下发 6. 对会议决定的事项和布置的工作进行检查督办，并及时向总经理办公室主任和总经理汇报 7. 了解总经理的主要活动情况，做好总经理的工作日程安排					
权责范围 1. 行使总经理交办事宜所赋予的权利 2. 有责任对各种文件、讲话、资料保密					
任职资格 1. 知识储备 具有经济、管理或文秘类专业本科以上学历，并有较强的自学能力 取得经济类初级以上专业技术任职资格 熟悉公司法、合同法、档案法、税收、工商管理等法律法规知识，熟悉公司经营策略、经营计划、各部门职责分工及各部门的经营目标 2. 技能要求 能撰写工作计划、总结、报告、会议纪要、发言稿等 思维敏捷，有较强的语言表达能力和公共关系能力，能够大方得体地接待来宾；能熟练使用现代办公设备，并进行简单维护；具有一定的英语水平					
工作环境 1. 办公室办公 2. 工作环境舒适，基本无职业病危险					

5. 反馈修整阶段

将完成的职位说明书和职位规范发放到各个岗位的任职者手中，收集他们的反馈意见，并召开专家会议，听取专家的意见，最后综合各个方面的意见，将职位说明书和职位规范进行修整。

另外，由于公司处在一个变动的时代，所以公司的战略、组织及管理结构都处在不断的变化之中。因此，企业人力资源管理人员要定期核职位说明书，并定期进行修订。

二、企业选人的机制

员工招聘的流程包括招聘计划的制订、招聘信息发布、简历筛选、应聘者选拔、员工录用及招聘评估与总结等环节，如图 46-2 所示。

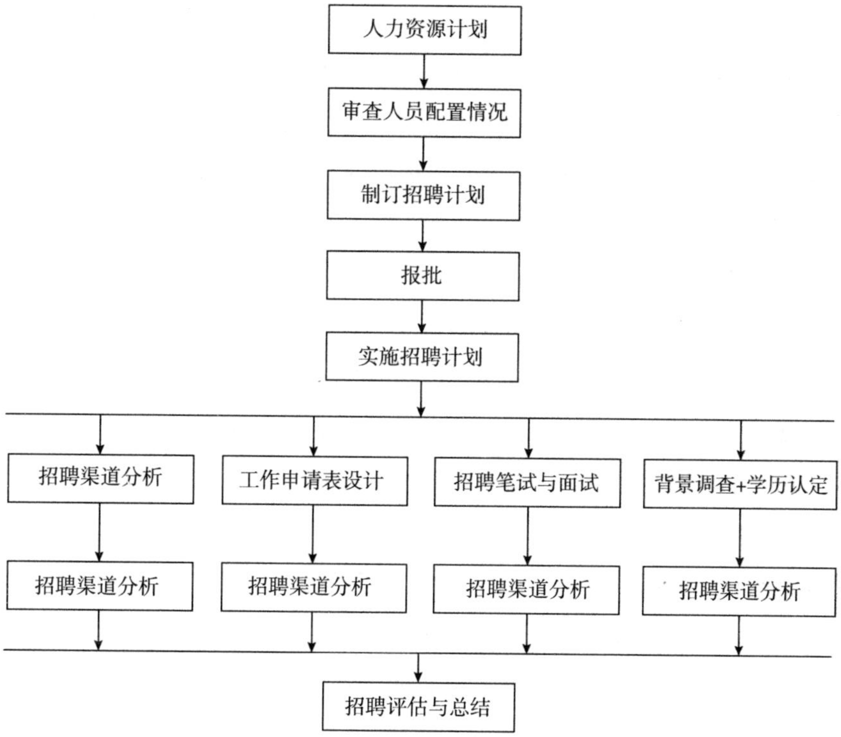

图 46-2 员工招聘流程

（一）招聘计划的制订

招聘计划是在人力资源计划基础上产生的。企业发现有些职位空缺需要有人来填补，就会提出员工招聘的要求。一份完整的招聘计划通常包括人员需求、招聘信息发布的时间和渠道、招聘小组人选、应聘者的考核方案、招聘费用预算及招聘的时间等。制定招聘计划是项复杂的工作，大型企业常聘请组织外部的人力资源专家制定和执行招聘计划，小型企业通常由人力资源部负责此项工作。

（二）招聘信息发布

企业做出招聘计划后，就可以进行招聘信息发布工作。企业在发布招聘信息时，必须遵循一定的原则：第一，及时原则。招聘信息必须及时发布，这样可以使招聘信息尽早地向社会公布，有利于更多的人获取信息，增加应聘人数。第二，面广原则。接收到信息的人越多，覆盖面越广，应聘的人就越多，这样招聘到合适人选的概率就越大。第三，层次原则。招聘时要根据招聘岗位的特点，向特定层次的人员发布招聘信息。此外，招聘信息发布渠道的选择也十分重要。一般而言，广告招聘比其他的招聘方式更能吸引应聘者。广告已经成为广大企业普遍采用的一种招聘方式。

（三）简历筛选

在众多的求职简历中筛选人才，是企业招聘的一项重要工作。规范的企业有详细的岗位说明书，按照岗位说明书精简而来的岗位描述和岗位要求是简历筛选的第一依据。简历与岗位说明书的匹配度越高，获得面试的机会就越大。简历需要包含的基本条件有受教育程度、专业背景、相关工作经验、相关技能，简历的排版书写也是筛选的一项内容。只有在申请数量非常有限时，简历的筛选才会适度放宽条件。

（四）应聘者选拔

对应聘人员的选拔是招聘过程的重要步骤。选拔的方法主要有笔试、面试、情景模拟测试等，其中，面试是目前应用最为广泛、发展最为成熟的一种选拔方法。面试的过程要尽可能多地了解应聘者的各种信息，包括应聘者的工作经历、受教育程度、家庭背景、现代社会适应特征、应聘者的动机与性格、情绪稳定性等。面试的目的主要是发现应聘者的态度、感情、思维方式、人格特征、行为特点及敬业精神。

（五）员工录用

经过简历筛选、面试等环节，企业基本能够确定候选人。但在与候选人签订录用合同前，必须对候选人进行背景调查及学历认证，主要是考察应聘者是否达到学历要求，过去的工作经历如何，是否有违法犯罪或者违纪等不良行为。一般来说，调查通常会由浅入深，主要采取电话（互联网）咨询、问卷调查和面对面访谈几种形式。必要的时候，企业还可向学校的学籍管理部门、历任雇佣公司的人事部门、档案管理部门进行公函式的调查，以得到最真实可靠的消息。如果背景调查及学历认证均无问题，那么就可以发送录用通知。

（六）招聘评估与总结

一般在一次招聘工作结束之后，企业都要对整个招聘工作进行总结和评价，主要是对招聘结果、招聘的成本和效益及招聘方法进行评估，并将评估结果撰写成评估报告或工作总结，为下一次招聘提供借鉴。

三、企业用人的制度

在企业中，每个员工之间都存在着差异。对待同一件事情，每个员工的心理活动、行动反应等都会有所不同，这种差异就是人格的差异。在员工管理活动中，了解员工的人格差异将会对提高员工的管理水平有很大帮助。充分观察不同员工的人格特征，并根据人格特征采取不同的管理方式进行管理，已经成为许多优秀管理者的一种良好的习惯。

员工的人格包括员工的气质、员工的性格、员工的能力三方面。

（一）员工的气质

1. 员工的气质类型

员工的气质是员工心理活动的动力特征。在企业中，我们会发现每个员工的脾气和性情都有所差别，有的员工直率、热情、精力充沛，有的员工安静、内向、善于忍耐，有的员工孤僻、敏感、非常情绪化，还有的员工反应迅速、善于交际，等等。

目前，最常用的气质分类方法源于古希腊著名医生希波克拉底提出的气质学说。根据该气质学说，人的气质分为粘液质、多血质、胆汁质和抑郁质四种类型。

（1）粘液质：其特征是反应速度慢、情绪兴奋性较低、内倾明显、安静沉稳、自制力强、稳定性强、偏固执、冷静、外部表现少。

（2）多血质：其特征是反应敏捷、情绪兴奋性高、外部表现明显、性情活跃、善于交际、注意力和情绪容易转移。

（3）胆汁质：其特征是反应速度快、情绪兴奋性高、精力旺盛、控制能力差、不灵活、容易激动、急躁、易怒、情绪体验强烈而持久、直爽、热情。

（4）抑郁质：其特征是反应速度慢、情绪兴奋性低、体验深刻、不灵活、好静、内倾、多愁善感。

2. 气质类型与职业

不同的气质特征为一个人从事某种职业提供了便利条件。比如说，要求反应迅速灵活的工作，多血质和胆汁质的人比较合适；要求持久、细致的工作，粘液质和抑郁质的人较为合适。对于一些特殊的职业，如航天员、雷达观测员等，对人的气质有较严格的要求，必须经过气质特征的测定，进行严格的选择和淘汰，这样才能保证他们可以胜任这份工作。具体内容详见气质与职业匹配表（见表46-6）。

表46-6　气质与职业匹配表

气质类型	适宜工作
粘液质	适宜从事自然科学研究、教育、医生、财务会计等需要安静、独处、有条不紊及思辨力较强的的工作
多血质	适宜从事社交、外交、管理、律师、记者、演员、侦探等需要有表达力、活动力、组织力的工作
胆汁质	适宜从事社交、政治、经济、军事、地质勘探、推销、节目主持人、演说家等工作
抑郁质	适宜从事研究、机要秘书、检查员、打字员等无须过多与人交往，但需有较强分析与观察力，以及耐心细致的工作

另外，根据苏联学者鲁萨罗夫对气质类型与群体协同活动关系的研究，两个气质

类型不同的人在协同活动中比气质类型相同的两个人配合所取得的成绩要好。研究表明气质特征相反的两个人合作，不仅合作效果好，而且还有利于团结。

（二）员工的性格

员工的性格是员工在现实环境中表现出来的行为习惯特征。员工与员工之间的个性差异最明显的就是性格差异。一个人的性格可以从这个人的态度和行为中表现出来。严格地讲，性格是指一个人对客观现实的态度和在习惯的行为方式中所表现出来的较稳定的心理特征。人的性格是受一定思想、意识、信仰、世界观的影响和制约的。性格是行为方式、心理方式、情感方式的总和。

1. 性格的类型

企业用人应了解其性格、经验与专长，并依据职位说明，规划适任的工作。时下有不少心理测评、性向测验的做法，可以为企业提供一些参考。

（1）主管型。这类人群具有遇事沉稳，不慌不忙，处事坚强，不易妥协，对目标有信心，勇于挑战的特点，适于公司的高阶主管岗位。

（2）幕僚型。此类型的人知识面广阔，尤其是现代管理知识丰富，沟通能力强，富有协调能力。这类型的人适合任职非直线主管。

（3）销售型。这类型的人性格外向，脑筋灵活，消息灵通，勤快，不畏辛苦，待人热心，不怕挫折，具有上述特质的人通常可以成为企划或销售高手。

（4）技术型。这类型的人求知欲强，耐心，执着，锲而不舍，具有这些特质的人较适任开发或技术性工作。

（5）监察型。这类型的人做事情细致，行事持重，对企业忠诚，此类人适任企业财务方面的工作。

2. 性格类型与职业

性格可以随着环境的影响及行为习惯的改变而改变，企业内设置的不同职位，应依据员工的专长与经验定岗，同时亦应考量其性格特质适任与否，这样才更易于发挥人的潜能。尤其是在规划职业生涯发展时，应充分考虑性格。

例如，美国微软公司的总裁比尔·盖茨说，他要用的人一定是高智商的人。道理很简单，因为微软公司是一家高科技企业，高智商的人在强调创新的企业里能发挥异想天开的特质。20 世纪八九十年代，美国有 3 个大学没毕业、又异想天开的年轻人，即微软的比尔·盖茨，苹果公司的史蒂夫·乔布斯，戴尔公司的迈克尔·戴尔，这些人可以说是重写近代经济规律的代表，这些人均属于高智商人群。

再来看一家服务业的代表。美国西南航空公司是获利情况最好的航空公司之一，它们了解到在一个服务行业，人就是产品最重要的组成部分，在产品与价格的竞争下，如何争取顾客的信赖，如何赢得更高的顾客满意度，是竞争的关键，因此高情商便是它们选用人员的最重要标准。

（三）员工的能力

员工的能力是员工完成某活动所具有的潜在可能性。在工作中，每位员工的能力特点是不同的。比如，有的员工口齿伶俐，善于语言表达；有些员工文笔流畅，善于书面写作；有的员工思想非常缜密，细小的错误都逃不过他的眼睛。如果我们能够根据员工的特点来安排工作岗位，则可以很大程度地提高工作效率。

1. 员工能力类型

根据最容易理解的方式，可以将能力分为九大类，分别是空间判断能力、书写能力、语言能力、数理能力、察觉细节能力、组织管理能力、社会交往能力、运动协调能力及动手能力。

另外，还分为一般能力、特殊能力和创造性能力。一般能力又称智力，是指从事一切活动所必须具备的一些基本能力，如注意力、记忆力等；特殊能力是指在从事具体的活动中所表现出来的专业能力，不同的特殊能力适合不同的专业活动；创造性能力是指人的创造力，根据已有的知识和原理，创造出新的知识、事物、产品等的能力。

2. 员工能力结构

由于能力具有复杂的心理结构特征，所以不同的学者对能力的构成因素有不同的看法。美国心理学家吉尔福特的“智慧结构”学说认为能力的第一个变项是操作，它包括认识、记忆、分析思维、综合思维和评价能力五种类型；能力的第二个变项是材料内容，它包括图形、符号、语言和行为四种类型；能力的第三个变项是产品，即能力的活动结果，它包括单元、门类、关系、系统、转换和含蓄六个方面。三个变项相互结合就可以得到120种结合，每一种结合代表一种能力因素。

英国心理学家斯皮尔曼的二因素结构理论则认为，能力是由一般因素和特殊因素构成的，任何一项作业都是由一般因素和特殊因素决定的。在能力结构中，最重要的是一般因素，各种能力测验就是通过广泛取样求出一般因素。

四、企业用人的机制

（一）人员录用的原则

经过简历筛选、笔试、面试等一系列招聘选拔手段后，企业能够做出初步的录用决策。

1. 公开原则

把招考单位，招考的种类和数量，招考条件，考试的方式、科目和时间，面向社会公告，公开进行。

2. 平等原则

对待所有报考者，应当一视同仁，不得人为地制造各种不平等的限制，努力为有识之士提供平等的竞争机会。

3. 竞争原则

通过竞争和考核确定优劣。

4. 全面原则

录用前应兼顾德、智、体诸方面，对知识、能力、思想、品德进行全面考核，这是因为劳动者、各类干部不仅存在文化程度差异，还有智力、能力、人格、思想上的差异，而且往往非智力因素对日后的作为有决定作用。

5. 择优原则

择优是广揽人才、择贤任能，为各个岗位选择第一流的工作人员。因此，录用过程是深入了解、全面考核、认真比较、谨慎筛选的过程。要做到“择优”，就必须依法办事，用纪律约束一切人，特别是有关领导必须注意这一点。

6. 量才原则

招聘人才时，必须考虑有关人选的专长，量才录用，做到“人尽其才”“用其所长”。这一原则的充分发挥有赖于人才市场、劳务市场的成熟，但在原来的计划分配体制下是难以做到的。

（二）人员录用的程序

1. 背景调查

在前期的招聘选拔过程中，所有的信息都是从应聘者方面直接获得的，除此之外，企业还应了解应聘者的一些背景信息。背景调查就是对应聘者与工作有关的一些背景信息进行查证，以确定其任职资格，如学历、个人资质、行为操守和性格品质、信誉度和忠诚度等。通过背景调查，一方面可以发现应聘者过去是否有不良记录，另一方面也可以考察应聘者的诚信度。此外，当企业在面试过程中对应聘者某些表现或所描述的事件表示怀疑，需要寻求有效证据时，也应进行背景调查。

背景调查一般通过以下几个路径实现：

（1）人事部门：了解离职原因、工作起止时间、是否有违规行为等。

（2）部门主管：了解工作表现、胜任程度、团队合作情况和工作潜力。

（3）部门同事：了解工作表现、服务意识、团队合作等。

进行背景调查应注意几个问题：

（1）不要只听信一个被调查者或者一个渠道提供的信息，应该从各个不同的信息渠道验证信息。尤其是遇到某些不良评价时，不能轻信，应扩大调查范围，确保调查客观、公正。

（2）如果一个应聘者还没有离开原有的工作单位，那么在向他的雇主进行背景调查时应该注意技巧，不要给原雇主留下该应聘者将要跳槽的印象，否则对该应聘者不利。

（3）只花费时间调查与应聘者未来工作有关的信息，不要将时间花在无用的信息上。

（4）必要的时候，可以委托专业的调查机构进行调查，因为他们会有更加广泛的渠道与证明人联系，并且在询问的技巧方面更加专业。

2. 健康检查

体检一般是在求职者所有其他测试都通过后，在其正式就职之前进行。对求职者进行身体检查的目的是检查应聘者的身体健康状况是否符合职位的要求，发现应聘者在工作职位方面是否存在限制。此外，体检也有助于完善保险和福利措施。

3. 签订劳动合同与辞谢

企业与被录用者签订劳动合同，以法律的形式明确双方的权利与义务。同时，企业也应当及时通知未被录用的应聘者，感谢他们对公司的关注和配合。

辞谢通知是用人单位发给应聘人员的书面文件。对于未被录取的应聘者，用人单位应当通知本人。辞谢通知书要以诚挚的语言，对应聘者参与本企业的招聘活动表示感谢。对于未被录用的理由，应当选择应聘者易于接受的原因，不要太过于苛求。另外，如果应聘者确实不错，而是因为优中选优的原则未被录用的，则列入用人单位的人才储备档案，为用人单位储备一些可用之才。

4. 人员报到

被录用的人员携带录用通知书和其他材料在规定的时间到人力资源部门注册报到。

在录用通知书中，应说明报到的起止时间、地点及报到的程序等内容，在附录中详细讲述如何抵达报到地点和其他应该说明的信息，以及欢迎新员工加入企业。录用通知一般采用信函或电子邮件的方式。

第三节　人才成长机制和培养环境

市场的竞争，说到底就是人才的竞争。建立完善的人才成长机制和营造良好的培养环境，不仅使企业所拥有的人才有了上升的渠道，还使他们有了体现的更高价值机会，更重要的是给了他们努力工作、发挥潜能的动力，同时也为企业储备了后备力量，实现了企业与员工双赢。

一、建立人才成长机制

“十年树木，百年树人。”人才培养工作不是一朝一夕的事情，而是一项长期的艰巨任务。只有建立健全人才培养、考评、激励等全方位的长效机制，才能切实培养好人才，促进人才成长和企业发展。

（一）建立健全考评竞争机制

要运用绩效考评理论，在企业内部建立健全绩效考评机制，从单位绩效和员工绩效两方面进行科学合理的考评，并制定不同级别人才的评选标准、程序和奖励标准，定期从工作态度、工作质量、创新创效等几个方面对基层单位和个人进行考核评价。通过考评，确定重点培养的专业人员，建立企业人才储备库；积极推行专业岗位竞聘制度，把有能力、有作为、威信高、素质好的职工选拔到各级领导和技术岗位，创造机会使他们锻炼提高。同时，要充分利用工程施工项目和科研项目培养、锻炼、检验、选拔人才，使优秀人才脱颖而出。

（二）完善激励机制

激励作为现代企业管理中的一个重要机制，已越来越被人们所关注和重视。准确运用激励机制能激发人的动机，加强人的意志，使人产生内在的精神动力。管理实践中常用的激励手段有目标激励、情感激励和物质激励等多种。在具体实施时，要注意掌握激励的时效性、范围与力度，并注意激励目标的合理性和激励的公正性等问题。为此，在薪酬分配上，要坚持向一线、优秀人才倾斜，体现人才的价值，肯定他们作出的贡献；在外出培训、休假疗养事项上优先安排优秀人才，体现人才的地位；在办公区醒目位置，定期张贴光荣榜，把取得技术比赛名次、突出工作业绩、优秀科研成果的人员事迹进行宣传，提高人才的成就感、归属感，进一步激发人才干事创业的信心和热情。

（三）发挥典型示范带动作用

要注重典型的培养和成长，在培养典型过程中不断丰富典型内涵，完善典型形象，使典型尽快成长起来，在生产中发挥更大作用，同时保持好职工群众学习典型的主动性和长期性。此外，要把学先进、赶先进作为企业文化建设的重要内容，努力倡导崇尚先进、学习先进、争当先进的良好风气。

二、营造人才培养环境

（一）以人为本，更新理念，营造人才成长良好氛围

要突出为企业发展培养人才这条主线，围绕打造高素质人才队伍这个重点，强化“人才先行、人尽其才、科学育人、常抓不懈”四种理念，并以此指导工作开展，营造“尊重人才、尊重劳动、尊重创造”的良好氛围。

1. 明确人才培养规划和目标

切实可行的人才培养规划和目标，是选拔、培养、评价、使用人才的保证。根据

企业发展需要，企业管理者要有超前意识，切实做好人才需求的预测，对专业技术、管理、技能操作三类人才的需求量和现有数量进行比对和分析，确立培养和引进目标。

2. 优化“硬件”配置

硬件设施建设是人才培养的必备条件，主要包括培训交流平台的构建、办公自动化设备的配置和教学课件的优化及学习资料的更新等方面。为满足人才培养需求，需要利用当前发达、便捷的网络资源和优势，合理设置企业网页内容，将管理、技术、经验交流等内容作为主打栏目，便于职工登录查阅、学习，为职工学习交流打造坚实平台；要适时更新、配置多媒体等办公自动化设备，尽快实现培训资源数字化、数据传输网络化，进一步提高培训效率；同时要在精心编制、优选课件的基础上，争取资金购置专业图书、学习资料等，积极构建信息共享环境，为培养高素质人才提供硬件支撑，为人才层次的提升打下坚实基础。

3. 细化“软件”保障

人才的成长离不开组织的关心、关爱。为此，企业管理者要熟知本企业职工的实际情况，带着情感做好职工的成长、成才工作。比如，为职工建立个人家庭档案，定期开展“职工家访”活动等，真正了解职工在工作、学习和生活中的困难、要求等，有针对性地解决职工的思想问题和工作难题。在职工本人和亲属生病住院时，要主动安排人员帮助照料、陪护；对于从事一线生产的职工，每逢重要节假日，要派专人进家慰问，这些做法必将起到凝聚人心、增进感情的作用，使各类人才感受到组织的温暖、领导的关怀，进而全身心地投入到工作、学习之中。

（二）强化培训，突出实践，搭建人才成长广阔平台

人才的成长需要有效载体来保障。为此，企业管理者要积极借鉴人才培训成果，在实践中不断创新培训载体，在客观分析队伍状况、展望市场发展的基础上，坚持培训——实践“双驱动”，为人才成长搭建广阔平台。

1. 坚持因材施教

要把职工个人的成才目标与单位的发展目标统一起来，在人才培养中分层次、抓重点，切实提高人才培养的针对性。一方面对新录用的员工进行基础知识等业务培训；另一方面对老职工采取“请进来，走出去”等形式进行高层次培训。同时，增设专家授课、职业生涯规划、心理辅导等课程，使教育内容更具广泛性、适用性，全面提高员工综合素质。

2. 有针对性地进行岗位流动

岗位流动是激活职工创造力，焕发其工作热情的一种有效手段。适时的岗位流动，能提高职工的综合素质，培养一专多能的复合型人才。要以培训一专多能的复合型人才为目标，定期在各岗位之间开展人员和技术交流，让成功的技术和管理经验能够实

现交流和共享。为此，应打破专业“鸿沟”，安排各专业人员先从基础工作干起，工作2~3年后再从事更高层次的工作；安排技术人员和基层管理人员轮岗、挂职锻炼，从而实现不同队伍之间管理、技术的相互交流和借鉴；对于新录用的员工，一方面安排优秀技术人员“带徒”，悉心进行传帮带，另一方面利用他们倒班休息时间到相关业务部门实习，使其尽快熟悉和掌握相关业务标准和工作流程，加快他们的成才步伐。此外，为提高工作质量，还要选派专业技术骨干赴现场做好业务指导，与现场技术人员研究施工方案，完善施工措施，教学相长。

3. 积极展开“内部挖潜”和“借脑引智”

在人才培养上，既要坚持眼睛向内，立足企业内部现有资源，深挖潜力，选好“苗子”，开展有针对性的培养，又要“请进来”，聘请有关专家来讲授知识，解疑释惑，对其进行持续“充电”，同时还要“走出去”，加强与外部的沟通交流，开阔视野，提高综合素质。

第四节　员工职业生涯设计

一、职业生涯设计的内涵

职业生涯设计又称为职业生涯规划，它是指个人根据自身情况及面临的机遇和挑战，为自己确立职业发展目标，选择适合自己的职业道路，确定教育、培训和发展计划，并为实现职业生涯目标而制定行动时间和行动方案。按照主体不同，职业生涯规划既包括个人对自己进行的个体职业生涯规划，也包括企业对员工进行的职业规划管理。

员工职业生涯规划是企业发展计划和员工个人职业生涯发展计划相结合的产物，通过对员工职业生涯进行规划，企业能达到自身人力资源需求与员工职业生涯需求之间的平衡，创造一个高效率的工作环境和引人、育人、留人的氛围，进而促进员工与企业一起成长。员工职业生涯规划能够使整个企业的战略目标与个人职业生涯的发展及管理活动相结合，从而充分利用现有的人力资源。

二、职业生涯规划的意义

（一）职业生涯规划对员工的意义

员工通过职业生涯规划，可以明确自己的职业方向，努力沿着这个方向，充实、提高自己，发挥自己的潜能，使自己迈向成功。职业生涯规划对员工的发展与成功的重要意义如下：

1. 个人职业生涯规划是实现自我变革、自我管理的有效工具

随着信息技术发展和知识时代的到来，每个人都需要不断地进行自我变革、自我充电才能适应瞬息万变的社会，取得属于自己的一席之地。对个人来说，这种自我变革的手段就是职业生涯规划，它是每个员工充分开发自己的潜能，自觉地进行自我管理的有效工具。

2. 个人职业生涯规划有助于个人确定职业发展方向和路径

职业生涯规划能帮助个人确定符合自己兴趣与特长的职业生涯路线，正确设定自己的职业发展目标，并制订行动计划，使自己的才能得到充分发挥，实现职业发展目标。

3. 个人职业生涯规划给人以目标引导和前行的动力

职业生涯规划是努力的依据，能鞭策个人努力工作，它好比一个看不见的射击靶，方向已定，目标明确，给人以前行的激励和动力。个人的每一种职业体验都会引发对自我的重新认识，从而校正自己的职业抱负，无论是成功还是失败，都会使员工重新认识自己的潜力和不足。

一个人对自己的职业发展有自己的设想，并试图按照这个设想去实现理想中的职业生涯，从而得到自己的工作单位、家庭和社会的认可。另外，职业生涯规划还有助于个人抓住重点，帮助个人安排日常工作，平衡家庭与朋友、工作与个人爱好之间的关系。

（二）职业生涯规划对企业的意义

1. 职业生涯规划可以使企业合理地配置资源

人力资源是一种可以不断开发并不断增值的增量资源，人力资源开发能够不断更新人的知识、技能，提高人的创造力。加强职业生涯规划，使人尽其才、才尽其用，是企业合理配置资源的首要问题。

2. 职业生涯规划能够充分调动员工的工作热情和积极性

企业要真正了解员工在个人发展上想获得什么，通过为其制定详细的职业生涯规划，帮助其实现职业生涯目标，这必然能调动员工的工作热情，激发员工为企业服务的精神力量，进而形成企业发展的巨大推动力，更好地实现企业目标。

3. 职业生涯规划是企业可持续发展的保障

企业的成功，归根结底是拥有高水平的管理者和高质量的员工。只有人的才能和潜力得到了充分的发挥，企业的生存与发展才有了取之不尽、用之不竭的资源。通过职业生涯规划则能够充分体现员工自身价值，培养并打造一支对企业忠诚、踏实肯干、勇于创新的员工队伍，为企业打下坚实的基础，促进企业可持续发展。

三、员工职业生涯设计的原则

企业要想做好员工的职业生涯规划，以下原则是必须要遵循的：

个性化原则。每个员工的职业生涯发展路径各有不同，必须充分考虑个人的性格特征、能力特长、兴趣爱好与职业发展愿望，综合考虑各种内在因素，选择有利于发挥自身优势、回避劣势的职业发展路径。

可行性原则。为个体设计的职业发展目标及达到目标的措施既要清晰明确，又要切实可行。职业目标一定要同个人的知识、技能、个性特质、社会环境、组织环境和其他相关因素相适应，也就是说职业目标和路径的选择必须切实可行。

连续性原则。个体的职业发展历程是一个连贯衔接的统一体。在进行职业生涯设计时，不能割断个体的完整的职业发展历程，而要通过职业生涯设计实现个体在职业生涯中的持续发展。

挑战性原则。规划要在具体可行的基础上具有一定的挑战性，即付出一定努力后能成功完成规划，这样的规划既是个人获得事业的动力，又能使人获得较大的成就感。

适应性原则。规划未来的职业生涯目标，涉及多种可变因素。因此，规划应有一定的弹性，以增加其适应性。

适时性原则。规划是预测未来的行动，确定将来的目标，各项主要活动何时实施、何时完成都应有时间和时序上的妥善安排，以作为检查行动的依据。

一致性原则。规划职业生涯发展的整个历程，故主要目标和分目标要一致，个人目标与组织目标要一致，目标和措施也要一致。

可评量原则。规划是设计明确的时间限制或标准，以便评量和检查，使自己随时掌握执行的情况，并为规划的修正提供参考依据。

四、员工职业生涯设计的步骤

对于企业来说，给予优秀员工一个明确而具体的职业发展引导，在人力资本增值的角度能够达到企业价值的最大化。员工职业生涯设计包括六个步骤：

（一）职业通道体系设计

系统的职业通道体系设计旨在减小组织的刚性对人力资源的制约，释放员工的潜在能量，将员工的个人发展和企业的发展相统一。具体内容包括：

1. 组织目标梳理

分析组织未来的发展方向和目标，预测组织规模与组织资源的变化，由此分析组织发展所能带来的职业发展机会，包括晋升机会、新增职位机会、职责扩展机会、能力提升机会等。

2. 岗位体系梳理

以现有岗位体系为基础，结合组织发展的趋势，综合梳理组织未来的岗位体系，进行职系、职类的划分，为职业发展通道的设计提供框架。

3. 职业发展通道设计

设计各类岗位、各个岗位在组织内的多种发展路径，明确每一个路径的实现条件与步骤，为每个岗位设计出多元化的发展通道。

（二）自我剖析与评估

对个人进行全面了解是职业生涯规划的基础，自我剖析的内容包括自己的兴趣、爱好、特长、性格、学识、技能、智商、情商、思维方式，以及协调、组织管理、活动能力等。为了帮助员工更加客观、全面地认识自己，可以借助各类自我测评工具，如职业锚测试、职业满意度测试、霍兰德职业倾向测验、卡特尔 16PF 性格测验等，从而使员工更加客观、全面地认识自己，更好地选择他们的职业道路，加快达到职业目标的步伐。

（三）确定职业目标，完成《职业生涯规划设计书》

在充分认识组织环境及自我的前提下，确定职业生涯目标，最好分为短、中、长期三个阶段，以作为个人努力的依据，并在实现的过程中，逐步修正现行计划。当然，确定目标也要遵循一定的原则：目标要符合社会与组织的需要，有需要才有市场，才有位置；目标要适合自身的特点，尽可能地与自身的优势相结合；目标的高度要适当，不能偏低，但也绝不能好高骛远；注意长期目标与短期目标的结合，长期目标指明发展的方向，短期目标是实现长期目标的保证；目标要明确具体，同时也应注意职业目标与家庭目标，以及个人生活与健康目标的协调与结合。

此外，组织员工完成《职业生涯规划设计书》（见表 46-7），在员工编制《职业生涯规划设计书》的过程中，需要公司人力资源部给予员工职业生涯规划的指导，帮助员工更准确、更客观地确定职业目标和发展路径。

表 46-7　职业生涯规划

姓名		年龄		部门		所属岗位	
教育状况	最高学历		毕业时间		毕业学校		
	已涉足的主要领域						
参加过的培训	1				5		
	2				6		
	3				7		
	4				8		
目前具备的技能/能力	技能/能力类型			证书及简要介绍			

续表

<table>
<tr><td colspan="5">其他单位工作经历</td></tr>
<tr><td>单位</td><td>部门</td><td>职务</td><td>工作满意的地方</td><td>工作不满意的地方</td></tr>
<tr><td></td><td></td><td></td><td></td><td></td></tr>
<tr><td></td><td></td><td></td><td></td><td></td></tr>
<tr><td></td><td></td><td></td><td></td><td></td></tr>
<tr><td></td><td></td><td></td><td></td><td></td></tr>
<tr><td colspan="2">你认为你的职业发展方向是</td><td colspan="3">管理系列 □ 技术系列 □ 营销系列 □</td></tr>
<tr><td>请详细介绍一下自己的专长</td><td colspan="4"></td></tr>
<tr><td>结合自己的需要和专长，你对目前的工作是否感兴趣，请详细介绍一下原因</td><td colspan="4"></td></tr>
<tr><td>请详细介绍自己希望选择哪条晋升通道（或组合）</td><td colspan="4"></td></tr>
<tr><td>请详细介绍自己的短期、中期和长期职业规划</td><td colspan="4"></td></tr>
</table>

（四）开展员工评估，明确与职业目标的差距

通过适当的方法，根据职业目标岗位的能力素质要求，对员工进行综合素质评估，找到员工与职业目标的差距。例如，首钢京唐公司建立的员工技能评估模型从岗位技能要素、技能等级、评估标准、专家评审法、员工技能管理看板等方面实施精细化、标准化评估，实现了部门对每名员工技能状况的精细化掌控和员工对自身技能水平的深度认知。

（五）依据自我差距，制定职业生涯策略

无论理想多么美好，目标多么合乎自身特征，如果不依据自我差距采取具体策略将其付诸实践，理想和目标都会成为空中楼阁。因此，制定职业生涯策略是规划中最关键也是最艰难的一个步骤。职业生涯策略是指为确保职业生涯目标的实现所采取的各种行动和措施。个人应该针对不同的职业目标，制定与之相对应的最优策略，通过

不懈努力，使个人在工作和生活中拥有良好表现与成绩。职业生涯策略要明确措施的具体内容、时间要求、测量方法等内容。职业生涯策略制定完成后，公司人力资源部要对策略的开展情况进行监督、辅导、跟进、反馈。

（六）构建匹配的职业发展支持体系，不断修正职业生涯规划

企业在员工不同职业发展阶段，通过培训、绩效评价、工作实践、岗位轮训等有针对性的方式，不断开发员工的潜能，激励其进步。影响职业生涯规划的因素很多，有些因素可以预测，有些因素难以预测。因此，要使职业生涯规划行之有效，须不断对职业生涯规划进行评估与修订。在实施职业生涯规划的过程中，个人应自觉地总结经验和教训，评估职业生涯规划，不断修正对自我的认知。通过反馈与修正，可以纠正或避免最终目标与子目标的偏差，同时还可以极大地增强个人实现职业目标的信心。职业生涯规划修订的内容主要包括职业的重新选择、职业生涯路线的选择、职业生涯目标的修正、实施策略的变更等。

填写指导：

本表格在指定员工与主管领导充分沟通后填写，指定员工一般每两年填写一次。填写表格的目的是帮助指定员工明确职业发展规划，结合公司的发展要求满足员工自我实现的需要，最大限度地发展员工的才能。

“已涉足的主要领域”栏包括填写者学习过、取得过资格认证的所有专业。

“目前具备的技能/能力”栏主要包括四方面的技能：第一，管理（技术）技能，指应用专业知识的能力，有证书的需填写证书名称；第二，人际沟通能力，指与他人共事、沟通，理解、激励和领导他人的能力；第三，分析能力，指在信息不完全情况下发现问题、分析问题和解决问题的能力；第四，情感能力，指在情感和人际危机前不会受其困扰和影响、能保持冷静、受到激励的能力，以及在较高的工作责任压力下保持镇定和理性的能力。

对于“其他单位工作经历”栏，填写者应从个人职业发展的角度（能力和专长是否发挥，是否感兴趣，是否有发展空间，是否能学到希望掌握的知识/技能等）填写满意和不满意的方面。

“你认为你的职业发展方向是”一栏用于填写者明确自己的职业定位，明确填写者需要什么样的工作来满足这种需求，这也是上级管理者了解填写者的职业倾向、指导填写者进行职业生涯规划的依据。

“请详细介绍一下自己的专长”栏可以填写自己认为最重要的技能/能力和工作以外的兴趣爱好。

“请详细介绍自己希望选择哪条晋升通道（或组合）”一栏中的“晋升通道（或组合）”指管理、技术、营销三条晋升通道或三者的组合。

“请详细介绍自己的短期、中期和长期职业规划”栏中的短期指 1 年，中期指 2~3 年，长期指 3 年以上。

案例 46-1　美国惠普公司员工职业发展的自我管理

美国惠普是世界知名的大型高科技企业，其被称为“惠普之道”的独特而又有效的管理模式为世人所称道。该公司的科罗拉罗泉城分部开发出一种职业发展自我管理的课程，要三个月才能学完。这门课程主要包含两个环节：先是让参加者用各种信度的测试工具及其他手段进行个人特点的自我评估，然后结合其工作环境，编制出每个人自己的职业发展路径图。

把自我评估当作职业发展规划的第一步当然不是什么新创意，自我帮助的书籍泛滥成灾已经多年，这些书本身缺乏一种成功的要素，就是在一种群体（小组或班组）环境中所具有的感情支持，在这种环境里大家可以共享激情与干劲，并使之长久不衰。

这家公司从哈佛 MBA 班第二学年的职业发展课里学到六种工具，用来获取每个人的个人特点资料。

1. 一份书面的自我访谈记录

给每位参加者发一份提纲，其中有 11 个涉及他们自己情况的问题，要他们提供有关自己的生活（有关的人物、地点、事件），他们经历中的转折点及未来的设想，并让他们在小组中互相讨论。这篇自传载体的文件将成为随后自我分析所依据的主要材料。

2. 一套“斯特朗—坎贝尔”个人兴趣调查问卷

根据一份包含 325 项问题的问卷，就能确定他们对职业、专业领域、交往人物类型等的喜恶倾向，将每个人与各种不同职业中成功人物的兴趣进行比较。

3. 一份奥尔波特价值观量表

该量表中列有相互矛盾的多种价值观，每人需对之做出 45 种选择，从而测定这些参加者对不同理论、经济、美学、社会、政治及宗教价值观接受和同意的相对强度。

4. 一篇 24 小时活动日记

参加者要把一个工作日及一个非工作日全天的活动无遗漏地如实记下来，观察与其他来源所获同类信息是否一致或相反。

5. 另两位“重要人物”（指彼此关系对自己有较重要意义的人）的访谈记录

每位参加者要向自己的配偶、朋友、亲戚、同事或其他重要人物中的两个人，就自己的情况提出一些问题，看看这些旁观者对自己的看法，这两次访谈过程需要录音。

6. 生活方式描述

每位参加者都要用文字、照片、图片或他们自己选择的其他任何手段，把自己的生活方式记录下来。

这项活动的关键之处就在于所用的方法是归纳式的而非演绎式的。一开始就让每位参加者列出有关自己的新资料，而不是通过某些一般规律去推导出每个人的具体情况。这个过程是从具体到一般，而不是从一般到具体，参加者观察和分析自己列出的资料，并从中认识到一些一般性规律。他们要先对六种活动所获资料进行分批研究，分别得出初步结论，然后把六种所得资料合为一体，进行分析研究。

每人做好自我评估后，部门经理逐一采访参加过此活动的下级，听他们汇报自己选定的职业发展目标，并记录下来，还要写出目前在他们部门供职的这些人的情况与职位。这些信息可供高层领导用来制定总体人力资源规划，确定所要求的技能。当公司未来需要的结果与每位学习参加者所定职业发展目标相符时，部门经理就可据此帮助他的部下绘制出自己在本公司内发展升迁的路径图，标明每一次升迁前应接受的培训或应增加的经历。每位员工的职业发展目标还要和绩效考核目标与要求结合起来，供将来绩效考评时用。部门经理要监督他的部下在职业发展方面的进展，并将其作为考评内容的一部分，并向他们提供尽可能多的帮助和支持。

第五节 工作设计

虽然工作具有一定的静态性和稳定性，但实际上工作总是随着时间的推移而不断发生变化。尤其是在竞争激烈的今天，企业面临高速变化的经营环境，改变了工作的性质，为顺利完成工作对个人提出了各种要求。工作要求的迅速变化使工作分析信息很快失去了准确性，过时的工作分析信息会影响一个组织的应变能力。由于组织总处于不断变化与完善的过程中，因此工作设计成为优化人力资源配置、使员工更能发挥自身能力及提高工作效率的保障。

一、工作设计的定义

工作设计也叫岗位设计，是指组织为了满足员工的需要，提高其工作效率，并达到组织的目标，对工作内容、工作权限、工作结果等进行调整、设计的过程。保证事得其人，人尽其才，人事匹配，为员工自身能力的发挥和自我价值的实现创造条件。

工作设计的内容由工作内容、工作职责、工作关系、工作绩效和任职者的反应、工作结果的反馈和员工意见组成。

工作内容。包括工作的种类、工作的复杂性、工作的难度等，也是工作设计调整的第一内容。

工作职责。包括工作职责、权限、工作方法和协作关系等，是完成每项工作的基本要求。

工作关系。包括同事之间的关系、与上级的关系、部门之间的关系，是工作发生的人际关系。

工作绩效和任职者的反应。工作绩效是工作所要达到的目标；任职者的反应是指任职者的工作满意度、到岗情况、流失情况等。

工作结果的反馈和员工的意见。前者是上级、同级、下属、客户等方面对任职者工作的反馈和其工作本身的反馈；后者是指任职者对前面内容的意见。

二、工作设计的方法

为了有效地进行工作设计，工作人员必须全面了解工作的当前状态，以及该工作在整个组织工作流程中的位置或地位。一般而言，当组织出现以下情况时，就可以考虑工作的重新构建或设计问题。

第一，工作设置不合理。工作设置出现不合理的现象，如有些工作量大，经常无法按时完成；有些工作量小，员工上班时有很多空余时间，人力资源成本提高，打破了员工之间的公平与和谐，导致有些员工可能会产生抵触情绪，影响工作进展。

第二，组织计划管理变革。当组织的发展或经营环境变化，组织准备对现有的资源进行整合，改革现有的管理模式时，必须相应地进行工作的重新设置，适应新的形势。

第三，组织的工作效率下降。工作效率下降的原因有很多，如果是因为员工对现有工作没有兴趣或新鲜感而导致的效率不佳，组织应该对这些工作进行再设计。

出现以上现象之后，管理者可针对不同的工作设计方式选择不同的方法。根据心理学、管理学、工程学及人类工程学等理论研究成果，目前存在激励型、机械型、生物型、知觉运动型四种工作设计方法。

（一）激励型工作设计

企业普遍使用的是激励型工作设计方法，即在企业中对人员进行合理安排，对薪酬福利和其他管理进行合理配置，满足员工个人需求以实现组织需要，最大限度地激发员工的积极性，达到企业目标。激励型工作设计的方法主要包括工作扩大化、工作丰富化与工作轮换。

1. 工作扩大化

工作扩大化是指在横向水平上增加工作任务的数目以使工作多样化，但工作的难度和复杂程度并不增加。例如，邮政部门的员工可以从原来只专门分拣邮件变化为也负责将邮件分送到各个邮政部门。通常这种新增加的工作同员工原先所做的工作非常相似。这种工作设计能够产生高效率是因为不必将产品从一个人手中传到另一个人手中，节约了时间。该方法通过增加某一工作的工作内容，使员工的工作内容增加，要求员工掌握更多的知识和技能。例如，美国鞋业公司在其下属的一半工厂中，用一种新型的组合工作区域代替了生产线。在传统生产线上，每个员工只需完成一项工作任务，而在这种新型工作单位中，员工要承担两三个制鞋步骤的工作任务。

2. 工作丰富化

所谓的工作丰富化是指在工作中赋予员工更多的责任、自主权和控制权，是对工作内容和责任层次的改变，旨在向员工提供更具挑战性的工作。工作丰富化是垂直地增加工作内容，员工会承担更多的任务、更大的责任，有更大的自主权和更高程度的自我管理，还要对工作绩效进行反馈。

工作丰富化是对工作责任的垂直深化，它使员工在完成工作的过程中，有机会获得一种成就感、认同感、责任感和自身发展。在丰富工作内容的过程中，应遵从五个原则：增加工作的责任和难度；赋予员工更多的责任；赋予员工自主权；将有关工作业绩及时反馈给员工；对员工进行必要的培训。

当然，工作丰富化绝不可以无限制地任意实施，否则整个组织将会遇到不可化解的矛盾，因为这是一项较大的工作，远非一个人可以完成，必须有组织地集中大量的人力来进行。另外，如果工作丰富化的成本太高，但产生的价值不大，并且见效太慢，那么这种形式也是不能采取的。

工作丰富化之前的情况与工作丰富化之后的情况列举如下：每人固定负责两台机器变为每人轮换使用机器；当机器发生故障时，操作工让维修工来维修变为操作工自己维修所使用的机器；操作工按照操作手册的规定来调换重要零件变为操作工根据自己的判断来挑换零件；组长决定谁干什么活变为由3~5人组成小组，完成整个工作；质检和组织检验产品，纠正不标准的操作方法变为有工作小组自行检验产品；组长对操作工实行监督，纠正不标准的操作变为操作工通过绩效反馈制度了解自己的工作情况。

3. 工作轮换

工作轮换是将员工由一个岗位调到另一个岗位，以扩展其经验的培训方法。通常，轮换岗位的能力要求与员工原本工作岗位所需能力相似，以便员工可以胜任新的岗位。轮换培训项目可以帮助新员工理解他们工作领域内的各种工作，也可以减少工作的枯燥单调感。当然，也有企业管理者认为这种方法存在一些潜在的问题。新员工从事每项工作的时间比较短，以致他们觉得自己更像是某个部门的参观者而不是该部门劳动力中的一员。由于他们的工作水平往往不高，因此可能降低整个工作小组的效率。工作轮换有两种具体形式，第一，受训者到不同部门考察工作，但不会介入所考察部门的工作；第二，受训者介入不同部门的工作。

现在有些公司从长期培养员工的角度出发，在录用新员工后的一至两年内会让员工在公司主要的部门都工作一段时间。这种方法能非常有效地提高员工的能力。

（二）机械型工作设计

机械型工作设计方法源于古典工业工程学。它强调寻找一种能够使效率达到最大化的最简单方式来构建工作。该方法通常以降低工作的复杂程序来提高人的效率，即让工作变得尽量简单，使任何人只要经过快速培训就能够很容易地完成。这种方法强调按照任务专门化、技能简单化及重复性的基本思路来进行工作设计。机械型工作设计方法要求将工作设计得越简单越好，从而使工作本身不再具有任何显著的意义。按照这种方法进行工作设计，组织就能够减少所需能力较强员工的数量，减少组织对个人的依赖，因为新员工经过快速且低成本的培训就能够胜任工作。

（三）生物型工作设计

生物型工作设计方法主要源于生理机械学、工作心理学、职业医学，也就是通常所说的人类工程学。该方法的目标是以人体工作的方式为中心来对物理工作环境进行结构性安排，从而将工人身体的紧张程度降到最低。因此，它特别关注工人身体疲劳度、痛苦及健康抱怨等方面。生物型工作设计方法常被用于对体力要求比较高的工作进行再设计，其目的是降低某些工作的体力要求，使每个人都能够完成工作，也可以对机器和技术进行再设计，使其设计符合人体工作姿势的需要。

（四）知觉运动型工作设计

与生物型工作设计方法不同，知觉运动型工作设计方法不是关注人的身体能力和身体界限，而是侧重于人类的心理能力和心理界限。这种工作设计方法通过降低工作对信息加工的要求来改善工作的可靠性、安全性及使用者的反应性，以确保工作的要求不会超过人的心理能力和心理界限。因此，该方法比较适合只有很低的技能要求，也只能获得较低工资的工作。例如，事务性工作和流水线上的工作往往只要求进行很少的信息加工，而像高科技工作这种需要进行信息加工大量的工作则不适合。

总之，进行工作设计时，掌握不同工作设计方法可能产生的优势与不足是非常重要的。表 46-8 反映了这些设计方法的优势与不足。管理者如果希望采用某种能够使任职者和组织者的积极结果都达到最大化的方法来进行工作设计，那么就需要对这些工作设计方法有充分的认识，了解每一种方法的成本和收益，使之达到适当平衡，从而为组织谋取竞争优势。

表 46-8　不同工作设计方法的结果

工作设计方法	积极的结果	消极的结果
激励型方法	更高的工作满意度 较高的激励性 较高的工作参与度 较高的工作绩效 较低的缺勤率	更多的培训时间 更低的利用率 更高的错误概率 精神负担和压力出现的可能性更大
机械型方法	更高的利用率 更低的差错率 精神负担和压力出现的可能性降低	更多的培训时间 更低的激励性 更高的缺勤率 更低的工作满意度
生物型方法	更少的体力付出 更低的身体疲劳度 更少的健康抱怨 更少的医疗事故 更低的缺勤率 更高的工作满意度	设备或工作环境变化带来更高的财务成本
知觉运动型方法	出现差错的可能性降低 发生事故的可能性降低 精神负担和压力出现的可能性降低 更少的培训时间 更高的利用率	较低的工作满意度 较低的激励性

第六节　激励与士气

案例 46-2　坦丁姆计算机公司的激励制度

坦丁姆公司地处加州“硅谷”高科技地区，由詹姆士·特雷比格（James Treybig）于 1970 年创建。自公司创建以来，市场竞争激烈，但由于詹姆士·特雷比格本人的管理天赋和丰富的实践经验，他创建了一套有效而独特的管理体系，使公司在竞争中具有明显的优势，1980 年销售额为 3 亿多美元，1985 年已达到 10 亿美元以上。

他为员工创造了极为良好的工作环境。在公司总部设有专门的橄榄球场地、游泳池、图书阅览室，还有供职工休息的花园和宁静的散步小道等。他规定每周五下午免费为员工提供啤酒，公司还经常定期举办各种酒会、宴会、员工生日庆祝会，同时还举办由女员工为裁判的男员工健美比赛等活动，并通过这些活动倾听员工对公司的各种意见和建议。除此之外，他还给予员工自行选择工作时间的自由。

詹姆士·特雷比特很注意利用经济因素来激励员工，他定期向员工拍卖本公司的股票，目前，几乎每个员工都拥有本公司的股票，极大地激发了大家为公司努力工作的热情。

詹姆士·特雷比特还要求每个员工制订涉及公司文化、公司运作流程、期望能得到的培训的五年个人发展规划。这样，每个员工都可逐渐了解公司，并能将个人发展与公司发展紧密联系。因此，大家对公司有着强烈的感情和责任心。

詹姆士·特雷比特本人又是一位极为随和、喜欢以非正式的身份进行管理的领导者，他对管理人员、技术人员和工人都平等地采用上述一系列的措施。公司绝大多数人都赞成他的做法，能把自己的成长与公司的发展联系起来，并为此而感到满意和自豪。当然，詹姆士也深深知道，要在人才竞争日趋激烈的环境下长期地留住这样一批倾心工作的员工不是一件容易的事情。公司在飞速发展，需要一支更为正式而庞大的管理机构和员工队伍。在这种情况下，应如何更有效地激励员工，这是他和公司的管理人员共同关心的问题。

一、激励的含义

“激励”一词源于拉丁文“Movere”，它的意思是“驱动”。从人的内部状态看，激励指人的动机系统被激发起来，处在一种激活状态，对行为有强大的推动力量。

管理学对激励作用机理的研究包括分析激励因素和激励过程，提出激励措施，形成外在激励、内在激励及心理契约等。管理学的“管理激励”是在行为科学的基础上发展起来的，关注人性、需要、动机、目标和结果等个人行为要素及其关联机制，认为这些是决定人力资本激励效率的基本要素，形成了各种行为主义激励理论。

在人力资源管理领域，激励是指激发员工的工作动机，也就是说用各种有效的方法去调动员工的积极性和创造性，使员工努力完成组织分配的任务，实现组织的目标。

二、激励的作用

（一）激励可以调动员工工作积极性，营造良性竞争环境

激励是领导的重要职能，也是管理学中的重要内容。激励的目的就是以人为本，调动企业员工工作的积极性，激发他们工作的主动性和创造性，提高工作效率，降低缺勤率，减少员工的流动率，提高员工的工作满意度，加强人力资源的管理，促进组织目标的实现。

科学的激励制度可以创造良性的竞争环境，进而促成良性的竞争机制。在具有竞争性的环境中，组织成员都会感受到来自环境的压力，这种压力将转变为员工努力工作的动力。在这里，员工工作的动力和积极性成了激励工作的间接原因。

（二）激励可以挖掘员工潜力，提高人力资源质量

美国哈佛大学教授威廉詹姆斯研究发现，在缺乏激励的环境中，人的潜力只能发挥20%~30%，如果受到充分激励，他们的能力可发挥80%~90%。两种情况之间60%的差距就是有效激励的结果。如果把激励制度对员工创造性、革新精神和主动提高自身素质的意愿的影响考虑进去的话，激励对工作绩效的影响就更大了。

（三）激励可以满足人们实现自我价值的需要

美国的社会心理学家马斯洛把人的需要由低到高分为五个层次，依次为生理需要、安全需要、社交需要、尊重需要和自我实现需要。美国的行为科学家弗雷德里克·赫茨伯格在实际调查访问基础上提出了双因素理论，该理论认为生理需要与安全需要都属于保健因素，做到这些并不一定能使职工全力以赴地工作，但做不到的话，就一定会使员工不满。社交需要、尊重需要、自我实现需要是社会性需要，本部分所谈的激励，主要是针对以下这几种需要：

1. 社交需要

员工所追求的是良好的人际关系、团体的接纳与组织的一致。国际商业机器公司（IBM）董事长小汤马士·屈臣有这样一段话："世上没有什么东西可以取代良好的人际关系及随之而来的高昂士气。要达到利润目标就必须借助优秀员工的努力工作。但是仅有优秀的员工是不够的。不管你的员工多么了不起，如果他们对工作不感兴趣，觉得与公司有隔膜，或者他们感受不到公司的公正对待，那么使经营突飞猛进简直难如登天。"

2. 尊重需要

员工所追求的不外乎是地位、名分、权利、责任及其与他人薪水的相对高低。企业应建立静态与动态相结合的人事考核、表彰奖励、选拔进修、晋级升迁等管理机制来公正评判优劣，满足员工追求进取的需要。摩托罗拉公司的企业文化是它的显著优势，其基石是对人保持不变的尊重。公司在某个阶段也许会放弃一些业务，但从不放弃凝聚的员工，始终把"肯定个人尊严"的人才理念作为指导企业发展的最高准则，强调企业要发展，必须尊重人性。

3. 自我实现的需要

这是最高层次的需要，表现为在工作中能最大限度地发挥自己所具有的潜在能力。如果能够在职员中树立此种信念，企业将无往不胜。在这种需要的驱使下，员工将追求发展个人特长的工作环境，追求具有挑战性的工作。员工工作的动机是为了满足以上需要，只有需要得到满足，员工才有较高的积极性。员工各式各样的需要正是激励的基础。

三、激励的原则

（一）目标结合原则

目标结合原则是指激励目标与组织目标相结合的原则。在激励机制中，设置目标是一个关键环节，目标设置必须同时体现组织目标和员工需要。换言之，只有将组织目标与个人目标结合起来，使组织目标包含较多的个人目标，使个人目标的实现离不开为实现组织目标所做的努力，才能收到较好的激励效果。

（二）引导性原则

外在的激励措施能不能达到预期的效果，不仅取决于激励措施本身，还取决于被激励者对激励措施的认识和接受程度。激励措施只有转化为被激励者的自觉意愿，才能取得激励效果。管理者应设置实现组织目标的具体要求，确保每位员工都清楚，通过激励将个体成员的积极性集中体现到组织目标上，实现个体与集体的协调发展。

（三）物质激励和精神激励相结合的原则

从前面的分析中我们可以了解到，物质激励是基础，精神激励是根本。单纯的物质激励与精神激励都不能完整地调动员工的工作积极性，精神激励需要借助一定的物质载体，而物质激励则必须包含一定的思想内容。因此，要将这两种激励方式紧密联系，使两者互为补充、相辅相成，这样才能收到事半功倍之效。

（四）合理性原则

激励的合理性原则包括两层含义：其一，激励的措施要适度。要根据所实现的目标本身的价值大小确定适当的激励量，“超量激励”和“欠量激励”不但起不到激励的真正作用，有时甚至还会起反作用。其二，奖惩要公平。努力满足激励对象的公平要求，积极减少和消除不公平现象，正确的做法是领导者要做到公平处事、公平待人，不以好恶论人，对激励对象的分配、晋级、奖励、使用等，要努力做到公正合理。

（五）明确性原则

激励的明确性原则包括三层含义：其一，明确。明确激励的目的，需要做什么和必须怎么做。其二，公开。特别是在分配奖金等大量员工关注的事情上，更为重要。其三，直观。实施物质激励和精神激励时都需要直观地表达它们的指标要求，通过奖励和惩罚的方式，直观性与激励影响的心理效应成正比。

（六）时效性原则

要把握激励的时机，须知“雪中送炭”和“雨后送伞”的效果是不一样的，激励的时机是激励机制的一个重要因素，激励在不同时间进行，其作用与效果是有很大差别的。激励越及时，越有利于将人们的激情推向高潮，使其创造力持续有效地发挥出来。超前的激励可能会使下属感到无足轻重，迟到的激励可能会让下属觉得画蛇添足，都失去了激励应有的意义。

（七）正激励与负激励相结合的原则

正激励是从正方向给予鼓励，负激励是从反方向予以刺激，正负激励都是必要而有效的，不仅是对当事人，而且会间接地影响周围其他人。俗话说，“小功不奖则大功不立，小过不戒则大过必生”，讲的就是这个道理。在实际工作中，只有做到奖功罚过、奖优罚劣、奖勤罚懒，才能真正调动起员工的工作热情，形成人人争先的竞争局面。如果奖罚不明、是非不明，势必会形成“干多干少一个样、干与不干一个样”的心理。所以，只有坚持正激励与负激励相结合的原则，才能形成一种激励合力，真正发挥出激励的作用。

（八）按需激励原则

按需激励是指激励要因人而异、因时而异地满足员工最迫切的需要（或主导需要），这样激励效果才更显著。马斯洛的需要层次理论有力地证明了激励方向的选择与激励作用的发挥有着非常密切的联系。当某一层次的优先需要基本得到满足时，应该调整激励方向，试图满足更高层次的优先需要，这样才能更有效地达到激励的目的。例如，对一个具有强烈自我表现欲望的员工来说，如果要对他所取得的成绩予以奖励，奖励他奖金和实物不如为他创造一次能充分体现自己才能的机会，使他从中得到更大的鼓励。还有一点需要指出的是，激励方向的选择是以优先需要的发现为其前提的，所以及时发现下属的优先需要是管理人员实施正确激励的关键。

四、激励的方法和手段

激励的目的是规范员工的行为，调动员工的积极性，激发员工的主动性和创造性，以提高组织的效率和企业的效益。人的需要是积极性的本源，因为人的积极性产生于自身的需要，受主观认识的调节和客观环境的制约，受行为效果反馈作用的影响。不同的人对需要的满足程度是不同的，且随着企业内外部环境的变化，人的需要也会相应地变化，因此管理者要根据员工的客观情况，因人因时因地采取不同的激励方式。

（一）目标激励

将企业目标层层分解为个人目标，使个人在达到目标、获得成功、感受成就时受到激励。高尔基说过：“一个人追求的目标越高，他的才能就发展得越快。”发挥目标激励的作用时应注意，个人目标尽可能与集体目标一致；设置目标的方向应具有明显的社会性；目标的难度要适当；目标内容要具体明确，有定量要求；既要有近期的阶段性目标，又要有远期的总体目标。

（二）表率激励

一个管理者的有效管理除了权力因素的影响之外，还有非权力因素的影响，如威信的树立，其表率作用极为重要。我国古代有句名言："其身正，不令而行；其身不正，虽令不从。"事实证明，管理者的言行一致和表率作用具有很强的影响力，在一定程度上超过了行政指令的效果。

（三）赞美激励

与物质激励的作用对象不同，赞美激励作用于人的心理方面，是对人精神需要的满足。马克·吐温曾说过，一句得体的称赞能使他陶醉两个月。在现实生活中，每个人内心都希望自己的努力被别人看见，自己的成绩被人肯定，如果管理者善于运用赞美来激励员工，也许仅仅只需一句话就可以赢得员工的心。随着人们物质生活水平的不断提高，人们对精神和情感的需要越来越迫切，如期望得到同事的关心、尊重、认可、赞美和理解等。

（四）福利激励

福利奖励是一种间接的物质刺激和奖励，是用货币以外的形式来体现企业对员工的关怀。一个管理者既要坚持原则，又要以情感人，注重情感管理。管理者要深入企业员工之中，时常了解、关心被管理者的思想动态、工作学习生活情况及家庭生活情况，帮助其解决实际困难，尽可能地解除员工的后顾之忧，更好地发挥其工作积极性。对于工作取得成绩的员工，企业可提供带薪休假、佳节礼品等奖励。

（五）竞争激励

随着企业分配制度的改革，有的企业按岗位和技能拉开收入差距，有的企业实行一岗多薪制等，企业中逐步形成了岗位靠竞争、报酬靠贡献的氛围。企业可以采取定期考核岗位技能、技术培训和竞争上岗制度，利用报酬与岗位挂钩的方式激励员工奋发进取，提高自身素质。

（六）薪酬激励

薪酬激励属于物质激励，也是最基本的激励手段，其作用于人的生理方面，是对人物质需要的满足。调查研究表明，目前大部分中国企业员工最为看重的仍然是工资奖金。可以肯定，一个不能提供物质保证的企业是不可能使员工的工作积极性持久发挥的。为了有效地发挥物质激励的作用和效果，一些企业会适当地提高最低工资标准，在固定底薪的基础上增加提成或奖金，让员工获得更多的报酬，给员工实实在在的物质刺激和奖励，从而激发员工的积极性。

（七）股权激励

股权激励就是将企业中的一部分股权用来激励企业内部管理人员工作效率的一种激励方法。股权激励属于长期激励机制，与其他激励机制相比，其激励效果更好、作用时间更长，改变了企业的利益结构，让企业的管理者能够以股东的身份获得经济利润，并掌握企业一定的决策权，对促进企业的长期发展有着很深刻的意义。股权激励不仅可以留住企业的核心人才，进一步提高企业的经营业绩，对于未上市的企业来说，还具有缓解企业资金压力的优势，可以减少资金的流出。股权激励模式根据股权的载体不同分为股票期权、业绩股票、股票增值权、虚拟股票、限制性股票、延期支付、账面价值增加权、管理者或员工收购及经营者或者员工持股等类型。以股票期权为例，股权激励指的是公司采用给予员工权利的模式进行激励。一般情况下，股票期权的激励者可以在一定的时期内以确定好的价格收购本公司流动的股票，员工可掌握公司的流动股票与公司的经营利益和经营决策之间的联系，并对公司的长久发展更加上心。

（八）培训激励

培训激励是侧重于企业员工精神方面的激励与鼓舞，能够激发员工持久的内在动力，提升人力资源开发与管理的水平。培训激励通过为企业员工提供学习和进修的平台及晋升机会，让员工通过培训实现专业能力及综合素质的提高，给予通过相应考核的员工一定的职位晋升奖励，帮助员工树立长远的个人发展目标，并将个人价值的实现同企业的生产发展相结合，既满足了员工个人发展的需要，又为企业的长远发展奠定了重要的人力资源基础。企业在对员工进行培训激励时，不仅要关注培训对象的选择，培训内容的制定，培训方法的筛选，培训过程的完善，培训结果的考核等，还要做好反馈工作。反馈工作做好了，员工的培训才有可能收到良好的效果，才有可能完善企业的培训激励，形成良性循环。

阅读专栏 46-1 工作轮换是最好的人才培养方式

在《21 世纪经济报道》所作的一次调查中，经理们发现使潜在的领导者轮换不同的职责和海外任务是最有价值的领导才能培养技巧。企业要培养出能够独当一面的复合型人才，内部的岗位轮换可以说是一种既经济又有效的方法。

定期改变中层管理者的工作部门或岗位，让他们到各个部门或岗位去丰富工作经验，增加对企业各个工作环节的了解，使他们对公司的经营管理或其他岗位的职责有更全面的了解，对中层管理者提高工作的分析能力和内部的沟通协调能力十分有帮助。不同地域之间的岗位轮换可以增进员工对不同文化的理解；部门之间的岗位轮换可以加强部门之间的协作，减少部门摩擦。部门之间岗位轮换的具体形式可以是只在每个部门做观察员，更有效的方式是让受训者实际介入所在部门的工作，通过实际操作来了解所在部门的业务，包括销售、生产、财务和其他业务，使中层管理者“通才化”。

据了解，目前在一些大型的高科技企业和著名的外企中实行轮岗制的公司较多，华为、爱立信、海尔、北电网络、联想、明基等公司都在公司内部或跨国分公司之间进行了成功的岗位轮换。在具体的实行中，它们各自的方法又有所不同。

华为公司为了在人力资源管理中引入竞争和选择机制，在公司内部建立了一个劳动力市场，目的是促进人才的合理流动，通过岗位轮换实现人力资源的合理配置，激发潜力。他们还明确规定，中高级管理者必须强制轮换。

爱普生（中国）有限公司是一家1997年成立的公司，成立后的5年内每年的业绩增长都在40%以上，国内打印机市场占有率达到40%。爱普生（中国）有限公司信息产品营业部经理介绍说，爱普生公司这几年的飞速发展正是得益于中层管理者的工作轮换制度。爱普生（中国）有限公司一般要求中层管理者大概每两年轮次岗。

阅读专栏46-2 思科的制胜法宝：打造人力资源管理平台

网络经济的冲击是全球性的，企业要想在新经济中有竞争力，就必须充分发挥网络的威力。目前，美国思科（Cisco）公司利用互联网解决方案成功维系了公司的灵活性和竞争优势，从供应链管理到员工沟通所有业务都能在互联网上完成。因此，该公司速度超过了主要竞争对手，成为计算机行业有史以来成长最快和盈利能力最强的公司之一。思科公司人力资源管理的网络化程序包括下列步骤：

当新员工进入思科公司，想要了解公司的具体情况时，如公司的薪酬福利、保险计划、医疗服务、公司文化、自己的工作职责、职业生涯规划，甚至上级和同事是谁等问题，只要打开公司的新员工网站，马上可以从上面获得答案。这就是思科公司的员工自助式人力资源系统。依靠网络，员工可以通过自助的办法获得关于公司内部和人力资源的信息。

在思科，人力资源管理职能的履行几乎全部通过网络进行。例如，某个部门需要招募新人，部门经理打开公司的招聘网站，填好资料，网络自动搜索并提供合适人选，经理通过筛选和在线面试，便可找到符合要求的人士。绩效考核和薪酬管理也是如此。

思科有一个经理专属的网站，所有员工的薪水资料都存在里面，包括四个重要模块：薪资、加薪、股票期权、分红奖金。谁拿多少钱，谁该加薪，网上清清楚楚。此外，思科还有培训网站，员工在什么阶段应参加什么样的培训课程，培训效果如何，不仅员工自己知道，他的上司也一清二楚。

据悉，思科公司的人力资源专业人士与员工的比例为1∶180。无疑，人力资源管理的网络化将人力资源经理从烦琐的纸上作业中解脱出来。在思科公司，人力资源经理有着很高的地位，这从办公地点即可看出。执行长官办公室的左边是人力资源总监，右边是财务总监。

思科公司认为，在网络时代，人力资源经理不应再扮演传统的角色，而应为自己的角色赋予新的内涵：要成为战略伙伴，对公司人才进行战略上的考虑，不仅要知道今天的需要，还要知道公司明天的发展需要什么样的人事支持；成为带动变革的先锋，能够督导公司文化的改变、工作程序的改变；做管理者和员工之间的桥梁，成为员工意见的代言人。当然，人力资源经理还要是一个行政专家，要熟悉人事业务，包括人事法令、薪资福利等。只有扮演好这几个角色，才能成为一个全面的网络时代的人力资源经理。

互联网仿佛为思科插上了翅膀，整个公司处于一种高效运作的状态。在思科公司见不到各种纸张报表，所有的信息传递都通过网络快速完成。每一个管理者在收到员工的申请、投诉、咨询时，必须在 48 小时内回复。在网络时代，速度就是制胜的关键。网络化的人力资源管理不仅提高了工作效率，更降低了管理成本，每年思科在人力资源管理方面可节约 5800 多万美元。节省费用的方面包括：员工名录，免去了名册的印刷邮寄费用，并且减少了查询信息的时间；提交费用，将消费报告的提交时间由原来的 25 天降低为 3 天；福利费用，将所需管理费用的总额降低了 50%；员工沟通费用，大大降低员工沟通时间（每人 5 分钟）；员工招聘费用，通过网络直接招聘，将每份申请费降低了 17%；培训费用，降低差旅费（现场直播及课堂实地教学）；补偿管理费用，将补偿管理的时间降低了 25%；股票管理费，降低雇佣总成本；其他节约费用，避免雇佣更多采购员、办事员或管理员。思科的案例告诉我们，要充分利用网络带来的机会，将人力资源管理尽早向网络化转型，使其变成一种竞争优势。

推荐阅读

1. 汪建民．总经理激励员工的 100 种手段［M］．北京：北京工业大学出版社，2012.

2. 杨雪．员工胜任素质模型与任职资格全案［M］．北京：人民邮电出版社，2014.

思考题

1. 企业员工招聘的流程是什么？
2. 人员录用的原则和流程是什么？
3. 如何进行员工职业生涯设计？
4. 员工激励的方法和手段有哪些？

第四十七章　科技发展与管理

学习目标

1. 了解当代科技发展的特征和趋势；
2. 理解5G技术的技术特征；
3. 了解区块链技术的发展历程和应用领域；
4. 掌握人工智能的含义及应用领域；
5. 掌握大数据的基本概念和重要价值；
6. 理解工业互联网的应用领域；
7. 理解量子信息技术的重要价值及应用领域。

第一节　当代科技发展新趋势

一、当代科技发展的特征和趋势

（一）当代科技发展的特征

当今世界科学技术的发展趋势呈现出新的特征：第一，知识经济将引发经济社会发展格局的重大转变。第二，科学技术与经济社会的关系日益紧密。第三，学科交叉融合发展，新兴学科不断涌现。第四，科学技术的竞争重心前移。第五，科技创新、转化和产业化的速度不断加快。第六，科技全球化的趋势加快。

（二）当代科技发展的总体趋势

1. 科学技术的加速化、集成化与整体化

（1）加速化表现：科学知识与科技成果在高速倍增；科学技术的物化周期在缩短；科学技术的物化形态——产品和设备的更新周期在缩短；科技队伍在急剧壮大；科研经费在急剧增长。

（2）学科领域的集成化：现代科学技术研究呈现出了把众多相关学科集中于一个研究领域，形成新的科学技术群的特征和趋势，科学研究和科研管理都体现了集成化的特点。

（3）现代科技的整体化：现代科技的发展呈现出既分化又综合、以综合为主的新的特征和趋势。主要体现在以下几个方面：各类新兴学科不断涌现；基础科学、技术科学、工程科学相互结合；自然科学与社会科学相互渗透；学科之间、科学和技术之间、自然科学和人文科学之间的相互交叉渗透，导致了众多跨学科领域的诞生。

2. 科学技术与经济社会的一体化

从现代科技同外界环境的联系来看，它已成为整个社会机体的重要组成部分，呈现出社会化的发展趋势，表现为科学技术的研究规模日益扩大；科学技术的研究对象日益复杂；科学技术同社会经济的联系日益密切；科学技术的社会功能日益显著。

3. 科技革命成为当代世界的一个基本特征，最突出地表现为信息化、生态化、全球化

当代科技革命是以信息科技革命为先导，以新材料科技为基础，以新能源科技为动力，以海洋科技为内拓，以空间科技为外延，以生命科技为跨世纪战略重点的一场全方位、多层次的伟大革命。在这场科技革命的推动下，人类进入了工业化社会的高级发展阶段——信息化时代。信息化以知识为内涵，成为知识创新、知识传播和知识多样化应用的基础。当代科学技术发展日新月异，推动了社会经济结构的重大变革。

4. 科技创新在全球范围内不断涌现

科技创新在全球范围内不断涌现，促进了科技创新全球化，促使科技创新成为世界主要国家的基本战略选择。面对全球性的科技革命空前活跃、飞速发展的态势，世界许多国家纷纷调整科技战略和发展政策，把提升科技竞争力和科技创新能力作为推动国家发展的首要目标，不断完善和加强科技创新和制度创新，积极发展高科技产业。

5. 以自主创新为主要特征的科技竞争日趋激烈

当今世界竞争激烈，政治竞争、军事竞争、经济竞争、科技竞争、人才竞争等充斥全球。从发展趋势来看，和平与发展已成为世界的时代主题，经济竞争逐渐成为世界竞争的核心内容，其实质是科技竞争，并突出表现为以自主创新为主要特征的科技竞争日趋激烈。原始创新成为科技竞争的制高点，自主创新能力成为国家竞争力的决定性因素。从整体趋势来看，世界科学技术的发展与竞争呈现五极态势，即美国、日本、欧洲、俄罗斯和发展中国家各为一极，相互渗透、相互促进、相互竞争。在世界科技竞争的格局中，资本主义发达国家在科技发展领域尤其是高科技领域占据优势地位。

二、科技发展对产业发展的影响

（一）前沿技术创新与高端产业发展相互促进

随着技术更新的速度日益加快，前沿技术创新与高端产业发展相互促进，在很多高端技术领域，基础研究与产业化之间的界限已经变得模糊。人类基因组、超导、纳米材料等许多成果在尚处于实验室阶段时就已经申请了专利，并很快应用到市场上；生物技术、基因工程技术的突破，将新药研制到产业化应用的周期从24年缩短到8年；生物芯片技术的出现，实现了对生命体中的基因、蛋白、细胞和组织的准确、快速和大信息量的分析检测，大大缩短了新药研制周期和疾病检测周期。

（二）关键技术的突破将给旧产业带来重大影响

关键技术的重大突破将颠覆性地替代旧产业，摧毁旧的经济科技优势，形成所谓的“翻盘效应”。重大科学发现和技术发明具有在原理、技术、方法等方面实现重大变革的突破性特征，能够广泛带动经济结构调整和产业形态重大变革。重大的原始创新往往会摧毁现有产业体系，转换竞争优势，孕育新的重大发展机遇，培育出新的产业群与经济增长点。以数码相机为例，德国爱克发曾是世界上最早生产彩色胶卷的企业之一，占有世界彩色胶卷市场约10%的份额。随着数码相机生产制造技术的日趋成熟，数码相机已经开始抢占、蚕食传统相机的市场。昔日影像巨头在数码技术的冲击下，胶卷销量严重下滑，不得不申请破产保护。

（三）市场需求变化引导企业不断地进行技术创新

市场价值观念的变化会催生出新的市场需求，新的产业市场需求是技术创新活动的重要动力，市场的更新和变化引导着企业技术创新的发展方向。以我国汽车工业发展为例，改革开放之初，我们在引进资金、技术的同时，也引进了先进的管理和市场理念，为我国汽车产业追赶世界发展的潮流发挥了重要的推动作用。随着国内经济的发展，人民生活水平的提高，市场消费需求呈现出多元化的格局，市场细分的特征十分明显。当外资企业提供给市场的产品不能满足需要的时候，这便为国内汽车企业的发展提供了非常好的机遇，一些立足于自主创新的汽车企业应运而生。当前，我国汽车工业面临的最大挑战是，随着汽车市场的高速发展而来的能源紧缺和大气环境污染。北京、上海、广州等地空气中汽车尾气的“贡献量”已经超过了60%。在节能与新能源汽车的新一轮竞争中，日本已经成为现今混合动力技术的“领头羊”。奔驰、通用等着力于更长远的燃料电池汽车，近几十年来孜孜不倦地投入重金开发，已经开始小批量示范运营。

三、科技发展对企业生产产品和生产工艺的影响

随着当今时代的快速发展，场景与需求发生着变化，传统产业成本高、效率低、

招工难等弊端频繁暴露，推动着传统产业智能化升级的脚步。机械自动化不仅能够提高产业发展的效率，更能实现产业的升级换代，形成新业态，催生新的经济增长点。人工智能是引领这一轮科技革命、产业变革和社会发展的战略性技术，具有溢出带动性很强的“头雁效应”。当前，新一代人工智能正在全球范围内蓬勃发展，促进了人类社会生活、生产和消费模式的巨大变革，为经济社会的发展提供了新动能，推动了经济社会高质量发展，加速了新一轮科技革命和产业变革。

2019年，区块链产业的发展打开了巨大的想象空间。区块链技术用来解决实际问题，服务实体经济，产生社会价值。当前，区块链技术应用已延伸到数字金融、数字政府、智能制造、可信司法、供应链管理、社会民生建设等多个领域。在所有技术中，区块链相比人工智能、大数据等其他技术，它的关键优势在于能够改造和提升旧的生产关系，成为数字经济下的“基础设施”。

在互联网经济模式下，企业生产、服务成为影响企业发展的重要因素，而生产和服务的最终目标是为顾客服务，因此在新经济环境下，要加强对顾客的重视，从顾客的角度对企业管理模式进行创新，将满足顾客的多元化、动态化需求作为主要的工作方向，促进企业内部组织架构的构建，对管理模式进行创新，在全新管理模式下使顾客需求能得到良好的满足，使企业发展获得顾客群体的支持和认可。随着互联网经济模式体系的构建，全球化竞争愈加激烈，企业不仅要对国内影响因素进行分析，还要应对国际竞争环境的变化。面对国际同类型产品的冲击，企业要在本国市场和国际市场上找到可以进一步凸显企业特色的产品和服务模式，对管理模式进行改进创新，保障企业的综合影响力不断增强，争取在新时代背景下创造更大的经济社会效益。

四、我国促进和适应科技发展的战略与政策

（一）我国科技创新政策体系已基本成形

科技兴则民族兴，科技强则国家强。当今世界，新一轮科技和产业变革正在加速孕育兴起，科技越来越成为经济社会发展最具革命性的驱动力量。党的十八大以来，以习近平同志为核心的党中央把科技创新摆在国家发展全局的核心位置，高度重视科技创新，围绕实施创新驱动发展战略、加快推进以科技创新为核心的全面创新，提出一系列新思想、新论断、新要求，形成博大精深的科技创新思想，为中国特色自主创新道路提供重要理论基础。

伴随科技创新战略的实施和科技体制改革的推进，我国逐渐形成了强化要素、增强主体、优化机制、提升产业、集聚区域、完善环境、扩大开放、形成反馈的科技创新政策发展路径，政策措施持续迭代完善，目前已经基本形成了覆盖全面、门类齐全、

工具多元的科技创新政策体系。

（二）企业在我国科技创新中的主体地位得到明确

现阶段，我国科技发展规划对企业定位的主要基调为企业是技术创新主体，并且在科技创新体系中企业是“各类科技创新主体”之一。党的十九届五中全会通过的“十四五”规划提出“完善技术创新市场导向机制，强化企业创新主体地位，促进各类创新要素向企业集聚，形成以企业为主体、市场为导向、产学研用深度融合的技术创新体系”。

（三）积极开展对科技型企业的孵化和培育

近年来，我国积极建设孵化器、众创空间和加速器，开展科技型企业孵化和培育。截至 2020 年，大众创业万众创新示范基地 212 家，国家级科技企业孵化器 1173 家，国家备案众创空间 2386 家。

（四）加强制造业创新体系建设

近年来，我国批复建设动力电池、增材制造等 10 家国家级制造业创新中心，启动建设合成纤维、机器人技术等一批国家工程研究中心，认定一批国家企业技术中心和以企业为主体建设的国家重点实验室、工程实验室。截至 2020 年末，正在运行的国家重点实验室 522 个，国家工程研究中心（国家工程实验室）350 个，国家企业技术中心 1636 家。

（五）助力科技创新，税收优惠政策大有可为

2008 年以来，我国研发费用加计扣除政策为企业减免的税额以年均超 30%的速度增长，已成为我国企业减税降费的亮点。2020 年企业研发费用加计扣除兑现减免税额达到 3600 亿元。2021 年，制造业企业研发费用加计扣除比例由 75%提高至 100%。值得注意的是，高新技术企业所得税优惠减免税额也超过了 2000 亿元。

（六）科技成果转化制度体系得到完善，技术合同成交金额增长迅速

我国围绕落实《中华人民共和国促进科技成果转化法》，形成了一批切实有效的配套政策措施，包括改革职务科技成果产权管理制度、加大对科技人员成果转化奖励力度、完善科技成果市场化定价机制、建立成果转化领导决策双免责机制、实施股权激励和技术成果入股递延纳税、职务科技成果转化现金奖励享受减半计税、国有科技型企业股权与分红激励等，带动科技成果转化量质齐升。全国技术交易市场高速发展，全国技术合同成交额以年均 15%的速度增长，2020 年共签订技术合同 55 万项，技术合同成交金额 28252 亿元，比上年增长 26.1%。科研人员创新创造热情极大激发，涌现出一大批超亿元的成果转化案例。

第二节　科技发展前沿

一、5G 技术

移动通信技术已经渗透到社会生活的方方面面，5G 技术已经扩展到产业应用领域，对经济社会发展的影响越来越重要，成为高新技术的制高点。中国在 5G 技术研究与产业应用方面的进展受到了国际关注，我国 5G 产业发展机遇与挑战并存，创新永远在路上。那么，5G 到底是什么？它究竟有怎样的威力和魅力？

（一）发展背景

近年来，第五代移动通信技术 5G，已经成为通信业和学术界探讨的热点。5G 技术的发展主要有两个驱动力：一是以长期演进技术为代表的第四代移动通信技术（4G）已全面商用，对下一代技术的讨论已经提上日程；二是移动数据的需求爆炸式增长，随着移动互联网的发展，越来越多的设备接入移动网络，新的服务和应用层出不穷，现有移动通信系统难以满足未来需求，急需研发新一代 5G 技术。

5G 技术成为各国新一轮竞争焦点有其深刻背景。互联网、物联网、工业 4.0、无人机、智能机器人等高科技朝阳产业对无线通信提出了更高数据速率、更大规模无线连接数量和更低通信时延的要求，5G 是解决这些应用场景下差异性指标要求的信息化基础平台。5G 网络将是引发新一轮产业变革的核心动力，是连接未来所有行业和生态圈的底层基础设施。一个国家在 5G 领域获得话语权就意味着为其在未来领跑世界科技创新打下了坚实基础。

（二）基本概念

5G 的法定名称是“IMT - 2020”，即“Interna tional Mobile Telecommunications - 2020”。2015 年 10 月 26 日至 30 日，在瑞士日内瓦召开的 2015 无线电通信全会上，国际电信联盟无线电通信部门（ITU-R）正式批准了三项有利于推进未来 5G 研究进程的决议，并正式确定了 5G 的法定名称是“IMT-2020”。

5G 指的是第五代移动通信技术（5th Generation Mobile Networks），是继 2G、3G、4G 之后的最新一代蜂窝移动通信技术。蜂窝移动通信（Cellular Mobile Communication）指的是以蜂窝无线组网方式，将终端和网络设备通过无线通道连接起来，使用户在活动中可相互通信（可与固定电话相对比）。这种无线组网方式的主要特征就是终端的移动性，并且具有越区切换和跨本地网自动漫游的功能。

（三）技术特征

移动通信的发展基本上是 10 年一代，每一代的峰值速率是上一代的 1000 倍。5G

的设计目标除了比 4G 有更强的带宽能力外，还将一直以来移动通信面向消费的应用扩展到面向产业的应用。远程医疗、车联网和工业互联网等对时延与可靠性十分敏感，5G 技术的重要特征就是高可靠、低时延。除此之外，5G 还实现了超大规模天线和密集组网等多项无线技术，发展了云化、虚拟化和网络切片等多项网络技术，实现了增强移动宽带、高可靠低时延和广覆盖大连接的目标。

1. 高速度

与 4G 技术相比，5G 技术的频谱效率提升了 3 倍，用户体验数据传输速率提升了 10 倍，达到了 100Mbps，下行速度可快至 10Gb/s，是 4G 技术的近百倍，另外 5G 的基站峰值要求不低于 20Gb/s，这意味着即使是在万人齐聚的演唱会、运动会等人流极其密集的地方，也不会出现因抢宽带而导致的 4G 变 2G 的情况。

2. 低时延

低时延就是信号从一个终端传输到另一个终端的响应速度更快了。5G 技术将无线接口延时从 10 毫秒下降到 1 毫秒，超低时延使很多领域看到了转型升级的可能性。比如，在工业互联网领域，德国某研究所在 5G 网络下对飞机喷气式发动机所用的扇叶盘进行测试，发现利用毫秒级的低时延能力控制和实时监控生产工艺，可以将打磨时间降低 25%，质量提升 20%。除此之外，对于自动驾驶、VR 等对时延有很高要求的领域，5G 通信网络的引入将大大提高生产效率和可靠性。

3. 泛在网

所谓泛在网，就是广泛存在的网络，它以实现在任何时间、任何地点，任何人、任何物都能顺畅地通信为目标。泛在网整合了多样化的信息通信技术，包含了物联网、互联网和通信网等所有已有的网络。如果泛在网的目标能够实现，那么我们将真正迎来万物互联的时代。比如，地下车库不再是网络盲区，小型基站将遍布整个车库，以支持汽车进行自动启动和停车等操作；当人们身处高山峡谷、深山老林等自然环境恶劣的地方时，不会因为无法联网而必须绞尽脑汁摸索复杂地形，小型基站的存在让人和所有联网设备都可以随时保持在线状态，整个网络资源触手可及。

4. 万物互联

1G 到 4G 解决的是人与人之间的通信，5G 则侧重于解决人与物、物与物的通信，将实现随时随地万物接入，即万物互联。从连接的本质来看，相较于原来的孤立的、不连续的连接，万物互联实现的是可以全程跟踪、没有时间限制的连接。往小了说，在一辆汽车里，如特斯拉汽车里有几百个传感器监控汽车运行的情况，并进行行车记录，包括司机有没有握好方向盘，是不是在行驶过程中使用了手机等。汽车一旦出现故障，厂家可以马上找到问题的原因，不需要像其他汽车维修中心那样在修理之前还要花上几个小时去排查故障。往大了说，IBM（国际商业机器公司）曾提出“智慧地球”的概念，认为通过把感应器嵌入和装备到全球每个角落的电网、铁路等各种物体中，可普遍连接形成物联网，然后通过超级计算机和云计算将物联网整合，最终实现“互联网+物联网=智慧地球”。

5. 重构安全体系

5G 将实现更为广泛的人与物、物与物的连接，这意味着一旦出现安全漏洞，将会是系统性的，其破坏力大大增加。试想，如果无人驾驶系统被攻破，那么整条街道甚至整座城市的汽车可能都将被黑客控制，这会造成怎样的混乱？试想，如果智能健康系统被侵入，那么大批用户的个人健康资料将被泄露，这会造成怎样的恐慌？在泛在网时代，人与人、人与物、物与物通过网络连接在一起，牵一发而动全身，所以为了保证整个泛在网的安全，5G 网络构建时应该在底层解决安全问题。在网络建设之初就应该加入安全机制，信息应该加密，对于特殊的服务还应该建立起专门的安全机制。随着 5G 的大规模部署，越来越多的安全问题将会逐渐出现，世界各国应该就安全问题形成新的机制，最后建立起全新的安全体系。

（四）发展历程

2012 年，国际电信联盟开始组织全球业界启动 5G 愿景、流量预测和未来技术趋势等前期研究，提出全面支持“以物为中心”的物联网业务。2013 年初，欧盟启动 METIS 计划，2015 年 7 月又启动了 5G PPP（Public Private Partnership）项目，开展无线网络架构与技术、网络虚拟化与软件定义网络等方向研究。2016 年 7 月，美国联邦通信委员会（FCC）同意开放 24GHz 以上高频频段谱用于 5G 移动宽带运营。日本在 2014 年成立了 5G 促进论坛（5GMF），开展对 5G 服务、系统构成以及无线接入技术等研究。日本电波产业协会于 2015 年初发布了日本 5G 白皮书。韩国在 2013 年成立了韩国 5G 论坛，韩国政府牵头并联合产业界，计划从 2014 年到 2020 年持续投入 15 亿美元开展对 5G 的技术研究。2017 年 12 月，国际电信联盟正式通过 IMT-2020 草案，为全球 5G 技术规范奠定了基础。

中国方面，工业和信息化部、发展和改革委员会和科学技术部在 2013 年联合成立了 IMT-2020（5G）推进组，该推进组先后发布了《5G 愿景与需求白皮书》《5G 概念白皮书》等。2016 年 1 月，中国正式开始测试 5G 技术。2018 年 2 月，在巴塞罗那举行的世界移动通信大会（MWC）上，华为公司正式发布首款 5G 商用芯片。2018 年 4 月，华为公司获得全球第一张 5G 产品欧盟无线设备指令型式认证证书（CE-TEC）。2019 年 3 月，中国移动在上海开展 5G 试用。4 月，中国联通宣布将在上海、北京、广州、深圳、杭州、南京和雄安正式开通 5G 实验网。6 月 6 日，工业和信息化部向中国电信、中国移动、中国联通、中国广电发放 5G 商用牌照，意味着中国正式进入 5G 商用元年。截至 2019 年底，全国共建成 5G 基站超 13 万个，已有 35 款手机终端获得入网许可，国内市场5G手机出货量超过1377万部，国产5G手机芯片投入商用。

国外的研究报告预测，到2035年，5G在全球创造的产品和服务将高达12.3万亿美元。5G时代的到来，使移动通信技术突破仅仅服务人与人的信息连接，成为一个面向万物的统一连接架构和创新平台，可以为用户提供个性化和智能化的服务，是一个真正意义上的融合网络。

（五）应用领域

在5G时代，人与人、人与物、物与物之间原有的互联互通界线被打破，所有的人和物都将存在于一个有机的数字生态系统里，数据或者信息将通过最优化的方式进行传递。从全球视角来看，目前5G无论是在技术、标准、产业生态还是在网络部署等方面都取得了阶段性的成果，5G落地的最后一环——应用场景正逐渐成为业界关注的焦点。

国际电信联盟定义了5G三大应用场景：增强型移动宽带（eMBB）、海量机器类通信（mMTC）及低时延高可靠通信（uRLLC）。

eMBB场景主要提升以“人”为中心的娱乐、社交等个人消费业务的通信体验，适用于高速率、大带宽的移动宽带业务。

mMTC和uRLLC则主要面向物物连接的应用场景，其中mMTC主要满足海量物联的通信需求，面向以传感和数据采集为目标的应用场景；uRLLC基于其低时延和高可靠的特点，主要面向垂直行业的特殊应用需求。

立足国际电信联盟定义的三大应用场景，结合当前5G应用的实际情况和未来发展趋势，对VR/AR应用、超高清视频、车联网、联网无人机、远程医疗、个人辅助、机器人、智慧城市、全景直播、智慧能源领域的馈线自动化等应用场景进行介绍。

1. VR/AR应用

VR/AR是近眼现实、感知交互、渲染处理、网络传输和内容制作等新一代信息技术相互融合的产物，由于移动通信技术限制，存在渲染能力不足、互动体验不强和终端移动性差等问题。随着大量数据和计算密集型任务转移到云端，“Cloud VR+”将成为VR/AR与5G融合创新的典型范例，如云上教育、云上文旅、电商体验、辅助装配等领域的创新实践。

（1）云上教育。新冠疫情期间云课堂和云视频等应运而生，腾讯会议平台上的日活跃用户超千万，在钉钉平台上网课的学生达1.2亿。为了让居家学习的学生更直观地了解课文的内容，教师用5G手机拍下课本上的文字或图画，通过上云可自动搜索并将帮助理解课文的动画或视频下载到手机上。一些企业在新冠疫情期间免费上线了海量的教育课程，包括VR课件，涵盖了中小学教育、高等教育、职业教育、素质教育、通识教育、心理健康等多个领域，提升了在线教育的参与感。云上教育在产业上也有很好的应用，如中国铁矿路南昌局集团有限公司南昌机务段利用“5G+VR”模拟行车场景以培训高铁司机。

（2）云上文旅。在博物馆戴上“5G+AR”眼镜，可近距离接触虚拟化的展品，实现所见即可知，甚至有穿越到古代的感受。在旅游景点内戴上“5G+AR”眼镜，相当于有一个随身导游，可听到关于风土人情与历史典故的介绍，如果戴上“5G+VR”头盔，还可还原所处历史场景，身临其境地感受刀光剑影或歌舞升平。重庆长江索道被誉为“万里长江第一条空中走廊”，戴上“5G+VR”头盔，犹如实地乘坐长江索道一样惊险、刺激。现在利用5G上云可实现异地协奏，虚拟地与歌手同台演唱。

（3）电商体验。新冠疫情期间知名电视主持人直播带货，帮助受疫情影响的地区销售农副产品，取得了很好的效果。利用“5G+AR”技术还可以改进电商体验，例如，买家用5G手机在电商平台上选好服装，然后用该手机自拍全身正面照和侧面照并注明身高，利用云端的AI技术和AR技术，手机上可出现买家虚拟穿上所选服装的视频，还可更换颜色、规格和款式，5G手机变身虚拟试穿镜。

（4）辅助装配。江铃汽车集团的工人从佩戴的“5G+AR”眼镜中获得虚实叠加的操作指示，装配效率提高了40%，而且出错率降低了72%；商飞公司为飞机总装线上的工人配备“5G+AR”眼镜，引导工人准确地进行机身内电缆线的连接，而过去需要经验丰富的工人对着图纸细心连接，还需要配备一人监督，以防出错。

2. 超高清视频

作为继数字化、高清化媒体之后的新一代革新技术，超高清视频被业界认为是将5G网络最早实现商用的核心场景之一。超高清视频的典型特征就是大数据、高速率。按照产业主流标准，4K、8K视频传输速率分别为12~40Mbps、48~160Mbps，4G网络已无法完全满足其网络流量、存储空间和回传时延等技术指标要求，5G网络良好的承载力成为解决该场景需求的有效手段。当前，4K/8K超高清视频与5G技术结合的场景不断出现，广泛应用于大型赛事、活动、事件直播、视频监控、商业性远程现场实时展示等领域，成为市场前景广阔的基础应用。

3. 车联网

车联网是智慧交通中最具代表性的应用之一，通过5G等通信技术实现“人—车—路—云”一体化协同，使其成为低时延、高可靠场景中最为典型的应用之一。融入5G技术的车联网体系将更加灵活，可实现车内、车际、车载互联网之间的信息互通，推动了与低时延、高可靠密切相关的远控驾驶、编队行驶、自动驾驶场景的应用。华为预测，到2025年这种5G车联网的技术会嵌入全球15%的车辆。麦肯锡估计，到2025年车联网每年将挽救3万~15万人的生命，减少废气排放；到2030年汽车共享、互联服务等衍生的全新商业模式将使汽车行业的收入增加1.5万亿美元。

4. 联网无人机

5G 网络将赋予联网无人机超高清视频传输（50~150Mbps）、低时延控制（10~20ms）、远程联网协作和自主飞行（100kbps，500ms）等重要能力，可以实现对联网无人机设备的监视管理、航线规范、效率提升。5G 网联无人机将使无人机群协同作业和 7×24 小时不间断工作成为可能，在农药喷洒、森林防火、大气取样、地理测绘、环境监测、电力巡检、交通巡查、物流运输、演艺直播、消费娱乐等行业及个人服务领域可获得巨大发展空间。

5. 远程医疗

5G 和物联网技术可承载医疗设备和移动用户的全连接网络，对无线监护、移动护理和患者实时位置等数据进行采集与监测，并在医院业务服务器上进行分析处理，提升医护效率。借助 5G、人工智能、云计算技术，医生可以通过基于视频与图像的医疗诊断系统，为患者提供远程实时会诊、应急救援指导等服务。患者可通过便携式 5G 医疗终端和云端医疗服务器与远程医疗专家进行沟通，随时随地享受医疗服务。2020 年新冠疫情期间，隔空 B 超、远程 CT 和视频会诊得到大量应用，5G 技术因提供高清晰医疗影像资料的低时延传送而受到重视。新冠患者的确诊主要依据核酸检测结果，但评估其严重程度还需要胸部 CT 来辅助。通过 AI 技术可以将 300 张患者双肺的 CT 照片合成为一个 3D 的肺，便于医生诊断。通过收集大量新冠患者的医学影像资料，基于 AI 技术与医生经验，开发出新冠 CT 智能诊断系统，新冠感染者的 CT 数据通过 5G 上传到云端系统，可对病灶形态、范围和密度等关键影像特征进行定量和组学分析，5 秒内可给出评估意见，供医生决策。据华为发布的报告，全球 2025 年智慧医疗市场将超过 2300 亿美元。

6. 智慧城市

智慧城市拥有竞争优势，因为它可以主动而不是被动地应对城市居民和企业的需求。智慧城市拥有众多的智能摄像头，用于监控交通流量和社区安全，这些智能摄像头在看护、在分析，24 小时不断，使城市更安全、更高效。5G 将给城市监控带来更高的帧率、更高的清晰度和更大范围，以及更智能的云端智能城市管理。

（六）典型案例

北京冬奥会赛事直播：2022 年北京冬奥会充分利用 5G 开展重大活动、重要体育赛事直播，北京明确了“5G+8K”超高清视频发展方向。产业界以此为契机，加快推动 8K 超高清的转播/直播落地，助推我国 8K 超高清视频产业发展。

央视春晚“5G+4K”/“5G+VR”超高清直播：2019 年央视春晚主会场与深圳分会场开展了“5G+4K”超高清视频直播，画面流畅、清晰、稳定，标志着央视春晚“5G+4K”超高清直播工作圆满完成。

二、区块链

（一）区块链起源

2015 年，区块链（Blockchain）成为互联网行业竞相追逐的新风口，被认为是继大型计算机、个人电脑、互联网、移动/社交网络之后计算范式的第五次颠覆性创新。区块链从比特币的概念发展而来，逐渐由小众研究走向大众市场，并上升为许多国家的发展战略。2017 年 2 月，美国国会成立了区块链决策委员会，旨在推动、完善区块链技术和与数字货币相关的公共政策。2018 年 4 月，欧盟有 22 个国家签署了建立欧洲区块链联盟的协议。中国方面，2016 年 12 月，中国首次把区块链作为战略性前沿技术、颠覆性技术写入《“十三五”国家信息化规划》。2019 年 10 月 24 日，中共中央政治局第十八次集体学习时，习近平总书记强调，要把区块链作为核心技术自主创新的重要突破口，明确主攻方向，加大投入力度，着力攻克一批关键核心技术，加快推动区块链技术和产业创新发展，站在数字经济国家战略的高度，指明了区块链技术和产业创新发展的主攻方向、关键路径和基本原则。

区块链究竟是什么？为何引起如此关注？回顾区块链的发展之路，不难发现，区块链源于人类源远流长的记账技术，触碰的是当今互联网社会信任缺失的痛点。

（二）基本概念

到现在为止，区块链尚没有公认的定义。区块链的概念首次出现在中本聪（Satoshi Nakamoto）于 2008 年 11 月 1 日发表的《比特币：一种点对点的电子现金系统》一文中，文章论述了区块链和基于区块链技术的数字加密货币——比特币，可以说，区块链及其技术诞生于一种新型的货币交易。

按照维基百科的定义，区块链（Blockchain）由区块（Block）和链（Chain）组成，是一种由密码学串接和保护的连续增加的被称作“区块”的文字记录列表。每个区块通常都含有前一个区块的密码散列，以及一个“时间戳”和交易数据。通过这种特别的设计，区块链能自然地防范数据的修改。区块链也可以说是一种有效和永久可查证的记录着双方交易数据的开放式分布式账本。如同分布式账本一样，区块链通常共同遵守这种协议，在点对点网络中检验新区块。交易数据一旦记录下来，任何一个给定的区块内的数据将无法回改，除非网络多数节点共同篡改后来的所有区块。因此，维基百科版的区块链定义强调区块链本质上是一种数据库，这种数据库的特征是由时间“连接”着的一系列“列表”（数据库的早期形式），较为直观地描述了区块链“像什么东西”，同时还把这种数据库比喻成“分布式账本”，强调记录着“货币交易”的数据。维基百科版的区块链定义还指出区块链技术最大的特点是数据记录的开放性、分布式、有特殊密码保障安全。维基百科版的区块链定义还特别指出，区块链这种结构安排在点对点网络中是很难篡改的。维基百科版的定义较为完整地诠释了区块链及有关技术的特点。

美国学者斯旺在其《区块链：新经济蓝图及导读》一书中把区块链定义为一种公开透明的、去中心化的数据库。该定义点出公开透明和去中心化两个重要特征。这种定义不再考虑区块链源于货币发展的“记账”的历史特点，直接点出现代意义上这种数据库的特点，并把“去中心化”与“分布式”等同起来。事实上，“去中心化”的概念更宽泛。“去中心化”包含着 P2P 网络应用场景，包含着去“第三方信任中心”的内容。

在工业和信息化部发布的《中国区块链技术和应用发展白皮书（2016）》中，区块链被定义为“区块链是分布式数据存储、点对点传输、共识机制、加密算法等计算机技术在互联网时代的创新应用模式”。该定义点出了所涉及的关键技术。此外，一些学者也对区块链技术给出了自己的理解，中国科学院自动化研究所的袁勇、王飞跃在《区块链技术发展现状与展望》一文中指出，狭义的区块链技术是一种按照时间顺序将数据区块以链条的方式组合成特定数据结构，并以密码学方式保证的不可篡改和不可伪造的去中心化共享总账，它能够安全存储简单的、有先后关系的、能在系统内验证的数据；广义的区块链技术则是利用加密链式区块结构来验证与存储数据，利用分布式节点共识算法来生成和更新数据，利用自动化脚本代码（智能合约）来编程和操作数据的一种全新的去中心化基础架构与分布式计算范式。该定义明确点出区块链技术是由加密算法、共识机制等关键技术有机组合而成的一种去中心化的技术集合，包含数据结构、民主网络、安全机制三个层面的含义。

综上所述，在技术维度，区块链可以定义为基于对等网络、共识机制、智能合约、加密算法的分布式共享账本。在经济维度，区块链可以理解为可信任、可交互、可加密、可共享的价值链。

（三）发展历程

区块链技术的成长过程大体可从概念认知和技术应用两个层面来看待。

2008 年 11 月，中本聪首次提出了比特币的概念，希望创建一套“基于密码学原理而不是基于信用，使任何达成一致的双方能够直接进行支付，不需要第三方中介参与”的电子支付系统。2009 年 11 月，中本聪开发的一套比特币发行、交易和账户管理系统正式运行，区块链中的第一个区块由此诞生。2010 年 5 月，美国佛罗里达州的程序员豪涅茨（Hanyecz）用 1 万比特币购买了价值 25 美元的比萨优惠券，比特币第一个公允汇率由此诞生。2010 年 7 月，比特币交易所 Mt. Gox 在日本成立，标志着世界上第一个比特币交易平台诞生。这一段时间比特币在电子货币行业逐渐得到业内人士的认可，开始在小范围内流动。

2011 年，比特币开始在全世界范围内被逐步接受。2011 年 1 月，非营利性组织电子前沿基金会开始接受比特币。2011 年 6 月，中国第一家比特币交易平台（BTC China）成立。2012 年 9 月，比特币创始人中本聪、比特币开发者加文·安德烈森（Gavin Andresen）等 7 人发起成立了比特币基金会。同年，比特币价格从 5.27 美元涨至 13.30 美元。2013 年 5 月，美国 60 多位投资者组建了比特币创业投资机构（Bitangles），并募集到 600 万美元的资金用于孵化比特币创业公司。截至 2013 年底，全球有 6 万个商家接受了比特币形式的支付，近 14 万个网络地址参与了比特币交易，交易量每天达 6 万次。全球最大的三个比特币交易平台为比特币中国、Mt. Gox 和 Bitstamp，所占市场份额分别为 32.5%、26%、20.7%，中国成为全球比特币交易增长最快的国家。2014 年，因交易处理效率、资源耗费、监管难度等方面的问题，比特币受到诸多质疑，进入了熊市。2015 年，区块链作为比特币的底层技术开始受到业界的关注和探索。2016 年，区块链技术在各行业得到更广泛的探索与应用，开始真正从小众走向大众。

区块链技术的应用与成长可分为三个阶段：区块链 1.0，即数字货币；区块链 2.0，即数字资产和智能合约；区块链 3.0，从区块链自组织（DAO）、区块链自治公司（DAC）到区块链社会（科学、医疗、教育等）。

区块链 1.0 是以比特币为代表的虚拟货币的时代。2008~2013 年，区块链技术的主要应用是以比特币的形态出现在数字货币行业，包括支付、流通等虚拟货币的职能。在这个时期，比特币基本实现了去中心化的数字货币交易支付功能，强烈地冲击了传统金融体系。更为重要的是，比特币的出现第一次让区块链进入了大众视野，并获了欧美等市场的接受。大量的货币交易平台让人联想到全球化货币统一的宏大愿景。但是，比特币投机性过大，易被用于贩毒、走私、洗钱等非法活动，且区块链 1.0 仅满足了虚拟货币的需要，影响了它在其他行业的普及。

区块链 2.0 是数字货币与智能合约的结合，是对金融领域更广泛的场景和流程进行优化的应用，最大的升级之处在于有了智能合约。美国计算机科学家、加密大师萨博（Szabo）于 1993 年首次提出智能合约概念，于 1994 年完成了《智能合约》一文。所谓智能合约，就是一套以数字形式定义的承诺，包括合约参与方可以在上面执行这些承诺协议。智能合约中的“合约”已从传统的签字画押演变成电子契约，其本质仍是传统的合同（也称协议），只不过智能合约建立的权利和义务都写进了计算机代码，计算机程序自动执行。与传统合约相比，智能合约的重要特征是订立和履行是一体的，可以从根本上解决“执行难”的问题。另外，区块链 2.0 是通过应用平台来上传和执行智能合约，并与其他外部的信息系统进行交互和处理，实现各行各业的应用。以太坊（Ethereum）是该阶段的标志性产品。所谓以太坊，就是一个开源的有智能合约功能的公共区块链平台，通过其专用加密货币——以太币（Ether，简称“ETH”）来处理点对点合约。2013 年，美国程序员比泰里（Buterin）首次提出以太坊的概念，并发布《以太坊：下一代智能合约和去中心化应用平台》白皮书（初版）。2014 年，伍德（Wood）发表了以太坊黄皮书，作为以太坊虚拟机的技术说明。以太坊客户端由七种编程语言实现（C++、Go、Python、Java、JavaScript、Haskell、Rust），并通过众筹方式募集资金预售以太币。以太坊最重要的技术贡献就是智能合约。

区块链 3.0 是一个完全去中心化的社会网络，应用范围从货币、金融扩大到政府、健康、科学、文化和艺术等领域。区块链“去中心化”功能和“数据防伪”功能在公证、仲裁、审计、域名、物流、医疗、邮件、鉴证、投票等领域的深入应用，使区块链技术有可能成为“万物互联”的一种最底层的协议，让整个社会进入智能互联网时代，形成一个可编程的社会。随着区块链的发展，去中心化的模式变得越来越复杂。目前，区块链主要分为公有链、私有链、联盟链三种。公有链是指全世界任何人都可读取、发送交易，且交易能获得有效确认的、可以参与其中共识过程的区块链，如比特币、以太坊。私有链只对单独的个人或实体开放，如 R3CEV Corda 平台等。联盟链则介于公有链和私有链之间，由若干组织或社区一起合作维护一条区块链，该区块链上有权限的管理在若干组织之间公开，如超级账本（Hyperledger）项目、FISCO BCOS 平台等。

（四）技术特征

区块链是多种技术的集成创新：一是基于时间戳的链式区块结构，上链数据难以篡改；二是基于共识算法的实时运行系统，指定数据可以共享；三是基于智能合约的自规则，技术性信任可以认证；四是基于加密算法的端对端网络，交易对手可以互选。

数字信任和立体交互是区块链技术超越传统信息技术的潜在优势。

1. 数字信任

大数据技术最先用于建立数字信任。2016 年，蚂蚁金服和阿里巴巴累计发放贷款 8000 多亿元，这些贷款流向实体经济的底层。之后，越来越多的科技平台、金融机构推出了基于大数据技术的信用服务。这里的关键是，通过数据挖掘发现信用，创造信用，发掘大众的信用价值，商业银行应用大数据技术挖掘小微企业的信用，为 500 多万户小微企业推进信用普及。

区块链可以建立一种“技术背书”的信任机制，通过数学方法解决信任问题，以算法程序表达规则，只要信任共同的算法程序就可以建立互信。在保持商业信用的同时，区块链增加了技术性的信任方式。

区块链通过“共识协议”和编程化的“智能合约”，可以嵌入相应的编程脚本。这种可编程脚本本质上是交易各方自定义并共同确认的规则，技术上是众多指令汇总的列表：一是实现价值交换时的针对性和筛选性，即交易对手的限制；二是实现价值交换中的限制性或条件性，即交易中的各项约束；三是实现价值的特定用途，可以在发送价值时自动执行对价值再转移条件的约束。这就可以自行确定并交付执行交易各方认同的商业条款，可以引入法律规则和监管控制节点，确保价值交换符合契约原则和法律规范，避免无法预知的交易风险。

数字信任的价值在于：可以在信任未知或信任薄弱的环境中形成可信任的纽带，节约信用形成所需的时间和成本，在一定范围、一定程度上加持商业信用；可以在广域、高速的网络中建立零时差、零距离的认证工具，提高物联网的实际效率和运行可靠性。进一步分析，数字信任的主要优势是高效率、低成本的普惠性。

目前，数字信任的应用范围并不大。未来，数字信任有可能实现五个可信：数据可信、产权可信、授权可信、合约可信和法人可信。这不仅将重构工业模式，实现价值链、供应链、指挥链的一体化，也将重构金融模式，实现信息流、物流、资金流的一体化。

2. 立体交互

区块链的分布式、端对端架构有助于信息并行传递，实现信息共享，管控并行交叉，在交易对手多、交易环节多、管理链条长、离散程度高的场景中，可以构建时空折叠、立体交互的商业架构，提升合作效率和运营效率。

区块链采用的链式区块数据结构、共识机制、时间戳和密钥等技术，有助于在多方参与的立体交互场景中防止原始数据被篡改，控制数据泄露风险，保护隐私和数据安全。

我们熟悉的信息技术架构是大中心化、局域封闭式的，我们熟悉的商业社会是市场主体各自独立、平面交互式的，我们熟悉的传统信用机制是自成体系、分立割据的。

区块链技术的亮点是，建立数字信任和立体交互架构，有可能再造商业模式，提高资源配置效率。

（五）应用领域

随着区块链的悄然兴起，区块链已成为全球技术发展的一个前沿阵地，各国争相探索其应用价值。当前，区块链主要应用于以下几个领域。

1. 金融领域

区块链在国际汇兑、信用证、股权登记和证券交易等金融领域有着潜在的巨大应用价值。将区块链技术应用在金融行业中，能够省去第三方中介环节，实现点对点的直接对接，从而在大大降低成本的同时，快速完成交易支付。

比如，Visa 推出基于区块链技术的 Visa B2B Connect，它能为机构提供一种费用更低、更快速和安全的跨境支付方式，以处理全球范围内企业对企业的交易。传统的跨境支付需要等 3~5 天，还要支付 1%~3%的交易费用。Visa 联合 Coinbase 推出了首张比特币借记卡，花旗银行则在区块链上测试运行加密货币“花旗币”。

2. 物联网和物流领域

区块链在物联网和物流领域也可以天然结合。通过区块链可以降低物流成本，追溯物品的生产和运送过程，提高供应链管理的效率。该领域被认为是区块链一个很有前景的应用方向。

区块链通过节点连接的散状网络分层结构，能够在整个网络中实现信息的全面传递，并检验信息的准确程度。这种特性在一定程度上提高了物联网交易的便利性和智能化。“区块链+大数据”的解决方案就利用了大数据的自动筛选过滤模式，在区块链中建立信用资源，可双重提高交易的安全性，并提高物联网交易的便利程度，为智能物流模式应用节约时间成本。区块链节点具有十分自由的进出能力，可独立地参与或离开区块链体系，不会对整个区块链体系有任何干扰。“区块链+大数据”的解决方案就利用了大数据的整合能力，促使物联网基础用户拓展更具有方向性，便于在智能物流的分散用户之间实现用户拓展。

3. 公共服务领域

区块链在公共管理、能源、交通等领域都与民众的生产生活息息相关，但是这些领域的中心化特质也带来了一些问题，可以用区块链来改造。区块链提供的去中心化的完全分布式 DNS 服务通过网络中各个节点之间的点对点数据传输服务就能实现域名的查询和解析，可用于确保某个重要的基础设施的操作系统和固件没有被篡改，可以监控软件的状态和完整性，发现不良的篡改，并确保使用物联网技术的系统所传输的数据没有经过篡改。

4. 数字版权领域

利用区块链技术可以对作品进行鉴权，证明文字、视频、音频等作品的存在，保证权属的真实、唯一性。作品在区块链上被确权后，后续交易都会被实时记录，实现数字版权全生命周期管理，也可作为司法取证中的技术性保障。例如，美国纽约一家创业公司 Mine Labs 开发了一个基于区块链的元数据协议，这个名为 Mediachain 的系统利用 IPFS 文件系统，实现了数字作品版权保护，主要是面向数字图片的版权保护应用。

5. 保险领域

在保险理赔方面，保险机构负责资金归集、投资、理赔，管理和运营成本往往较高。通过智能合约的应用，既无须投保人申请，也无须保险公司批准，只要触发理赔条件，就可实现保单自动理赔。一个典型的应用案例就是 LenderBot，它于 2016 年由区块链企业 Stratumn、德勤与支付服务商 Lemonway 合作推出的，它允许人们通过 Facebook Messenger 的聊天功能，注册定制化的微保险产品，为个人之间交换的高价值物品进行投保，区块链在贷款合同中代替了第三方角色。

6. 公益领域

区块链上存储的数据，高可靠且不可篡改，天然适合社会公益场景。公益流程中的相关信息，如捐赠项目、募集明细、资金流向、受助人反馈等，均可以存放于区块链上，并进行透明公开公示，方便社会监督。

（六）典型案例

享链是中国科学院软件研究所和贵阳市政府共同成立的区块链技术与应用联合实验室历时三年研发的，对标 Hyperledger 的联盟链产品，包括享链核心组件 Repchain、享链 BaaS 云平台、享链盒子等系列产品。

享链可以应用于生态环境监测，其解决方案已在贵州省贵阳市乌当区普渡河生态监测项目及高新区白鹭湖生态监测项目中落地。数据质量是环境监测工作的生命线，但现在有些机构提供的数据质量低下，有时甚至存在逻辑缺失的现象，浪费了国家投入的科研经费。我国环境监测数据造假的新闻时有发生，这已经成为环保的最大痛点之一。利用区块链技术可以实现对河流水质的“穿透式”监管。在河流上部署很多监测点位，通过传感器收集、传输、存储和分析数据，并接入到享链盒子里，上链数据都会存证证书，防止恶意篡改，这就从源头上解决了数据造假问题。该解决方案一方面可以实现环保数据全方位、无死角的监控，另一方面改变了以往完全依赖巡查、事后补救的管理手段，促进了政府管理模式的创新。

三、人工智能

（一）基本概念

人工智能（Artificial Intelligence，AI）是研究、开发用于模拟、延伸和扩展人的智能的理论、方法、技术及应用系统的一门新的技术科学，涉及计算机科学、心理学、哲学和语言学等学科，主要研究内容包括计算机实现智能的原理、制造类似于人脑智能的计算机，旨在使计算机能实现更高层次的应用。

（二）发展历程

自 20 世纪 50 年代诞生至今，人工智能的发展经历了三次浪潮。

人工智能发展的第一次浪潮是从 1956 年到 20 世纪 70 年代，在这个阶段基础理论集中诞生，奠定了人工智能发展的基本规则。1970 年，人工智能的第一次浪潮达到顶峰，在这次浪潮中，人们已经可以通过第一代神经网络算法证明《数学原理》中的 38 项。为此，人工智能的创始人之一明斯基甚至兴奋地宣告，未来 3~8 年，计算机的智能可以达到人类的平均水平。但是很快他自己就证明了第一代神经网络是有缺陷的，技术缺陷、算力不足、数据缺失给人工智能的发展前景蒙上了一层阴影，1980 年人工智能第一次进入冬天。

人工智能发展的第二次浪潮是从20世纪80年代初到90年代中期，随着1982年Hopfield网络和1986年BP算法（反向传播算法）的出现，多层神经网络的学习成为可能，解决了第一代神经网络的缺陷，让人们再次看到了人工智能的希望。由于这些算法受到计算机运算能力的限制，在很多场景下算法难以收敛，因此引发了2000年人工智能的第二次冬天。

2006年，随着深度学习算法的正式提出，人工智能发展迎来了第三次浪潮。互联网和移动互联网积累的海量训练数据、以GPU为代表的算力提升也为深度学习的快速发展奠定了外围基础。在这次发展浪潮中，智能语音、计算机视觉、机器翻译、自然语言理解、人机对弈等领域得到了前所未有的发展。2011年，深度学习在语音识别领域率先取得突破，深度前馈神经网络成功应用于大词汇量连续语音识别。同年，科大讯飞在全球发布了首个语音云平台，宣告手机听写时代的到来。随后，深度学习迅速应用于语音合成、说话人识别、语音评测等智能语音的其他领域。随着循环神经网络、卷积神经网络及端到端深度学习框架不断应用于智能语音系统，智能语音的行业应用取得了前所未有的发展。

2012年，Hinton团队提出深度卷积神经网络Alexnet，在Imagenet上的图像识别效果显著优于传统非深度学习算法。随后，以DeepID为代表的深度学习算法成功应用于人脸识别领域，超过人眼识别效果。接着，VGGNet、ResNet等代表性算法不断提升着图像识别的效果，深度卷积神经网络在计算机视觉领域得到了全面应用。2014年，基于编码器——解码器结构的神经机器翻译模型出现，标志着机器翻译进入深度学习时代。随后，通过在神经网络翻译基础上引入注意力机制，机器翻译的效果取得了显著提升，注意力机制很快成为深度学习中的主流技术。2016年，DeepMind公司通过计算机程序学习人类的3000万局对弈的棋谱，发明了基于深度强化学习的围棋人工智能程序AlphaGo，并以4：1的成绩击败韩国围棋国手李世石，在世界范围内引起了人们对人工智能的广泛关注。2018年，BERT等预训练模型技术大幅刷新了自然语言处理任务的技术水平，并出现了以预训练模型为基础、以监督微调为代表的自然语言理解新技术范式，迅速在文本生成、图像描述、自动摘要等任务中大规模应用。随着移动互联网数据的爆发式增长，以生成对抗网络为代表的无监督学习方法成为深度学习的下一步发展方向，引起了众多学者的关注，有望进一步促进人工智能的发展。

随着云计算、大数据等产业的迅猛发展与广泛应用，众多科技公司蓬勃发展，人工智能发展迎来持续热潮。微软、特斯拉、科大讯飞、海康威视、商汤科技等公司聚焦人工智能在各自行业中的应用，谷歌、Facebook、腾讯、百度等公司着力发展人工智能搜索和社交应用，亚马逊、阿里巴巴、京东等公司成为人工智能电商应用的代表，英伟达、华为、寒武纪等公司将人工智能芯片研发作为公司发展战略目标。按普华永道（PwC）的预测，到2030年全球人工智能市场规模将达到15.7万亿美元，约合人民币104万亿元。

（三）应用领域

人工智能从诞生以来，理论和技术日益成熟，应用领域不断扩大。

1. 人工智能+教育

科大讯飞、乂学教育等企业早已开始探索人工智能在教育领域的应用。图像识别和语义理解等多项技术可以辅助人工阅卷，大幅提升阅卷效率和准确性，助力教育公平；人工智能语音合成技术可以让机器给出标准的普通话和英语发音，能很大程度上解决农村等偏远地区英语、语文等语言类学科因师资力量不足而开不好课的问题；通过知识推理技术在教学和学习中的广泛应用，人工智能可结合学生的历次学情数据，生成学生的个人画像，向师生精准推送个性化的教学优质资源，大幅降低无效重复教学时间，实现因材施教。人工智能和教育的结合可以在一定程度上改善教育行业师资分布不均衡、师生负担重等问题，从工具层面给师生提供更有效的学习方式。

2. 人工智能+医疗

目前，垂直领域的图像算法和自然语言处理技术已可基本满足医疗行业的需求，市场上出现了众多技术服务商，如提供智能医学影像技术的德尚韵兴，研发人工智能细胞识别医学诊断系统的智微信科，提供智能辅助诊断服务的若水医疗，统计及处理医疗数据的易通天下等。智能医疗在辅助诊疗、疾病预测、医疗影像辅助诊断、药物开发等方面发挥着重要作用。

3. 人工智能+零售

人工智能在零售领域的应用已经十分广泛，无人便利店、智慧供应链、客流统计、无人仓、无人车等都是热门方向。京东自主研发的无人仓通过大量智能物流机器人进行协同与配合，通过人工智能、深度学习、图像智能识别、大数据应用等技术，让工业机器人可以进行自主的判断和行为，完成各种复杂的任务，在商品分拣、运输、出库等环节实现自动化。图普科技则将人工智能技术应用于客流统计，通过人脸识别客流统计功能，门店可以从性别、年龄、表情、新老顾客、滞留时长等维度建立到店客流用户画像，为调整运营策略提供数据基础，帮助门店从匹配真实到店客流的角度提升转换率。

4. 人工智能+交通

智能交通系统是通信、信息和控制技术在交通系统中集成应用的产物。智能交通系统应用最广泛的国家是日本，其次是美国、欧洲等国家和地区。目前，我国在智能交通方面的应用主要是对交通中的车辆流量、行车速度进行采集和分析，对交通进行实时监控和调度，有效提高通行能力，简化交通管理，减少环境污染。

5. 人工智能+家居

智能家居主要是基于物联网技术，通过智能硬件、软件系统、云计算平台构成一套完整的家居生态圈。用户可以远程控制设备，设备间可以互联互通，并进行自我学习等，以整体优化家居环境的安全性、节能性、便捷性等。值得一提的是，随着智能语音技术的发展，智能音箱成为一个爆发点。小米、天猫、Rokid 等企业纷纷推出自身的智能音箱，不仅成功打开了家居市场，也为未来更多的智能家居用品培养了用户习惯。目前的家居市场智能产品种类繁杂，如何打通这些产品之间的沟通壁垒，建立安全可靠的智能家居服务环境，是该行业下一步的发力点。

6. 人工智能+安防

近年来，中国安防监控行业发展迅速，视频监控数量不断增长，在公共和个人场景监控摄像头安装总数已经超过了 1.75 亿。在部分一线城市，视频监控已经实现了全覆盖。不过，相对于国外而言，我国安防监控仍然有很大的成长空间。截至当前，安防监控行业经历了四个发展阶段，分别为模拟监控时代、数字监控时代、网络高清时代、智能监控时代。每一次行业变革都得益于算法、芯片和零组件的技术创新，以及由此带动的成本下降。因而，产业链上游的技术创新与成本控制成为安防监控系统功能升级、产业规模增长的关键，也成为产业可持续发展的重要基础。

（四）典型案例

2019 年 8 月，依图科技与厦门市达成战略合作，依图将深度参与厦门市人工智能城市的顶层设计与建设，依托人工智能技术，在民生、公务等多方面落地一脸通行平台及城市级大入口建设，并依托该平台开展公共交通、旅游景区、行政服务中心等公共领域的“刷脸”应用建设。除此之外，双方还将共建人工智能应用技术实验室，并在城市智能视觉中枢建设、厦门市民智能健康等方面携手，依托视觉中枢开展公务、民生等方面的智能应用，将应用渗透至厦门城市数字化、智能化建设的各个领域，让广大普通市民率先享受先进技术带来的智能服务与体验。

四、大数据

（一）基本概念

麦肯锡曾给出过大数据的定义：大数据指的是大小超出常规的数据库工具，具有获取、存储、管理和分析能力的数据集。但是它又同时强调，并不是一定要超过特定规模的数据集才能算是大数据。

与麦肯锡更多关注数据规模不同，维克托·迈尔·舍恩伯格强调大数据赋予的新能力，并基于此给出了一个新的定义：大数据代表的是当今社会所独有的一种新型的能力，以一种前所未有的方式，通过对海量数据进行分析，获得有巨大价值的产品和服务，或深刻的洞见。

周涛在《为数据而生：大数据创新实践》一书中从大数据的结果出发给出了一个定义：大数据是基于多源异构、跨域关联的海量数据分析所产生的决策流程、商业模式、科学范式、生活方式和观念形态上的颠覆性变化的总和。

（二）发展趋势

1. 数据总量呈指数级爆炸式增长

现在我们每天产生的数据量大约为5×1018字节，比唐、宋、元、明、清五个朝代全世界产生的数据总量还多，现在一年产生的数据量约为2010年以前整个人类文明产生的数据量总和。这些数据主要为互联网数据、个人的行为和生理数据、传感器和其他探测装置采集的自然数据、大型科学研究生成的巨量数据等。2018年，全球数据总存储量约为20ZB（2000万PB）。Intel预测，2025～2026年全球数据总存储量将超过200ZB。面对如此巨量的数据，大数据时代的第一个挑战就是如何解决信息过载的问题，即如何帮助用户在信息海洋中找到自己需要或者喜欢的内容，搜索、推荐等技术在电子商务和个性化教育等领域的应用是典型的代表。政府招商工作和银行普惠金融业务也会遇到类似的信息过载问题。

2. 数据结构发生变化，非结构化数据成为数据主体

以前绝大部分的数据都是以表格的形态存在，我们称之为结构化数据。例如，一个学生的学籍学业表格中有他的姓名、性别、年龄、籍贯、民族、毕业院校、父母职业、高考成绩、大学历次考试成绩、毕业去向等信息。利用一些标准化的统计分析工具，我们很容易得到数据之间的关联，挖掘出家庭背景对学业发展的影响，性别差异对就业的影响等。但是现在新增数据的绝大部分（这个比例已经超过90%）是非结构化的数据，包括文本、语音、图像、视频、社交关系网络、空间移动轨迹等，这些数据蕴含着巨大的价值。例如，在数据环境充分的情况下，仅仅通过一个人智能手机移动轨迹的分析结果，就能较精确地得到这个人从“生活消费水平”到“违法犯罪可能性”等方面的信息。和结构化的数据不一样，非结构化数据没有一套标准化的方法去挖掘这些价值，这就带来了大数据时代的第二个挑战：如何挖掘非结构化数据中的价值，甚至把它转化为结构化的数据。

3. 数据组织发生变化，多源数据被打通

以前同一个对象不同侧面的数据分散在多处，形成了一个个数据孤岛。以个人数据为例，阿里巴巴记录了我们的购物行为，新浪微博知道我们的朋友关系和言论，医保部门了解我们的就医情况，公安局有我们的犯罪记录，但这些数据之间是不连通的。近些年，通过一些政策、资本、产品和技术手段，针对个人、家庭、企业、产品等的

多源数据正在被打通。例如，“信用中国”正在尝试打通个人和企业的数据记录，阿里巴巴从2015年起开始利用新浪微博的数据来提高淘宝广告推送的准确度，等等。同一对象不同数据的跨域关联有巨大的社会经济价值，如金融机构可以获得更完整的征信记录，税务部门可以全面了解个人和企业的涉税信息，民政部门可以开展更精准的扶贫行动，公安部门可以实时掌握流动人口及违法人员全面的信息，商业机构能够投送点击率更高的广告，等等。与此同时，数据的跨域关联也带来了隐私和安全方面的挑战，分析人员更容易通过多源立体的数据反向挖掘出个人和家庭的隐私信息，但关联数据安全问题带来的破坏远远大于单一数据集。大数据时代的第三个挑战就是如何在隐私安全可控的前提下充分应用跨域关联数据，形成“1+1>2”的效果。

（三）重要价值

数据的采集、存储和分析能力是创新型政府的核心战略能力，对政府治理、产业发展、科技创新等都有重大意义，具体表现在以下六个方面：

第一，大数据可以帮助政府维护社会的安全和稳定。通过网络、通信、遥感等多渠道的数据分析，可以实时、精准地感知国内外态势，对一些重大事件提前进行预警。在隐私可控的前提下，通过对可能带来重大安全隐患的若干重点人群的行为进行分析，提前发现异常，防患于未然。与此同时，需要注意的是，数据安全意识的缺失和数据安全管理的松懈，也可能给国家安全带来重大隐患。

第二，大数据可以提升政府的治理和决策能力。通过数据资源目录和数据标准的建设，以及跨部门数据的打通融合，可以大幅度提高政府的社会服务和社会治理能力，包括提升民众办理政务手续的用户体验，提高交通管理、土地规划、科技计划、税务管理、人才建设、公共治安、应急管理、纪检反腐、安全生产、扶贫脱贫等方面的效率。与此同时，数据的统计分析可以帮助主要决策机构和决策人准确了解政府在教育、医疗、产业、人才等方面的资源配置现状和发展态势，并对牵涉个人利益的重大政策调整所带来的直接结果进行定量化政策仿真。决策完成后，数据分析可以帮助政府实时掌握决策的社会影响，包括各种正面和负面的重大舆情。

第三，大数据可以挖掘传统行业内禀的创造力。大数据已经在一些数据密集型的行业（如金融和电子商务）中发挥了巨大作用。事实上，针对一些尚处于信息化初级阶段的行业，大数据有望发挥更大的提升作用。例如，可以通过具有近场通信能力的工卡，记录产业工人的工作情况；通过具有短程通信能力的传感器，采集生产设备的温度、压力、转速、振动强度、电流强度等信息；通过数据综合分析，优化生产流程，提高产业工人平均生产效率，提升产品良率，监控大型制造设备的运行情况，实现故障的提前预警等。这些措施可以提高制造业的生产效率，降低事故风险。类似的技术手段还可以应用在农业等传统行业中。

第四，大数据可以催生全新的商业模式。除了和传统行业的深度结合外，大数据还可以催生以数据共享和交易为核心的新商业模式。尽管大部分通过公共渠道获得的数据资源存在数据陈旧、数据噪声大、数据非标准化等缺陷，高质量的政务数据不能直接售卖，但通过数据的增值加工形成的数据产品仍具有商品价值。随着数据市场的逐步成熟，数据供需双方的信息会进一步透明化，数据的定价会变成逐步成熟的市场行为。当数据被赋予价格甚至资本化后，数据的商品价值和金融价值将非常可观，数据交易本身会成为一种具有巨大经济价值的新商业模式，能够通过数据的流通从整体上促进科技和产业的创新。

第五，大数据可以改善人民生活水平。随着数据深度、广度、真实性的持续增加，政府和市场化机构可以更好地配置有限资源，为民众提供匹配度更高的服务，从而在交通、医疗和教育等最受关注的民生领域，显著提升人民的获得感。例如，杭州城市大脑通过接入所有公共停车位并提供智能导航，以及对交通信号灯实行实时优化控制，大幅缓解了民众出行的拥堵程度。又如，基于个人基因测序数据和蛋白质组学数据的个性化医疗已经被应用于多种重大疾病的诊疗，显著提升了愈后效果。一些发达国家和地区已经开始有计划地采集个人的医疗数据，以期提升医疗服务能力，如英国国家卫生服务局预计 2020~2025 年英国全基因检测人数将从 10 万人增加到 500 万人。再如，利用线上教育平台和个性化内容匹配与推荐技术，可以把教育先进地区优质的教育内容精准发送给相对落后地区的孩子，实现千人千面的万人课堂，提高教育均衡化水平。

第六，大数据可以推动科技创新。整个科学技术领域都在向着数据密集和计算密集的方向发展，实际上，大型科学仪器（如粒子对撞机和射电望远镜）所产生的数据量是惊人的。大型强子对撞机（LHC）在 2015 年每秒产生的数据量超过 1GB，年产生数据量约为 30PB，2020 年预期将产生超过 100PB 的数据，最终将达到每年产生 400PB 的数据。大量激动人心的物理学和生命科学的发现都是基于巨量数据和计算。甚至在社会科学、管理科学、心理科学等传统上主要使用定性和半定量研究方法的学科的研究中，数据驱动的研究占比也越来越多。垂直方向和综合性的科学数据中心在科学研究中起到了创新引擎的作用。

（四）应用领域

大数据的应用场景包括各行各业对大数据处理和分析的应用，最核心的还是用户需求。

1. 医疗大数据

除了较早就开始利用大数据的互联网公司，医疗行业是让大数据分析最先发扬光大的传统行业之一。医疗行业拥有大量的病例、病理报告、治愈方案、药物报告等，如果这些数据可以被整理和应用，将会极大地帮助医生和病人。病菌、病毒及肿瘤细胞始终处于不断进化的过程中，诊断疾病时，疾病的确诊和治疗方案的确定是最困难的。在未来，借助大数据平台我们可以收集不同病例和治疗方案，以及病人的基本特征，可以建立针对疾病特点的数据库。如果未来基因技术发展成熟，可以根据病人的基因序列特点进行分类，建立医疗行业的病人分类数据库。医生诊断病情时可以参考病人的疾病特征、化验报告和检测报告，利用疾病数据库来帮助病人快速确诊。在制定治疗方案时，医生可以依据病人的基因特点，调取相似基因、年龄、人种、身体情况的有效治疗方案，制定出适合病人的治疗方案，帮助更多人及时进行治疗。同时，这些数据也有利于医药行业开发出更加有效的药物和医疗器械。医疗行业的数据应用一直在进行，但是数据没有打通，都是孤岛数据，没有办法进行大规模应用，未来需要将这些数据收集起来，纳入统一的大数据平台，为人类健康造福。政府和医疗行业是推动这一趋势的重要动力。

2. 生物大数据

自人类基因组计划完成以来，以美国为代表的世界主要发达国家纷纷启动了生命科学基础研究计划，如国际“千人基因组计划”、“DNA 元件百科全书”计划、英国的十万人基因组计划等。这些计划促使生物数据呈爆炸式增长，目前全球每年产生的生物数据总量已达 EB 级，生命科学领域正在爆发一次数据革命，生命科学某种程度上已经成为大数据科学。基因测试能让准父母对他们未出生孩子的健康有更多的了解。基因携带者筛查和胚胎植入前的诊断，使对一个孕育小孩的过程产生了巨大改变。当下，我们所说的生物大数据技术主要是指大数据技术在基因分析上的应用，通过大数据平台，人类可以将自身和生物体基因分析的结果进行记录和存储，建立基于大数据技术的基因数据库。大数据技术将加速基因技术的研究，快速帮助科学家进行模型建立和基因组合模拟计算。基因技术是人类未来战胜疾病的重要武器，借助大数据技术应用，人们将加快自身基因和其他生物基因的研究进程。未来，利用生物基因技术来改良农作物，利用基因技术来培养人类器官，利用基因技术来消灭害虫都将成为现实。

3. 零售大数据

零售行业的大数据应用包含两个方面：一方面零售行业可以了解客户消费喜好和趋势，进行商品的精准营销，降低营销成本。另一方面依据客户购买的产品，为客户推荐可能购买的其他产品，增加销售额，也属于精准营销范畴。另外，零售行业可以通过大数据掌握未来消费趋势，有利于热销商品的进货管理和过季商品的处理。零售行业的数据对于产品生产厂家而言是非常宝贵的，零售商的数据信息将促进资源的有效利用，减少产能过剩，厂商依据零售商的信息按实际需求进行生产，减少不必要的生产浪费。未来，考验零售企业的不再只是零供关系的好坏，而是挖掘消费者需求，以及高效整合供应链以满足其需求的能力，因此信息科技水平的高低成为获得竞争优势的关键要素。不论是国际零售巨头，还是本土零售品牌，要想顶住日渐微薄的利润率带来的压力，在这片红海中立于不败之地，就必须思考如何拥抱新科技，并为顾客们带来更好的消费体验。想象一下这样的场景，当顾客在地铁候车时，墙上有某一零售商的巨幅数字屏幕广告，顾客可以自由浏览产品信息，对感兴趣的或需要购买的商品进行扫描下单，约定在晚些时候送到家中。在顾客浏览商品并最终选购商品的过程中，商家已经了解顾客的喜好及个人详细信息，按要求配货并送达顾客家中。未来，甚至顾客都不需要有任何购买动作，基于之前购买行为产生的大数据，当你的沐浴露剩下最后一滴时，你中意的沐浴露就已送到你的手上，虽然顾客和商家从未谋面，但已如朋友般熟识。

4. 电商大数据

电商是最早利用大数据进行精准营销的行业，除了精准营销，电商还可以依据客户消费习惯提前为客户备货，并将便利店作为货物中转点，在客户下单 15 分钟内将货物送上门，提高客户体验。菜鸟网络宣称可在 24 小时内完成在中国境内的送货，以及京东宣传的京东将在 15 分钟完成送货上门都是基于客户消费习惯的大数据分析和预测。电商可以利用其交易数据和现金流数据，为其生态圈内的商户提供基于现金流的小额贷款，电商业也可以将此数据提供给银行，同银行合作为中小企业提供信贷支持。由于电商的数据较为集中，数据量足够大，数据种类较多，因此未来电商数据应用将会有更多的想象空间，包括预测流行趋势、消费趋势、地域消费特点、客户消费习惯、各种消费行为的相关度、消费热点、影响消费的重要因素等。依托大数据分析，电商的消费报告将有利于品牌公司的产品设计，生产企业的库存管理和计划生产，物流企业的资源配置，生产资料提供方的产能安排等，促进精细化社会化大生产，推动精细化社会的出现。

5. 农牧大数据

大数据在农业领域的应用主要是指依据预测的未来商业需求来进行农牧产品生产，降低菜贱伤农的概率。同时，大数据分析将更加精确地预测未来的天气，帮助农牧民做好自然灾害的预防工作。大数据还会帮助农民依据消费者的消费习惯来决定增加哪些品种的种植，减少哪些农作物品种的生产，提高单位种植面积的产值，有助于快速销售农产品，完成资金回流。牧民可以通过大数据分析来安排放牧范围，有效利用牧场。渔民可以利用大数据安排休渔期，定位捕鱼范围等。由于农产品不容易保存，因此合理种植和养殖农产品十分重要。如果没有做好规划，容易产生菜贱伤农的悲剧。过去出现的猪肉过剩、卷心菜过剩、香蕉过剩的现象就是因为农牧业没有做好规划。借助大数据提供的消费趋势报告和消费习惯报告，政府将为农牧业生产提供合理引导，建议农牧业从业者依据需求进行生产，避免产能过剩，造成不必要的资源和社会财富浪费。农业关乎国计民生，科学的规划将有助于提升社会整体效率。大数据技术可以帮助政府实现农业的精细化管理，实现科学决策。基于大数据技术，结合无人机技术，农民可以采集农产品生长信息、病虫害信息，相较于过去雇佣飞机，成本将大大降低，同时精度也将大大提高。

6. 交通大数据

交通作为人类行为的重要组成部分和重要条件，对大数据的感知非常急迫。近年来，我国的智能交通已实现了快速发展，许多技术手段都达到了国际领先水平。但是，问题和困境也非常突出，从各个城市的发展状况来看，智能交通的潜在价值还没有得到有效挖掘，即对交通信息的感知和收集有限，对存在于各个管理系统中的海量数据无法共享、有效分析，对交通态势的研判、预测乏力，对公众的交通信息服务很难满足其需求。这虽然有各地在建设理念、投入上的差异，但是整体上智能交通效率不高，智能化程度不够，导致很多先进技术设备发挥不了应有的作用，造成了大量投入资金的浪费。这其中很重要的问题是小数据时代带来的硬伤：从模拟时代带来的管理思想和技术设备只能进行一定范围的分析，而管理系统的那些关系型数据库只能刻板地分析特定的关系，对海量数据尤其是半结构、非结构数据无能为力。尽管现在已经基本实现了数字化，但只是局部提高了采集、存储和应用的效率，本质上并没有太大的改变，而大数据时代的到来必然带来破解难题的重大机遇。大数据必然要求我们改变小数据条件下一味地精确计算，更好地面对混杂，把握宏观态势；大数据必然要求我们不再热衷因果关系而是相关关系，使海量非结构化数据的处理成为可能；大数据也必然促使我们努力把一切事物数据化，最终实现管理的便捷高效。目前，交通领域的大数据应用主要包括两个方面：一方面可以利用传感器数据来了解车辆通行密度，合理进行道路规划，包括单行线路规划。另一方面可以利用大数据来实现即时信号灯调度，提高已有线路的运行能力。科学的安排信号灯是一个复杂的系统工程，必须利用大数据计算平台才能计算出一个较为合理的方案。科学的信号灯安排将会提高 30%左右已有道路的通行能力。在美国，政府依据某一路段的交通事故信息来增设信号灯，减少了 50%以上的交通事故。机场依靠大数据将会提高航班管理的效率；航空公司利用大数据可以提高上座率，降低运行成本；铁路利用大数据可以有效安排客运和货运列车，提高效率，降低成本。

（五）典型案例

超级商业零售连锁巨无霸沃尔玛公司（Wal Mart）拥有世界上较大的数据仓库系统之一。为了能够准确了解顾客在其门店的购买习惯，沃尔玛对其顾客的购物行为进行了购物篮关联规则分析，从而了解顾客经常一起购买的商品有哪些。沃尔玛庞大的数据仓库里集合了其所有门店的详细原始交易数据，在这些原始交易数据的基础上，沃尔玛利用数据挖掘工具对这些数据进行了分析和挖掘。一个令人惊奇和意外的结果出现了：跟尿不湿一起购买最多的商品竟是啤酒！这是数据挖掘技术对历史数据进行分析的结果，反映的是数据的内在规律。那么这个结果符合现实情况吗？是否是一个有用的知识？是否有利用价值？

为了验证这一结果，沃尔玛派出市场调查人员和分析师对这一结果进行调查分析。经过大量实际调查和分析，他们揭示了一种隐藏在"尿不湿与啤酒"背后的美国消费者的行为模式：在美国，到超市买婴儿尿不湿是一些年轻的父亲下班后的日常工作，而他们中有30%~40%的人同时也会为自己买一些啤酒。产生这一现象的原因是：美国的太太们常叮嘱她们的丈夫不要忘了下班后为小孩买尿不湿，丈夫们在买尿不湿时又随手带回了他们喜欢的啤酒。另一种情况是丈夫们在买啤酒时突然记起他们的责任，又去买了尿不湿。既然尿不湿与啤酒一起被购买的情况很多，那么沃尔玛就在他们所有的门店将尿不湿与啤酒并排摆放在一起，结果尿不湿与啤酒的销售量双双增长。按常规思维，尿不湿与啤酒风马牛不相及，若不是借助数据挖掘技术对大量交易数据进行挖掘分析，沃尔玛是不可能发现这一有价值的规律的。

五、工业互联网

工业互联网是未来制造业竞争的制高点，正在推动创新模式、生产方式、组织形式和商业范式的深刻变革，以及工业链、产业链、价值链的重塑再造。可以肯定地说，工业互联网必将对未来工业发展产生全方位、深层次、革命性的变革，对社会生产力、人类历史发展产生深远影响。当今世界，新一轮科技革命和产业变革蓬勃兴起，工业互联网作为制造业与互联网深度融合的产物，已经成为新工业革命的关键支撑和智能制造的重要基石。

2021年1月13日，工业和信息化部印发《工业互联网创新发展行动计划（2021—2023年）》，提出到2023年，我国工业互联网新型基础设施建设量质并进，新模式、新业态大范围推广，产业综合实力显著提升。

工业互联网到底是什么？工业互联网如何改变我们的制造业？中国在世界工业互联网格局中位列何处？

（一）基本概念

工业互联网是实现人、机、物全面互联的新型网络基础设施，是智能化发展的新兴业态和应用模式，是全球工业系统与高级计算、分析、感应技术及互联网连接融合的一种结果。

工业互联网的本质是通过开放的、全球化的工业网络平台，把设备、生产线、工厂、供应商、产品和客户紧密地连接和融合起来，高效共享工业经济中的各种要素资源，从而通过自动化、智能化的生产方式降低成本、提高效率，帮助制造业延长产业链，推动制造业转型开放。

（二）发展历程

“工业互联网”的概念最早由通用电气公司（GE）2012年提出，GE认为它是全球工业系统与高级计算、分析、传感技术及互联网的高度融合。随后，美国五家行业联手组建了工业互联网联盟（IIC），将这一概念大力推广开来。除了通用电气这样的制造业巨头，加入该联盟的还有IBM、思科、英特尔和AT&T等IT企业。

为顺应以数字化、网络化、智能化为代表的第四次工业革命发展趋势，美国、德国、日本分别成立工业互联网联盟、工业4.0委员会、工业价值链促进会，并分别提出先进制造业领导战略、工业4.0战略、互联工业战略，旨在将工业互联网作为推动实体经济与数字经济深度融合的关键路径和促进经济高质量发展的核心引擎。麦肯锡调研报告显示，工业互联网在2025年之前每年将获得高达11.1万亿美元的收入。埃森哲预测，到2030年工业互联网能够为全球经济带来14.2万亿美元的经济增长。另据预测，到2030年5G、工业互联网和人工智能将共同创造30多万亿美元的经济增长。

（三）重要价值

工业互联网是新一代信息技术与制造业深度融合的产物，通过人、机、物的全面互联，构建起全要素、全产业链、全价值链全面连接的新型生产制造和服务体系，是数字化转型的实现途径，是实现新旧动能转换的关键力量。

我国是制造大国和网络大国，丰富的应用场景和广阔的市场空间为推动工业互联网创新发展提供了强大动能。近年来，我国工业互联网发展态势良好，有力提升了产业融合创新水平，有力加快了制造业数字化转型步伐，有力推动了实体经济高质量发展。工业互联网的重要价值主要有以下几个方面：

1. 工业互联网可以提升产品和服务品质

工业互联网平台可以进行产品追溯和跟踪，及时根据平台的监测情况对设备进行故障维修或预测维护。例如，三一重工出口到全球的设备需要10000名驻外工程师，通过工业互联网平台的设备上云对设备的后台进行检测，可以及时对设备进行远程维修或预测维护，将驻外人员减少到1000人，做到两个小时内快速响应，减少停机时间，提升客户满意度。

2. 工业互联网可以创造新商业模式，获得新的收入增长

有了工业互联网，企业的生产供给能力能够无障碍地接触到消费者的需求，使企业大规模定制成为可能。C2M即顾客对工厂，消费者在下单时可以按照自己的需求进行选择，工厂在工业互联网平台上收到订单，统筹生产线各环节，并及时进行生产和发货。

3. 疫情推动工业互联网发展

由于新冠疫情影响，很多企业特别是中小企业面临复工复产的一系列困难，如需求低迷、生产波动大、供应链和资金链不稳定等问题。在工业和信息化部指导下，工业互联网平台提供的210款涵盖企业生产运营的工业App有70%以上可以提供短期的免费开放服务。面对新冠疫情，大型企业集团感受到了企业内外互联互通、供应链联动的重要性，实施工业互联网被提上议程，这将为工业互联网的市场开拓提供了推力。

综上所述，工业是国家发展的支柱产业，在当前工业附加值低、产能过剩、劳动力人口下降和劳动力成本上升的环境下，工业互联网能确保未来，在几个关键的工业领域至少提升1%的效率，而1%的效率提升将带来巨大的收益增加。

党中央、国务院高度重视工业互联网发展。习近平总书记连续四年对推动工业互联网发展做出重要指示。2020年2月21日，中央政治局会议再次强调，要推动工业互联网加快发展。3月4日，中央政治局常委会做出加快新型基础设施建设进度的重要部署。加快工业互联网创新发展也写进了2020年的政府工作报告。6月30日，习近平总书记主持召开中央全面深化改革委员会第十四次会议。会议强调，加快推进新一代信息技术和制造业融合发展，要顺应新一轮科技革命和产业变革趋势，以供给侧结构性改革为主线，以智能制造为主攻方向，加快工业互联网创新发展，加快制造业生产方式和企业形态根本性变革，夯实融合发展的基础支撑，健全法律法规，提升制造业数字化、网络化、智能化发展水平。可见，工业互联网创新发展对推动制造业高质量发展，加速建设制造强国意义重大、作用明显。

（四）应用领域

1. 家电行业

产品智能化需求。通过硬件的升级和软件技术的整合、互联，使各种智能产品互联互通，依托云计算和大数据实现人和产品、产品与产品之间的交互，最终构建一体化智慧家庭，为消费者提供个性化、贴心的管家服务。

广泛联结的需求。智能家电的互联互通即智能冰箱、洗衣机、电视、空调等各类家电产品能够通过互联网相互连接，利用移动互联网、PC互联网对其进行整体控制与管理，家电产品与电网、处置的物品、使用者等也能够物物相连，通过智能感知，实现人们追求的低碳、健康、舒适、便捷的生活方式。

大数据挖掘应用的需求。数字经济是一个以数据驱动满足消费者新需求的时代，移动化、数字化、社会媒体、物联网技术、云计算、人工智能捆绑发力引发的技术趋势，彻底颠覆了人们的生活和消费方式，用户需求变得更加个性化，用户表达的社交平台更多，用户活跃度显著提升，用户需求数据变得可视化与可量化，消费者从以前被动接受服务的角色转变为需求的主动提出者。

用户参与全流程交互和体验的需求。大部分家电产品的最终用户是消费者，消费者的使用体验和对产品的评价将直接影响家电产品的市场生命力。家电产品全生命周期中的两大场景对工业互联网有着迫切的需求。

2. 工程机械行业

第一，提升生产过程中的智能制造水平，提高装备核心零部件生产效率与质量稳定性。自主研制核心零部件是产品安全的重要保障，通过产线的互联改造、智能控制、大数据分析，缩短核心零部件新产品研制周期，有效降低不良品率，提升生产效率，提高设备能源利用水平是当务之急。

第二，实现人、机、料、管理流程、管理系统的广泛互联，提高流程效率，降低运营成本。随着企业全球化业务的发展和产品市场占有率的提高，产品的种类越来越多，客户对产品的个性化定制需求越来越广泛，零部件种类和供应渠道越来越多，物流模式越来越复杂，跨业务模块的流程优化，多信息化平台的高效集成应用，公司与客户、代理商、供应商、第三方物流公司的横向端对端集成越来越迫切。

第三，高度离散场景下，用户个性化定制需求不断增加。复杂的工程机械等大型产品如何有效地基于用户的需求研发设计，如何高效地将客户的需求转换成可供生产使用的制造工艺技术文件，如何在有限的成本范围内快速地交付小批定制化产品，是工程机械行业面临的新命题。

第四，智能化服务能力的提升是实现工程机械可持续发展的必要前提。装备制造厂商要想在主机市场渐趋饱和的环境下实现企业可持续发展，必须严格控制主机故障率，延长设备服役时间，降低工厂生产设备及工程机械产品能耗。运用大数据分析、互联网、物联网等手段，加强服务全生命周期管理，促进主机合理使用及设备残值再利用，完全符合市场要求、政府导向及环境需求。未来以企业为主导的产业互联网蓬勃兴起，以物联网、大数据、云计算为代表的信息技术广泛应用，这将成为改造、提升工程机械产业的强大力量。随着互联网及信息技术的飞速发展，以工程机械企业为代表的传统工业企业感觉到转型升级实乃燃眉之急。只有充分借助大数据、物联网、信息化等数字化技术，在产业互联网的热潮中帮助企业深度挖掘潜在用户，有效进行全网布局，才能降低企业运营成本，提升企业综合实力。

3. 电子信息行业

工业互联网是由智能机器、网络、工业互联网平台及应用等构成的系统，能够实现机器与机器、机器与人、人与人的全面连接与交互。这种互联不是数据信息流的简单传递，而是融合智能硬件、大数据、机器学习与知识发现等技术，使单一机器、部分关键环节的智能控制延伸至生产全过程。工业互联网为生产数字化、网络化、智能化发展提供了支撑，是实现智能制造的关键基础，也是生产制造发展的新阶段。将传统电子信息产品制造中自动化生产、单元生产、手工生产方式与工业互联网相结合，将通信信息技术与电子信息产品制造相融合，实现机器设备健康管理、人机一体化协同作业、生产过程质量追溯、产品生命周期质量管理，从而提升装备和资源的使用效率，推动生产和运营智能化，创造新的经济成效和社会价值。

4. 高端装备行业

根据高端装备制造行业的特点，其对工业互联网实施的业务需求非常明确，一是在产品的研发设计阶段，实现多专业高效协同研发；二是在产品的生产制造阶段，实现复杂生产过程的管理，有效提升产品的生产质量；三是在产品的售后阶段，通过工业大数据的技术应用，进行服务化延伸，提供覆盖高端装备全生命周期的远程智能维护。

5. 建筑行业

根据建筑行业的特点和发展趋势，其对工业互联网实施的业务需求非常明确，主要有以下四点：日益增长的大规模个性化定制需求；全产业链协同网络的需要；从线上虚拟建造到线下智能建造的建筑全生命周期需要；建筑行业全球化的需求。

6. 船舶行业

随着企业全球化业务的发展，船东对船舶产品的个性化定制需求越来越广泛，船用设备物资的种类和供应渠道越来越多，物流模式越来越复杂，跨业务模块的流程优化、多信息化平台的高效集成应用，船企与船东、供应商、第三方物流公司之间的横向端对端集成越来越迫切。船舶行业对工业互联网平台的需求是面向全流程的整体顶层解决方案，主要包括以下几点：首先，船舶工业企业需要通过工业互联网平台，加速船舶智能制造的实现。其次，船舶工业企业需要通过物联建设及边缘应用，突破现场层数据瓶颈，有效合理组织生产。最后，船舶工业企业需要通过供应链协同应用，提高上下游信息共享水平，催生新型产业和新型制造模式。

（五）典型案例

智慧海派多年以来，一直紧跟智能制造发展趋势，于2014年成立MES部门，开发了“海派MES系统”，致力于推动公司由传统制造向智能制造转型，在自主研发WMS系统的同时，已推动MES系统在五个生产基地的使用。

智慧海派是一家国际领先的智能终端设计及制造商、智能系统解决方案提供商和智慧运营服务商，主要进行移动智能终端、智能穿戴、车载电子、安防设备、通信产品及配件等信息电子产品的ODM研制生产。在MES系统开发前，公司主要通过纸质、邮件、电话、QQ等传递方式对生产信息进行管理，信息化管控只停留在ERP层面，导致底层的生产没有详细数据，不便于信息采集与整体统筹管理。MES系统上线使用后，公司工厂信息化的发展形成了闭环，完成了由传统生产向智能化生产的升级。在不断完善的 MES 系统基础上，航天云网和智慧海派共同成为云制造生态的践行者。在智慧海派的云制造示范基地，航天云网和智慧海派构建了以工业互联网为基础的云制造产业集群生态，全面采用三大共享/协调系统（简称“三大系统”），即云端协同设计系统、生产计划协同系统和制造运营管理分析系统，实现了智能排产、全球资源优化配置、跨地域研发设计协同、企业资源计划优化、设备数据的分析应用和企业运营决策优化，进行了设备上云、产线上云、企业上云的三个阶梯式云化改造，兼容了智能制造、协同制造和云制造三种现代制造形态。

智慧海派将国内及海外客户的所有订单进行汇总，将订单通过网络分配到各研发中心进行产品协同设计，设计好的产品再发回总部，总部通过订单给各基地安排排产计划。生产计划部登录 MES 系统同步生产信息，将任务和工艺文件下发生产班组开始生产，企业高级管理人员可通过电脑使用运营管理系统查看生产情况。

“海派 MES 系统”是一套独特的闭环式智能制造解决方案，通过对产品流及信息流的全程优化，以智能制造为核心理念，提供了一系列独特的管理方式和管理工具，是一套生产流程防错防呆追溯的企业级智能制造执行系统，是集成了生产、设备、底层、上层数据的一个信息化数据平台。

智慧海派的云制造整体解决方案不仅包括三大系统，还有 AGV 智能配送系统，其目的是改变人工搬运的传统模式，提高工作效率。当某工位即将缺料时，MES 系统会将配送信息传输至 AGV 调度系统，当 AGV 收到信息后会在仓库内选料和运输，并将物料自装配至线体，回收空的物料载具，实现全自动生产。

目前，通过“海派 MES3 系统”，物料错料率大大降低，错料率接近零，大大减少了公司物料损失。同时，各基地将过去模糊、随意、不规范的管理进行量化、标准化、规范化，克服企业运营执行过程中人为因素的干扰，MES 站位覆盖率达到 90%以上；通过制定 MES 管控流程，减少人工重复的操作步骤，减少人为错误，目前较导入 MES 前，生产效率提高了 40%左右。

智慧海派构建的基于航天云网工业互联网公共服务平台，以自身为核心的云制造产业集群生态已初见规模，“企业有组织、资源无边界”“信息互通、资源共享、能力协同、开放合作、互利共赢”的理念得到越来越多合作伙伴的认同，生态系统的辐射范围越来越广泛。

六、量子信息技术

近年来，量子科技的发展突飞猛进，成为新一轮科技革命和产业变革的前沿领域。加快发展量子科技，对促进高质量发展、保障国家安全具有非常重要的作用。

（一）基本概念

1. 什么是量子信息技术

量子信息技术是量子物理与信息科学交叉的新生学科，其物理基础是量子力学。量子力学在 1920 年由爱因斯坦等首次创立，作为量子科技的基础，科学家们对量子力学的研究已经有逾百年的历史。自问世以来，量子力学为信息革命提供了硬件基础，激光、半导体晶体管、芯片的原理都源于量子力学。量子力学已经先后孕育出原子弹、激光、核磁共振等新技术，是 20 世纪最重要的科学发现之一。进入 21 世纪，量子科技革命的第二次浪潮即将来临。第二次量子科技革命将催生量子计算、量子通信和量子测量等一批新兴技术，将极大地改变和提升人类获取、传输和处理信息的方式和能力。

2. 基本原理

量子信息的三大基本原理：量子比特、量子叠加、量子纠缠。

量子比特：比特是经典计算机信息的基本单元，要么 0，要么 1。量子比特是量子计算机的最小储存信息单位，一个量子比特可以表示 0 也可以表示 1，更可以表示 0 和 1 的叠加，即可处在 0 和 1 两种状态按照任意比例叠加，因此量子比特包含的信息量远超过只能表示 0 和 1 的经典比特。

量子叠加：量子叠加是指一个量子系统可以处在不同量子态的叠加态上。著名的“薛定谔的猫”理论曾经被形象地表述为“一只猫可以同时既是活的又是死的”。

量子纠缠：两个量子纠缠在一起时，其中一个会影响另一个，而且与距离等因素没有关系。简而言之，两个量子无论离得多远，都能产生一种关联性的互动。

3. 两大领域：量子计算、量子通信

（1）量子计算。1981 年，诺贝尔物理学家费曼首次提出量子计算机的概念。从首次提出到现在，量子计算理论已经发展了 40 多年。费曼指出，量子力学效应能大幅提高计算机的运算速度，经典计算机需要几十亿年才能破译的密码，量子计算机在 20 分钟内就能破译。量子计算的核心优势是可以实现高速并行计算。量子计算机的量子比特数量以指数形式增长，算力将以指数的指数形式增长。目前，非通用型量子计算机已经实现了 1000 位量子比特，在特定算法上其计算效率比经典计算机要快 1 亿倍。量子计算将实现人工智能的移动化，主要的应用场景包括车载智能系统、无人机的智能系统、手机上的人工智能系统。由于可以快速并行计算和量子行为模拟，从而重新定义程序和算法，量子计算机能够在一些特定的应用场景有很好的优势，如加密通信、药物设计、交通治理、天气预测、人工智能、太空探索等。

（2）量子通信。量子通信是使用量子态携带所要传送的信息，把量子纠缠作为信道，将该量子态从 A 地传送到 B 地的一种通信方式。与传统通信方式相比，量子通信在确保信息安全，增大信息传输量，提高传输信息效率，增强抗干扰能力等方面具有绝对优势，是迄今为止唯一一个通过数学方式被严格证明的绝对安全的通信方式。量子通信是利用量子态作为信息载体来进行信息交互的通信技术，利用单个光量子不可分割和量子不可克隆的性质，在原理上确保非授权方无法复制与窃取量子信道内传递的信息，以保证信息传输安全。

（二）发展历程

1. 量子计算的发展历程

1981 年，诺贝尔奖获得者弗曼在量子计算领域提出了两个问题。第一个问题：经典计算机是否能够有效地模拟量子系统？第二个问题：如果我们放弃经典的图灵机模型，是否可以做得更好？由此，基于量子力学的新型计算机研究被提上了日程。此后，计算机科学家们一直在努力攻克这一艰巨挑战。

20 世纪 90 年代，量子计算机的算法取得了巨大的进步。1992 年 Deutsch Jozsa 提出了 D-J 量子算法。1994 年，Peter Shor 提出了 Shor 算法，这一算法在大数分解方面比当时已知的最有效的经典质因数分解算法快得多，因此对 RSA 加密极具威胁性，该算法带来的巨大影响力同时也进一步坚定了科学家们研发量子计算机的决心。1996 年，Lov Grover 提出了 Grove 量子搜索算法，该算法被公认为继 Shor 算法后的第二大算法。1998 年，Bernhard Omer 提出量子计算编程语言，拉开了量子计算机可编程的帷幕。2009 年，麻省理工学院（MIT）三位科学家联合开发了一种求解线性系统的量子算法。众所周知，线性系统是很多科学和工程领域的核心，由于 HHL 算法在特定条件下相较于经典算法有指数加速效果，因此未来能够在机器学习、数值计算等场景有突出体现。配合 Grover 算法在数据方面的加速，是量子机器学习、人工智能等科技得以突破的关键性技术。2013 年，加拿大 D-Wave 系统公司发布了 512Q 的量子计算设备。2016 年，IBM 发布了 6 量子比特可编程量子计算机。2017 年，本源量子发布了 32 位量子计算虚拟系统，同时还建立了以 32 位量子计算虚拟系统为基础的本源量子云计算平台。2018 年初，Intel 和 Google 分别测试了 49 位和 72 位量子芯片。

2018 年 12 月 26 日，本源量子发布了第一款量子测控一体机 Origin Quantum AIO，不仅提高了综合量子测控能力，更节省了量子测控环节各种大型设备的空间，为量子计算行业的高精尖仪器带来了可能。

2. 量子通信的发展历史

量子通信的发展历史从 20 世纪 80 年代开始。1984 年，美国 IBM 公司的 Bennett 和加拿大蒙特利尔大学的 Brassard 共同提出了第一个量子密码通信方案，即著名的 BB84 方案，标志着量子通信的诞生。1992 年，Bennett 提出了简化的 BB84 方案（称为 B92 方案），并和 Bessette 合作第一次实验上原理性演示了量子密钥分发。此后，量子密钥分发开始得到各方的重视。

1995年，中国科学院物理所吴令安小组在实验室内完成了我国最早的量子密钥分发实验演示。2000年，该小组又与中国科学院研究生院合作，利用单模光纤完成了1.1千米的量子密钥分发演示实验。2004年，英国剑桥Shields小组和日本NEC公司分别实现了122千米和150千米的光纤量子密钥分发演示性实验。2005年，中国科学技术大学郭光灿小组在北京和天津之间实现了125千米光纤的量子密钥分发演示性实验。2005年，国际上已经有三个实验小组声称通信距离可以达到100千米以上，但当时所有的量子通信实验实际都存在安全隐患，因此当时的安全通信距离只有10千米量级，不具有实用价值。2005年，华人科学家王向斌、罗开广、马雄峰和陈凯等共同提出了基于诱骗态的量子密钥分发实验方案，从理论上把安全通信距离增加到100千米以上。2006年，中国科学技术大学潘建伟团队首次利用诱骗态方案实现了安全距离超过100千米的光纤量子密钥分发实验。同时，美国洛斯阿拉莫斯国家实验室、美国国家标准局联合实验组和Zeilinger教授领导的欧洲联合实验室也使用诱骗态方案实现了安全距离超过100千米的量子密钥分发。这三个实验同时发表在国际著名物理学期刊《物理评论快报》上，真正打开了量子通信技术应用的大门，量子通信技术从实验室演示开始走向实用化和产业化。发展量子通信技术的终极目标是构建广域乃至全球范围的绝对安全的量子通信网络。通过光纤实现城域量子通信网络连接一个中等城市内部的通信节点，通过中继技术实现邻近两个城市的连接，通过卫星与地面站之间的自由空间光子传输和卫星平台的中转实现遥远两个区域之间的连接，是目前条件下实现全球广域量子通信最理想的途径。

经过多年的发展，量子通信技术已经从实验室演示走向产业化和实用化，目前正在朝着高速率、远距离、网络化的方向快速发展。电子信息产业界的巨型集团，如IBM、AT&T、Bell、英国电话电报公司等，都纷纷投入量子通信的产业化研究中。未来，随着量子通信技术的产业化和广域量子通信网络的实现，作为保障未来信息社会通信安全的关键技术，量子密码极有可能会进入千家万户，服务大众，成为电子政务、电子商务、电子医疗、生物特征传输和智能传输系统等各种电子服务的驱动器，为当今这个高度信息化的社会提供基础的安全服务和可靠的安全保障。

（三）重要价值

由于量子通信是事关国家信息安全和国防安全的战略性领域，且有可能改变未来信息产业的发展格局，因此它成为美国、日本、欧盟等发达国家与地区优先发展的科技和产业高地。我国政府也高度重视量子通信技术的发展，积极应对激烈的国际竞争。

目前，我国量子计算正快速缩小与世界一流水平的差距，量子通信早已经走在了世界前沿。

中国已试点量子通信的应用数量和网络建设规模，量子通信工程试验的规模远超其他国家。在这一领域，中国近几年取得了一系列关键核心技术突破，并在部分方向实现国际领先，令全球科技界为之瞩目。与此同时，中国量子科技开始从基础研究向应用领域转化，相关的战略布局也在加速进行。在这场关于未来的激烈竞逐中，中国已经按下了“快进键”。

2016 年 8 月，一颗名为“墨子号”的卫星在酒泉成功发射，揭开了中国量子科技发展的神秘面纱，因为这是世界首颗量子科学实验卫星。“墨子号”的升空，使中国在全世界首次实现卫星和地面之间的量子通信，构建了天地一体化的量子保密通信与科学实验体系。

随后，中国科研人员利用量子卫星在全世界率先成功实现了千公里级的星地双向量子纠缠分发。2017 年，全球首条量子保密通信骨干网“京沪干线”项目通过总技术验收。

2020 年，中国科学家在量子通信领域取得了诸多成果。3 月，中国科学技术大学潘建伟团队等实现了真实环境下 500 千米级光纤的双场量子密钥分发和相位匹配量子密钥分发，传输距离达到 509 千米，创造了新的世界纪录。5 月，中国科研团队在国际物理学权威期刊《现代物理评论》上发表论文，系统阐述了量子密码的原理、理论和实验技术，为量子密码的广泛应用及标准化制定奠定了基础。9 月，郭光灿院士团队与奥地利同行合作，首次实现了高保真度的 32 维量子纠缠态，显著提高了量子通信的信道容量，创造了当时世界最高水平。

《自然》杂志对此评价道，在量子通信领域，中国用了不到 10 年的时间，由一个不起眼的国家发展成为现在的世界劲旅，将领先于欧洲和北美。

2020 年 12 月初，中国科学技术大学潘建伟等成功构建的 76 个光子的量子计算原型机“九章”问世，迎来了中国量子计算的“高光时刻”。2019 年 10 月，谷歌发布了量子计算机原型机“悬铃木”，谷歌曾为此激动地表示：“最强大的超级计算机在它面前也不过是一个算盘”。中国“九章”的计算速度比谷歌的“悬铃木”快了 100 亿倍，直接把“悬铃木”变成了“算盘”。

一问世就是世界第一，“九章”是中国在量子计算领域的第一个里程碑，即量子计算机对特定问题的计算能力超越了超级计算机。通过科学家们的奋力追赶，在量子计算领域，中国整体上已经与发达国家处于同一水平。

（四）应用领域

1. 量子通信

量子通信的产业化方向主要为保密通信，量子保密通信是在传统通信中使用量子密钥提升安全性，它并不是取代现有的通信方式，而是以一种新的方式来大幅提高现有信息系统的安全性。量子通信的发展目标是构建全球范围的广域量子通信网络体系。

量子通信是利用量子纠缠解决信息安全问题的通信技术。传统的通信方式有被窃听的风险，但在量子通信中，一旦有人对信息进行拦截或窃取，量子纠缠态就会发生变化，不仅信息会被自动破坏，窃听行为也必然会被察觉，并被通信双方规避。因此，量子通信在原理上被证明绝对安全，在保密领域有很大的应用前景。

“墨子号”量子卫星的发射和量子保密通信“京沪干线”的建设，让中国的量子通信接近了产业化和实用阶段，使中国成为世界量子通信应用的领先者。两者结合，中国与奥地利实现了世界首次洲际量子保密通信，构建出天地一体化的广域量子通信网络雏形。据悉，我国计划在2030年左右率先建成全球化的广域量子保密通信网络，并在此基础上构建信息充分安全的“量子互联网”。

实际上，这种听上去比较抽象的量子通信，已经从“天地一体化”开始走向大众生活。2020年11月初，中国电信在2020天翼智能生态博览会上展出了两台根据华为和中兴的现有手机型号改造而来的“量子手机”样机，其技术提供方为包括科大国盾量子技术股份有限公司，产品已经被部署在“京沪干线”在内的量子保密通信骨干网等项目上。

这种手机的量子密钥分发通过建设量子保密通信网络进行广域的分发，也可以借助基于国产密码芯片和国密算法的量子安全SIM卡，完成手机植入，手机借助植入的密钥进行量子安全通话。用户可在通话过程中一键选择“加密通话”或“普通通话”模式。中国电信表示，未来该手机会通过中国电信向消费者分发。国盾量子方面透露，除了安全手机，他们还开发出了量子安全U盾等产品，未来将有更多产品走入大众生活。

2. 量子计算

量子计算机运算能力的指数级增长，使之被大众视为下一代信息革命的关键动力，它使社会生活的诸多领域发生了深刻改变，提高了农作物产量，指导了科学的城市交通规划，促进了新药研发，实现了高精度的天气预报，等等。尽管潘建伟院士认为现在的量子计算原型机更像是一个“玩具”，要实现可以成为“工具”的通用量子计算机可能需要20年甚至更久。百度、阿里巴巴、腾讯、华为等科技企业已经相继出台了量子计算研究计划。

有专家表示，云服务将成为量子计算可提供的服务新形态，量子计算将极大地促进当前人工智能及其应用的发展，将融入人工智能，渗透至智能制造、智能物流、智能零售、智慧金融等各行业。只有超越经典计算的量子计算才能成为人工智能突破极限的坚强后盾，特别是依赖大规模数据处理的机器学习技术，将大大得益于量子计算，产生无限可能。

（五）典型案例

2020年9月，基于中国科学技术大学郭光灿院士团队的研究成果，合肥本源量子计算科技有限公司研发的6比特超导量子计算云平台正式上线。这个云平台基于自主研发的量子计算机“悟源”，保真度、相干时间等技术指标达到国际先进水平，全球用户可以在线体验中国的量子计算服务。

阅读专栏 47-1　亚马逊的信息利用

如果问全球哪家公司从大数据中发掘出了巨大价值，截至目前，答案非亚马逊莫属。亚马逊也要处理海量数据，这些交易数据的直接价值更大。

作为一家“信息公司”，亚马逊不仅从每个用户的购买行为中获得信息，还将每个用户在其网站上的所有行为都记录下来，包括页面停留时间、用户是否查看评论、每个搜索的关键词、浏览的商品等。这种对数据价值的高度敏感和重视，以及强大的挖掘能力，使亚马逊早已远远超越了传统运营方式。

亚马逊 CTO Werner Vogels 在 CeBIT 上发表了关于大数据的演讲，向与会者描述了亚马逊在大数据时代的商业蓝图。长期以来，亚马逊一直通过大数据分析，尝试定位客户和获取客户反馈。

“在此过程中，你会发现数据量越大，结果越好。为什么有的企业在商业上不断犯错？那是因为他们没有足够的数据对运营和决策提供支持。”Vogels 说，他还指出“一旦进入大数据的世界，企业的手中将握有无限可能”。从支撑新兴技术企业的基础设施到消费内容的移动设备，亚马逊的触角已触及了更为广阔的领域。

亚马逊推荐：亚马逊的各个业务环节都离不开“数据驱动”的身影。在亚马逊上买过东西的朋友可能对它的推荐功能很熟悉，“买过 X 商品的人，也同时买过 Y 商品”的推荐功能看上去很简单，却非常有效，而且这些精准推荐结果的得出过程非常复杂。

亚马逊预测：用户需求预测是通过历史数据来预测用户未来的需求。书、手机、家电这些东西在亚马逊内部叫作硬需求的产品，你可以认为是“标品”，因为预测是比较准的，甚至可以预测到相关产品属性的需求。但是对于服装这样的软需求产品，亚马逊干了很多年都没有办法预测得很好，因为这类东西受到的干扰因素太多了，如用户的对颜色款式的喜好，穿上去合不合身，爱人、朋友喜不喜欢……这类东西太易变，买的人多反而会卖得不好，所以需要更为复杂的预测模型。

亚马逊测试：你会认为亚马逊网站上的某段页面文字只是碰巧出现吗？其实，亚马逊会在网站上持续不断地测试新的设计方案，从而找出转化率最高的方案。整个网站的布局、字体大小、颜色、按钮及其他所有的设计，其实都是在多次审慎测试后得出的最优结果。

亚马逊记录：亚马逊的移动应用在让用户有流畅的无处不在的体验的同时，通过收集手机上的数据，深入地了解每个用户的喜好信息。更值得一提的是，Kindle Fire，内嵌的 Silk 浏览器可以将用户的行为数据一一记录下来。

以数据为导向的方法并不仅限于以上领域，亚马逊的企业文化就是数据导向型文化。对于亚马逊来说，大数据意味着大销售量。数据能够显示出什么是有效的、什么是无效的，新的商业投资项目必须要有数据的支撑。对数据的长期专注让亚马逊能够以更低的售价提供更好的服务。

推荐阅读

1. 盘和林．从 AIOT 到元宇宙：关键技术、产业图景与未来展望［M］．杭州：浙江大学出版社，2010.

2. 项立刚．5G 机会［M］．北京：中国人民大学出版社，2020.

思考题

1. 当代科技发展的特征和趋势是什么？

2. 当代科学技术（5G、区块链、人工智能、大数据、工业互联网、量子信息技术）的基本概念和重要价值是什么？

第四十八章　企业风险管理与控制

学习目标

1. 掌握企业风险、企业风险管理与企业内部控制的定义；
2. 懂得企业风险管理控制组织体系的构成及职能；
3. 熟悉风险识别的方法；
4. 掌握风险管理执行流程及风险应急事件处置程序；
5. 完成案例分析。

第一节　企业风险及其管理

案例 48-1　中航油的破产

中航油为中国航油（新加坡）股份有限公司的简称，成立于 1993 年，是中国航空油料集团公司的海外控股子公司，总部和注册地均在新加坡。公司成立之初经营十分困难，一度濒临破产，后在总裁陈久霖的带领下，一举扭亏为盈，公司净资产从 1997 年的 21.9 万美元迅速增长至 2003 年的超过 1 亿美元，一直被视为一个奇迹。中航油从单一的进口航油采购业务逐步扩展到国际石油贸易业务，并于 2001 年 12 月 6 日在新加坡交易所主板挂牌上市，成为中国首家利用海外自有资产在国外上市的中资企业。2004 年 11 月 30 日夜，中航油曝出 5.5 亿美元的巨额亏损，国内外一片哗然。公司在 OTC（场外交易）市场上卖出了大量石油看涨期权，希望能“以小博大”，建立其海外石油帝国，但其投机行为最终导致公司被迫重组。

事件始末：2003 年下半年，中航油开始涉足期权业务，最初涉及 200 万桶石油，中航油 2003 年年报盈利 5427 万美元，快速攀升的业绩很可能与期权权利金收入有关。2003 年，中航油卖出的看涨期权量为 200 万桶。“市”与愿违，2004 年石油价格一路上涨，到2004年3月，公司出现580万美元的账面亏损，亏损额必须由中航油追加保证金以确保期权买方能够行权，但公司账户资金调动无疑会暴露违规参与期权交易，于是中航油选择了一条最直接也是最危险的筹资途径——卖出更多期权，用获得的权利金填补保证金的窟窿，越赌越亏，越亏越赌，恶性循环。2004年10月，中航油卖出的有效合约盘口达5200万桶，石油期货价格每涨1美元，公司就必须追加5200万美元，账面亏损已达1.8亿美元。10月10日，面对严重的资金周转问题，中航油首次向母公司呈报交易和账面亏损。为了补加交易商追加的权利金，公司已耗尽近2600万美元的营运资本、1.2亿美元的银团贷款和6800万元的应收账款资金。账面亏损高达1.8亿美元，另外已支付8000万美元的额外权利金。10月下旬，国际石油期货价格继续一路飙升，10月25日上升至每桶55美元以上。11月，中航油的衍生产品合约继续遭逼仓，直至崩溃。12月，亏损5.54亿美元后，中航油宣布向法庭申请破产保护令。此时，公司的净资产不过1.45亿美元。

一、企业风险的含义与特点

美国经济学家奈特（Knight）在1921年出版的《风险、不确定性和利润》中对风险作了经典的定义：风险是可测定的不确定性，是指经济主体的信息虽然不充分，但可以对未来可能出现的各种情况给定一个概率值。与风险相对应，奈特把不可测定的不确定性定义为不确定性。国际内部审计师协会对风险的定义是“风险是发生某种影响目标完成的事件的不确定性”。

（一）企业风险的定义

企业风险又称经营风险，国务院国有资产监督管理委员会发布的《中央企业全面风险管理指引》对企业风险的定义是，“未来的不确定性对企业实现其经营目标的影响”。《现代经济词典》认为，企业风险又称企业总风险，经营、财务上存在的风险分别为企业经营风险、企业财务风险。企业经营风险是指企业在经营中营业利润的不确定性。企业财务风险是指企业因使用财务杠杆而导致的可能丧失偿债能力的风险，以及企业普通股每股收益变动性的增加。

（二）企业风险特征

（1）突发性：企业风险的爆发往往是偶然的，具有较强的随机性。

（2）客观性：因为决定风险的各种因素是客观存在的，所以风险的存在是不以人们的意志为转移的客观事物。

（3）无形性：风险是看不见、摸不着的一项无形要素。

（4）多变性：风险的种类、性质、大小等内在要素均会随着企业内、外在条件的变化而呈动态变化的特征。

（5）损失与收益的对称性：由于风险可能对事物造成损失，因此风险常常和不利相联系；但和风险相伴随的不仅有潜在的损失，也有获利的可能。一般地，风险越大，可能的回报率越高。

（三）企业风险分类

企业风险是影响企业实现战略目标的各种因素和事项，企业经营战略目标不同，面临的风险也就不同。企业面对的风险分为内部风险与外部风险。内部风险有战略风险、运营风险、操作风险、财务风险等；外部风险有政治风险、法律风险、文化风险、市场风险、技术风险、自然环境风险等。

（四）企业风险来源

依据财政部、中国证券监督管理委员会、审计署、原中国银行业监督管理委员会、原中国保险监督管理委员会关于印发的《企业内部控制基本规范》，企业的风险来源主要分为内部风险与外部风险：

内部风险主要包含以下因素：①董事、监事、经理及其他高级管理人员的职业操守、员工专业胜任能力等人力资源因素；②组织机构、经营方式、资产管理、业务流程等管理因素；③研究开发、技术投入、信息技术运用等自主创新因素；④财务状况、经营成果、现金流量等财务因素；⑤营运安全、员工健康、环境保护等安全环保因素；⑥其他有关内部风险的因素。

外部风险主要包括下列因素：①经济形势、产业政策、融资环境、市场竞争、资源供给等经济因素；②法律法规、监管要求等法律因素；③安全稳定、文化传统、社会信用、教育水平、消费者行为等社会因素；④技术进步、工艺改进等科学技术因素；⑤自然灾害、环境状况等自然环境因素；⑥其他有关外部风险的因素。

二、企业风险管理的内涵

（一）企业风险管理的定义

《中央企业全面风险管理指引》指出，全面风险管理是指“企业围绕总体经营目标，通过在企业管理的各个环节和经营过程中执行风险管理的基本流程，培育良好的风险管理文化，建立健全全面风险管理体系，包括风险管理策略、风险理财措施、风险管理的组织职能体系、风险管理信息系统和内部控制系统，从而为实现风险管理的总体目标提供合理保证的过程和方法”。

（二）企业风险管理的原则

（1）全面性。风险管理的目标不仅是使公司免遭损失，还包括能在风险中抓住发展机遇。全面性可归纳为三个“确保”：一是确保企业风险管理目标与业务发展目标相一致；二是确保企业风险管理能够涵盖所有业务和所有环节中的风险；三是确保能够识别企业所面临的各类风险。

（2）一致性。风险管理有道亦有术。风险管理的“道”根植于企业的价值观与社会责任感。风险管理的“术”是具体的操作技术与方法。风险管理的“道”是“术”之纲，“术”是“道”的集中体现，两者高度一致。

（3）关联性。有效的风险管理系统是一个由不同的子系统组成的有机体系，如信息系统、沟通系统、决策系统、指挥系统、后勤保障系统、财物支持系统等。因而企业风险管理有效与否，除了取决于风险管理体系本身外，很大程度上还取决于它所包含的各个子系统是否健全和有效。任何一个子系统的失灵都有可能导致整个风险管理体系失效。

（4）集权性。集权的实质就是要在企业内部建立起职责清晰、权责明确的风险管理机构。因为清晰的职责划分是确保风险管理体系有效运作的前提。同时，企业应确保风险管理机构具有高度权威，并尽可能不受外部因素的干扰，以保持其客观性和公正性。

（5）互通性。风险管理战略的有效性在很大程度上取决于其所获信息的充分性。风险管理战略能否被正确执行取决于企业内部是否有一个高效的信息沟通渠道。有效的信息沟通可以确保企业所有人员能正确理解其工作职责与责任，从而使风险管理体系各环节正常运行。

（6）创新性。风险管理既要充分借鉴成功的经验，又要根据风险的实际情况，还要借助新技术、新信息和新思维，进行大胆创新。

（三）企业风险管理的特征

（1）全员化。企业全面风险管理是一个由企业治理层、管理层和所有员工参与，旨在把风险控制在风险容量以内，增进企业价值的过程。

（2）战略性。尽管风险管理已渗透到现代企业各项活动中，存在于企业管理者对企业的日常管理当中，但它主要运用于企业战略管理层面，站在战略层面整合和管理企业风险是全面风险管理的价值所在。

（3）系统性。全面风险管理必须拥有一套系统的、规范的方法，建立健全全面风险管理体系，从而为实现风险管理的总体目标提供合理的保证。

（4）二重性。企业全面风险管理的商业使命：损失最小化管理；不确定性管理；绩效最优化管理。全面风险管理既要管理纯粹风险，也要管理机会风险。

（四）企业风险管理的功能

风险管理的核心是降低损失，即在风险事故发生前防患于未然，预见将来可能发生的损失并事先加以防范，或者预期事故发生后可能造成的损失，事先采取一些解决事故隐患的办法，以降低风险可能造成的损失。

风险管理有助于企业作出合理的决策。一方面，风险管理为企业划定了行为边界，约束其扩张的冲动。企业作为市场的参加者必须在风险和收益之间作出理智的权衡，从而避免将社会资源投入存在重大风险、缺乏现实可行性的项目之中。风险管理对市场参加者的行为起着警示和约束作用。另一方面，风险管理有助于企业把握市场机会。通常，市场风险大多是双向的，既存在可能的风险损失，也存在可能的风险收益。因此，在市场上，时刻都有大量风险客观存在，同时也存在着新的机遇。如果企业能够洞察市场供求状况及影响市场的各种因素，预见市场的变化趋势，采取有效、科学的措施控制和防范风险，同时果断决策、把握机会，就有可能获取可观的收益。

风险管理可以降低企业效益的波动。风险管理的目标之一是降低公司收益和市值对外部变量的敏感性。例如，市场风险管理比较完善的公司，其股票价格对市场价格变动可以显示出较低的敏感性，不至于因为整个市场价格下跌，其股价市值就大幅度的缩水；手中持有外汇资产或负债的公司，如果在风险管理方面做得比较出色，就可以显示出其外汇资产的价值、收益或负债成本对市场汇率变动较低的敏感性。总之，受到利率、汇率、能源价格和其他市场变量的影响，公司通过风险管理能更好地管理收益波动。

风险管理可以提升股东价值。弗吉尼亚大学的乔治·阿莱亚斯（George Allayannis）与詹姆斯·威斯通（James Weston）在1998年的一项研究中指出，风险管理和经营最优化可以增加20%~30%或更多的公司价值。他们比较了1990年到1995年或多或少积极从事市场风险管理公司的市值与面值的比率，结果发现更积极地从事市场风险管理的公司得到了市值平均增大20%的回报。风险管理不仅能使个别公司增值，还能通过降低资本费用和减少商业活动的不确定性来支持经济的全面增长。

风险管理有助于提升公司机构效率。大多数公司都拥有财务风险、审计及合规部等风险管理和公司监督职能部门，有的公司还有特别风险管理单位。风险总监的任命和企业全面风险管理职能部门的设立，为各个部门有效地工作提供了自上而下的必要协调。一个综合团队可以更好地处理公司面临的各种单独风险，也可以处理关系错综复杂的风险组合。

此外，随着市场体系和各种制度的日益完善，迫使企业进行风险管理的社会压力日益增加。直接的压力来自于股东、雇员、评级机构、市场分析专家和监管机构等有影响力的权益方。他们都期望收益更有可预测性，以避免和控制自己的风险，减少对市场的破坏性。随着经济计量技术和计算机模拟技术的迅速发展，基于波动率的模型，如风险价值模型和风险调整资本收益率模型，已经用来计量公司面临的各种市场风险，而且这一应用现在已推广到信用风险及运营风险中。

（五）企业内部控制

1. 企业内部控制的定义

内部控制是指为了确保实现企业目标而实施的程序和政策。不同的组织和机构基于不同的角度与层次，对内部控制的定义有着不同的理解和认识。美国注册会计师协会（AICPA）所属的审计程序委员会于1949年首次提出“内部控制”这一概念，并将其定义为“内部控制包括经济组织的计划，以及经济组织为了保护其财产、检查其会计资料的准确性和可靠性，提高经营效率，保证既定的管理政策得以实施而采取的所有方法和措施。”目前，国际上认同度最高、最具有权威性的内部控制概念框架当属1992年9月美国COSO提出的《内部控制整合框架》：“内部控制是为了达成某些特定目标而设计的过程；内部控制是一种由企业董事会、管理阶层与其他人员执行，由管理阶层所设计，为达成经营管理的效果及效率，为财务报告的可靠性和相关法律的遵循提供合理保证的过程。”2008年6月28日，我国财政部、证监会、审计署、银监会、保监会联合发布了《企业内部控制基本规范》（以下简称《规范》）。《规范》指出，“内部控制是由企业董事会、监事会、经理层和全体员工实施的，旨在实现控制目标的过程”。

2. 企业内部控制的特点

（1）内部控制是管理的一部分。内部控制是一种管理理念、工具和手段。大到整个企业经营活动的内部审计，小到门卫的登记制度，都属于内部控制的范畴。

（2）内部控制是动态的管理过程，而不是静态的管理制度。企业不仅要制定完善的内部控制制度，更重要的是通过有效执行内部控制制度来实现企业的目标。同时，要根据内外部环境的变化，对内部控制进行调整和改进。

（3）内部控制需要全员共同参与，而非一个部门的事情。内部控制绝不是一个部门的工作或职责，它需要企业各个部门、各个层级、全体员工的共同参与和努力。内部控制必须融入企业的日常管理和业务活动，才能真正发挥对企业目标实现的保障作用。

（4）内部控制的核心理念是“目标—风险—控制”。内部控制到底控制什么？答案是控制风险。一般来说，企业在实现发展目标的过程中往往会面临各种不确定因素，即风险，完善的内部控制有助于企业预防和防范风险。

（5）内部控制只为企业实现控制目标提供合理的保证。由于内部控制存在固有局限性，因此内部控制体系并不能解决企业所有的问题，只能在一定程度上提供合理保证。

3. 企业内部控制的功能目标

内部控制的目标是合理保证企业经营管理合法合规、资产安全、财务报告及相关信息真实完整，提高经营效率和效果，促进企业实现发展战略。企业只有建立且有效实施科学的内部控制体系，才能夯实内部管理基础，提升风险控制能力。

内部控制是企业实现管理现代化的科学方法。企业要想在市场中生存下去，并不断发展壮大，最终实现获利，就需要建立现代企业管理制度，而严密的内部控制制度是企业进行现代化管理的可靠保证。科学的内部控制制度能够合理地对企业各职能部门及人员进行分工控制、协调和考核，促使企业各部门人员履行职责、明确目标，保证企业生产经营活动能有序、高效地进行。

内部控制是保护企业资产安全的重要手段。内部控制的一个重要原则就是明确企业在经济业务处理过程中各职能部门、各工作人员之间的相互联系、相互制约的职责分工制度。这类制度严格地规定了经济业务处理过程中各职能部门的权利与职责，使各部门各司其职，这样不仅可以提高工作效率，而且保证了业务处理的正确性和财产的安全性。内部控制制度对财产物资的保管包括采取各种控制手段，防止和减少财产物资被破坏，杜绝浪费、贪污、盗窃、挪用等现象发生。由此可见，内部控制是保护企业资产安全的重要手段。

内部控制是防范会计信息失真的有效途径。在市场经济环境中，会计信息的重要性已经日益为人们所认识。无论是国家宏观经济调控和监督、投资者的投资决策，还是企业管理当局的管理决策，都要以会计信息为基础。因此，会计信息的真实性成为相关各方关注的焦点。如前文所述，内部控制体系包括会计控制和管理控制。会计控制运行的有效性与会计信息的质量直接挂钩，会计信息的失真必然伴随着内部控制的失效，内部控制是防范会计信息失真的有效途径。

内部控制是保护投资者利益的客观要求。现代企业管理制度的一个显著特征是企业的所有权和经营权相分离。由于企业所有者和管理当局所拥有的关于企业生产经营状况的信息并不对称，因此容易引发逆向选择和道德风险。部分企业管理者损害投资者的利益来为自己谋私利的现象时有发生，这是内部控制薄弱的表现。企业必须高度重视财务管理制度与内部控制制度的建立健全，运用内部牵制、授权管理、岗位轮换、回避等有效措施强化制约和监督。只有严格实施内部控制，才能保护投资者的利益。

内部控制是应对国际化挑战的迫切需要。在21世纪的今天，企业之间的竞争已经不仅是技术和资本方面的竞争，管理方式的竞争也日趋激烈。我国企业管理要想接近国际先进水平，就必须实现传统管理模式向现代管理模式的转变，以财务管理和内部控制为重点，全面提高自身经营管理水平，缩小与发达国家企业在管理水平上的差距，迎接国际竞争的挑战。

4. 企业内部控制要素

企业有效的内部控制主要包括五大要素：

（1）内部环境。内部环境是企业实施内部控制的基础，一般包括治理结构、机构设置、权责分配、内部审计、人力资源政策、企业文化等。

（2）风险评估。风险评估是企业及时识别、系统分析经营活动中与实现内部控制目标相关的风险，合理确定风险应对策略。

（3）控制活动。控制活动是企业根据风险评估结果，采用相应的控制措施，将风险控制在可承受范围之内。

（4）信息与沟通。信息与沟通是企业及时、准确地收集、传递与内部控制相关的信息，确保信息在企业内部、企业与外部之间进行有效沟通。

（5）内部监督。内部监督是企业对内部控制的建立与实施情况进行监督检查，评价内部控制的有效性，发现内部控制缺陷，并及时加以改进。

5. 企业风险管理与内部控制的关系

内部控制与企业风险管理之间的联系是十分紧密的。内部控制的实质是风险控制，风险包含内部风险和外部风险，对内部风险的控制即内部控制。从这一概念来说，风险管理是内部控制的重要内容，企业风险管理包含内部控制，但两者之间的关系并不是简单的相互关系，两者之间存在着相互依存、不可分离的内在联系。主要表现在以下几个方面：①组成部分重合。在内部控制与风险管理的组成要素中，控制环境、风险评估、控制活动、信息与沟通、监督这五个要素是重合的。②最终目标相同。内部控制与风险管理的目标都包括经营目标、合规性目标、报告目标。③参与主体相同。内部控制与风险管理都是全员参与的过程，最终责任人都是管理者，且两者的实施主体、过程也是一致的。④风险防范是内部控制的一个重要目标。有了风险防范的目标，内部控制才显得十分重要，也才有发挥作用的巨大空间。⑤风险包含内部风险和外部风险。内部风险存在于企业的各个生产经营活动环节。内部控制其实是一种管理规范，其建立过程控制体系，并描述关键控制点，通过流程的形式直观地描述企业生产经营业务过程。内部控制的执行过程正好为风险信息的收集带来了极大的便利，所以内部控制是风险管理的重要手段。⑥内部控制的一个基本作用是控制风险。风险管理是指在企业生产经营过程中，对企业可能面临的风险进行识别、评估和控制，最终目标也是控制风险。

总而言之，风险管理是内部控制的发展，风险管理拓展了内部控制的内涵，内部控制发展成了以风险为导向的内部控制。因此，我们应将内部控制与风险管理一体化，将他们作为一个整体进行理解与处理。

第二节　企业风险管理控制组织体系

计划、组织、指挥、协调和控制等管理活动都需要组织的保障，企业的风险管理活动也不例外。一个科学高效、分工制衡的组织体系可以使企业自上而下地对风险进行识别和分析，进而采取控制措施予以应对，促进信息在企业内部各层级之间、企业与外部利益相关者之间及时、准确、顺畅地传递，提升日常监督和专项监督的力度和效能。建立健全的风险管理控制组织体系应该包括以下要素：规范的公司法人治理结构、风险管理委员会、风险管理职能部门、内部审计部门及企业其他有关职能部门，各相关业务单位的组织领导机构（见表 48-1）。

表 48-1　企业风险管理控制组织体系

组织体系构成	简介	风险管理职责
规范的公司法人治理结构	包括股东（大）会、董事会、监事会，主要是指董事会。同时建立外部董事、独立董事制度	董事会就全面风险管理工作的有效性对股东（大）会负责，主要职责有： ①审议并向股东（大）会提交企业全面风险管理年度工作报告； ②确定企业风险管理总体目标、风险偏好、风险承受度三项标准，批准风险管理策略及重大风险管理解决方案； ③了解和掌握各项重大风险及其管理现状，做出有效控制风险的决策； ④批准重大决策、重大事件、重大风险及重要业务流程的判断标准或判断机制； ⑤批准重大决策的风险评估报告； ⑥批准风险管理监督评价审计报告； ⑦批准有效的风险管理组织机构设置及其职责方案； ⑧批准风险管理措施，纠正和处理任何超越风险管理制度做出的风险性决定的行为； ⑨督导培育企业风险管理文化； ⑩处理全面风险管理的其他重大事项
风险管理委员会	董事会下设风险管理委员会，其召集人由不兼任总经理的董事长担任；两职合一的企业，召集人由外部董事或独立董事担任	风险管理委员会对董事会负责，主要履行以下职责（对比董事会的职责）： ①提交全面风险管理年度报告（本职，董事会是审议提交股东大会）； ②审议风险管理策略和重大风险管理解决方案（董事会批准）； ③审议重大决策、重大事件、重大风险及重要业务流程的判断标准或判断机制，也对重大决策的风险评估报告进行审议（董事会批准）； ④审议风险管理监督评价审计综合报告（董事会批准）； ⑤审议风险管理组织机构设置及其职责方案（董事会批准）； ⑥办理董事会授权的有关全面风险管理的其他事项

续表

组织体系构成	简介	风险管理职责
风险管理职能部门	企业应设立专职部门或确定相关职能部门职责	该职能部门对总经理或其委托的高级管理人员负责，主要履行以下职责（对比风险管理委员会）： ①研究提出全面风险管理工作报告（风险管理委员会审议）； ②研究提出跨职能部门的重大决策、重大事件、重大风险及重要业务流程的判断标准或判断机制（风险管理委员会审议）； ③研究提出跨职能部门的重大决策风险评估报告（风险管理委员会审议）； ④研究提出风险管理策略及跨职能部门的重大风险管理解决方案，并负责组织实施与监控（风险管理委员会审议）； ⑤负责评估全面风险管理有效性，研究提出全面风险管理的改进方案（风险管理委员会未提及）； ⑥负责组织建立风险管理信息系统（基础工作）； ⑦负责组织协调全面风险管理日常工作（基础工作）； ⑧负责指导、监督相关部门、业务单位等开展全面风险管理工作（基础工作）； ⑨办理风险管理的其他有关工作
内部审计部门	在董事会下设立审计委员会，内部审计部门对审计委员会负责	内部审计部门在风险管理方面的主要职责是出具监督评价审计报告；负责研究提出全面风险管理监督评价体系，并制定监督评价相关制度，开展监督与评价
企业其他有关职能部门	在风险管理工作中，配合风险管理职能部门和内部审计部门，接受组织、协调、指导和监督	主要职责（对比风险管理部门）： ①执行风险管理基本流程（基础工作）； ②研究提出与本职能部门或业务单位相关的重大决策、重大事件、重大风险及重要流程的判断标准或判断机制（本部门）； ③研究提出本职能部门或业务单位的重大决策风险评估报告（本部门）； ④建立好本职能部门或业务单位风险管理信息系统的工作（本部门）； ⑤做好风险管理文化的有关工作（基础工作）； ⑥建立健全本职能部门或业务单位的风险管理内部控制子系统（基础工作）； ⑦办理风险管理其他有关工作
下属公司	由总公司给予指导	企业应通过法定程度，结合下属公司自身的特点，建立适合企业的风险管理组织体系

一、企业风险管理领导机构与职责

企业应建立健全规范的公司法人治理结构，股东（大）会、董事会、监事会、经理层依法履行职责，形成高效运转、有效制衡的监督约束机制。股东（大）会享有法律法规和企业章程规定的合法权利，依法行使企业经营方针、筹资、投资、利润分配等重大事项的表决权。董事会对股东（大）会负责，依法行使企业的经营决策权。监事会对股东（大）会负责，监督企业董事、经理和其他高级管理人员依法履行职责。经理层负责组织实施股东（大）会、董事会决议事项，主持企业的生产经营管理工作。

董事会在企业管理层中居于核心地位，负责内部控制的建立健全和有效实施；监事会对董事会建立与实施内部控制进行监督；经理层负责组织领导企业内部控制的日常运行。企业应当成立专门机构或者指定适当的机构具体负责组织协调内部控制的建立实施及日常工作，应当在董事会下设立审计委员会，审计委员会负责审查企业内部控制，监督内部控制的有效实施和内部控制的自我评价情况，协调内部控制审计及其他相关事宜等。

二、企业风险管理职能体系

风险管理职能部门一般包括风险管理委员会和其执行机构，是风险管理的第二道防线。风险管理职能部门主要制定风险管理制度，提出风险管理实施意见，组织协调全面风险管理日常工作，指导、监督有关职能部门、各业务单位，以及全资、控股子企业开展全面风险管理工作等。

董事会下设风险管理委员会、投资审批委员会、信贷审批委员会等风险管理职能部门。风险管理委员会的召集人应由不兼任总经理的董事长担任；董事长兼任总经理的，召集人应由外部董事或独立董事担任。该委员会中需有熟悉企业重要管理及业务流程的董事，以及拥有风险管理监管知识或经验、具有一定法律知识的董事。

风险管理职能部门的目标是使一个或多个风险相关的管理工作发展成为企业的一项核心能力。风险管理职能部门负责管理的风险包括利率风险、货币风险、商品价格风险、信用风险、气候风险及灾难风险等。对企业经营战略实施来说，风险管理职能部门常常会起到非常重要的促进作用，它们评估、集中控制、降低、转移和利用自己负责的风险。

风险管理职能部门的主要职责包括：

（1）研究提出全面风险管理工作报告。

（2）研究提出跨职能部门的重大决策、重大风险、重大事件和重要业务流程的判断标准或判断机制。

（3）研究提出跨职能部门的重大决策风险评估报告。

（4）研究提出风险管理策略和跨职能部门的重大风险管理解决方案，并负责该方案的组织实施和对该风险的日常监控。

（5）负责对全面风险管理有效性进行评估，研究提出全面风险管理的改进方案。

（6）负责组织建立风险管理信息系统。

（7）负责组织协调全面风险管理日常工作。

（8）负责指导、监督有关职能部门、各业务单位，以及全资、控股子企业开展全面风险管理工作。

（9）办理风险管理的其他有关工作。

三、企业风险管理协调机制

（一）审计委员会和内部审计部门

内部审计部门一般包括审计委员会和其执行机构，是风险管理的第三道防线。内部审计部门在风险管理方面主要负责研究提出全面风险管理监督评价体系，制定监督评价相关制度，开展监督与评价，出具监督评价审计报告。

企业在董事会下设立审计委员会，企业内部审计部门对审计委员会负责。美国内部审计师协会对内部审计所下的定义：内部审计是一项独立、客观的审查和咨询活动，其目的在于增加企业的价值和改进经营。内部审计通过系统的方法，评价和改进企业的风险管理，控制和治理流程的效益，帮助企业实现其目标。内部审计师应就管理层的决策提出劝告和质疑或表示支持，而不是对风险管理作出决策。

内部审计师协会还确定了企业风险管理实施中内部审计的核心角色及不应承担的角色。其中，核心角色包括以下几点：

（1）为企业风险管理流程提供保障。

（2）确保风险得到正确的评估。

（3）评估风险管理流程。

（4）评估关键风险的报告。

（5）检查关键风险的管理工作。

内部审计不应承担以下职责：

（1）设定风险承受能力。

（2）批准和命令实施风险管理流程。

（3）在就风险及风险管理绩效提供保障方面承担管理角色。

（4）决定风险应对的决策。

（5）代表管理层实施风险应对措施。

（6）接受对风险管理的责任。

（二）企业其他职能部门及各业务单位

企业其他职能部门及各业务单位在全面风险管理工作中，接受风险管理职能部门和内部审计部门的组织、协调、指导和监督。企业通过法定程序，指导和监督其全资、控股子企业，建立与企业相适应或符合全资、控股子企业自身特点、能有效发挥作用的风险管理组织体系。

第三节 企业风险管理流程

一、收集风险管理信息

收集风险管理信息是风险管理基本流程的第一步，要广泛地、持续不断地收集与本企业风险和风险管理相关的内部、外部初始信息，包括历史数据和预测数据。收集初始信息要根据所分析的风险类型具体开展，主要包括分析战略、财务、市场、运营和法律风险。

（一）分析战略风险

企业应广泛收集国内外企业战略风险失控导致企业蒙受损失的案例，并至少收集与本企业相关的以下重要信息：

（1）国内外宏观经济政策及经济运行情况、企业所在产业的状况、国家产业政策。

（2）科技进步、技术创新的有关内容。

（3）市场对该企业产品或服务的需求。

（4）与企业战略合作伙伴的关系，未来寻求战略合作伙伴的可能性。

（5）该企业主要客户、供应商及竞争对手的有关情况。

（6）与主要竞争对手相比，该企业的实力与差距。

（7）本企业发展战略和规划、投融资计划、年度经营目标、经营战略，以及编制这些战略、规划、计划、目标的有关依据。

（8）该企业对外投融资流程中曾发生或易发生错误的业务流程或环节。

（二）分析财务风险

企业应广泛收集国内外企业财务风险失控导致危机的案例，并至少收集本企业的以下重要信息：

（1）负债、或有负债、负债率、偿债能力。

（2）现金流、应收账款及其占销售收入的比重、资金周转率。

（3）产品存货及其占销售成本的比重、应付账款及其占购货额的比重。

（4）制造成本和管理费用、财务费用、营业费用。

（5）盈利能力。

（6）成本核算、资金结算和现金管理业务中曾发生或易发生错误的业务流程或环节。

（7）与本企业相关的产业会计政策、会计估算、与国际会计制度的差异与调节

（如退休金、递延税项等）等信息。

（三）分析市场风险

企业应广泛收集国内外企业忽视市场风险、缺乏应对措施导致企业蒙受损失的案例，并至少收集与本企业相关的以下重要信息：

（1）产品或服务的价格及供需变化。

（2）能源、原材料、配件等物资供应的充足性、稳定性和价格变化。

（3）主要客户、主要供应商的信用情况。

（4）税收政策和利率、汇率、股票价格指数的变化。

（5）潜在竞争者、竞争者的主要产品、替代品情况。

（四）分析运营风险

企业应至少收集与该企业、本行业相关的以下信息：

（1）产品结构、新产品研发情况。

（2）新市场开发情况、市场营销策略，包括产品或服务定价与销售渠道，市场营销环境状况等。

（3）企业组织效能、管理现状、企业文化，高、中层管理人员和重要业务流程中专业人员的知识结构、专业经验。

（4）期货等衍生产品业务中曾发生或易发生失误的流程和环节。

（5）质量、安全、环保、信息安全等管理中曾发生或易发生失误的业务流程或环节。

（6）因企业内外部人员的道德风险致使企业遭受损失或业务控制系统失灵的事件。

（7）给企业造成损失的自然灾害及除上述有关情形之外的其他纯粹风险的事件。

（8）对现有业务流程和信息系统操作运行情况的监管、运行评价及持续改进能力。

（9）企业风险管理的现状和能力。

（五）分析法律风险

企业应广泛收集国内外企业忽视法律法规风险、缺乏应对措施导致企业蒙受损失的案例，并至少收集与该企业相关的以下信息：

（1）国内外与该企业相关的政治、法律环境。

（2）影响企业的新法律法规和政策。

（3）员工道德操守的遵从性。

（4）该企业签订的重大协议和有关贸易合同。

（5）该企业发生重大法律纠纷案件的情况。

（6）企业和竞争对手的知识产权情况。

二、风险分析与评估

风险评估包括风险辨识、风险分析和风险评价三个步骤。企业应对风险管理信息实行动态管理，定期或不定期实施风险辨识、分析和评价，以便对新的风险和原有风险的变化进行重新评估。进行风险辨识、分析、评价，应将定性与定量方法相结合。定性方法包括问卷调查、集体讨论、专家咨询、情景分析、政策分析、行业标杆比较、管理层访谈、由专人主持的工作访谈和调查研究等。定量方法包括统计推论（如集中趋势法）、计算机模拟（如蒙特卡洛分析法）、失效模式与影响分析、事件树分析等。

三、风险管理策略

风险管理策略是指企业根据自身条件和外部环境，围绕企业发展战略，确定风险偏好、风险承受度、风险管理有效性标准，选择风险承担、风险规避、风险转移、风险转换、风险对冲、风险补偿、风险控制等适合的风险管理工具的总体策略，并确定风险管理所需人力和财力资源的配置原则。

制定风险管理策略的一个关键环节是企业应根据不同业务特点统一确定风险偏好和风险承受度。在制定风险管理策略时，还应根据风险与收益相平衡的原则及各风险在风险坐标图上的位置，进一步确定风险管理的优先顺序，明确风险管理成本的资金预算和控制风险的组织体系、人力资源、应对措施等总体安排。

四、风险治理与管控

按照风险管理的基本流程，制定风险管理策略后的工作是实施风险管理解决方案，也就是执行前一阶段制定的风险管理策略，进一步落实风险管理工作。在这一阶段，企业应根据风险管理策略，针对各类风险或每一项重大风险制定风险管理解决方案。

（一）两种方案类型

风险管理解决方案可以分为外部和内部解决方案。外部解决方案一般指外包，内部解决方案是指风险管理体系的运转。企业制定内控措施一般至少包括以下内容：①建立内控岗位授权制度；②建立内控报告制度；③建立内控批准制度；④建立内控责任制度；⑤建立内控审计检查制度；⑥建立内控考核评价制度；⑦建立重大风险预警制度；⑧建立健全以总法律顾问制度为核心的企业法律顾问制度；⑨建立重要岗位权力制衡制度，明确规定不相容职责的分离。

（二）关键风险指标管理

关键风险指标管理是对引起风险事件的关键成因指标进行管理。关键风险指标管理可以管理单项风险的多个关键成因，也可以管理影响企业主要目标的多个主要风险。

关键风险指标管理的步骤一般分为以下六步：①分析风险成因，从中找出关键成因，如经过数据分析，影响盈利的主要风险是信用风险，其代表性的风险事件是客户还款不及时导致应收账款大量增加，这属于关键风险指标管理的第一步；②将关键成因量化，确定其度量，分析确定风险事件发生（或极有可能发生）时该成因的具体数值；③以该具体数值为基础，以发出风险信息为目的，加上或减去一定数值后形成新的数值，该数值即关键风险指标；④建立风险预警系统，即当关键成因数值达到关键风险指标时，发出风险预警信息；⑤制定出现风险预警信息时应采取的风险控制措施；⑥跟踪、监测关键成因的变化，一旦出现预警，立即实施风险控制措施。

（三）落实风险管理解决方案

落实风险管理解决方案要认识到风险管理是企业时刻不可放松的工作，是企业价值创造的根本源泉；风险管理是企业全员的分内工作，没有风险的岗位是不创造价值的岗位，没有理由存在；落实到组织，明确分工和责任，进行全员风险管理；为确保工作的效果，落实到位，要对风险管理解决方案的实施进行持续监控、改进，并与绩效考核联系起来。

五、风险管理的改进与创新

企业应以重大风险、重大事件、重大决策、重要管理及业务流程为重点，对风险管理初始信息、风险评估、风险管理策略、关键控制活动及风险管理解决方案的实施情况进行监督，采用压力测试、返回测试、穿行测试及风险控制自我评估等方法对风险管理的有效性进行检验，根据变化情况和存在的缺陷及时加以改进。

第四节　企业风险识别方法

风险识别是指风险管理人员运用有关的知识和方法，系统、全面和连续地发现风险管理单位面临的财产、责任和人身损失风险。风险识别是风险管理的第一个环节，有助于及时发现风险，减少风险事故的发生。其实质是感知风险，收集有关风险因素、风险事故和损失暴露等方面的信息，通过各种识别工具和方法发现导致潜在损失的风险因素。要进行风险的识别与分析，应将定性与定量方法相结合。定性方法包括头脑风暴法、德尔菲法、流程图分析法、风险评估系图法等。定量方法包括敏感性分析法、决策树法、马尔可夫分析法、统计推论法等。定性与定量相结合的方法主要有失效模式影响和危害度分析法、情景分析法、事件树分析法等（见表48-2）。

表 48-2　企业风险识别方法

类型	具体方法
定性分析	头脑风暴法、德尔菲法、流程图分析法、风险评估系图法
定量分析	马尔可夫分析法、敏感性分析法、决策树法、统计推论法
两者结合	失效模式影响和危害度分析法、情景分析法、事件树分析法

一、定性分析方法

1. 头脑风暴法

头脑风暴法又称自由思考法、BS 法、智力激励法，是通过集体讨论等形式，刺激并鼓励一群知识渊博、知悉风险情况的人员畅所欲言的一种方法，具体分为直接头脑风暴法和质疑头脑风暴法两类。前者是通过专家群体决策，尽可能正向激发创造性而产生的想法；后者是逆向思维，对已提出的设想、方案等质疑，从而产生新的想法。

适用范围：充分发挥专家意见，在风险识别阶段进行定性分析。实施步骤分为会前准备讨论主题，会中展开风险主题探讨，会后分类及整理风险主题探讨意见等。

主要优点：激发想象力，有助于发现新的风险和提出全新的解决方案；让主要的利益相关者参与其中，有助于进行全面沟通；速度较快并易于开展。局限性：参与者可能缺乏必要的技术及知识，无法提出有效的意见；由于头脑风暴法相对松散，较难保证过程的全面性；可能会出现特殊的小组情况，导致某些有重要观点的人保持沉默而其他成员成为讨论的主角；实施成本较高，要求参与者有较好的素质。这些因素会影响头脑风暴法实施的效果（见表 48-3）。

表 48-3　头脑风暴法

主要优点	局限性
①激发想象力，利于发现新的风险和全新的解决方案； ②多方参与，有助于所有利益相关者全面沟通； ③易于开展，速度较快	①实施成本较高，可能影响实施结果； ②要求参与者有较好的素质，否则不能提出有效意见； ③可能会出现有重要观点的人保持沉默而其他人成为讨论主角的特殊状况，导致讨论效果不理想； ④形式相对松散，较难保证过程的全面性

2. 德尔菲法

德尔菲法又称专家意见法，是 1964 年兰德公司正式提出和使用的，是一种采用众人的智慧进行风险预测的方法。它采用背对背的通信方式征询专家小组成员的预测意见，经过几次反复征询和反馈，专家小组成员的意见逐步趋于集中，最后获得具有很高准确率的集体判断结果。德尔菲法采用匿名发表意见的方式，即专家之间不得互相讨论，不发生横向联系，只能与调查人员发生联系。它是一种应对复杂任务难题的管理技术。

适用范围：在专家一致性意见基础上，在风险识别阶段进行定性分析。实施步骤：①成立专家小组。②向专家提出问题及要求。③专家根据资料与要求提出自己的意见。④汇总专家意见，再分发给专家修改。⑤汇总修改意见再分发。⑥综合处理专家意见。

主要优点：由于观点是匿名的，因此更有可能表达出那些不受欢迎的看法；所有观点有相同的权重，避免重要人物占主导地位的情况；专家不必一起聚集在某个地方，比较方便实施；这种方法具有广泛的代表性。局限性：受权威人士意见影响较大；碍于情面，有些专家不愿意发表不同意见；碍于自尊心，专家不愿意修改之前不全面的意见；过程比较复杂，花费时间较长（见表 48-4）。

表 48-4　德尔菲法

主要优点	局限性
①匿名发表意见的方式使专家更有可能表达出那些不受欢迎的看法； ②同等看待所有专家的意见，避免重要人物占主导地位的情况； ③不必聚集，方便易行； ④此方法具有广泛的代表性	①受权威人士意见影响较大； ②碍于情面，有些专家不愿意发表不同意见； ③碍于自尊心，专家不愿意修改之前不全面的意见； ④过程比较复杂，花费时间较长

3. 流程图分析法

流程图分析法是对流程的每一阶段、每一环节逐一进行调查分析，从中发现潜在风险，找出导致风险发生的因素，分析风险发生后可能造成的损失，以及对整个组织可能造成的不利影响。流程图分析法将一项特定的生产或经营活动按步骤或阶段顺序，以若干个模块的形式组成一个流程图系列，在每个模块中都标示出各种潜在的风险因素或风险事件，从而给决策者一个清晰的总体印象。

适用范围：对企业生产或经营中的风险及其成因进行定性分析。实施步骤：①绘制流程图；②识别业务节点上的风险因素；③针对风险及成因，提出监控与预防的方法。

主要优点：清晰明了，易于操作，且组织规模越大，流程越复杂，流程图分析法就越能体现出优越性；通过业务流程分析，可以更好地发现风险点，从而为防范风险提供支持。局限性：该方法的使用效果依赖于专业人员的水平。

4. 风险评估系图法

评估风险影响的常见的定性方法是制作风险评估系图。风险评估系图用来识别某一风险是否会对企业产生重大影响，并将此结论与风险发生的可能性联系起来，为确定企业风险的优先次序提供框架。横坐标反映风险发生的可能性，纵坐标反映风险的影响程度。

风险评估系图法用于对风险进行初步的定性分析。通过业务流程图法，对企业生产或经营中的风险及其成因进行定性分析。实施步骤：①根据企业实际绘制风险评估系图。②与影响较小且发生的可能性较低的风险相比，具有重大影响且发生的可能性较高的风险更加需要关注。③分析每种风险的重大影响及程度。

主要优点：风险评估系图法作为一种简单的定性分析方法，直观明了。局限性：如需进一步探求风险成因则显得过于简单，缺乏有效的经验证明和数据支持。

二、定量分析方法

进行风险定量评估时，统一制定各风险的度量单位和风险度量模型，并通过测试等方法，确保评估系统的假设前提、参数、数据来源和定量评估程序的合理性和准确性。根据环境的变化，定期对假设前提和参数进行复核和修改，并将定量评估系统的估算结果与实际效果进行对比，据此对有关参数进行调整和改进。定量法可以单独使用，也可以和定性法组合使用，作为定性方法的补充描述。

1. 马尔可夫分析法

马尔可夫分析法是指在马尔可夫过程的假设前提下，在分析随机变量现时变化情况的基础上，预测其未来变化情况的一种预测方法。

适用范围：对复杂系统中不确定性事件及其状态进行定量分析。实施步骤：①调查不确定性事件各状态及其变化情况。②建立数学模型。③求解模型，得到风险事件各状态发生的可能性。

该方法的主要优点及局限性如表48-5所示。

表48-5 马尔可夫分析法

主要优点	局限性
能够计算出具有维修能力和多重降级状态的系统的概率	①假设状态变化的概率是固定的，限制性强； ②要求所有事项在统计上具有独立性； ③需要了解状态变化的各种概率； ④涉及矩阵运算等复杂知识，非专业人士很难看懂

2. 敏感性分析法

敏感性分析法是针对潜在的风险性，当研究项目的各种不确定因素变化至一定幅度时，计算其主要经济指标变化率及敏感程度的一种方法。敏感性分析是在确定性分析的基础上，进一步分析不确定性因素对项目最终效果指标的影响及影响度。若某参数的小幅度变化能导致效果指标的较大变化，则称此参数为敏感性因素；反之，则称其为非敏感性因素。该分析从改变可能影响分析结果的不同因素的数值入手，估计结果对这些变量变动的敏感程度。敏感性分析最常用的显示方式是龙卷风图。敏感性因素一般可选择主要参数（如销售收入、经营成本、生产能力、初始投资、寿命期、建设期、达产期等）进行分析。

敏感性分析法适用于对项目不确定性结果产生的影响进行定量分析。实施步骤：①选定不确定因素，并设定变动范围。②确定分析的主要指标。③进行敏感性分析，即计算不确定因素变动对主要指标变动的影响。④绘制敏感性分析图，用图的形式将上述结果体现出来。⑤确定变化的临界点。

主要优点：为决策提供有价值的参考信息；可以清晰地为风险分析提供方向；可以帮助企业制定紧急预案。局限性：分析所需的数据经常缺乏，无法提供可靠的参数变化；分析时借助公式计算，没有考虑各种不确定因素在未来发生变动的概率，无法给出各参数的变化情况，因此其分析结果可能与实际相反（见表 48-6）。

表 48-6　敏感性分析法

主要优点	局限性
①提供有价值的参考信息； ②清晰地指明风险分析方向； ③帮助企业制定紧急预案	①数据缺乏，无法提供可靠的参数变化； ②借助公式计算，未考虑各种不确定因素在未来发生变动的概率，可能导致分析结果和实际相反

3. 决策树法

决策树利用概率论的原理，并利用一种树形图作为分析工具。其基本原理是用决策点代表决策问题，用方案分枝代表可供选择的方案，用概率分枝代表方案可能出现的各种结果，经过对各种方案在各种结果条件下损益值的计算比较，为决策者提供决策依据。

决策树法适用于对不确定性投资方案的期望收益进行定量分析。其实施步骤如图 48-1 所示。决策树中的方块代表决策节点，每一条分支代表一个方案。分支数就是可能的方案数。圆圈代表方案的节点，引出概率分支，从它引出的每条概率分支代表了状态及其发生的概率。根据右端的损益值和概率，计算出期望值，确定期望结果的选择。

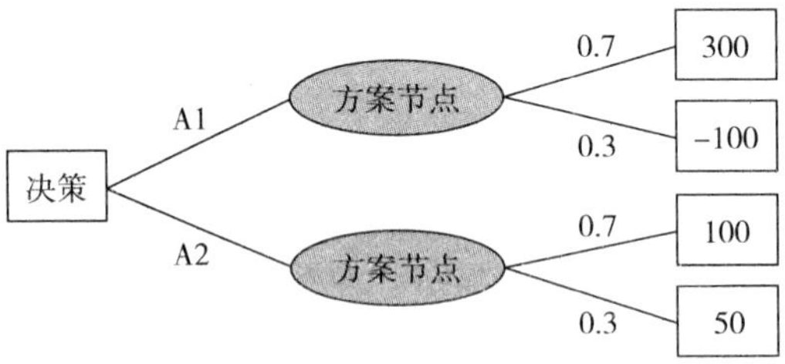

图 48-1　决策树法

主要优点：对决策问题的细节提供一种清楚的图解说明；能够计算到达一种情形的最优路径。局限性：多级决策树可能过于复杂，不容易与其他人交流；为了能够用树形图表示，可能有过于简化环境的倾向；使用范围有限，不适用于一些不能用数量表示的决策；对各种方案出现概率的确定有时主观性较大，可能导致决策失误。

4. 统计推论法

统计推论法是进行项目风险评估和分析的一种十分有效的方法，是通过分析现有数据或未知事件等进而推断出结论的一种方法。其主要分为以下三种类型：①前推法。根据历史的经验和数据向前推断出未来事件发生的概率及其后果。②后推法。在没有历史数据的情况下，把未知的、想象的事件与已知事件结合起来，尽量收集已有的数据，从而对风险作出评估和分析。③旁推法。该方法就是利用历史记录对类似新建项目的数据进行外推。

该方法主要适用于各种风险分析预测。实施步骤：①收集整理历史数据。②选择合适的评估指标并给出数学模型。③预测风险发生的可能性及损失大小。

主要优点：若数据充足可靠，此方法简单易行，结果准确率高。局限性：若前提和环境发生变化，结果则不一定适用；没有考虑事件的因果关系，导致外推结果可能产生较大偏差。

三、综合分析判断方法

1. 失效模式影响和危害度分析法

失效模式影响和危害度分析法就是通过对系统各部件每一种潜在的故障模式进行分析，找出故障原因，分类并分析，进而提出预防和纠正措施的方法，具体分为故障模式分析、故障影响分析和故障后果分析三类。

失效模式影响和危害度分析法适用于对失效模式、影响及危害进行定性或定量分析，还可为其他风险识别方法提供数据支持。实施步骤：①将系统分为组件或步骤，并进行相关的失效分析。②结合故障的严重性，确定风险等级。③识别风险的优先级。④输出总体清单。

该法优点及局限性如表 48-7 所示。

表 48-7 失效模式影响和危害度分析法

主要优点	局限性
①应用广泛； ②结果的表现形式可读性较强； ③较早发现问题，避免不必要的开支； ④识别单点失效模式，以及对冗余或安全系统的需要	①无法同时识别多个失效模式； ②研究工作耗时且开支较大

2. 情景分析法

情景分析法是通过分析特定的情景，识别出此情景下可能发生的事件及其潜在的结果，进而采取相应措施的一种方法。情景分析既依靠现有的数据，在数据不充分的情况下还依靠人们的想象力。

情景分析法通过模拟和分析不确定性情景，对企业面临的风险进行定性和定量分析。分析对象情景分析法的关键是分析变化的因素（如外部环境、宏观环境、今后的决策、利益相关者的需求等因素的变化）对情景结果的影响。

主要优点：若未来情况变化不大，结果则比较准确。局限性：不确定性越大，情景分析结果则越无意义；受限于数据有效性及情景分析师的能力；情景分析可能靠想象决策，缺乏充分的基础。

3. 事件树分析法

事件树分析起源于决策树分析，是一种时序逻辑的分析方法。事件在发生的顺序上存在着因果的逻辑关系。它以初始事件为起点，按照事件的发展顺序，分阶段逐步分析，每一事件可能的后续事件只能取完全对立的两种状态（成功或失败、正常或故障、安全或危险等）之一，逐步向结果方面发展，直到系统出现故障为止。它既可以定性地了解整个事件的动态变化过程，又可以定量计算出各阶段的概率，最终了解事件发展过程中各种状态的发生概率。

事件树分析法适用于故障发生以后，在各种减轻事件严重性的影响下，对多种可能后果进行定性和定量分析。

主要优点：事件树分析法以清晰的图形显示了经过分析的初始事项之后的潜在情景，以及缓解系统或功能成败产生的影响；它能说明时机、依赖性，以及故障树模型中很烦琐的多米诺骨牌效应；它生动地呈现事件的顺序，而使用故障树是不可能表现的。

局限性：为了将事件树分析法作为综合评估的组成部分，一切潜在的初始事项都要进行识别，这可能需要使用其他分析方法，但总是有可能错过一些重要的初始事项；事件树只分析了某个系统的成功及故障状况，很难将延迟成功或恢复事项纳入其中；任何路径都取决于路径上以前分支点处发生的事项。因此，当分析各可能路径上众多从属因素时，如果不认真处理这些从属因素，就会导致风险评估过于乐观。

第五节　企业风险应对机制

一、风险应对

《企业内部控制基本规范》（财会〔2008〕7 号）第 26 条规定："企业应当综合运用风险规避、风险降低、风险分担和风险承受等风险应对策略，实现对风险的有效控制。"风险应对是指在确定了决策的主体在经营活动中存在的风险，并分析出风险概率及其风险影响程度的基础上，根据风险性质和决策主体对风险的承受能力制定的回避、承受、降低或者分担风险等相应防范计划（见图 48-2）。制定风险应对策略主要考虑四个方面的因素：可规避性、可转移性、可解性、可接受性。

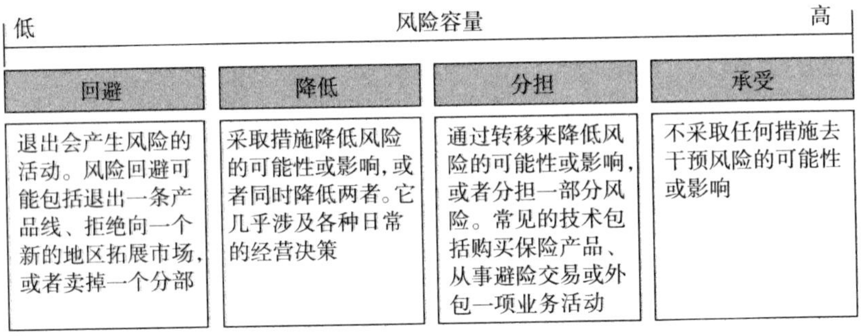

图 48-2　风险应对策略

风险应对过程是执行风险行动计划，以求将风险降至可接受程度。其包括以下内容：①对触发事件的通知做出反应。得到授权的个人必须对触发事件做出反应。适当的反应包括回顾当前现实，更新行动时间框架，并分派风险行动计划。②执行风险行动计划。应对风险应该按照书面的风险行动计划进行。③对照计划，报告进展。确定和交流对照原计划所取得的进展。定期报告风险状态，加强小组内部交流，小组必须定期回顾风险状态。④校正偏离计划的情况。如果结果不能令人满意，就必须换用其他途径。要将校正的相关内容记录下来。

评估了相关的风险之后，企业要确定如何应对。应对包括风险回避、降低、分担和承受。在考虑应对的过程中，企业评估风险的可能性和影响效果及成本效益，选择能够使剩余风险处于期望的风险容限以内的应对。

二、风险规避

风险规避是企业对超出风险承受度的风险，通过放弃或者停止与该风险相关的业务活动以避免和减轻损失的策略。风险规避是将风险因素消除在风险发生之前，因而它是一种最彻底的控制风险技术。风险规避可通过修改项目目标、项目范围、项目结构等方式来实行，具体方法有两种：①放弃或终止某项活动的实施，即在尚未承担风险的情况下拒绝风险；②改变某项活动的性质，即在已承担风险的情况下通过改变工作地点、工艺流程等方式来避免未来生产活动中所承担的风险。

三、风险降低

风险降低是企业在权衡成本效益之后，准备采取适当的控制措施来降低风险或者减轻损失，将风险控制在风险承受度之内的策略，既可采取措施降低风险的可能性或影响，也可同时降低两者。它几乎涉及各种日常的经营决策。

四、风险分担

风险分担是企业借助他人力量，采取业务分包、购买保险等方式和适当的控制措施，将风险控制在风险承受度之内的策略。其目的主要有：①减少风险发生概率，降低风险发生后造成的损失和风险管理成本；②有利于项目各方合理分担责权利，有利于参与者在项目全寿命期内注意理性和谨慎行为；③使各项目参与者能达到互惠互利、共赢的目标。

五、风险承受

风险承受是企业对风险承受度之内的风险，在权衡成本效益之后，不准备采取控制措施来降低风险或者减轻损失的策略。企业因风险管理能力不足，对于未能辨认出的风险，只能选择承受；对于辨认出的风险，可能因为以下几种原因采取风险承受策略：缺乏能力进行主动管理，对这部分风险只能承受；没有其他备选方案；从成本效益考虑，风险承受是最适宜的方案。

第六节 风险应急事件处置

一、风险应急事件概述

1. 风险事件的含义

风险是指某种特定的危险事件（事故或意外事件）发生的可能性与其产生的后果的组合。风险应急事件一般指即将或已经有价值的资源（包括人和物及数据信息等）发生的损伤和损害降到最低的应急预案。

风险管理是各经济、社会单位在对其生产、生活中的风险进行识别、估测、评价的基础上，优化组合各种风险管理技术，对风险实施有效的控制，妥善处理风险所致的结果，以期以最小的成本达到最大的安全保障的过程。随着社会的发展和科技的进步，现实生活中的风险因素越来越多，无论是企业还是家庭，都日益认识到进行风险管理的必要性和迫切性。人们想出种种办法来对付风险，但无论采用何种方法，风险管理的基本原则始终是以最小的成本获得最大的保障。

对风险的处理有回避风险、预防风险、自留风险和转移风险四种方法。

（1）回避风险。回避风险是指主动避开损失发生的可能性。例如，考虑到游泳有溺水的危险，就不去游泳。

虽然回避风险能从根本上消除隐患，但这种方法明显具有很大的局限性，因为并不是所有的风险都可以回避或应该进行回避，如人身意外伤害，无论如何小心翼翼，这类风险总是无法彻底消除。再如，因害怕出车祸就拒绝乘车，车祸这类风险虽可因此而完全避免，但将给日常生活带来极大的不便，实际上是不可行的。

（2）预防风险。预防风险是指采取预防措施，以降低损失发生的可能性及损失程度。兴修水利、建造防护林就是典型的例子。预防风险涉及一个现时成本与潜在损失比较的问题：若潜在损失远大于采取预防措施所支出的成本，就应采用预防风险手段。以兴修堤坝为例，虽然施工成本很高，但与洪水泛滥造成的巨大灾害相比，显得微不足道。

（3）自留风险。自留风险是指自己非理性或理性地主动承担风险。“非理性”自留风险是指对损失发生存在侥幸心理或对潜在的损失程度估计不足，从而使自己暴露于风险中；“理性”自留风险是指经正确分析，认为潜在损失在承受范围之内，而且自己承担全部或部分风险比购买保险要经济合算。自留风险一般适用于发生概率小且损失程度低的风险。

（4）转移风险。转移风险是指通过某种安排，把自己面临的风险全部或部分转移给另一方。通过转移风险来得到保障，是应用范围最广、最有效的风险管理手段，保险就是其中之一。

风险管理的基本目标是以最小的经济成本获得最大的安全保障效益，即风险管理就是以最少的费用支出达到最大限度地分散、转移、消除风险，以实现保障人们经济利益和社会稳定的基本目的。它可以分为以下三种情形：第一，损失发生前的风险管理目标——避免或减少风险事故的发生；第二，损失发生中的风险管理目标——控制风险事故的扩大和蔓延，尽可能减少损失；第三，损失发生后的风险管理目标——努力使损失的标的恢复到损失前的状态。风险管理过程包括以下几个基本环节：①风险识别；②风险估测；③风险管理方式选择；④实施风险管理决策；⑤风险管理效果评价。

2. 应急事件的特点

（1）突发性。往往突如其来，出乎人们意料。

（2）危害性。包括人员伤亡、财产损失等，损失可大可小。

（3）紧迫性。突发事件的发生会牵涉到生命安全，拖不得，推不得，迟不得。没有行动，就会丧失时机。

（4）关联性。一个突发事件可能会引起其他事件。

（5）后果不确定性。开始可能是一件小的事情，后来却变成了大事情。

3. 应急事件的分类

按应急事件的状态，可将其分为预警和警报。

（1）预警。当发生了可预见的、一旦触发即可发生危险或危害后果的事件时，由应急指挥部确定并预先发出的、要求做好准备工作的应急状态。

（2）警报。已发生危险或危害事故时，由应急指挥部根据事故的严重程度确定并发出的应急事件的状态。

4. 应急事件的分级

（1）按应急事件可能产生的后果的严重程度分为Ⅰ级预警、Ⅱ级预警、Ⅲ级预警。

（2）按事故产生的后果的严重程度分为Ⅰ级警报、Ⅱ级警报、Ⅲ级警报。

（3）应急预案体系中的各专项预案应根据事故危害程度、影响范围、损失情况等，明确划分预警和警报等级。

（4）应急处置部门或人员应根据应急事件等级的要求制定并实施相应的应急处理方案。

（5）应急指挥部及相关人员应根据应急事件的状况，对照应急预案的等级，判断该事件的应急等级；指挥或信息通报时，指挥或相关信息通报人员应告知接受通报的人员应急事件的等级。

二、风险应急事件处置原则

危机处理原则是对企业处理危机经验正反两方面的理论总结，是企业危机处理的基本理念，主要包括：①主动性原则；②诚意性原则；③真实性原则；④留有余地原则；⑤快速反应原则；⑥公众利益至上原则；⑦公平性原则；⑧专项管理原则；⑨针对性原则；⑩心态平衡原则；⑪成本—收益原则。

三、风险应急事件处置程序

1. 建立处理机构

危机处理专门机构是危机处理的领导部门和办事机构，一般情况下，危机处理小组应由企业最高负责人担任小组负责人。小组的其他成员至少应包括公司法律顾问、公关顾问、管理顾问、业务负责人、行政负责人、人力资源负责人和小组秘书及后勤人员。

危机处理小组在必要时可分为两个小组，即核心小组和策应小组。核心小组主要由企业最高负责人、法律专家、公关专家等决策和智囊人士组成。策应小组由行政负责人、业务负责人、人力资源负责人和其他后勤人员组成。其中，核心小组的任务是执行谈判、交涉、决策和协调任务，策应小组则是负责实施解决方案和提供后勤资源保障任务。

2. 立即调查，控制事态

对危机的状况作一个全面的分析：危机产生的原因是什么，是内因还是外因？危机发展的状况及趋势如何？受影响的公众有哪些，谁是危机的直接受害者，谁是间接受害者和潜在受影响者，具体受影响的程度如何，分别是什么形式，他们希望通过什么方式予以解决？危机信息对外扩散的发布渠道和范围是怎样的？这些问题是企业采取补救措施的直接依据。

危机调查强调针对性和相关性，一般应侧重调查下列内容：

（1）危机事件的基本情况，包括事件发生的时间、地点、原因、周围的环境等。

（2）事件的现状和发展趋势，包括事件的目前状况，是否还在发展，朝什么方向发展，已经采取了什么危机处理措施，这些措施的实施效果如何等。如果事件仍在朝对机构不利的方向发展，需调查事态恶化的原因，考虑有什么办法能控制事态的发展，如果继续发展会造成什么后果和影响等。

（3）事件产生的原因和影响，包括引发事件的原因，人员伤亡情况，损坏的财产种类、数量及价值，事件涉及的范围，以及在舆论、经济、社会，甚至政治上会带来什么影响等。通过周密的调查，迅速查明情况，进而判断事件的性质、现状、后果及影响。

（4）查明导致事件发生的当事人与责任人，特别要关注是否存在故意破坏行为，有助于了解事件的真相与性质。

（5）查明事件涉及的公众对象，包括直接的受害者与间接的受害者，与事件有直接和间接关系的组织和个人，与企业有利害关系的部门和个人，与事件的处理有关的部门及新闻界、舆论界的人士等，还要与事件的见证人保持密切的联系。

3. 分析危机，确定处理对策

对危机事件进行调查，提交调查报告后，企业应及时会同有关部门进行分析、决策，针对不同公众确定相应的对策，制定消除危机影响的处理方案。在这里要特别强调：对不同公众采取相应的对策时，决不能违反公平性原则。不同公众受害程度不一样，有的是直接受害者，有的是间接受害者，有的是关注事态的普通民众心理受到了伤害，在公平性的大前提下，可以根据不同的受害程度分别处理。

4. 尽快向社会（媒体）公布消息

危机发生后，应尽快调查事情原因，弄清真相，尽可能地把完整情况告诉新闻媒体，由其广而告之。只有公布真相，才有可能避免公众的各种无端猜疑和流言的产生。诚心诚意才是企业面对危机最好的策略。

5. 应急恢复

企业在完成危机事件的处理工作后，一方面，应当实事求是地撰写详尽的事故处理报告，总结经验教训，为以后处理类似的危机事件提供参照性文献依据；另一方面，要认真分析危机事件发生的深层原因，切实改进工作，从根本上杜绝或减少此类危机事件的再次发生。

总之，当企业面对危机时，应该以社会公众和消费者的利益为重，迅速做出适当反应，及时采取补救措施，并主动、有意识地以该事件为契机，变坏事为好事，因势利导，借题发挥。这样，不但可以恢复企业的信誉，而且可以扩大企业的知名度和美誉度。正如人们所说的：一个优秀的企业越是在危急时刻，越能显示出它的综合实力和整体素质。一个成熟的、健康的企业与其他企业的区别就在于此。

推荐阅读

1. 屠建清．企业内部管理与风险控制实践［M］．北京：人民邮电出版社，2020.

2. 张妍．J公司内部控制体系优化研究［D］．保定：河北大学，2021.

思考题

1. 如何理解企业风险、企业风险管理与企业内部控制?
2. 企业风险管理控制组织体系的构成及职能有哪些?
3. 风险识别的方法主要包括哪些?
4. 风险管理执行流程及风险应急事件处置程序有哪些?

第四十九章　数字经济

学习目标

1. 理解数字经济的概念、发展规律、特点；
2. 深刻理解数字经济与高质量发展的关系；
3. 了解企业数字化转型升级的路径；
4. 熟悉常用的企业数字化管理系统，了解数字化管理发展方向。

第一节　数字经济及其特点

一、数字经济概述

（一）数字经济的定义

“数字经济”（Digital Economy）这一概念是随着信息技术、移动互联网技术的飞速发展，在社会信息化发展中逐渐确立和传播起来的。基于各国官方界定和学术研究的观点，数字经济概念基本一致的观点是，数字经济是以数字化的知识和信息为关键生产要素，充分发挥海量数据和丰富应用场景优势，通过数字产业化和产业数字化，促进数字技术与实体经济深度融合，赋能传统产业转型升级，催生新产业、新业态、新模式，以数字化转型整体驱动生产方式变革，开展经济活动，形成以数字技术为主导技术，以数字产业为主导产业，以数字产品为主导产品的新经济形态。这个定义是从广义视角来认识数字经济的，认为数字经济是数字化驱动产业升级产生的经济效应，促进了经济社会的快速发展。

（二）数字经济的内涵

第一，数字经济是以数据为关键生产要素的新型经济形态，是人类社会历经农业经济、工业经济之后，一种全新的社会经济形态。对数字经济的认识，需要站在人类经济社会形态发展的历史长河中，运用逻辑与历史相统一的方法，全面审视数字经济对人类社会的革命性、系统性和全局性影响。

第二，数字经济包括数字产业化和产业数字化两大部分。数字经济的构成包括两大部分：一是数字产业化，也称为数字经济基础部分，是数字技术本身发展所形成的产业，即新一代信息技术产业；二是产业数字化，即使用部门因此而带来的产出增加和效率提升，也称数字经济融合部分，是通过数字技术对传统产业赋能形成的新产业、新业态、新模式。

第三，数字经济超越了信息产业部门的范围。20 世纪六七十年代以来，信息技术飞速进步，信息产业崛起为创新活跃、成长迅速的战略性新兴产业部门。数字技术的整体突破使其作为一种通用技术和重要的生产要素，被广泛地应用到经济社会的各行各业，促进了全要素生产效率的提升，开辟了经济增长新空间。这种数字技术与实体经济的深入融合应用，全面改变了经济面貌，塑造了整个经济，而不仅仅是信息产业的新形态。

第四，数字经济是一种技术经济范式。数字技术具有基础性、广泛性、外溢性、互补性特征，将带来经济社会新一轮阶跃式发展和变迁，推动经济效率大幅提升，引发基础设施、关键投入、主导产业、生产方式、管理体制、运行机制的变革。数字经济技术范式具有三大特征：以数字技术群为核心驱动力、以网络连接为基础、以数据为生产要素，其结构主要包括数字经济的发展驱动力与增长模式、数字经济的生态结构与发展形态、数字经济技术链与创新链、数字经济的价值链与价值创造活动。

二、数字经济的特点

（一）认识数字经济的发展规律

数字经济发展速度很快，可以从微观、中观、宏观三个层面来准确认识和把握其发展规律。

在微观层面，平台企业崛起迅速推动数字产业化发展，而传统企业的数字化转型也推动着产业数字化发展，两者构成了数字经济的微观基础。平台企业促进规模经济、网络效应、匹配协同，不断为自身和用户构建新的盈利模式和成长模式；传统企业通过生产管理模式、价值创造模式、组织管理方式等的变革，提升经营效率。同时，数据价值化，数据的汇聚、运算和分析，产生了更好的服务作用，进而实现了“用数据说话、用数据决策、用数据管理、用数据创新”。

在中观层面，数实融合能够产生产业创新效应、关联效应、融合效应，重塑产业链内的分工逻辑与运作模式，实现产业间的功能互补与跨界协同，推动产业组织创新和产业链升级。数字企业正在成为产业技术的主要创新源泉，它们瞄准市场需求、应用场景进行技术创新，本身就是在促进新技术的扩散。数字技术可以拓宽产业融合的横向边界，延长纵向产业链，推动全产业链泛在链接和协作，支撑构建全面互联制造体系。平台企业以其独特的网络效应，连接上下游或者商业生态中的各个主体，产生产业关联效应。数字经济的魅力在于打破传统发展模式，通过对原有产业及传统要素的渗透和整合，简化资源要素流动途径，实现合理化要素配置，促进产业链上下游及产业间实现协调发展。

在宏观层面，数字经济从提升全要素生产率、创造更多就业机会等方面促进高质量发展。数字技术和数据要素不但可以直接投入生产，而且可以提高传统要素的生产效率。数字经济的发展有助于提升供给体系质量，优化产业分工结构，提高资源配置效率，并通过影响经济规模、生产效率、技术创新等来显著提升全要素生产率。数字技术的发展和渗透，有效推动了资源配置市场化、供需匹配精准化、信息获取便利化，催生了经济新形态、新模式，带动了数字职业发展，扩大了就业市场规模和边界，对就业有显著促进作用，有利于促进就业结构优化与就业质量提升，实现高质量就业。

发展数字经济是把握新一轮科技革命和产业变革新机遇的战略选择。我们既要坚持创新驱动，释放数字创新价值潜力，又要健全协同机制，构建现代化的治理体系，还要挖掘数字价值，发挥数据要素的倍增效应，从产业数字化、数字产业化、数据价值化等方面推动数字经济高质量发展。

（二）数字经济的特点

（1）高融合性，数据与传统生产要素结合表现出强大的作用。数字经济的运行以数据要素为新的生产要素基础，数据成为数字经济的核心生产要素。作为与劳动、资本、土地等一样重要的生产要素，数据能够促进生产要素优化配置，促使生产过程高效组织，促进劳动生产率提升，正在成为企业竞争的核心资产。数字经济中的数据能够形成单独的交易市场，产生数据价值，包括数据存储价值、流通价值、交易价值分配价值等，数据成为单独具备产权的要素主体。它超越了传统要素的基本属性、作用形态和增值方式，一跃成为数据时代抢占领先跑道的战略资源。

（2）高协同性，协同成为新型生产方式。数字经济具备高度的共享性，即数字技术的通用性能够广泛渗透到经济与社会各个领域，产生广泛的赋能效应，具备增加值效应与赋能效应等多重效应。互联网改变了交易场所，拓展了交易时间，丰富了交易品种，加快了交易速度，减少了中间环节。互联网是通过变革信息连接方式来改变商业模式的，与客户共同使用信息交换系统，彼此协同进入价值创造过程。工业互联网建立起由内而外的设备、生产线、工厂、供应商、产品和客户的复杂生态体系，将企业生产从订单到制造，以及物流、销售纳入国内产业链、供应链，形成应用主体多元的协同生产与服务新场景。

（3）高成长性，数字消费成为人民生活中最广泛的基本需求。在数字经济时代，数字产品研发与供给渗透到社会生产和生活的各个领域，数字产品生产将成为具有巨大市场需求的产业。数字生活已经成为百姓生活的基本场景，为个人、家庭、政企用户提供优质适用的数字产品与服务是数字经济的重要市场。数字经济以数字化产业与产业数字化为产业基础，数字化产业包括信息通信产业，产业数字化包括传统产业应用数字技术产生的新业态与新模式等。

（4）高技术性，体现为技术迭代和产业结构升级快速。数字经济具备网络经济、信息经济的共性特征，依然立足以互联网技术及信息通信技术为基础的新的交易方式与交易形态。数字产业在产业结构中的比例不断增加，数字技术革命成为提升经济发展速度、创新活跃度、引领带动作用的重要力量，数字技术自身的快速发展及人工智能产业的发展对技术进步和产业提升起到了放大、叠加、倍增的作用，加快构建了具有强大智造能力的产业体系。

第二节　数字经济与产业发展

一、数字经济与产业高质量发展

党的二十大报告明确提出，高质量发展成为全面建设社会主义现代化国家的首要任务。近年来，党和国家加快了面向数字经济高质量发展的政策部署，2023 年 2 月，中共中央、国务院印发的《数字中国建设整体布局规划》，指出建设数字中国是数字时代推进中国式现代化的重要引擎，是构筑国家竞争新优势的有力支撑。从这个意义上看，立足企业，为微观市场主体与创新主体系统推进数字经济范式下的企业高质量发展，成为中国式现代化进程中的必由之路。

（一）企业高质量发展的内涵

从状态视角来看，企业高质量发展是相对于低水平、低层次、低质量的企业发展而言的，是企业追求的目标状态或理想状态。具体来看，从发展状态来看，高质量发展意味着企业的发展水平，包括企业管理水平、技术水平及产品与服务水平，达到了较高水平的状态，呈现出了高质量特征，即管理效率、技术创新效率及产品与服务质量均处于高水平的较优的竞争状态。也就是说，相较于同行业企业、同地区企业乃至全球范围内同产业链范围的企业而言，企业处于高水平的竞争状态，在企业发展过程中各个参数呈现出最优状态。

从演化论或者企业生命周期的视角来看，企业高质量发展意味着企业发展已经进入了相对成熟阶段，这种成熟阶段并不意味着企业会步入衰退，而是整体处于高效运转的状态，具备较高的市场竞争力乃至全球竞争力。

从企业的发展过程来看，企业创造产品与服务的基本过程整体处于较优的状态，企业的价值链与创新链的运转过程处于高水平协同与运转状态，各类生产要素能够在价值链与创新链之间充分传导与有序流动，实现企业价值链与创新链管理状态的最优化。

从企业高质量发展的基本实现过程来看，其需要一定的资源基础、能力基础及战略使命的支撑。从资源基础来看，企业高质量发展的实现意味着企业资源基础具备各类数据资源、人力资源、物力资源、财务资源、技术资源等，且一定程度上具备不可替代性及难以模仿性等特征，能够在资源竞争中凸显优势，保持市场竞争力。从能力基础来看，企业高质量发展不仅具备企业的核心能力，更包括企业动态能力，即企业能够根据环境的改变具备自我适应、自我调整及自我演化的动态能力，数字能力，数字资源配置、数字机会捕获及数字协同等多重能力能够实现数字情境下的能力再造，为企业高质量发展提供相应的能力基础。从企业战略使命来看，企业高质量发展必然是综合价值创造使命驱动，而非单一企业经济利润最大化的市场使命驱动，其融合企业股东逻辑与利益相关方逻辑是多重制度逻辑混合下的综合性使命，能够为企业在运营管理与业务实践的过程中提供前置性的目标指引，驱动企业开展面向利益相关方的价值创造体系的升级与跃迁。

综上所述，企业高质量发展的驱动条件或者前置性条件是企业使命驱动、资源驱动及能力驱动的综合性过程，在上述因素驱动下企业最终产出高水平的产品与服务，体现为对利益相关方的综合价值创造。

（二）企业高质量发展的核心特征

从支撑条件来看，高质量发展意味着企业具备资源能力突出及综合价值创造本位的综合特征，这意味着企业能够以独特的要素资源（包括数据资源、人才资源、物质资源及其他资源）实现高水平竞争，且能够对资源进行合理配置与开发，确保资源利用与资源配置的效率最大化，实现资源的优化配置及其与企业内外部环境的协同共演。

从企业发展的基本过程来看，高质量发展意味着企业管理有效及价值链与创新链协同转运，呈现出管理能力一流与治理机制有效的综合特征。从管理过程来看，高质量发展必然是建立在高质量的一流管理基础上，形成一套有效的管理范式与相应的管理模式，如人本管理、利益相关方管理、有意义的管理等，形成内部交易成本与机会主义风险最低化的治理范式与相应的治理机制。

从企业发展结果来看，高质量发展意味着企业具备高水平的综合价值创造，具体体现为市场绩效卓越、社会环境绩效突出，呈现出利益相关方的综合价值创造高水平的特征。企业作为市场主体及社会细胞，其运营管理必然服务于市场产品与服务供给及社会问题解决，进而创造出相应的经济价值与社会环境价值。高质量发展状态要求企业具备高水平的产品与服务供给，创造卓越的市场绩效或者经济绩效，形成市场与企业的相互反哺效应。

（三）数字经济驱动企业高质量发展的内在逻辑

企业高质量发展是一个多维概念，涵盖企业战略使命、以生产要素为基础的生产动能、产品服务输出及企业价值创造等多个方面，主要体现为综合型企业使命驱动、创新要素引领、产品服务一流及企业面向多维综合利益相关方价值创造等特征。数字经济不仅仅体现为一种全新的经济形态，其更是立足数据要素、数字技术与数字基础设施、数字应用场景乃至数字治理环境形成的“生产要素—技术基础—数字生态场景—数字治理环境”的全新技术经济范式。

从这个意义上看，数字经济驱动企业高质量发展的理论逻辑在于：数字经济能够在重塑企业战略使命、重塑企业生产动能及推动企业创造更高水平综合价值等方面实现精准赋能与使能，立足企业“创新链—价值链”的双链赋能，实现数字经济驱动企业高质量发展的多重模式耦合（见图 49-1）。

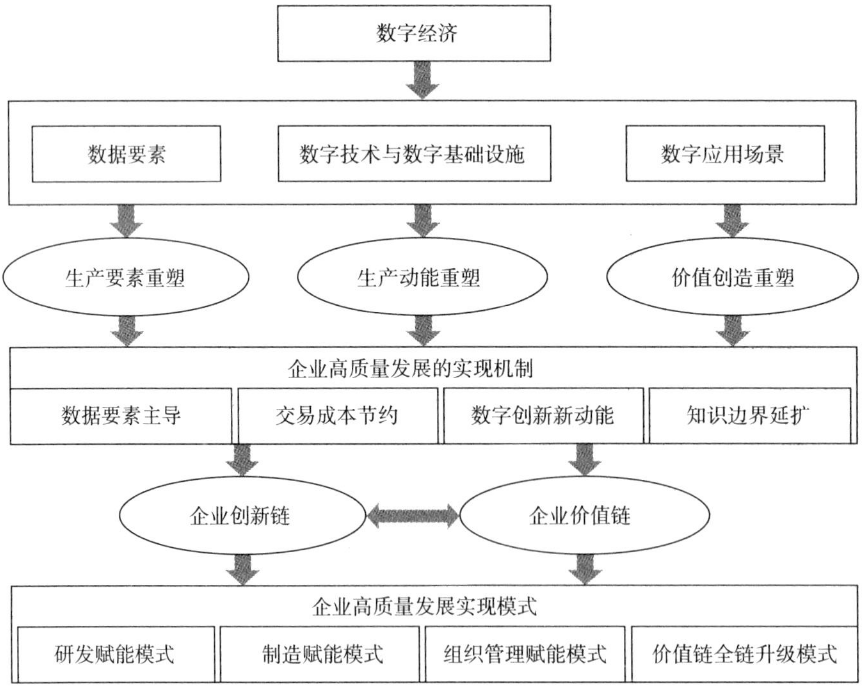

图 49-1　数字经济驱动企业高质量发展的内在逻辑

1. 生产要素视角

数据要素是高质量发展的核心要素。企业高质量发展是基于全要素生产率改进与迭代的，在数字经济时代，传统生产要素发生了深刻性改变，主要体现为数字经济下的数据要素成为核心生产要素，即企业能够立足数据生产要素，实现企业产品与服务的供给。移动互联网、大数据、智能算法、区块链等构成的数字智能技术的深化运用，深入企业价值链与创新链的过程，产生了相应的新的生产要素，即数据要素。数据作为企业内部信息与知识流动的承载器，能够为企业开展决策、生产产品及销售服务等提供全新的信息与知识基础，也在一定程度上成为企业的一种关键资产或者核心资源，为企业参与市场竞争提供了全新的资源基础。数据要素不同于传统生产要素，其能够作为独立的产品而存在，即企业能够通过购买数据要素形成特定的数据资源，广泛地运用在企业的生产过程与服务销售过程的各个环节。

2. 生产动能视角

数字经济衍生出的新的生产要素重塑了企业的生产函数，推动了企业创新要素的实质性改变，数据促进了各类生产要素的重新组合，实现了企业整体动能的跃迁与升级，实现了企业数字创新驱动的企业高质量发展。与传统生产函数类似，数据要素能够通过采集、积累和应用挖掘，形成数据要素的不断积累及再生产机制。数据要素对传统劳动与土地等生产要素的替代效应主要体现为数据要素驱动人工智能下的工业机器人、智能决策系统实现决策的自主性或者辅助决策，能够对具有简单重复性及具备一定思考性质的程序性工作进行替代，通过设计相应的智能程序，提升劳动生产效率。数据要素能够单独形成生产部门，根据数据需求和数据生产，为企业开展面向数据领域的生产与创新，提供广阔的经济空间与创新空间，成为数字创新的新生产动能。

3. 交易成本视角

数字经济背景下的数据技术能够显著降低企业交易成本。数字技术使企业生产组织突破了地理空间与物理空间的局限，不再依赖过去线性产业链的组织结构。产业链的横向扩展与纵向衍生，推动了企业间协同能力的提升。信息获得充分、物流实时优化、生产协作便利及智能撮合匹配机制，大大降低了交易成本。在组织管理成本方面，由于数字经济中大数据技术、人工智能算法、加密性区块链技术的存在，导致组织管理层的运营信息能够被层层透明化与动态化更新，降低了管理层的机会主义倾向，降低了企业委托代理问题的衍生风险，企业内部治理也形成了交易成本节约机制。

4. 知识创新视角

从知识的生产与创新的视角来看，知识是获取企业可持续竞争力的重要源泉，也是企业实现高质量发展的重要基础。在数字经济下，由于数字经济的开放性、无边界性及虚拟互动性等多重特征，企业知识搜索、知识学习及知识整合与创新具备了全新的环境，即数字开放式环境。在数字开放式环境下，企业能够突破单一企业内或者企业间知识获取、学习、整合与创新的局限，逐步走向涵盖整个产业链、创新链及数字平台的多重知识场域，形成跨时空、跨场域、跨单元的知识搜索、知识学习、知识整合与创新的动态数字网络，构建数字化的开放式知识交互机制，实现企业知识创新的螺旋式上升。

数字经济是以互联网、大数据及其相关技术创新与应用为基础的一种新型经济形态，具有高技术性、高成长性、高融合性、高协同性的特征，实现了生产力要素的数字化渗透、生产关系的数字化重构，是推动经济高质量发展的新动能。

第一，要素质量提升带来高质量发展。在数字经济时代，数据等高端生产要素作为独立的生产要素进入生产、流动、消费等经济社会各领域各环节，在各行各业的社会生产中数据要素投入占比越来越高，新生产要素与资本、劳动等要素的融合，大大改善了传统要素的质量；与传统生产方式相比，大数据和人工智能技术的使用可实现在生产线各环节全面实行智能监控，大幅度提高企业对产品质量的监管和控制能力，降低产品不良率，提高产品质量；数字经济改变了消费方式和消费品形态，智能消费和消费产品的智能化给消费者带来了质量更高、内容多样化的消费体验，提升了产品消费的满足感。

第二，效率变革推动高质量发展。数字经济具有较强的网络外部性，能够帮助企业突破产品的用户规模容量，增强范围经济效应，降低产品边际成本，提升企业生产效率；数字经济的网络化和协同性特征实现了资本、劳动力等生产要素的集约化整合、协作化开发、网络化共享，提高了要素之间的协同性，加强要素之间的配合，提高了要素使用效率。

第三，要素配置效率提升促进高质量发展。互联网、云计算、大数据等新兴技术可以实现对社会再生产过程中海量数据的分析，有效解决信息不完全和外部性问题，降低信息检索和资源匹配成本，形成更为公开透明的市场环境，实现要素供需精准匹配，优化要素配置，让产出接近产能，让生产点接近生产可能性曲线。数字经济具有网络化特征，所构建的高度互联互通且具有正外部性效应和规模效应的网络化结构，为各类创新要素的创造、集聚、转移和应用创造了便利条件，提升了创新资源的流动性。同时，数字经济发展有助于促进垄断行业的改革，加强市场竞争，加快生产要素的合理流动和优化组合，提高经济的投入产出比。

第四，动力变革实现经济高质量发展。作为新动能的数字经济所蕴含的高端要素在总量规模扩张的同时，增强了传统要素动能，打破了以往生产要素稀缺性对经济增长的制约，为经济持续性增长提供了可能。数字经济作为重要的技术创新，为培育创新动能提供了新动力。通过建设以平台经济为核心特征的数字化、网络化协同研发平台，聚集整合业内原本较为分散的相关优势研发资源，突破研发创新的行业、企业或地域边界限制，减少信息不对称，提升创新资源利用效率。数字经济的发展既为企业满足消费者多样性需求提供了动力，也为消费者获得多样化服务或产品提供了可能性，增强了消费动能对经济增长质量的提升效应。

二、数字经济与传统制造业转型升级

各类数字技术与现有产业的不断融合发展形成了各类新的适应市场需求的经济形态，正推动生活和生产方式发生深刻变革。各类数字技术在制造产业中的深入应用，带动了制造产业的优化升级，形成了智能化生产、数字化生产、定制化生产等新的生产方式，提升了产品制造、供给的质量和效率。传统制造业的转型升级应该以高品质、高质量的快速发展目标为当下的主要方向，使制造生产模式能够具有更加智能化、网络化的特征，促进传统制造业的转型提升与蓬勃发展。

（一）数字经济背景下传统制造业转型升级的发展方向

1. 产品形态愈加智能化

在数字化的时代背景下，信息技术间的整合与交叉的作用日益凸显，这些变化表现为生产形式的灵活变化，因为生产科技的创新步伐不断加快。现阶段，不管是什么形式下的汽车传统生产工艺产品，都必须与移动终端信息技术、云服务和物联网技术有效融合起来，以便与之形成全新的连锁反应，推动各企业的智能技术创新发展。比如，目前使用较为普遍的汽车助力车已经融入 GPS 定位技术、云服务和移动互联网等进行了产品的跨领域开发，汽车出行领域也取得了一定的发展。传统的车辆生产则要利用移动智能、电子化信息技术和互联网络技术等的技术交叉融合来实现发展，并利用数字化的信息技术来进行各类资料、数据的共享，使之可以进一步发展出更大的应用，车辆行业也将由单一的设备生产转化为产品服务和技术整合的新发展方式。在电子化社会经济时代背景下，企业智能、集成化已经成为现阶段的发展趋势，中国生产企业必须把握这一发展机会，逐步完成中国传统生产企业的智能升级转变。

2. 研发与生产更加定制化

各类数字技术的应用使企业能更好地整合企业内部及其与合作伙伴的研发资源，并使消费者参与实际产品研发成为可能，有助于企业进一步提升研发效率，缩短研发周期，优化产品供给能力，更好满足市场需求。随着企业生产数字化、智能化改造的深入，企业的生产效率得到了大幅度提升，为企业尝试柔性化生产、定制化生产等新的生产模式奠定了基础，企业能够真正做到“按需”生产，实现资源的最优化应用，有效增加企业利润。传统的制造业企业信息传递不顺畅，需要完善智能化生产系统以提升数字化生产管理水平。

3. 组织结构越来越扁平化

网络化、数字化市场经济背景下的现代技术发展使世界各国制造业企业突破了传统市场的局限，进一步促进了市场经济国际化的发展进程，有助于中国的传统制造业企业打破以往封闭、孤立的生产模式，有效地提升中国传统制造业的整体生产技术。在实际的进程中，企业在信息化时代的运作方式得到了全面的反映，如华为的企业三角，海尔的“前+服务”管理，小米时代的扁平化管理，都有了长足的进步。所以，传统生产企业在数字化的改造提升过程中，应把信息资源配置、信息资源共享等手段视为现代化企业的基本准则，积极再造并革新传统生产企业的生产管理系统，促进公司的管理系统向着网络化组织管理模式的更深层成长。

4. 制造业越来越协同化

平台是数字经济快速发展的基础，是实现整个产业链资源共享和有效协作的载体，平台是及时获取用户数据、实时响应市场的基础。企业内部和供应链企业间的信息共享平台，能够便利地收集企业内各种生产数据，实现企业内部的信息共享和供应链合作，企业间、企业与消费者之间的信息共享，为生产制造企业实现资源优化、制定更为合理的企业决策提供了基础，以提升企业及供应链的运营效率和竞争力。

（二）数字经济推动传统制造业转型升级的举措

1. 优化生产设施建设，创新生产模式

现阶段，中国制造业企业在转型升级过程中的关键点就是运用新科技来完成经济管理效率提升，这也是判断中国制造业企业是否可以实现转型升级的重要标尺。由于传统制造业的生产管理模式发展相对落后，转型升级对行业提高产品质量、降低生产成本具有重要意义。在如今的数字经济时代，传统的制造业企业需要向生产经济转型，从而使其能够更好地提高自身的稳定性和适应性。数据基础设备建设是推动中国数字经济在社会领域持续发展的基本准则，也是推动信息制造业高质量发展和增强市场综合实力的有效途径。转变制造管理模式，运用更加人性化、灵活多变的管理方式，并根据广大用户的实际需要，为其量身定做适应各种用户的消费需求，使制造企业可以在迅速变革的市场中把握发展机会，从而向着更加专业化的发展方向转变，在传统制造过程中吸收数字经济中的精髓，使两者全面地融合发展，并由此来提高制造企业的总体运作管理水平。同时，要建立相关的连接建设平台，进一步提高其在大数据领域的统治地位，并通过数字经济化方式对其进行有效的改进，从而实现企业的商业价值和产品创新。在企业的生产经济中，建立一种新的“软件+硬件”的发展模式，从而使智能装备与流程管理融为一体，实现智能化的流水作业，从而提升传统制造业的制造效率和质量。企业也可以通过引进先进的信息化技术和新的产品制造工艺，用双向的信息传输代替单一的单向流通的制造方法，加强对制造业数字工程的支持，对传统行业的数字化设施设备进行改造和创新，将传统企业的产业链、价值链和数字化经济建设有效整合起来，建立“产业链+互联网”的新型产业模式，拓宽中小企业发展的经济效益路径和通道，给中小企业再生产带来全新的活力和生机，有效推动传统制造业企业的均衡发展。生产智能化是企业实施大规模定制等新的生产模式的重要保障，是产业互联网的重要内容。企业要想跟上时代和市场的发展，实施生产智能化改造是必然选择，也是实现产业升级的必由之路。

2. 加强数字化专业人才系统建设，进一步完善人才资源系统

我国大型制造业企业的发展离不开数字化专业人才，特别是在企业的生产和研发过程中，由于人力有限，有限的人力资源会受到一定制约，对企业的资源利用和发展产生不利的影响，因此中国传统制造业企业要想实现转型，就必须加强企业内部员工的数字化创新能力，让他们能够更好地参与到企业的生产和发展中，从而更好地发挥数字化人力资源在企业发展中的重要作用。生产企业不仅要有技术总监、AI 数字工程师、大数据工程师等传统的技术人才，还要将跨行业的人才整合到一起，从而实现企业的业务价值和技术创新。数字化专业人才培养可以通过产学研相结合的模式，准确抓住中国数字化经济社会发展的关键目标，通过加大国家对大数据企业人才培养的资金支持力度，使有关人才的实际操作水平得以有效提高，从而打通人才培养与数字化科技发展的衔接通道，使先进装备的总体技术水平得以有效提升，如此才能真正实现人力资源与创新科技发展双向成长的共同目标。一些大型企业也可以通过逐渐扩张的方式吸引更多的优秀人才，通过这种方式来提高生产企业的整体实力，让高技术水平的数字技术人员在生产公司中发挥至关重要的作用；一些小的公司则可以通过与校企之间的合作，利用自己的系统不断地向数字化转型，也可以通过互联网等信息技术手段，主动地融入到生产和制造领域，从而充分发挥公司人力资源的优势，使专业数字化技术人才的培养水平能够更加符合社会时代的发展要求，并逐步达到公司长远发展的战略目标。此外，在制造业方面企业还需要重新调整和健全人力资源管理的整体框架，积极开展对制造业人员的培训活动，以使制造业发展水平紧跟时代潮流，尤其是生产公司在岗一线员工的生产数字化能力训练还需要不断加强，积极引导企业在职员工主动地投入到生产数字化技能培训中去，以防止企业发生生产现代化问题。

3. 增强企业数字化意识，创新发展管理模式

传统制造企业的科层制结构已不太适应数字经济的发展，企业组织结构必将向扁平化、网络化和虚拟化等新型的组织结构转变，以实现企业内部及合作企业间信息的高速传递及共享，提升企业及供应链的管理效率，更好地适应企业外部环境的变化。传统制造公司的生产流程组建架构较为繁杂，再加上公司生产的产品使用零部件数量

很多，产品与使用者的现实需要之间存在着一定差距。如果公司的技术创新意识不能有效增强，将无法保证公司内部所有制造环节的完成，这就需要公司更加关注当今时代的经济发展要求，并进一步发掘公司潜在的竞争能力，通过进一步改革与创新数字经济的顶层设计，形成专业、统一、标准化的制造平台，以此推动新数字经济在传统制造业公司中融合发展。

由于我国制造业相关战略方针和优惠政策的出台，国家进一步加大了对传统制造业公司的扶持力度，传统制造业公司要积极把握住发展机会，进一步改造和创新公司的内部发展架构，以推动传统制造业公司的有效发展。对于中国传统生产企业的转型开放来说，生产企业必须确立高度的数字化发展理念，自上而下地加强大数据与经济技术在生产企业中的深度融合，进而规范生产企业的内部管理体系，从而带动传统生产企业进一步增强自己的数字化发展实力，并结合市场的发展趋势与要求，逐步建立标准化的管理系统。通过建立统一的数字化管理体系规范，可以进一步增强生产企业的数据资源管理能力，从而真正地管理企业生产过程中的各种信息，从生产企业的管理技术措施、组织架构和流程管理等多角度进行综合考量，运用数字化信息管理手段，推动传统生产企业的数字化经济与优质发展。构建以开放式创新与用户创新为基础的研发模式，创新和完善生产企业的综合开发方法，通过先进的技术开发平台，有效融合广大用户的消费需求，使生产企业可以向着协同化、潮流化的研发方向推进。在制造生产流程中融入现代化信息技术，在财力、物质和人员等多方面加强数字化转型升级，并建立相应的消费需求评价体系，提高生产企业的综合开发能力，将广大用户的消费需求进行汇总，使生产研发部门开发出高质量的制造企业软件产品，使生产开发过程与产业链有效融合起来，提高整个生产企业的质量效益。

4. 树立顾客思维，围绕顾客需求实施产业升级

数字经济区别于旧经济的根本特征之一就是以顾客为核心，顾客需求是促进制造业等传统产业转型升级的关键动力，因此制造企业要想借助数字经济实现转型升级，必须树立顾客思维，以顾客需求为导向。①加大与产业链零售企业或销售平台的合作，利用大数据等信息技术分析市场客户需求，有针对性地实施 ODM（原始设计制造商）模式。以消费者实际需求为出发点实施生产，通过减少中间流通环节，降低最终售价，使消费者获得物超所值的产品，进而扩大市场份额，促进产业链升级。②借助社交网络、企业自建平台等互联网载体，加强企业与消费者的互动，将消费者引入设计、生产、销售的全过程，增加消费者的话语权体验感。基于用户实际需要，积极实行大规模定制和 C2M（顾客对工厂）生产模式，进一步提升用户对产品的满意度和忠诚度，在增加用户服务价值的同时，创造新的市场需求，提升产业链的竞争力，有利于企业优化生产方式，降低生产成本，对制造企业实现价值链

升级具有重要意义。③树立顾客思维，实行“拉式”生产和服务模式，企业所有的工作都应围绕顾客需求而运作，从小品种、大规模的大众服务转化为小批量、多品种的小众服务，提高客户满意度。

三、数字经济与未来产业发展

党的二十大报告指出：“推动战略性新兴产业融合集群发展，构建新一代信息技术、人工智能、生物技术、新能源、新材料、高端装备、绿色环保等一批新的增长引擎。”未来产业代表科技和产业长期发展方向，会在未来发展成熟和实现产业转化，并形成对国民经济具有重要支撑和巨大带动作用，但当前尚处于孕育孵化阶段的新兴产业。大力发展未来产业是中国构建现代化经济体系的目标方向，也是应对大国竞争、突破发达国家“技术封锁”的关键步骤。

（一）未来产业的内涵与特征

未来产业可以定义为重大前沿科技创新成果商业化的产物，是富有发展活力和市场潜力，对生产生活影响巨大、对经济社会发展能够产生全局带动和引领作用的先导性产业。从概念和内涵出发，未来产业的特征可以归纳为以下几个方面。

1. 新通用技术的簇群式演化

创新对新兴产业发展的作用已形成各界共识。相较于单个企业或机构的设备更新、工艺改进、产品开发等常规化研发投入，未来产业的创新活动更具原创性、前瞻性、颠覆性、系统性、融合性，它是材料革命、基础设施更新、通用技术迭代和生产组织方式再造互促共融的跨学科、跨组织创新，集中体现了新一轮科技革命的群体性突破特征。有别于以往工业革命中通用技术的单一性特征，由5G、大数据、人工智能及其智能硬件和软件系统共同组成的数字技术，将成为继蒸汽机、电力、信息与通信技术（ICT）之后的新一代通用技术。从新一轮科技革命的演进方向来看，目前支撑未来产业发展的通用技术尚处在变革之中，且在数字技术领域之外，生命、能源、材料等多个维度正在酝酿并可能产生接近于通用技术的关键技术。随着知识的深度分解和不断融合，通用技术对生产率的影响逐步显现，新通用技术的簇群式演化将拓宽未来产业。待关键技术进入成熟期之后，创新将与资本深化、要素结构变化协同强化未来产业在一国经济中的主导地位。

2. 要素投入的结构性调整与竞争加速

随着数据技术逐步演化为未来产业的通用技术，数据要素作为新型生产要素，其大规模投入和开发利用将贯穿未来产业从研发到生产再到商业模式的全链条，改变产业发展的要素结构和定价机制，经济活动和公共治理对算力的需求也因此达到前所未有的高度和宽度，算力上升为国家竞争力的重要组成部分。大数据及算力连接新型基础设施、智能硬件和软件系统进行跨界集成，实现应用场景发现、塑造和拓展，构成未来产业“技术—经济”的主导范式。在“人机协同”下，劳动提供方式的变化对人力资源的数量、质量及其与数据等新型要素的适配提出了更高要求，并在很大程度上决定了新技术、新产业、新模式的收益分配格局。同时，未来产业低碳化、绿色化的发展导向将引发能源、矿产等传统要素投入结构的调整。在加快向多元化、清洁化转型的过程中，能源技术与供求关系将在安全、经济、低碳三个维度上寻求动态平衡。基于碳中和的产业技术路线和发展路径促使能源系统进一步由燃料密集型向材料密集型转变，带动先进材料、智能硬件、新能源、新能源汽车、新型医疗设备等对关键金属的需求不断增加，工业大国对战略性关键矿产的重视程度提高，相关领域的竞争持续升级。

3. 对经济社会及人的多维度引领

新工业革命是一场内涵丰富、多层次、群体性已经发生突破，但尚处在演进中的系统性变革。未来产业对这场变革的引领性不仅表现为明显的先发优势、强大的前后向带动效应和产业赋能能力、广阔的发展前景等经济层面的作用，还表现的此类产业及其核心技术在拓展人类认知边界、推动社会转型等方面的关键作用。现有研究较多地关注未来产业对提升科技水平和国际竞争力的战略意义，将其视为衡量一个国家、地区、企业科技创新和综合实力的重要标志。这恰恰是大国竞相布局未来产业的战略出发点，但也要高度关注新兴技术和未来产业对人的塑造，以及由此产生的深远影响。随着现场无人化和深度人机协同成为未来产业的主要生产组织方式，失业型增长、超级休闲生活方式、超老龄化社会等一系列新的经济社会现象开始出现，这将重新定义个体、家庭及雇佣关系，助推人类能力充分延展。在能源转型、生命质量、气候治理、海空探索等层面，未来产业的价值实现更趋多元化，且影响更为复杂，不仅将重塑产业生态，而且还可能引发剧烈的社会形态变化。因此，在高技术产业和战略性新兴产业层面，应从实现共同富裕、构建人类命运共同体、引导人类迈向更高发展阶段的高度来界定和认识未来产业，科学谋划前沿技术创新和未来产业发展。

4. 发展面临多重不确定性

从产业演进的一般规律及前沿科技的发展趋势出发，未来产业发展有确定性和可预期的一面。然而，技术先进与否并不是研判未来产业成功与否的唯一标准。未来从来都是无法完全预知的，就这一意义而言，未来产业必然存在不确定性。归根结底，未来产业发展的不确定性来自技术和产业成熟度不足，以及其被赋予的重要引领角色之间的矛盾。具体来说，首先，不确定性源自颠覆性创新固有的破坏性。历史地看，革命性的技术变革蕴含着大浪淘沙的力量，未来产业本身就属于熊彼特式“产业突变”范畴，是由内向外对旧产业进行“毁灭”的产物，新商品、新技术、新供给来源、新的组织形式冲击的并非现有企业的利润边际和产量，而是其基础和“生命”。在现实中，微观主体通常仅仅盯住技术及商业层面的变化，很难具备全面把握新科技革命下范式变迁及其影响的能力。颠覆性创新在给企业带来“无中生有”、后来居上的市场机遇的同时，也会放大决策失败的破坏力，加大把握风口、布局未来产业的难度。其次，创新成果产业化是未来产业发展的前提和必要条件，而科技成果转化是世界性难题，创业团队解体、资本过度炒作、商业模式失败、市场需求不稳定、消费者认知度低、政策跟进不及时、监管方式不合理等多种因素，会不同程度地阻碍前沿科技的产业化，并增加投资的预期收益风险，导致未来产业发展走上弯路，甚至遭遇严重挫折。最后，未来产业发展面临的风险和不确定性是政府运用产业政策工具进行扶持或干预的依据，政府干预反过来又可能放大风险和不确定性。无论是从国家层面的战略布局还是从近期国内地方政府的实践来看，政府高度重视未来产业发展，在这类产业中普遍有较高的参与度。人工智能、量子信息、区块链、生命科学、低碳技术等领域的集中布局，反映出现阶段各级政府在促进未来产业发展的产业政策上仍有明显的选择性，赛道重叠引发的未来产业同质化竞争的问题已开始显现，在某种程度上背离了以差异化的利基市场塑造新工业革命下核心竞争力的政策初衷。这种做法虽有助于在发展初期快速扩大产能，形成规模经济，但难免造成要素配置扭曲，影响未来产业的长期健康发展。

（二）全球未来产业技术创新呈现新动向

1. 未来产业技术创新的研发投入得到反周期强化

与国际金融危机时各国加大新技术、新产业的投资类似，新冠疫情也驱使各国将未来产业视为推动经济复苏的新增长点，不断加大前沿创新技术的研发投入力度。例如，2020 年 3 月英国政府声明在未来五年内将把创新研发投入规模翻一番，至 2025 年达到 220 亿英镑；2020 年 9 月韩国政府宣布将现有的研发经费提高 12%，达到 26 亿美元；2020 年 12 月瑞典政府提出在 2021~2024 年额外拨款 16 亿美元用于技术创新。新冠疫情防控期间，各国“反周期”的资金投入充分显示出了未来产业技术创新的重要性。特别是在大健康领域，新冠疫情对疫苗和药品的需求在很大程度上刺激了生物科技与生命科学的研发投入，促使该领域在今后数年有望成为未来产业的爆发点。同时，新冠疫情下的城市封锁与社交距离控制也推动了数字技术创新，数字娱乐、远程办公、虚拟社交及在线服务方面的数字创新平台和工具蓬勃兴起。2020 年，世界最大的几家数字科技公司均加大了研发投入。其中，主打“元宇宙”概念的 Facebook 研发资金增长 34%，苹果增长 16%，微软增长 12%。然而，也有一些领域的研发投入呈现下降态势，主要集中在受新冠疫情冲击较大的制造业和交通运输业等行业。例如，戴姆勒公司 2020 年的研发投入下降 9. 8%，波音公司下降 25. 2%。这可能会导致无人驾驶、新材料、先进机器人、深空探测等领域的技术创新有所减弱。可见，受新冠疫情影响，未来产业技术创新细分领域的发展势头也将出现分化。

2. 数字科技将重塑各国未来产业技术创新的路径

在新冠疫情期间，虚拟社交和在线会议等数字技术手段在各国得到广泛使用，这改变了传统研发合作、知识交流及技术培训的组织形式，可能重塑未来产业技术创新的路径。首先，居家远程办公已充分显示出对多种创新进程的适应性，并且具备更好的工作容纳弹性，节省下来的办公场地经费还可用于增加研发投入。这将在一定程度上提高科技创新的分散度，有利于整合偏远地区的研究力量，扩大科研人员规模，筛选更有责任心的人员参与，提高研发效率。其次，通过在线数字平台开展的虚拟社交有利于加快科学知识流通，推动全球创新研发合作与科学开放。相比于线下会议，新冠疫情期间举办的在线会议不仅能让更多异地人群参与，还可节省交通差旅经费，减少交通部门的碳排放量，实现更加绿色的学术交流。最后，在线培训平台可以显著扩大受众人群，实现更好的社会效益。借助在线培训平台，获取高质量科学或技术培训的难度将大为降低，可更灵活地选择不同机构专家，量身定做更适合自身需求的培训，并将其分享给不同地区的学生或员工。受这几方面的影响，一些企业的创新习惯正在发生变化。英国工商业联合会在2020年7月对375家英国创新技术公司的调查研究发现，新冠疫情期间90%以上的公司已完全接受了这些数字工具的使用，且希望能将这种工作习惯保持下去，以此提高公司业绩。

3. 技术创新要具备更高的科学开放性与更强的突发事件应对能力

新冠疫情在全球的快速传播在一定程度上破坏了现有产业研发业态，要求各国产业技术创新具备更高的科学开放性与更强的突发事件应对能力。科学开放性不仅强调对学术论文、研究数据的开放，还鼓励研究机构之间通过数字技术手段加强合作交流。传统的在办公楼宇进行研发的方式当面临突发事件冲击时可能就难以交流讨论、开展科学实验。提高科学开放性将有助于降低这种风险，改进研发的透明度，促进线上合作。在新冠疫情影响下，全球大量开源科学平台相继涌现，尤其是在抗击新冠病毒的生物医药领域，已在某些公共平台上实现了从研究草稿、学术论文、实验数据到医疗器材设计的全面开源化，这对各国新冠疫苗和医药研发产生了较大推动力。突发事件应对能力则要求创新主体在生产能力不足、产品供应中断的情况下（如疫情时期的“芯片荒”），能迅速调整并继续推进研发工作。在新冠疫情期间，科研成果的预先出版机制广为流行。这不仅可以解决学术论文正式发表周期较长的问题，更快地推出关于新冠病毒的前期研究成果，还可广泛分享给业内其他机构，共同加速疫苗和医药研发。据ASAPbio统计，2020年1~5月，全球约有26%关于新冠病毒的成果为预先出版，相比之下，2019年生物医药领域预先出版的成果仅占论文发表总量的3%。

（三）新形势下我国未来产业支持政策的设计方向

面对未来产业技术创新趋势，欧美一些发达国家已开始对现有产业政策和创新政策进行调整，以更好地应对全球竞争，在数字领域重点瞄准人工智能、量子技术、区块链、网络安全和元宇宙等，在健康领域聚焦生物技术、数字医疗、制药技术等，在绿色低碳领域推广清洁能源、绿色交通等。这些未来产业存在较大的技术不确定性与“市场失灵”等问题，决定了政策参与的必要性。为了扶持未来产业发展，各国政府充分发挥产业政策和创新政策的作用。近年来，美国政府颁布的《美国创新与竞争法案》、德国政府推出的《国家工业战略2030》等综合性战略，均主要通过提供研发补贴、开展技术培训、培育企业家精神、发展科技服务业、保护知识产权、鼓励研发合作等政策手段，从各个角度解决未来产业的创新动力和科技成果转化障碍，力争率先发现和识别未来产业的技术路线，确保赢得未来产业竞争。

面对国外未来产业的发展趋势与政策走向，我国今后在培育未来产业过程中的政策方向如下：

首先，未来产业政策应更加包容。全球经济下行，学生、个人研究者、中小企业及初创企业的研发活动均遭受较大冲击，应通过建设公共科学基础设施，加大中小研发团队的资金资助力度，来减少个人、社会团体及企业开展创新活动的障碍。同时，建设公共产业信息平台，扩大中小企业的信息获取通道。发挥行业商会或协会功能，为中小企业提供技术或产业资讯服务，帮助其开辟新市场，研发市场所需的前沿技术。建设产业界、学术界、金融界三界一体的研发网络，实现各界之间的创新资源互补。

其次，未来产业政策应有助于打造“经济韧性”。受地缘政治与新冠疫情影响，全球供应链的脱钩断链驱使各国均将打造更强的“经济韧性”作为优先发展事项。政府部门应加强识别风险，提前应对气候变化、网络安全攻击、人口老龄化等大概率且影响巨大的潜在危机，提前开发相应技术，准备好解决方案。例如，针对全球变暖问题，可通过新能源技术创新、碳捕捉碳封存技术创新减缓其速度；针对人口老龄化问题，可通过发展高级机器人和3D打印缓解短期劳动力短缺问题。同时，强化未来产业中的新型基础设施，为危机发生后设计解决方案提供硬件支撑。

最后，未来产业政策应更加绿色化。新冠疫情给全球经济社会带来的巨大灾难，在一定程度上也提高了各界对气候变化风险的警觉。政府部门可通过政府采购、提高环保标准等手段，刺激绿色技术和绿色产品需求，引导金融机构加大针对低碳产业的信贷支持力度，加强全球绿色技术创新合作，使更多个人、企业和地区能够接触到最新的绿色技术。

（四）未来产业的领域

新一轮科技革命将科学探索和发现的触角不断向人体、心脑、地球、太空、宇宙、深海、极地等领域延伸，因而很难判断未来产业的边界。总体来讲，未来产业朝着数字化和绿色化方向持续融合、深化与拓展。以人工智能、量子信息、移动通信、物联网、区块链为代表的新一代信息技术加速突破，以合成生物学、基因编辑、脑科学、再生医学等为代表的生命科学领域孕育出新的变革，融合机器人、数字化、新材料的先进制造技术正在加速推进制造业向智能化、服务化、绿色化转型，以清洁、高效、可持续为目标的能源技术的加速发展将引发全球能源变革，空间和海洋技术正在拓展人类生存发展新疆域。

综合考虑技术属性、应用场景、市场分布及发展趋势，未来产业已衍生出八个发展方向：

第一，数字经济及其细分产业和深化领域，如人工智能、物联网、区块链、数字货币、NFT、无人驾驶等。

第二，新一代通信技术和下一代互联网，包括量子信息、5G/6G、云计算、Web3.0 等。

第三，打通物理世界与虚拟世界的技术、设备、产品及商业模式，典型领域有元宇宙，VR/AR/MR/XR，穿戴设备，视觉、触觉、听觉融合产品等。

第四，智能制造与协同制造及设备，涵盖机器人及自动化、数字孪生、增材制造（3D/4D）、未来工厂等。

第五，清洁、高效、可持续的下一代可再生能源，绿色低碳、气候友好的技术和产业，以及氢能等新能源、高效储能技术设备、新能源汽车、减碳/去碳/无碳工艺技术产品设备等。

第六，高端硬件和先进材料，辐射支撑未来产业所需的关键材料、硬件及集成系统。

第七，生命科学与大健康，包含合成生物、脑科学、基因编辑、再生医学、新型药物疫苗器械、智慧康养等宽口径的生物科学及药物医疗、健康养老领域。

第八，航空航天及太空、宇宙、海洋、极地可产业化的开发方向。

以上八条“赛道”既有构筑新工业革命下国家经济命脉的战略型产业，也有解决人类认知和终极发展问题的人本型产业。从中可以看出，数字化和绿色化是新工业革命两条清晰的主线，未来产业的发育成长不仅要遵从这两条主线，而且还将有力促进数字化与绿色化的深度融合。

世界主要经济体未来产业发展的战略布局与重点领域如表 49-1 所示。

表 49-1　世界主要经济体未来产业发展的战略布局与重点领域

国家/地区	重要战略规划/政策文件	核心能力/既有优势	重点领域/发展方向
美国	《美国将主导未来产业》（2019），《增强美国未来产业领导地位的建议》（2020），《推动美国科技创新的全球领导地位》（2020）、《美国就业计划》（2021），《2021 年美国创新与竞争法案》及《无尽前沿法案》（2021），《NFS 未来法案》（2021），《2022 年美国竞争方案》（2022）	世界第一的科技综合实力，完善的科技成果转化机制，强大的金融体系和资本市场，领先的高技术产业体系，人才储备。军民融合和超强国防军工产业，影视娱乐等内容提供，互联网及领军企业，国际话语权	人工智能与机器学习，高性能计算、半导体及先进硬件，量子计算，机器人、自动化与先进制造，先进通信技术，生物技术、基因组学、合成生物学，先进能源技术，网络安全、数据存储和数据管理，与关键技术有关的材料、工程和勘探
欧盟	《加强面向未来欧盟产业战略价值链报告》(2019)，《欧洲绿色协议》(2019)，《欧洲气候法》（2020），《面向 21 世纪欧洲工业政策之法德宣言》（2021）	未来工厂与智能制造解决方案，机器人与自动化技术，数字孪生，多元化能源技术系统，低碳技术，隐形冠军企业，法律和制度建设能力	人工智能、工业互联网、自动驾驶、网络安全、氢技术及其系统、智能健康、新一代清洁能源、绿色交通、公共卫生与新药开发等
日本	《未来投资战略 2017：为实现“社会 5.0”的改革》（2017），《新产业结构蓝图》（2017），《科学技术创新综合战略 2020》（2020）	先进材料，工业机器人，传感器等智能硬件，互联网、宽带普及率世界领先，光通信技术、交通领域 IC 卡普及储备了海量的数据资源，超级计算机“富裕”的计算能力，游戏动漫等内容产业	智能供应链、机器人、自动驾驶汽车、原创新药、功能食品、尖端材料、生物能源，个性化医疗药品、护理关怀、人工智能、超算、卫星、智能实验室、远程商业、低能耗技术等
中国	《新一代人工智能发展规划》（2017），《中华人民共和国国民经济和社会发展第十四个五年规划和 2035 年远景目标纲要》（2021）、《“十四五”数字经济发展规划》（2022）	综合创新实力与新型举国体制，新型基础设施，完善的产业体系和强大的制造能力，超大规模的国内市场，海量数据与规模庞大的数字经济，各级政府的产业扶持经验	类脑智能、量子信息、基因技术、未来网络、深海天空开发，氢能与储能等

第三节　数字经济与企业数字化转型

一、数字经济驱动企业高质量发展

高质量发展是全面建设社会主义现代化国家的首要任务，而数字经济的不断创新演化成为驱动企业要素转型与创新发展的关键力量。数字经济驱动企业形成全新的内在驱动机制，包括数据要素形成全新的生产要素、以数字创新形成全新的生产动能、以新的交易机制实现交易成本节约效应，以及以全新的组织学习与知识获取方式形成知识创新机制。数字经济驱动企业高质量发展，形成研发赋能模式（开放式创新与用户创新）、制造赋能模式（智能制造）、组织管理赋能模式（组织交互数字化重构）、价值链赋能模式（全球价值链升级）等多重模式。但数字经济驱动企业高质量发展依然在数据要素市场、企业数字化转型认知、数字人才体系及数字治理政策体系等层面面临诸多亟待解决的现实问题。未来，深化推进企业数字化转型，需要逐步构建面向“要素—制度—人才—政策—治理”的政策体系，实现数字经济驱动企业高质量发展的可持续性。

（一）数字经济驱动企业高质量发展的主要实现模式

1. 研发赋能模式（开放式创新与用户创新）

企业高质量发展的重要支撑是创新能力支撑，而支撑企业构建与完善创新能力的便是企业研发体系建设。在数字经济驱动下，企业研发体系逐步从内向型封闭式创新及局部开放式创新转向数字开放式创新及用户驱动的研发创新，开放式创新与用户驱动的创新实现了企业研发体系的全面重塑，从真正意义上形成了数字经济下研发赋能模式驱动企业创新发展与创新引领。具体来看，一方面，开放式创新虽然在 21 世纪初就被 Chesbrough 等提出，但其提出的开放式创新主要是企业的创新过程需要对外部知识主体开放，是一种泛化意义上的创新体系，即企业在知识获取、创新收集及知识整合与创新过程中需要广泛地与外部知识主体（包括高校、科研机构、企业及其他知识个体等）开展创新合作，以开放合作重塑企业创新网络。企业从内部研发部门、知识团队主导的创新网络向面向外部多重、多层次、多场域知识主体的开放式创新网络转变，且开放式创新分为内向型开放式创新与外向型开放式创新。数字经济直接为企业创造了开放式创新环境，立足数字经济的高度开放性、包容性及共享性等多重特征，实现企业与外部知识主体之间的充分交互及创新合作，开展线上线下协同的知识共享与知识整合，即数字经济下的企业创新环境呈现出高度开放特征，企业能够在数字创新网络中共享相应的通用性技术，开展专用性的核心技术。开放式创新下企业的知识吸收能力也被数字技术赋能强化，原因在于数字技术能够提高企业知识搜索、分析及整合能力，强化企业知识学习的深度与宽度，具体作用渠道是通过深化企业人力资本与智力资本，提升企业开展知识搜索学习与知识整合的宽度与深度。另一方面，数字经济下的主要知识主体呈现出分布式特征，分布式主体的来源之一是用户。传统的用户创新理论强调的是领先用户在企业研发体系方面发挥的重要作用，即领先用户开展的主导设计驱动企业研发设计能力的强化及产品市场绩效的改善。数字经济下的用户则是个性化的社会用户，主要分布于社区、社群与虚拟网络平台之中，任意用户都能提出个性化的需求及创意设计，通过数字技术或者数字平台，与企业开展创新与创意交互，最终实现用户赋能企业研发创新，提升企业研发创新能力，进而驱动企业高质量发展。

2. 制造赋能模式（智能制造）

从企业价值链的视角来看，生产制造是企业高水平价值创造的核心环节，生产制造能力是实体经济的生命线，更是企业高质量发展的基础能力。数字经济直接为企业制造能力的升级强化提供了新的技术基础，并形成了智能制造模式，实现了企业生产制造能力赋能升级。具体来看，智能制造的重要技术基础是数字智能技术，即依托大数据、物联网、智能算法及云平台等技术，实现对消费端个性化需求的精准捕获和分析，以及需求端—供应端—生产端的多维端口的能力协同与高效合作，包括面向工厂生产制造环节的智能化、面向生产端与其他系统的智能感知与智能响应的协同，以及多个工厂之间、企业与企业之间、企业与供应商之间的多维协同。第一，面向生产制造端的智能化主要是企业的生产环节能够利用数据分析开展精准的个性化定制，包括大规模定制与小规模批量生产，形成面向数字经济的范围经济效应与规模经济效应，最终实现企业的产销融合。第二，面向生产端与其他系统的智能感知、智能响应的多维能力协同主要体现为企业基于数字智能技术构建智能制造系统，而不仅仅是生产环节的智能化，智能制造系统能够立足研发、设计、生产制造及销售服务的全生命周期开展企业的市场需求识别、研发设计及智能制造。

3. 组织管理赋能模式（组织交互数字化重构）

组织管理是企业高质量发展的重要支撑构面，也是提升企业动态能力的重要剖面。数字经济直接为组织管理提供了新的赋能机制及新的组织管理范式，实现了组织管理的数字化重构，支撑了企业高质量发展。在数字经济背景下，一方面，企业通过数字技术深度嵌入与数字技术自主研发创新形成面向数字技术的管理能力，数字技术能够帮助企业形成数据要素，进而促进企业形成面向数据要素的新型数字能力，即通过面向数据要素的管理，促进企业更好地优化生产要素的配置及资源的组合，形成数字资源整合能力、分析能力及动态能力等多重数字能力。另一方面，数字经济能够驱动企业更好地开展组织内各层级员工与管理者、员工与员工的等级限制与心理距离，更好地实现组织内员工之间、管理者之间的动态交互，直接降低企业内部协调成本，提升企业内部动态协同能力，在数字技术深度嵌入下帮助企业更好地响应员工价值诉求，实现组织与员工之间的真正共生发展。此外，数字经济驱动的组织管理赋能模式还体现为数字经济驱动企业平台化重构，打造全新的平台型管理模式。平台型管理能够立足数字平台实现企业与员工、管理者及其他利益相关方的动态参与，打破组织与利益相关方之间的潜在交互壁垒，促进企业组织结构的网状化，提升企业内部信息传递与外部信息传输的动态效率，从整体上提高企业价值创造的动态开放性与包容性，更好地实现企业与多元利益相关方的协同共生发展。

4. 价值链赋能模式（全球价值链升级）

20 世纪 80 年代后，新一轮技术革命下计算机技术的出现将人类社会带入网络经济社会，基于区域的产业分工与企业价值链逐步演变为基于比较优势的国际分工，并形成了要素比较优势下的全球价值链嵌入模式。全球价值链包括研发设计、生产制造、品牌服务及产品销售等诸多价值链环节，各类企业在全球价值链分工中的相对地位不尽一致，其原因在于企业的技术创新能力及比较优势的差异性，影响到了参与特定产业链与价值链的分工形态与分工地位。21 世纪，数字经济驱动的全球价值链逐步演化为全球数字价值链（阳镇等，2022），伴随着产业数字化与数字产业化等多种产业形态的跃迁升级，企业参与全球价值链的基本方式及机制呈现出新的变化。数字经济为企业攀升全球价值链中高端提供了新的机制，主要体现在三方面：第一，数字经济驱动的企业成本节约机制。全球价值链分工依然受到地理距离与制度距离等距离因素的影响，影响了企业产品生产和交易成本与效率。总体而言，企业参与全球价值链通常会面临搜寻成本、履约成本、运输成本、追踪成本、验证成本及潜在的机会成本等多种成本，而数字经济下的信息化、数字化以及智能化直接能够为企业节省产品研发生产以及企业产品服务运输过程中的显性与隐性成本（张艳萍等，2022），比如区块链技术的应用直接能够提高企业在参与全球价值链分工过程中的市场声誉以及降低相关链接利益相关方的机会主义风险，提高企业的信誉与声誉。第二，数字经济下的网络链接机制。数字经济直接催生了数字贸易平台，如跨境电商平台等新型数字企业，实现了不同国家与地区的企业与消费者、企业与企业之间的泛在链接，有助于区域化的企业更好地融入全球价值链体系，更好地参与全球价值链的各个分工环节。由于数字平台网络效应的存在，企业能够在数字平台中获得新的生产者剩余。第三，数字经济驱动的企业价值链赋能与治理机制。数字经济直接驱动了企业传统价值链的再造，推动了企业研发设计、生产制造及销售服务的数字化与智能化，最大程度地提升了企业价值链各个环节的协同能力，并且强化了价值链各个环节参与主体之间的有效激励与精准治理（宋宪萍和曹宇驰，2022），智能算法能够准确分析、预测与优化企业价值链各个环节的潜在需求，更好地挖掘各个价值链环节参与全球价值链分工的潜力。

（二）数字经济驱动企业高质量发展的改革创新方向

当前，数字经济发展进程不断加快，但数字经济范式下的企业高质量发展依然面临诸多问题。未来，深化推进企业数字化转型需要在要素层面、人才供给层面、企业技术创新层面及产业政策与治理层面多重发力，逐步构建面向“要素—战略—人才—政策—治理”的创新体系，实现数字经济驱动企业高质量发展的可持续性。

1. 要素层面：加快形成面向数据要素流通的数据要素市场

在以数据要素为核心生产要素的数字创新驱动企业高质量发展的范式下，围绕数据要素的交易与流通成为生产要素市场化的核心环节，因此加快构建全国统一性及区域行业性并进的数据要素交易与流通市场尤为重要。当前数据要素市场化面临较大困境，包括数据要素本身的确权、定价、估值及交易困境等，以及数据要素市场化建设过程中的数据知识产权保护、交易流通制度等方面的制度供给困境等，还有数据要素市场化过程中参与市场交易的企业竞争规范性等困境。因此，未来深化推动数据要素市场化进程，首先要围绕数据要素开展相应的理论研究，包括数据资产、数据类型与功能、数据要素估值方法与模型及数据要素知识产权保护等方面的理论研究，破解数据要素市场化过程中的诸多悖论；其次要深化探索数据要素的价格机制、供求机制及市场竞争的体制机制建设，构建具有集中性与分布式的数据要素市场体制机制；最后要加快建设数据要素市场化的正式制度与非正式制度体系，其中正式制度建设包括知识产权保护制度建设、市场化营商环境制度等，非正式制度建设包括社会信用体系建设及数字文化建设，构建全社会尊重数据、尊重数据产权、尊重数字创新的多层次、包容性文化体系。

2. 人才层面：推动数字人才分类培养模式改革

数字人才是支撑微观企业开展数字化转型，推进数字技术创新发展的核心智力资本，也是深化推进企业高质量发展的原动力。当前，数字人才供给体系严重缺失，未来需要加快面向数字经济中的数字研究型人才与产业应用型人才开展分类培养，明确数字人才培养目标、培养的专业范围及主要应用场景等，拓宽数字人才的宽口径培养渠道，包括面向数据科学、管理科学、数字经济、智能制造、人工智能等工学、管理学、经济学、理学等学科大类开展分类改革的数字人才培养试点工作，支持有条件的研究型大学和行业应用型大学开展数字拔尖人才培养方案改革试点工作，有序推动双一流大学逐步基于自身学科特点与特色，聚焦数字经济发展中的重大技术创新需求开展人才培养，支持数字经济领域的关键核心技术突破与攻关，尤其是在智能算法、算力基础设施、芯片等方面持续发力，稳步推动研究型数字人才供给规模不断扩大，支撑数字经济稳步发展。

3. 企业战略层面：有序推动数字技术涉入企业价值链与创新链

数字经济驱动企业高质量发展的核心机制是企业数字化转型，包括企业战略、管理流程、业务及技术体系的全体系数字化转型。具体来看，企业数字技术的深度转型与创新依赖于企业有序开展数字技术研发或数字智能技术引进吸收，包括大数据、数字软件、智能算法及区块链等技术，能够推动数字智能技术在企业研发设计、生产制造及销售服务与组织管理等不同价值链环节有序嵌入，提高企业价值链之间的信息传递效率，降低企业内部管理协同过程中的交易成本，提升企业价值链的协同效率及创新链的创新潜能。更为重要的是，数字经济驱动的企业高质量发展是立足服务主导逻辑的产品创新体系，即企业产品研发与生产制造的核心逻辑逐步从以企业为中心走向以用户或者消费者为中心，以服务效能为目标推动企业创新链与价值链数字化改造，通过数字智能技术动态引导消费者、用户进入企业的研发设计与生产制造环节，实现

产要素的可转移性与可交易性，目前我国面向数据要素市场的建设依然处于起步期，即数据要素依然未能够完全在市场上定价、流通、交易与分配，尤其是具备大数据特征的数据类型，其价值不言而喻。大数据的形成往往依赖私人数据的集合，形成私人产权混合后的公共大数据，这种产权属性导致其所有权收益分配存在诸多的争议空间。

2. 企业认知：数字化转型认知不一，企业数字化进程分化明显

数字经济驱动企业高质量发展的效果依赖于企业数字化转型的有效性，企业数字化转型并非单一的数字技术应用或者技术转型，而是涵盖企业数字化认知、企业数字化管理、企业数字化技术、企业数字化业务等多层面的转型与变革（戚聿东和肖旭，2020）。企业数字化认知是企业开展数字化转型战略制定与实施的前置基础，也是企业深化推动数字化转型的重要前提。根据中华全国工商业联合会和腾讯研究院联合发布的《2022 中国民营企业数字化转型调研报告》，企业数字化转型面临多重分化的问题。首先是认知分化。数字化转型认知决定了企业数字化转型的战略行动与实施效果。根据调查结果，61.84%的样本企业已经在主营业务领域开始了数字化转型，而相当一部分企业，尤其是民营企业仍处于数字化转型的初期，甚至近三成的企业未在主营业务领域开展数字化转型。其次是数字化转型进程中的区域分化。东部地区的民营企业数字化转型认知及数字化转型成熟度明显高于中西部地区，且西部地区有近半数企业选择暂时不进行数字化转型，企业数字化转型成熟度呈现出东中西梯度分布态势。再次是数字化转型进程的规模分化。不同规模企业具备的资源基础与能力优势存在差异，企业数字化转型本质上是企业的资源投入活动，大规模企业相较于中小企业而言，其优势不言而喻。调查结果显示，近四成小微企业反映生存困难，顾不上数字化转型，而大企业数字化转型认知与成熟度明显领先于中小企业。最后是成效分化。企业数字化转型的成效主要是企业通过数字化转型改善企业竞争力，调查结果显示，超过五成的大企业认为数字化转型成效好，而超过七成的小微企业认为数字化转型的成效不足。

3. 人才基础：数字人才亟须分类管理，高层次研究型人才与应用型人才尚存缺口

企业开展数字化转型的主要智力资本支撑是数字人才，数字人才包括数字产业、数字管理与数字技术应用型人才及数字产业、数字管理与数字技术研究型人才。目前，尽管数字经济已经成为 GDP 的重要组成部分，但数字人才培养体系尚处于建构期。不管是市场主导的应用型数字人才培养与开发体系，还是高校与科研机构主导的研究型数字人才培养与开发体系，整体数字人才的培育、开发及激励政策体系尚处于探索阶段。就研究型数字人才而言，数字产业研究与数字企业管理研究型人才培育的主阵地高等院校大部分未开设数字经济等课程，且未能设置单独的招生专业，培养相应的本科生与研究生，尤其是开展数字经济专业研究生招生的高校非常稀少，目前仅北京大学、中国人民大学、南开大学、中央财经大学等部分高校设置硕士学位点开展相应的

研究生招生工作。从数字人才的需求结构来看，猎聘大数据研究院联合大数据文摘、清华大学数据科学研究院共同发表的《2019 数字经济人才城市指数报告》显示，随着京津冀地区、粤港澳大湾区和长三角地区三大经济区域数字经济产业的逐步崛起，相关人才需求量持续上涨。2018 年三个经济区域数字经济人才需求增长均超 50%，增长比例分别为 53.05%、62.7%和 63.33%。伴随着数字经济占地区 GDP 比重的不断上升，数字人才的需求呈现出不断上升态势。目前，我国不管是高校还是科研机构，对数字人才的培养层次、培养专业范围及培养总量尚不足以满足数字经济快速发展的需要，尤其是数字经济中的智能算法研发、智能装备制造等研究型人才极度匮乏，衍生出了数字经济领域的“卡脖子”技术问题。

4. 政策环境：数字责任缺失与异化明显，数字技术治理体系亟待完善

从数字经济驱动的企业发展环境来看，企业高质量发展离不开完善的政策与治理环境的保障。不管是数字经济中的数字技术创新领域，还是企业应用数字技术开展企业运营管理与业务实践领域，都产生了大量的数字技术异化与企业数字责任缺失和异化问题，主要表现在以下四个方面：第一，数字技术开发的企业主体违背了技术向善的初衷，在企业市场逻辑主导下衍生技术向恶，即技术开发与技术创新过程背离技术向善的基本使命，不顾相应的社会负外部性开发相应的数字技术，如在自动驾驶技术、智能算法开发过程中数据杀熟等现象频发，对消费者福利与社会伦理问题造成了极大程度的冲击，影响了企业与社会、技术与社会、企业与技术之间的良性可持续发展。第二，数字经济中的数字企业，如平台企业、人工智能企业，产生了大量的企业社会责任缺失与异化问题，包括平台企业个体社会责任缺失与异化问题、平台企业与平台商业生态圈的耦合式社会责任缺失与异化问题。其背后的共性原因是，数字经济场域下的数字责任认知缺失，未能将企业社会责任纳入数字经济场域之中来开展相应的责任维度创新与责任实践，产生了诸多平台赢者通吃、平台恶意兼并、平台垄断等负外部性问题，对整个平台经济及平台企业可持续赋能商业生态圈产生了负面影响，不利于数字经济下的数字企业可持续发展。第三，传统企业在数字化转型过程中缺乏对数字技术的合理、可持续利用，不少传统企业在嵌入数字技术或者应用数字技术的过程中产生了诸多负面社会问题，包括利用大数据技术开展精准定价，最大程度获取消费者剩余；利用智能算法技术监控员工工作时间与工作状态，破坏员工个人隐私等；在数据要素或者数据资源的利用过程中缺乏数据保护与数据安全意识，产生诸多数据隐患，影响社会治理。第四，在数字企业社会责任治理政策与数字技术治理规制政策等方面依然存在诸多空白之处，目前政府仅仅重点关注平台企业这类社会影响力大、外部性强的企业的社会责任规制与治理政策制定和执行问题。更大范围的数字企业在数字化转型过程中数字技术标准、数据使用标准及数字技术嵌入企业业务体系的具体标

准等依然极度匮乏，数字经济场域中整体性的数字技术治理体系亟待建立和完善。

企业数字化转型过程从低级到高级依次分为单项覆盖、集成提升、创新突破及行业赋能四个阶段。我国大部分企业处于数字化转型过程中的前两个阶段，正处于爬坡迈坎的关键时期。在单项覆盖阶段，企业具备一定的两化融合基础设施和条件，单项应用对企业覆盖和渗透逐渐加强，发挥了一定作用。在集成提升阶段，企业单项应用基本成熟，综合集成有效实现。在创新突破阶段，企业单项应用和综合集成趋于成熟，且协同与创新得到有效实现。在行业赋能阶段，企业在实现协同创新基础上，可进一步在行业内给其他企业提供数字化赋能服务。但是可以看到，随着以云计算、大数据、人工智能、工业互联网为代表的新一代数字技术在制造业中的深入融合与应用，传统制造业企业的生产方式、企业形态、业务模式正在被打破，主动应变的企业正积极探索，试图通过数字化转型，危中寻机，借势破局。可以预见的是，成功的数字化转型能够让企业市场响应更快、研发周期更短、运营效率更高、资源消耗更少，其风险抵抗能力、产品创新能力和利润创造能力都将优于转型不充分的企业，也更有机会成为所属行业的领军者。

三、企业数字化管理系统建设

（一）企业数字化管理系统

数字化管理对现代企业具有十分重要的意义，它能够对管理指标进行量化，使其具有可观性与科学性。数字化管理就是将离散、杂乱的信息转变为量化的数字信息，充分借助互联网、大数据、智能化、自动化等高科技技术及设备对管理目标进行有效管理，从而更好地完成协调、计划、组织、服务、创新等。企业对信息、知识等资源进行数字化管理，借助量化管理技术将企业管理指标转化为数字信息，从而完成对企业业务流程的优化、组织结构的调整和市场规模的不断扩张等。数字化管理能够为企业打造出一个通过高度整合的企业数据资源，为企业管理者决策提供重要支撑的数字化管理系统。该系统能够使企业的组织成员、资金、技术、营销、供应链等诸多核心组成部分的详细信息清晰地呈现在企业管理者面前，从而让企业管理者更加科学地进行重大决策。数字化管理系统并非是将企业内部的数据信息简单地堆叠起来，而是从整个企业发展的角度对数据进行整合及处理，它使信息在企业组织内部更加自由高效流通，从而让企业管理者全面掌握企业的运营状态。

（二）常用的企业数字化系统

1. ERP 系统

ERP 是 Enterprise Resource Planning 的缩写，即企业资源计划。ERP 系统是指建立在信息技术基础上，以系统化的管理思想为企业决策层及员工提供决策运行手段的管理平台。它是从 MRP（物料需求计划）发展而来的新一代集成化管理信息系统，它扩展了 MRP 的功能，其核心思想是供应链管理。它跳出了传统企业边界，从供应链范围去优化企业的资源。ERP 系统集信息技术与先进的管理思想于一体，成为现代企业的运行模式，反映时代对企业合理调配资源，最大化地创造社会财富的要求，成为企业在信息时代生存、发展的基石。它对于改善企业业务流程、提高企业核心竞争力的作用是显而易见的。

2. MES 系统

MES 系统全称为 Manufacturing Execution System，即制造企业生产执行系统，是一套面向制造企业车间执行层的生产信息化管理系统。它可以为企业提供制造数据管理、计划排产管理、生产调度管理、库存管理、质量管理、人力资源管理、工作中心/设备管理、工具工装管理、采购管理、成本管理、项目看板管理、生产过程控制、底层数据集成分析、上层数据集成分解等管理模块，为企业打造一个扎实、可靠、全面、可行的制造协同管理平台。

MES 系统能通过信息传递对从订单下达到产品完成的整个生产过程进行优化管理。当工厂发生实时事件时，MES 系统能对此及时做出反应、报告，并用当前的准确数据对它们进行指导和处理。这种对状态变化的迅速响应，使 MES 系统能够减少企业内部没有附加值的活动，有效地指导工厂的生产运作过程，从而使其既能提高工厂及时交货能力，改善物料的流通性能，又能提高生产回报率。

ERP 系统和 MES 系统是现代制造企业管理信息系统中的重要组成部分，两者看似有着非常相近的地方，实际上却有很大的不同之处。

（1）ERP 系统属于 MES 系统上面的信息系统，管理范围要大得多。

（2）ERP 系统的功能主要是编制生产计划，收集生产数据；MES 系统除了细化生产计划和收集生产数据外，还有批次级的生产控制和调度的管理功能，如批次级的工艺流程变更，对制造设备、人员和物料的验证控制，批次分拆、合并，批次生产订单变更等现场调度功能。

（3）ERP 系统的重点在于财务，也就是从财务的角度出发对企业的资源进行计划，相关的模块也是以财务为核心展开的，最终的管理数据也是集中到财务报表上；MES 系统的重点在于制造，也就是以产品质量、准时交货、设备利用、流程控制等为管理的目标。

随着智能工厂的建设，实现仓库与车间的信息连接变得越来越重要，不少企业已经打通了仓库与车间的物流和信息。所以，这里不得不提一下 WMS 系统和 WCS 系统。

3. WMS 系统

WMS 系统即仓库管理系统（Warehouse Management System，WMS）。仓库管理系统

是通过入库业务、出库业务、仓库调拨、库存调拨和虚仓管理等功能，综合批次管理、物料对应、库存盘点、质检管理、虚仓管理和即时库存管理等功能综合运用的管理系统，有效控制并跟踪仓库业务的物流和成本管理全过程，实现完善的企业仓储信息管理。该系统可以独立执行库存操作，与其他系统的单据和凭证等结合使用，可提供更为完整全面的企业业务流程和财务管理信息。

4. WCS 系统

WCS 系统即仓库控制系统（Warehouse Control System），是介于 WMS 系统和 PLC 系统之间的管理控制系统，可以协调各种物流设备，如输送机、堆垛机、穿梭车、机器人、自动导引小车等，主要通过任务引擎和消息引擎，优化分解任务，分析执行路径，为上层系统的调度指令提供执行保障和优化，实现对各种设备系统接口的集成、统一调度和监控。

两者同属于仓库管理的信息软件，但它们又有一些区别。

WMS 系统在仓库管理中的作用如下：

（1）可规划好商品的摆放位置，提升仓库利用率，便于拣货人员找货。

（2）可以记录库内的作业变化及货物的收发情况，并通过数据接口将信息传递给上游的 ERP 系统及下游的接收部门，形成完整的信息闭环，打破信息孤岛。

（3）系统可根据任务给出指导性路径，避免拣货人员无效找寻，提高了单位时间内的拣选量和准确度。

（4）系统支持自动补货，通过自动补货算法，不仅确保了存货量，也提高了仓储空间利用率，减少了货位蜂窝化现象。

WCS 系统在仓库管理中的作用如下：

（1）自动化管理生产线。

（2）实时监控产线动态。

（3）自动分配 WMS 系统的生产任务。

（4）多线程处理，高效运行。

5. OA 系统

OA 是 Office Automation 的缩写，即办公自动化。OA 系统就是用网络和 OA 软件构建的一个单位内部办公平台，用于辅助办公，更专注于企业内部的协作沟通。OA 系统是组织行为管理软件，实现单位内部的协同管理，提升人与人、部门与部门之间的管理和办公效率，涵盖单位内部的沟通与协作、信息与资料的共享、文档管理、工作流程（各类请示、汇报、审批）等内容。OA 系统使用门槛非常低，通过 OA 办公系统实现多人、多部门、跨地域的协同办公模式，使日常许多通过手工完成的事情被计算机和网络提供的功能所代替。

6. CRM 系统

CRM 是 Customer Relationship Management 的缩写，即客户关系管理。CRM 系统是一种以信息技术为手段，有效提高企业收益、客户满意度、雇员生产力的具体软件和实现方法。它通过关于客户与公司的历史数据分析来改善与客户的业务关系，从实现到销售增长和销售预测。

CRM 系统通过实现客户生命周期的自动化，整合整个客户管理流程，彻底改变了客户关系流程。你越了解客户，你就越能够个性化他们的体验流程，让你实现更大的销售目标，提高转化率，提高销售效率。

7. APS 系统

APS 系统全称为 Advanced Planning and Scheduling，又名高级计划与排程，是企业管理软件。它对所有资源具有同步的，实时的，具有约束能力的模拟能力，包括物料、机器设备、人员、供应、客户需求等影响计划因素。其将要采用基于内存的计算结构，这种计算处理可以持续地进行计算。要解决复杂的生产计划排程问题，必须借助 APS 系统。

8. HRM 系统

HRM 系统即人力资源管理系统（Human Resource Management），通常也被叫作 HR 系统。

从市场需求调查来看，HRM 系统的功能重点是满足企业人力资源部门在员工档案管理、素质管理、薪资管理、人力分析等方面的需求。帮助管理者通过有效组织管理，降低成本，加速企业增长。

9. SCM 系统

SCM 系统即供应链管理（Supply Chain Management，SCM），是基于协同供应链管理的思想，借助 Internet、信息系统和 IT 技术，使企业供应链的上下游各环节无缝链接，形成物流、信息流、单证流、商流和资金流五流合一的模式。SCM 系统利用供应链上的共享信息，加速供应链上物流和资金流的流动速度，加强供应链的可视化管理，从而为企业创造更多的价值。供应链管理系统是伴随供应链的发展应运而生的，由于供应链管理环节众多，目前的供应链软件包括供应链执行层面和供应链计划与规划层面两类。

供应链执行指的是供应链实际的操作和运营管理，如库存管理、运输管理和配送管理，包括仓库管理系统（WMS）、运输管理系统（TMS）、配送管理系统（DMS）；供应链计划包括供应链网络优化、需求计划、配送计划、制造计划、高级计划与排程等。

10. BI 系统

BI 系统即数据分析系统（Business Intelligence，BI）。BI 系统用于分析及诊断各业务侧平台的综合健康程度，同时也可以对项目的潜在风险进行预判和预警，是一款将数据从多数据源获取、集成、维护、存储，并基于基础数据，实现灵活调用及可视化展示的数据分析展示系统。

事实上，能够满足用户需要的 BI 产品和方案必须建立在稳定、整合的平台之上，该平台需要提供用户管理、安全性控制、连接数据源，以及访问、分析和共享信息的功能。BI 平台的标准化也非常重要，因为这关系到与企业多种应用系统的兼容问题，解决不了兼容问题，BI 系统就不能发挥出应有的效果。

新一轮的工业革命已逐步展开，作为工业制造企业，顺应时代发展，利用现代化智能设备与信息系统占领先机尤为关键。

（三）企业数字化管理系统建设路径

1. 选取相对成熟的数字化管理技术，借鉴先进的解决方案

无论是企业运行的各项数字化指标模型还是数据的收集手段，抑或是数据服务器的软硬件设施，均有较为成熟的解决方案与应用案例。企业在针对自身进行数字化建设的过程中不需要“摸石头过河”，仅需要按图索骥挑选适合企业自身发展的体系进行建设即可。与此同时，针对不同类型的企业需求，还有专业的公司提供“一揽子”解决方案。尤其是对中小企业而言，可以在不进行自我建设的同时，利用较低的成本完成数字化管理的改造与升级。

企业在建设的过程中可以获得丰富的外部数据，通过引入外部数据丰富企业的决策维度，更能够与行业共建市场生态，对企业管理及运营具有积极意义。“丰田模式”作为数字化管理的鼻祖，在互联网及大数据等相关技术的“加持”下，对企业的作用更为深远，对企业增效的效果更为明显。尤其是近年来，企业面临的竞争环境日益加剧，通过数字化管理体系改革实现企业的降本增效，从而获得额外的比较性竞争优势已经成为企业的共识。从企业、社会及市场等多个方面推动数字化管理改革。

2. 以企业实际需求为目标，灵活选取数字化管理方式

以企业经营需求为导向、以数字化技术体系构建为核心开展工作，从多个角度对企业数据进行深入分析和挖掘；构建基于信息系统平台的数字化管理方法体系及系统平台结构；强化企业的信息化能力建设和信息化人才队伍建设。企业数字化管理是一项系统性、综合性的工程，涉及多个方面的内容，需要投入大量的人力、物力和财力。除此之外，当前的数字化管理体系没有统一的解决方案，这使得提供这一服务的企业多采用模块化方式对具体的解决方案进行构建。这就允许企业可以实现“按需选择”，选择适应本行业、本企业的模块进行自由的数字化管理系统构建，既节约了成本，也避免了管理系统建设中的浪费与冗余。

基于此，企业在数字化管理建设过程中形成有效的目标导向后，要明确数字化管

理并非一成不变，也没有全行业的通用解决方案，而是要在企业的长期实践中选择一条适宜自身发展的路径。构建基于信息系统平台的数字化管理方法体系及系统平台结构，就是在充分掌握现有技术现状与存在问题基础上，以信息系统平台为核心来对企业数据进行深入分析和挖掘，并建立相应的数据处理中心及软件功能模块等。

3. 推进数字技术与企业优势项目融合，实现企业高质量发展

数字化管理升级并不是完全摒弃原有的管理制度，而是要利用数字化工具对现有的管理制度进行改造，以达到提升管理效能的目的。第一，推进数字技术与优势项目融合发展，实现数字化转型，增强行业内企业的核心竞争力；促进企业数字化管理和经营创新双提高，进一步提高信息数据的有效利用率，使数字化管理的推进阻力最小化；建立起企业、产业、政府之间良好的数字化沟通渠道与平台，让数字化帮助企业管理从外部获得更多的资源，进而为企业管理提供更高效的决策指导。第二，建立数字化管理升级的时间表，企业的管理制度升级要避免“破坏式创新”，要通过在运行中不断嵌入的方式进行逐步微调，通过时间的放大效应形成全流程的管理升级。例如，先在企业的财务报销制度中实现数字化管理，既方便了工作人员的报销需求，又能够在管理体系中提高数字化水平，实现的阻力较低，最后尝试将数字化管理技术在全公司推行。

4. 加快建设数字管理系统平台，全面推动信息化向智能化转型升级

新时期，企业的信息化建设应向数字化管理转型，以实现信息化、智能化和大数据时代下的创新与发展。数字信息平台作为企业信息化规划中的重要组成部分，具有数据量大、种类多、更新快、可共享等特点。值得注意的是，企业数字化管理平台并不是一个单一的独立平台，其需要整合企业管理的上下游链条，甚至是全部业务流程，实现从生产、人员组织、物料组织到后端销售、服务、客户跟踪等全过程建设。数字管理系统平台同样具有集约化效应，即管理系统平台融入的业务范畴越多，其运行效能越高，同时运行成本越低。因此，企业数字化管理系统平台也是新时期推进数字化技术应用和管理模式创新的重要手段。此外，数据平台与企业业务管理之间存在密切的联系。建设具有高集成性、可扩展性、开放性特点的数字信息平台，需要构建全面统一的基础设施和完善规范的软件标准，同时需要建立相关制度来保障实施效果。

5. 形成广泛的业外合作，共同打造适应性较高的数字化管理系统

数字化管理系统的开发与实现对企业信息建设能力具有极高的要求，但值得注意的是，当前通过第三方建设已经成为企业数字化管理建设与升级的首要选择。例如，阿里巴巴集团数字化管理服务团队与晋钢集团合作，帮助晋钢提供深入的数字化管理方案。在具体的合作过程中，阿里巴巴的数字化研发团队深入晋钢的生产一线，全面了解生产工艺，以此为基础探索数字化管理的可能。与此同时，晋钢原有的管理团队

则在数字化管理布局的过程中深入地跟随阿里巴巴团队，培养数字化管理的应用能力与水平。两者的联合为企业数字化管理转型探索了另一条联合发展的路径。

案例 49-1　长安汽车推动全价值链数字化转型

近年来，数字化转型已成为引领新一轮科技产业变革的战略性举措，对我国经济社会发展、传统产业变革带来重大而深远的影响。长安汽车对标世界一流企业，深度应用移动互联、大数据、云计算、人工智能等信息技术，推动全价值链数字化转型。

一、全价值链数字化转型做法

（一）长安汽车数字化转型规划

“数字化”是长安汽车“第三次创业——创新创业计划”的关键底座能力之一。

长安汽车数字化建设顶层框架是围绕“天上一朵云、空中一张网、中间一平台、地上全场景”，重构以长安为主导的新商业模式（见图 49-2）。坚持“客户引领、价值导向、创新驱动、平台支撑”总原则，构建数字化服务的平台能力，实现业务敏捷响应和转型创新。

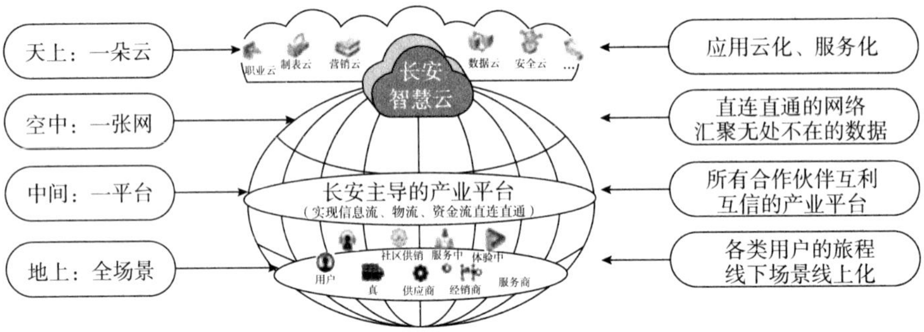

图 49-2　长安汽车数字化建设顶层框架

（二）全价值链数字化转型策略

以“REAL 体验”为总体目标，即 Reliable（安全的）、Easy（简单的）、All in one（全覆盖）、Lean（敏捷的），按照“一体两翼双引擎、上云用数赋智能”的转型策略，打造软件和效率核心竞争力。坚持“数字化投入等同于研发投入”，持续强化数字化能力建设。

（三）全价值链数字化转型实践

长安汽车在智能产品、智能制造、智能管理以及数字化生态圈构建等方面，展开了一系列实践。

1. 打造智能化、网联化新产品

整合内部140余个系统，融合外部3800余万客户数据，生成800余种客户标签，用以指导设计开发，为产品的精准定义、精准营销提供坚强保障。

产品打造方面，推进国家智能汽车创新发展战略，以智能化“北斗天枢”计划为引领，分阶段打造智能汽车平台，目前已掌握三大领域200余项智能化技术，实现APA6.0（智能泊车）、车载微信、智能语音等80余项智能化功能在量产车型上的搭载，其中25项为国内首发。

智能辅助驾驶方面，获得美国加州和中国重庆的道路测试牌照，累计测试里程超过1200万公里。2016年，完成中国首次2000公里无人驾驶测试；2018年，实现中国品牌首发L2级组合驾驶辅助量产技术发布；2020年，国内首发达到量产状态的L3级有条件智能驾驶辅助技术；2022年，实现L4级高度智能驾驶辅助量产功能开发。

智能网联方面，构建起开放的车联网云平台，率先实现智能“人-车-生活”功能量产。与腾讯合资成立“梧桐车联”，共建开放的新一代车联生态，并先后与华为、腾讯、博世等企业成立15个联合创新中心，投放智能网联汽车超190万辆，排名中国自主品牌第一。

智能交互方面，2019年，CS75PLUS首发微信车载版，为用户提供全语音交互的信息收发体验；2020年，UNI-T运用机器视觉、定向语音识别技术，实现车内场景化感知、情绪识别等智能化功能；2021年，基于UNI-K落地安全、便捷、个性的一体化智能座舱，行业首发全场景数字座舱开发平台，为用户提供个性多元的智能化体验。

2. 推动数字化、智能化新制造

将数字化变革贯穿研、产、供、销全价值链，为传统的业务模式带来革命性变化，使汽车全价值链成本大幅降低，效率和质量显著提升。

研发设计方面，建立全球协同研发平台，支撑“六国九地”1万余名技术人员，实现24小时不间断协同设计；在NVH、碰撞安全等领域大量运用数字化仿真工具，实现产品开发周期由36个月缩短至24个月，5年创造效益16.5亿元。

生产制造方面，引入工业互联网平台技术，在产品开发、生产建设、工厂运营等领域全面导入数字化工具，设备联网率达95%，数字化覆盖率达95%，生产线建设周期缩短30%，生产效率提升20%，制造成本降低20%，未来5年预计创效36亿元。

订单交付方面，建设客户关系管理云平台，提供全天候24小时服务。通过用户订单透明等大数据场景建设，为客户带来创新性的交互体验。以APS（高级排程系统）为核心，贯通从客户到供应商的数据链，打造供应链云平台，乘用车平均交付时间24天，达到国际先进水平。

数字营销方面，构建“买卖用修服”全场景一体化智慧营销系统，贯通客户全生命周期39个业务触点，实现与客户的直通直连；构建客户数据平台（CDP），整合客户全旅程数据，实现“千人千面”个性化精准营销，助力长安汽车从“十万级”销量向“百万级”销量突破。

3. 开展智能化、创新化新管理

2020年7月，开展“数字经营工程”，推动公司“以客户为中心、以产品为主线”的数字化运营。

流程体系再造方面，构建运营流程架构，上线2800余个运营指标，打通各部门业务连接，推动业务由“职能驱动”向“流程驱动”转型。

大数据运营方面，整合内部140余个系统，融合外部2万余家网站、70余个品牌、900余个车型、3万余家经销数据，建立起长安大数据运营平台CA-DDM，进一步提升公司运营决策效率。

数字文化方面，培养1931名数据分析师、143名算法工程师，营造全员数字化转型氛围，提升全员数字化转型能力，为公司数字化转型奠定人才基础。

数字化能力方面，构建自主可控的长安智慧云，融合数字化的场景库、算法库、标签库，实现业务敏捷响应；通过Ichangan办公平台，打造员工数字化办公空间，实现全领域、全场景、全天候无缝联接。

4. 构建共享化、体验化生态圈

积极探索新兴业务、跨界业务。2015年，自建“长安商城”，探索“线上平台+线下门店”的新模式，累计访问量已达6180万人次，累计订单突破180万份。2017年，“长安商城”入选工信部制造业与互联网融合发展试点示范项目。

共享出行方面，联合一汽、东风成立T3出行公司，布局出行业务；行业首次实现仙桃数据谷公开道路示范运行。

生态圈方面，与BAT、华为等开展深度合作，与腾讯、宁德时代等成立合资公司，打造“新能源+智能网联”的全新产品，构建汽车商业生态圈。预计到2025年，覆盖供应商、经销商、用户、合作伙伴的联盟生态规模将超1.5万家，逐步形成数百PB级数据规模，推动全产业链数字化转型。

二、全价值链数字化转型成效

近年来，通过数字化赋能主营业务，长安汽车产销量屡创新高：2014年，实现中国品牌汽车累计销量1000万辆；2020年5月，实现中国品牌汽车累计销量突破2000万辆；2021年长安汽车保持高速增长，销售230万辆，同比增长14.8%。

在国家发改委公布的国家认定企业技术中心评价结果中，长安汽车连续5届10年位居中国汽车行业第一。在工信部两化融合评估报告中，长安汽车以83.63分的成绩领先全国近98%的企业。长安汽车已先后入选国家智能制造试点示范企业（2015年）、全国首批服务型制造示范企业（2017年）、工信部“大数据产业发展试点示范项目奖”（2018年）、军工行业“数据治理优秀实践单位”（2019年）、国资委数字化转型优秀案例（2020年）、国资委“国有重点企业管理标杆创建行动标杆企业”（2021年）。

下一步，长安汽车对准业务价值和业务痛点，构建数字化转型能力，实现公司体验创新、效率提升、模式创新。以用户、运营、产品为根本，围绕“体验创新、效率提升、模式创新”，按“7+1”模式，聚焦研发、制造、供应、营销、人才、运营、智能网联7大领域，构建1个数字化服务平台，通过“大基建”，实现“大平台”，构建全连接、全在线、全触点一致的体验。

资料来源：努斯科技．对标世界一流企业，推动全价值链数字化转型，2022。

推荐阅读

1. 戚聿东，肖旭．数字经济概论［M］．北京：中国人民大学出版社，2022.

2. 冀亭帆．数字化转型对企业高质量发展的影响关系研究［D］．太原：山西财经大学，2023.

思考题

1. 如何理解数字经济的概念？数字经济的特点有哪些？
2. 数字经济与企业高质量发展有怎样的内在逻辑？
3. 数字经济驱动企业高质量发展的主要实现模式有哪些？
4. 常用的企业数字化管理系统有哪些？

第五十章　知识产权管理

学习目标

1. 了解知识产权的含义、特点、类型；
2. 把握企业知识产权战略管理的内容；
3. 掌握企业知识产权运营管理的内容；
4. 掌握开展企业知识产权管理的基本内容；
5. 掌握如何利用知识产权促进企业发展。

第一节　知识产权概述

一、知识产权定义

知识产权来自英文 Intellectual Property 的意译，一般译为“智能财产权”或“智力财产权”。我国曾长期使用“智力成果权”的概念，直到 1986 年我国颁布的《民法通则》中正式确定为“知识产权”。

知识产权有狭义和广义之分：狭义的知识产权只包括工业产权（Industrial Property）与版权（也称著作权）两部分，而不包括专有技术。广义的知识产权是指对人类智力创作成果所享有的专有权，不仅包括工业产权、版权，同时也包括专有技术。综上所述，知识产权概括地说是指公民、法人或者其他组织对其在科学技术和文学艺术等领域内，主要基于脑力劳动创造完成的智力成果所依法享有的专有权利。

知识产权从本质上说是一种无形财产权，它的客体是智力成果或者知识产品，是一种无形财产或者一种没有形体的精神财富，是创造性的智力劳动所创造的劳动成果。它与房屋、汽车等有形财产一样，都受到国家法律的保护，都具有价值和使用价值。有些重大专利、驰名商标或作品的价值也远远高于房屋、汽车等有形财产。

二、知识产权的性质

知识产权本质上是一种无形财产权，是一种特殊的民事权利。

1. 知识产权是一种无形财产权

财产权既可以存在于有形财产中，也可以存在于无形财产中。知识产权的客体是智力成果，智力成果是一种无形资产，具有使用价值，可以作为重要资本资源，以股权等方式用于资本型投资，也可以在资本化运作中以质押、信托等方式用于融资型操作。

2. 知识产权是一种特殊的民事权利

它所反映和调整的社会关系是平等主体的公民、法人之间的财产关系，因而具备了民事权利最基本的特征。知识产权作为一个权利束，包括了对智能成果的占有权，使用权、转让权与收益权等各方面的权利。但是，知识产权又是一种特殊的财产权，因而其内容具有不同的实质。对于知识产权的权利人不可能像占有传统无权一样占有知识产权，所以知识产权的占有权实质是对智能产品有形载体的复制的控制权。知识产权的使用权，就是对智能成果应用的实施权。知识产权转让即知识产权的处置权，包括使用权的许可、所有权的转让。正是由于知识产权的产权属性，产权的所有者利用这一武器保护自己，限制对手，在限定的时期内进行独占性生产和销售，获得丰厚的收益。

三、知识产权特征

同其他任何资产所有权相比，知识产权具有以下特征。

1. 无形性

无形性，是指知识产权客体的非物质性。

"知识产权"一词中的"知识"有其特有的含义，是指人类创造性脑力劳动所取得"知识形态的商品"。由于这种特殊的商品在物理上不占据空间，从而使知识产权有别于其他任何财产权而具有无形性的特征。这就决定了知识产权交易的标的物只能是知识产权这种无形财产权的使用权；在有形商品交易中，则既存在商品使用权，又存在商品使用权的转移。而知识产权的无形性一方面使其很容易脱离知识产权所有者的控制，另一方面又使知识产权所有者在将其知识资产使用权转让后仍可以利用这项成果获取利益。这种差异导致法律上对有关知识产权的保护、知识产权侵权的认定、知识产权交易中的规定要比有形资产复杂得多。

2. 双重性

知识产权包括财产权和人身权的双重内容，人身权是指基于智力成果创造人的特定身份依法享有的精神权利，专利权人所享有的署名权、荣誉权，著作权人所享有的发表权、署名权、修改权等。人身权与智力成果创造人人身不可分离，因而不能转让、赠予和继承。知识产权中的财产权是指知识产权人依法享有获得一定报酬和奖励的权利，如专利权、商标及作品的许可使用费等。财产权可以转让、赠予和继承。

3. 专有性

知识产权的专有性，是指其作为一种民事权利，对知识产权使用上的垄断，即任何人未经权利人的允许不得在一定的地域内、一定的时间内使用知识产权的客体。表现为：第一，具有独占性，即知识产权为权利人所独占，权利人垄断这种专有权利并受到严格保护。第二，排他性，即对同一项知识产品，不允许有两个或两个以上同一属性的知识产权并存。

4. 地域性

知识产权的地域性指的是根据一国法律，在该国取得的知识产权只在该国内生效，权利的效力不及于他国，他国没有承认和保护该权利的义务。因为知识产权不是一种自然衍生的财产权，它的获得和实现必须经过国家法律确认和维护，且任何国家都不承认外国知识产权法适用于本国，所以经一国确认和授予的某项知识产权通常只在该国（地区）领域内具有法律效力，而在其他国家（地区）原则上不发生效力。但近年来，随着技术和经济全球化的发展，知识产权的传统地域特征有了明显改变，知识产权国际保护的合作范围日益扩大，再加上国际性知识产权协议的签订，使一项知识产权可以通过一定的国际合作方式在多国和多地区获得有效保护。

5. 时间性

时间性是指知识产权仅在法律规定的期限内受到保护，一旦超过法律规定的有效期限，这一权利就自行消灭，相关知识产品即成为整个社会的共同财富，为人类所共同使用。由于各国对知识产权不同对象的保护期限存在差别，因此同一知识产权在不同国家可以获得的保护期是不同的，同时更先进的技术创新的不断出现使知识产权变得过时从而使知识产权的实际有效期甚至比法定期限更短。但也有部分例外，如虽然各国对注册商标规定了有效期，但商标所有权人在商标到期后可以申请延续，且法律对延续次数不作限制，这在客观上默认了商标权无限期存在；此外，商业秘密也不受时间的限制。

四、知识产权类型

（一）知识产权的划分

1. 根据知识产权范围的划分

可以划分为广义的知识产权和狭义的知识产权。

广义的知识产权包括著作权、邻接权、商标权、商业秘密权、产地标记权、专利权、集成电路布图设计权等各种权利；目前已为《世界知识产权组织公约》和《与贸易有关的知识产权协议》（TRIPS）所认可。

狭义的知识产权，即传统意义上的知识产权，包括著作权（含邻接权）、专利权、商标权三个主要组成部分。

2. 根据对知识产品的消费方式划分

可以划分为著作权（文学产权）和工业产权。

著作权是广义的，包括著作权和邻接权，其保护对象是以精神消费为目的的知识产品，包括文学、艺术和科学作品等。

工业产权是指著作权以外的知识产权。其内容已超出“工业”的范围，主要指以物质消费为目的的知识产品，包括科学技术发明、工业品外观设计、商标、服务标记、商号及标记、禁止与知识产权有关的不正当竞争等。

3. 根据知识产权的价值来源划分

可以划分为创造性智力成果权和工商业标记权。

创造性智力成果权的价值直接来源于对该成果的商业性利用。无论是科学技术还是文学艺术等创造性的智力成果，本质上都是人们设计出来的“结构和形式”。对这些“结构和形式”的利用所获得的收益，就是创造性的智力成果的价值。

工商业标记权本身不是其财产价值的源泉，它的价值来源于所标记的商品或服务，来源于它所标记的工商业主体的商业信誉。

（二）专利权

1. 专利权的含义

“专利权”是国家知识产权管理部门给予发明者的在一定期限内生产、销售或以其他方式使用发明的排他权利。

专利权的主体主要是指发明人或者设计人、专利权人和专利受让人。发明人或者设计者是指真正做出发明创造的人，即对发明创造的实质性特点独自做出创造性贡献的人。发明人或者设计人的权利继受人包括继承人很多受让人。专利权的客体是指审批为专利的发明创造。我国专利保护的发明创造分为发明、实用新型和外观设计三种。

（1）发明。发明是专利权的主要客体，也是各国专利法的主要保护对象。我国《专利法》规定发明指对产品、方法或者其改进所提出的新的技术方案。据此规定可知，发明是一种技术方案，包括产品发明和方法发明。产品发明（包括物质发明）是人们通过研究开发出来的关于各种新产品、新材料、新物质等的技术方案。方法发明是人们为制造产品或解决某个技术课题或项目研究开发出来的操作方法、制造方法以及工艺流程等技术方案。“改进发明”本身并不是一种独立种类的发明，它要么是产品发明，要么是方法发明。

（2）实用新型。实用新型专利是指对产品的形状、构造或者其结合所提出的适于实用的新的技术方案。实用新型是针对产品而言的，任何方法都不属于实用新型范围。实用新型的特征主要为：①作为实用新型的产品的形状是指产品所具有的、可以从外部观察到的确定的空间形状。对产品形状所提出的技术方案可以是对产品的三维形态的空间外形所提出的技术方案，如对凸轮形状、刀具形状做出的改进；也可以是对产品的二维形态所提出的技术方案，如对型材的断面形状的改进。②产品的构造是指产品的各个组成部分的安排、组织和相互关系。产品的构造既可以是机械构造，也可以是线路构造。机械构造是指构成产品的零部件的相对位置关系、连接关系和必要的机械配合关系等，线路构造是指构成产品的元器件之间的确定的连接关系。③作为实用新型对象的新设计必须具有实用性，能够在工业上应用。

（3）外观设计。我国《专利法》第二条规定，外观设计是指对产品的整体或者局部的形状、图案或者其结合以及色彩与形状、图案的结合所作出的富有美感并适于工业应用的新设计。外观设计是指工业品的外观设计，也就是工业品的式样。它与发明或实用新型完全不同，即外观设计不是技术方案。外观设计的特征主要为：①附载外观设计的产品必须有相对的独立性；②外观设计必须是与独立的具体的产品合为一体的新设计；③附载外观设计的产品必须能够在工业上应用；④外观设计必须能够使人产生美感。

2. 专利权的内容

（1）专利权人的权利。

1）独占实施权。独占实施权包括两方面：①专利权人自己实施其专利的权利，即专利权人对其专利产品依法享有的进行制造、使用、销售、允许销售的专有权利，或者专利权人对其专利方法依法享有的专有使用权以及对依照该专利方法直接获得的产品的专有使用权和销售权；②专利权人禁止他人实施其专利的特权。除专利法另有规定外，发明和实用新型专利权人有权禁止任何单位或者个人未经其许可实施其专利，即为生产经营目的制造、使用、销售、允许销售、进口其专利产品，或者使用其专利方法以及使用、销售、允许销售、进口依照该专利方法直接获得的产品；外观设计专利权人有权禁止任何单位或者个人未经其许可实施其专利，即为生产经营目的制造、销售、进口其外观设计专利产品。

2）转让权。即专利权人将其获得的专利所有权转让给他人的权利。转让专利权的，当事人应当订立书面合同，并向国务院专利行政部门登记，由国务院专利行政部门予以公告。专利权的转让自登记之日起生效。中国单位或者个人向外国人转让专利权的，必须经国务院有关主管部门批准。

3）许可实施权。许可实施权是指专利权人通过实施许可合同的方式，许可他人实施其专利并收取专利使用费的权利。

4）标记权。标记权即专利权人有权自行决定是否在其专利产品或者该产品的包装上标明专利标记和专利号。

5）请求保护权。请求保护权是指专利权人认为其专利权受到侵犯时，有权向人民法院起诉或请求专利管理部门处理以保护其专利权的权利。保护专利权是专利制度的核心，他人未经专利权人许可而实施其专利，侵犯专利权并引起纠纷的，专利权人可以直接向人民法院起诉，也可以请求管理专利工作的部门处理。

6）放弃权。专利权人可以在专利权保护期限届满前的任何时候，以书面形式声明或以不缴纳年费的方式自动放弃其专利权。《专利法》规定："专利权人以书面声明放弃其专利权的"，专利权在期限届满前终止。专利权人提出放弃专利权声明后，一经国务院专利行政部门登记和公告，其专利权即可终止。

放弃专利权时需要注意：①在专利权由两个以上单位或个人共有时，必须经全体专利权人同意才能放弃；②专利权人在已经与他人签订了专利实施许可合同许可他人实施其专利的情况下，放弃专利权时应当事先得到被许可人的同意，并且还要根据合同的约定，赔偿被许可人由此造成的损失，否则专利权人不得随意放弃专利权。

7）质押权。根据《担保法》，专利权人还享有将其专利权中的财产权进行出质的权利。

（2）专利权人的义务。依据专利法和相关国际条约的规定，专利权人应履行的义务包括：

1）按规定缴纳专利年费的义务。专利年费又叫专利维持费。专利法规定，专利权人应当自被授予专利权的当年开始缴纳年费。

2）不得滥用专利权的义务。不得滥用专利权是指专利权人应当在法律所允许的范围内选择其利用专利权的方式并适度行使自己的权利，不得损害他人的知识产权和其他合法权益。

3. 专利权的授权条件

（1）一项发明创造获得专利权应当具备下列实质性条件，即发明创造的本质特征，符合专利法规定的新颖性、创造性和实用性。

1）新颖性。新颖是指申请专利的发明或实用新型不属于现有技术，即指在申请日以前没有同样的发明或实用新型，没有在国内外出版物公开发表过，没有在国内外公开使用过或以其他方式被公众所知，也没有同样的发明由其他人向国家专利主管机关提出过申请并且记载申请日期以后公布的专利申请文件中。

2）创造性。创造性是发明或实用新型获得专利的又一实质条件，美国称为“非显而易见性”，有的国家称为先进性或进步性。创造性同申请日期前已有的技术相比，该发明有突出的实质性特点和显著的进步，该实用新型有实质性的特点和进步。具有创造性的发明表现为：①申请专利的发明解决了人们渴望解决但一直没有解决的技术难题；②申请专利的发明克服了技术偏见；③申请专利的发明取得了意想不到的技术效果；④申请专利的发明在商业上获得了成功。

3）实用性。实用性是指该发明或实用新型能够制造或适应，并且能够产生积极的成果，包括社会效果、技术效果和经济效果。其中社会效果即该项发明或实用新型被实施后，不产生对社会的危害，不产生对人类生存、安全、环境的危害，不损害社会公共道德；技术效果即申请专利的发明或实用新型被实施后有利于促进科学技术的发展；经济效果即申请专利的发明或实用新型实施后，能够给发明人或专利人或国家带来良好的经济效益。

（2）申请专利的外观设计，具备专利性的实质条件。

1）新颖性。在申请日以前，与国内外公开出版物上发表的外观设计不相同和不相近似，与已在国内公开使用过的外观设计不相同或不相近。

2）美观性。在外观设计被使用在产品上使人产生美感，增加对消费者的吸引力。

3）合法性。即申请外观设计不得与他人“在先取得的合法权益相冲突的规定”，而且不得违反法律、社会公德，也不得损害公共利益。

4. 专利权的限制

专利权限制是指专利法规定第三人在符合法律规定的条件下以及国家在出现紧急情况时，可以不经专利权人许可而实施其专利技术的一项法律制度。

专利权限制主要包括两个方面：不视为侵犯专利权行为的规定和有关强制许可的规定。

（1）不视为侵犯专利权的行为。《专利法》规定，下列行为不构成侵权：①专利权人制造、进口或者经专利权人许可而制造、进口的专利产品或者依照专利方法直接获得的产品售出后，使用、许诺销售或者销售该产品的。②在专利申请日前已经制造相同产品、使用相同方法或者已经做好制造、使用的必要准备，并且仅在原有范围内继续制造、使用的。③临时通过中国领陆、领水、领空的外国运输工具，依照其所属国同中国签订的协议或者共同参加的国际条约，或者依照互惠原则，为运输工具自身需要而在其装置和设备中使用有关专利的。④专为科学研究和实验而使用有关专利的。为生产经营目的使用或者销售不知道是未经专利权人许可而制造并售出的专利产品或者依照专利方法直接获得的产品，能证明其产品合法来源的，不承担赔偿责任。

（2）专利实施的强制许可。强制许可，是指根据单位或者个人的申请，国务院专利行政部门在未经专利权人同意的情况下，依法允许申请单位或者个人实施某项专利的措施。强制许可措施是对专利权人滥用其权利的一种限制。我国《专利法》规定了三种强制许可：

1）《专利法》规定："具备实施条件的单位以合理的条件请求发明或者实用新型专利权人许可实施其专利，而未能在合理长的时间内获得这种许可时，国务院专利行政部门根据该单位的申请，可以给予实施该发明专利或者实用新型的强制许可。"批准这种强制许可必须具备以下条件：第一，专利实施的强制许可的请求必须自专利权被授予之日起满3年后提出；第二，申请实施强制许可的对象只能是发明或者实用新型专利，而不能是外观设计专利；第三，提出强制许可请求的单位已具有实施条件；第四，提出强制许可请求的单位必须出具未能在合理长的时间内以合理的条件与专利权人签订实施许可合同的证明。

2）在国家出现紧急状态或者非常情况时，或者为了公共利益的目的，国务院专利行政部门可以给予实施发明专利或者实用新型专利的强制许可。

3）根据《专利法》的规定，一项取得专利权的发明或者实用新型以前已经取得专利权的发明或者实用新型具有显著经济意义的重大技术进步，其实施又有赖于前一发明或者实用新型的实施的，国务院专利行政部门根据后一专利权人的申请，可以给予实施前一发明或者实用新型的强制许可。在依照上述规定给予实施强制许可的情形下，国务院专利行政部门根据前一专利权人的申请，也可以给予实施后一发明或者实用新型的强制许可。

关于实施强制许可的使用费问题，《专利法》规定："取得实施强制许可的单位或者个人应当付给专利权人合理的使用费，其数额由双方协商；双方不能达成协议的，由国务院专利行政部门裁决。"

（三）商标权

1. 商标权的概念

商标是识别某商品、服务或与其相关具体个人或企业的显著标志。图形®常用来表示某个商标经过注册，并受法律保护。

商标可以分为视觉商标和非视觉商标。视觉商标是指用视觉可以感知的商标，包括文字商标、图形商标、立体商标、颜色商标以及各种要素组合的商标。非视觉商标是指无法用视觉感知的商标，包括听觉商标、嗅觉商标、味觉商标和触觉商标。我国现行《商标法》只保护视觉商标。

商标权是商标专用权的简称，是指商标使用人依法对所使用的商标享有的专用权利，是商标注册人依法支配其注册商标并禁止他人侵害的权利，包括商标注册人对其注册商标的排他使用权、收益权、处分权、续展权和禁止他人侵害的权利。

根据我国《商标法》，商标权的主体应该是有资格申请商标注册的自然人、法人或其他组织，或者转让注册商标中的受让人、商标权的客体是商标。

2. 商标权的内容

作为一种财产所有权，商标权可以分为占有权、使用权、收益权和处分权。占有权强调的是权利主体具有控制、支配一定物品的能力。不过，对商标的占有并不同于对一般民事财产的占有，民法上对无主物的自然"先占"原则在这里不一定适用。在实行使用原则的国家，可以通过实际先行使用而占有某个商标，占有意味着使用在先；而在实行注册原则的国家，先行使用并不足以说明已占有某个商标，只有通过一定的法律程序到主管机关去提交注册申请并经核准注册后才能实现对该商标的真正占有，也就是说，占有意味着申请在先，并获准注册。我国实行的就是这种原则。

使用权是指权利主体可以在核定的商品上使用其占有的商标。如果该商标是注册商标，则应该在核定的商品上使用并依法得到保护。作为一种所有权，商标权具有排他性，他人在未经所有人许可的情况下，不得在相同或类似的商品上使用与该注册商标相同或近似的商标，否则构成侵权。

收益权主要通过许可来实现，即商标所有人在自己使用该注册商标的同时，在自愿协商、平等互利的基础上签订使用许可合同，许可他人使用其注册商标。作为许可的代价，一般是许可方收取被许可方一定的使用许可费。许可使用虽然是商标权利人行使收益权的基本形式，但是过多的许可可能导致商标信誉的损害，从而失去消费者的信赖。无节制地滥施许可，对于商标权利人来说，无异于一场灾难。

处分权也是商标所有权的基本内容之一，它指的是商标权利主体按照自己的意志对其拥有的商标作出的处置和安排，包括转让、赠予、放弃等。转让和赠予属于积极的处分行为，二者的区别在于转让通常都是有偿的，赠予是无偿的；放弃则是消极的处分行为，如期满不续展、连续三年无正当理由不使用等，都可以视为对商标权的放弃。

3. 企业商标权取得方式

企业商标权的取得，一般来说可以有两种方式：通过使用商标取得和通过商标注册取得。目前我国对这两种方式取得商标权基本上没有强制，注册与否采取自愿原则。但需要注意的是，对于烟草制品企业来说，其所提供的商品必须使用注册商标，否则其商品不能获得销售资格。

（1）商标使用。按照我国法律规定，除了个别商品类别之外，商标使用人可自行选择商标并进行使用，不需要到商标注册机关进行注册。未注册的商标同样可以使用，但我国商标法中所说的商标权是注册意义上的商标权。因此，对于未注册商标，其权利来源显然就不是商标法，权利人也不能依商标法对其未注册商标进行保护。这种权利一般只能认为是一种事实上的权利，要保护需要按照民法一般原理以及反不正当竞争法的有关规定来进行。

未注册商标在使用时由于不需要到有关部门进行审查，则可能会出现违反商标法中商标绝对禁止使用条件而受到查处。所以，通过使用方式取得商标权时，应当注意不要使用一些特殊标记，如国家标志、特定组织的标志、其他公用标志等。

虽然这种方式能够比较容易取得商标权，但是以这种方式使用商标的企业应当注意其中所包含的风险。在企业发展到一定阶段时应当尽量对其使用的商标进行注册。对于有更大抱负的企业，更应该注意这个问题，不仅要在国内注册，还要根据自己产品的销售以及潜在市场，选择不同的国家进行商标国际注册，不要出现类似海信公司“Hisense”商标被西门子公司抢注的案例。在有些国家，虽然并没有要求商标必须注册，但是在保护时是以注册商标为主的。国际化企业就要根据所在地国家的法律规定，进行商标注册。

（2）商标注册。另外一种取得商标权的方式是通过注册机关对商标的核准注册而取得。一般来说，商标注册并不需要最初注册就一定在商品上使用，按照通行做法，只要商标注册申请人具有“使用意图”就可以在相关商品类别上申请商标注册，并最终获得核准注册。但是通过核准注册的商标，其商标权的维持却需要企业满足一定的行为，即必须使用商标。如果在相当长的时间内不使用商标的，则可能会导致商标权的丧失。我国商标法规定，商标注册人如果在连续三年时间内不使用注册商标的，则商标注册机关可以撤销商标注册。对于商标注册，商标注册申请人必须按照规定的程序提出申请，由商标注册机关受理进行审查，审查合格的才能予以登记并公告。在商标注册之后，按照商标法的规定，有关单位、个人有权进行监督，提出不同意见，要求商标评审委员会对不符合商标注册条件的商标撤销注册。同时商标注册机关也可以依职权对已经注册的商标进行监督，如果属于不应当注册的情形，则可以撤销商标注册。

（3）商标注册的条件。商标注册指商标使用人为取得商标的专用权，将其使用的商标，依照法定的注册条件、原则和程序，向商标局注册机关注册申请，商标注册机关经过审核，准予注册的法律制度。

商标注册的申请人为自然人、法人和其他组织。获准注册的商标必须具备的条件为：①商标的构成要素必须具有显著性，便于区别；②申请注册的商标不使用法律所禁止使用的文字、图形；③使用大量标志作为商标注册的，不得违反商标法的有关规定；④不得复制、模仿或翻译他人的驰名商标；⑤在同种或类似商品上申请注册的商标，不得使用与他人注册商标或初步审定的商标相同或近似的文字、图形或其组合。

（四）著作权

1. 著作权的概念

著作权是指作者或其他著作权人对文学、艺术、科学作品的依法享有的专有权利，是法律赋予所有者组织他人对其作品进行复制、销售、演出、展示或改编的权利（在我国，“著作权”与“版权”为同一法律概念）。著作权是一种保护写出或创造出一个有形或无形作品的个人的权利，著作权也可以转换为一个组织所拥有的权利，这个组织向作品的作者支付版权费，从而获得了该作品的所有权。著作权保护的作品包括音乐、文学、艺术、演讲、模型、照片、计算机软件等创作性作品，还包括建筑设计、电脑软件、动画设计等。著作权赋予所有者对其作品的专有权利，也允许其所有者以此来获得因作品引起的价值。

著作权的主体或称著作权人，即依法对文学、艺术和科学作品享有著作权的人，包括自然人、法人和其他组织。在一定条件下，国家也可能成为著作权主体。根据著作权的取得方式可将著作权主体划分为原始主体和继受主体。原始主体是指在作品创作完成后，直接根据法律规定或合同约定，在不存在其他基础性权利的前提下对作品享有著作权的人。一般情况下为作者，特殊情况下作者以外的自然人或组织也可以成为著作权原始主体，如职务作品、委托作品中的雇主、出资人等。继受主体是通过受让、继承、受赠或法律规定的其他方式取得全部或一部分著作权的人。

著作权的客体是受著作权保护的作品。著作权所称的作品是指文学、艺术和科学领域内，具有独创性并能以某种有形形式复制的智力创造成果。

2. 著作权的内容

著作权包括著作人身权和著作财产权。著作人身权又称精神权利，指作者对其作品所享有的各种与人身相联系或密不可分而无直接财产内容的权利。著作人身权具体包括发表权、署名权、修改权和保护作品完整权四项，作者终身享有著作人身权，没有时间的限制，作者死后，作者的著作人身权可依法由其继承人、受遗赠人或国家的著作权保护机关予以保护。一般认为，著作权人不能转让、剥夺或继承。

著作财产权，又称经济权利，指作者即传播者通过某种形式使用作品，从而依法获得经济报酬的权利。著作财产权的内容具体包括复制权、发行权、出租权、展览权、放映权、广播权，信息网络传播权、摄制权、改编权、翻译权、汇编权以及应当由著作权人享有的其他权利。

3. 著作权的保护期限

著作权的保护期限，是指著作权受法律保护的界限或者说是著作权的有效期限。著作权的保护期限内，作品的著作权受法律保护，著作权的保护期限届满，就丧失著作权，该作品进入公共领域，不再受法律保护。

我国对著作人身权和著作财产权保护期分别加以规定。著作人身权中的署名权、修改权和保护作品完整权永久受到法律保护。发表权的保护期与著作权中的财产权利的保护期相同。作为作者的公民死亡，法人或非法人单位变更、终止后，其署名权、修改权和保护作品完整权仍受著作权法保护。

著作权的保护是有期限的，根据著作权主体和作品性质不同，其保护期限有所区别。

（1）作品的作者为公民，其著作权保护期为作者有生之年加死亡后 50 年。作者死亡后，其保护期从作者死亡次年的 1 月 1 日开始计算，第 50 年的 12 月 31 日保护期届满。

（2）法人、非法人组织的作品，著作权（署名权除外）由法人或者非法人组织享有的职务作品，其发表、使用权和获得报酬权的保护期为 50 年，但作品自创作完成后 50 年内未发表的，著作权法不再予以保护。

（3）电影、电视、录像作品的发表权、使用权和获得报酬权以及摄影作品权的保护期为 50 年，截止于作品首次发表后第 50 年的 12 月 31 日，但作品自创作完成后的 50 年内未发表的，其著作权不再受保护。

（4）合作作品发表权、使用权发表权、使用权和获得报酬权的保护期为作者终生加死亡后 50 年，但 50 年的计算以合作者中最后死亡的作者的死亡时间为起算点。

（5）作者身份不明的作品，其使用权和获得报酬权的保护期为 50 年，截止于作品首次发表后第 50 年的 12 月 31 日，但作者身份一旦确定，则适用于著作权法的一般规定。

（6）图书出版单位的专有出版权。合同约定，图书出版者享有专有出版权的期限，不得超过 10 年，合同期满可以续签。

（7）录音、录像作品使用权和获得报酬权的保护期为 50 年，截止于作品首次发表后第 50 年的 12 月 31 日。

（8）广播、电视节目使用权和获得报酬权的保护期为 50 年，截止于播放后第 50 年的 12 月 31 日。

4. 邻接权

邻接权也称作品传播权，指作品的传播者在传播作品过程中对其创作性劳动成果依法享有的专有权利。即虽非著作权，却与著作权相关、相近或相邻的权利，包括出版者权、表演者权、录音录像制作者权以及广播组织播放权。邻接权与著作权密切相关，又是独立于著作权之外的一种权利。我国称为“与著作权有关的权益”。狭义的邻接权通常包括表演者权、印象制作者权及广播电视组织权三类。但在不同国家的法律中其具体内容又略有不同。广义的邻接权是把一切传播作品的媒介所有的专有权一律归入其中，或把那些与作者的作品尚有一定区别的产品、制品或其他含有“思想表达形式”而又不能称为“作品”的内容也划入其中。我国采用广义的邻接权的基本内容。

出版者权是指出版者对出版的作品所享有的一系列权利的统称。出版权是生产、制作作品的复制品并将其提供给公众的行为。出版者权的主体包括图书、报纸、期刊等出版单位。出版者权的客体是出版者出版的图书、报纸、期刊及其版式、装帧等，既涉及表达思想和情感的作品本身，又涉及作品的载体。

表演者权是指表演者依法对其表演所享有的权利，前提是著作权人将其作品表演权许可给表演者行使。表演者权由表演者享有，表演权属于著作权人。根据保护邻接权的《罗马公约》中规定的表演者的范围包括演员、歌唱家、音乐家、舞蹈家，或以别的方式表演文学或艺术作品的其他人员。表演者的客体不是表演的节目或作品，而是现场表演本身，即演员的形象、动作、声音等的组合。受保护的是活的表演而不是死的剧本。

录音录像制作权的主体只有实际制作录音、录像制品并首次将声音或场景录制下来的人，转录他人唱片、录像制品，即使在原基础上进行了删节或剪辑，放映方面做了技术性调整和改进，只要没有根本超出原制品，转录者就不能享有录音录像制作者权。

广播组织权是指电台、电视台等广播组织对其编制的广播电视节目依法享有的进行播放的权利。广播组织权的主体是制作并播放广播电视节目的组织。广播组织权的客体仅限于广播、电视节目。所谓广播、电视节目，是指广播电台、电视台制作的通过载有声音、图形的信号传播的节目。

五、知识产权制度

（一）知识产权制度的定义

知识产权制度是指开发和利用知识资源的基本制度。知识产权制度通过合理确定人们对于知识及其他信息的权利，调整人们在创造、运用知识和信息过程中产生的利益关系，激励创新，推动经济发展和社会进步。

（二）知识产权制度发展的历史

知识产权制度在世界上有着悠久的历史。尤其是各类知识产权中的专利、商标和版权的立法时间最早。其历史发展大体上可以分为四个阶段：

1. 萌芽阶段（13 世纪至 14 世纪）

这一阶段出现了由封建王室赐予工匠或商人的类似于专利的垄断特权，它为后来知识产权制度的形成打下了基础。

2. 初创和普遍建立阶段（15 世纪至 19 世纪末）

在这个阶段，世界上第一部专利法、版权法和商标法相继诞生，如威尼斯共和国的《专利法》（1474 年）、英国的《垄断法》（1623 年）、英国的《版权法》（1710 年）、法国的《商标法》（1857 年）等。19 世纪末绝大多数西方资本主义国家都建立了自己的知识产权制度（主要指专利制度、商标制度、版权制度）。

3. 进一步发展阶段（19 世纪末至 20 世纪末）

知识产权制度在这一阶段的进一步发展主要表现在两个方面：

纵向发展：即西方资本主义国家的知识产权制度在原有基础上通过不断修订变得更加完善、科学，尤其是随着国际知识产权制度（如 1883 年的《巴黎公约》和 1886 年的《伯尔尼公约》）的建立，各国知识产权制度呈现从“各自为政”“各行其是”到逐步国际化、现代化的特点。在此背景下，各国又签订了数量更多的知识产权国际条约（达数十个之多），使知识产权保护对象逐步增多，知识产权的种类也有所增加。至 1970 年世界知识产权组织（WIPO）成立时，各国的知识产权制度已登上了一个新的台阶。

横向发展：即知识产权法律制度在资本主义国家外的更多国家得到施行。20 世纪后期，社会主义国家开始重视知识产权保护制度。苏联和东欧国家也都制定了自己的专利法、商标法、版权法等。此外，第二次世界大战结束后广大已经取得独立的发展中国家为了发展民族经济也都实行了专利等知识产权制度。20 世纪 80 年代，我国也开始制定知识产权立法，加入了世界知识产权制度国家的行列。当然，在许多方面社会主义国家及发展中国家与资本主义国家的知识产权制度存在着一定的差异，如苏联和大多数东欧国家实行发明人证书制度和专利制度混合的发明保护制度（即所谓的“双轨制”），规定取得发明人证书后，发明权归国家所有，发明人只取得一定奖励，不能拒绝国家批准的其他人使用该发明。又如部分独立的发展中国家实行“输入专利”（Patent of Importation）和“确认专利”（Patent of Confirmation）等制度，由于这类专利是在外国（原宗主国）有效专利的基础上授予的，本国专利局一经登记即可确认并获得，这种专利制度带有很大的依赖性，实际上并没有建立本国完全独立的专利制度。

4. 知识产权制度与贸易挂钩的阶段（20 世纪末至今）

随着科技的发展，国际贸易中商品知识、技术含量的增加，各国尤其是发达国家为了取得和保持市场优势地位，开始重视国际贸易中的知识产权保护问题。一些国家不仅注意提高本国知识产权立法和执法水平，同时还设法利用国内立法以及签订或修改国际公约和条约来迫使其他国家提高知识产权保护水平。这一阶段最引人注目的发展是以美国为首的发达国家极力推动订立的《关税与贸易总协定》（1995 年起为世界贸易组织所替代）体系内的《与贸易有关的知识产权协议》（TRIPS）。TRIPS 的诞生，不但进一步扩大了知识产权保护对象的范围，而且还提出了世界贸易组织成员必须达到的最低保护要求，这在相当大的程度上使原来差异较大的各国知识产权制度统一到了同一个最低保护标准上，它对今后世界知识产权制度乃至各国经济贸易关系的进一步发展产生了极其深刻的影响。

（三）知识产权制度的作用机制

知识产权制度通过给智力成果创造者以一定的独占权，为人们的发明创造活动提供了一个良好的作用机制。这种机制不仅能够鼓励发明创造的积极性，使知识成果持续生产成为可能，而且使知识成果的利用和传播能够正常、有序地进行，从而促进知识成果的推广应用，推动社会和经济发展。

1. 对创造性劳动的补偿机制和利益驱动机制

知识成果创造者付出的劳动能得到理想的回报，他们的创造积极性才有可能持久地维持。创造知识资产得到的回报越高，人们就越乐于创造。

2. 知识成果商业化的促进机制

市场是知识成果的“试金石”，商业化成功是知识成果质量、价值及市场优势的准确检验和反映。知识成果的应用结果如果有很大的产品市场和很高的利润，说明成果具有重要的使用价值。所以在知识产权制度下，知识成果创造者所追求的并不是表面的荣誉。尽管荣誉在一定程度上能给权利人带来地位和社会尊敬，但知识成果创造者的最根本的目标是获取利润。知识产权制度提供的就是这样一种作用机制：知识成果创造者为了获得劳动补偿，必须要努力寻找成果商业化的途径，并通过应用来实现知识的市场价值。

3. 商品和技术贸易的保护和促进机制

与知识产权有关的贸易包括两个部分：一部分是包含或涉及知识产权（如专利、商标等）的商品的贸易；另一部分是知识产权本身的直接贸易（如专利权转让或许可、版权许可等贸易）。知识产权制度对二者起着保护和促进的作用。

4. 公平竞争的保障机制

首先，在谁能取得知识产权独占权方面，知识产权制度设计了一个公平的创新竞争机制。在实行知识产权制度的国家里，受保护的不是一般的知识成果，而是具有创造性、先进性的知识成果。在公平的竞争机制下，谁首先创造出知识成果，谁就能优先取得知识产权独占权。这种公平的知识产权创新竞争机制有利于刺激人们独立研究、不断进步，争夺“第一”。相反，如果没有知识产权制度提供的创新竞争机制，必然会造成大量的重复研究，而重复研究又将导致资源的浪费，严重影响科技进步。

其次，知识产权制度的作用之一是禁止与排除他人对知识产权权利人成果的非法利用和窃取，从而保证了知识资源的公平市场竞争。

上述知识产权制度的公平竞争机制可以使开发新知识成果、诚实经营的经营者获得优势，取得良好的经济收益，使侵犯他人知识产权的不法经营者受到法律的威慑和制裁，同时也可以保障公平竞争的正常市场秩序。

5. 协调平衡权利人利益和社会公众利益的机制

（1）知识产权制度本身与社会利益并不相互矛盾。法律授予知识创造者的知识产权，虽是一种私有垄断权，但这种垄断权恰恰激励了人们积极投身科学研究，促进知识成果的应用，大大加快科技知识的更新速度，这对社会进步和社会福利的提高是非常有利的。知识产权具有公开性的特点，可以使后继的创造者有机会从前人的创造成果中汲取“营养”进行新的知识成果创造。总之，知识产权制度有助于鼓励创造发明，打破企业间相互保密、封锁知识技术的局面，畅通知识流动和信息传播的渠道，这些都有利于促进和推动社会经济的发展。

（2）知识产权制度本身也禁止权力的滥用和非法市场垄断。通过知识产权立法和其他有关法律法规中的禁止滥用和反垄断的规定，有力地保证了知识产权不被滥用，保证了知识产权领域的正当竞争不受限制，从而保证了知识产权权利人的利益和公众利益的平衡协调，兼顾了对知识成果创新的激励和对不公平竞争的限制，从而实现知识产权制度保护竞争、促进社会进步的目的。

六、知识产权法律体系

我国形成符合国际通行规则、门类比较齐全的法律法规体系，还积极参加了一系列知识产权国际公约，已经建立起具有鲜明特色的知识产权保护工作体系和协调机制以及知识产权国际交流与合作的新格局。保护知识产权已成为我国的基本国策，我国已经制定了《国家知识产权战略纲要》。

国家知识产权法律法规体系的组成部分包括法律、法规及国务院主管部门规章等一系列法规性文件。

法律包括《专利法》《商标法》《著作权法》《反不正当竞争法》《民法通则》《合同法》《科学技术进步法》《刑法》《国防法》《保守国家秘密法》等。

与知识产权有关的法规与部门规章：《专利法实施细则》《商标法实施条例》《著作权法实施条例》《计算机软件保护条例》《国防专利条例》《知识产权海关保护条例》《音像制品管理条例》《关于国家科研计划项目研究成果知识产权管理的若干规定》《关于加强与科技有关的知识产权保护和管理工作的若干意见》等。

阅读专栏 50-1 我国国情下的知识产权的现状

进入 21 世纪以来，随着世界经济全球化进程的加快和科学技术的迅猛发展，作为鼓励和保护创新、促进人类社会进步和经济发展的基本法律制度，知识产权制度在经济和社会活动中的地位得到历史性提升，知识产权保护受到国际社会的广泛关注。

知识产权法律法规体系进一步完善。为了适应加入世界贸易组织和社会主义市场经济建设的需要，我国对与知识产权保护相关的法律法规进行了全面修订，在立法宗旨、权利内容、保护标准、法律救济等方面更加突出了知识产权制度促进科技进步与鼓励自主创新的作用。相关政府部门和司法机关陆续出台了一系列符合国际通行规则、门类比较齐全的部门规章、规范性文件和司法解释，保证了各项法律法规的有效执行。地方法治建设也日趋完善。知识产权法律法规的制定和修订，对完善我国知识产权制度具有重要意义。

知识产权数量和质量明显提高。我国专利、商标、版权、植物新品种保护、软件登记、集成电路布图设计、地理标志等各种知识产权的申请数量大幅增长。实用新型专利、外观设计专利和商标的年申请量连续多年剧增；发明专利国内外年申请总量位居世界前列，植物新品种保护年申请总量位居世界前列。

知识产权宏观管理力度进一步加强。全国各级知识产权相关职能部门积极履行宏观管理职能，在知识产权工作中发挥了重要作用。知识产权政策研究工作有了长足发展。国务院职能部门对地方知识产权管理工作的指导力度不断加大，地方知识产权工作机构建设总体上得到加强。行业知识产权管理工作取得了较大进步。知识产权社会服务体系不断健全。各类知识产权试点示范工作蓬勃开展。

知识产权保护成效显著。国务院有关部门根据各自职能分工，建立了跨部门、跨地区执法机制，联合查处侵权假冒行为；健全了知识产权海关保护的中央备案制度；全面清理整顿音像制品批发、零售、出租、放映等市场环节，打击盗版音像制品；加大了网络及信息传播领域的监管力度；加强了行政执法机关和司法机关保护知识产权的工作联系，严厉打击各类侵犯知识产权犯罪活动，加大对行政机关行政决定的司法审查力度。各级行政部门和司法机关协调运作，不断加强知识产权保护，有力地保障了市场经济秩序的稳定，营造了较好的法治环境。

全社会的知识产权意识进一步增强。我国政府高度重视知识产权的宣传普及工作。通过各种渠道，加大了各级领导和企事业单位的知识产权培训力度，广大公众的知识产权意识逐渐提高。各行业积极开展各类知识产权研讨和高峰论坛活动。从 2004 年开始，将每年 4 月 20~26 日确定为“保护知识产权宣传周”，利用报刊、电视、广播、互联网等各种媒体，通过举办研讨会、知识竞赛以及制作公益广告等多种形式，在全社会开展知识产权保护宣传教育活动，初步形成尊重劳动、尊重知识、尊重人才、尊重创造的良好社会氛围。

知识产权涉外协调取得新成绩。我国在知识产权国际规则的调整和变革中努力发挥作用，妥善应对和处理纷繁复杂的国际知识产权事务，初步建立起知识产权国际交流与合作的新格局，对外知识产权宣传工作取得初步成效。我国积极参加国际知识产权的主要公约和条约。我国与许多国家、国际组织和外商投资企业在知识产权领域广泛开展对话、交流与合作。涉外知识产权事宜的统筹协调工作得到进一步加强。

第二节　知识产权管理概述

一、知识产权管理概述

（一）知识产权管理的含义

知识产权管理是指国家有关部门为保证知识产权法律制度的贯彻实施，维护知识产权人的合法权益而进行的行政及司法活动，以及知识产权人为使其智力成果发挥最大的经济效益和社会效益而制定各项规章制度、采取相应措施和策略的经营活动。

（二）知识产权管理的层次

知识产权管理包含两个层次：一是政府宏观层次的知识产权管理，主要是指制定知识产权相关规律法规、制定相关配套政策，开展知识产权公共服务，提供信息检索、分析、交易平台等；二是企事业单位微观层次的知识产权管理，主要包括企业有关知识产权创造、申请、评价、经营、保护等方面的管理；高校、科研机构等事业单位对知识产权创造、申请、保护、产业化转化等方面的管理。

（三）知识产权管理的特点

知识产权管理具有其自身的特点：

1. 合法性

知识产权管理的合法性是指管理主体从事知识产权管理的程序和活动必须依法实施。具体包括两个方面：一是管理活动必须符合国家法律法规、地方法规和部门规章；二是管理活动必须符合组织内部的规章制度。从管理要素上看，包括五个方面：一是管理主体资格合法；二是管理对象即相关知识产权合法；三是管理行为合法；四是管理方法合法；五是管理制度合法。

2. 市场性

知识产权制度是市场经济的产物，所以知识产权管理必须遵循市场经济规则，以市场机制为导向，维护市场竞争秩序，促进知识产权经营，提升知识产权创造创新主体的市场竞争力和市场效益。

3. 国际性

知识产权制度是一种涉及双边或多变条约的国际化制度，知识产权管理不仅涉及国内法，也涉及国际公约以及相关国家的法律，知识产权交易不仅涉及国内市场，也涉及国际市场，知识产权管理的国际化趋势越来越强。

（四）知识产权管理的原则

知识产权管理应遵循以下原则：

1. 依法管理原则

依法管理原则是指知识产权管理必须依据相关法律法规和规章制度进行合法管理，包括两个方面的含义，一是知识产权管理同其他管理一样，要遵守国家的法律法规，如民法、经济法、商法、刑法等。二是要遵守知识产权本身的有关法律法规。知识产权管理和其他管理最大的区别在于管理的对象——知识产权本身涉及大量的法律法规，知识产权本身就是法律的产物，如专利法及其实施细则、著作权及其实施细则等。如果管理不当，可能会使知识产权的价值减少，甚至消失。如发明在申请专利之前的不当公开就有可能丧失新颖性而失去获得专利的资格。因此，依法管理原则对知识产权管理具有非常重要的意义。

2. 系统管理原则

系统管理原则是指对知识产权进行系统化分类、分层管理的规则。随着知识经济的发展和国家知识产权战略的设施，以及经济全球化的深化，知识产权成为国家国际竞争和企业市场竞争的核心资源，创新主体的科学技术成果知识产权化的数量会日益增加，为了提高知识产权管理的效率，对不同类型的知识产权如专利、商标、著作权、商业秘密、植物新品种、集成电路等，必须进行分类管理，同时对不同层次的知识产权如核心专利、外围专利等，必须进行分层管理。

3. 管理效益原则

管理效益原则是指知识产权管理活动必须遵循管理效益大于管理成本的原则。知识产权是一种无形资产，其收益有时可能非常丰厚，有时可能为负数。如畅销产品的核心专利技术、驰名商标，其收益即为丰厚；但是对于已过时、没有实际价值的专利技术，还要缴纳维持费就使该专利技术成为负资产。所以对于知识产权管理必须遵循管理效益原则，根据知识产权资产的特点，进行科学管理。

4. 功能促进原则

功能促进原则是指知识产权管理必须根据知识产权的功能，实施知识产权保护，促进科学技术进步和文化繁荣，促进经济和社会发展，促进企业科技创新、产业提升。

5. 遵循价值规律原则

知识产权管理要根据价值规律和市场竞争规律，制定知识产权管理制度，规范知识产权的交易，规范知识产权转让、许可、质押等交易行为，保障知识产权主体的合法权益，提高知识产权经营的经济效益。

二、企业知识产权管理概述

（一）企业知识产权管理定义

企业知识产权管理是指企业围绕知识产权所开展的规划、计划、组织、协调、控制等管理活动和管理过程。

企业知识产权管理是一项综合性、系统性的工程，它通过动态管理、法制管理、市场管理和国际化管理等方面对知识产权进行管理，从而不断强化企业的知识产权保护力度，提升企业的知识产权运营水平，达到提高企业核心竞争力的目的。

（二）企业知识产权管理的主要内容

1. 知识产权的开发管理

企业应当从鼓励发明创造的目的出发，制定相应策略，促进知识产权的开发，做好知识产权的登记统计、清资核产工作，掌握产权变动情况，对直接占有的知识产权实施直接管理，对非直接占有的知识产权实施督查。

2. 知识产权的经营使用管理

主要对知识产权的经营和使用进行规范，研究核定知识产权经营方式和管理方式，制定知识产权等。

3. 知识产权的收益管理

对知识产权使用效益情况应做好统计，合理分配。

4. 知识产权的处分管理

企业根据自身情况确定对知识产权转让、拍卖、终止。

（三）企业知识产权管理的作用

在知识经济时代，知识产权管理在现代企业经营与管理中具有十分重要的作用。企业既是知识的利用者，也是知识的创造者。知识产权管理通过对企业知识的创造、有效利用和共享，激发企业员工和企业集体的创新和应用能力，以便开发出更多的新产品、新工艺、新技术，使企业拥有更多的知识产权。对知识产权的管理，贯穿于企业的产品开发、市场营销、市场竞争的全过程，其重要作用体现在以下几个方面：

1. 提高企业知识产权的运营能力

知识产权作为一种法定权力，也是企业的重要资源，企业通过对知识产权管理，对其进行开发和运用，可以将知识产权的价值渗透到企业的生产经营中，使其产业化、商业化。其一，可以在企业生产经营过程中，将知识产权内化到企业的产品、技术和工艺过程中，提高企业产品和服务的技术含量，提高企业产品的市场竞争力，使产品和服务增值，创造出更大的产品和服务价值。其二，企业通过知识产权管理，可以通过许可、转让形成知识产权商品，获取长期交易收益，为企业开拓经营领域。

2. 促进知识产权创新

企业知识产权管理，将知识产权纳入企业创新管理体系，增强企业及其各创新主体的知识产权意识，建立知识产权激励机制、知识产权侵权预防机制，加强知识产权事务管理的协调与配合，通过及时了解国内外和本单位技术信息动态，加强企业创造研发知识共享，避免低水平重复研究，从而可以聚焦创新难点和创新重点，寻求创新突破，提高知识产权创造的数量和质量。

3. 提高知识产权保护水平

保护企业知识产权，是企业知识产权管理的重要职能。企业通过对知识产权人员和技术成果的管理，明确知识产权发明人的权利义务，明确技术成果的权利归属，可以为知识产权的使用和交易明晰主体和利益获取途径及其数量依据，建立维权和纠纷处理机制，从而提高知识产权保护水平。

（四）企业知识产权管理的特征

企业知识产权管理是企业管理体系的重要组成部分，具有以下几个特征：

1. 战略性

知识产权管理，是把知识产权作为企业重要的经济资源，从长远的战略高度来分析研究知识产权的功能和作用，并对其进行有效的计划、组织、领导和控制，以提高企业的核心竞争力，实现企业的可持续发展。

2. 法律性

企业知识产权管理是在国家知识产权法律和政策的指导下的管理活动，其具体的运作程序和活动，需要企业建立关于知识产权的各种规章制度进行规范约束和保障，做到依法管理，依规管理。我国已经颁布了《企业知识产权管理规范》，用于指导企业策划、实施、检查、改进知识产权管理体系。

3. 市场性

企业作为市场主体，知识产权管理必须面向市场，一是以提高企业市场竞争力为目标，密切注视消费者的需求变化和市场竞争环境的变化，提高企业的创新能力，积极创造开发知识产权。二是依托市场，开展知识产权交易，通过公平竞争，获取知识产权，出售知识产权，使企业知识产权增值。三是在知识产权市场交易中，保护企业知识产权，打造企业知识产权品牌。

4. 系统性

企业知识产权管理是一项系统工程，既有企业管理的一般规律特点，又有知识产权管理的独特规律。一是企业知识产权管理，要遵从知识创造的规律，保护知识创造者。二是要遵从知识运用规律，充分运用知识的渗透规律，运用知识产权提升企业知识含量和质量。三是要遵从知识交易规律，创新知识产权的定价和交易机制。四是建立企业知识产权跨越企业边界，要统筹知识产权各相关主体利益，增进知识产权协同效应和效益。

（五）企业知识产权管理主要工作内容

（1）制定、实施企业知识产权战略。

（2）管理企业知识产权资源，实现无形资产的保值增值。

（3）引进和培养专业人才，包括研发人员和知识产权管理人员。

（4）建立健全科研创新机制，激励企业创新发展。根据与专利相关的国家法律法规、政策及激励机制，在企业内部实施专利管理制度；建立健全激励约束机制、考核评价机制、资金保障体系。

（5）利用有效知识产权信息。例如，运用专利信息检索方法与策略，建设专利专题数据库和平台、进行专利战略分析、形成专利预警与决策等。又如，有效利用商标数据库中的各种信息，进行商标注册、商标维护管理。

（6）建立健全知识产权规章制度，防范知识产权法律风险，应对知识产权纠纷与诉讼。分清企业内外知识产权权属，明晰知识产权归属。

（7）开展知识产权许可与经营，实现知识产权市场价值。进行知识产权经营，包括专利商业化运作、技术评估、融资、技术交易等活动。

阅读专栏 50-2 ××公司知识产权管理办法

第一章 总 则

第一条 为了保护公司的知识产权，鼓励发明创造，根据相关法律、条例，结合本公司的实际情况，制定《知识产权管理办法》（以下简称《办法》）。

第二章 知识产权管理机构及其职责

第二条 由总经理建立管理体系，信息与情报部协助管理。

第三条 信息与情报部职责是：

1. 制订本公司知识产权工作计划、规划。

2. 负责组织本公司职工参加知识产权方面的各种培训。

3. 办理本公司的专利申请、商标注册、计算机软件著作权和论文发表等手续，管理本公司的专利、商标、著作权事宜。

4. 管理专利文献、商标文献和其他知识产权文献并协助文献检索服务。

5. 依法办理对职务发明的发明人、设计人和其他职务知识产权的创造者的奖励、支付报酬等手续。

第三章　知识产权保护范围

第四条　本《办法》所保护的知识产权包括：

1. 专利权：包括发明、实用新型、外观设计职务发明专利权。

2. 商标：指公司拥有注册的和尚未注册的产品商标。

3. 著作权（版权）：指职工在从事本职工作或领导安排的其他工作时，主要利用本公司的物质技术条件，并由本公司承担责任的包括工程设计、产品设计、图纸及其说明、计算机软件、论文、专著等。

第四章　知识产权归属

第五条　凡职务发明创造及其他职务智力劳动成果所形成的知识产权，其申请和所有权利必须是本公司。

第五章　知识产权管理

第一节　知识产权管理

第六条　本公司对外宣传（包括报纸、杂志等），参加国内外科技展览、参加国内外学术交流活动等，凡涉及本公司知识产权时，应严格按照本公司保密办法和本《办法》及有关的管理制度执行。

第七条　本公司研究、开发的职务智力劳动成果，能申请法律保护的，应及时办理申请、注册和登记。

第二节　专利管理

一、专利申请管理

第八条　本公司的各类发明创造，应严格遵照专利法及其实施细则的办法来确定专利申请权的归属，任何人不得随意变更。

第九条　公司及个人申请专利前，应当先报信息与情报部检索、备案，并由信息与情报部报公司总经理审批确定。

第十条　各部门对符合申请专利条件的发明创造应及时与信息与情报部联系，由信息与情报部负责办理专利申请。

二、技术保密、专利权的保护管理

第十一条　本公司职工对未申请专利和已申请专利但尚未公开的发明创造，均有义务对其实质内容和出处承担保密义务，不得向外泄露，更不得去报纸杂志及其他任何媒体上公开。

第十二条　本公司职工因调离、停薪留职、离休、退休时，以及外来人员在结束学习、进修和临时聘用人员离开公司前，需将全部技术资料、实验记录、材料、样品样机、产品、装备和图纸等移交所在公司，并对其技术内容、信息负有长期保密义务。

第十三条 在专利申请公布和公告前，专利工作者和联络员及有关人员对其内容负有保密责任。

三、宣传培训、专利统计及其他

第十四条 信息与情报部应积极组织职工参加专利业务培训。

第十五条 专利权被授予后，专利证书由公司保存。专利证书可以复印给发明人或设计人留存，同时记入职工技术业务考核档案，作为技术职务聘任和晋升的主要依据之一。

第三节 商标管理

第十六条 商标管理工作的范围是从制订商标工作战略规划、计划、制度、组织商标注册到商标专用权终止的全过程管理，包括商标事务咨询、商标注册、商标续展、商标纠纷调处、商标监督、商标专用权引进与转让等。

第十七条 每种新产品开发时就应考虑着手设计其适应商标，并在新产品投放市场前申请商标注册，以获得商标专用权。

第四节 著作权管理（主要是软件著作权）

第十八条 著作权的申请及论文的发表应当先报信息与情报部备案，并由信息与情报部报公司总经理审批确定，由信息与情报部负责办理相关事项。

第十九条 职务作品自完成后自然取得著作权，职务作品的著作权属于企业所有。创作人员享有署名权，著作权的其他权利由公司享有。

第二十条 本公司职工因调离、停薪留职、离休、退休时，以及外来人员在结束学习、进修和临时聘用人员离开公司前，应将其从事、参与职务作品创作活动的相关资料交给企业，并承担保密义务。未经公司许可，不得擅自对外披露职务创作中的相关信息，也不得以自己名义发表文章。

第六章 奖励与惩罚

第一节 专利（申请）的奖惩

第二十一条 专利申请授权后其一次性奖励金额为：发明不少于2000元，实用新型和不少于1000元，外观设计专利的奖金不少于500元。

第二十二条 在每年的4月底前，信息与情报部根据上年统计数据和财务部对奖励的计算结果，奖金按贡献大小分配给在职的发明人或设计人，报总经理批准后进行奖金的发放。

第二节 商标和著作权的奖惩

第二十三条 本公司职工设计的商标被本公司选用后将给予一次性奖励（200元）。

第二十四条　员工发表论文非 SCI 国内期刊：200 元/篇；SCI 期刊 IF<1.0：1000 元/篇，IF≥1.0：IF×1000 元/篇；论文、专著奖励仅限第一或通讯作者。

第三节　费　用

第二十五条　本公司的职务发明专利申请费、维持费、审查费、复审费、无效宣告费、代理服务费、检索费、权利恢复费、年费、著录项目变更费、商标注册、续展、著作权登记费及专利基金和各种奖励、宣传培训费用等从技术开发经费中列支，并计入生产成本。

第七章　附则

第二十六条　本《办法》由公司总经理负责解释。

第二十七条　本《办法》自公布之日起执行。

资料来源：公司知识产权管理办法［EB/OL］. 百度文库，https：//wenku. baidu. com.

第三节　企业知识产权战略管理

一、企业知识产权战略的制定

（一）确定企业知识产权战略体系结构

企业知识产权战略具有一定的体系结构，包括有关企业知识产权战略思想、战略目标、战略重点、战略原则、战略实施策略的环境和支撑条件等内容。

（1）企业知识产权战略思想是企业制定和实施知识产权战略的指导方针和理念，是企业知识产权战略的灵魂。企业知识产权战略思想要在深刻学习和理解知识产权对企业经营管理和可持续发展作用的基础上，结合企业长期生产经营管理实践，分析国内外企业经营发展趋势，进行综合分析和高度提炼而形成，并为企业决策者、管理者和全体员工所认同。

（2）企业知识产权战略目标是企业知识产权在未来一定时期所要达成的一定数量和质量指标的描述，是企业知识产权战略的核心。企业要根据自身情况确定与其经营发展相适应的知识产权战略目标，作为企业知识产权实施能力的方向并展现未来远景，并为企业实施知识产权战略措施和重点工作提供依据。

（3）企业知识产权战略重点是实现企业战略目标所必须采取的主要的关键措施、手段。企业知识产权战略重点，往往是那些优势提升和卡脖子弱项突破的关键事项和项目，需要在调查研究、文献检索、科学论证基础上，确定企业知识产权战略重点。

（4）企业知识产权战略原则是企业确定企业知识产权措施，实现企业知识产权目标所确立并比应当遵守的若干准则。一般情况下，包括一些面对面对矛盾、冲突时，要遵循的取舍原则、平衡原则、顺序原则等。具体包括法律原则、优势原则和利益原则。企业知识产权战略原则，要遵循围绕形成企业竞争优势知识产权原则，在有关投入产出、激励约束等方面确立一些原则。

（5）企业知识产权战略实施策略是企业知识产权战略在不同战略阶段和时间内是实现特定的知识产权目标而采取的技巧、方法、步骤等，是保障企业知识产权目标实现的策略，要具有预见性、针对性和灵活性，可随着战略的推进进行调整变革。

（二）选择企业知识产权战略类型

根据企业知识战略管理对象，可以划分为专利战略、商标战略、商业秘密战略等类型。

1. 企业专利战略

（1）企业专利战略含义。企业专利战略是指企业为获得和保持竞争优势，主动利用专利制度提供的法律保护及其各种便利条件有效地保护自己，并充分利用专利情报信息，研究分析竞争对手状况，推进专利技术研究、控制独占市场，从而指导企业在科技领域、经济领域的竞争，获得最大利益的总体性谋划。

专利作为知识产权的重要组成部分，在企业的发展中起着至关重要的作用，建立和健全专利战略，是企业在国内外市场竞争中提升核心竞争力的必要手段。企业应以国家颁布的《专利法》和《世界知识产权组织公约》《保护工业产权巴黎公约》《专利合作条约》等为依据，制定专利战略方案，制订本企业专利工作计划，把握国情，掌握规则，规避风险，掌握专利保护这个防身之术和制胜之道。

（2）专利战略的作用。

1）有利于企业在激烈的市场竞争中求生存、求发展。市场经济的本质是一种竞争型经济，企业作为自主经营、自负盈亏的独立的经济实体，不容置疑地充当了市场竞争的主角。企业间的市场竞争表现为产品竞争，产品竞争的背后实质上是技术的竞争，技术竞争就是抢先创新并取得新技术所有权的竞争，即取得专利权的竞争。

2）推进技术创新。专利战略推进技术创新，主要体现在以下几个方面：①充当技术创新的源泉。专利战略作为一个动态的战略过程，其第一步是激励发明创造战略。先有发明，后有创新，发明是创新的重要源泉。激励发明创造战略，可以使技术创新的源泉永不枯竭。②激励企业技术创新的积极性，保护企业技术创新的成果不被假冒伪劣所侵害。③加强技术创新的环境建设，专利战略要求政府鼓励企业增加科技投入、开发新产品；要求政府制定有关技术引进以及高新技术产业的税收、金融、关税等优惠政策，同时进一步加强宣传，培养创造意识，建立综合性全方位的服务机构，利用现代化手段建立信息网络，提供重要的市场信息、技术信息等。这些都大大推动了技术创新环境的建设。

3）有利于增强国际竞争能力。企业要具备国际竞争力，必须生产出具有自主知识产权、高科技附加值的产品。企业可以利用专利战略，维护其竞争优势，打造国际竞争力。

（3）企业专利战略类型。企业专利战略可以划分为三种类型，即专利独占战略、专利纵向联合战略和专利横向合作战略。

1）专利独占战略。专利独占战略是专利独占、垄断，经营强排他性，即企业享有某项专利的独占权，对于任何其他企业或组织都不授予许可使用权，谋求企业独家利益的战略。这种战略的运用多见于技术力量强大的跨国公司。

2）专利纵向联合战略。专利纵向联合战略是指企业通过联合供应商或销售商获取相关专利，包括专利购买、引进战略和专利投资、协作战略。①专利购买、引进战略，是指企业不通过自身开发，而是通过市场购买或引进的方式获得专利技术的战略。该战略可以节约自身的研发资源，提高研发效率，以较短的时间周期扩大技术优势。但此战略需要企业付出较大的成本，包括企业需要进行专利价值评估，看是否能够为企业带来预期的受益，同时企业需要有足够的技术力量和资源对专利进行消化、利用，实现获取专利的目标。②专利投资、协作战略，是以专利技术入股或与其他企业或者组织合作使用专利。可以采用设立合资公司或合营公司的方式，掌握该公司支配权，扩大企业影响力，也可以以生产合作的形式，避免专利纠纷，实现共赢。

3）专利横向合作战略。专利横向合作战略是指企业与同行业、同类型企业或产品关联性较强的企业之间进行的相关专利合作的一种战略，主要包括专利普通许可和交叉许可。①专利普通许可，也称非独占性许可，是指在不影响企业自身市场竞争的情况下，许可其他企业或组织使用本企业专利，收取一定使用费用的战略。这是最常见的专利许可方式，即许可人在允许被许可人使用专利的同时，本人仍保留着在该地域使用其专利的权利，同时也可以将使用权授予被许可人以外的第三人。②专利交叉许可，也称互惠许可、互换许可，是指双方当事人以价值大体相当的专利进行互换许可，允许对方实施相关专利。交叉许可多发生于同行、同类或产品关联性较大的企业或组织之间，各相关企业或组织之间以及各项技术之间紧密联系，企业之间通过交叉许可可以共享知识产权，获得双赢效果。

2. 企业商标战略

（1）企业商标战略的含义。

企业商标战略是指企业运用商标制度，创立并保持驰名商标，将商标工作及商标手段运用于企业的经营活动之中，塑造企业优良形象，形成产品或服务市场竞争优势的总体谋划。

商标是识别商品和服务的标志，是企业经营者独特个性、文化品位、商业信誉等因素的综合载体，是为经营者创造财富的无形资产，是关系到企业生产经营和持续发展的重要的知识产权。

企业的商标战略将企业的商标权作为企业的资源进行优化配置，是建立在法律、经济和管理基础上的一项系统工程。

（2）企业商标战略的作用。

1）商标战略是提高企业市场竞争力的重要手段之一。以商标为载体的商标战略是指企业在进行生产经营活动期间，把商标工作和商标手段运用其中，从而推动和促进企业整体的经营发展。因此商标战略是企业整个经营战略的重要构成部分，影响企业的整个经营活动以及各个部门，商标战略的实施效果甚至影响企业的未来发展走向，商标战略在整个企业经营战略中起到了非常深远的作用。

2）商标战略能有效地利用其自身的功能和其挖掘市场的作用，促进企业的整体发展。带有该商标的产品的市场份额提高会提高商标知名度，商标知名度的提高反过来促进其市场份额的扩大。知名商标比一般商标更能为企业带来较高的信誉与美誉度，创造更可观的利润。换句话说，商标战略实施成功与否直接影响到企业是否能得到高于同行业其他企业的利润。企业实施商标战略的终极目标就是培育并持续地拥有驰名商标，使企业在同行业中始终保持优势，获得长久发展。

3）企业实施商标战略有助于产品或服务声誉度的形成，从而逐渐增加其附加值，同时将产品或服务的质量优势转变成市场优势，增强挖掘并巩固市场的优势作用。

（3）企业商标战略的主要内容。企业商标战略包括从商标设计研发、质量把关、扩大宣传、管理保护等方面的内容。

1）商标设计战略。商标设计战略是商标战略的起点，经过专业团队的设计，打造出容易被社会认知接受、易于获得更高市场份额的商标，从而通过该商标将本企业的文化、产品所具有的独特品质传递给消费者，在根本上提升产品竞争力和市场占有率。无论是名称的选择、图形的设计还是组合搭配的寓意都要富有艺术性和形象感，让消费者记忆深刻，最好具有本土文化色彩，更接地气。当然，商标的设计要合法，不能违反与官方标志相同或者夸大宣传带有欺骗性等禁用条款。

2）商标质量战略。商标质量战略是商标战略的核心和灵魂，在市场经济的今天，一些知名企业通过一系列的营销手段使自己的品牌能够在激烈的市场竞争中占有一席之地，对于消费者而言，得到的最终利益就是产品质量的提高和产品价格的下降。产品质量的好坏直接关系到商标质量的高低，包括产品质量的目标、质量的标准、质量的提升与创新、质量的管理等方面。例如，我国的奶产品销售中，蒙牛、伊利以其高质量的品质，做到了销售量占全国奶制品销售总量一半以上。成功的商标质量战略是保持商标经久不衰的主动力。

3）商标宣传战略。商标宣传战略是商标战略必不可缺的手段，是商标质量战略的催化剂，是提高消费者认知度的关键武器。商标宣传的主要方式是广告宣传，利用报纸、杂志、电视、广播、传单、户外广告、AM手册等媒介，影响市场与顾客，实事求是地宣传自己的产品品牌和企业品牌。只有让更多的人了解企业商标，才能带来更多的商机与挑战。

4）商标保护战略。商标保护战略是商标战略的基础，随着我国企业商标保护法律意识的不断增强，商标抢注以及商标侵权现象已经逐步改善，但仍然存在商标的资源流失。商标注册时采取防御注册措施，需要考虑多样化、多类别注册，同时进行跨域注册，例如马德里协定注册，多角度全方位进行商标保护，打击侵权行为，保护企业的合法商标权益。

5）商标管理战略。商标管理战略渗透于商标战略的每一个环节，贯穿商标注册、使用和保护的全过程，是商标战略的润滑剂，协调各部分相互配合，包括商标信息管理、商标流程管理和商标危机管理。

6）商标质押贷款战略。商标作为企业的无形资产，其作用已越来越为广大企业及社会各界所重视，虽然尚达不到不动产抵押的普遍程度，但企业利用商标进行质押不失为一种新型融资手段。商标的价值不可小觑，尤其是具有全球影响力的驰名商标更是价值不菲，美国的可口可乐商标价值近700亿美元，微软商标价值640亿美元，可见商标品牌的潜在价值。商标质押贷款战略的实施需要结合《公司法》、《担保法》以及地方保护知识产权相关政策。

3. 企业商业秘密战略

（1）企业商业秘密战略的含义。企业商业秘密战略是企业利用技术信息、经营信息和管理信息特征，通过制定管理制度，设置管理机构，配备专业人员，对企业商业秘密的形成、保护、运营各环节进行系统规划、协调、实施、监督、奖励等一系列安排与谋划。

商业秘密是企业知识产权的一种特殊形式，包括企业的关键性技术信息和经营信息，具有秘密性、高价值、高使用性等特点。企业商业秘密战略是围绕商业秘密的价值实现过程展开的，具体来说，包括商业秘密的开发获取战略、保护战略以及高效运营战略。

（2）企业商业秘密战略的主要内容。

1）企业商业秘密开发战略。企业商业秘密开发可分为初级和高阶两个阶段。

①初级阶段商业秘密自身研发策略。在这个阶段，企业商业秘密开发战略侧重于技术信息的自身研发，企业要通过提高自主创新意识，培养商业秘密开发获取能力，

同时要完善企业自主创新制度，实现研发过程与企业知识产权战略高度融合，通过持续的技术创新，对具有高度创新性的技术成果以商业秘密的形式进行保护。企业要搭建多元的商业秘密获取渠道，企业在依赖自身研发的同时，通过许可、转让以及参与知识产权联盟的方式获取他人的商业秘密。企业应当建立商业秘密获取、分析和运用的系统制度和渠道，通过系统分析、综合比较，掌握核心技术动态、行业动态和市场走向，跟踪预测国外相关企业专利申请动态，提高研发效率。

企业要综合权衡商业秘密与专利保护，确定科学的技术保护方案，对于企业创新成果，是以商业秘密形式还是以专利的形式进行保护，应当进行仔细考量。对于那些创新性很强，竞争对手短时间还无法达到的技术，企业应采取保密的方式来进行保护，防止竞争对手通过反向工程突破核心技术。同时跟踪竞争对手的研发动态，待竞争对手通过研发快要突破核心技术时，再将该商业秘密所涉技术申请专利，从而有效打击竞争对手。对于那些创新程度不高的技术，企业应及时申请专利，给竞争对手研发设置障碍，拖延竞争对手研发进程。

②高级阶段商业秘密主动获取策略。第一，设置专门机构负责商业秘密和竞争情报收集。企业要通过设置特有的竞争情报系统，成立企业的竞争情报职能部门，专门负责企业的竞争情报的收集、整理与管理工作，做好企业竞争情报的收集、分析与服务等专业工作。

第二，配备商业秘密专业人才。加大资金投入支持。分析商业秘密和收集竞争情报是一项专业性很强的工作，对复合型人才和丰富经验的要求极高，企业要积极引进和培养高端知识产权人才。另外，知识产权管理具有效益后置性特点，需要企业前期持续投入资金给予支持。

第三，开发商业秘密获取方法和渠道。企业要以多种方式开发商业秘密获取方法和渠道，主要有：通过查询工商局年检资料获取；从竞争对手放弃的资料获取；从未与权利人签订保密协议或不负有保密责任的第三方获取；通过新闻发布会获得；通过新技术成果鉴定会获得；从竞争对手招聘广告、产品宣传广告中获得；通过实地参观考察获得；从企业案例研讨会获得；通过互联网获得；通过对专利文献的整理获得；通过法律诉讼和听证会获得；从权利人自动释放出的商业秘密中获取；通过反向工程获得；购买对手的工业垃圾等获得；等等。

2）商业秘密保护战略。

①培养商业秘密保护意识，加强保护商业秘密的宣传和培训。要有针对性地分层次进行商业秘密保护意识培养，对于一般的员工进行商业秘密保护意识的普及培训，了解商业秘密对企业的价值以及属于商业秘密的信息范围，对涉密事项进行保密。对于企业领导层，需要进行高强度的保密意识培训，培养其商业秘密战略意识。培训的

内容应涉及商业秘密密级管理、保密条款和保密合同、风险管理、保护措施等。对商业秘密管理的专门人才，应开展更加专业化的培训，培训的内容应当涉及商业秘密的管理制度设计、情报分析、成果保护策略等。要加强商业秘密保护意识考核，除开展保密意识培训外，还需要将商业秘密保护意识作为员工年度考核的指标。对于商业秘密保护意识差、工作中有泄露行为的员工，要给予相应的处罚；对于为维护企业商业秘密、优化企业商业秘密管理制度作出贡献的员工给予一定的奖励。

②建立商业秘密积极控制体系。企业要构建商业秘密、商标与专利联合的多层防护网。商业秘密的保护应与商标、专利紧密配合形成有机的合力，搭建多层防护网。具体来说，对于一项技术，核心部分采取商业秘密的形式进行保护，而外围技术则申请系列专利，形成对核心商业秘密的专利防护网；同时在该项技术产品上印上企业的商标。这样，一旦他人侵犯权利人商业秘密，则同时侵犯权利人专利、商标等权利，从而增大侵权成本，进而使侵权人知难而退。

③提高待遇和发展机会，留住关键人才。商业秘密很大一部分是通过员工跳槽或者违背竞业禁止的规定而被侵犯的，留住企业人才是防止商业秘密泄露的最佳手段。与其通过签订竞业禁止协议或者其他途径防止商业秘密的泄露，不如通过改善员工的待遇、为员工提供充分展示自己才能的机会，用优秀的企业文化感染企业员工，使员工的利益与企业利益息息相关，激发员工发挥自己才华的积极性，留住企业人才的同时更保护了企业商业秘密。

④从细节着手完善企业商业秘密管理制度。商业秘密的保护，需要企业建立一套严密的保护制度。通过这些制度，对各项细节进行管理，对可能泄露的途径设置门禁制度，具体包括：与员工及合作对象签订保密协议；与企业重要岗位员工签订竞业禁止协议；对企业网络系统进行加密处理；对企业技术秘密文件等商业秘密文件进行科学规范的管理，按照商业秘密的重要程度进行分区、分段、分级管理；严格限制商业秘密的知悉范围，缩小商业秘密的泄密缺口；在接待外来参观、媒体宣传等公关活动中，进行严格的商业秘密安全性审查。

⑤有效应对商业秘密泄露策略。第一，确认侵权、侵权评估与调查取证。当发生商业秘密泄露事件后，知识产权管理专员应迅速展开调查核实工作。对于企业商业秘密确实泄露的，应确定侵权行为和侵权行为人，迅速采取紧急措施防止商业秘密被进一步泄露，组织专业人员对商业秘密侵权行为给企业带来的损失进行初步评估，并对侵权行为进行初步的调查取证，为后续开展维权行动做好准备。

第二，启动商业秘密危机保护应急预案。在做好确认侵权、侵权评估、调查取证和汇报后，企业应当迅速启动应对商业秘密侵权的应急预案。企业应当按照应急预案的要求，成立危机应急小组，确定应急企业发展小组的职能以及开展应急工作的方案等。启动应急预案后，应急小组积极与律师联系，开展专业的证据收集和损害评估。对于损害不大的商业秘密侵权事件，应急小组应及时向侵权行为人发出侵权警告律师函，要求停止侵权并请求赔偿。对于严重侵害企业商业秘密触犯刑法的，应及时向公安机关报案。

第三，采取有效的维权措施打击侵权行为。面对商业秘密侵权行为，权利人通常可以通过以下方式维护自身权利：一是工商行政机关救济。工商行政机关负有打击不正当竞争行为的义务，同时，与知识产权的司法保护相比，行政保护在保护速度、专业技能、保护成本与程序等方面具有独特优势。二是司法机关司法保护。诉讼对当事人在时间、财力、物力方面的要求较高，企业准备采取司法保护途径维权前，应做好充分的考虑和准备。三是仲裁解决。如果侵权方与受害方定有仲裁协议，受害人也可通过仲裁的途径保护自己权利。四是协商、调解解决。在企业商业秘密遭受侵害后，可通过协商谈判的方式来处理，通过请求侵权赔偿金、商业秘密授权使用、商业秘密转让等方式，将商业秘密侵权造成的损失降到最低。

3）企业商业秘密运营战略。

①企业商业秘密价值运营策略。商业秘密的运营应当遵循与企业专利、商标品牌运营联合实施的原则，形成企业专利战略为商业秘密运营战略提供支撑，商标品牌与商业秘密联合互动的良性循环。企业商业秘密价值运营的模式主要有以下几种：一是商业化实施，即将企业商业秘密技术信息、经营信息和管理信息运用于自身的生产、经营和管理活动中，实现商业秘密价值。二是转让许可，即将商业秘密通过转让或者许可他人使用，获取转让费和许可使用费，从而实现商业秘密的价值。三是抵押，即将商业秘密作为资产进行抵押，获取金融机构贷款，实现商业秘密的融资价值。四是入股，即将商业秘密作为知识产权进行价值评估后，作为资产进行投资，获取股权，实现商业秘密的投资价值。

②企业商业秘密运营风险管理策略。企业商业秘密的运营应做好商业秘密泄露风险分析，防止商业秘密在实施过程中被泄露。企业商业秘密运营风险管理应从以下方面进行：科学选择实施的商业秘密。企业对实施何种商业秘密应进行充分的论证评估。对于非核心的，相互之间依赖性不强的商业秘密可以进行许可或者转让；对于涉及核心技术的商业秘密，应尽可能自己转化实施。谨慎选择合作对象。

（三）企业知识产权战略制定的步骤

企业知识产权战略属于企业职能层战略，制定企业知识产权战略，要根据企业战略，通过以下步骤来制定：

1. 分析企业的知识产权战略状态

主要是分析企业战略是否包含知识产权战略，如果有，知识产权战略在整体战略中处于何种地位？企业的各部门是否了解企业的知识产权战略？是否在执行？如果没有，就要根据企业实际情况制定企业知识产权战略。

2. 系统梳理企业现有知识产权状况

主要是对企业现有知识产权进行系统回顾与盘点，包括已经注册或登记的专利、商标、著作权，以及没有注册的商业秘密、商业方法、商誉、客户名单和其他有价值的知识资产。对这些企业拥有的知识资产进行价值评估，检查这些知识资产是否与现阶段和未来的整体发展方向相融合，应如何进行调整和管理。分析可能存在的风险，包括技术更新、市场竞争、泄密流失等。

3. 制订企业知识产权战略管理计划

这就是要在前面工作的基础上制订企业知识产权战略管理计划。

（1）规定企业知识产权管理任务。企业的知识产权任务主要是规定企业知识产权活动内容为谁服务，并向企业相关部门及工作人员通报本企业的知识产权任务，要求企业员工了解相关任务，并配合知识产权部门的工作。

（2）确定企业知识产权目标。企业的知识产权任务必须转化为各个管理层次的具体目标，如专利的数量和质量，专利驱动的利润额、商誉评价、产品创新等。企业的知识产权目标要具有层次化、数量化、现实性和协调一致性等条件。

（3）安排知识产权项目组合。企业明确了知识产权任务、目标后，要进一步检查目前知识产权的具体项目并确定项目的具体内容，即要确定建立、维持、收缩和淘汰哪些知识产权项目。

（4）制订新增知识产权计划。将企业现有知识产权项目组合计划汇总，分析这些知识产权价值区间，发现价值下降甚至消失淘汰的知识产权，制订新增知识产权计划。企业可以通过三种途径制订新增计划：一是在企业现有知识产权领域内寻找未来发展的机会；二是建立或收购与目前企业知识产权相关的新知识产权；三是进行与目前业务无关但富有吸引力的知识产权的研发、收购、购买等，实现多样化增长。

二、企业知识产权战略的实施

企业知识产权战略的实施是企业知识产权管理过程的行动阶段，可以分为四个子阶段。

（一）制订企业知识产权战略实施计划

企业知识产权战略实施计划，既包括企业知识产权战略，又包括知识产权落实实施措施行动。要将战略任务和目标按战略实施阶段进行分解，细化成每个分阶段的任务和目标指标，有针对性地提出完成任务和目标指标的方针和具体措施，特别要注意各个分阶段的衔接和协调与平衡，落实承担具体实施计划的部门和个人，在企业内部划分清楚主承担部门和个人、配合部门和个人，在企业外部确定组织协作和市场交易方式，最大限度地做到事项明确、任务明确、目标指标明确，做到可执行、可操作。

（二）学习、传达和培训

这一阶段，主要是学习培训企业知识产权管理战略，让企业各层级管理人员和员工了解并掌握企业知识产权管理的思想观念，认识到企业实施知识产权战略的必要性，特别是让执行知识产权战略的部门和个人了解其任务和目标，掌握知识产权战略实施的工具方法，调动其落实执行知识产权战略的积极性和主动性，为企业知识产权战略的实施营造良好的环境氛围。

（三）战略运作

在企业知识产权战略运作阶段，可以从观念、组织机构、文化、资源结构与分配、信息沟通、控制与激励六个方面进行运作。在观念方面，各级领导人员必须带头树立知识产权价值观念，并引领经营管理人员乃至全体员工树立相应的价值观。在组织机构方面，要设立或确定企业的知识产权实施机构。在文化方面，要营造有利于知识产权运营和管理实施的企业文化氛围。在资源结构和分配方面，要做到合理配置相关资源。在信息沟通方面，要保障有关信息的畅通。在控制与激励方面，要建立和完善有关制度，完善控制程序，做到激励有效。

（四）战略评估与控制

在企业知识产权战略实施过程中，要建立战略实施推进的评估机制，对实施成效和结果进行评估，根据评估结果，对实施过程进行反馈、控制、纠偏与校正，以保障战略实施得以有效有序推进，实现预期的效果和目标。

案例 50-1　华为的知识产权策略

华为是中国领先的科技企业之一，其知识产权策略备受关注。华为一直致力于研发新技术和产品，并在全球范围内申请并拥有了大量的专利。华为的知识产权策略主要包括以下几个方面：

（1）加强专利申请和授权。华为积极申请和授权专利，以确保其在技术领域的竞争力和市场优势。截至 2021 年，华为已申请了超过 100000 项专利，其中包括 5G、人工智能、云计算等前沿领域的专利。

（2）建立专利池。华为在全球建立了大量的专利池，并与其他公司签署了交叉授权协议，以确保其技术的广泛应用。华为的专利池不仅涵盖了自己申请的专利，还包括通过收购和合作获得的专利。

（3）打击侵权行为。华为一直致力于打击侵权行为，积极维护自己的知识产权。

华为在全球范围内采取法律手段打击侵权行为，并与其他公司合作共同打击侵权行为，保护自己的利益。

（4）开放创新。华为积极推动开放创新，与其他公司共享技术和知识产权，促进行业的发展和进步。华为还通过开放源代码项目和技术论坛等方式，促进技术创新和知识产权的共享。

总之，华为的知识产权策略旨在保护自己的知识产权，同时促进技术创新和产业发展。通过加强专利申请和授权、建立专利池、打击侵权行为和开放创新等措施，华为不断提升自己的竞争力和市场地位，为全球用户提供更加优质的产品和服务。

资料来源：王黎萤，刘云、肖延高．知识产权管理［M］．北京：清华大学出版社，2020.

阅读专栏 50-3　国家知识产权战略

2008 年 6 月 5 日，国务院印发了《国家知识产权战略纲要》（以下简称纲要），这标志着中国知识产权战略正式启动实施，正式将其与科教兴国、人才强国并列为国家层面的三大战略。纲要分为序言、指导思想和战略目标、战略重点、专项任务、战略措施五个部分，共 65 条。

纲要提出了近五年的阶段目标及到 2020 年把我国建设成为知识产权创造、运用、保护和管理水平较高国家的战略目标。

纲要确定了“激励创造、有效运用、依法保护、科学管理”的十六字指导方针。

纲要着力完善知识产权制度，积极营造良好的知识产权法治环境、市场环境、文化环境，大幅度提升我国知识产权创造、运用、保护和管理能力，为建设创新型国家和全面建设小康社会提供强有力支撑的指导思想。

纲要提出了完善知识产权制度、促进知识产权创造和运用、加强知识产权保护、防止知识产权滥用、培育尊重知识、崇尚创新、诚信守法的知识产权文化的战略重点。

纲要明确了专利、商标、版权、商业秘密、植物新品种、特定领域知识产权、国防知识产权等专项任务，并提出了提升知识产权创造能力、鼓励知识产权转化运用、加快知识产权法治建设、提高知识产权执法水平、加强知识产权行政管理、发展知识产权中介服务、加强知识产权人才队伍建设、推进知识产权文化建设、扩大知识产权对外交流合作等九项战略措施。

纲要提出了国家知识产权发展战略措施：

1. 制定并积极实施国家知识产权战略

国家知识产权战略是我国社会和经济发展整体战略的一个重要部分，要在制定国家知识产权战略顺利启动的基础上，进一步全面理解制定国家知识产权战略的重要性，加强部门协调，充分发挥社会各界的积极性，开阔眼界、拓宽思路、集思广益、博采众长，认真进行专题研究，按计划完成国家知识产权战略纲要制定工作。

2. 进一步加强知识产权法律法规和政策体系建设

知识产权法律法规的制定和修订要以鼓励自主创新、优化创新环境、建立和维护良好的贸易投资环境和公平竞争环境为宗旨，进一步形成既与国际接轨又符合我国国情的知识产权法律法规体系。抓紧修订《专利法》《商标法》《著作权法》以及《专利法实施细则》《商标法实施条例》《著作权实施条例》；抓紧制定职务发明条例、民间文学艺术作品著作权保护办法、广播电视播放作品付酬办法、植物新品种保护法；抓紧研究促进形成地理标志、保护遗传资源、传统知识的立法，抓紧研究制定国家知识产权基本法的问题。

3. 强化知识产权执法力度，提高保护水平

知识产权保护工作涉及多个行政部门和司法机关，要继续推行行政和司法“两条途径、并行运作”的知识产权保护模式，加强领导、明确责任、协同配合。加大知识产权保护力度，健全知识产权保护体系，优化创新环境。进一步整顿和规范市场秩序，坚决打击制假售假、商业欺诈、盗版和假冒专利等知识产权侵权的违法行为。进一步完善行政执法程序，依法公正、高效地调处知识产权纠纷。

4. 进一步加强知识产权宏观管理

不断理顺知识产权管理体制，优化管理机制，改善管理方法，提高管理效能。知识产权宏观管理工作要充分发挥中央和地方两个积极性，形成优势互补、协调有序的管理格局。进一步加强政府知识产权职能部门之间的协调，实行信息共享，形成合力，提高知识产权宏观管理的整体水平。加强对涉及知识产权管理方面的重大问题、热点问题进行跟踪研究。加强对主要贸易伙伴国家的知识产权法律法规研究，深入研究标准中的知识产权问题，及时提出我国对外贸易中可能出现的知识产权纠纷的对策或预案，做到既保护本国知识产权，又避免侵犯他人知识产权。

5. 加强企业知识产权工作，促进形成一批拥有自主知识产权和知名品牌、国际竞争力较强的优势企业

形成一批拥有自主知识产权和知名品牌、国际竞争力较强的优势企业，更是知识产权事业发展的重要任务。积极培育企业创新能力，支持企事业单位及时将科研成果、核心技术和名优产品申请知识产权保护，大幅提升企事业单位掌握和运用知识产权制度的能力和水平。实施知名商标战略，鼓励开发具有自主知识产权的专利和商标。支持拥有知名商标产品、先进技术、竞争力强的大企业和企业集团发展成为具有国际竞争力的跨国公司。抓紧制定和完善促进具有自主知识产权的技术产业化的扶持政策，

鼓励知识产权转移与实施。

6. 加强知识产权审批综合能力建设，提高知识产权审批速度和质量

进一步加强知识产权审批能力建设，加快审批速度，提高审批质量，是知识产权部门十分重要的基础性工作。在不断提高知识产权审批业务管理水平、优化审批流程的基础上，建立和完善既适应我国国情、又与国际规则接轨的知识产权审查标准。继续采取综合措施，提高知识产权审批业务能力，加强与审批业务相关的基础设施建设，提高知识产权审批信息化水平，提升社会对知识产权审批工作的满意度。加强我国知识产权审批工作与社会经济发展之间关系的研究，切实做到知识产权审批工作为实施国家知识产权战略服务。

7. 加强知识产权宣传与培训，提高全社会知识产权意识

知识产权宣传和培训工作要围绕实施国家知识产权战略这一中心任务，根据知识产权工作发展的国内和国际态势，充分利用国内外各种宣传培训资源，提高我国社会各界的知识产权意识，特别是加大对外宣传力度，加深世界各国对我国保护知识产权的了解。宣传工作的重点是要把握两个方向，既要有利于充分发挥知识产权制度的作用，促进创新意识和创新能力的提高，又要有利于营造良好的知识产权保护环境，为我国进一步扩大对外开放、实现跨越式发展提供有力保障。

8. 加强知识产权信息化建设，提高信息公共服务水平

信息化建设要服务于实施国家知识产权战略，满足社会公众和知识产权工作的信息检索需求，重点建设好电子化知识产权审批系统，包括电子申请、审查、公布公告等系统。充分利用国内外两种信息技术资源，特别是借鉴世界先进国家和组织在知识产权信息化建设工作中的经验，提升我国知识产权信息化建设水平。

9. 推进知识产权中介服务机构建设

不断培育和鼓励知识产权中介服务机构的发展，加强对知识产权中介服务从业人员的执业培训，尽快培养一批不仅能够熟练掌握国内知识产权法律法规和相关业务，而且熟悉相关国际规则和主要贸易伙伴国知识产权法律与实务技能的高水平知识产权代理人和律师。支持和鼓励从事知识产权信息服务、知识产权战略研究、知识产权资产评估和许可转让业务的各类中介服务机构的发展。充分发挥各类知识产权中介服务组织的桥梁和纽带作用，发挥中介服务组织在知识产权宣传培训、交流合作、行业自律等方面的积极作用。

10. 进一步加强知识产权涉外工作，开拓知识产权对外合作新局面

加强国际合作的基础性工作，注重收集、整理和研究国际知识产权发展动向和主要国家的有关信息，提高制定应对预案的水平，提升应对突发事件的能力，为我国知识产权管理工作服务。加强政府主管部门之间的沟通和合作，密切与我驻外使团联系，

认真做好知识产权涉外工作。加强政府主管部门与国内企业之间的沟通与合作，建立和完善企业知识产权涉外纠纷的解决机制。继续加强与世界知识产权组织、国际植物新品种保护联盟、世界贸易组织等国际组织的联系，积极参与国际规则的制定和修订，扩大我国在国际知识产权合作中的影响。保持和发展我国与世界主要国家、广大发展中国家双边或多边之间的合作，不断增强国际合作的广度和深度，营造良好的国际发展环境。

第四节　企业知识产权运营管理

一、企业知识产权运营管理概述

（一）企业知识产权运营的定义

企业知识产权运营是指企业在知识产权创造、知识产权保护和知识产权运用中实现知识产权价值创造、价值转型和价值实现，追求知识产权价值最大化，提高企业经济效益的过程。知识产权运营是在当代知识产权制度环境下，随着知识产权作为企业资源重要性的提升而提出的企业经营新课题。

企业知识产权运营是一个系统工程。企业知识产权是企业生产经营活动中实施创新的结果，形成了企业的专利、商标、著作权、商业秘密等，知识产权法律赋予了企业对这些创造性发明的垄断权利，形成了“垄断性”的经营权，即知识产权，构成了企业资产的重要组成部分和资产的新形态，与其他的有形资产一样，都需要通过恰当运营的方式促进资产盘活，为企业经济效益的提升创造良好条件。知识产权运营不但开辟了企业现代经营的新领域，也促进企业提升了现代经营的新境界。

（二）企业知识产权运营管理的功能

企业知识产权运营反映了企业拥有的知识产权资产与实现企业价值的内在关联性。知识产权具有“潜藏价值”，企业可以从知识产权资产中获取价值，挖掘知识产权资产与企业增值的内在能量。企业从卖劳力，再到卖产品、卖服务，发展到卖专利、卖知识产权，演绎出现代企业商业竞争的新武器。

企业知识产权运营的核心是运用知识产权制度的功能和特点与企业生产经营紧密结合，促进企业知识产权的利用、知识产权产品化、市场化和商业化、知识产权投资和预防以及控制知识产权流失，整合企业各种资源，及时有效地将知识产权转化为技术产品，利用知识产权，为企业创造更多的财富和价值，提高企业经济效益。

企业是技术创新的主体，从而决定了企业是知识产权保护和经营的主体。在以知识经济和信息网络发展为主题的时代，技术标准正逐渐成为经济全球化竞争的重要手段，技术创新创造技术标准，企业通过“技术专利化—专利标准化—标准垄断化”的知识产权运营，推进知识产权贸易，通过知识产权购买、许可、转让等多种经营形式获取整合知识产权优势，利用知识产权的垄断性和技术的标准化最终实现在技术和产品上的竞争优势，实现企业在国际竞争市场上的优势地位。

（三）企业知识产权运营管理的目标

企业知识产权运营管理目标是知识产权管理的地位问题，是由企业发展战略和盈利模式决定的。知识产权运营的目标可以分为以下几个方面：

1. 保护性目标

知识产权是一种排除他人侵权行为、保护自己合法权益的工具。知识产权运营，就是要保护自己利用，防止他人利用，避免侵权利用，以防止技术流失，收回研发成本，避免自己的技术成果变成公共技术资源，保持技术领先优势。

2. 经济性目标

企业实施知识产权运营，实施技术创新，申请专利、塑造品牌，就是为企业赢得更多市场机会，获得更多的经济利益，包括利用知识产权创造价值、塑造和经营品牌，利用商标、技术许可证和营销网络实现商业扩展。

3. 战略性目标

具有战略眼光的企业，将企业知识产权作为企业的战略资产，将企业经营的重心转向知识产权的运营，利用知识产权建立竞争优势，保护核心技术和商业模式，引导市场和技术的转变。

二、企业知识产权许可

（一）知识产权许可的定义

企业知识产权许可是指拥有知识产权的企业，通过合同方式，依法允许被许可方依据约定的条件、期限和地域范围，使用知识产权的一种法律行为。所签订的合同，被称为“许可合同”，拥有知识产权的企业被称为“许可方”。企业知识产权的许可是企业的一种“授权”行为，是知识产权的授权，即许可人授权被许可人使用知识产权的行为。在此种知识产权的“授权”中，知识产权的主体和内容并没有发生改变，许可人进行知识产权许可后并没有丧失知识产权。

（二）企业知识产权许可的类型

1. 普通许可

企业知识产权的普通许可，是指允许被许可方在许可合同约定的期限和地域范围内使用合同约定的知识产权内容，同时许可方可保留在该期限和地域范围内自己使用该项知识产权，也可以再与第三方签订使用该知识产权的许可合同的一种法律行为。知识产权的普通许可，同一区域内被许可人可能有若干家，许可人自己也可以使用知识产权客体。普通许可是最典型、最常见的许可形式。在普通许可中，由于许可方保留了较多的权利，因此使用费比排他许可和独占许可要低。一般地，如许可合同中没有特别指明是独占许可、排他许可或其他特殊的许可，就可以推定许可合同为普通许可。

2. 独占许可

企业知识产权的独占许可，是指许可方授予被许可方在许可合同所规定的期限、地域或领域内，对所许可的知识产权拥有独占使用权，任何第三方包括许可方自己在内，均无使用该项知识产权的一种法律行为。在独占许可中，许可方不再将该项知识产权的同一实施内容许可给第三方，许可方自身也不能在上述期限、地域或领域内使用该项知识产权。由于相较于普通许可，在独占许可中，被许可人在合同期限、地域或领域范围内拥有更多的权利，因而被许可人通常要向被许可人支付比普通许可高得多的许可使用费。

3. 排他许可

排他许可又称独家许可、部分独占性许可，是指在一定地域内，被许可方在许可合同有效期内，对被许可使用的知识产权享有排他性的使用权，许可方不得把知识产权客体再许可第三方使用，但许可方自己有权在该地域内使用该项知识产权的一种法律行为。排他许可具有以下特征：①在指定地域内，被许可方在协议有效期间对许可协议项目下的知识产权享有排他使用权；②许可人不得把同一许可授予协议地域内的任何第三方；③许可方保留自己在协议区域内使用该知识产权的权利。

4. 交叉许可

企业知识产权的交叉许可，是指交易的企业各方将各自的拥有的知识产权的使用权相互许可使用，互为知识产权许可方和被许可方的一种法律行为。在合同期限和地域内，合同双方对对方许可权利享有使用权、产品生产权和销售权。各方的许可权利可以是独占的，也可以是非独占的。双方权利对等，一般不需支付使用费。在国际技术贸易中，采用交叉许可转让的技术合同，通常称为交叉许可合同或交叉许可协议。交叉许可是一种基于谈判的、在产品或产品生产过程中需要对方拥有的专利技术时而相互有条件或无条件允许对方使用本企业专利的协定。交叉许可在实践中运用越来越广泛。通过交叉许可，企业可以实现知识产权的等价交换，并可以节省研究开发费用，避免市场风险。

三、企业知识产权转让

（一）企业知识产权转让的定义

企业知识产权转让，是指知识产权转让主体与知识产权受让主体根据与知识产权转让有关的法律法规，通过签订转让合同，将知识产权权利享有者由出让方转移给受让方的法律行为。在无特别说明的情况下，知识产权转让仅指合同转让，不包括因继承、继受等方式的转让。在企业知识产权转让关系中，拥有原来知识产权权利的一方为转让人，接受知识产权权利的一方为受让人或被转让人。知识产权转让是直接发生知识产权主体变更的法律行为，知识产权转让后，转让人会失去知识产权，受让人会取得相应的权利。受让人有权使用知识产权，受让人有权追究侵权人的法律责任。

（二）知识产权转让的作用

企业知识产权交易中，知识产权转让经营行为越来越活跃，知识产权转让对知识产权出让人和受让人而言，均具有独特的价值。一是给知识产权转让当事企业带来了巨大的收益，可以通过知识产权转让收回知识产权的开发投资，获得一次性收益，为企业创造收入和利润，增加企业经营效益。二是对知识产权受让企业而言，可以在不付出知识产权开发投资和承担开发风险的情况下，通过受让直接取得知识产权，并利用受让的知识产权占领市场，提高市场竞争力，还可以形成进一步开发知识产权的基础。

（三）知识产权转让风险

知识产权转让对出让方和受让方都存在一定的风险。出让方的风险可能是为自己树立了一个强劲的竞争对手，失去可以垄断的市场。受让方的风险在于通过受让获得的知识产权可能存在法律缺陷或与自身能力不匹配。因此，在知识产权转让中，无论是出让方还是受让方，均应从战略角度统筹考虑转让的方式、对象、价值、风险等问题。

四、知识产权资本运营

（一）企业知识产权资本运营的含义

知识产权作为一种通过法律手段所形成的能带来预期收益的权利，是企业的无形资本，本质上可以通过经营获得收益，实现其价值变现和增值，即所谓知识产权资本运营。就是将企业知识产权作为产权资本，通过各种资本经营方式进行运营，实现其保值增值的经营管理方式。

在知识经济凸显的当代，知识产权构成了企业非常重要的资本形式，也是企业关键性的无形资产，随着经济和科学技术的迅猛发展，知识资本的拥有和运营能力成为企业生产经营能力的核心，知识产权资本与人力资本、商业资本及结构资本协同作用，进行运营管理，因此知识产权资本在企业生产经营中也占据极重要的地位，通过知识产权资本运营能够为企业创造经济收益，弥补知识创造成本。知识产权作为资本经营具有合理性和重要作用，企业需要有效地开发知识产权资本，实施知识产权资本运营战略，实现企业的价值。

（二）企业知识产权资本运营的方式

1. 企业知识产权质押融资

知识产权质押融资是指企业或个人以合法拥有的知识产权，包括专利权、商标权、著作权等中的财产权经评估后作为质押物，向银行申请融资的一种方式。

企业知识产权质押融资管理在很大程度上依赖于政策环境和外部支持条件。因此，加强企业知识产权质押融资管理需要政府、金融机构和企业协同建设、完善政策和熏陶创新。

阅读专栏 50-4　我国企业知识产权质押融资模式的实践探索

《全国专利事业发展战略（2011—2020）》指出，“进一步加强专利质押贷款工作，推动一批知识产权优势企业通过资本市场上市融资，促进专利产业化的股权、债券交易市场的形成，推动建立质押贷款、风险投资、上市、证券化等多层次的专利技术融资体系”。

在知识产权质押融资工作推进过程中，不同城市在实践中探索出多样化的企业知识产权质押融资模式。

一、以政府为主导的模式

在以政府为主导的模式中，政府通过设立专项资金并以担保的方式参与某一知识产权质押融资，政府在此过程中起到核心作用。在该模式中，企业先行评估其知识产权价值，后向银行申请贷款；申请获批后，政府启动专项资金担保工作并出具担保文书；银行部门在收到政府出具的担保文书后开始发放贷款。由此可以看出，政府在这种模式中充当了“担保人”的地位，扮演了“核心”角色。在这种模式的实践中，一般情况下，政府对该笔融资贷款的担保额度超过 90%，对银行的风险则会大大降低。

在该模式实践中，尤以上海浦东模式、成都模式最为突出，它是一种间接质押融资模式。以“上海浦东模式”为例，浦东模式是我国开展知识产权质押融资的先行者，带有浓郁浦东地域特色的“浦东标签”。这种模式的操作手法是，浦东生产力促进中心为企业提供融资贷款担保，浦东知识产权局负责组织对企业及其知识产权进行评估（见图 50-1）。同时，浦东区人民政府设立技术扶持资金，为企业知识产权质押融资活动提供资金保障和财力支持，如上海专利权质押融资第一例“上海中药制药有限公司向工商银行张江支行办理知识产权质押融资”。

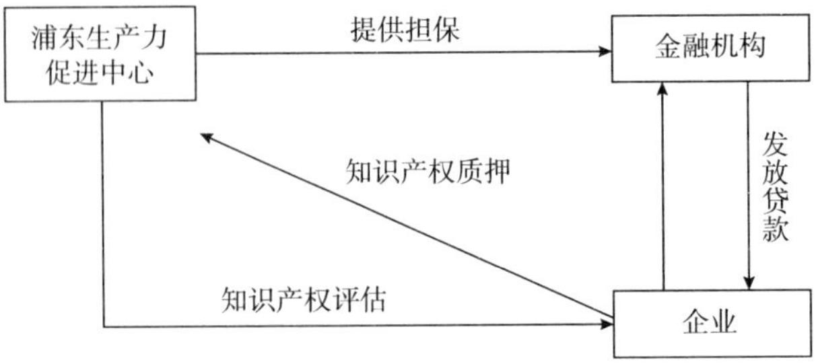

图 50-1　政府主导模式下的“上海浦东模式”

二、以市场为主导的模式

以市场为主导的模式，主要是指在政府干预少或不干预的情况下，充分尊重并遵循市场法则行事。以市场为主导模式下，首先，由法律服务机构（例如律师事务所）和价值评估机构对拟质押知识产权进行法律风险和价值评估。其次，企业决定是否将这一知识产权质押给银行等金融机构。最后，由金融机构综合权衡后决定是否发放贷款。毋庸置疑，对于那些知识产权风险等级低、价值估量明确的申请企业获得发放贷款的概率高很多。

这种模式中，湖南湘潭的模式实践具有代表性，是以商业担保公司为担保主体参与到质押融资中，政府承担监督员、服务员的角色。湘潭市的做法很独特，质押融资对象以自主创新型企业为主，以专利权为质押标的。而且，在选择金融机构方面，湘潭市以城市商业银行为主的中小金融机构作为知识产权质押贷款银行。在整个质押融资活动中，由银行独立筛选、评估、确定贷款行为，不受政府等他方的干预。但同时，商业银行将面临独自承担资金损失的风险。

2019 年，湘潭市某公司以其 4 项专利作质押与湘潭市商业银行签订了额度为 300 万元的贷款合同。合同的签订，为该公司顺利获得银行资金、解决企业融资难的问题起到了积极作用。

从实践来看，以市场为主导的模式实践，有利于增强企业、商业担保机构和银行的竞争力，分散风险，对发挥各方积极性具有现实作用。

三、以政府为引导的市场化模式

在以政府为引导的市场化模式中，政府利用财政支持和政府信贷对企业知识产权质押融资进行适度干预并引导。另外，政府还从专项融资、风险补偿、利息补贴等方面给予企业一定的贴补。担保方面，政府还利用政府信用为企业提供担保。

以实践中的“北京模式”为例，政府设立专项资金，为企业提供利息补贴或其他费用补贴，同时对银行等金融机构的风险方面提供一定的补偿（见图 50-2）。北京市政府完善外部环境，通过政策支持、措施改进等为企业知识产权质押融资提供指导和引导，为这一融资模式创造良好的外部环境。从实践效果来看，这种模式具有一定的适用性和推广价值。

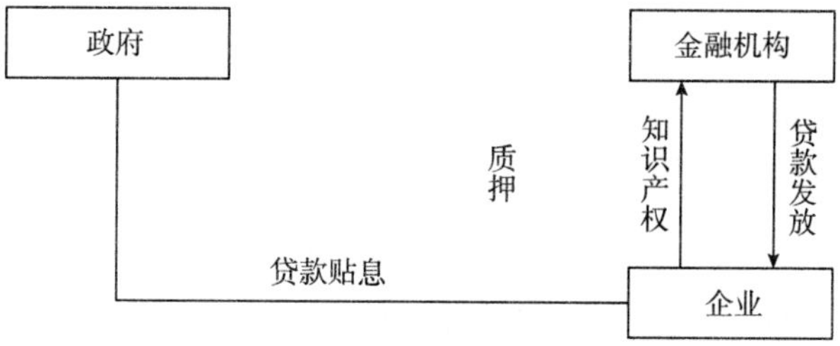

图 50-2 政府引导下市场化模式下的“北京模式”

这种模式下，北京国双科技有限公司的“知识产权质押融资”案例比较典型。北京国双科技有限公司在交通银行北京市分行 2018 年发布新版“智融通”知识产权质押贷款产品背景下，完成了 300 万元的知识产权质押融资贷款。

综上所述，政府主导模式下，政府在知识产权质押融资活动中占据绝对的主导地位，承担主要贷款风险，而商业银行仅需承担少比例的风险。市场主导模式以市场为主体，适应市场发展态势，政府干预较少，且不提供任何补贴，也不承担风险，政府角色定位在监督者与服务者。政府引导下的市场化模式是政府对知识产权质押融资活动主要采取财政支持或政府信用等方式，通过相应法律手段，搭建服务平台，采取补贴措施。并且，特定情况下会为中介机构提供一定的风险补贴，必要时还利用政府信用为企业提供融资担保，政府在这一模式中主要扮演推动者与引导者的角色。

资料来源：王坚．我国企业知识产权质押融资模式的实践探索［J］．中国商论，2022（17）：88-91.

2. 企业知识产权证券化

知识产权证券化是指发起人（通常为创新型企业）将其能产生可预期现金收入的知识产权或其相关权益转移给特殊目的机构，由该特殊目的机构以该知识产权或其相关权益产生的未来现金收入为基础发行在市场上可流通的证券，据以融资的金融操作。知识产权证券化是资产证券化的一种创新形式，是知识资本与金融资本有效结合的一种融资方式。

以证券化中基础资产的不同，可以将知识产权证券化分为知识产权权利证券化、知识产权债权证券化和知识产权担保贷款债权证券化。

（1）知识产权权利证券化。知识产权权利证券化是指以知识产权权利本身为基础资产而进行的证券化交易。在此种证券化交易中，基础资产是知识产权权利本身如专利权、商标权和著作权等，而非知识产权商品化所衍生的债权如专利许可收益权，其支付证券本息的现金流来源则是利用该知识产权进行商品化所产生的收益，商品化的形式包括对知识产权的实施，如专利产品的生产制造、知识产权产品的销售以及知识产权的许可和转让等，证券化产品投资者则通过知识产权商品化所产生的收益来获得报偿。

（2）知识产权债权证券化。知识产权债权证券化的基础资产不是知识产权权利本身，而是知识产权商品化所衍生的债权，如专利许可使用费的收益权、电影票房收益权等。知识产权债权证券化的偿付基础是知识产权所衍生的债权收益，而知识产权权利证券化的偿付基础则是知识产权商品化的收益，这里的商品化包括知识产权实施、销售以及许可和转让等形式。因此，知识产权债权证券化偿付基础的范围要小于知识产权权利证券化。但相对于知识产权权利证券化而言，知识产权债权证券化一般是以既存的知识产权债权或者已有基础的将来债权为基础资产，其未来收益更为稳定，也更易于预测，这也是现有知识产权证券化实践基本上都是知识产权债权证券化的重要原因。

（3）知识产权担保贷款债权证券化。知识产权担保贷款债权证券化是指知识产权人以其知识产权资产为担保向金融机构贷款，而金融机构再以此类债权为基础进行证券化，这与信贷资产证券化相似。严格来说，这种证券化属于金融资产证券化的一种类型。

知识产权证券化实质上是基于知识产权的结构性融资机制，其基本原理就是知识产权的原始权益人或发起人通过特殊目的机构以其知识产权资产为支撑发行证券，并通过收取发行收入而实现其融资的目的。投资者则凭借其因认购该证券而持有的受益凭证而获得知识产权资产未来现金流的收益权，并通过这些现金收益来获得投资回报。对知识产权的原始权益人或发起人而言，知识产权证券化可大幅提高知识产权资产的流动性，并使其可以提早取得数年后才能产生的货币价值，从而实现融资的目的，而对投资者来说，知识产权证券化为其提供了新的投资渠道，并可因此而获益。

3. 企业知识产权投资

企业知识产权投资是指知识产权人依法将专利权、商标权或著作权等知识产权资产评估作价，作为对企业的非货币、非实物出资，以获得所对应的企业股份的行为。知识产权投资属于非货币、非实物出资。因此，必须比照实物投资，依法将知识产权资产评估作价后出资。知识产权投资，在理论上属于知识产权资本化范畴。是企业将知识产权作为资本投入，与其他有形和无形资本结合，共负盈亏，共担风险，建立新的经济实体的经济行为运作方式。

第五节　世界知识产权组织与主要国际条约

一、世界知识产权组织

为了进一步促进全世界对知识产权的保护，加强各国和各知识产权组织间的合作，“国际保护工业产权联盟”（巴黎联盟）和“国际保护文学艺术作品联盟”（伯尔尼联盟）的51个成员于1967年7月14日在瑞典首都斯德哥尔摩共同建立世界知识产权组织（World Intellectual Property Organization，WIPO），1970年4月26日《建立世界知识产权组织公约》生效。

世界知识产权组织（WIPO）是联合国的一个专门机构，总部设在瑞士日内瓦，在美国纽约联合国大厦设有联络处，是联合国组织系统中的16个专门机构之一。它管理着涉及知识产权保护各个方面的24项（16部关于工业产权，7部关于版权，加上建立世界知识产权组织公约）国际条约。截至2020年，世界知识产权组织已有193个成员国。

中国于1980年6月3日加入该组织，成为它的第90个成员国。中国于1985年加入保护工作产权的巴黎公约，1989年加入商标国际注册的马德里协定，1992年10月加入保护文学艺术品伯尔尼公约，1994年1月1日加入专利合作条约。至1999年1月，中国共加入了该组织管辖的12个条约。

（一）世界知识产权组织的宗旨和主要职能

1. 宗旨

（1）通过国与国之间的合作，并在适当的情况下，通过与其他国际组织的协作，促进世界对知识产权的保护。

（2）保护各知识产权联盟间的行政合作。

2. 主要职能

（1）鼓励签订新的有关知识产权的国际公约。

（2）协调各国有关知识产权的国内立法。

（3）向发展中国家提供有关知识产权的法律和技术援助。

（4）收集和传播有关技术情报。

（5）办理有关知识产权的国际注册事宜。

（二）世界知识产权组织机构

1. 大会

大会是该组织的最高权力机构，由作为任一联盟成员国的本公约当事国组成，当事国家无论其加入一个或几个联盟，在大会上都有一票表决权。大会根据协调委员会的提名任命总干事；审议并批准协调委员会的报告和活动以及总干事关于本组织的报告；批准总干事旨在促进知识产权保护所提议的措施；通过世界知识产权组织的财务规程和经费预算等。

2. 成员国会议

成员国会议由全体成员国组成，任务是讨论知识产权领域各国共同感兴趣的问题，制定法律并进行财政预算，例行会议每三年举行一次，由总干事召集，以2/3多数票作出决议。

3. 协调委员会

协调委员会由巴黎联盟和伯尔尼联盟执行委员会的成员国组成，职责是就一切有关行政财务问题提出意见、拟定大会的议程草案、提名总干事候选人、负责组织有关会议、准备有关文件和报告、收集现各国提供的知识产权情况、出版有关刊物、办理国际注册等。例行会议每年举行一次，由总干事召集，以简单多数票作出决议。

4. 国际局

国际局是该组织的常设办事机构，设总干事一人、副总干事若干人，负责执行在知识产权领域内增进成员国国际合作的计划，并为会议提供必要的资料和其他服务。

（三）组织条约

世界知识产权组织通过的条约分三大类。

1. 保护条约

（1）保护文学和艺术作品伯尔尼公约（Berne Convention for the Protection of Literary and Artistic Works），1886年通过。

（2）发送卫星传输信号布鲁塞尔公约（Brussels Convention Relating to the Distribution of Programme-Carrying Signals Transmitted by Satellite）。

（3）保护录音制品制作者防止未经许可复制其录音制品日内瓦公约（Geneva Convention for the Protection of Producers of Phonograms Against Unauthorized Duplication of Their Phonograms）。

（4）制止商品产地虚假或欺骗性标记马德里协定（Madrid Agreement for the Repression of False or Deceptive Indications of Source on Goods），1891年在马德里缔结，1958年在里斯本最后修订。

（5）保护奥林匹克会徽内罗毕条约（Nairobi Treaty on the Protection of the Olympic Symbol）。

（6）专利法条约（Patent Law Treaty）。

（7）保护工业产权巴黎公约（Paris Convention for the Protection of Industrial Property）（简称《巴黎公约》），1883 年在巴黎缔结，1967 年在斯德哥尔摩最后修订。

（8）保护表演者、音像制品制作者和广播组织罗马公约（Rome Convention for the Protection of Performers, Producers of Phonograms and Broadcasting Organizations）。

（9）商标法条约（Trademark Law Treaty, TLT），1994 年 10 月在日内瓦缔结。

（10）世界知识产权组织版权条约（WIPO Copyright Treaty, WCT），1996 年 12 月 20 日通过。

（11）世界知识产权组织表演和录音制品条约（WIPO Performances and Phonograms Treaty, WPPT），1996 年 12 月 20 日通过。

2. 保护体系条约

（1）专利合作条约（Patent Cooperation Treaty, PCT），1970 年 6 月 19 日缔结。

（2）商标国际注册马德里协定（Madrid Agreement Concerning the International Registration of Marks）（简称"马德里协定"），1891 年在马德里缔结，1967 年在斯德哥尔摩最后修订，1989 年增订了议定书。

（3）工业品外观设计国际保存海牙协定（The Hague Agreement Concerning the International Deposit of Industrial Designs）。

（4）国际承认用于专利程序的微生物保存布达佩斯条约（Budapest Treaty on the International Recognition of the Deposit of Microorganisms for the Purposes of Patent Procedure），1977 年 4 月 28 日缔结。

（5）保护原产地名称和国际注册里斯本协定（Lisbon Agreement for the Protection of Appellations of Origin and Their International Registration）。

3. 分类条约

（1）建立工业品外观设计国际分类洛迦诺协定（Locarno Agreement Establishing an International Classification for Industrial Designs）。

（2）商标注册用商品和服务国际分类尼斯协定（Nice Agreement Concerning the International Classification of Goods and Services for the Purposes of the Registration of Marks）（简称"尼斯协定"），1957 年在尼斯缔结，1977 年在日内瓦最后修订。

（3）国际专利分类斯特拉斯堡协定（Strasbourg Agreement Concerning the International Patent Classification）。

（4）建立商标图形要素国际分类维也纳协定（Vienna Agreement Establishing an International Classification of the Figurative Elements of Marks）。

（四）奖励项目

世界知识产权组织设立奖励项目，表彰世界各地的发明家、创造者和创新企业的成就，旨在帮助营造一种创新和创造在社会各个层面得到鼓励的文化，帮助更多的人认识知识产权制度如何为创造和创新服务。

1. 发明奖

WIPO 发明奖设立于 1979 年，用以支持本组织推动全世界发明和创新的活动，并通过表彰发明人为国家财富和发展所做的实质贡献，提升他们的形象。

2. 创意奖

WIPO 创意奖设立于 2001 年，用以表彰受版权及相关权保护的作品的创作者，包括信息技术、互联网和虚拟世界中所用作品的创作者和制作者。

3. 创新企业奖

WIPO 创新企业奖的创立宗旨是促进公司和企业对知识产权制度的运用，并提高公众关于知识产权制度的好处的认识。

二、《保护工业产权巴黎公约》

《保护工业产权巴黎公约》（*Paris Convention for the Protection of Industrial Property*）（简称《巴黎公约》），于 1883 年 3 月 20 日在巴黎签订，1884 年 7 月 7 日生效。《巴黎公约》经过 7 次修订，现行的是 1980 年 2 月在日内瓦修订的文本。

《巴黎公约》的调整对象即保护范围是工业产权，包括发明专利权、实用新型、工业品外观设计、商标权、服务标记、厂商名称、货物标记或原产地名称以及制止不正当竞争等。《巴黎公约》的基本目的是保证一成员国的工业产权在所有其他成员国都得到保护，该公约与《保护文学和艺术作品伯尔尼公约》一起构成了全世界范围内保护经济"硬实力"和文化"软实力"的两个"基本法"。

1985 年 3 月 19 日中国成为该公约成员国，我国政府在加入书中声明：中华人民共和国不受公约第 28 条第 1 款的约束。

（一）《巴黎公约》的基本原则

1. 国民待遇原则

国民待遇原则（National Treatment Principle）是 WTO 的基本法律原则之一，是指在民事权利方面一个国家给予在其国境内的外国公民和企业与其国内公民、企业同等待遇，而非政治方面的待遇。

《巴黎公约》第 2 条和第 3 条规定，在工业产权保护方面，公约各成员国必须在法律上给予公约其他成员国相同于其该国国民的待遇；即使是非成员国国民，只要他在公约某一成员国内有住所，或有真实有效的工商营业所，亦应给予相同于该国国民的待遇。

2. 优先权原则

优先权原则是指任何成员国的申请人，在向某一成员国首先提出商标注册申请后 6

个月内，又向其他成员国提出同样申请的，其他成员国应以该申请人首次提出申请的日期为申请日，即享有优先权。在优先权期限内，即使有任何第三人提出申请或使用了该商标，申请人仍因享有优先权而获得商标专用权。

对于已在本国取得工业产权，而后又需要在国外注册工业产权的所有人而言，优先权原则至关重要。如果没有优先权，就必须同时在国内外几个国家提出申请，否则后提出的申请可能得不到保护。

《巴黎公约》中的优先权并不是对公约所指的一切工业产权全部适用，它只适用于发明专利、实用新型、外观设计和商标，对于商号、商誉、产地名称等则不适用。

对于服务商标，该公约第 6 条规定：各成员国应保护服务标记，但不应要求各成员国规定对这种标记进行注册。此规定表明，公约没有把服务商标的注册作为对成员国国内法的硬性要求。成员国既可以对服务商标提供注册保护，也可以不提供注册保护。当提供注册保护时，该国有权决定对服务商标适用优先权原则。

3. 独立性原则

独立性亦称独立保护，是指商标申请在一成员国取得注册商标之后，就独立于该商标。申请和注册商标的条件，由每个成员国的该国法律决定，各自独立。对成员国国民所提出的商标注册申请，不能以申请人未在其该国申请、注册或续展为由而加以拒绝或使其注册失效。在一个成员国正式注册的商标与在其他成员国——包括申请人所在国——注册的商标无关。这就是说，商标在一成员国取得注册之后，就独立于原商标，即使原注册国已将该商标予以撤销，或因其未办理续展手续而无效，但都不影响它在其他成员国所受到的保护。同一发明在不同国家所获得的专利权彼此无关，即各成员国独立地按该国的法律规定给予拒绝、撤销或终止某项发明专利权，不受其他成员国对该专利权处理的影响。这就是说，已经在一成员国取得专利权的发明，在另一成员国不一定能获得；反之，在一成员国遭到拒绝的专利申请，在另一成员国则不一定遭到拒绝。

（二）《巴黎公约》的共同准则

1. 专利方面的共同准则

（1）成员国禁止某商品流通，但并不排斥该产品依法获得专利权。

（2）专利权人进口专利产品不导致专利权失效。

（3）方法专利的保护及于直接依该方法获得的产品。

（4）强制许可，禁止权利人滥用专利权。

（5）国际交通工具使用专利权的临时豁免。

2. 商标方面的共同规则

（1）已注册商标在其他同盟成员国享受与商标原籍国同等保护的原则。

（2）驰名商标的特殊保护。根据公约规定，凡复制、模仿或者翻译一个本国家主管当局认为已属于有权享有本公约利益的人所有的该国驰名商标，每一成员国均须拒绝给予注册并禁止使用。

（3）平行进口的商标的法律管辖措施。对于未经商标权人的许可，向享有商标专有使用权的国家进口侵犯产品的平行进口行为，可在边境予以扣押或者禁止进出口，或者在国内扣押。

三、《与贸易有关的知识产权协定》

《与贸易有关的知识产权协定》（*Agreement on Trade-Related Aspects of Intellectual Property Rights*，TRIPS）（以下简称《知识产权协定》），是世界贸易组织管辖的一项多边贸易协定。它是迄今为止内容最广泛、保护最充分的知识产权多边协议，也是对世界各国和地区知识产权法律制度影响最大的全球性多边条约，与货物贸易协定、服务贸易总协定共同构成世界贸易组织的三大支柱。

（一）《TRIPS 协议》的基本原则

1. 国民待遇原则

《TRIPS 协议》第 3 条规定，在知识产权保护上，一成员对其他成员的国民提供的待遇，不得低于提供给本国国民的待遇。但《巴黎公约》《伯尼尔公约》《罗马公约》及《集成电路知识产权条约》另有规定的可以例外。给予表演者、录音制品制作者和传播媒体的国民待遇，仅适用于《TRIPS 协议》所规定的权利。某些司法和行政程序，也可以成为国民待遇的例外。

2. 最惠国待遇原则

《TRIPS 协议》第 4 条规定，在知识产权保护上，一成员提供给第三方国民的优惠、优待、特权或豁免，均应立即、无条件地给予其他成员的国民。

3. 防止权利滥用原则

《TRIPS 协议》第 7 条规定，成员可在制定或修订国内法律、法规时，采取必要保护措施，保护公众健康与营养，保护社会经济与技术等重要领域的公共利益；成员可采取适当措施，防止知识产权权利持有人滥用知识产权，或对贸易和国际技术转让进行不合理的限制。

（二）《TRIPS 协议》的主要条款和内容

《TRIPS 协议》有七个部分，共 73 条。

第一部分是总条款与基本原则；第二部分是有关知识产权的效力、范围及利用的标准；第三部分是知识产权执法；第四部分是知识产权的获得与维持及关当事人之间的程序；第五部分是争端的防止与解决；第六部分是过渡协议；第七部分是机构安排；

最后条款。

（三）《TRIPS 协议》保护范围

协议保护的范围包括版权及相关权、商标、地域标识、工业品外观设计、专利、集成电路布图设计、未公开的信息包括商业秘密共七种知识产权，规定了最低保护要求；并涉及对限制竞争行为的控制问题，规定和强化了知识产权执法程序，有条件地将不同类型的成员加以区别对待。该协定宗旨是促进对知识产权在国际贸易范围内更充分、有效的保护，以使权利人能够从其创造发明中获益，受到激励，继续在创造发明方面努力；减少知识产权保护对国际贸易的扭曲与阻碍，确保知识产权协定的实施及程序不对合法贸易构成壁垒。

（四）《TRIPS 协议》的特点

《TRIPS 协议》于 1994 年与世界贸易组织所有其他协议一并缔结，它是迄今为止对各国知识产权法律和制度影响最大的国际条约。与过去的知识产权国际条约相比，该协议具有三个突出特点：

第一，它是第一个涵盖了绝大多数知识产权类型的多边条约，既包括实体性规定，也包括程序性规定。这些规定构成了世界贸易组织成员必须达到的最低标准，除了在个别问题上允许最不发达国家延缓施行之外，所有成员均不得有任何保留。这样，该协议就全方位地提高了全世界知识产权保护的水准。

第二，它是第一个对知识产权执法标准及执法程序作出规范的条约，对侵犯知识产权行为的民事责任、刑事责任以及保护知识产权的边境措施、临时措施等都作了明确规定。

第三，它引入了世界贸易组织的争端解决机制，用于解决各成员之间产生的知识产权纠纷。过去的知识产权国际条约对参加国在立法或执法上违反条约并无相应的制裁条款，《TRIPS 协议》则将违反协议规定直接与单边及多边经济制裁挂钩。

（五）知识产权的实施

《TRIPS 协议》通过规定知识产权的实施程序对权利的实现提供了具体的保障，使任何歧视待遇和侵权行为有机会得到及时有效的司法救济，防止或阻止侵权现象的进一步发生。在此基础上，程序条款还肯定了侵犯权利人的辩护权，尽量避免造成合法贸易的障碍，为能够及时防止有关程序的滥用提供了保障。

1. 总义务

《TRIPS 协议》第 41 条第 1 至 4 款规定了成员在履行知识产权的实施义务时，须遵守的基本准则：

（1）成员应保证协议所规定的执法程序依照其国内法可以行之有效，能够采取有效措施制止侵犯本协议所包含的知识产权的行为，并为防止有关程序的滥用提供保障。

（2）执法程序应公平合理。它们不得过于复杂或花费过高，或包含不合理的时效或无保障的拖延。

（3）判决须依照证据作出，做好采取书面形式及说明判决理由。应及时送达诉讼当事各方并提供陈述机会。

（4）诉讼各方对终局的行政决定和初审司法判决有上诉权。

2. 民事、行政程序及救济

（1）程序必须公平合理。《TRIPS 协议》第 42 条规定了各成员在履行该程序义务时，应做到：①被告有权获得及时的以及足够细节的书面通知，包括权利请求的依据。②须允许当事方由独立的法律顾问代表出庭，且程序不应制定强制本人出庭的过重要求。③所有当事方有权证明其权利请求并提供所有相关证明。④在民事程序中，法院对当事人所提供的秘密资料有保密的义务，在当事人提出保密的请求时，应当不公开开庭；在判决书中对涉及商业秘密的部分应当简约、概括，不要作不必要的论述。

（2）证据和信息提供的规则。《TRIPS 协议》第 43 条规定了双方都负有举证义务。

（3）民事救济的规定。《TRIPS 协议》第 44 条至第 48 条规定各成员方应对被侵害的一方提供救济。

1）禁止令。司法机关有权命令正在实施侵权行为的一方停止侵权，特别是应禁止涉及对知识产权侵权的进口产品在其司法管辖内进入商业渠道，这些行动应当在海关将这些商品结关后应权利人的请求立即进行。

2）损害赔偿。如侵权人侵害知识产权的行为系故意，司法机关应判令其支付赔偿，包括赔偿被侵权人的诉讼费和合理的律师费。

3）其他法律救济。为了有效制止侵权，司法机关有权命令在没有任何补偿的情况下，对侵权商品在商业渠道以外加以处置，如销毁生产侵权商品的原料和生产工具。对假冒产品，不应当允许其进入销售渠道。

4）信息权。成员方还可以授权司法当局命令侵权人通知权利人有关涉及侵权商品或者服务的生产、销售的第三方情况和销售渠道，除非这种侵权与危害程度不成比例。这一规定，由成员自由决定。

5）对被告的补偿。在一当事方滥用救济措施致行政执法部门及其官员采取的行动不当时，司法机关有权命令该方承担因此引起的损害赔偿，并支付被告的诉讼费及适当的律师费，但行政执法部门依知识产权保护，实施法律或基于善意而采取的行动，成员对此适用免费。

3. 临时措施

临时措施是指在权利人发现侵权行为与正式启动打击侵权的法律程序这段时间，如果法律没有任何救济手段，会使侵权人销毁证据或转移侵权物，造成权利人诉讼的不利即损失的扩大，《TRIPS 协议》第 50 条专门规定了临时措施弥补这一漏洞。

（1）临时措施的目的。

1）制止存在或即将发生的任何侵犯知识产权行为。

2）保护侵权指控的有关证据。

（2）申请临时措施的条件。

1）权利人申请时，应提供权利正在受到侵犯或这种侵犯迫在眉睫的证明，司法机关有权命令其提供担保以防止滥用权利。

2）司法机关也可在由确凿证据证明侵权人将会销毁相关证据的情况下，依职权采取措施。

（3）临时措施的后果。

1）临时措施实施后，司法机关应立即通知所有利害关系人，并在实施通知发出后的合理期间内复审，决定撤销或确认所采取的强制措施。

2）若在采取强制措施后的合理期间内，20 个或 31 个工作日，以长者为准，申请人仍未提起诉讼，该措施可基于被申诉人的要求撤销或终止生效。

3）临时措施撤销后，如发现并未发生申请人主张的侵权行为，基于被申请人的请求，司法机关有权判令申请人给予适当补偿。

（4）边境措施。在国外商品正式进入本国领土之前、由专门负责出入境管理的行政机构所采取的某些措施。《TRIPS 协议》第 51 条至第 60 条对有关知识产权商品的该项措施做出专项规定。

（5）刑事程序。对于侵犯知识产权程度严重构成犯罪的行为，《TRIPS 协议》要求各成员适用刑事程序予以制裁，该协议第 61 条规定，刑事程序应至少适用具有商业规模的假冒和疯狂复制行为。适当的救济措施应当包括能够防止侵权的监禁和罚金等措施。在适当的场合，可采用的做法还应包括扣留、没收或销毁侵权商品以及任何主要用于从事上述犯罪活动的原料。除假冒商标和盗版外，各成员还可以规定将刑事程序及刑事惩罚适用于侵犯知识产权的其他情况，尤其是有意侵犯并且以商业规模侵犯的情况。

第六节　知识产权与企业发展

一、知识产权在企业发展中的作用

1. 知识产权可以拓宽企业市场空间，带来新的利润增长点

企业将拥有的自主知识产权应用到产品当中，当技术优势转化为产品优势时，就

可以真正实现产品创新的目标，使其产品具有领先优势，该企业就取得竞争优势，进而赢得市场，从而为企业拓宽了市场空间。

企业科技竞争取决于企业的自主创新能力，知识产权是企业自主创新的基础与衡量指标，企业经过持续的技术创新活动，使自主知识产权的核心技术不断发展，并使之产权化，然后再将其投入到生产领域，进而进入市场。这样企业就可以从这些新产品的开发中获得丰厚利润，从而将其转变为新的利润增长点。

2. 知识产权可以增强企业自主创新能力、抵御风险的能力

通过法律制度明确保障了知识产权完成人的权益，调动了企业创新的积极性和创造性，有效促进企业自主创新能力。专利作为知识产权中技术和产品最直观的体现，直接有效提升企业自主创新能力。可以毫不夸张地说，企业要想在日益激烈的市场竞争中取得先机，专利是必不可少的保证。专利战略作为知识产权的重要部分，是企业利用专利保护自己和打击对手的竞争策略；积极的专利战略将会极大地增强企业自主创新能力。

企业通过所拥有的知识产权，提供优异的产品和服务，与竞争对手之间建立壁垒，可以有效地阻止竞争对手的跟进和模仿，促进产品市场销售，从而确立企业市场领先地位，并在某种程度上保持垄断地位，赢得顾客忠诚度与美誉度；可以帮助企业提高产品质量，提升经营业绩，从而获得良好声誉和形象，进一步增强企业抵御各类风险的能力。

3. 知识产权可以提高企业管理水平

企业拥有的知识产权，可被视为一种获取附加值来源的有效手段。对企业来说，保护知识产权，一方面可遏制潜在侵权行为的发生，另一方面可以提高企业竞争力和战略优势。充分利用知识产权，提高企业科技创新能力，企业从中获利，从而调动企业的积极性，激励企业继续从事新技术的开发。

知识产权管理是企业管理的重要组成部分，有效的知识产权管理可以提高企业竞争力，保持企业知识产权战略优势。知识产权的有效管理不仅涉及企业获得发明、商标、外观设计或版权的保护，同样涉及企业对知识产权的商业运作能力、市场开发能力、技术利用能力、知识产权增值能力。企业知识产权管理水平的高低可以直接反映企业管理水平。

随着经济全球化的程度不断加深，企业面临着越发复杂的市场环境，树立企业知识产权意识，使企业充分认识到知识产权在企业发展中的巨大作用以及建立知识产权制度的必要性，尽早建立健全知识产权管理、知识产权战略，从而使企业取得市场优势，在激烈的市场竞争中占据一席之地。

4. 知识产权是企业发展和保持竞争力的核心

知识产权是企业发展的突破点，知识产权活动具有全局性、宏观性和长远性。企

业知识产权战略是企业针对知识产权制定和实施的全局性规划，而不是遇到知识产权问题时，才使用的一种权宜之计。企业在技术创新的初始、实施、应用阶段要有一套完整的保护知识产权的措施。以高新技术企业为例，高新技术的特点是智力密集和知识密集，需要高额投资且伴随高风险和高收益。高新技术企业不同于一般企业，它多半是先有研究成果，而后再建立企业以实现技术的商品化，因此很多高新技术企业也往往成为高新技术产业发展的开拓者，这就意味着研发阶段的知识产权对这类企业至关重要。而民营高新技术企业一般是中小型企业或处于起步阶段的新兴公司，对于这类公司，新技术、新发明更是企业的发展支柱。高新技术企业存在的前提是科学技术的创新，没有科学技术的发明创造，高新技术企业就失去存在的基础。因此对知识产权的保护也是对这些高新技术企业最有力的保障。

二、知识产权与企业创新机制

1. 知识产权能激励企业积极开展技术创新活动

技术创新活动是一种复杂的、高智力劳动，需要投入巨大，同时还面临很大的失败风险。技术创新成果具有易扩散、可共享等属性。如果外部的问题不解决，人们就可以随意、无偿地利用别人的技术成果，那么技术创新成果权利人的利益就得不到保障，会严重挫伤其继续进行技术创新的积极性，从而阻碍了科技进步和经济发展。知识产权制度对技术创新成果在制度上予以产权化安排，使技术创新成果权利人可以在一定的期限内享有排他独占权，从而使权利人与技术创新成果产权产生最直接的经济利益联系，同时使技术创新成果的外部性减弱，不确定性降低，交易成本变小，可以独占一方市场，获得超额利润，最大限度地发挥技术创新成果的价值，实现权利人利益最大化。技术创新成果越是符合市场需求，对社会贡献越大，权利人所获得的经济利益就越大，从而使技术创新企业主动积极地投入于从技术创新的开始到产业化的全过程，始终瞄准市场，把技术创新活动一开始就与市场需求紧密联系在一起，促进技术创新与经济的共同发展。

2. 知识产权能促进企业有效配置技术创新资源

知识产权制度对技术创新资源配置贯穿于技术创新全过程。知识产权制度在对技术创新成果产权制度安排上既考虑了给权利人一定期限的独占权，又考虑了社会资源的合理利用，在权利人与社会利益之间取得一种平衡。知识产权制度要求受保护的技术创新成果的内容以专利文献的形式充分向社会公开，企业可以充分利用知识产权信息资源，提高技术创新研究起点，节约研究经费，缩短研究时间，从而实现技术创新资源的有效配置。

3. 知识产权促进企业技术创新成果转化，取得市场竞争优势

在技术创新中，研究和开发创新成果还只是第一步，这仅意味着在科技的制高点

上取得突破。要掌握竞争的主动权，必须及时取得知识产权保护。知识产权制度保护产权化的技术创新成果不受侵犯。因此，只有获得知识产权的创新成果，才是具有真正意义上的占有，才能拥有一方市场，取得市场的竞争优势。

三、提高企业知识产权能力，打造企业竞争优势

知识产权是企业获得和保持竞争优势的资源。从企业的层面来看，知识产权要转化为企业的竞争优势，有赖于企业结合特定的产业技术背景和自身的战略目标，创造、运用、保护和组织不同形式的知识产权，即提高企业的知识产权能力。知识产权能力是知识产权与竞争优势的联结点，提升知识产权能力是企业获得和保持竞争优势的重要途径。

1. 提高知识产权创造能力

知识产权创造（IP Creation）是指在企业通过创造性智力活动，形成受法律保护的知识产品的过程。知识产权的创造不仅包括企业自行创造和设计形成知识产权，而且包括通过购并、受让、许可等方式获得知识产权。提高知识产权创造能力，就是企业为了谋求竞争优势，提高创造组织专利、商标、版权、商业秘密以及其他知识产权形式的能力，提高知识产权创造的数量、质量，提升知识产权创造的可持续性。

2. 提高知识产权的运用能力

知识产权运用（IP Exploitation），又称知识产权利用（Utilization），是指知识产权权利人通过自行使用、转让、许可、交叉许可等方式使用知识产权，将知识产权的价值外化到产品或服务中，以谋求或取得相应收益或竞争优势的过程。提高企业知识产权的运用能力，就是要提高企业知识产权自身应用知识产权的比例，提高知识产权的商业化经营能力，提升知识产权的价值，提高专利的转化率，提高商标的美誉度和增值能力，运用商业秘密提高企业竞争优势。

3. 提高知识产权保护能力

知识产权保护（IP Protection）是指知识产权权利人（包括利害关系人）采取协商、行政申诉或司法途径预防和制止知识产权侵权的过程。提高企业知识产权保护能力，就是要不断完善知识产权保护制度和保护机制，提升保护效率，加强保护责任，充分发挥不同类型保护形式的功能和作用，提高保护水平，提高保护的时效性。

4. 提高知识产权组织能力

企业知识产权组织具体包括三方面的内容：①知识产权管理制度，即企业结合自身的产业技术背景和战略目标，制定激励知识产权创造、促进知识产权运用、加强知识产权保护方面的制度和政策。②知识产权管理机构和人员配备，包括知识产权管理机构的目标定位和设置层级，以及专兼职知识产权管理人员的配备。一般来说，企业

知识产权管理机构的主要目标有三种情况，即保护技术创新成果、融入公司经营战略、应对知识产权讼案；相应地，知识产权管理机构的设置层级也有三种情况，即设置研发管理机构、企业运营管理机构和法务机构。③知识产权组织管理行为，指知识产权管理人员的行为嵌入到企业技术创新和市场拓展过程的深度和广度。提高知识产权组织能力，就是要在知识产权创造、运用和保护的过程中，提高组织协调和组织保障能力和水平。

推荐阅读

1. 曾德国．企业知识产权管理［M］．北京：北京大学出版社，2015.
2. 吕俊山．给经理人的 6 堂法律课［M］．北京：法律出版社，2009.

思考题

1. 知识产权的含义、特点、类型有哪些？
2. 企业知识产权战略主要有哪几种类型？
3. 企业知识产权许可的主要内容是什么？
4. 如何进行知识产权资本运营？
5. 如何运用知识产权打造企业竞争优势？

参考文献

［1］王建民．管理经济学（第二版）［M］．北京：北京大学出版社，2002.

［2］荆学民．组织行为学（第二版）［M］．北京：北京大学出版社，2011.

［3］弗里蒙特·E. 卡斯特，詹姆斯·E. 罗森茨韦克．组织与管理——系统方法与权变方法［M］．傅严，李柱流，等译．北京：中国社会科学出版社，2000.

［4］楼天阳．职业经理人实务教程［M］．杭州：浙江工商大学出版社，2019.

［5］北京大学职业经理人通用能力课程系列教材编委会．职业经理人管理知识［M］．北京：北京大学出版社，中央广播电视大学出版社，2011.

［6］王雪峰．如何做一个持续型领导：告诉你领导方法创新十二种［M］．北京：中央党校出版社，2010.

［7］刘卫平，王莉丽．全球领导力［M］．北京：清华大学出版社，2005.

［8］Peter G. Northouse. 卓越领导力：十种经典领导模式［M］．王力行，王怀英，李凯静，等译．北京：中国轻工业出版社，2003.

［9］马克·利普顿斯．愿景引领成长［M］．范徽，杭虹利，王风华，等译．广州：广东经济出版社，2004.

［10］欧阳洁．决策管理：理论、方法、技巧与应用［M］．广州：中山大学出版社，2003.

［11］芮明杰．管理学：现代的观点［M］．上海：上海人民出版社，1999.

［12］陈凌云．利润点——优化企业赢利模式的黄金指引［M］．北京：地震出版社，2004.

［13］斯蒂芬·P. 罗宾斯，玛丽·库尔特．管理学（第十一版）［M］．李原，孙健敏，黄小勇，译．北京：中国人民大学出版社，2012.

［14］职业经理人教程编委会．职业经理人教程［M］．上海：上海远东出版社，2008.

［15］李笑天．国际职业经理人培训教程［M］．北京：中央编译出版社，2006.

［16］宋志平．企业迷思：北大管理公开课［M］．北京：机械工业出版社，2021.

［17］宋志平．问道管理［M］．北京：中国财富出版社，2021.

[18] 沧浪，海洋．复杂世界的简单规律［M］．北京：中国商业出版社，2004.

[19] 李迅雷．趋势的力量：分化时代的投资逻辑［M］．北京：中信出版社，2021.

[20] 三谷宏志．商业模式全史［M］．马云雷，杜君林，译．南京：江苏凤凰文艺出版社，2016.

[21] 严正．思维领导力：锻造中国管理者的卓越领导力［M］．北京：机械工业出版社，2007.

[22] 过文俊．向利润冲锋——企业成长与变革反思［M］．武汉：湖北人民出版社，2004.

[23] 魏炜，朱武祥．发现商业模式［M］．北京：机械工业出版社，2009.

[24] 亚历山大·奥斯特瓦德，伊夫·皮尼厄．商业模式新生代［M］．董涛，郁靖，译．北京：机械工业出版社，2011.

[25] 陈威如，余卓轩．平台战略：正在席卷全球的商业模式革命［M］．北京：中信出版社，2013.

[26] 宋志平．三精管理［M］．北京：机械工业出版社，2022.

[27] 吕俊山．给职业经理人的6堂法律课［M］．北京：法律出版社，2009.

[28] 中央全面依法治国委员会办公室．领导干部应知应会党内法规和国际法律汇编（通用版）［M］．北京：中国法制出版社，2023.

[29] 中共国家电网有限公司党校．新时代国有企业党建工作实用指南［M］．北京：中共党史出版社，2013.

[30] 孙支南，韦洁亮．非公企业党建工作指南［M］．广州：广东高等教育出版社，2016.

[31] 项立刚．5G机会［M］．北京：中国人民大学出版社，2020.

[32] 盘和林．从AIOT到元宇宙：关键技术、产业图景与未来展望［M］．杭州：浙江大学出版社，2010.

[33] 屠建清．企业内部管理与风险控制实践［M］．北京：人民邮电出版社，2020.

[34] 张妍．J公司内部控制体系优化研究［D］．保定：河北大学，2021.

[35] 戚聿东，肖旭．数字经济概论［M］．北京：中国人民大学出版社，2022.

[36] 冀亭帆．数字化转型对企业高质量发展的影响关系研究［D］．太原：山西财经大学，2023.

[37] 陈飚，王晋刚．专利之剑——“中国创造”走向世界战略新工具［M］．北京：经济日报出版社，2012.

［38］约翰·奈斯比特，多丽丝·奈斯比特，龙安志．世界新趋势：“一带一路”重塑全球化新格局［M］．张岩，译．北京：中华工商联合出版社，2017.

［39］曾德国．企业知识产权管理［M］．北京：北京大学出版社，2015.

［40］王黎萤，刘云，肖延高．知识产权管理［M］．北京：清华大学出版社，2020.

［41］吴强．H公司知识产权战略研究［D］．成都：电子科技大学，2023.